RECLAMS KUNSTFÜHRER FRANKREICH 5

RECLAMS KUNSTFÜHRER

FRANKREICH

BAND 5

PHILIPP RECLAM JUN. STUTTGART

Burgund

Kunstdenkmäler und Museen

VON

HANS FEGERS

MIT 103 ABBILDUNGEN UND PLÄNEN
SOWIE 2 ÜBERSICHTSKARTEN

PHILIPP RECLAM JUN. STUTTGART

Universal-Bibliothek Nr. 10347
Alle Rechte vorbehalten. © 1987 Philipp Reclam jun., Stuttgart
Gesamtherstellung: Reclam, Ditzingen. Printed in Germany 1987
Einbandentwurf: Reichert Buchgestaltung Stuttgart
(Bildmotiv: Chapaize, Kirche)
ISBN 3-15-010347-9

Der Traum der Hll. 3 Könige
Kapitell der Kathedrale St-Lazare in Autun
(zu S. 53 [L])

VORBEMERKUNG

»Burgund«, ein geographisch wie territorial schwer be-
stimmbarer Begriff, ist seit der Revolution von 1789 keine
politisch relevante Bezeichnung mehr; sie wurde, wie alle
dynastisch oder geschichtlich verhafteten Namen in Frankreich durch die neue Verwaltungsgliederung abgelöst: Nach
Flüssen, Gebirgen und anderen geographischen Aspekten
erhielten die Verwaltungsgebiete ihre Namen. Die so zustande gekommenen Départements Saône-et-Loire, Yonne
und Côte-d'Or umfassen das ehemalige Herzogtum Burgund; die Départements der einstigen Freigrafschaft Burgund heißen Haute-Saône, Doubs, Jura und (teilweise)
Ain.
Auf jenes alte Herzogtum ist dieser Führer konzentriert, im
wesentlichen also auf die genannten drei Départements. Ein

kunstlandschaftlicher Zusammenhang, so problematisch seine Definition auch ist – spezifisch burgundische Kunst ist im Grunde immer Kunst *in* Burgund –, wurde so zu beachten versucht. Über diesen Rahmen hinaus erforderten die Kunstreisegewohnheiten die Einbeziehung der nächstliegenden Hauptdenkmäler wie beispielsweise Brou (Bourgen-Bresse), Charlieu, Neuilly-en-Donjon und selbstverständlich Langres.

Unter diesen Gesichtspunkten und unter Berücksichtigung eines eben noch handlichen Gesamtumfangs des Bandes blieben lediglich das kunsttopographisch zur Ile-de-France zählende Sens und sein Umkreis außerhalb der Betrachtung.

Der Leser kann anhand der detaillierten Karten auf den Vorsatzseiten am Anfang und am Ende des Bandes sogleich einen Überblick gewinnen über das gesamte Gebiet, das der Kunstführer Burgund behandelt.

ZUR ANLAGE DES BANDES

Der Kunstführer ist in *Ortsartikel* gegliedert, die den Gemeinden – Communes – entsprechen. Die *Reihenfolge* der Ortsartikel ist alphabetisch entsprechend den französischen Gemeindenamen. Im einzelnen sind die Zugehörigkeit unselbständiger Orte, Ortsteile und bedeutenderer Einzelbauten (Burgen, Schlösser, Klöster) über Verweise im *Orts- und Objektverzeichnis* festzustellen. Auf Verweise im Haupttext wurde bis auf wenige Ausnahmen verzichtet, so daß sich in vielen Fällen für das Auffinden eines Artikels der Weg über das Register empfiehlt.

Die *Ortsüberschriften* verzeichnen die Département-Zugehörigkeit und nennen die Plankoordinaten für die Lage des Ortes oder Ortsteiles auf den *Übersichtskarten* (nördlicher Teil: vordere Vorsatzseiten; südlicher Teil: hintere Vorsatzseiten). Dadurch lassen sich auch geographische Zusammenhänge unschwer ermitteln. – In Ortsartikeln mit beigefügtem *Lageplan* (beispielsweise Dijon) verweisen *hochstehende Ziffern* vor den Objekten auf den Eintrag in diesem Plan.

Ein ● neben dem Text soll auf künstlerisch-kunsthistorisch herausragende Bauten oder Details aufmerksam machen. Zusätzlich wurde – auf den folgenden Seiten – eine Liste von *Hauptsehenswürdigkeiten* dieses Gebietes zusammengestellt.

HAUPTSEHENSWÜRDIGKEITEN

VERWENDETE ABKÜRZUNGEN

Es ist das Prinzip des Kunstführers, einen ohne weiteres lesbaren Text zu bieten. Einige immer wiederkehrende Wörter und Begriffe wurden zum Teil abgekürzt, beispielsweise:

beg. = begonnen
bzw. = beziehungsweise
d. Ä. = der Ältere
dat. = datiert
d. Gr. = der Große
d. J. = der Jüngere;
  des Jahres, der Jahre (u. ä.)
d. T. = (Johannes) der Täufer
ehem. = ehemalige(r)
Ev. = (Johannes) Evangelist
geb., * = geboren
gegr. = gegründet
gen. = genannt
gest., † = gestorben
got. = gotisch
hl. = heilig, Heilige(r)
hll. = heilige, Heilige (Mz.)
i. J. = im Jahre
Jh. = Jahrhundert
kath. = katholisch
lt. = laut
mittelalterl. = mittelalterlich
N = Norden, Nord-
nördl. = nördlich
O = Osten, Ost-
östl. = östlich
prot. = protestantisch
rd. = rund

roman. = romanisch
S = Süden, Süd-
s., → = siehe
s. a. = siehe auch
s. d. = siehe dort
sel. = selig, Selige(r)
sign. = signiert
s. o. = siehe oben, früher
sog. = sogenannt
St(s) = Saint, Saints (m.)
  = Sankt
St. = Sankt
Ste(s) = Sainte, Saintes (w.)
  = Sankt
s. u. = siehe unten, später
südl. = südlich
u. a. = unter anderem;
  und andere(s)
u. ä. = und ähnliche(s)
urspr. = ursprünglich
v. a. = vor allem
vgl. = vergleiche
W = Westen, West-
westl. = westlich
z. B. = zum Beispiel
z. T. = zum Teil
z. Z. = zur Zeit

ZUR GESCHICHTE BURGUNDS

Die ostgermanischen Burgunder – nach Plinius ein Zweig der Wandalen – heißen nach der Insel Bornholm (Borgundarholm). Sie wanderten von dort um 100 v. Chr. Ob das Ostseebecken ihre ursprüngliche Heimat war, ist unsicher. Im 3. Jh. n. Chr. stießen sie am Main mit den Alemannen zusammen. Im 4. Jh. konnten sie ihr Gebiet im Süden bis in die Gegend von Schwäbisch Hall ausdehnen, bis sie dann 406/407 den Rhein überschritten, um sich – zunächst von den Römern geduldet – zwischen Worms und Mainz, im Norden bis in die Gegend von Jülich (in der Provinz Belgica) niederzulassen.

Der römische Feldherr Aëtius (um 390–454) besiegte die Burgunder 436/437 (die damaligen Vorgänge bilden – wahrscheinlich – den historischen Hintergrund der Nibelungensage). In den Kampf griffen auf seiten der Römer auch Hunnen ein, die Aëtius dann 451 in der Schlacht »auf den katalaunischen Gefilden« (d. i. Châlons-sur-Marne) zwar schlug, aber nicht verfolgte, um sie eventuell wieder gegen unbotmäßige Germanen – die stärkere Bedrohung für Rom – zu gewinnen.

Aëtius siedelte die Reste der z. T. versprengten Burgunder 443/445 in der Gegend um *Sapaudia* (Savoyen) an; 461 hatten sie ihren Königssitz in Lyon. Zum König machte sich Gunduwech, ein entfernter Verwandter des 436 mit seiner Familie gefallenen Königs Gundahar (dieser war seit 413 König und ist der Gunther des Nibelungenlieds). Sein Nachfolger bekleidete bereits wieder ein hohes römisches Militäramt. König Gundobad (ca. 480–516) ließ das burgundische Recht aufzeichnen, das für Germanen und Romanen in gleicher Weise gültig war. Der später heiliggesprochene König Sigismund (516–523) war der erste katholische König (die Burgunder waren vorher Arianer). Er starb mit seiner Familie in fränkischer Gefangenschaft.

Das *Burgunderreich* reichte zur Zeit seiner größten Ausdehnung bis gegen Arles, Bourges und Troyes, im N schloß es

Langres, im O Vindonissa (Windisch im Kanton Aargau) ein. Angaben über Zahlen fehlen; nach Schätzungen waren es ca. 10000 wehrfähige Männer. Nicht einmal 100 Jahre nach der Ansiedlung in Sapaudia wurden die Burgunder 534 von den Franken besiegt. Als Teilreich bewahrten sie zwar unter den Merowingern noch eine gewisse Selbständigkeit, aber ein eigenes Reich in den Grenzen ihrer Hoch-Zeit entstand nie wieder.

Zwei Heiraten beleuchten schlagartig die Situation für die Burgunder im Niedergang des römischen Reiches und dem Heraufkommen der Franken zur bestimmenden Macht: die Ehe des Frankenführers Chlodwig mit Chrodhild (Chlothilde), Tochter des Burgunderkönigs Chilperich, sowie die Heirat König Sigismunds, Gundobads Sohn, mit Ariagne, der Tochter Theoderichs. Beide, der Franke Chlodwig (466–511) und der mächtige Gotenkönig (471–526), suchten sich der Burgunder zu versichern, wobei die Franken ihr Ziel verwirklichen konnten, nämlich das für Europa zukunftsträchtige fränkische Einheitsreich; Theoderich, der »Dietrich von Bern« der Heldensage, erreichte dagegen sein Ziel nicht: alle germanischen Völker im weströmischen Reich zu vereinen.

Vom Königreich der Burgunder ist das *fränkische Teilreich »Burgund«* wohl zu unterscheiden. Nach dem Sieg der Söhne Chlodwigs über die Burgunder (534) wurde deren Herrschaftsbereich völlig dem fränkischen Reich inkorporiert. Dieses bestand jetzt aus den merowingischen Teilreichen Austrasien (Ostreich, mit den Hauptstädten Reims und Metz), Neustrien (Westreich, Hauptstädte: Paris, Soissons, Orléans und Tours) und eben Burgund (Hauptstadt zunächst Orléans, dann Chalon-sur-Saône). Bei der Verdun-Teilung 843 wurde dieses Burgund in eine östliche und eine westliche Hälfte zerschnitten, doch nur der westliche Teil hieß weiterhin *»Regnum Burgundiae«*. Auf das langobardische Königreich (in Italien) und das römische Kaisertum, das bei Lothar blieb, bezog sich dieser Teilungsvertrag nicht. In diesem Burgund riß Graf Richard von Autun

(† 921; Bruder Bosos von Niederburgund, s. u.) die Herzogswürde an sich und wurde somit der Gründer des *Herzogtums Burgund*. Ergebnis des 2. Teilungsvertrags (870 in Meerssen) und des 3. (in Ribemont 880) war schließlich, daß die Westgrenze von Lothars Reichsteil (s. Vertrag von 843) zur deutsch-französischen Grenze wurde.

Im östlichen Reichsteil (Austrasien) entstanden zwei neue politische Gebilde, als Karl, jüngster Sohn Kaiser Lothars I. und Enkel Ludwigs d. Frommen, 855 die Provence und den Dukat Vienne/Lyon erhielt: das sogenannte *»Regnum Provinciae«*, das 879 bei der Königswahl Bosos von Vienne († 887, Schwager Karls d. Kahlen) erneuert wurde. Das andere entstand im Jura-Gebiet, wo sich Markgraf Rudolf, ein Welfe, 888 zum König machte. Er plante wohl, sich ganz Lothringen (wozu seine Grafschaft gehörte) anzueignen, was jedoch mißlang. Im Alpengebiet blieb er jedoch König. Dieses *»Regnum Jurense«* der Rudolfinger wird *»Hochburgund«* genannt.

Gefördert durch die ottonischen Kaiser konnte das *»Regnum Jurense«* das *»Königreich Provence«* (fälschlicherweise auch *»Niederburgund«* genannt) dazuerwerben, das nach dem Weggang des Markgrafen Hugo von Arles nach Italien und dem Tod Kaiser Ludwigs III., d. Blinden (928), »frei« wurde. Ludwig III. (887–928), Sohn Bosos von Vienne und von der Mutter her Karolinger, war 901 zum Kaiser gekrönt, 905 in Verona aus politischen Gründen geblendet worden; ihm blieb später nur noch das von seinem Vater übernommene Königreich Provence. Ihm folgte der eigentliche Machthaber, Markgraf Hugo von Arles, der erfolglos die Kaiserkrone anstrebte. Er wurde 927 König in Italien und verzichtete zugunsten des westfränkischen Königs Rudolf II. (923–936) auf Niederburgund; 947 wurde er aus der Lombardei vertrieben († 948). – Das *»Regnum Jurense«* (Hochburgund) und das *»niederburgundische«* Königreich Provence zusammen heißen seit staufischer Zeit auch *Arelat* (»Regnum Arlatense«, nach der Hauptstadt Arles).

Der kinderlose Welfe Rudolf III. (993–1032) setzte Kaiser
Heinrich II., seinen Neffen, als Erben für das Königreich
Burgund ein, jedoch starb dieser schon *vor* Rudolf (1024).
Sein Nachfolger, Kaiser Konrad II., setzte das nun strittig
gewordene Erbe und die damit verbundene staatsrechtliche
Bindung Burgunds an das Reich schließlich durch. Doch erst
Friedrich I. (Barbarossa) hat sich politisch um Burgund
gekümmert; er erschien auch persönlich im Lande und ließ
sich 1178 in Arles zum König von Burgund krönen, nach-
dem er 1156 die Erbtochter (Beatrix) geheiratet hatte. In
Dole (Jura) erbaute er eine ihres ritterlichen Glanzes wegen
berühmte Pfalz (völlig zerstört). Nach Barbarossa ließ sich
nur noch Kaiser Karl IV. 1356 in Arles krönen.
Unter dem französischen König Philipp V. († 1322) kam die
Freigrafschaft Burgund an Frankreich: Pfalzgraf Otto IV.
gab sie seiner Tochter als Mitgift in die Ehe mit Philipp
(Sohn König Philipps IV., d. Schönen [1285–1314]). Der
vorher ausgehandelte Vertrag sah vor, daß die Grafschaft an
einen französischen Prinzen übergehen sollte. Die Lehnshoheit des Reiches blieb davon unberührt. 1363 gab König
Johann II., d. Gute (1350–64), das durch Aussterben 1361
»frei« gewordene Lehen seinem jüngsten Sohn, *Philipp d.
Kühnen*, den er damit zum Herzog von Burgund machte. Im
gleichen Jahr heiratete dieser die flandrische Erbtochter
Margarete, so daß Philipp 1384 (beim Eintreten des Erb-
falls) zum Herzogtum Burgund noch Flandern, das im 14.
und 15. Jh. Blütezeiten erlebte, die Grafschaft Artois und
die (dem Reich gehörende) Freigrafschaft hinzubekam;
schließlich erwarb er durch Kauf noch die Grafschaft Charollais: Er war damit einer der mächtigsten und einflußreichsten Fürsten nicht nur in Frankreich, dessen geisteskranken
König (Karl VI.), seinen Neffen, er vertrat. Scharfe Auseinandersetzungen mit dem Bruder des Königs, Herzog Ludwig von Orléans, waren die Folge. Philipps Sohn ließ ihn
daraufhin 1407 kurzerhand ermorden.
Mit Philipp begann die Reihe der »*Großen Herzöge aus dem
Hause Valois*« (3. kapetingische Seitenlinie). Ihre Zeit fiel

weitgehend in die Periode des Hundertjährigen Krieges Frankreichs mit England, der mit der Annahme des Titels eines französischen Königs durch Eduard III. von England 1338 ausgelöst wurde; Ursache war die aquitanische Landschaft Guyenne im Südwesten Frankreichs, die Heinrich II. (Plantagenet) von England mit der Erbtochter Eleonore von Aquitanien (nach deren Scheidung von Ludwig VII. von Frankreich) 1152 erheiratet hatte. 1453 wurde Guyenne französisch (den Titel führten die englischen Könige noch bis 1802 – Friede von Amiens).

Herzog Philipps Sohn, *Johann »ohne Furcht«* (* 1371, Herzog 1404–19), war machthungrig und rücksichtslos. – *Philipp »d. Gute«* (* 1396, Herzog 1419–67) verband sich mitten im Kriege mit den Engländern, deren König er als König von Frankreich anerkannt hatte. Den Krieg mit *seinem* König (Karl VII.) setzte er unbekümmert fort. Jeanne d'Arc, die immerhin die Königskrönung in Reims ermöglicht hatte (1429), nahmen burgundische Truppen 1430 gefangen, der Herzog lieferte sie sogar gegen hohes Lösegeld an die Engländer aus. Burgund stieg damals (fast) zur Unabhängigkeit und zu höchster Macht auf; in den Künsten und der Hofhaltung gab es wenig Vergleichliches. – Der Sohn, *Karl d. Kühne* (* 1433, Herzog 1467–77), übernahm die väterliche Politik, war nur weniger flexibel. Auf Kosten Frankreichs und des Reiches strebte er ein großes, selbständiges Burgund an, für sich selbst die Königswürde. Er fiel – selbst eine glänzende Erscheinung – bei Nancy (1477) im Krieg gegen Herzog René von Lothringen, das er zu erobern getrachtet hatte, um seine nördlich und südlich gelegenen Länder zu verbinden.

Karl d. Kühne betrieb eine geradezu frankreichfeindliche Politik, indem er die Vermählung seiner (Erb-)Tochter Maria mit dem (späteren) Kaiser Maximilian von Habsburg betrieb: der Beginn der Feindschaft Frankreichs mit Habsburg, ausgelöst durch den Kampf um das burgundische Erbe, den König Ludwig XI. (1461–83) weiterführte. – Der französische König Franz I. (1515–47) trat 1519 als Mitbe-

werber um die Kaiserkrone gegen Karl V. (1500–58, Kaiser
1519–56) auf, der den Anspruch auf dieses Erbe (Burgund
und die Niederlande) von seinem Vater, Philipp d. Schönen,
dem einzigen Sohn Maximilians und der Maria von Burgund
(s. a. Brou), übernommen hatte. Seit 1494 hatte Philipp die
burgundischen Länder selbständig regiert, 1506 von seinem
Sohn, dem späteren Kaiser Karl V., gefolgt, für den allerdings bis 1515 der Großvater Maximilian die Regentschaft
in Burgund führte. Im Frieden von Madrid (1626) mußte
Habsburg schließlich die Lehnshoheit über Flandern und
den Artois aufgeben, behielt aber das burgundische Erbe –
bis auf die französische Provinz Bourgogne, die nordfran-
zösische Picardie und die Seestadt Boulogne (im Pas de
Calais), die französisch wurden. Die Franche-Comté war
1384 an das (neue) Herzogtum Burgund gekommen; 1668
wurde sie von Condé besetzt und im Frieden von Nimwegen
1678 endgültig mit Frankreich vereinigt.

Burgund ist seit der Revolution (1789) keine politisch relevante Bezeichnung mehr; sie wurde – wie alle dynastisch
oder geschichtlich verhafteten Namen – durch die neue
Verwaltungsgliederung abgelöst: Die Verwaltungsgebiete
werden seit damals nach Flüssen, Gebirgen und anderen
geographischen Aspekten benannt. Das ehemalige Herzogtum Burgund hat die Départements Saône-et-Loire, Yonne
und Côte-d'Or; die Départements der Freigrafschaft Burgund heißen Haute-Saône, Doubs, Jura und (ein Teil von)
Ain.

AIGNAY-le-Duc (Côte-d'Or E3/4)

St-Pierre-et-St-Paul. Die Kirche, vermutlich aus dem 2. Viertel des 13. Jh., zeigt innen wie außen sorgfältige Mauerung und präzise Ausführung der architektonischen Formen. Das *W-Portal* mit spitzbogig eingefaßtem Dreipaßtympanon hatte als Schmuck nur ein Kreuz. Den ganzen Bau umzieht, wie um ihn zusammenzufassen, ein Profilgesims, an den Fenstern mit auf Köpfen (Masken) ruhenden Wasserschenkeln. Das Dachgesims, auch am Turm, sitzt auf »burgundischen« Konsolen. – Das I n n e r e – 3jochiges basilikales Langhaus mit Querschiff und Vierung, anschließend Chorjoch und polygonale Apsis – ist eminent steil, dazu nur 2zonig. Zwischen spitzbogigen Arkaden und hoch im Scheitel der Rippengewölbe sitzenden, auffällig kleinen Fenstern bleibt zwar viel Wandfläche stehen, doch die Vertikalstruktur mit ungebrochen durchgehenden, in der Vierung unterschiedlich starken Pfeiler- und Wanddiensten läßt keine Leere entstehen, zumal die Joche dicht aufeinander folgen. Rundpfeiler mit eingebundenen Halbsäulen setzen rhythmisierende Akzente. Der Chor mit 5seitiger Apsis bildet einen würdigen Abschluß. Neben dem Chorjoch je eine gerade schließende Kapelle (in Fortsetzung der Seitenschiffe).

Plastisch belebende Akzente setzen die Kelchknospen- und Blattkapitelle, ebenso die profilreichen Gurtbänder der Schiffsarkaden und Gewölbequergurte. – Im Chor ein *Passionsaltar* mit für das 16. Jh. charakteristischen, lebhaft erzählenden Szenen (leider allzu bunt erneuert).

Die von hohem Fels die Umgebung beherrschende herzogliche **Burg** ließ Ludwig XI. (nach 1477) so gründlich zerstören, daß sie kein Bild mehr ermöglicht. – Von der **Mauerbefestigung** des Dorfes stehen noch einige **Türme**.

ALISE-SAINTE-REINE (Côte-d'Or E4)

● ### Alesia

Alesia ist der römische Name für den befestigten Platz der keltischen Mandubier am Mont Auxois. Hier besiegte Caesar 52 v. Chr. die gallischen Stämme unter Vercingetorix, der die Seele des Aufstandes gegen Caesar war, den er in Gergovia, dem Hauptort seines unter den Galliern geachteten Stammes, im gleichen Jahr schon geschlagen hatte. Auch Caesars Schicksal, ja das der Römer in Gallien entschied sich hier. Die gallischen Truppen (ca. 80000 Mann Fußvolk, dazu die Reiterei) standen auf der Höhe, um mit den außerhalb zusammengezogenen, noch zahlreicheren gallischen Verbänden Caesars Legionen (mit ca. 50000 Mann) zu zerschlagen. Caesar mied die offene Schlacht, ließ sich auch durch Ausfälle der Belagerten nicht provozieren. Seine Taktik zielte auf Aushungern und Ungeduldigwerden der Eingeschlossenen. Seine Soldaten bauten einen doppelten (gegen die eingeschlossenen wie gegen die außerhalb stehenden Gallier gerichteten) Erdgraben von 14 km Umfang und mit 23 Kastellen bestückt sowie mit weiteren, auf Täuschung zielenden strategischen Sicherungen ausgestattet. Die Gallier verhielten sich bei ihrem Ausbruch so, wie Caesar es vorausberechnet hatte: sie blieben in den Hindernissen hängen und wurden niedergemacht. Zu der geplanten Zangenbewegung mit den Entsatztruppen kam es nicht mehr. Vercingetorix war besiegt und ergab sich.

Im Zuge der von Napoleon III. geförderten Ausgrabungen 1861–65 wurde auf dem **Mont Auxois** das 7 m (mit Sockel 14 m) hohe **Standbild des Vercingetorix** (Kupfer-Treibarbeit von Aimé Millet, Sockel von Viollet-le-Duc) aufgestellt. Der Kaiser betrieb die Glorifizierung des sich gegen die Fremdherrschaft aufbäumenden Vercingetorix offensichtlich auch aus chauvinistischen Gründen (wie auch patriotische Ideen ähnlicher Art seit etwa 1838 bei der Vorbereitung eines »Hermann-Denkmals« im Teutoburger Wald Pate standen). Bei den fortgeführten G r a b u n g e n wurde sogar Caesars Einschließungsring, den er im »Gallischen Krieg« ausführlich beschreibt, im Gelände nachgewiesen. Die Grabungen gingen zunächst mehr auf die **römische Stadt**, die bei dem **keltischen Oppidum** entstanden war. Möglicherweise hatten die Römer die »Heilige Stadt« wegen des bei den Heilquellen bestehenden Kultes einer keltischen Heilgottheit nicht zerstören wollen, und die Gallier waren nicht bereit,

Siedlung und Heiligtum zu verlassen. Im Zentrum auf der Höhe bekam die neue Stadt einen ausgesprochen römischen Zuschnitt. Hier befanden sich ein **Theater** mit über 80 m messendem Zuschauerhalbrund, dazu Orchestra mit Sitzplätzen für Privilegierte und die Bühne. Ein »**Monument mit 3 Apsiden**« war vielleicht **Gerichts-** oder/und **Marktbasilika**, was ein **Forum** erwarten läßt. Zum **Tempel** gehörte ein *Porticus*. Ein im Museum befindliches *Relief* mit der *kapitolinischen Götter-Trias* (Jupiter, Juno und Minerva) sowie weitere Funde scheinen auf ein **Kapitol** mit Tempel zu deuten. Außerdem wurden nebeneinanderstehende Bauten mit teils einfachen, teils doppelten Kolonnaden festgestellt, die vielleicht zu **Thermen** gehörten. Etwas abgesetzt von den öffentlichen Bauten wurden Substruktionen eines »**Gallierviertels**« ergraben, auf denen man sich mit Reisig gedeckte und aus Holz bzw. gebranntem Lehm gefertigte Hütten vorzustellen hat. Auf anderen Grabungsfeldern wurden gallorömische Steinhäuser über älteren einheimischen gebaut. Hier v. a. zu erwähnen ein **Privathaus** mit *Bodenheizung* sowie das »**Sanctuaire dolménique**«, so genannt wegen 2 großen, in einem Saal aufgestellten Natursteinen (alter Steinkult?). Besonders aufschlußreich und am besten erhalten ist das »**Monument à Crypte**« mit einem z. T. in den Felsen getriebenen unterirdischen Saal und einer Pfeilerhalle (oder Hof): wahrscheinlich ein **Heiligtum für das keltische Götterpaar Ucuetis und Bergusia**. Auf dieses zuführend etwa 10 m einer **vorrömischen Straße** mit ohne Zement verlegten großen Kieselsteinen. Im »**Cave aux Amphores**« haben sich in den Mauern noch Vertiefungen für große Vorratsbehälter erhalten. Im »**Cave à la Mater**«, der zu einem opulenten Haus gehörte, sind Nischen nachweisbar, sehr wahrscheinlich für den Kult von Hausgöttern. Hier wurde die bekannte kleine *Sitzfigur einer Muttergöttin* gefunden, die Früchte im Schoß hält (Museum). Zu erwähnen ist ferner auf dem O-Teil des Plateaus ein **Tempel des keltischen Gottes Movitasgus** (bei den Römern mit Apollon verglichen): 2 Apsiden gehen auf alte Quellen, die dem Gott vermutlich geweiht waren. Hier wurden »Ex-votos« gefunden. In seiner Umgebung weitere kleinere **Tempelchen**.

In 2 Museen (dem **Musée Alésia** [Rue de l'Hôpital] der ausgrabenden wissenschaftlichen Gesellschaft und dem **Musée Municipal**) sind wichtige Fundstücke – Figuren, Vasen, Geräte u. a. Gegenstände – ausgestellt. Nicht wenige Zeugnisse sind in andere Museen abgewandert, z. B. nach Dijon.

Alise-Sainte-Reine

In christlicher Zeit folgte dem Kult des keltischen Heilgottes der der christlichen Märtyrerin Regina (Ste Reine), die angeblich bei der Quelle enthauptet wurde. Ihr Kult ist in Alesia vor 628 nachweisbar (vermutlich wurde ihr die ebenfalls legendäre Vita der angeblich unter Diokletian hingerichteten Margareta von Antiochien zugeordnet). Vor 721 gab es hier ein mit Flavigny verbundenes Kloster. Im Laufe des 7./8. Jh. wurde das Plateau des von den Römern ausgebauten keltischen Oppidums aufgegeben; die Bewohner siedelten sich mehr am SW-Hang des Mont Auxois an. 864 kamen die Regina-Reliquien nach Flavigny (s. d.). In Alise zeigt man noch ihren leeren Sarkophag (mit Fenestrella) und Ketten der Gefangenschaft. Am Jahrestag der Heiligen (7. September) findet bis heute ihr zu Ehren eine Prozession statt.

Pfarrkirche des 16. Jh. – Bei der **Wunder-Quelle** die **Regina-Kapelle** des 15. Jh. und, gegenüber, das auf Vinzenz von Paul zurückgehende **Pilgerhospiz** von 1663; rechts und links die beiden **Museen** (s. o.).

ANCY-le-Franc (Yonne D3)

● Das **Schloß** ist einer der überzeugendsten, seit der Erstellung wenig veränderten Renaissance-Bauten Frankreichs.
Baubeginn war 1546, planender Architekt möglicherweise der seit 1541 für Franz I. und den Hof tätige Sebastiano Serlio (1475–1554), der aufgrund seiner architekturtheoretischen Schriften, in denen er auch zeitgenössische Bauten (u. a. dieses Schloß) abbildet und erläutert, einen bedeutenden Ruf hatte. Der Bauherr von Ancy, Antoine de Clermont, war mit der Schwester der Diana von Poitiers (einflußreiche Mätresse des Dauphins) verheiratet und häufiger Gast bei Hof, mit dessen künstlerischen Unternehmungen folglich vertraut. Neben

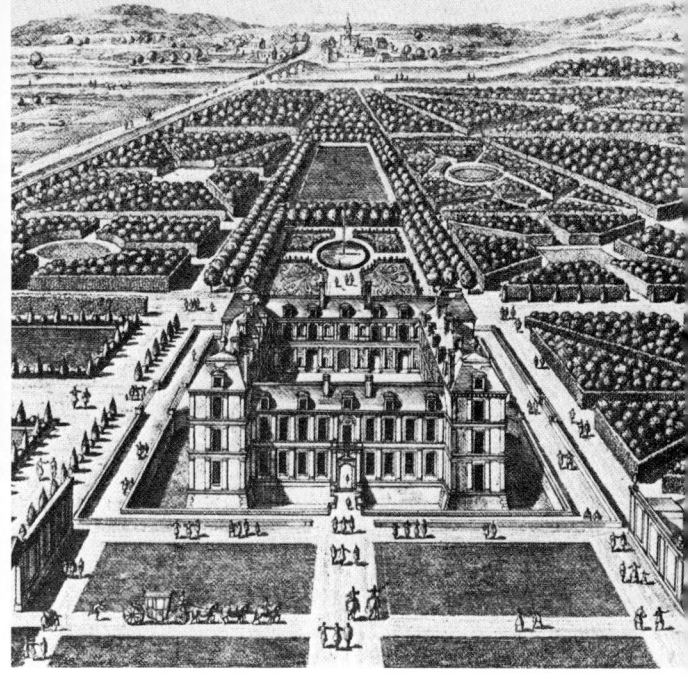

Ancy-le-Franc. Schloß und Park zu Ende des 17. Jh.
(Ausschnitt aus einem zeitgenössischen Stich)

Serlio wird auch Pierre Lescot (um 1510–78) als Entwerfer von Ancy genannt, einer der Hauptmeister der französischen Renaissance-Architektur, dessen südwestl. Louvre-Hoffront (1546–60) in der Gliederung durchaus Parallelen zu Ancy aufweist.

Das einst von Wassergräben umzogene Schloß bildet außen wie im Hof ein vollendetes Quadrat; quadratisch sind auch die als Risalite vortretenden Eckpavillons. Rechtwinklige Wasserschlösser mit Ecktürmen für eine Rundumverteidigung gab es in Frankreich schon länger. Auch Ancy ist durchaus noch auf Verteidigung eingerichtet: Wie ein Kastell stand es in nur mit Zugbrücken zu überquerenden

Wassergräben auf hohem, geschlossenem Sockel, der übrigens nach Zuschüttung der Gräben (im 19. Jh.) in den Proportionen zum Untergeschoß zu niedrig wirkt. Die auf die engen Portale gerichteten Seitenfenster der Eckpavillons sind Schießscharten; selbst in die Portale oder gar ins Vestibül vorgedrungene Feinde konnten von den dafür eingerichteten Wachstuben aus noch bekämpft werden.

Es sind übrigens weniger die Säulenordnungen und sonstiger Baudekor, die den Renaissance-Charakter des Schlosses bestimmen, als die hier zum Grundsatz erhobene Symmetrie und ebenso die achsenbezogene Regelmäßigkeit mit sich rhythmisch wiederholenden Strukturelementen. Bestimmend weiterhin die ausgewogenen Proportionen sowohl in den Abmessungen wie in den Baumassen, ebenso die als Ganzes immer überschaubar bleibende, dazu maßvolle Gliederung. Sehr im Unterschied zu vielen gleichzeitigen profanen wie kirchlichen Bauwerken, die nicht selten gerade durch die Maßlosigkeit in der Häufung von Architekturmotiven und antikisierenden Bauornamenten in manieristische Verspieltheit entarten.

● Die Außenfronten sind in beiden Geschossen durch flache dorische Pilaster in gleich breite Achsen gegliedert; darüber glatt durchlaufendes Gebälk, oben mit abschließendem Konsolgesims für das Dach, in den höheren Eckpavillons um ein Geschoß verschoben. In der Mitte der Flügel je ein rundbogiges Portal, im N-Flügel im 17. Jh. durch Säulen und Balkon als Hauptportal hervorgehoben; original erhalten blieb nur das *S-Portal* mit der Jahreszahl 1546. Dieser Baublock ließe sehr wohl an italienische Palazzi denken, wenn über dem Kranzgesims nicht statt des von Serlio abgebildeten geraden Abschlusses die steilen Satteldächer stünden, aus denen hohe Kamine ragen, und sich über jeder 2. Achse nicht ein Dacherker mit Rundbogenfenster und Segmentgiebel befände. Der heimischen Tradition verhaftet bleiben auch die schlicht gerahmten rechtwinkligen Stockfenster, die sich gleichmäßig (ursprünglich angeblich im Wechsel mit Pfeilerspiegeln) in beiden Geschossen öffnen, in den Eckpavillons dagegen nur in der mittleren von 3 Achsen.

Im *N-Portal* führen 9 Stufen in den höher gelegenen Hof, der reicher ausgestattet ist, z. B. mit kannelierten Pilastern und korinthischen Kapitellen. Das Abschlußgesims ziert unten ein Perlstab; im oberen Geschoß sind die Konsolen skulptiert und die Fenster mit dekorativen Aufsätzen bekrönt. Statt der gleichbleibenden Pilasterabstände an den Außenfronten wechseln im Hof offene Bogenstellungen mit schmaleren Pfeilern, denen je 2 Pilaster vorgelegt sind. Diese stehen auf pfeilerbreiten Postamentmauern, zwischen sich je eine flache Bogennische und ein Quadrat mit eingelassener Inschriftplatte. Die Bögen, deren skulptierte Scheitelsteine mit den Kapitellen wechseln, setzen auf Kämpfern auf. Die offenen Bögen sind die Portale, im N- und S-Flügel je 3 nebeneinander, die zu Wendeltreppen nach oben führen; in den anderen Flügeln nur je ein mit Dreiecksgiebel überdachtes Portal, das auf Korridore vor den Erdgeschoßräumen geht. In die anderen, nur vorgeblendeten Bögen sind große Rechteckfenster eingeschnitten. Im niedrigeren Obergeschoß fehlen die Rundbögen; statt der Marmorplatten sind Halbrundnischen mit Muschelkonchen eingetieft. Auch hier setzen sich die vertikalen Gliederungselemente in den Dacherkern fort. – Die rhythmisierende Gliederung der Hofflügel geht auf Bramantes Belvedere-Hof im Vatikan zurück, was für Serlio als Entwerfer des Schlosses spricht.

Die Innenausstattung ist nachhaltig von Schloß Fontainebleau beeinflußt, wurde wohl auch von dorther kommenden Künstlern geschaffen. Daß die Hauptmeister der sog. »Schule von Fontainebleau«, v. a. Francesco Primaticcio (1505–70, seit 1531 dort tätig) und Niccolò dell'Abbate (1512–71), auch in Ancy gearbeitet oder Entwürfe geliefert haben, wird zwar vermutet, ist jedoch nicht erwiesen. Künstlerisch reichen die hiesigen Malereien jedenfalls nicht ganz an jene (leider auch nur z. T. noch original erhaltenen) Werke heran. Gleichwohl: die bis zum Raffinement gesteigerte dekorative Eleganz des italienisch geprägten Manierismus ist in beiden Schlössern vorherrschend. Die Künstlichkeit der überlängten Figuren (mit einer gewissen Vorliebe für erotisch posierende weib-

liche Akte) und die irrealen Raumkompositionen sind ihre hervor-
stechendsten Formqualitäten. Kennzeichnend ist ferner die auffällige Neigung zum Allegorisieren sowie eine besondere Vorliebe für
emblematische Verrätselung mythologischer wie auch historischer
und naturkundlicher Inhalte (s. dazu Tanlay).

Im **Erdgeschoß** haben die Räume Spiegelgewölbe. Die Wandmalereien sind keine Fresken; die Farben sind »al secco«, d. h. auf den
trockenen Putz, aufgetragen (Grund für den schlechten Erhaltungszustand, viele sind restauriert).

» S a a l d e r C ä s a r e n «, so genannt nach den Medaillon-Bildnis-
sen römischer Kaiser, die in den Gewölbekehlen mit Göttinnen
wechseln. Im Mittelfeld des nach Raffaels Loggien im Vatikan mit
Grotesken bemalten Gewölbespiegels »Diana auf dem Halbmond«
(die griechische Artemis wurde als Gegenbild zum Sonnengott
Apoll der Mondgöttin Selene gleichgestellt). Die Bildteppiche
ersetzen zugrunde gegangene Wandmalereien.

Der » D i a n a - S a a l « zeigt hohes Tafelwerk mit eingeschnittenen
dunklen Intarsien. Von den Wandmalereien darüber gut erhalten
nur »Aktäon überrascht Diana beim Baden« und das »Paris-Urteil«;
am Gewölbespiegel Grotesken, an den Bordüren als Devisen
gemeinte Bibelzitate und poetische Zeilen.

In den übrigen Erdgeschoßräumen ist von der alten Ausstattung
nichts Nennenswertes erhalten; einer war nach den dargestellten
Tierkreiszeichen benannt, ein anderer nach den vielen mythologischen Akten »Salle des Nuditées«.

Die **Obergeschoß**-Räume haben alle Balkendecken.

Im » S a a l d e r K u l t o p f e r « sind in Grisaille-Malerei heidnische
Opferhandlungen dargestellt. Die beiden kostbaren *Florentiner
Kunstschränke* mit perspektivisch geschnittenen Bildintarsien be-
zeugen staunenswerte handwerkliche Präzision.

Der » J u d i t h - u n d - H o l o f e r n e s - S a a l « (in einem der Eckpavillons) ist nach Szenen mit der jungen Witwe benannt, die den
assyrischen Feldherrn tötete, wobei Judith Züge der Diana von Poitiers zeigt, Holofernes die Franz' I.

Das K a b i n e t t d e s »P a s t o r F i d o « ist ein erlesen ausgestatteter Raum mit korinthischer Pilastergliederung im Tafelwerk und
gemalter Kassettendecke. Die gemalten Bildszenen illustrieren ein
Schäferspiel.

Im N - F l ü g e l schließen 3 miteinander verbundene Räume an, die
weniger aufwendig mit Möbeln verschiedener Stilrichtungen ausgestattet sind.

Im NW-Pavillon liegt der sog. »Blaue und Goldene Salon« mit klassizistisch erneuerter Ausstattung von 1826. In einem der anschließenden ehem. Vorzimmer ist eine beachtliche Sammlung von *Sèvres-Porzellan* ausgestellt.

Die Salle des Gardes, urspr. »Ehrensaal«, ist mit 20×9 m der größte Raum des Schlosses. 5 Fensterachsen gehen auf den Garten, 4 auf den Hof. Der um 1580 anläßlich eines Besuches König Heinrichs III. üppig ausgestattete Raum (reiche Balkendecke mit vielen Querhölzern) wurde zeitweilig als Theater verwendet; er dient heute mehr musealen Zwecken. In der Mitte ein gewaltiger Kamin mit Reiterporträt des Königs.

Der »Pharsalus-Galerie« hat die episch-monumentale, aber auch dramatisch bewegte Darstellung der Entscheidungsschlacht Caesars über Pompejus den Namen gegeben; im szenischen Aufbau ist sie deutlich von den Schlachtenbildern Uccellos beeinflußt.

Das »Blumenzimmer« ist nach den vielen, wie bemalte Kacheln angeordneten Blumenbildern benannt. Auf dem Kamin Bildnis einer Clermont als jagende Diana.

Das »Zimmer der Künste« besitzt eine reich mit Arabesken verzierte Kassettendecke; in ihren Feldern Tierkreiszeichen u. ä. Motive. Über den Boiserien Medaillons mit den Freien Künsten und den sie inspirierenden Musen, eingelassen in üppige Blumen- und Fruchtranken zwischen Arabesken und Ornamenten.

In der »Medea-Galerie« sind die hohen Wände über der Vertäfelung mit Grotesken ornamentiert; zwischen ihnen eingelassene Medaillon-Bilder mit Szenen aus der Argonauten-Sage.

Die Wandverkleidung der Kapelle (Ste-Cécile) ist als Pilastergliederung gestaltet; in gerahmten Zwischenfeldern Apostel und Propheten als Nischenfiguren, darüber szenische Bilderzählungen aus dem Leben frommer Einsiedler und heiliger Büßer, deren Starkmut im Glauben lange Schriftzeilen erläutern.

ANZY-le-Duc (Saône-et-Loire D9)

Ehem. Priorat

847 Gründung eines Priorats des Martinsklosters von Autun. Der erste Abt, Hugo von Poitiers († 930), war in Baume (Jura) Berno, dem späteren Gründungsabt von Cluny, begegnet. Anzy hat nie zu Cluny gehört, wurde gleichwohl von dem Reformkloster gefördert. Das Grab Hugos wurde zur Wallfahrtsstätte, Anlaß für den Bau einer größeren Kirche – vermutlich auf Anregung Odilos von Cluny

*(994–1049). Dieser betrieb wahrscheinlich gleichzeitig den Neubau in
Charlieu (s. d.). Beide Kirchen stimmen im Grundriß so weitgehend
überein, daß man von gemeinsamer Planung sprechen kann. Sichere
Baudaten fehlen für beide. In Anzy wurde an der im 11. Jh. begonnenen Kirche noch im 12. gearbeitet. Im 18. Jh. Einführung der Kommende. In der Revolution wurde das Kloster aufgehoben und die
schon zweckentfremdete Kirche verkauft; seit 1818 ist sie Pfarrkirche.
1852 erste, nicht überall glückliche Restaurierung.*

Auf der S- und O-Seite blieb die mittelalterl. **Befestigung**
mit einem Eckturm erhalten.

- **Kirche. Plan:** 3schiffige Pfeilerbasilika mit 5 queroblongen Jochen im breiteren Mittelschiff, längsrechteckigen in
den Seitenschiffen. Alle Joche haben Kreuzgewölbe. Im
ausladenden Querschiff ausgeschiedene Vierung für eine
Trompenkuppel; die Querarme haben Tonnengewölbe. An
das Querhaus schließt ein *Staffelchor* an. Bestimmend für
sein Bild ist das 3fach gestaffelte Nebeneinander der Raumteile; nur die Chorjoche haben Querverbindung. Dieser
Staffelchor ist von Cluny II abgeleitet; eine Scheitelkapelle
hatte auch die Mutterkirche in Autun (s. dazu Flavigny,
Auxerre und Charlieu).

- **Äußeres.** Die beste Ansicht von Langhaus und Chor bietet die S-Seite. Chor und Querschiff sind ohne Dekor und
artikulierende Akzente in kleinteiligem Mauerwerk aufgeführt. Eine auvergnatische Eigenart: die *Giebelmauern*
an Querschiffen und W-Front überragen die zugehörigen
Dächer (ähnlich die Kapellendächer am Chor in Tournus).
Vergleichsweise niedrige *Apsiden* und *Chorjoche* staffeln
sich noch nicht wie später (s. Paray-le-Monial) in rhythmi-
sierender Gruppierung nach oben: es bleibt bei einem eher
zufälligen, für die Frühromanik charakteristischen Nebeneinander. Die dicken Mauern, die ohne Widerlager den in
allen Teilen gewölbten *Chor* aushalten, sind an der ca. 2 m
aus dem Boden kommenden Krypta (s. u.) mit einem Mantel verstärkt. Offenbar versicherte sich der Baumeister für
das komplizierte Raumgefüge des Chores starker Fundamente und konsolidierender Sockelmauern. – Am *Langhaus* wirkt das mit größeren Steinen durchsetzte Mauerwerk

Anzy-le-Duc. Kirche. Äußeres von Südwesten

gröber, v. a. neben den regelmäßig gequaderten Strebepfeilern und Fenstern, welche die Jochteilung akzentuieren. Neben dem Mittelschiff bleiben die Seitenschiffe niedrig, auch das Querschiff erreicht nicht dieselbe Höhe.

Unter den Dachgesimsen phantasievoll mit Pflanzen, Menschen- und Tierköpfen und sogar einigen Szenen *skulptierte Konsolen* von beachtlicher Qualität.

Der 8seitige *Vierungsturm* zählt zu den schönsten im Lande. Die Eleganz seiner Linienführung und die luftige Leichtigkeit der sich nach oben verjüngenden, ursprünglich mit steiler Helmspitze endigenden Geschosse hören heute indessen etwas abrupt auf. Auffallend der Gegensatz zwischen den durch Strebepfeiler und Fenster nur gegliederten, doch nicht durchgeformten Mauerflächen und der plastischen

Vielfalt der Turmgeschosse. Im Gegensatz zum Turm selbst
bleibt sein Sockel ungegliedert; in ihm sammeln sich die
unterschiedlich hoch ansetzenden Schiffs- und Chordächer
zu einer Plattform.

Die in Kleinquadern gemauerte, durch Strebepfeiler basilikal gegliederte *W-Front* öffnet sich im steilen Mittelschiff in
3 Zonen: Portal, Rundbogenfenster und Lüftungsöffnung;
die Seitenschiffe bleiben geschlossen.

● Das *Stufenportal* (rötlicher Kalkstein) mit eingestellten Säulen
(Kapitelle stark beschädigt) zeigt in einer Archivolte eine Blattranke, in den anderen beschädigte Relieffiguren. Im *Tympanon*
thronender Christus in von 2 stehenden Engeln gehaltener, stark
gemuldeter Mandorla (s. dazu Montceaux und Perrecy). Die Engel
wenden sich nach unten, wo auf dem *Sturz* Apostel mit Maria in
ihrer Mitte stehen, die nach oben blicken oder weisen. Damit ist die
Einheit der Bildhandlung gewahrt: *Christi Himmelfahrt* in Verbindung mit der (verkürzten) apokalyptischen Vision vom *thronenden
Christus*, den die in den *Archivolten* sitzenden 24 Ältesten umgeben
– allerdings ohne die zum apokalyptischen Bild gehörenden »Vier
Wesen«, die späteren Evangelistensymbole (Apk. 4,1–10, bezogen
auf Ezechiel 22,1,1–28), wie sie zur Bildgestalt der »Majestas
Domini« gehören (s. dazu Cluny; zur Himmelfahrt s. Montceaux). –
Die Figuren auf dem Sturz sind flacher als im Tympanon, haben
jedoch die monotone Reihung von Charlieu überwunden; die Körper zeichnen sich unter den Gewändern bereits im Sinne von Ausdrucksgebärden ab. Christus und die Engel sind im Relief kräftiger,
in den Gewändern körpernäher gezeichnet und v. a. künstlerisch
überlegen in das Bogenfeld eingefügt. Die Archivoltenfiguren sind
im Relief zwar stärker, doch stilistisch nicht weiter entwickelt als
jene; die Gewandfalten bleiben in die Fläche gebreitetes Relief und
ohne Vertiefungen, die den Körper plastisch artikulierten. Und
schließlich ist ein feierlich thronender Christus eine andere Aufgabe
als die in Erregung versetzten Greise der Apokalypse. Der Reliefstil
auf dem Sturz ist altertümlicher, in der Zeichnung trockener, aber
deswegen nicht unbedingt früher. Eine Datierung vor Cluny (W-
Portal) ist wenig wahrscheinlich, wohl aber unmittelbar danach, um
1115–20 mit dem Portal zusammen.

● Im I n n e r n ein hohes, von niedrigen Abseiten begleitetes
und durch Pfeilervorlagen wie Gewölbegurte einfach gegliedertes *Mittelschiff* in den Proportionen etwa 1:2. Ursprüng-

lich von beiden Seiten einfallendes Licht verbreitet nüchterne Helle, in der die bis zur Kargheit sachliche Architektur in tektonischem Aufbau und Raumstruktur klar hervortritt. Auffallend die mauerhaften Wände, die sich hinter den Vorlagen auszubreiten scheinen und in die nur gering abgetreppte Längsgurte keinen plastisch wirksamen Akzent bringen. Auch die unter niedrigen Arkaden massigen Kreuzpfeiler bleiben in der Laibung wandhaft breit. Zwischen Arkaden- und Fensterzone nur glatte Mauerfläche, durch kein Gesims horizontal gegliedert (ähnlich u. a. in Pontaubert, Gourdon, Issy-l'Évêque). Optisch nehmen die schlanken Halbsäulen die Wände »mit nach oben«, wo sie den Kreuzgewölben als Schildmauern für die Gewölbekappen dienen und sich in Fenstern öffnen. Die Vermutung eines niedriger geplanten Langhauses bestätigt sich an der westl. Stirnwand: Ihr Mauerwerk entspricht dem Außenbau des Chores; das vermauerte Fenster gehörte zum Turmsockel und sollte ins Freie gehen. Doch ist keine längere Bauunterbrechung anzunehmen, denn die Kapitelle in Chor und östl. Langhaus zeigen kaum Stilunterschiede.

Querschiff und *Chor* (1. Hälfte 11. Jh.) wurden in einem Zuge aufgeführt, wegen der Krypta erhöht. Aus schmalen Keilsteinen gemauerte Bögen mit gering abgesetzten Gurten bilden die *Vierung*. Trompen vermitteln zum Achteck, dessen Seiten sich in der lichtlosen *Kuppel* noch abzeichnen. Es fehlt – Symptom der sich erst entwickelnden roman. Baustruktur – ein Fußgesims, die Trompen greifen sogar in die Kuppel hinein. Auch die *Querschiffarme* gehen ohne Artikulierung in die Längstonnen über. Die unterschiedlichen Raumhöhen (s. o.) sind Ausweis für frühe Bauzeit.

Der *Staffelchor* bleibt nicht auf das räumliche Nebeneinander beschränkt, er bestimmt auch den Raumaufbau der Höhe nach: Die äußeren Apsiden sind die niedrigsten, die seitlich anschließenden, kreuzgewölbten Chorjoche reichen zum Gewölbeansatz hinauf, und das Chorjoch vor der Apsis erreicht die Höhe der Vierungsbögen. Dieser sich im Querschnitt auch zur Höhe staffelnden Bogenfolge entspricht die in der Längsachse aus der Tiefe der Scheitelkapelle zur Kuppel hinaufführende Steigerung. Die *Hauptapsis* allein zeigt übrigens einen Rundbogenfries über Lisenen, ein im Innern seltenes Gliederungsmotiv. In ihr auch die größte Helligkeit.

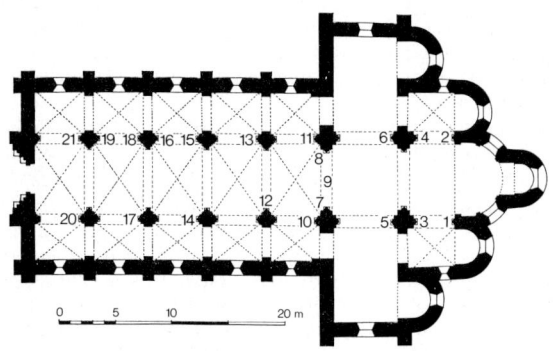

Anzy-le-Duc. Kirche. Grundriß
mit den Standorten der Figurenkapitelle

Die *Krypta* unter Chor und Querschiff – in Burgund verhältnismäßig selten – entspricht dem Oberbau; sie ist baugeschichtlich uninteressant.

Der Chor war *ausgemalt*; das Erhaltene könnte aus dem 12. Jh. stammen, läßt jedoch keine künstlerische Würdigung mehr zu. Thema der Hauptapsis: Himmelfahrt Christi; an den Seitenwänden je ein Stifter. In den Nebenapsiden Szenen aus der Vita Johannes' d. T. (rechts) bzw. vermutlich Benedikts (links).

● Die 40 skulptierten K a p i t e l l e sind die ältesten in Burgund erhaltenen Beispiele mit alt- und neutestamentlichen sowie religiös-moralischen Themen. Die frühesten im Chor, wo sie vor Mitte des 11. Jh. entstanden, die Langhauskapitelle um 1080/90. Ein großer Teil sind *Blattkapitelle* in Anlehnung an die römische Kompositordnung mit 2 Blattkränzen unter den Eckvoluten. In der Frühstufe sind die Blätter stark stilisiert: neben zungenartig glatten kommen nur leicht gekerbte vor. Figürliche Themen erscheinen vorzugsweise auf der W-Seite der Pfeiler, sind also für den im W Eintretenden berechnet. Anfänglich sind sie dem Blattwerk nur aufgepfropft, doch das Ornamentale wird zunehmend zugunsten von Einzelfiguren und szenischen Darstellungen zurückgedrängt. Es sind noch tastende Anfänge des *Figurenkapitells*; neben dem sicherer beherrschten Blattkapitellen wirkt das Figürliche zunächst unbeholfen, der bildnerische Drang muß die mangelnde Erfahrung in der plastischen Behandlung der Figur oft noch ersetzen. Doch so schwerfällig sich manches ausnimmt, man spürt die drängende Gestaltphantasie.

Beschreibung der Figurenkapitelle (die Nummern entsprechen den Zahlen im Grundriß). 1, 2: Atlanten (Himmelsträger oder zum Dienen gezwungene Dämonen), begleitet von hockenden Gestalten, deren Köpfe die Eckvoluten bilden; der Affe könnte auf sündige Menschen deuten. – 3, 4: Adler mit hochgestellten Flügeln (dem Altar gegenüber); ihre Flügel könnten auf ein Atlas-Motiv verweisen (sie werden ebenso als Liebe Gottes oder Christi Stärke, Kraft und Macht gedeutet). – 5, 6: Gegenständige Löwen. – 7, 8 (auf Deckplatten am Bogenbeginn): Stehende Löwen. – 9 (im Bogenscheitel): 2 Figuren neben Taube (Trinität oder Verkündigung?). – 10: Paradiesflüsse (?). – 11: Streitende Männer (ähnlich in Charlieu); auf den Schmalseiten sich umschlingendes Paar bzw. ein sich aufstützender Mann. – 12–14: Gegenständige Löwenpaare (und menschliche Masken). – 15: Bewaffneter Engel (Michael?) im Kampf mit löwenähnlichem Tier. – 16: Von Schlangen gebissener Akrobat, vielleicht allegorische Szene mit von Dämonen angefallenem Sünder. – 17: 3 nicht gedeutete, vermutlich moralisierende Themen mit Anspielung auf Luxuria, weltliche Musik und Gaukler. – 18: Simson (alttestamentlicher Typus für Christus) zerreißt einen Löwen. – 19: Zwischen Löwen hockender Mensch (Daniel?). – 20: Menschen- und Löwenmasken. – 21: Laubwerk mit an Früchten pickenden Vögeln, schon frühchristliches Sinnbild für gläubige Christen. – Die Ranken und geometrisierenden Ornamente an Simsleisten und einigen Säulenbasen sind antiker Herkunft.

Portal in der **südl. Klostermauer** (SO-Ecke), noch am alten Platz. In ihrem verwitterten Zustand wirken die an sich schon langen Figuren manieristisch gedehnt. Entstehungszeit etwa um 1125/30. Im *Tympanon* Gegenüberstellung der Versuchung Adams und Evas im Paradies (ähnlich in Neuilly-en-Donjon) mit der Anbetung der Könige: eine der Epiphanien als Aufglänzen des Göttlichen in der menschlichen Gestalt Jesu, also Sündenfall und Erlösung. Auf dem

Sturz Gegenüberstellung der Hölle als riesiger Schlangenrachen mit dem als Burg dargestellten Himmel, in den Engel die Geretteten geleiten. Die Mitte – möglicherweise Michael mit der Seelenwaage – ist ausgebrochen.

Ein weiteres Tympanon (vermutlich vom Vorhallenportal; um 1140) im Musée Hiéron in Paray-le-Monial (s. d.; Abb. S. 385).

APPOIGNY (Yonne B3)

St-Pierre-et-St-Paul. Die ehem. Stiftskirche (13. Jh.) wurde in durchgehender Bauzeit errichtet. Sie ist eine ungewöhnlich breite Basilika mit 4 Rechteckjoche tiefem Langhaus und gleich hohem, mit den Seitenschiffen fluchtendem Querschiff, dem ein gerader Chor folgt. Über dem W-Joch der N-Seite quadratischer Turm; ebendort eine Kapelle des 17. Jh.

Ä u ß e r e s. Alle Mauerkanten sind verstärkt, die Hochwände in den Flanken durch Entlastungsbögen im Mauerwerk stabilisiert; die knapp bemessenen Strebepfeiler und -bögen am Langhaus dienen mehr der Gliederung als der Statik. Der wenige plastische Baudekor (Portale und Fenster: Stilstufe Kathedralchor in Auxerre) zeigt beachtliche Qualität. Der *Turm* ist beherrschend: In den oberen Geschossen des 16. Jh. führt er die mittelalterl. Gestalt weiter, der die kräftigen, bis zur Balustrade hinaufreichenden Strebepfeiler einen monumentalen Aspekt geben. Das flache Giebeldach verschwindet hinter der Balustrade. »Kunstgewerblich« muten die Vasen und Aufsätze über den Pfeilern an; ebenso appliziert wirken Figurensockel und Baldachine des schlanken *Treppenturms*. Kaffgesimse unterteilen den Turm in ungleich hohe Geschosse.

Das spitzbogige *W-Portal*, als Stufenportal zwischen Strebepfeilern angelegt, hat Tympanon und Sturz verloren, setzt jedoch in die nicht gerade reich gegliederte Front mit wechselnd stärkeren und schwächeren Gewändesäulen, Knospenkapitellen und profilierten Archivolten einen eminent plastischen Akzent mit belebendem Rhythmus. In den Archivolten u. a. Rosetten, Weinlaub und Trauben. – Das

nur 1stufige *Seitenschiffportal* daneben hat seine Gewändesäulen verloren; Kapitelle und Weinranken im Dreipaß-
tympanon gehören zur gleichen Stilschicht. – Ein *3. Portal*
(südl. Seitenschiff) ist großenteils erneuert, die zugehörige
Vorhalle abgebrochen.

Bemerkenswert die zu Dreiergruppen zusammengefaßten
Fenster über dem W-Portal, in der Chorwand sowie in den
Stirnseiten des Querschiffs (auf der W-Seite leider vermauert): schmale, spitzbogige Fenster ohne Maßwerk, das mittlere etwas höher und breiter, in der W-Front sogar mit
schlanken Ecksäulchen. Daß diese Drillingsfenster symbo-
lisch auf die Trinität verweisen, ist denkbar, aber nicht
beweisbar. Auffällig das südl. Giebelfenster mit Dreipaß
auf dünnen Säulen und von Atlanten getragener Kranzarchivolte. – Architektonisch einprägsam die *Chorgruppe*
mit rechtwinklig zueinander stehenden, kurzen Giebelbau-
ten: klar und nüchtern, aber nicht ohne Eindruck.

Im I n n e r n kurzstämmige Rundpfeilerarkaden mit Dreiviertelsäulen in den 4 Hauptrichtungen (für Längs- und
Quergurte). Im 3zonigen *Wandaufbau* mit niedrigen Arkaden ist das Triforium mit gerundeten Doppelbögen, die in je
2 Dreipaßbögen aufgegliedert sind, nur vorgeblendet. Säulen und Knospenkapitelle lockern die schwerfällige Galerie
auf. Der durch spitzbogige Schildrippen und tief reichende
Gewölbekappen gegliederte Obergaden bleibt »Wand«, in
die schmale Fenster scharfkantig einschneiden. In *Langhaus*
und *Chor* durchweg Kreuzrippengewölbe, in den Schmalseiten leicht gestelzt. Gurte und Rippen sind mit Rundstäben
und Kehlen profilierte Bänder, die auf Kelchknospen- oder
Blattkapitellen aufsetzen. Nur die mittleren der im Schiff
3fachen Säulenvorlagen beginnen schon auf den Sockeln
und betonen die Vertikalbewegung vom Boden an. Über
dem Portalbogen der W-Wand verbindet ein Laufgang die
Dachstühle der Seitenschiffe; im Bogenfeld darüber das
Drillingsfenster. In *Chor* und *Querschiffarmen* bestimmen
Dreiergruppen- und Doppelfenster das Raumbild. Statt des
Triforiums ist hier die Sockelzone mit (erneuerten) Blend-

bögen gegliedert. Darüber befand sich vor den Fenstern ein
schmaler Laufgang. Im Vierungsgewölbe schöner Schlußstein mit Petrus-Figur (Patron).

Wichtigstes Stück der Ausstattung ist der als römisches
Triumphtor verstandene, üppig mit figürlichen und ornamentalen
Motiven ausgestattete *Lettner* (1606–10), der – 3 m tief – vor der
Vierung den Chor gegen das Mittelschiff abschrankt, jedoch durch
die Bogenöffnungen mit ihm verbunden ist. Die Raumeinheit bleibt
so erhalten. An den Bogenzwickeln *Reliefs* mit den Tugenden in der
Gebärde römischer Victorien, in den Muschelkonchen der Balustrade Apostel. Auf den Rechteckreliefs zwischen diesen Verkündigung, Kreuzigung, Kreuzabnahme und Grablegung Christi, im linken Feld 2 Petrus-Szenen. Übrigens sind die dekorativen Formen
z. T. nur aufgemalt. Auf der Chorseite *keine* bildlichen Darstellungen. Von hier eine Treppe auf die Lettnerbühne. – Zum Lettner
gehören die *Säulenschranken* gegen die Querschiffarme. Amüsant
das Spiel mit den Möglichkeiten perspektivischer Täuschung: eine
der 2 Türen der rippengewölbten *Durchgänge* ist eine »Schein-
tür«.

Auf dem *Hauptaltar* alte Kopie nach Nicolas Poussins »Schlüssel-
übergabe an Petrus«. – An der *Kanzel* Reliefs der Apostel Johannes
und Matthäus und des alttestamentlichen Oberpriesters Aaron.

ASNIÈRES-en-Montagne (Côte-d'Or D3)

● **Schloß Rochefort**

*Eine seit dem 12. Jh. existierende Burg gab Johann ohne Furcht im
frühen 15. Jh. auf. Schon Ende des Jahrhunderts ließ ein Rochefort
(Kammerherr Ludwigs XI.) das neue Schloß bauen. Im 17. Jh.
nutzte ein neuer Besitzer nur den vorderen Bereich vor und hinter
dem Graben für landwirtschaftliche Zwecke; auf der Terrasse wurden
Gärten angelegt. Um 1806 begann man, das in der Revolution offenbar auf Abbruch verkaufte Schloß tatsächlich abzubrechen, ließ es
dann jedoch in seinem heutigen Zustand stehen.*

Das Schloß auf steilem Fels ist eine eindrucksvolle **Ruine**,
der das herauswachsende Grün einen romantischen Aspekt
verleiht. – Eine auf Stützmauern ruhende Terrasse, die das
Schloß trägt, ist nur von der Bergseite aus zugänglich, wo ein
trockener Graben den über Zugbrücken erreichbaren *Eingang* sicherte: in einer trutzig anmutenden **Bastion** mit

gerundeten Flanken, durch Wurfschächte zusätzlich geschützt. Im anschließenden H o f **Pferdeställe** und **Unterkünfte**. – Das **Schloß** selbst war ein von Türmen flankierter, 3 Geschosse hoher Rechteckblock; nur 3 polygonale *Türme* der S-Flanke stehen noch. Die ins Leere ragenden Mauern trugen steile Giebeldächer und waren alle mit Maschikulis ausgerüstet, deren Konsolen hier und da noch stehen. Balken und Dachziegel wurden geplündert. Einige Fenster haben die kielbogigen Stürze bewahrt, andere die Pfosten, der mittlere Turm sogar die 120 Stufen hohe Wendeltreppe. Die Decken sind zwar eingestürzt, aber einige Kamine stehen noch an ihrem Platz. – Die auf der O-Seite anschließende **Kapelle** hatte eine 3seitige Apsis mit spätgot. Maßwerkfenstern und war im Langhaus über Rippen gewölbt (einige Bildwerke wurden nach Asnières verbracht).

AUTUN (Saône-et-Loire D6)

Die um 10 v. Chr. von Augustus im Stammesgebiet der Aeduer gegründete Stadt Augustodunum »ersetzte« das etwa 20 km westlich gelegene Bibracte, den Hauptort dieses gallo-keltischen Stammes auf dem Mont Beuvray (ca. 800 m hoch): Trotz dessen sicherer Höhenlage verließen die Aeduer ihre Stadt bald nach der Gründung des späteren Autun.

Der zwischen Saône und Loire ansässige Stamm hatte (nach Livius) schon vor der Eroberung Galliens mit den Römern freundschaftliche Kontakte – vermutlich von beiden Seiten gesucht nach dem Sieg der Römer über die Arverner ca. 125 v. Chr. Seither hatten die Aeduer eine gewisse Vormachtstellung im mittleren Gallien. Seit etwa 72/71 machten ihnen die zwischen Saône und Jura sitzenden Sequaner (Hauptort das spätere Besançon) diese streitig (Niederlage 61 v. Chr.), wobei sie sich der Hilfe des aus dem Neckarraum und Süddeutschland über den Rhein drängenden Germanenfürsten Ariovist versicherten. Die Römer standen den »befreundeten« Aeduern damals nicht bei. Erst Caesar unterstützte sie in dem gemeinsam mit den diesmal verbündeten Sequanern geführten Abwehrkampf gegen die – ebenfalls keltischen – Helvetier, die sich aus dem (seit ca. 100 v. Chr.) bewohnten Raum zwischen Oberrhein und Genfer See nach Westen ausdehnen wollten, jedoch von Caesar 58 bei Bibracte besiegt und in das Schweizer Mittelland abgedrängt wurden, wo sie als Ver-

bündete Roms blieben. Im gleichen Jahr besiegte Caesar auch Ariovist in der Schlacht bei Mülhausen (hinter der Burgundischen Pforte)
– wieder mit Unterstützung der beiden Stämme – und verhinderte
dessen Vordringen nach Westen. Wenig später sammelte der junge
Arvernerfürst Vercingetorix die gallischen Stämme gegen Rom. Er
gewann auch die Aeduer für die gemeinsame Sache; man traf sich in
Bibracte. Nach anfänglichen Erfolgen wurde er jedoch 52 bei Alesia
(→Alise-Sainte-Reine) vernichtend geschlagen und gefangengenommen (46 in Rom ermordet). Caesar hatte ganz Gallien zwischen
Rhein und Atlantik unterworfen, als er 51 nach Rom zurückkehrte.
Ein letzter Aufstand gegen Rom unter dem Aeduer Sacrovir (21
n. Chr.) konnte die Romanisierung der kelto-gallischen Stämme nicht
mehr aufhalten.

Die augusteische Stadt. Autun erlebte unter Augustus und seinen
Nachfolgern eine glanzvolle Blütezeit, gefördert durch das vom
Agrippa ausgebaute Straßennetz. Im ganzen Reich berühmt war
Autun indes v. a. wegen seiner Schulen, an denen auch Römer aus
den Provinzen des Reiches studierten. Der anspruchsvolle Ausbau
der ca. 200 ha deckenden, von einer 6 km langen Mauer umgebenen
Stadt mit Kapitol und Forum, Tempeln und Basiliken, Amphitheater,
Bühnentheater und Circus sowie von Säulenhallen umgebenen Schulen stand in nichts den bekannteren Römerstädten (z. B. Arles und
Nîmes) nach. In der künstlerischen Qualität seiner Bauten konnte
sich Autun selbst mit Rom messen: Man nannte es Schwester oder
Rivalin Roms, aber stolz auch das »Rom der Gallier«. Mit dem
ausgehenden 2. Jh. wurde allerdings eine Rezession fühlbar. Handel
und Gewerbe gingen zugunsten von an der von Landstraßen begleiteten Wasserstraße Rhône–Saône gelegenen Städten (Lyon, Chalon-
sur-Saône, Mâcon) zurück; Lyon war zudem Verwaltungszentrum
einer der 3 gallischen Provinzen, außerdem religiöses Zentrum des
Kults der Roma und des Augustus. Deutliches Symptom für den
Rückgang Autuns ist die Bevölkerungsabnahme: Handwerker und
Händler wanderten ab, zurück blieben der Adel und die Schulen, die
intellektuelles Leben gewährleisteten. Bezeichnend ebenfalls, daß
vom Ende des 1. bis Mitte des 3. Jh. kaum Nennenswertes überliefert
ist, auch nicht über politische Ereignisse. Die zunehmenden Germa-
neneinfälle trugen zur Schwerpunktverlagerung nach Osten bei; die
Grenzverteidigung war den Römern jetzt wichtiger als Gallien. Konstantin besuchte Autun 311 nur auf der Durchreise nach Trier, das er
favorisierte und prächtig ausbaute.

Christentum in Autun. Griechische Grabinschriften bezeugen Christen bereits Ende des 2. Jh.; Soldaten und Kaufleute vornehmlich aus

*östl. Provinzen des Reiches hatten die Lehre hierhergebracht. Aus
dem Wunsch, die Gründung der Gemeinde möglichst nahe an die
Apostelzeit heranzudatieren, entstand schon im 6. Jh. die Sympho-
rianus-Legende, derzufolge der Patriziersohn im Auftrag des Märtyrerbischofs Pothinus (Schüler des Johannes-Schülers Polycarp aus
Smyrna und Vorgänger des Irenäus in Lyon) in Burgund missionierte
und in Autun hingerichtet wurde. Über seinem Grab bereits im 5. Jh.
ein Sanktuarium (s. dazu Dijon, St-Bénigne). Die frühchristliche
Legendenbildung erklärt sich aus der seit dem 5. Jh. in Gallien wachsenden Missionstätigkeit. Bei der schwindenden Macht Roms gewannen die Bischöfe auch politische Bedeutung. Dank Ansehen und als
Vertreter der oft einzigen noch funktionierenden Institution nahmen
sie in ihren Sprengeln, gefördert durch persönliche Aktivitäten, die
Macht in die Hand. Anfang des 5. Jh. war mit der 1. Bischofskirche
ein* Castrum *entstanden. Bischof Syagrius († um 600) hatte am fränkischen Königshof Gunthrams († 592) in Chalon-sur-Saône großen
Einfluß. In dem nach Gunthrams Tod anhebenden Erbstreit zwischen den Witwen der Königsbrüder stand Syagrius der Brunhilde
bei, die in Autun starb und in der Kirche des von ihr mitgegründeten
Martinsklosters beigesetzt wurde (Deckel ihres Marmorsarkophags
im Musée Rolin). – Schwere Schäden erlitt die Stadt bei Überfällen
731 durch Sarazenen und 852 durch Normannen. Verwaltet wurde sie
jetzt von Grafen (königlichen Beamten); der älteste bekannte war
Schwiegersohn Karl Martells. Karl d. Kahle übertrug 875 Amt und
Würde mit Castrum und Münzrecht an den Bischof. Das bedeutete
einen folgenreichen Einbruch in die bisherige Grafschaftsverfassung.
Der Bischof hatte bei der Kathedrale 858 ein Kanonikerstift eingerichtet. Doch die zu seiner Unterstützung ernannten Kanoniker verschaff-
ten sich schon bald einträgliche Vorrechte (sogar Münzrecht), was zu
offener Gegnerschaft entartete.*

Die Bischofsstadt. *Seit ca. 956 gehörte Autun zum Herzogtum Burgund. Streit um Zuständigkeiten bestimmten langhin die Geschichte
der Stadt und des Bistums. Einen Höhepunkt erreichten die Querelen
unter Bischof Norgaud († 1112), der mehrmals ab- und wieder eingesetzt wurde und mit seinen Kanonikern im Dauerstreit lag, ebenso mit
Vézelay und Cluny. Sein Nachfolger, Étienne de Bâgé (1112–36),
versöhnlicher und diplomatischer, stiftete wieder Ruhe. Unter ihm
wurde mit dem Bau der großen Wallfahrtskirche begonnen. Die Pilger trugen zu einer neuen Blütezeit bei, in der sich auch wieder bemerkenswerte künstlerische Aktivitäten entfalteten. Diese Entwicklung
wurde 1379 bei einem Überfall durch die Engländer (100jähriger
Krieg) empfindlich beeinträchtigt, wobei auch bedeutende Bauten*

verlorengingen. Kardinal Jean Rolin (Bischof 1436–83), Sohn des Kanzlers Nicolas Rolin (s. Beaune), restaurierte die Kathedrale und ermöglichte durch seine Initiativen als Auftraggeber eine Wiederbelebung der Künste (s. Museum). Im Religionskrieg erfuhr die Stadt bei Überfällen durch Protestanten unter Coligny erneut Verluste, v. a. in und an den Kirchen. – Aus dem 17. Jh. blieb die Kapelle des »Großen Seminars« erhalten, aus dem 18. Jh. die 1757 errichtete ehem. Kapelle des 1618 gegründeten Jesuitenkollegs (heute Pfarrkirche Notre-Dame). – 1788 wurde Ch.-M. de Talleyrand (der spätere Staatsmann) Bischof von Autun, demissionierte aber bereits 1791; 1789 als Vertreter des geistlichen Standes in die Generalstände gewählt, beantragte er bei Ausbruch der Revolution die Einziehung der Kirchengüter als Nationaleigentum. – Das Konkordat von 1801 gliederte die Bistümer Chalon-sur-Saône und Mâcon in das Bistum Autun ein, das selbst Suffragan von Lyon blieb.

● Die römische Stadt

Das ehem. Augustodunum, auf dem Hochplateau zwischen Arroux und 2 kleineren Zuflüssen angelegt, zeigt die Merkmale einer auf dem Reißbrett geplanten Stadt mit geraden Straßen parallel zu den Hauptrichtungen Cardo und Decumanus. Beide führten zu den **4 Haupttoren** in der dem Gelände angepaßten **Stadtmauer** (1. Hälfte 1. Jh. n. Chr.). In Abständen von 50–100 m standen insgesamt 54 **Wacht- und Wehrtürme** (∅ ca. 10 m), nach außen halbrund vortretend, auf der Stadtseite für die Verteidiger unmittelbar zugänglich. Die Mauer war ca. 11 m hoch und durchweg etwa 2,50 m stark. Städtebaulich bemerkenswert: die Straßen führten alle auf einen der genannten Türme. Man beachte: auch die Haupttore gehörten zur Mauerbefestigung und sind von Verteidigungstürmen flankiert. Vermutlich hatten alle 4 in der Mitte hohe Doppelbögen für ein- und ausfahrende Wagen, und niedrigere seitliche Bogenöffnungen für Fußgänger.

● Die **Porte d'Arroux** im NW (Richtung Sens und Orléans)

war ein Doppeltor mit auf Verteidigung eingerichtetem Innenhof. Der massige, 1,85 m breite Mittelpfeiler nimmt über schlichten Kämpfern die 4,43 m breiten, im Scheitel ca. 7,50 m hohen Bögen mit Kranzarchivolte auf, die sich zu

Autun. Porte d'Arroux (nach einer Lithographie des 19. Jh.)

4,25 m tiefen, tonnengewölbten Durchgängen öffnen. Zwischen den noch auszumachenden Türmen ist das Bauwerk 18,55 m breit; urspr. Gesamthöhe 16,70 m. Dem Bruchsteinmauerwerk sind behauene, ohne Mörtel versetzte, aber innen verdübelte Sandsteinquader vorgeblendet; sie geben dem Tor einen monumentalen Aspekt. Über den Bögen in der ganzen Breite ein Faszienfries, abgesetzt ein Konsolgesims mit begleitendem Scheibenfries. Das Obergeschoß bildete eine durchgehende offene Bogenfolge mit schlanken Pfeilerarkaden (7 von 10 sind erhalten). Einfache Kämpfer nehmen hier über Laibungspilastern die mit Faszien profilierten Bögen auf; in der Frontseite sind es kannelierte Pilaster über korinthischen Kapitellen für das Gebälk mit Fasziengesims, über dem ein reich ornamentiertes Kranzgesims den Abschluß bildete. Die auf der Stadtseite schmuckloseren Formen waren nicht einsehbar und deshalb schlichter. Nachträglich eingehauene Rillen deuten auf später angelegte Falltüren; ursprünglich waren es Flügeltüren.

● Die **Porte St-André** ging im NO auf die Straße nach Besançon. Höhe 14,60 m, Breite 19,18 m; die Bogenhöhe beträgt 7 m, ihre Breite 4,10 m. Auch hier hohe und niedrigere Durchgänge: die Fußgängerportale in vorspringenden Risaliten, unmittelbar neben den mächtigen Türmen, von denen einer im Untergeschoß noch steht. Neben deren glatten Halbrundmauern ist der Portalbau wie die Porte d'Arroux gegliedert und gleichfalls in Sandstein gequadert. Das Galeriegeschoß hat Viollet-le-Duc unter Wiederverwendung von nicht überall passenden römischen Steinen erneuert. Auf der Stadtseite verlängerten sich die Turmmauern über das Tor hinaus – wahrscheinlich gehörten sie zu einer von vergleichbaren Toren bekannten Hofanlage, in der ein bereits eingedrungener Feind noch bekämpft werden konnte. – Das untere Geschoß des stark erneuerten nördl. Flankenturmes wurde im Mittelalter zu einer Kirche umgebaut, der das Halbrund des Turmes als Apsis diente; die Mauern sind 1,60 m stark.

Von der **Porte St-Andoche** im W wurden nur einige Fundamente ergraben, bei der im S gelegenen **Porte de Rome** Werkstücke aus Marmor gefunden. Möglicherweise war dieses Tor in Richtung Lyon und damit auch Rom als Auszeichnung mit Marmor verkleidet, denn durch dieses Portal zogen die Kaiser in die Stadt ein.

Von dem in einer Ausbuchtung der Stadtmauer im NO gelegenen **Amphitheater** steht nichts mehr; es war nach dem römischen Kolosseum das größte seiner Art. Die 1756–60 angelegte, in 6 Reihen mit Linden bepflanzte »Promenade des Marbres« mündete auf damals noch vorhandene Stufen des Amphitheaters. – Nicht weit entfernt stand das **Bühnentheater**, von dem Orchestra, einige Sitzstufen sowie Treppen aufgedeckt und wiederhergestellt wurden. Mit 148 m ∅ und ca. 15000 Sitzplätzen war es das größte römische Theater Galliens. – Von den zu ihrer Zeit berühmten **Säulenhallen** bei den im Zentrum gelegenen Schulen blieb nichts erhalten, ebensowenig vom **Kapitol** mit **Tempeln** für die Göttertrias Jupiter, Juno und Minerva sowie

von anderen Tempeln. – Das **Forum** wird im heutigen Stadtviertel Les Marchaux (nördlich der Marmorpromenade) angenommen.

Pierre de Couard. Außerhalb der römischen Stadtmauer
steht an einer südl. Abzweigung der von Agrippa gebauten
Straße eine ca. 33 m hohe Grabpyramide, deren urspr.
Gestalt nicht sicher auszumachen ist, da dicke Steinschich-
ten ausgebrochen wurden.

Der ohne plausiblen Grund sog. **Janus-Tempel** westlich der
Porte d'Arroux ist trotz ruinösen Zustands ein Bauwerk
hohen Interesses. Die 2,20 m starken Mauern des fast quadratischen, 24 m hohen Tempels zeigen sorgfältig mit kleinen Steinen in geraden Fugen versetztes Mauerwerk, wie
Stadtmauer und Portale; wohl noch 1. Jh. n. Chr. Dafür
spricht die A u ß e n g l i e d e r u n g mit flachen Nischen und
3 rundbogigen (?) Fenstern. Mauerausbrüche verunklären
die urspr. Gestalt. Im Erdgeschoß umgaben den Bau 5,30 m
breite, tiefer liegende Galerien oder Säulengänge; der Eingang wird auf der O-Seite vermutet. Im I n n e r n variiert
die Mauergliederung: an der *W-Wand* 2 größere, 5,60 m
hohe rundbogige Blendarkaden, zwischen ihnen eine Halbrundnische (Höhe 3,40 m); die *S-Wand* zeigt nur eine, dafür
von 2 Halbrundnischen flankierte Blendarkade. Leider sind
die Rückwände aller Blendarkaden ausgebrochen; die ca.
13 m hoch ansetzenden Fenster waren kleiner, als die Aus-
brüche vermuten lassen. Nach Grenier trugen die Wände
einen roten Verputz, die Nischen waren auf hellerem Grund
ausgemalt. Ein 1610 noch vorhanden gewesener, mit Mosaiken belegter Blockstein in der Mitte des Raumes spricht für
eine Statue des hier verehrten Gottes – ob Janus oder, wahrscheinlicher, Mars, ist nicht geklärt.

Kathedrale St-Lazare

*Der Kirchenpatron Lazarus vertritt 2 biblische Gestalten: den (bei
Joh. 11 genannten) Bruder der Maria und Martha aus Bethanien, den
Christus wieder zum Leben erweckte, und den »Armen Lazarus« aus
dem Gleichnis (Luk. 16,19–31). Beide waren an der Kathedrale
dargestellt: der Arme an 2 Kapitellen des N-Portals, die Wiedererwek-*

*kung des anderen im Tympanon dort. Letzterer steht auch am Mittel-
pfosten des W-Portals als Bischof (von Marseille) mit seinen Schwestern. Im Chor der Kirche ist das »Lazarus-Grab« (s. Musée Rolin).
(Über den Lazarus-Kult ausführlicher bei Avallon und Vézelay.)
Mit dem Bau der Lazaruskirche – den Bauplatz stiftete der Herzog –
wurde ca. 1119/20 begonnen. Maßgebliches Vorbild war die noch
nicht vollendete 3. Kirche in Cluny. Der Bauherr, Bischof Étienne de
Bâgé, war engagierter Anhänger der Cluny-Reform (1136 zog er sich
als Mönch dorthin zurück). Weihe der noch unvollendeten Kirche
(anläßlich eines Papstbesuchs) 1130. Bei der feierlichen Reliquienübertragung 1146 war die Vorhalle noch im Bau. Die für die Wallfahrt gebaute Lazaruskirche stand südlich der im 18. Jh. abgebrochenen »alten« Kathedrale St-Nazaire, deren Funktionen sie jedoch
schon im Mittelalter mit übernahm.*

Das Ä u ß e r e bestimmen an Langseiten und Hochchor
sowie am Vierungsturm weitgehend spätgot. Formen. Die
• *westl. Vorhalle* mit *Turmpaar* ist großenteils erneuert. Die
der alten Nazariuskathedrale gegenübergestellte N-Front ist
als Schauseite angelegt und so geblieben. Die Stirnseite des
nördl. Querschiffs besitzt ein roman. Gliederung: Starke
Strebepfeiler sichern ihre steile, horizontal in Zonen unter-
• teilte Giebelfront mit dem *ehem. Haupteingang*, einem Stufenportal mit kannelierten Pilastern und Gewändesäulen
mit ornamentierten Schäften.

Bis auf die figürlichen Kapitelle, eine Rankenarchivolte sowie
wenige Relieffragmente ist die Portalplastik verloren; die Domherren haben sie bereits 1766 abschlagen lassen. Ältere Beschreibungen geben das *ikonographische Programm*: Überwindung des Todes
und Wiedergeburt zum Heil. Im Tympanon Erweckung des Lazarus, am 5,06 m breiten Sturz Sündenfall, von dem nur die berühmte
Eva erhalten blieb (s. Museum); hinter ihr ist vermutlich Satan zu
ergänzen, ihr gegenüber, gleichfalls liegend, Adam. Die originalen
Gewändekapitelle zeigen über dem rechten Pilaster außen den reichen Prasser am Tisch mit 2 Frauen; auf der Gewändeseite klopft
Lazarus vergeblich an dessen Tür, nur die Hunde lecken seine
Schwären. Am linken Pilaster der Reiche in der Hölle, am rechten
Lazarus in Abrahams Schoß. Am *Säulenkapitell* rechts: Christus
erweckt den Jüngling von Nain, vor ihm die kniende Mutter; links:
Heimkehr des verlorenen Sohnes (der bereits Verlorene wurde,
nach Lukas, durch die Heimkehr gleichsam wieder lebendig).

Über dem Portal flache Blendbögen zwischen Pilastern; deren Kapitelle verbreitern sich zum Sockelgesims für die Fensterzone. Das größere Fenster darüber flankieren Blendbögen, die als Folge das ganze *Querhaus* umziehen und sich am *Langhaus* – zwischen Hochfenstern und Abschlußgesims – fortsetzen. Nach dem Gewölbeeinsturz in Cluny (1125) begnügte man sich hier jedoch mit *einem* Fenster in jedem Joch. Zwischen den Strebepfeilern eingebaute *Kapellen* (15./16. Jh.) mit üppigen, wechselnden Flamboyant-Maßwerk-Fenstern.

Den 77 m hohen *Vierungsturm* ließ Kardinal Rolin bauen ● (der romanische 1469 durch Blitz zerstört). Er steht als massiger, quadratischer Block über der mächtigen Vierung, hat verstärkende Strebepfeiler an den Ecken; an der NW-Ecke ein Treppenturm. Spätgot. Blendbögen und Schallarkaden in den oberen Geschossen. Der 8seitige Helm steigt – nach abgesetzter Balustrade – aus einem Kranz von Ziergiebeln und Fialen auf. – Vom roman. *Chor* mit 2 geraden Jochen steht nur noch das untere Geschoß mit 2 Fensterreihen. Die Stirnarchivolten werden von den jüngeren Strebepfeilern des im 15. Jh. erhöhten Chores mit hohen got. Fenstern z. T. überschnitten. Die 2geschossige *Sakristei* am südl. Querschiffarm von 1520; im Obergeschoß heute Lapidarium (s. u.).

An der 3schiffigen, 2 Joche tiefen *W-Vorhalle* waren die seitlichen Flügel als Kapellen abgemauert. Der Zugang lag auf der N-Seite; im W reichte der (1767 aufgelassene) Domherrenfriedhof bis unmittelbar an die Kirche. Die Vorhalle wurde vom Herzog nur gegen die Zusicherung genehmigt, sie nicht für die Verteidigung auszubauen. Die steile *Treppe* von 1848 hat man nach Aufgabe der Seitenkapellen 1855 auf die 3 Portale verbreitert, 1873 – nach Vorbild Paray-le-Monial – die *Türme* ohne Mauerverbindung mit dem Langhaus erneuert. Angeblich diente die imposante Vorhalle den wallfahrenden Leprosen als offene Kirche; sie sollten mit den anderen Pilgern nicht in Berührung kommen. Bei geöffneten Türen hätten sie das Lazarus-Grab im Chor der

Kirche sehen können – vielleicht der Grund für die auffällig hohe Form des Grabes (s. Museum).

● Das gewaltige *Weltgericht* im *Tympanon des Mittelportals* gehört zu den bedeutendsten schöpferischen Leistungen der

Autun. Kathedrale St-Lazare. Tympanon des Mittelportals
(nach Grivot/Zarnecki)
(Erläuterungen s. Text; zu den Kapitellen I–V s. S. 56)

roman. Bauplastik in Frankreich, ja der Welt. Es ist an der Basis 6,53 m breit und 4,62 m hoch; die Relieftiefe mit ca. 0,35 m ist erstaunlich gering. Der 0,76 m hohe und 0,40 m starke *Sturz* bedurfte eines – in Cluny z. B. nicht vorhandenen – Zwischenpfeilers. Trotz dieser Vorsorge sind Risse entstanden. Das Tympanonfeld (ohne Sturz) besteht aus 29 Platten unterschiedlicher Größe.

Der Eingang ist ein 3faches *Stufenportal* mit Säulen, figürlichen Kapitellen und Archivolten. Am Mittelpfosten Lazarus als Bischof mit seinen Schwestern (völlig erneuert, die Kapitelle nach Original-Fragmenten).

Die *Archivolten* sind keine Rechteckstufen, sondern flache Kehlen. Die *äußere Archivolte* trägt die urspr. Medaillons der *Tierkreiszeichen* und *Monatsdarstellungen*, links – nach Blütenornamenten (1, 2) – zusätzlich zweimal 2 Jahreszeiten: 3. *Frühling:* Jüngling mit Blumen / *Sommer:* nackter Jüngling mit Sichel; 4. *Herbst:* Gestalt mit Früchten / *Winter:* Mann am Feuer. – Im Bogenscheitel (15) »*Annus*« (das Jahr), eine hockende Gestalt, die Sonne und Mond halten müßte (bereits im Tympanon neben Mandorla vorhanden).

Monate und Sternbilder stehen jeweils nebeneinander. Die Reihenfolge beginnt im linken Halbbogen mit dem 5. Medaillon: 5. *Januar:* Sich Wärmender beim Brotschneiden / 6. *Wassermann:* Mann gießt Wasser aus. – 7. *Februar:* Sich wärmender Mann / 8. *Fische.* – 9. *März:* Schneiden des Weinstocks / 10. *Widder.* – 11. *April:* Fütterung von Tieren mit Laub (seltenes Motiv) / 12. *Stier.* – 13. *Mai:* Ritter zu Pferde / 14. *Zwillinge.* – Mit 15. »*Annus*« wechselt die Reihenfolge: 16. *Krebs* / 17. *Juni:* Mann pflückt und ißt Früchte – 18. *Löwe* / 19. *Juli:* Mann schärft Sense für die Ernte. – 20. *Jungfrau* / 21. *August:* Korndreschen. – 22. *Waage* / 23. *September:* Weinkeltern. – 24. *Skorpion* / 25. *Oktober:* Schweinemästen mit Eicheln. – 26. *Schütze* / 27. *November:* Holzsammeln für den Winter. – 28. *Steinbock* / 29. *Dezember:* Schweineschlachten. – Künstlerisch sind die Medaillonbilder von mäßiger Qualität.

Sinndeutung der Tierkreiszeichen und Monatsbilder. Auf ihrer scheinbaren Bahn, welche die Sonne im Laufe des Jahres (monatlich etwa 30°) durchschreibt, durchmißt sie 12 Abschnitte, die schon lange vor den Griechen gleichsam als Ortsangabe mit den Zeichen des Tierkreises benannt wurden. Eine Aufgliederung in 12 Sternbilder – wenngleich mit anderen Benennungen – kannten auch Ägypter und Babylonier; sie geht vielleicht auf die Akkader zurück. Das Christentum übernahm sie mit dem Kalender von den Römern. Spätestens in karolingischer Zeit erscheinen sie in den Kalendarien der Kirche (Festkalender) als Beigabe zu liturgischen Handschriften, ebenfalls schon früh zusammen mit den Monatsbildern. In den großen Bildprogrammen der roman. und got. Portale dienen sie weniger als Kalender denn als Zeichen dafür, daß der Mensch mit all seinem Tun im Jahresablauf immer dem Heilsgeschehen eingebunden bleibt. Daher erklärt sich auch ihre Bedeutung im Zusammenhang mit dem Weltgericht.

Die *mittlere Archivolte* füllen 2 Blattranken, die vollplastisch wirken. – Die *innere Archivolte* trug (vermutlich) 18 der 24 Ältesten der Apokalypse; die fehlenden 6 auf dem linksseitigen Kapitell (IV,3) darunter.

Das *Weltgerichts-Tympanon* blieb über die Revolution erhalten; die Domherren hatten es 1766 zumauern und die Figuren am Mittelpfosten sowie vortretende Teile und die 18 Ältesten in der Archivolte abschlagen lassen; das gefundene Haupt Christi ist wieder an seinem Platz. Weltgerichts-Darstellungen sind in der roman. Monumentalplastik nicht sehr häufig, in Cluny-Kirchen sogar noch seltener, in Autun vielleicht durch die Verschmelzung mit anderen Bildideen erklärbar (s. u.).

In der Mitte, das ganze Bogenfeld beherrschend (A), die gewaltige Gestalt des in der Mandorla thronenden *Christus* (Höhe 3,04 m!). Die Inschrift auf der Mandorla[1] unterstreicht die Gebärde der richtenden Hände: »Ich belohne die guten Taten und bestrafe die bösen.« Mit der Linken weist er die Verdammten in die Hölle, mit der Rechten die Seligen ins Paradies. Die 2. Inschrift (über dem Sturzrelief)[2] verspricht allen Frommen das Ewige Licht, aber die Schrecken der Hölle jenen, die in den Irrtümern der Welt verstrickt blieben.

Auf der linken Seite leiten (außen) Engel die Seligen in das als Bogenarchitektur mit offenem Tor versinnbildete Paradies (B), wohin Petrus mit seinem Schlüssel deutet (C). Neben der Mandorla die Gruppe der Apostel (D); sie starren, dicht zusammengedrängt und wie versteinert ob des Gesehenen, auf die Vorgänge in der Hölle. Rechts neben dem Tor die thronende Maria neben einem zum Gericht blasenden Engel (E). Gegenüber, auf der rechten Seite, 2 gleichfalls sitzende nimbierte Männer (F), auch sie sprachlos vor Erschrecken: vielleicht Henoch, einer der Urväter, und der Prophet Elias, beide lebend in den Himmel entrückt, um bei Christi Höllenfahrt mit dem Antichrist zu kämpfen. Den Himmel kennzeichnet ein schmaler Arkadensockel. Neben Petrus schiebt ein Engel gerade einen Erlösten durchs Himmelstor; ein anderer umschlingt ihn, und ein dritter hält sich an seinem Flügel fest; wieder ein anderer Auferstandener klammert sich an den Posaunenengel ganz links.

Expressive Verdeutlichung neben anschaulicher Erzählung sind die hervorstechenden Merkmale; ihr sind klare Übersicht und ables-

---

1. OMNIA DISPONO SOLUS MERITOS(QUE) CORONO
   QUOS SCELUS EXERCET ME IUDICE POENA COERCET.

2. QUISQUE RESURGET ITA QUEM NON TRAHIT IMPIA VITA
   ET LUCEBIT EI SINE FINE LUCERNA DIEI

   TERREAT HIC TERROR QUOS TERREUS ALLIGAT ERROR
   NAM FORE SIC VERUM NOTAT HIC HORROR SPECIERUM.

bare Gliederung ebenso geopfert wie die Einheitlichkeit in den Proportionen. Der Himmel wird nicht als Zone *über* dem Ganzen, sondern mit passierbarem Tor ins Bild gebracht und als Himmelsstadt am äußeren Rand hinuntergestaffelt. Ebenso auf der anderen Seite die Hölle. Die unterschiedliche Größe der Apostel folgt keinem Bedeutungsmaßstab; der Künstler wußte sie offenbar als Gruppe nicht anders unterzubringen. Das gilt auch für die Posaunenengel. Im ganzen Bild gibt es keinen einheitlichen Maßstab.

Die Christus zugewandte nimbierte Gestalt (G) auf der rechten Seite könnte der Evangelist Johannes sein, der das »Buch des Lebens« hält. Neben ihm und vor ihm der *Erzengel Michael* als *Seelenwäger* (H). Das Motiv kam erst später in die Gerichtsdarstellungen – vielleicht über ältere Vorstellungen Michaels als Verteidiger der Verstorbenen gegen den Teufel oder als Bewacher des Paradieses. In Autun hält übrigens nicht er, sondern die »Hand Gottes« die Waage. Michaels Gegenspieler ist ein riesiger Teufel (J). Ebenso drastisch ist die Beschreibung der Hölle mit dem Höllentor am rechten Rand, in dem schaudererregende Unholde die Verdammten peinigen (K). Auch hier keine »folgerichtige« Erzählung, sondern eine chaotische Darstellung des Grauens schlechthin.

Auf dem *Sturz* sind die Auferstehenden bereits gerichtet (L, M). In der Mitte, genau unter Christus, drängt ein Schwertengel die Verdammten zurück. Einige erheben sich erst aus den Sarkophagen, andere steigen heraus oder stehen verängstigt auf den Gräbern oder bewegen sich nach vorn. Nur wenige sind bekleidet, die Priester an den Gewändern erkennbar, Pilger an ihren Taschen. Kennzeichnend ist das Bemühen, alle Vorgänge durch szenische Schilderung anschaulich zu machen. »Geiz« und »Wollust« sind durch Attribute gekennzeichnet (Sack um den Hals bzw. Schlangenbiß in die Brüste). Hoffnungslosigkeit und Verzweiflung lösen übermächtige Krallenhände aus, die wie Zangen den Hals eines vor Schreck Erstarrten umschließen: Das Unausweichliche des Schicksals könnte nicht zwingender dargestellt werden!

Zwischen den Teilen der Sturz-Inschrift (N–O) die stolze *Künstlersignatur:* »GISLEBERTUS HOC FECIT«, der Name sicher nicht zufällig genau unter dem Mandorla Christi. (Ist sie bereits Ausdruck des Bewußtseins schöpferischer Leistung des Künstlers?)

In diesem Weltgerichtsbild sind mehrere Themen verschmolzen, die alle zur »Wiederkunft Christi am Ende der Tage« gehören. Ausgang mag die »Majestas Domini« gewesen sein, d. i. der in der Mandorla Thronende, als Bild (meist in der Apsis) schon länger in Übung, aber plastisch vermutlich erstmals am Kirchenportal von Cluny III dargestellt, allerdings mit Evangelistensymbolen, die in Autun fehlen. Es fehlen hier auch Segensgestus und Evangelienbuch, die sonst zur »Majestas« gehören. Dafür umgaben Christus die 24 Ältesten der Apokalypse, die den von Jesaia und Ezechiel vorhergesagten visionären Charakter unterstrichen. Mit dem »unverhüllt in messianischer Herrlichkeit« wiederkommenden Christus beginnt – nach dem Gericht – die endgültige Gottesherrschaft. – Zum »Majestas«-Bild hinzugekommen sind in Autun die 4 Mandorla-Engel (P; in Cluny nur 2) von der »Himmelfahrt« (Apostelgeschichte). In Autun sind diese Themen in das Bildprogramm eingegangen mit der Gewißheit, daß vor Anbruch der Gottesherrschaft das Gericht gesetzt ist, wobei die Anspielung auf Lohn und Strafe erst im Mittelalter hinzukam. In Autun wird daraus ein *Gerichtsvorgang*, in dem – das ist einzigartig – auch der Charakter des Visionären erhalten bleibt.

Der Künstler baut auf der älteren Streifenkomposition mit gleichmäßig gereihten Szenen auf, verändert diese aber, um den moralischen Aspekt von Lohn und Strafe vor Augen zu führen. Der als Spannung empfundene Gegensatz zwischen der riesigen, durch die Mandorla isolierten Gestalt Christi, die in ihrer hieratischen Ruhe wie eine Evokation der Gottesmacht gegenwärtig und zeitlos zugleich wirkt, und den dramatisch bewegten Einzelszenen kann kaum größer gedacht werden. Neu daran ist, daß Selige und Verdammte nicht typisiert sind und menschlich auf den Urteilsspruch reagieren, und daß auch die Apostel nicht mehr Beisitzer sind, sondern anteilnehmende Zuschauer (W. Sauerländer), denen ob des Gesehenen der Atem stockt. Das Programm mag von Theologen stammen, die Erfindung der Bilder ist Leistung der Phantasiekraft des Gislebertus, ebenso die Umdeutung der überkommenen Bildvorstellungen und Formqualitäten als Träger des Bildausdrucks. Dazu gehört v. a. die ungewöhnliche Streckung der Figuren, deren Maßlosigkeit alles Bisherige übertrifft. Die Vorstellung des Mächtigen und Gewaltigen tragen jedoch plastische Formen, die eher zart ziseliert und kostbar sind. Fast parallel und konzentrisch gebündelte Linien überziehen die Körper; ihre Herkunft von Gewandfaltenlinien ist kaum noch zu ahnen, sie sind auch nur sehr bedingt durch Körperaktionen hervorgerufen. Die spitz zusammenlaufenden, hart knickenden, scharf brechenden Flächenlinien organisieren sich zu Gestalten, die kaum Volumen haben und deren Körper deshalb auch – im Unterschied zu aller von der Antike ableitbaren Skulptur – keinen Raum verdrängen. Dennoch eignet diesen Gestalten eine bis zur Heftigkeit gesteigerte Ausdrucksgewalt, welche die gemeinten Gebärden bewußt macht und die »Naivität und Direktheit im Ergreifen des Inhalts« (Sauerländer) trägt. Gegenüber den etwas älteren Pilasterkapitellen im Innern hat der Künstler seinen ganz auf die Fläche konzentrierten Stil noch geschärft. Ihn in seiner Herkunft abzuleiten, ist bis heute nicht gelungen (auch nicht von Cluny III). Es ist des Gislebertus Stil, eigenwillig und unverwechselbar (s. a. S. 57).

I n n e r e s. 3schiffige Basilika. Innere Gesamtlänge ca. ● 67 m; Breite 21,11 m, im Mittelschiff 8,44 m; Höhe unter Gewölbe 23,38 m; Querschiffbreite ca. 30 m. Im Langhaus spitzbogige Arkaden zwischen Kreuzpfeilern mit kannelierten Pilastern. Die quadratische Vierung flankieren doppeljochige Querschiff-Flügel. Wie das Langhaus gegliederte Chorjoche setzen die Seitenschiffe fort und enden in Halbrundapsiden; der Radius der Hauptapsis ist entsprechend größer. Haupt- und Querschiffe besitzen spitzbogige Tonnen-, die Seitenschiffe Kreuzgewölbe.

Der erste Eindruck beim Betreten ist – Stein! Die *Mittelschiffwände* wirken wie Reliefs mit flächig geschichteten Gliederungselementen. Verstärkt wird die Flächenwirkung durch die kannelierten Pilaster, die hohe Sockel haben; ihre Kämpfer bilden ein Gesims rund um die Pfeiler. In den Arkaden und Seitenschiffen sind sie um die Höhe der Kapitelle (0,73 m) verkürzt. Im Mittelschiff steigen sie bis zum Gewölbe, nur unterbrochen vom Fußgesims des Triforiums, das ein Rosettenfries begleitet. Ihrerseits überschneiden die Pilaster – eine rhythmisierende Nuance – das mit Perlstab geschmückte Fußgesims der Fensterzone. Beim Gewölbeansatz skulptierte Kapitelle für die Quergurte. Die Blendbogenfolge des Triforiums ist den römischen Stadttoren (s. o.) nachgebildet – in Autun aber schon von Cluny übernommen. Von dort auch die kannelierten Pilaster der Pfeiler. Wegen der Tragfähigkeit der Mauern gibt es in Autun statt des durchfensterten Lichtgadens von Cluny in jedem Joch nur *ein* Fenster; die Öffnungen im Triforium dienten der Belüftung. In der Fensterzone runden sich die Vorlagen (neben den Pilastern) zu Säulen; sollten sie – wie im Rhônetal häufig – für die Vorstellung den Gewölbehimmel tragen?

*Autun. Kathedrale St-Lazare. Inneres zu Ende des 19. Jh.
(nach Dehio / Bezold)*

Das Mittelschiff ist eminent steil, die *Arkadenzone* mit eng-gestellten Pfeilern und spitz brechenden Scheidbögen dop-pelt so hoch wie Triforien- und Fensterzone zusammen. Die Horizontalgesimse verhindern jedoch eine nur vertikal bestimmte Wandstruktur. – Die *Seitenschiffe* mit denselben Pilastern und Quergurten wirken dagegen blockhaft schwer, zumal sie in den kreuzgewölbten Jochen enger zusammen-stehen.

Die weite *Vierung* bleibt – trotz Absicherung des Langhau-ses mit ihrer schweren Längstonne durch das äußere Strebe-werk des 13. Jh. – durch den hohen Turm immer gefährdet. Die Vierungspfeiler wurden erneuert und in den benachbar-ten Jochen alle Öffnungen zur Stabilisierung vermauert, gleichzeitig die gefährdeten Kapitelle durch Kopien ersetzt (Originale im Lapidarium). Das Vierungsquadrat, mit Zwickeln ins Achteck überführt, wölbt eine im 15. Jh. als Klostergewölbe erneuerte Kuppel. In den *Querschiff-Flü-geln* und *Chorjochen* ist die Wandgliederung des Langhau-ses fortgeführt. Der *Chor* ist grundsätzlich von Cluny ver-schieden: statt des Umgangschors mit Kapellen hier eine 3-Apsiden-Anlage. Schmale, hohe Fenster (15. Jh.) umstehen den Chor mit seinem mehrstrahligen Rippengewölbe wie ein Lichtkranz: strukturell und räumlich eine gelungene Lösung. (Die marmorne Barockausstattung des Chores wurde 1939 beseitigt.) In der Hauptapsis stammen die durch Pilaster gegliederte Sockelmauer sowie die untere Fenster-reihe noch aus der 1. Bauphase (um 1120).

Die *Fenster* haben Ecksäulen mit skulptierten K a p i t e l l e n (a, b, c, d)[1]; in einer 2. Reihe sind es Pilasterkapitelle mit figürlichen Darstellungen. Die dem Stil nach älteren Säulenkapitelle (Stufe Anzy-le-Duc) zeigen splissig hart gekerbte und scharf umrissene Blattformen und, darüber, zweimal gegenständige Löwen, eine Eule und vermutlich den »Zorn« (Laster) noch in ungeübt-sum-

---

1. Zur leichteren Auffindung der Kapitelle sind auf dem Grundriß (S. 52) die im Text genannten kleinen und großen Buchstaben sowie arabischen und römi-schen Ziffern eingezeichnet. Die Nummern/Buchstaben der als eigenhändig vermuteten Arbeiten des Gislebertus sind im Folgenden mit *, die seiner Werkstatt zugeschriebenen mit ° versehen.

52

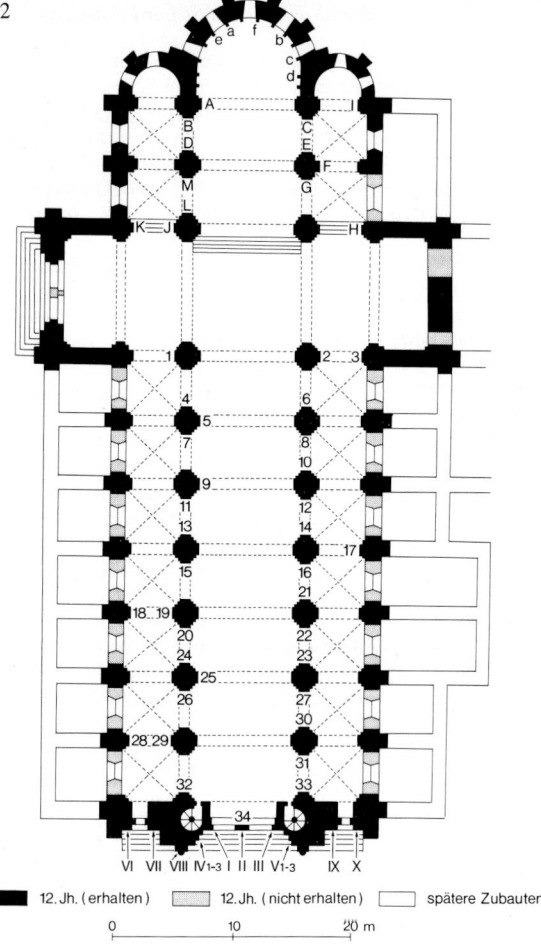

Autun. Kathedrale St-Lazare
Grundriß mit den Standorten der Figurenkapitelle

marischer Darstellung. An den jüngeren Pilasterkapitellen tritt ein Künstler anderer Prägekraft hervor: Gestalterisch konsequenter macht er die flache Trapezform zur Bildfläche. Beschädigt sind eine thronende Gestalt (e*) und eine Szene mit Engel (f*): Beinstellung, parallele Linien in Gewandführung und -säumen sowie Perlbänder deuten auf die Schiffskapitelle voraus.

Weitere Kapitelle.

An den *Eingangspfeilern zur Apsis* und am *nördl. Chorzwischenpfeiler* sind 4 Kapitelle erheblich mit Stuck ergänzt:

A   *Paradiesflüsse.*
B°   *Emmausjünger.*
C   *Erste Versuchung Jesu.*
D°   (am Zwischenpfeiler) *»Wollust«*: Jüngling verfällt einer nackten Frau und wird vom Teufel gepackt.

Diese Kapitelle sind untereinander wie von den vorigen sehr verschieden; auffällig die Heftigkeit in der Themenerfassung; A–C in gedrängter Komposition. – Für sich zu sehen sind die Kapitelle des *südl. Chorzwischenpfeilers* (alle 3 sind Kopien):

E   Als Konstantin gedeuteter *Reiter.*
F   Auf *Riesenvogel* reitender Mann.
G   Langhalsiger *Vogel mit 3 Köpfen.*

Hierher gehören auch Fragmente im Lapidarium:

H   *Kampf eines Reiters mit Basilisk* (merkwürdige Verkörperung dämonischen Wesens).
I   (in *südl. Nebenapsis*) Kapitell mit *Faun und Sirene.*

Gislebertus näher, aber nicht allgemein als seine Werke anerkannt, stehen die bekannten 4 Szenen aus der *Jugendgeschichte Jesu* im vorderen *nördl. Chorseitenschiff* beim N-Portal (Originale alle im Lapidarium):

J°   *3 Könige vor Herodes.*
K°   *Anbetung der Könige.*
L°   *Engel warnt die Könige* (Abb. S. 5).
M°   *Flucht nach Ägypten.*

Die *Blattkapitelle* (Kopien) beim *nördl.* und *östl. Vierungsbogen* kommen römischen Kompositkapitellen sehr nahe, daneben gibt es jedoch »erfundene« Rankenkapitelle. Diese in der Anordnung des Laubwerks wechselnden Skulpturen bezeugen eindrucksvoll des Gislebertus ausgeprägten Sinn auch für die dekorativen Möglichkeiten floraler Motive.

Im *Chorbereich* ist eine gewisse Themen-Gruppierung festzustellen: Beginn der *Erlösung* mit der *Geburt Christi* (Jugendgeschichte) und

Hinweise auf das *Paradies* (4 Flüsse) als *Heilserwartung*, vermittelt durch die *Kirche* (Emmausjünger) für alle, die den *Versuchungen* widerstehen (1. Versuchung Christi – Luxuria – Konstantin – Ritt auf dem Vogel – 3köpfiger Vogel – Basilisk). – Im *Schiff* sind keine gemeinsamen Themen für nahe beieinander stehende Kapitelle auszumachen. Vermutlich sollte man überall aus der Betrachtung des Einzelnen immer auch den heilsgeschichtlichen Zusammenhang erkennen (s. dazu auch Vézelay).

1° *Widmung der Kirche* an Lazarus durch Bischof (É. de Bâgé?) und Herzog (Hugo II., Stifter des Bauplatzes).

2   *Gott stellt Kain zur Rede.*

3° *Selbstmord Judas'.*

4° *Tod Kains* (der blinde Lamech hat ihn auf der Jagd irrtümlich erschossen).

5* *Unterrichtung Josephs* durch den Engel, der auf den Hl. Geist über Maria deutet (Hochkapitell am Gewölbefuß).

6° *Tugenden und Laster:* »Barmherzigkeit« und »Geduld« siegen über »Geiz« und »Zorn«.

7* *Wurzel Jesse.*

8° *Arche Noah.*

9* *»Ballspieler«.* An den Ecken des Hochkapitells 2 nackte Figuren (vermutlich Mann und Frau) auf Kugeln (?) balancierend; sie reichen sich auch Kugeln oder Scheiben zu. Zwischen ihnen Dämonenhaupt.

10° *2 Simson-Szenen:* Einreißen des Dagon-Tempels, zu dem ein Jüngling den Geblendeten führt.

11* *3 Szenen der Auferstehungsgeschichte* (an den Schmalseiten die Frauen, zum Grab gehend, wo ein Engel sie unterrichtet. Vorn die gerühmte »Noli me tangere«-Szene mit Maria Magdalena. Unvergleichlich die schwebende Eleganz der wie gewichtslosen Gestalten, deren zurückhaltend leise Körperbewegungen die Bedeutung des Vorgangs eindringlich machen. Ausgewogene, dabei nicht auf Symmetrie oder Kantenbetonung angelegte Komposition.

12* *Steinigung des hl. Stephanus.* Wie die vorige in Erfindung und Reliefkomposition gleich souveräne Darstellung.

13   *Daniel in der Löwengrube.* Das Gefängnis, eine Bogennische, zu der ein Engel den Habakuk mit Speisekorb führt.

14° *Simson (David?) zerreißt einen Löwen* (typologisch auf Christi Höllenfahrt vorausdeutend).

15* *Zweite Versuchung Jesu.* Der Teufel, auf der Tempelzinne, fordert Jesus zum Niederknien auf; hinter Jesus einer der über

Flucht nach Ägypten   *Zweite Versuchung Jesu*

Autun. Kathedrale St-Lazare. Figurenkapitelle

ihn wachenden (Schwert-)Engel, die ihm (nach Ps. 91) dienen. Großartig die mit Riesenfinger befehlende Gebärde des Teufels und die gelassene Würde Jesu mit belehrender Geste.

16° *Fußwaschung.* Die plastische Faktur zwar mit Gislebertus verwandt, in der Scharflinigkeit aber näher bei Nr. 14 und B.

17 *Moses zerstört das Goldene Kalb* (südl. Außenwand). Der Teufel, mit flammendem Haar, tobt vor Zorn. Die Formen des Gislebertus sind zu Formeln geworden.

18° *Hahnenkampf* (nördl. Außenwand). Eventuelle allegorische Bedeutung nicht bekannt.

19 *Bekehrung Pauli*, auch als Heilung des Blindgeborenen angesprochen. Spannungslos glatte Arbeit.

20* *Petrus in Fesseln* und *seine Befreiung*. Komposition unter 3 Arkaden: in der Mitte Gefängnis, seitlich die Eingänge. Ausführlich und spannend erzählte Bildhandlung; über den Arkadenzwickeln je ein Turm.

21* *4. Ton der Musik* (vergleichbare Darstellungen in Cluny und Vézelay).

22° und 23* *Flugversuch* und *Absturz Simons d. Magiers*. Von den beiden Reliefs ist der »Absturz« packender in der Vergegenwärtigung des Vorgangs.

24 *3 Jünglinge im Feuerofen* (Bogenform wie Nr. 13 und 20), in dem Engel sie beschützen; zu seiten unter der Hitze leidende Wächter.

25 Gegenständige *Löwen* (Hochkapitell). Wieviel geschmeidiger sind hier die Tierkörper als an den Fensterkapitellen (b und c)!

26° *3 Szenen aus der Geschichte von Joachim und Anna* (Marias
Eltern, nach dem Protoevangeliar). Linke Schmalseite: Joa-
chim geht zu den Herden; rechte: ein Engel kündigt ihm die
Geburt der Maria an; jede Szene unter einem Bogen. Das
Hauptbild mit der Verkündigung an Anna unter Doppelbogen.

27° Nicht sicher als *Nebukadnezars Traum* von einem gewaltigen
Baum (nach Dan. 4,7) gedeutet.

28 *Geburt Jesu;* auf Schmalseite der nachdenkliche Joseph (nördl.
Außenwand).

29* *Abrahams Opfer.* Dramatisch sich zuspitzende Handlung in
gedrängter Komposition (vermutlich nicht ganz vollendet).

30* *Leichnam des hl. Vinzenz, von Raben bewacht.* Von dem wie
schwebend liegenden Heiligen geht Distanz gebietende Ruhe
aus. Sein Körper ist, ganz mittelalterlich, unorganisch zusammengesetzt. Er erinnert unmittelbar an die Eva im N-Portal
(s. Museum) und den Laurentius in Berzé-la-Ville (s. d.).

31 *Greif.* Das aus Löwe und Adler zusammengesetzte Fabeltier
mit Schlangenschwanz wurde christologisch u. a. als Sinnbild der Auferstehung bzw. Himmelfahrt Christi verstanden,
ebenso als Verkörperung von Hochmut, Stolz oder Habgier.

32 und 33 *Teufel* flankieren *innen* das *Hauptportal.* Kommt
ihnen dort apotropäische Bedeutung zu? Gedanklich gehören
sie zum Weltgericht am Tympanon, künstlerisch haben sie
nicht denselben Rang.

34° *Jakobs Kampf mit dem Engel* (am inneren Mittelpfosten); an
den Schmalseiten: unterwegs nach Haran und Aufrichtung des
Steines, auf dem er schlafend die Himmelsleiter träumt.

Die Kapitelle an den *Außenportalen* ergänzen das Programm.

Mittelportal. Die *Pilasterkapitelle* unter dem Sturz (Kopien des
19. Jh.): I (links): Auf Monster reitender »*Äthiopier*« als Vertreter
exotischer Völker, denen auch das Heil offensteht (in gleicher
Bedeutung u. a. in Vézelay am Sturz des Tympanons. – III (rechts):
Bileam auf seiner Eselin; auch der außerisraelitische Prophet segnet
auf Geheiß Jahwes das erwählte Volk. – II: *Atlanten* tragen am
Mittelpfosten den Sturz (christliche Umdeutung des antiken Atlas-
Motivs, vielleicht zum Tragen gezwungene Dämonen?).

Die *Säulenkapitelle:* IV,1: *Wolf und Kranich* (links außen); der un-
dankbare Reiche, der Gutes mit Bösem vergilt. – IV,2: *Verstoßung
Hagars mit Ismaël* auf Veranlassung Sarahs (die Sklavin Hagar vertritt das Alte Gesetz, Sarah die erlöste Menschheit des Neuen Testaments). – IV,3: *6 der 24 Ältesten* (s. o.). – V,1: *Mariae Reinigung* und
Darstellung Jesu im Tempel (rechts innen). – V,2: *Hl. Eustachius,*

einer der 14 Nothelfer. – V,3: *Hl. Hieronymus*, zieht einen Dorn aus der Tatze eines Löwen und bezeugt damit Mut; das verletzte Tier macht er wieder paradiesisch sanft.

Zu beachten am Hauptportal die mit Flechtband, Schuppen, Ranken und gefüllten Kanneluren ornamentierten Säulenschäfte.

An den anspruchsloseren *Seitenportalen* nur je eine Gewändestufe mit figürlichen Kapitellen. *N-Portal*, VI und VII: *David-Goliath-Szenen* (wie David über Goliath, so siegt Christus über den Teufel). – VIII: *Krieger tötet einen Besiegten.* – *S-Portal*, IX und X: *Mann dressiert einen Affen* bzw. *Monsterkopf.*

Gislebertus. Ein Künstler mit so unverwechselbar eigenwilliger Handschrift ist schwerlich ohne Herkunft. Es ist naheliegend, in Cluny nach seinen Anfängen zu suchen. Zweifellos hatte die »Großbaustelle« Cluny starke Anziehungskraft und sind viele Impulse von dort ausgegangen. Doch den »jungen« Gislebertus, von dem nichts als sein Name bekannt ist, entdeckt man weder in den Chorkapitellen noch bei den Tympanon-Fragmenten. In Autun ist er schon bei den vermutlich ältesten Kapitellen seiner Hand in der Apsis (e und f) kein Anfänger mehr. Hier löste er offenbar Bildhauer einer älteren Generation ab (a–d). Ziemlich sicher ist, daß er die beiden Portale konzipiert und ausgeführt hat. Weniger einhellig sind die Meinungen über die »eigenhändigen« Kapitelle. Manche lassen nur solche gelten, in denen »sein Stil« vollendet zutage tritt. Gislebertus hat als einer der ersten die Trapezform des Pilasterkapitells zu einem Bildrelief eigener Art entwickelt. Es gehörte schon starke künstlerische Phantasie dazu, die vorgegebene Flächenform – je nach Thema – als Rahmenform in an den Kanten festgelegter Komposition zu gestalten oder in diagonaler Steigerung oder sogar asymmetrisch mit Schwerpunktverlagerung zu verfahren; gelegentlich unterdrückt er die Kanten und führt die Bildhandlung an den Schmalseiten weiter. Ebenso selbständig ist er in der Erfindung seiner Figuren: Die bis zur Verzerrung in die Länge gedehnten, dünngliedrigen, sogar zerbrechlich anmutenden Körper lassen nirgends etwas von organisch gemeinten Gestalten erahnen. In das flache Relief wie eingepreßt wirkend, beeinträchtigen sie jedoch nicht die darstellerische Lebendigkeit der Handlung, steigern sie eher noch in einem expressiven Sinne. Alles Körperliche und Räumliche ist konsequent in die Fläche übersetzt, wobei die graphisch ablesbaren Bewegungsabläufe durch das Spitze und Eckige in Umriß- und Binnenzeichnung jene für Gislebertus charakteristische Eindringlichkeit bekommen. Den Gestalten eignet nichts Individuelles, ihre Gesichter sind wenig differenziert und im Grunde alle gleich. Sie handeln jedoch mit oft explosivartiger Heftigkeit in nur auf Ausdruck angelegten Gebärden. In diesem Gegensatz gründet der einzigartige Ausdrucksrealismus seiner »Bilder«.

War Gislebertus auch *Architekt* der Lazaruskirche? Oder an architektonischen Entscheidungen beteiligt? Über das erste läßt sich nur spekulieren, letzteres möchte man bejahen – zumindest was die ausschließliche Verwendung des kannelierten Pilasters angeht.

Zur Datierung der Bauplastik: Baubeginn war ca. 1119/20, die erste Planung ist frühestens 1112 (Inthronisation des Bauherrn) denkbar. Calixtus II. soll 1119 in Autun den Herzog zur Stiftung des Baugrunds bewogen haben. 1130 Weihe der im Schiff noch nicht vollendeten Kirche durch Innozenz II.; bei der Reliquienübertragung 1146 fehlte noch die Vorhalle. Die Mehrzahl der Kapitelle und ebenso das N-Portal sind demnach zwischen 1120 und 1130 anzusetzen, das »Weltgericht« zwischen 1130/35 und 1140/45. – In Vézelay, wo nach Brand 1120 mit Neubau im W begonnen wurde, ist die Handschrift des Gislebertus sowohl an verworfenen Werkstücken (Lapidarium) wie am erhalten gebliebenen Detail eines abgemeißelten Tympanons (jetzt am Kreuzgang) zu erkennen. Nimmt man für die verworfenen Stücke Entstehung um 1120/25 an, müßte Gislebertus für das Tympanon nach Abschluß in Autun um 1140/45 ein 2. Mal in Vézelay gearbeitet haben, was wenig wahrscheinlich ist.

Nachwirkungen seines Stils finden sich in Saulieu, Beaune, La Rochepot und Chalon-sur-Saône. Vergleichbare Kapitelle in Moutiers-Saint-Jean lassen G. Zarnecki vermuten, daß ihr Schöpfer vorher in Autun die Kapitelle Nr. 14 und 16 unter Einfluß des Gislebertus gearbeitet habe.

Im **Lapidarium** (Zugang im südl. Querschiff) sind neben den erwähnten abgenommenen *figürlichen Kapitellen* auch originale (ebenfalls durch Kopien ersetzte) *Blattkapitelle* aufgestellt. In der Nahsicht stellt man fest, daß diese trotz der Anbringung zumeist unter dem Gewölbe keineswegs oberflächlich behandelt sind. Besonders einfallsreich sind die *Rankenkapitelle*; auch bei diesen bleibt die tektonische Grundform des römischen Kapitells gewahrt, bei einigen sogar mit konkav geschwungenem Abakus.

W e i t e r e   A u s s t a t t u n g. Neben den kannelierten Pilastern wirken die in Gitterform gebildeten *Eingänge* zu den *Seitenschiffkapellen* (15./16. Jh.) mit gekehlten Rahmenprofilen sowie z. T. farbigen Spitz-, Kiel- und Korbbögen geradezu zierlich. Bei den mit hängenden Dreipässen wie mit Spitzen besäumten Bögen mag man denken, das sei Filigranstickerei in Stein, ebenso bei den Trägerarkaden für die *Orgelempore*.

S-Seite. 1. Kapelle: Steinretabel mit Reliefbild »*Christus als Gärtner vor Maria Magdalena*« (Ende 15. Jh.). Über dem Altar Apostel-Fries. Beachtung verdient die schöne *Madonnenfigur*, Marmor, Höhe 0,97 m (Ende 15. Jh.). – *3. Kapelle:* Das 1834 für seinen Platz von J.-A.-D. Ingres (1780–1867) gemalte »*Martyrium des hl. Symphorianus*«, auftragsgemäß mit der Porte St-André als Schauplatz, ist ein wenig glanzvolles »Auftragsbild«. – *4. Kapelle:* Glasfenster (16. Jh.) mit »Wurzel Jesse«, unter ihr Stifter mit Patronen. – *N-Seite. 7. Kapelle:* Wandmalereifragmente mit der »Prozession des Papstes Gregor« (um 1500).
Im *südl. Querschiff* ein Guercino (1591–1666) zugeschriebenes Altarbild mit »*Pietà*«. – Im *Chor* 2 kniende Marmorfiguren vom 1792 zerstörten *Grabmal Jeannin* (1623). – Auf der S-Seite *Josephskapelle* mit Flamboyant-Ausstattung (16. Jh.).

Lazarus-Brunnen (N-Seite der Kathedrale)

1543 von den Kanonikern des Domkapitels gestiftet, kam aber erst 1784 an den heutigen Platz, wo er 1829 durch eine angeblich getreue Kopie ersetzt wurde.
Über Stufensockel mit kleeblattförmigen Brunnenschalen ein offener kleiner Rundtempel mit ionischen Säulen und kannelierten Pilastern unter ausschwingendem Bogen; am Architrav innen und außen eine Inschrift. Auf der geschuppten Kuppel steht derselbe Tempel noch einmal, mit kleinerem Durchmesser und korinthischen Stützen. Als Bekrönung ein Pelikan, der seine Jungen mit seinem Blut nährt (Typus für Christus, Original im Musée Rolin). Der elegante, in den Einzelformen vorzüglich gearbeitete kleine Bau prunkt etwas zu üppig mit seiner Kenntnis von Renaissance-Ornamenten.

Ehem. Jesuitenkolleg, heute **Lycée Bonaparte**

Der von M.-A. Charistie entworfene Bau kam 1709–36 zur Ausführung; die 1757 begonnene Kapelle sogar erst nach der Ausweisung des Ordens (1764) vollendet.
Die nüchterne Architektur des sich mit 3 Flügeln um einen Hof gruppierenden Baukomplexes mit Dacherkern erfährt nur im Mittelrisalit (Portal) Betonung durch schlichten Segmentgiebel.
Bemerkenswert ist dagegen das eiserne *Abschlußgitter des Hofes* (1772): Mit dünnen Stäben stellt es eine transparente, bezaubernd

illusionistische Pilastergliederung dar, in der hängende Girlanden und Mäanderband den frühen Klassizismus anzeigen; in den schwingenden Voluten der Aufsätze und v. a. der noch von Rocaillen umrahmten Waffenkartusche weht dagegen noch ein Hauch verspielten Rokokos nach. Bekrönende Erd- und Himmelsgloben sowie wissenschaftliche Instrumente deuten auf die Bestimmung des Baues (Schule).

Die **Kapelle** ist seit 1802 **Pfarrkirche Notre-Dame**; sie besitzt eine 2geschossige, mit klassischen Säulen gegliederte *Fassade*, in der das antikisierende Gebälk archäologisch exakt nachgebildet ist, ebenso der Giebel. Das um die Seitenschiffe breitere Untergeschoß verbindet ein Volutengiebel mit dem Obergeschoß. – Auch das I n n e r e der Wandpfeilerkirche ist bis zur Nüchternheit schlicht.

Der große *Baldachinaltar* in der Apsis ist der einzige, an den römischen Jesuitenbarock erinnernde, hier fast fremd anmutende Akzent.

● **Musée Rolin** (3, Rue des Bancs)

Das Hôtel Rolin war Dependance der im 15. Jh. vom Bruder des Kardinals Rolin als Palast gebauten Maison Lacomme.

Beide Gebäude sind zum Museum zusammengefaßt, dessen Eingang in einem mit Wurfschächten bewehrten Rundturm liegt. Im Hof ein polygonaler Treppenturm mit Kielbogenfenstern.

Das Museum besitzt neben vor- und frühgeschichtlichen Grabungsfunden, bedeutenden Kunstwerken aus römischer und frühchristlicher Zeit mittelalterl. Bildwerke sowie gemalte Altäre von hohem künstlerischem Rang. Hier ist nicht der Raum, sie in ihrer kunstgeschichtlichen Bedeutung angemessen zu würdigen, ausgenommen die aus und von der Kathedrale stammenden.

● Aus g a l l o - r ö m i s c h e r und f r ü h c h r i s t l i c h e r Z e i t stammen v. a. *Grabdenkmäler*, viele mit figürlicher Darstellung des Toten, oft mit Attributen (Schreibzeug, Schriftrollen, Richtscheit, Instrumente, Hacken, Messer u. ä.) oder auch mit Inschriften. Gefunden wurden sie auf den Friedhöfen vor den Stadttoren (auch die ältesten christlichen Märtyrerkapellen entstanden in Römerstädten außerhalb der Mauern). Einige der Toten tragen Tiere oder Kultgegenstände wie Opferschalen und Becher. *Griechische Inschriften* deuten auf die Herkunft eines Teils der Soldaten und

Beamten; ein einziger mit römischem Namen betont seine gallische Herkunft. – Über die Frühzeit des Christentums in Autun berichtet v. a. die berühmte *Grabstele für den Griechen Pectorios*, deren Vers-Inschrift von den Christen als dem »Volk des Fisches« spricht (ein Akrostichon des griechischen Wortes für »Fisch«, gebildet aus den Anfangsbuchstaben der Namen Jesus, Christus, Sohn Gottes, Retter). Der Fisch als Geheimzeichen erscheint auch auf anderen Stelen und sogar selbständig in Glasform. – Stelen mit Mondsichel deuten auf orientalische Kulte. Der aus Arles stammende Sarkophag mit der »Kalydonischen Eberjagd« ist älter (2. Jh.). Auch Graburnen und Opferschalen für nichtchristliche Römer finden sich hier.

Besonders zahlreich sind *Statuen, Köpfe, Reliefs, kleine Figürchen* als *Votivbilder* v. a. der Heilgottheiten. Von *römischen Göttern* erscheinen Figuren oder Inschriften der Minerva, der Venus und Merkurs sowie Apollons; auch Zeus, Herkules, Pluto, Diana sowie Fortuna und Fruchtbarkeitsgottheiten werden angerufen. – Außerdem gibt es vielerlei *Altäre* aus Kultstätten am Ort, einer mit *3hörnigem Stier*, ein prachtvoller Bronzeguß. – Auch einheimische *gallische Götter* wurden in Bildern geehrt, zumeist Muttergottheiten (mit Füllhorn) sowie die keltische Pferdegöttin Epona, einmal als »Amazone« auf einer Stute.

Nicht minder umfangreich vertreten sind *Geräte*, Zubehör, Gegenstände des täglichen Bedarfs und *Schmuck* sowie *Toilettengegenstände*, sogar einen vergoldeten bronzenen *Paradehelm* gibt es hier. – Zur *Wohnungsausstattung* gehörten ornamentale und figürliche *Mosaiken, Lampen* aus Bronze und Ton, *Räuchertische, Brettspiele, Stempel, Siegel* und natürlich *Münzen.* Die Welt der Zirkusspiele ist gleichfalls mit Ausrüstungen vorhanden und v. a. in köstlichen kleinen *Bronzefigürchen* von Gladiatoren, Akrobaten, einem Schlangenbeschwörer sowie verschiedenen Tieren.

In 2 weiteren Räumen *Funde* aus **Bibracte** (s. Ortseinleitung) mit zeichnerischen Berichten und Fotos von den *Ausgrabungen* (1865 bis 1905) auf dem **Mont Beuvray**. Neben dekorloser *Keramik der Latène-Zeit* (2.–1. Jh. v. Chr.) und nur geritzter *keltischer Keramik* auch anspruchsvollere *einheimische Gefäße* sowie aus Süditalien *importierte* schwarzgrundige Amphoren und Terra-sigillata-Ware. Bedeutender sind die vielen in *Metallguß* hergestellten Werkzeuge u. a. Geräte, darunter einfache und mit Emaileinlagen bereicherte *Bronzearbeiten* sowie *Waffen* und *Schmuck.* Interessant die Einrichtungen ganzer *Gießereien* mit allen für die Fertigung benötigten Gerätschaften. Sie bestätigen, daß die Bewohner des Oppidums vornehmlich für den Export arbeitende Handwerker

waren, die Bibracte verließen und sich in der Römerstadt ansie-
delten.

Nebenan jungstein- und bronzezeitliche Funde aus **Chassey-le-
Camp** (Saône-et-Loire, nordwestlich von Chalon-sur-Saône): polierte *Schneidewerkzeuge* (Äxte u. dgl.), aus Knochen gefertigte
Gebrauchsdinge, aber auch gebrannte *Gefäßkeramik* mit eingeritz-
tem Dekor.

● Mittelalterl. Bildwerke. Bekanntestes *roman. Werk* des
● Museums ist die *Eva* vom N-Portal der Kathedrale (s. d.). Hinter ihr
ist Satan zu ergänzen, dessen Kralle gerade noch erscheint. Eva
gegenüber ist Adam vorzustellen. Die Pflanzen deuten die Bäume
des Paradieses an, hinter denen sie sich versteckten. Evas Gesicht in
der aufgestützten Hand ist weniger verführerisch als nachdenklich,
mit einem Ausdruck von Ratlosigkeit und Bekümmertsein über die
Sünde und von Scham über ihre Nacktheit. Ein nur sensualistisches
Verständnis des lebensgroßen weiblichen Aktes wäre falsch, nicht
einmal als Teilaspekt überzeugend. Die Nacktheit ist Attribut, sinn-
licher Reiz geht von ihr nicht aus. Trotz einiger Rundungen bleibt
der Körper flach, ein »nicht organisch bewegter, sondern ornamental zerlegter Körper« (W. Sauerländer). Der Rumpf des hingekau-
erten Leibes ist im Gegensatz zu den im Profil gegebenen Schenkeln
frontal; beides paßt nicht zusammen (ähnlich beim Vincentius im
Kapitell Nr. 30). Die zu erwartende Hüftdrehung verdeckt der
Baum. Nach Werckmeister handelt es sich hier nicht um den üblichen »Sündenfall« allein, das Gesamtthema ist angesprochen:
die Sünde selbst (Apfelpflücken) *und* ihre Folgen, d. h. Erkenntnis
des Nacktseins und Scham darüber, das Sichverstecken vor dem
Schöpfer sowie Reue und Angst vor der Strafe (die Austreibung ist
gleichbedeutend mit Tod). Werckmeister bringt den Sündenfall
typologisch mit der Auferweckung des Lazarus in Verbindung. Im
Mittelalter sei Lazarus eine Symbolfigur für Adam gewesen, der
in Lazarus zum Leben, d. h. zum Heil erweckt wurde. Das Groß-
artigste an dem Werk ist die Gestaltfindung für den komplexen
Inhalt, der nicht nur zeichenhaft, sondern auch erzählerisch anschaulich werden konnte.

Neben »Eva« hängen weitere Relieffragmente: *»Himmelfahrt
Mariens«* (nicht gesichert, da ungewöhnlich); *»Hl. Martin bei der
Mantelspende«* und ein nicht gedeuteter *Mann mit Kapuze* (Zuschauer?). Die Annahme, diese Reliefs stammten aus dem Tympanon des N-Portals, ist – auch vom Thema her – wenig überzeugend.

*Eva vom Nordportal-Sturz der Kathedrale St-Lazare
(Autun. Musée Rolin)*

Eine nur vom Typus her als *Paulus* bezeichnete roman. Marmorfigur auf einem Löwen stammt vermutlich aus einer Rhônetal-Werkstatt. Das 4geschossige Turmmodell, das er trägt, ist vielleicht als Symbol für Kirche schlechthin zu verstehen.

Ein ganzer Raum ist dem 1766 im Chor der Kathedrale abgebrochenen *Lazarus-Grab* (s. S. 42, 43 f.) gewidmet. Seine *zeichnerische Rekonstruktion* als monumentales 2geschossiges Reliquiar stützt sich auf Relieffragmente und Architekturteile, 3 große Figuren (Höhe 1,25 m) sowie ältere Beschreibungen. Das »Grab« war ca. 6 m hoch, 4,50 m lang und 3 m breit; seine W-Seite diente als *Retabel für den Altar*. Pfeilerarkaden umstanden den engen Raum; 4–5 Stufen führten zur *Krypta*. In dieser stand der Sarkophag mit der Liegefigur des Lazarus (verloren); am Kopfende *Maria Magdalena* und *Martha* (beide erhalten); zu seinen Füßen Christus, flankiert von Petrus (Kopf im Louvre) und *Andreas* (Inschrift). Die erhaltenen Figuren verkörpern andächtige Erwartung und konzentrierte Ruhe, verhalten sich aber sonst individuell: Martha hält ein Tuch vors Gesicht (Leichengeruch); ihre Schwester, innerlich angespannt, mit einem bißchen Neugier, hebt im Gebet die Hände; der in sich gekehrte Andreas mit der Schriftrolle überdenkt das Geschehen, über das er als Augenzeuge berichten wird. Der Vergleich mit der Paulus-Figur läßt dieselbe Herkunft vermuten. – Verbindung zum Rhônetal zeigen auch *Architekturfragmente* aus weißem und rotem Marmor sowie dunklem Schiefer: kannelierte Pilaster mit inkrustierten Ornamenten (Flecht- und Faltbänder, Ranken, Laubmasken, auch Köpfe und Fratzen und gegenständige Tiere), figürliche Kapitelle (Vertreibung aus dem Paradies, Jugend-Jesu-Szenen, David, Versuchung Christi) sowie szenisch gravierte Marmorplatten (erhalten nur die Frauen am Grab). – Vom *Hochaltarkreuz* blieb nur ein *Fragment des Kruzifixus* erhalten, gleichfalls mit farbigen Inkrustationen. Zu seiten des Mausoleums sollen Aaron und Moses gestanden haben. – Geplant wurde das Lazarus-Grab vermutlich noch unter Bischof Bâgé (bis 1136); die Ausführung dauerte vielleicht bis zur Reliquienübertragung (1146).

● Der Bestand an *spätgot. Plastik* ist nicht groß, weist aber qualitätvolle Werke v. a. des 15. Jh. auf, an denen sich in unterschiedlicher Ausprägung die Nachwirkung Claus Sluters (s. Dijon: Moses-Brunnen und Museum) und seiner Werkstatt verfolgen läßt. Sie stammen zumeist aus Kirchen der Stadt; allein in der Kathedrale waren vor der Revolution über 50 solcher Statuen vorhanden.

Noch unabhängig von Sluter und mehr in der Tradition der Gotik des Kronlandes verbleibt eine *Stehende Madonna* (Kalkstein, Höhe 1,04 m, letztes Drittel 14. Jh.). – Die gedrungene Gestalt einer *Maria Magdalena*, das Gewand in schweren, breitflächigen Muldenfalten, steht dagegen Sluter nahe (Kalkstein, Höhe 1,17 m, 2. Viertel 15. Jh.). – Von beachtlicher Qualität ist eine *Sitzende Anna* von einer Gruppe mit der jungen Maria; Gewand und realistische Detailbehandlung sprechen für die 2. Hälfte des 15. Jh. (Kalkstein, Höhe 0,79 m). – Aus derselben Zeit eine auf geflügeltem Drachen stehende *Margarete* mit üppigen Locken und nicht gerade frommem Gesicht; unter dem Mantel detailgenaues Kleid (Kalkstein, Höhe 0,80 m, Ende 15. Jh.).

● Weithin bekannt ist die *»Madonna von Autun«* in weitem, offenem Mantel mit in sich knickenden Falten und hochgegürtetem Kleid. Behutsam hält sie das gewickelte Kind vor sich, das geneigte Gesicht voll andächtiger Liebe für den Sohn, über dessen Schicksal sie nachsinnt. Erstaunlich die von diesem Bildwerk ausgehende Stille! (Stein mit farbiger Fassung, Höhe 1,17 m, um oder vor Mitte 15. Jh.) – Eine weitere *Stehende Madonna* ist der vorigen im Ausdruck nahe, aber etwas jünger (Ende 15. Jh., ebenfalls Stein, Höhe 0,75 m). Stehender *Hl. Bischof* in vollem, detailfreudig behandeltem Ornat. Die Körpergebärde suggeriert Schreiten. Stoffliche Charakterisierung und porträthafter Kopf sprechen für Ende 15. Jh. (Kalkstein, Höhe 0,75 m). – Eine andere *Bischofsfigur* derselben Zeit zeigt Züge Kardinal Rolins (Höhe 1,21 m).

Hl. Katharina mit Rad und Schwert: Das in die Oberfläche des fein-
körnigen Marmors eindringende Licht gibt dem Gesicht zarten
Glanz, der den Anflug von Entsagung und Trauer mildert. Detail-
genauigkeit in Schmuck, Gewand und Attributen und die sich zum
Sockel stauenden Gewandfalten sprechen für 2. Hälfte oder Ende
15. Jh. (Höhe 0,90 m). – Stehende *Hl. Barbara*, in der Hand ihr
Attribut, der Turm; sie liest in einem aufgeschlagenen Buch. Unter
dem offenen Mantel modisch geschnürte Taille, die das elegante
Kleid mit nur wenig knickenden Falten unterstreicht. Vornehm
auch das schmale Gesicht unter besticktem Barett (Kalkstein, Höhe
1,52 m, Ende 15. Jh.).
Johannes d. T. trägt einen langen, zottigen Fellmantel (noch mit
Klauen und Kopf des Tieres). Haar und Bart, überhaupt der Kopf
sind noch durchaus spätgotisch, Körpergebärde und Gewandfüh-
rung bekunden genaue Beobachtung (Kalkstein, Höhe 1,51 m,
2. Hälfte 15. Jh.). – *Christophorus* (Höhe 1,20 m) und *Jakobus* als
Pilger (Höhe 0,90 m) zeigen dieselben Merkmale realistischer
Detailbehandlung (beide Kalkstein, um 1520).
Zu nennen sind auch einige farbig gefaßte spätgot. *Holzfiguren* von
Heiligen: *Jakobus* (Höhe 1,26 m), *Rochus* (Höhe 0,56 m) und *Anto-
nius* (Höhe 0,66 m), alle 2. Hälfte oder Ende 15. Jh. – Aus derselben
Zeit eine *Marienkrönung*.
In der Figurenauffassung entwickelter ein Hochrelief *»Lazarus-
Erweckung«* (Stein, Höhe 0,52 m, Anfang 16. Jh.). Um den sich
erhebenden Lazarus gruppieren sich Jesus und unterschiedlich auf
den Vorgang reagierende Apostel, zu seiten die Schwestern und 2
Helfer, alles bäuerlich schwerfällige Gestalten, aber in »verstande-
nen« Körperbewegungen. – Vergleichbar *»Himmelfahrt Mariens«*
(Holz, farbig, Höhe 1,04 m, Anfang 16. Jh.). – In Stil und Ausdruck
ähnlich eine stehende *»Maria lactans«* (Stein, farbig gefaßt, Höhe
1,55 m, um 1500). – Die große Prophetenfigur des *Jesaia* (Stein,
Höhe 1,78 m, 1. Hälfte 16. Jh.) hebt betont auf den Kontrapost ab,
trotz des schweren Gewandes. Auf hochgenommenem Mantelzipfel
das Jesaia-Zitat. »Die Jungfrau wird empfangen und einen Sohn
gebären.«
»Pleurant« (s. dazu Dijon, Museum, Herzogsgräber) vom Grabmal
des Kardinals Bâgé in der Kathedrale (Alabaster, Höhe 0,31 m,
Ende 15. Jh.). – Vielleicht vom gleichen Grabmal *kniender Engel*
mit Rauchfaß (Alabaster, Höhe 0,65 m).
Zu nennen ferner 2 Lettner-Engel aus der Kathedrale sowie das
Original des *Pelikans* vom Lazarus-Brunnen vor der Kathedrale
(Höhe 0,65 m).

● **M a l e r e i .** Bedeutendstes Werk ist die *»Geburt Christi«* mit Kardinal Rolin als Stifter (Holztafelbild, Höhe 0,55 m, Breite 0,73 m, vor 1483 [Tod des Stifters]), zugeschrieben dem Meister von Moulins (so benannt nach dem großen Flügelaltar dort). Dem niederländisch beeinflußten französischen Maler gelingt es mit zarten Tönen der in feinsten Übergängen gemalten Farben, die Szene (Maria und Joseph beten das Kind an) trotz realistischer Detailschilderung und stofflicher Charakterisierung des Dinglichen dem Diesseitigen zu entrücken. Erstaunlich, daß sich der Kardinal, wenn auch im Gebet, gleichrangig mit dem Heiligen darstellen ließ – wie bereits um 1435 sein Vater in der berühmten »Rolin-Madonna« des Jan van Eyck (Louvre). – Ein weiteres *Porträt des Kardinals* zeigt ein Freskofragment aus der Kathedrale.

Ein *Flügelaltar* mit *»Abendmahl«* – auf den Flügeln »Mannalese« und »Melchisedech mit Brot und Wein« (typologische Hinweise auf das Abendmahl) – erinnert sehr an den »niederländischen Romanisten« Pieter Coecke van Aelst (1502–50). – Ein um 1475 zu datierendes *Altarbild* zeigt die *Madonna* mit männlichen Heiligen. – Aus flämischer Werkstatt stammen 2 Altarflügel mit *»Hl. Familie«* und *»Grablegung«.* – Eine *»Anbetung der Könige«* (Ende 15. Jh.) wird dem sog. Meister von Frankfurt zugeschrieben (niederländischer Maler des Frankfurter Annen-Altars).

● Die **Städt. Bibliothek** (im Rathaus) besitzt überaus wertvolle *mittelalterl. Handschriften,* von denen nur die bedeutendsten, mit Miniaturen ausgestatteten genannt seien: *»Gundohinus-Evangeliar«* von 754; aus dem 9. Jh. ein *Gregorianisches Sakramentar,* ein weiteres aus dem 12. Jh., ein *Evangeliar* des 12./13. Jh.; aus dem 15. Jh. ein *Pontificale* (liturgische Texte für dem Bischof vorbehaltene Handlungen) und ein *Stundenbuch.*

AUXERRE (Yonne BC3)

Das keltische Autricum *im Stammesgebiet der Senonen wurde nach Unterwerfung durch Caesar (54–52 v. Chr.) zu* Autissiodurum *romanisiert. Dank der günstigen Lage am Knotenpunkt großer Straßen entwickelte sich die Siedlung zu einer wichtigen Stadt in der Lyonnaise Sequanaise (Hauptort: Sens; Sequana = Seine). Zwar sind aus gallo-römischer Zeit keine nennenswerten Bauten erhalten, doch konnte die Stadtmauer (3. Jh.) festgestellt werden. Einige der Wehrtürme leben in späteren Türmen nach (z. B. Tour des Archives, Tour Pancrace, Tour de l'Horloge, Tour St-Albans beim ehem. Grafen-*

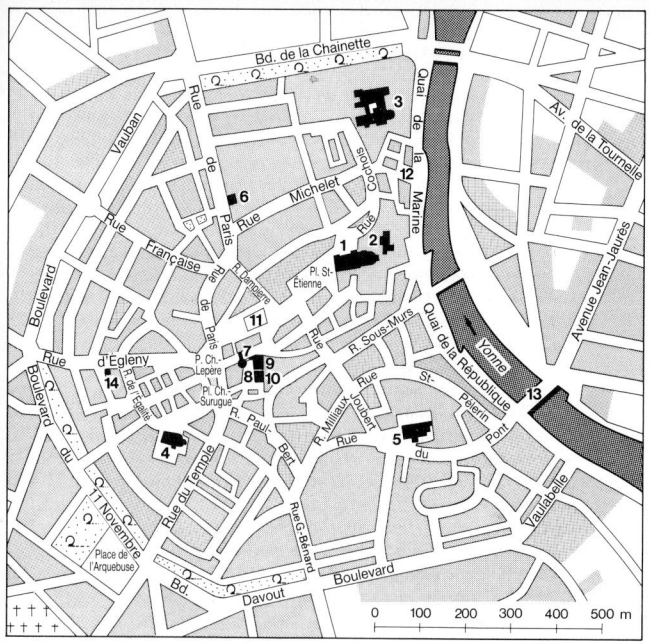

1 Kathedrale St-Étienne
2 Präfektur;
  ehem. Bischofspalast
3 St-Germain, ehem. Kirche;
  Krankenhaus; Städt. Sammlungen
4 St-Eusèbe
5 St-Pierre
6 Ehem. Visitandinerinnenkapelle

7 Tour de l'Horloge
8 Place Maréchal-Leclerc
9 Rathaus
10 Ehem. Intendantur
11 Place des Cordeliers
12 Place St-Nicolas
13 Vieux-Pont (Pont P.-Bert)
14 Museum Leblanc-Duvernoy

Auxerre. Innenstadt-Lageplan

palast); *die roman. Galerie des Bischofspalastes (s. u.) steht ebenfalls
auf dieser Mauer. Mit der diokletianischen Verwaltungsreform wurde
Auxerre Hauptort der Civitas (Fundstücke aus römischer Zeit im
Museum).*
*Reicher als aus der Römerzeit sprechen die Zeugnisse der christlichen
Kunst des frühen Mittelalters. Hunnensturm und fränkische Erobe-
rungen im 5. und 6. Jh. sowie Sarazeneneinfälle im 8. Jh. richteten*

zwar schwerste Schäden v. a. an Kirchenbauten an, die außerdem durch häufige Brandkatastrophen dezimiert wurden, aber so wurden auch immer wieder Neubauten erforderlich, welche die Bauge- schichte der mittelalterl. Stadt wechselreich und farbig machen. 346 wird auf einer Konzilsliste (von Trier) erstmals ein Bischof von Auxerre genannt; wahrscheinlich wurde Auxerre erst nach dem Toleranzedikt (313) Bischofssitz. In merowingischer Zeit hatte der Bischof als Territorialherr noch eine weit über die Bistumsgrenzen reichende Machtstellung, die Karl Martell um 720 zugunsten der Krone einzuschränken begann; sein Sohn, Pippin III., setzte diese Politik fort, indem er Kirchengüter an seine Getreuen vergab. In karolingischer Zeit gewann der Bischof Teile davon zurück. Erneute Bedrohungen entstanden durch die Normanneneinfälle des 9. und 10. Jh. (bei der Belagerung 887 wurde bei St-Germain Feuer gelegt, St-Eusèbe nahezu ganz zerstört).

Die schon im Frühmittelalter über die Mauer hinausgewachsene Stadt erhielt im 12./13. Jh. eine wesentlich umfänglichere Mauerbefesti- gung, die noch an den die Stadt etwa in einem Halbkreisbogen umzie- henden Boulevards abzulesen ist.

Im Hochmittelalter gehörte die Grafschaft Auxerrois dem Grafen von Nevers. Im 100jährigen Krieg nahmen die Engländer 1358 die Stadt ein und plünderten sie. Durch Kauf kam sie 1371 an die Krone; der König trat sie jedoch im Zusammenhang mit dem Englandkrieg 1434 an den Herzog von Burgund ab. Nach dem Tod Karls d. Kühnen (1477) kam sie dann mit dem Herzogtum endgültig zu Frankreich. Schwerste Verluste erlitten die Kirchen v. a. in ihrer bildnerischen und liturgischen Ausstattung, als sich die Hugenotten 1567 der Stadt bemächtigten, und dann nochmals in der Revolution.

● **¹Kathedrale St-Étienne**

Der hl. Pélerin soll im 3. Jh. (in Autun) als Märtyrer gestorben sein. Unter der ihm geweihten Kirche des 16. Jh. sind Reste einer außerhalb der römischen Stadtmauer gelegenen kleinen Kirche erhalten, ver- mutlich der 1. Kathedrale der Stadt.

Bischof Amator († 418) verlegte Kirche und Bischofssitz in die Stadt an ihre heutige Stelle. Nach Stadtbrand 1023 entstand ein völliger Neubau mit durchgehend gewölbter Krypta; genauer sind es aller- dings Substruktionen für den am Hang nach O ausgreifenden Bau. Die Krypta blieb erhalten.

Bischof Wilhelm von Seignelay (1207–20) ließ – ein denkwürdiger Vorgang, der die leidenschaftliche Begeisterung für die »neue« got. Architektur bekundet – die weder baufällige noch beschädigte roman.

*Kathedrale abbrechen, um einen got. Bau zu errichten, den er z. T.
selbst finanzierte. Beginn der Arbeiten ca. 1215. 1217 war der alte
Chor niedergelegt, denn die Flankentürme stürzten, ihrer statischen
Absicherung durch die Chormauern beraubt, ein. Der Bau kam
zügig voran und war 1220 bereits weit gediehen. Beim Tode des Nach-
folgers 1234 war der Chor vollendet, außerdem standen die östl. Vierungspfeiler sowie die der Vierung benachbarten inneren Querschiff-
joche. Gleichzeitig mit dem Chor war – Bestätigung der Gesamtpla-
nung – das Sockelgeschoß des S-Turmes begonnen worden, nach
Jahrhundertmitte auch sein Portal mit dem Figurenschmuck. Ende
des 13. Jh. entstand das Untergeschoß des N-Turmes, an dessen Portalplastik – ebenso wie am Mittelportal – noch im 14. Jh. gearbeitet
wurde. Fortgang der Arbeiten offenbar erst nach längerer Unterbrechung seit 1321 (Ablaßbewilligung für den Bau), 1341 Kauf von
Steinen, 1358 Beisetzung eines Kanonikers im südl. Querschiffarm.
Ablaß und Steinekauf leiteten vermutlich Arbeiten am Langhaus ein;
die Einwölbung erfolgte allerdings erst im 15. Jh., ebenso die Vollendung des nördl. Querarms, dessen Portalplastik sogar erst um 1500.
Bald nach 1400 hatte die Initiative für die Vollendung auch der W-
Front eingesetzt, die nur bis zur Gesimshöhe über den Portalen gedie-
hen war. Die Mittelachse mit Rosengeschoß und Giebel wurde erst
nach Höherführung der Türme in Angriff genommen. Der S-Turm
kam jedoch nur bis zum 2. Geschoß, das v. a. benötigt wurde, um den
Mittelgiebel aufsetzen zu können. Der 1531 noch im Bau befindliche
N-Turm erhielt 1543 seine Treppe mit abschließender Renaissance-
Haube. Das Interesse an der Vollendung der got. 2-Turm-Fassaden
war damals nicht nur in Auxerre erloschen.*
*Im Religionskrieg erlitt die Kathedrale –1567– schwere Verluste: Die
Calvinisten zerschlugen Figuren und Reliefs an den Portalen, zerstörten Altäre und Chorgestühl, schmolzen Glocken und Orgelpfeifen ein
und zerbrachen einen Teil der Bildfenster. Weitere Beschädigungen
an Bildwerken und Lettner erfolgten in der Revolution. Die Absicht
des Revolutionsarchitekten Cl.-N. Ledoux, die Rundpfeiler des Chores durch Kanneluren dem klassizistischen Zeitgeschmack anzupassen, kam nicht zustande; man begnügte sich, sie aufzumalen.*

P l a n. 3schiffige Basilika mit 6 Joche tiefem Langhaus und
Seitenschiffkapellen zwischen den Strebepfeilern; quadrati-
sche Vierung zwischen 2 Joche breiten Querschiffarmen.
Gleichfalls 3schiffiger Chor mit 4 geraden Jochen, 7seitiger
Apsis und polygonalem Umgang, allerdings ohne Kapellen-
kranz, jedoch mit Scheitelkapelle. Im W 2-Turm-Fassade

mit 3toriger Portalanlage ohne Vorhalle. Die Stirnseiten des
Querschiffs sind ebenfalls zu Portalen ausgebaut. – *Abmessungen:* Länge außen 110 m, Breite im Schiff 30 m, Mittelschiff 11,50 m, Mittelschiffhöhe 29,50 m, Querschiffhöhe
30,50 m. Breite der W-Front 50 m, Höhe des N-Turmes
68 m.

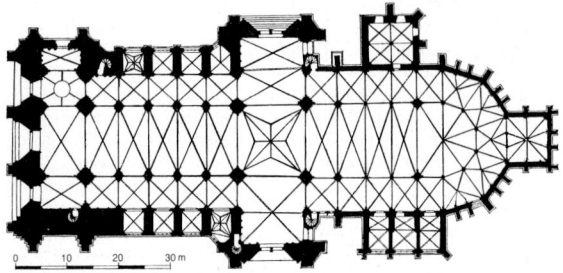

Auxerre. Kathedrale St-Étienne. Grundriß

Wie ein Gebirge türmt sich die gewaltige Baumasse der
Kathedrale für einen vom Fluß zum Domhügel Aufsteigenden; Stützmauern und umfängliche Substruktionen gleichen
das abfallende Gelände aus. Kommt man aus der Stadt
durch eine der schmalen Straßen auf die Kathedrale zu,
bietet sich ein überwältigendes Bild, dessen Monumentalität der unvollendete S-Turm nicht beeinträchtigt.

● An dem Konzept der *got. 2-Turm-Fassade* mit 3 Portalen
hielt man bis ins 16. Jh. fest, trotz mancher Wandlungen in
der Durchführung. So ist z. B. der Strebepfeiler am S-Turm
durch Vorlagen gestuft und dadurch breiter als am jüngeren
N-Turm, wo diese glatt geschnitten sind. Die Fassadenbreite
war durch den S-Turm (1. Plan, s. o.) festgelegt; die Portalöffnungen sollten in die Mitte der Schiffe führen, deren
Breite wiederum durch den Chor vorbestimmt war. Offensichtlich strebte man eine symmetrische Fassadengliederung
mit betontem Mittelportal an. Deshalb stehen die Strebe-

Auxerre. Kathedrale St-Étienne. Westfassade

pfeiler in gleichen Abständen voneinander; die schmaleren
Seitenportale setzen sich dagegen an den seitlichen Stirnwänden mit Blendbögen fort – zweifellos ein Kompromiß
um der Symmetrie willen. Für das anspruchsvollere Mittelportal reichte die Breite nicht: Gewände und Archivolten
greifen hier auf die Strebepfeiler über. Die beiden Seitenportale sind auch nicht gleich hoch, ebenso differieren die
Gesimse. Erst für die unteren Turmgeschosse liegen sie in
gleicher Höhe. Der S-Turm hört damit auf; im folgenden
Geschoß steht nur noch ein kurzes Mauerstück, um den
Giebel abzusichern. Über dem Mittelportal ein freistehender Wimperg mit Maßwerkrose, an den Schrägen Balda-
chinkonsolen. Dahinter öffnet sich die Front schiffbreit in
profilreichem Maßwerkfenster. Das abschließende Giebel-
geschoß, ein gleichseitiges Dreieck mit angefangener Balustrade, ziert die dritte, diesmal vorgeblendete Rose der Fassade in züngelndem Flamboyant. Über die ganze Fassade
hinweg breitet sich – in den Proportionen den Geschoßhö-
hen angepaßt – dasselbe Ornament aus: aneinandergereihte
Blendnischen, darüber reich mit Krabben besetzte, pfeilspitze Wimperge zwischen hohen Fialen mit sich mehrfach
verknotenden Kreuzblumen. Dazwischen einige Konsolni-
schen, heute ohne Figuren. Die vertikale Struktur des Turmes ist durch die breiten Ornamentbänder etwas beeinträchtigt. Charakteristisch ferner, daß sich erst im obersten
Geschoß schmale Schallarkaden öffnen. Der Turm endet
mit der Balustrade einer Plattform, der Treppenturm mit
1543 datierter Renaissance-Bekrönung.

● Die Eingänge (mit N- und S-Portal) sind mit umfangreichen
Figurenzyklen ausgestattet. Die großen Gewändefiguren 1567 zerschlagen, nicht einmal ihre Namen sind sicher überliefert.
Das rechte Portal (Taufportal) ist das älteste, um 1260 unter
Einfluß der späteren Reimser W-Portal-Skulpturen (Mitte 13. Jh.)
entstanden. Die unteren *Sockelstreifen* sind verloren, im oberen je 3
flache, von Wimpergen bekrönte Dreipaßnischen mit Szenen aus
der Liebesgeschichte *Davids und Bathsebas*, rechts innen beginnend: David beobachtet Bathseba beim Bade; Urias reitet ins Feld.
Linke Seite: Urias, vor dem Stadttor von Rabba erschlagen; David

führt Bathseba in sein Haus, wo sie ihm beim Musizieren zuhört. Typologisch vertritt Bathseba im Bade die durch die Taufe gereinigte Kirche, während David als Typus für Christus die Kirche zur Braut wählt. Zwischen den Wimpergen (über den Nischen) *Personifizierungen* der *Philosophie* als Königin (Krone) und der *Freien Künste* (rechte Seite) als wissenschaftliche Tätigkeiten: Grammatik (mit 2 Schülern), Dialektik (Schlangengürtel = sophistische Dialektik) und Rhetorik (ohne Attribut). Links Arithmetik und Geometrie (Attribute verloren); Reste eines Glockenspiels und Saiteninstrument deuten auf Musik; als letztes Astronomie (Aufblick zu den Sternen). Die Freien Künste gehörten als Grundlage zur Philosophie und wurden an den Domschulen gelehrt.

Tympanon und Archivolten mit Szenen aus dem *Leben Jesu* und *Johannes' d. T.* In den 4 Streifen des *Tympanons* (untere Reihe): Heimsuchung, Geburt des Johannes und Beschneidung; darüber Predigt (Jesus unter den Zuhörern) und Taufe Jesu. Es folgen Johannes-Jünger, die Jesus fragen, ob er der Messias sei; daneben Gastmahl des Herodes mit Salome, die das Johannes-Haupt hereinträgt. – *Archivolten* (in nicht immer geraden Zeilen mit den Tympanonstreifen). Rechte Seite, unten Fortsetzung der Johannes-Vita: Nachbarn im Haus des Zacharias und Namengebung (beide nicht sicher); Johannes allein in der Wüste; darüber – im Anschluß an die Taufe – Johannes im Gespräch; Herodias berät Salome; Herodes spricht mit Johannes im Kerker; Gefangennahme und Enthauptung des Täufers und Verbrennung seiner Gebeine (nach der Legende). Im Scheitel: Johannes in Abrahams Schoß. Linke Seite: Szenen aus Jesu Jugendgeschichte, die unteren als Verkündigung, Unterrichtung Josephs und Mariens Gang über das Gebirge nicht sicher gedeutet. 2. Reihe: Geburt; Maria und Joseph über das Geschehen nachdenkend; die Amme badet das Kind; ein Engel leuchtet mit der Kerze; im Hintergrund Ochs und Esel. Es folgen Beschneidung und nicht gedeutete Szenen.

Nähe zu Reims kennzeichnet die auf Beobachtung beruhende anschauliche Schilderung der Vorgänge in der körperlichen Vergegenwärtigung der beteiligten Personen und ihrer szenischen Rolle. Der neugierige David am Fenster etwa oder die ganz sinnlich gesehene Badeszene. Dem Künstler gelingt, im flachen Relief die plastische Schwellkraft der nackten wie der bekleideten Körperformen und ihre räumliche Stellung wiederzugeben. Ähnlich einfallsreich: die körperbedingte Abwandlung der Gewandfalten bei den »Freien Künsten« wird fast schon zum Spiel mit den Möglichkeiten des Kontraposts. Bemerkenswert auch die subtile plastische Behandlung der

szenischen Umgebung und Veranschaulichung der Vorgänge. Hier
glaubt man (wie in Reims) einen Hauch jener Sensibilität für die
plastische Darstellung körperlicher Aktionen und Ausdrucksgebärden zu spüren, der in neuer Erzählfreudigkeit gründet.

Zwischen Portal und rechtem Strebepfeiler 2 *Blendnischen*. In der
oberen Urteil Salomos (Sohn Davids und der Bathseba). Die untere
heute leer; in der niedrigen Sockelstufe darunter verwitterte Reliefs
mit Szenen aus Davids Jugend (v. a. mit Saul und der Kampf mit
Goliath).

Im Mittelportal das *Weltgericht*. Die als Beisitzer dazugehören-
den Apostel (zerstört) standen in den großen Gewändenischen. Sie
und die Figuren in Archivolten und Tympanon sind 14. Jh., die
Reliefs darunter und an den Türpfosten noch 13. Jh.: auf der rechten Seite vermutlich gleichzeitig mit dem Johannes-Portal, auf der
linken ein Jahrzehnt später, um 1270.

Unter den Nischen ist das (nicht mehr gestufte!) *Gewände* dicht mit
Reliefs besetzt. Im oberen, höheren Streifen Blendnischen mit sitzenden Gestalten (Köpfe und Hände abgeschlagen), vermutlich im
Gespräch einander zugewandte *Propheten* und eine *Sibylle*, im
Bogenfeld Vierpässe, aus denen *Engel* schauen, auf der älteren
Seite Engel auch in den Bogenzwickeln (Propheten haben das Gericht vorausgesagt). Eine in den 60–80er Jahren des 13. Jh. sich
ankündigende Stilwandlung ist in den schärfer knickenden, auch
tiefer geschnittenen und stofflich weniger schweren Gewandfalten
sowie im geringer werdenden plastischen Körpervolumen der jüngeren Reihe schon zu spüren. Ebenso bei den *Klugen und Törichten
Jungfrauen* in schmalen Baldachinnischen an den *Türpfosten*:
Rechts verwehrt ein Engel den Törichten den Himmel, links reicht
ein anderer den Klugen die Krone (Zugehörigkeit dieser Parabelfi-
guren zum Weltgerichtsthema). Zu ihm gehört auch die Parabel
vom *Verlorenen Sohn* am rechten Gewände: Je 4 (sehr verwitterte)
Szenen sind hier um eine allegorische Figur oder Szene angeordnet.
Auf der Gegenseite zeigt die jüngere *Josephs-Geschichte*, daß die
szenisch empfundene Handlung jetzt wichtiger wird als die körper-
lich artikulierte Einzelfigur. Formales Symptom für die Verlagerung
des Bildinteresses ist auch das Abnehmen raumbezogener Körperlichkeit, um die sich die 1. Hälfte des 13. Jh. noch mühte. – Der
Verlorene Sohn wird als im Irrtum befangener, sündiger Ver-
schwender in vielen Szenen sehr ausführlich dargestellt; er kehrt
zum Vater zurück und findet Gnade. Die Rückkehr ist Anlaß für
umfängliche Gastereien. In den Mittelreliefs erscheinen Hiob,
Luxuria und eine nicht gedeutete Gestalt. In Restfeldern verkör-

pern Bock, Strauß, ein Dämon mit Hahnenfeder und eine Sirene
ebenfalls die Lüste; zuunterst deutet die auf Aristoteles reitende
Phyllis die Herrschaft der sinnlichen Liebe über den Verstand an. –
Joseph von Ägypten gilt als Beispiel für Tugend und Moral und steht
in seiner typologischen Bedeutung für Christus, der wie jener von
seinen Brüdern gehaßt und verkauft und dennoch zum Retter des
Volkes wurde. – In einer der trennenden Ornamentleisten Herkules
mit dem Nemäischen Löwen (könnte wie Simson Präfiguration
Christi sein und der tanzende Satyr mit Bocksfell der Luxuria gleichgesetzt). Die letzten Szenen sind nicht sicher erkannt. Zu diesen
mythologischen Gestalten gesellt sich ein geflügelter Amor (unter
den Klugen Jungfrauen). Für alle drei gibt es v. a. mit Bezug auf das
»Weltgericht« keine überzeugende Deutung. Mit »Renaissance«
haben sie sicher nichts zu tun.

Das *Weltgericht* selbst ist am *Sturz* und im *Tympanon* dargestellt,
aber auf wenige, um 1400 geschaffene Figuren reduziert. Im Bogenfeld Christus auf der Weltkugel, zu seiten Maria und Johannes als
Fürbitter. Posaunenengel rufen die Auferstehenden (auf dem Sturz)
zum Gericht. In der Mitte fahren Verdammte in die Hölle, daneben
Seelenwägung; zwischen Sturz und Tympanon schweben Engel mit
Seligen empor. Es sind (im Vergleich mit Autun etwa) keine phanta-
sievollen Darstellungen; von der feinlinigen Eleganz »um 1400« eignet ihnen auch nur wenig. Das gilt ebenso für die Engel (Tympanon-
rahmen und innere Archivolte) und die Skulpturen der übrigen
Bogenläufe mit Einzelszenen aus dem Leben der *Apostel* und *Johannes' d. T.*; offensichtlich ging es darum, ausführlich über Märtyrertod und Wundertaten sowie Predigen und Taufen zu berichten.

Das l i n k e P o r t a l ist *Maria* gewidmet; ihre Krönung durch Christus am erhöhten *Sturz*, in den *Archivolten* Szenen aus ihrem Leben:
Geschichte der Eltern Joachim und Anna, Mariae Geburt, Tempel-
gang und Verlobung; nach ungedeuteten Szenen dann Verkündigung, Geburt Jesu usw. Die im Relief kräftigen Skulpturen sind
vielleicht noch frühes 14. Jh.

Etwas jünger und von anderer Hand die künstlerisch hochinteres-
santen *Genesis*-Szenen der *Sockelreliefs* (mit Fortsetzung an der
seitlichen Stirnwand). Typologisch beziehen sie sich auf Maria als
»Neue Eva« und Christus als »Neuen Adam«, der die Menschheit
von der Paradiessünde erlöste. Die Weltschöpfung beginnt auf der
Stirnwand mit Erschaffung von Himmel und Erde; es folgen Scheidung des Wassers vom Festen (die Erde als Globus!) und Erschaffung der Tiere (der Schöpfer wie ein Bildhauer). Fortsetzung am
Portalgewände: Erschaffung Adams und Evas; das Gebot wird in

einer Schriftrolle (!) übergeben. Am rechten Gewände weiter mit
Sündenfall, Zurredestellung und Ausweisung. Fortsetzung wieder
links unten: Opfer Kains und Abels, Brudermord und Verfluchung
Kains, rechts weiter mit Kains Tod und, auf 2 Reliefs, Sintflut mit
der Arche Noah. – Die feingliedrigen, der Stilstufe gemäß sehr lang
proportionierten und mit vereinfachendem Umriß gezeichneten
Gestalten sind in zartem Relief modelliert. Auf Requisiten und
»Szenerie« ist verzichtet. Die Faltenlinien der Gewänder sind elegant stilisiert, wirken aber unstofflich. Und doch wird das Geschehen mit einem Hauch graziler Anmut detailgenau erzählt. Man
denkt allerdings mehr an Elfenbeinschnitzereien als an Steinbild-
werke.

● Die beiden wie Fassaden konzipierten Q u e r s c h i f f p o r t a l e sind
durch Mittelpfosten zweigeteilt; gleich sind sie auch in der Gliederung der *Tympana* in neben- und übereinander gereihte *Kielbogenarkaden* mit in Einzelfiguren komponierten *szenischen Darstellungen*. Die großen Gewändefiguren sind in beiden verloren.

Das (südl.) S t e p h a n u s - P o r t a l (in Anlage und einigen Skulpturen noch 14. Jh.) erzählt in 3 Tympanonstreifen aus der Vita des
Hauptpatrons (seine Figur stand am Mittelpfosten); im Scheitel
seine Aufnahme in Abrahams Schoß. Auf dem Sturz in Nischen
nicht identifizierte Einzelfiguren. Köstlich die Köpfe auf seiner
Rahmenleiste, ebenso die Engel der Sturzkonsolen. In der inneren
Archivolte Engel, in der äußeren Patriarchen und Propheten auf
Thronen. Künstlerisch sind Archivolten- und Tympanonfiguren
schwächer als diejenigen am Sturz; sie zeigen eine gewisse Trocken-
heit in der Faktur.

Das (nördl.) G e r m a n u s - P o r t a l entstand erst im 15. Jh. Dargestellt sind Szenen aus dem Leben des Bischofs, v. a. die wunder-
baren Ereignisse. Künstlerisch sind es brave, aber erfindungsarme
Steinmetzarbeiten; die große Zeit der mittelalterl. Bauplastik war
vorüber.

Trotz der langen, nach Vollendung des Chores (um 1234)
mit Unterbrechungen sich bis ins 16. Jh. hinziehenden Bau-
● zeit bietet das I n n e r e ein überraschend einheitliches
Raumbild. An den Einzelformen sind allerdings die Entste-
hungszeiten abzulesen. Bestimmend blieb jedoch das mit
dem Chor entwickelte Raumprogramm und Baukonzept.

● Es empfiehlt sich, den Rundgang mit dem *Chor* (ca.
1215–34) zu beginnen. Er hat 4 gerade Joche und ein 7fach
gebrochenes Chorpolygon, das Ganze von einem Umgang

Auxerre. Kathedrale St-Étienne. Inneres. Chor

ohne Kapellenkranz umschlossen, im Scheitel nur eine quadratische Kapelle (ein Kapellenkranz hätte weitere Substruktionen erfordert). Dem got. Chor diente (wie vorher
schon der roman. Kathedrale) die bestehende Krypta als
Fundament.

In den Kathedralen der Île de France wird die Raumhöhe
zunehmend steiler; das wirkt fast so, als habe die Gotik alle
an den Stein gebundene Schwere aufheben wollen (Chartres
36,50 m, Reims 38 m, Amiens 42 m, Beauvais über 48 m).
Dehio spricht gar vom »Ikarus-Flug der Gotik«. Demgegen-
über bleibt Auxerre (nicht ganz 30 m) überschaubar. Durch
die Krypta war nur die Breite festgelegt. Vielleicht sollte
der Raum nicht in dem menschlichen Auge unerreichbare
Höhen entrückt werden. Das läßt die Dimensionierung der
Höhen des 3zonigen *Wandaufbaus* zumindest vermuten.
Noch eins ist bemerkenswert: Die mit dem Wegfall der
Emporen freiwerdende Höhe war in Chartres und der klas-
sischen Gotik der unteren Zone zugeschlagen worden; eine
immense Höhensteigerung der Schiffsarkaden war die
Folge, unter der sich der Mensch winzig fühlen mußte. Das
Triforium wurde zum schmalen, vorn durch Säulenstellungen vergitterten Band zwischen Arkaden und ebenfalls
höher werdender Fensterzone. Im niedrigeren Chor von
Auxerre sind die Gliederungsproportionen anders bemessen: Das Triforium ist höher, die Fenster sind kürzer und die
Arkaden weniger hoch. Der Raum bleibt überschaubar. In
die engen Bogenstellungen des Triforiums kann man hinein-
sehen, es wirkt nicht mehr im Sinne »diaphaner Wandstruktur« vergittert. Die Mauerzone zwischen Säulenbögen und
geschlossener Rückwand ist zerlegt und dadurch erleichtert;
der Baumeister war damit für die Arkadenzone freier in der
Strukturierung der tragenden Elemente (s. u.). Die Zweischaligkeit hat er auch auf die Fenster- und Gewölbezone
übertragen: Vor den an den äußeren Mauerzand versetzten
Fenstern verläuft der Gang *durch* die nach innen gezogenen
Strebepfeiler. Nach vorn bleibt er offen. Natürlich ist die
Wandgliederung vertikal, das ist im System begründet. Sie

ist es jedoch weniger rigoros als in der Île de France, wirkt in
dem breiter gedehnten System eher locker, darin gefördert
durch das geschlossene Triforium und die Sockelwand der
(unschön) verkürzten Fenster des Obergadens. Diese lichtlose Zwischenzone schließt den Chor mehr in der Horizontalen zusammen (vgl. a. Dijon/Notre-Dame und Clamecy
[Nièvre]; J. Bony und R. Branner sprechen gar von einer
»Anti-Chartres-Bewegung«).

Frühgot. Reminiszenz wecken der *Stützenwechsel* in den 4
schmalrechteckigen Chorjochen und die geplanten, aber
nicht ausgeführten 6teiligen Gewölbe über 2 Doppeljochen
mit Rundpfeilern als Zwischenstützen, von denen die vorderen schon im 14. Jh. gegen stärkere ausgewechselt wurden.
Der nächsten Hauptstütze sind nur 4 Halbsäulen eingebunden, die Eingangspfeiler zur Apsis mit 5 bis zum Gewölbe
aufsteigenden Diensten besetzt, und an den noch stärkeren
Vierungspfeilern sind sie gar wie Orgelpfeifen gereiht. In
der *Apsis* bilden 6 *Rundpfeiler* den 7seitigen Chorschluß.
Die Bögen sind in Angleichung an die breiteren Chorjoche
stark gestelzt. Hohe *Kapitelle* zeigen frühgot. Knospen und
Laubwerk; am Stützenpaar des 14. Jh. ist die veränderte
Auffassung von got. Baudekor abzulesen.

Im *Triforium* sind stabdünne Säulen – im Polygon zu je 3, in
den Jochen 4 Bögen – zusammengefaßt auf kleinen Würfeln
als Plinthen (wie in Dijon, Semur-en-Auxois u. a. got. Kirchen; an den Kapitellen kräftiges Laubwerk, in den Bogenzwickeln merkwürdige, inhaltlich nicht gedeutete kleine
Köpfe (s. Dijon/Notre-Dame, Semur). – Im *Obergaden*
jochbreite Fenster mit Doppelanzetten und Rundformen
im Bogenfeld; Stäbe und Einfassungen nur geschrägt. Zwischen ihnen reichen die Gewölbekappen tief hinunter. Man
beachte: die Gewölberippen setzen vorn bei den Schildgur-
ten auf und ermöglichen den Laufgang vor den Fenstern.
Die dünnen Dienste für die Schildrippen sitzen neben den
Gewölbediensten auf der Vorderkante des Gesimses, parallel dazu die Dienste für die äußeren Schildrippen. Eine
kurze Quertonne wölbt den Laufgang. Es war kühn, über

den Arkaden 2mal die Strebepfeiler mit Laufgängen zu durchbrechen! Statisch ist die Konstruktion durch zusätzliche äußere Strebepfeiler und zwischen ihnen Entlastungsbögen im Dachstuhl des Umgangs abgesichert, mitgetragen von dessen Gewölbequergurten unten (vgl. dazu Dijon/ Notre-Dame).

Die Außenmauer ist auch hier 2schalig. Kapitellkonsolen tragen männliche und weibliche Köpfe, auch Fratzen und tiergestaltige Wesen; Sinn und ikonographische Bedeutung sind nicht geklärt. – Die quadratische *Scheitelkapelle* ist 3 Joche breit, aber nur 2 Joche tief, was unterschiedlich hohe Bogenstellungen bedeutet, v. a. im Eingang. Die Lösung mit den beiden freistehenden Säulen im Eingang ist genial: Jede nimmt 2 Gewölberippen (je eine aus Umgang und Kapelle) und die wie Rippen profilierten Gurte der Eingangsbögen auf. Ihre Kapitelle sitzen in den Eingängen höher als unter den Diagonalrippen. Nur durch Stelzung der Bögen war die gleiche Scheitelhöhe mit dem Umgangsgewölbe zu erzielen. Um das Ganze luftig zu halten, wurden nicht die Arkaden gestelzt, sondern den Kapitellen Säulchen mit eigenen Kapitellen aufgesetzt. An den Wänden entstand so ein belebendes Formenspiel – darin noch gefördert durch das 10strahlige Rippengewölbe, das von einem Schlußstein ausgeht; somit verstellt keine Mittelstütze den Raum.

Die inneren Joche des *Querschiffs* sind noch wie der Chor gegliedert. Das Querschiff selbst ging mit dem Langhaus ca. 1309 in Bau. Um 1400 war der S-Arm vollendet. Die Wandgliederung des 13. Jh. wird aufgegeben, die Stirnwände öffnen sich in großen Rosenfenstern. Der Stabilität wegen wurde das Triforium hier zu Blendarkaden vermauert, hinter denen der Laufgang weitergeht; in der Stirnwand tritt er nach außen, um danach wiederzukommen und sich im Triforium des Langhauses fortzusetzen. Man kann also den ganzen Kirchenraum begehen. Der Laufgang vor den Hochfenstern wird aufgegeben. Im S-Arm noch 6teiliges Gewölbe (14. Jh.); im nördlichen wurden Ende des 15. Jh. 2 parallele

Kreuzrippengewölbe eingezogen. In der Vierung lichtloses
Sterngewölbe. Die südl. Stirnwand ist mit spätgot. Maßwerk ornamentiert; derselbe Dekor rahmt auch ein Portal.
In dem großen Fenster fügt sich die Rose elegant in die
der Rundung angepaßten doppelten Dreipaßlanzetten ein.
In der nördl. Stirnwand herrscht das jüngere Flamboyant
vor.

Im südl. Querschiff blieben einige *figürlich skulptierte Konsolen* sur
place: Auf jeweils 2 Konsolen verteilt warnt ein Priester ein Liebes-
paar vor der Sünde bzw. beobachtet ein verwirrter Mann erregt eine
nackte, auf einem Bock reitende Frau – gleich köstlich in der Erfindung und unbekümmerten Darstellung heikler Themen.

Das seit 1309 entstehende, im späten 14. Jh. beendete und
im 15. Jh. eingewölbte *Langhaus* wirkt flach und spröde; ●
in der Ausführung trockene Reißbrettgenauigkeit. Mit 5
schmalrechteckigen Jochen und dem tieferen Turmjoch
zusammen ist es kürzer als der Chor. Charakteristisch sind
die auf polygonalen Sockeln stehenden, mit breiten Kehlen
und dünnen Stäben profilierten Stützen; in den Bogenlaibungen nehmen sie über winzigen Kapitellchen die Rund-
stäbe der Längsgurte auf. Im Schiff steigen sie – die Horizontalgesimse durchschneidend – ungehemmt auf, vermeh-
ren sich in den Triforien und im Lichtgaden um weitere
Stäbe, die sich wie Rahmen um die Fenster legen. Kennzeichnend ist ferner die Reduzierung aller plastisch akzentu-
ierenden Formen z. B. der Kapitelle in den Laibungen und
bei den Gewölberippen. Das Triforium ist weniger hoch als
im Chor, dafür sind Arkaden und Fenster höher; zusammen
mit den durchgehenden Diensten bewirken sie eine fühlbare
Betonung der vertikalen Struktur. Kennzeichnend ist weiterhin die Rechteckrahmung der Triforien. Die Wand wirkt
mehr zusammengesetzt als strukturell gegliedert. Gegenüber der raumhaltigen Wand im Chor könnte man hier von
1schichtiger Fläche sprechen, da auch die Fenster »vorn«
sitzen. Trotz dieser Einschränkungen bleibt das »Bild einer
got. Kathedrale« der klassischen Epoche erhalten.

Die *Seitenschiffe* entstanden mit dem Mittelraum. Zwischen

den Strebepfeilern wurden noch im 14. Jh. *Kapellen* eingezogen. – Im tieferen *Turmjoch* sind die Schiffspfeiler als
freistehende Turmträger wesentlich stärker; der südliche
stammt noch aus der Bauzeit des Chores, der nördliche vom
Ende des 13. Jh. In den Turm-Seitenschiffen Kapellen.

● Die Glasmalereien gehören – neben Chartres, Bourges und
Troyes – zu den bedeutendsten Zyklen Frankreichs, sind leider nicht
so gut erhalten wie jene. Bald nach ihrer Vollendung (1567) haben
Calvinisten sie stark beschädigt. Bei wohlgemeinten Restaurierungen wurden sie 1576 und 1866–73 künstlerisch beeinträchtigt – nicht
zuletzt dadurch, daß man vermeintlich passende alte Scheiben zur
Ergänzung anderswo einsetzte, aber auch neue, bisweilen sogar den
alten nachgeahmte Scheiben sind angefertigt worden. Gleichwohl
ist der Bestand an alten Scheiben immer noch relativ bedeutend.

Die *Chorfenster*, um 1230/40, sind die ältesten, alle mit Doppellanzetten und Rosen im Bogenfeld. – *Scheitelfenster:* Segnender Christus, flankiert von Engeln, daneben Christus am Gemmenkreuz mit
Maria und Johannes, über ihm Taube des Hl. Geistes, auf Kreuzbal-
ken Engel mit Sonne und Mond. Im Zentrum der Rose »Lamm
Gottes«, umgeben von Evangelistensymbolen sowie Johannes d. T.
– Rechts und links beim *Choreingang* thematisch identisch Märtyre-
rinnen, stilistisch altertümlicher. – Daneben großfigurige Kirchen-
patrone: Germanus und Stephanus bzw. Laurentius und Amator; in
den Rosen »Tugenden« und »Laster« bzw. »Freie Künste«. – Es
folgen Propheten und Apostel unter Baldachinen, in Nischen, unter
Türmen und Zinnenkränzen; in den Rosen weitere Propheten oder
Ornamentmotive. (Die unteren Scheiben fast an allen Fenstern
mußten, da von Zerstörern leichter erreichbar, erneuert werden.) –
Überraschenderweise auch im Hochchor Grisaille-Fenster, allerdings mit farbigen Bordüren, Streifen u. ä. Außer der Farbe fehlt
den Propheten und Apostelfenstern die Feinlinigkeit der Scheitelfenster, sie sind auch gröber in der Ausführung, im Ausdruck allerdings expressiver.

Im *Chorumgang* erzählende Zyklen mit alttestamentlichen Szenen
und Heiligenlegenden, restauriert mit Scheiben der beiden vorderen Fenster (diese heute hell). Nachträglich an die Stirnseite der
Scheitelkapelle versetzt die künstlerisch eindrucksvolle »Theophi-
lus-Legende«; alte Scheiben auch noch im erneuerten »Jesse-Fen-
ster«. Das Marien-Fenster in der Mitte modern. Alt dagegen die
Grisaillen der *Seitenfenster* mit Stiftern vor Maria und Stephanus. –
Im *südl. Querschiff* über dem Chorumgang Fenster mit beiden

Johannes' unter hohen Baldachinen (Märtyrerszenen modern); in der Rose thronende Madonna. Die Figurenzeichnung bezeugt die delikate Eleganz des 14. Jh. Im benachbarten Fenster Verkündigung und »Lamm Gottes«; an ihnen interessieren v. a. die Baldachine über schon perspektivisch gemeinten Nischengewölben. Ähnlich im Fenster darunter (Großfiguren erneuert) Maßwerk mit Evangelisten und Heiligen; in der Rose »Jüngstes Gericht«. – »Wurzel Jesse« und Johannes d. T. im *nördl. Querschiff* großenteils erneuert.

Die Hochfenster des *Mittelschiffs*, auch sie nicht unbeschädigt, zeichnen sich durch verfeinerte malerische Technik und delikate Farbigkeit aus. Die erhaltenen Originale zeigen in Figurenzeichnung und den hohen Baldachinen die sublimierte Kunst der »Internationalen Gotik um 1400«. Dargestellt sind großfigurige Heilige und szenische Kompositionen, z. B. im letzten Joch vor der Vierung: Karl d. Gr. mit Weltkugel und König Ludwig IX. d. Hl. Neben ihnen Katharina und Jakobus als Pilger; in der Rose Michael beim Engelsturz und ein Kruzifix. – Gegenüber: Weibliche Heilige und hl. Bischof mit Marienkrönung. – Bemerkenswert im westl. Schiff (2. Joch S-Seite, 16. Jh.) symbolische Darstellung der Kirche als von Teufeln angegriffenes, vom hl. Stephanus beschütztes Schiff. – Gegenüber: hl. Germanus als Fürsprecher mit Stifterin und Töchtern; der hl. Ludwig mit Stifter und dessen Söhnen, außerdem »Noli me tangere«-Szene. Die Baldachinbekrönungen sind ganz renaissancehaft. Im vordersten Joch zeigt Maria, vom hl. Bernhard begleitet, als Fürsprecherin dem Gekreuzigten ihre Brust, »die ihn nährte«; Christus zeigt Gottvater seine Wunden. – Gegenüber: Heilige und »Jüngstes Gericht« (das Gericht gehört seit alters zum Bildprogramm im W des Kirchenraums).

Im 16. Jh. Farbverglasung der *Stirnseiten* im W, S und N mit schiffsbreiten, bis zum Gewölbe reichenden Fenstern mit großen Maßwerkrosen über gestaffelten Lanzetten. Alle wurden 1567 beschädigt, das W-Fenster jedoch schon 6 Jahre später restauriert. – Themen: *W-Fenster* mit »Himmlischem Lobgesang«: in der Mitte thronender Gottvater, im inneren Ring singen Seraphim das »Trishagion«, das »Dreimalheilig«, im nächsten musizieren Engel, im äußeren Apostel und größere Engel im Wechsel. In der Bogenspitze Trinität, in den Zwickeln unter der Rose Verkündigung, im Maßwerk der Lanzetten Heilige als Patrone von Stiftern. – *S-Querschiff:* Mitte mit thronendem Gottvater, umgeben von »Himmlischen Mächten«; in den Lanzetten Moses-Szenen. – Das *N-Fenster* ist der »Unbefleckten Empfängnis« gewidmet: Maria in der Mitte, im

Auxerre. Kathedrale St-Étienne. Scheitelkapelle der Krypta

Umkreis umgeben von Engeln und den Symbolen der Lauretanischen Litanei. In der Höhe Trinität: Vater und Sohn in Purpur, der Geist mit goldenen Strahlen. Ein Schriftband zitiert das Genesis-Wort »Tota pulchra es«. In Staffellanzetten Geschichte Josephs von Ägypten; die beiden äußersten, von hervorragender maltechnischer Qualität, bezeugen auch schon sichere Kenntnis der Renaissancekunst.

Die mittelalterl. A u s s t a t t u n g ging im Religionskrieg verloren. Unter den seither entstandenen Altären, liturgischen Geräten, Denkmälern u. a. befinden sich keine herausragenden Kunstwerke. Von den *Altarbildern* sind zu nennen: von Louis-Jean-François Lagrenée d. Ä. *»Taufe Jesu im Jordan«* (1773) und *»Engelsturz mit Erzengel Michael«* (1772); von Jean Restout *»Der hl. Pélerin zerstört heidnische Idole«* und *»Himmelfahrt Mariens«* (1742).

In der **Schatzkammer** (am südl. Chorumgang): beachtliche *mittelalterl. Klein-Kunstwerke*; 2 roman. *Zeichnungen* auf Pergament, 1. Hälfte 12. Jh.; mehrere *Handschriften mit Miniaturen* aus verschiedenen Epochen; kupfernes *Weihrauchgefäß*, 12. Jh.; *Emailarbeiten* des 13. Jh. (Weihrauchschiffchen, Büchse und kleine Schreine) und *Elfenbeinschnitzereien*.

Die K r y p t a , 3schiffig gewölbt, mit Umgang und Scheitelkapelle, entstand nach 1023 und war vermutlich um 1030 fertig. Die an den nach O abfallenden Hang auf blanken Fels gebaute Kathedrale bedurfte der Substruktionen zum Niveauausgleich. Die so entstandenen Räume wurden natürlich als Kapellen kirchlich genutzt. Alle Fenster gehen unmittelbar ins Freie. Den Mittelraum unterteilen Pfeiler in 3 kreuzgewölbte Schiffe. Ihre gemauerten Rundsockel sind der besseren Sistierung auf dem felsigen Baugrund dienlich. (Plattenbelag 19. Jh.) Vermutlich stehen die über 1 m starken Umfassungsmauern auf den Chormauern der 1023 zerstörten Kathedrale, die noch keinen Umgangschor hatte.

Die rechteckige *Scheitelkapelle* deckt eine Längstonne; anschließend eine von Säulen flankierte Apsis (Kapitelle mit fächerartig angebrachten Palmetten und Eckvoluten). Sie steht nicht auf Felsen, sondern auf Mauern und eingestürzten Gewölben eines älteren, tiefer gelegenen Oratoriums (möglicherweise ein Mausoleum wie in St-Germain, s. d.). Genaueres ist nicht überliefert.

● Die Scheitelkapelle diente der Christus-Verehrung; überzeugendster Ausdruck ist die *Deckenmalerei*, in der ein großes Gemmenkreuz das Tonnengewölbe in 4 Felder unterteilt. Im *Zentrum* der Tonne Christus mit Kreuznimbus auf weißem Pferd einherreitend, in der Linken die Zügel haltend, in der Rechten einen Stab (als »eiserne Zuchtrute« der Apokalypse angesprochen). Die weiße Silhouette des Pferdes bewegt sich wie ein heller Schemen durch den Schnittpunkt der Balken des Kreuzes, d. h. durch die Mitte der in den 4 Kreuzesenden versinnbildeten Welt. Christus reitet aufrecht, mit Blick in Bewegungsrichtung. In den 4 *Feldern* vor dunklen Medaillons auf hellem Grund je ein reitender Engel, dessen angehobene Rechte Respekt oder Verehrung andeutet. Wie Christus reiten auch die Engel nach rechts – am Gewölbe wirkt das, als ob jeder in eine andere Richtung reite, was die Vorstellung der 4 Weltgegenden unterstreicht. Ob nun Christus als Rächer der Apokalypse (Zuchtrute) mit den »4 Reitern« gemeint ist oder der Herrscher der Welt, den die Engelreiter als Verkörperung der »nationes« (Völker) begleiten (römische Imperatoren ließen sich so darstellen): die Gründe für die eine wie die andere und noch weitere Deutungen sind hier nicht zu erörtern. Die Beschränkung der Farbe auf rote und gelbliche Töne, Weiß und ein bläuliches Grau sowie die flächenbezogene Figurenzeichnung sprechen für eine Datierung um 1100 (spätere Retuschen an den Gesichtern denkbar). – Das *Apsisfresko* ist jünger; Körperbewegung und durch sie bestimmte Faltenführung sprechen für 13. Jh. Hier erscheint der thronende Christus in einem Vierpaß zwischen 2 7armigen Leuchtern (die Gemeinde der Apokalypse?), die Rechte segnend erhoben, in der Linken, über dem Buch mit Alpha und Omega, ein Kreuz. In angesetzten Halbkreisen Evangelistensymbole (z. T. zerstört). Hier ist mit dem Thronenden zugleich der im Alten Testament (Leuchter) angekündigte Richter am Ende der Tage gezeigt. – Beide Darstellungen vergegenwärtigen in ihrer Art seltene, in Erfindung und künstlerischer Ausprägung großartige Bildwerke.

● **²Präfektur.** Der **ehem. Bischofspalast**, nordöstlich der Kathedrale und an denselben Hang gebaut, stand unmittelbar bei der 1. Stadtmauer. Auf die O-Mauer der von ihm (nach Brand im 11. Jh.) erneuerten Anlage setzte Hugo de Montaigu (1115–36) einen noch erhaltenen **Galeriebau** mit 18 *roman. Fensterarkaden.* Die mauertiefen Keilsteinbögen sind in einer Kehlleiste mit Nagelköpfen ornamentiert. Als Stützen dienen kurze Säulen mit monolithischen Schäften im Wechsel mit aus Trommeln zusammengesetzten Doppelsäulen; anstelle der letzteren zweimal Pfeilermassive mit gedrehten Kanneluren und Rosetten. Die roman. Blattkapitelle zeigen unterschiedliche Stilisierung. Das Terrassendach über dem Konsolgesims ist 19. Jh. – Quer zur Galerie und mit got. Spitzbogenfenstern in den Giebelfronten die ehem. sog. **»Salle Synodale«**, die Bischof de Mello 1257 über dem älteren **Weinkeller** errichtete. Neben ihrer westl. Giebelseite noch ein ansprechendes *spätgot. Portal*. Das fortschrittlichere, leider vermauerte *Renaissance-Portal* (im ehem. Gerichtsgebäude) mit korinthischer Pilastergliederung regt zum Vergleich an. Der **N-Flügel** wurde 1825 neoklassizistisch erneuert; weitere **Neubauten** und Ergänzungen – mal romanogotisch, mal spätgotisch mit Kielbögen – erfolgten anschließend. – Von der Restaurierung seit 1948 hat v. a. das sehenswerte *Innere der roman. Galerie* profitiert.

³St-Germain, ehem. Klosterkirche ●

Germanus, um 378 in Auxerre aus adeliger Familie geboren, studierte in Autun und Rom, war danach politisch tätig (vermutlich auch als Präfekt im Nordwesten Galliens). Zunehmende Hinwendung zu kirchlichen Aufgaben mit Neigung zum Einsiedlerleben (Trennung von seiner Frau) führte zur Gründung von Kirchen und Klöstern aus eigenem Vermögen. 418 wurde er Bischof von Auxerre und trat führend in der Auseinandersetzung mit dem häretischen Pelagianismus hervor (deswegen 2 Reisen nach England). Er starb 448 in Ravenna, wo er bei Kaiserin Galla Placidia in Friedensmission (für die aufständischen Bretonen) vermittelte. In einer zu seinen Lebzeiten errichteten kleinen Gebetskirche auf dem Familienbesitz im NO der Stadt, außerhalb der römischen Stadtmauer, hat man ihn beigesetzt.

Germanus, eine der großen Gestalten der frühen Kirche in Gallien, wurde, wie Martin von Tours, ein volkstümlicher Heiliger, dessen Grab, an dem sich Wunder ereigneten, schon früh und zunehmend Pilger anzog. Die Frankenkönigin Chlothilde († 544, heiliggesprochen), Gemahlin Chlodwigs, ließ über oder bei dem Grab eine Basilika mit Germanus als Titelheiligen errichten. Aus der von ihr bestellten Mönchsgemeinschaft ging das später berühmte Benediktinerkloster hervor. Schon im 6. Jh. und später noch diente die Kirche als Grablege anderer Bischöfe.

*Als Dank für wunderbare Heilung gelobte Konrad, Graf des Aar-
gaus, Haupt der Welfenfamilie und Laienabt des Klosters, eine neue
und größere Kirche, von der das erhaltene, umfängliche Kryptenen-
semble stammt. Um die Verwirklichung dieses Gelübdes kümmerte
sich seine Witwe: Baubeginn 841 (im Beisein Karls d. Kahlen), Überführung der Reliquien 859 – der Kaiser stiftete zum Einhüllen ein
kostbares Seidentuch (heute in St-Eusèbe, s. u.). Bei der Weihe der
Kirche 865 dürfte diese mit 2geschossigen »Krypten« im O und einer
Vorkirche als Westwerk (?) vollendet gewesen sein. Sie war über
100 m lang. Marmorsäulen hatte man aus Arles und Marseille geholt.
Ein Mönch namens Heric berichtet ausführlich über den Bauvorgang
mit Daten. Anläßlich der östl. Bauteile spricht er von »cryptae inferio-
res« und »cryptae superiores« (unteren und oberen Krypten); bei den
»oberen« kann es sich nur um den im Grundriß gleichen Chor der
Kirche handeln. Das Langhaus ist nicht erwähnt – was die Frage
aufwirft, ob nicht das merowingische Langhaus beibehalten wurde. –
Nach großen Bränden 1064 und 1075 erste Instandsetzungen. Umfas-
sendere, vornehmlich in den westl. Jochen und am Westbau wirksame
Erneuerung erfolgte im 12. Jh. Nur einer der W-Türme und der Kapitelsaal blieben davon erhalten.*

*1277 wurde über der Krypta mit dem aufwendigen got. Bau begon-
nen, der, anfangs sehr schnell vorangetrieben, mehrmalige längere
Unterbrechungen erlebte, v. a. im 100jährigen Krieg, als die Engländer 1359 Auxerre besetzten und der Klosterschatz als Gewährleistung
für das Lösegeld eine Brandschatzung verhinderte. Für den Weiterbau fehlten jetzt die Mittel. Einem Einsturz der roman. Teile zu weh-
ren, ermöglichte Papst Urban V. (1353–62 Abt des Klosters) die
Fortsetzung der Arbeiten und regte weitere Stiftungen an. Nach Fertigstellung der noch zum Mönchschor gehörenden Langhausjoche
wurde der Bau 1398 eingestellt; das roman. Schiff, Westbau und
Vorhalle blieben, wie sie waren.*

*1567 plünderten und verwüsteten Hugenotten das seit 1540 von Kom-
mendataräbten regierte Kloster; dabei ging ein Teil der Mönchsbauten zugrunde, ebenso der nicht urspr. Vierungsturm. 1810 übereignete Napoleon das aufgehobene Kloster mit den 1643 erneuerten
Mönchsbauten dem* **Krankenhaus** *der Stadt, die 1811 den Abbruch
der karolingischen und roman. Bauteile der Kirche, bis auf den SW-
Turm, anordnete. 1817 errichtete man die neugot. Fassade am verkürzten Langhaus. Seit 1840 ist der Bau auf der Denkmalliste.*

*In der nicht mehr dem Kult dienenden Kirche und in den vom Kran-
kenhaus nicht beanspruchten Räumen sind die* **Städt. Sammlungen**
untergebracht.

Auxerre. St-Germain. Fassade im 17. Jh. (nach Dom Cottron, 1652)

Das Ä u ß e r e wirkt am eindrucksvollsten als *Gesamtbild* vom Turm der Kathedrale aus oder über den Fluß hinweg. Nähert man sich der Kirche von O, türmt sich über die den Hang hinaufgebauten Häuser hinweg die immer steiler werdende, gewaltige Baumasse gen Himmel, von tiefen Strebepfeilern gestützt. Die der Stadt zugekehrte *Stirnseite des südl. Querschiffarms* hat Fassadencharakter: in 3 Geschossen wechselnd gegliederte Fenster, im von Fialen begleiteten Giebel eine Nische mit 3 m hoher Germanus-Figur – ein imposantes Bild!

Der wie ein Campanile heute isoliert stehende *roman. Turm* – er stammt von einer 2-Turm-Fassade – ist einer der schönsten im Lande, gestalterisch den berühmten Türmen von Chartres, Senlis und der Trinité in Vendôme gleichrangig. Das heute sehr hoch hinaufreichende Untergeschoß ist, bis auf einen kleinen Kuppelraum, massiv. Seine übereck gestellten, mit den Geschossen abnehmenden Strebepfeiler geben ihm vertikal in die Höhe schießenden Elan. Die beiden folgenden Geschosse sind mit Blend- bzw. offenen Doppelarkaden gegliedert, beide plastisch umrandet. Über knapp bemessenem Gesims setzt sich der Turm als Oktogon fort. Kleine, fialenartige Türmchen mit Blendarkaden sitzen – in Fortsetzung der Strebepfeiler – vor den abgeschrägten Mauern; ihre Helme wiederholen sich in den aufgesetzten Giebeln über den freien Oktogonseiten. Dem wie eine Nadel zugespitzten, 8seitigen Helm geben seine nach unten zu leicht konvex ausbuchtenden Außenkanten – optisch wie statisch – besseren Sitz auf den unterschiedlich hoch beginnenden Dreiecksformen der kleinen Dächer und Giebel.

● Die K r y p t a zählt zu den baugeschichtlich wie ikonologisch interessantesten Anlagen ihrer Art. Im Zentrum eine kleine, durch 2 Säulenpaare in 3 mit Längstonnen gewölbte Langräume unterteilte Basilika, die eigentliche »*Confessio*«. Auf der W-Seite führen 3 Bogenöffnungen in eine breite, trapezförmige *Apsis*. In ihr stand unter eingetieftem Bogen und um 3 Stufen erhöht der Sarkophag des Heiligen; eine »Fenestrella« ermöglichte Sichtverbindung von der

Oberkirche her. In den *Seitenschiffen der Confessio*, quer zur Richtung, Heiligen- und Bischofsgräber als eine Art »Ehrenwache«, zwischen der das *Mittelschiff* auf das Ger-

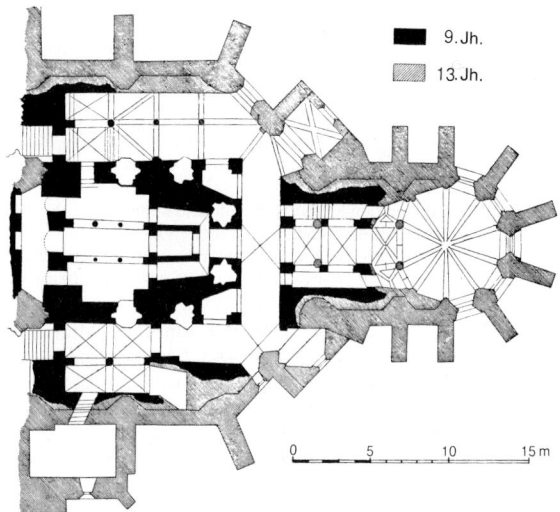

9. Jh.

13. Jh.

*Auxerre. St-Germain. Krypta. Grundriß
(nach »Congrès archéologique« 1907)*

manus-Grab zuführte (863 Beschluß des Mönchskonzils, alle Reliquien und Bischöfe hier beizusetzen). Der Altar stand in dem sich auf der O-Seite anschließenden, *stollenartigen Gang*; der Priester zelebrierte also mit Blick auf den Sarkophag im W. Die Aufgabe, die sakrale Würde des Reliquiengrabes mit der Zweckbestimmung einer Pilgerkirche zu vereinen, hat hier eindrucksvoll künstlerische Gestalt gefunden.

Furcht vor erneuten Überfällen der Normannen veranlaßte um 876 die Mönche, den kostbaren *Schrein* in Sicherheit zu bringen. Sie versteckten ihn in dem (von Germanus selbst noch angelegten) Grab unter dem Stollen im O der Confessio, und zwar stellten sie dort in einem ca. 3,50 m tiefen Gewölbe eine Imitation auf, diesen selbst dagegen in eine dafür angefertigte Höhle darunter. Um 930 kam er an seinen Platz in der W-Apsis zurück, 1069 jedoch erneut ins Versteck, weil ein Finger gestohlen worden war. Über sein weiteres Schicksal ist nichts bekannt. Die Imitation – ein schmuckloser Steinkasten – steht seit 1634 auf dem für ihn gemauerten Halbbogensockel im östl. Stollen.

Die Schäfte der genannten gallo-römischen *Säulen* in der Confessio sind unterschiedlich lang; Basen und Plinthen stecken z. T. im Boden. Verschieden sind auch ihre Kapitelle; einige könnten schon karolingisch sein, andere sind sicher spätantik. Das nordwestliche wurde offenbar – um den Schaft verwenden zu können – in angetragenem Stuck modelliert. Eichenbalken dienen als Architrav. – Im O-Teil des Altar-Stollens ein mit schwarzen, weißen und roten Steinen gelegtes *karolingisches Bodenmosaik* (ca. 1,80 : 1,70 m) mit geometrisierenden Ornamenten.

Ob der schmale, 3seitige *Korridor* um den Altarraum ursprünglich ist oder – zur besseren Überwachung – im 11. Jh. angelegt wurde, bleibt offen. – Sicher zur karolingischen Krypta gehört der ca. 2,10 m breit den ganzen Confessio-Block rechtwinklig umschließende *äußere Umgang*; auf der N- und S-Seite führt er – nach 2 kreuzgewölbten Jochen – über Treppen in die Oberkirche. Die Längsarme werden auf der N- und S-Seite von *Kapellen* flankiert: beide mit gratgewölbten Jochen vor der (für den got. Bau aufgegebenen) Apsis. Aufgegeben sind 2 weitere Kapellen in Verlängerung der Längskorridore am östl. Querflügel. Diese 4 Kapellen bildeten eine Art Staffelchor. Für die neuen polygonalen Pfeiler des got. Umbaus verwendete man die passend gemachten karolingischen Kapitelle. (Über die Wandmalereien s. u.) – Später, nach 887, wurde der Kryptenblock im östl. Korridor an den Ecken abgeschrägt, unter Belassung von Freipfeilern; so sind hier unter Giebelbögen die »Cubicula« für Bischofsgräber entstanden. Die »obere Krypta« (d. h. der Chor) muß auf dem Confessio-Block geruht haben, auf dem die got. Chorpfeiler fundamentiert sind; der Kryptenumgang lag also noch außerhalb, entspricht etwa dem got. Chorumgang. Die Rundlöcher im Gewölbe des östl. Korridors dienten vermutlich der Beleuchtung und Belüftung.

In einer Mauernische ist hier auch die vielgenannte *Hochreliefplatte mit Christus-Monogramm* des 5./6. Jh. (Ø 52 cm) eingelassen. Möglicherweise stammt sie von dem Altar über dem Germanus-Grab oder war Antependium (?).

Die durch 2 Bodengitter im O-Flügel sichtbaren Ruinen und Sarkophagfragmente stammen vermutlich von kleineren Mausoleen; ein Stück Rundmauer könnte zur merowingischen Apsis gehört haben.

In der Mitte des O-Flügels der 2jochige karolingische Zugang zur *ehem. Maxima-Kapelle*. Ursprünglich vielleicht freistehend, dann in die karolingische Außenkrypta einbezogen, wurde sie mitsamt der »oberen Krypta« im 13. Jh. für die Substruktionen der Scheitelkapelle des Umgangs abgebrochen und als 2geschossiges Zehneck wieder aufgebaut. Die Stützfunktion tritt in dem massig schweren Mauerwerk deutlich zutage, v. a. in den kräftigen, 10strahligen Gewölben; die scharfkantigen »Rippen« durchdringen sich ohne Schlußstein. Beim Eingang im O-Flügel schöner *merowingischer Sarkophag* (weitere im S-Flügel des alten Umgangs). Die Treppe im Zugang führt in die »Substruktionskapelle« (s. o.).

Die karolingischen Wandmalereien der Krypta sind die bedeutendsten in Frankreich. – In der Stephanus-Kapelle (beim N-Eingang) konnte der größere Teil der auf ca. 15 cm dicker Putzschicht aufgetragenen, nie restaurierten, allerdings nicht ganz unversehrten Malerei freigelegt werden (1927). In der Sockelzone gemalte Säulen mit korinthisierenden Kapitellen (einige nach Vorbildern in der Krypta), in den Bogenlaibungen, an den Gewölbegurten und -feldern Pflanzenmotive, u. a. ein Akanthusfries, Blattranken sowie Palmen (Zeichen der Märtyrer). Unter den Schildbögen *Stephanus-Szenen*: vor dem Hohen Rat, Bedrängung durch die wütenden Juden, Steinigung vor der durch den Tempel und einige Häuser angedeuteten Stadt. Auffällig die dramatische, dabei um möglichst genaue Textentsprechung bemühte Erzählweise. Besonders eindrucksvoll der größer als die anderen, mit weiten Augen bewegungslos, wie in Ekstase entrückt inmitten der von beiden Sei-

ten auf ihn eindringenden Juden stehende Heilige, der »voll heiligen
Geistes gen Himmel blickte«. Diese Szene und auch die Heftigkeit
der Steinigung werden unmittelbar anschaulich, ebenso der Gegensatz zwischen der aufs Äußerste angespannten, konzentrierten
Ruhe des Heiligen und der aktiven Aggressivität der Juden. Die
Palette weist nur wenige Töne auf: gelblicher und rötlicher Ocker,
Weiß und Grau. Trotz dieser Beschränkung – oder gerade deshalb –
bezeugt der sich in einer Beischrift »crediloso« nennende Künstler
große malerische Qualitäten. Die Nähe zur Miniaturmalerei der
kaiserlichen Hofschule ist nicht zu übersehen, im Darstellungsstil
erweist sich der Maler jedoch als selbständiger, vielleicht einheimi-
scher Künstler. – In der L a u r e n t i u s - K a p e l l e (S-Seite) blieben nur Eingangsbogen und N-Wand erhalten; am Gewölbe vage
auszumachen *»Anbetung der Könige«*. – Nicht wesentlich jünger,
aber von anderer Hand, je 2 *Bischöfe* an den geschrägten Ecken. Sie
sind nicht identifiziert, erscheinen vermutlich stellvertretend für alle
hier beigesetzten Bischöfe von Auxerre. Die in weiße Alben und
rote Kaseln Gekleideten halten in der Linken die Schrift, mit der
Rechten gestikulieren sie wie in einem Disput.

O b e r k i r c h e. Die 3 Joche tiefe *karolingische Vorkirche* ist
ganz verschwunden; nach Beschreibungen hatte sie durchaus Westwerk-Charakter. Das bestätigen auch Zeichnungen aus der Mitte des 18. Jh., die für die Seitenschiffe offene
Außenarkaden angeben, was an die ebenfalls offenen
Untergeschosse späterer Vorhallentürme denken läßt. Zwischen Konsolen eines umlaufenden Gesimses waren Flach-
relieffriese mit Flechtbändern, Tieren, symmetrisierenden
Ranken u. ä. Motiven angebracht, wie sie an der W-Mauer
des Turmes erhalten sind.

● Den Grundriß des *got. Chores* – Baubeginn 1277 – legte die
Krypta fest; die um 1215 begonnene got. Kathedrale war
Vorbild. Hier wie dort Umgangschor, hier allerdings nur *ein*
gerades Chorjoch vor der 5seitigen Apsis. Zwischen eng-
gestellten, rundum mit Gewölbediensten, Profilstäben und
Kehlen besetzten Bündelpfeilern sind die *Apsisarkaden*
hoch gestelzt und gehen ohne Artikulierung in die lanzett-
förmigen Bögen über. Der *Umgang* bietet in der Sockelzone
zwischen gebündelten Diensten rechteckig gerahmte, doppelte Blendbogenfolgen mit Dreipaßfüllung. Die Doppel-

lanzetten der Fenster wiederholen diese Gliederung, sie
sind nur höher, im Bogenfeld mit Dreipaßformen als Maßwerk. Alle Halbsäulen und Profilstäbe, auf der S-Seite sogar
die Fensterpfosten, nehmen die Bögen über fein skulptierten Kelchkapitellen auf. Die im Volumen unterschiedlichen
und auch unterschiedlich hoch sitzenden Kapitelle beleben
die Wand mit plastischen Formen, in der ebenso Dienste
und Profilstäbe für plastisches Relief sorgen. – Die Verbindung des Umgangs mit der polygonalen *Scheitelkapelle*
stellt, ebenso einfach wie genial, ein gerades Joch her.
Ungemein schlanke Säulen (0,25 : 6,32 m!) unterteilen dieses Joch 3fach; zwischen mit Blendmaßwerk besetzten Seitenwänden öffnet es sich zum Umgang wie zur Kapelle in 3
steilen Spitzbögen, nur hier durch Blattkapitellchen artikuliert; überall sonst, auch in der Kapelle selbst, gehen Wanddienste und Fensterstabwerk ohne Kapitell in die Bogen-
und Gewölberippen über, ebenso an den genannten Säulen.
Wie schwerelos steigen Säulen und Dienste für Gewölbe-
und Schildrippen empor, wobei die Gewölbekappen sich
vom Schlußstein aus wie Blütenblätter nach unten entfalten.

Seit ca. 1313 Fortsetzung des Chorbaus mit dem *Triforium*,
in dem je 2 schmalrechteckige Dreipaßlanzetten den Arkaden entsprechen. Breite, mit Diensten strukturierte Wandvorlagen in Fortsetzung der Pfeiler verhindern jedoch die
Vorstellung einer durchgehenden Galerie, obwohl ein Gang
vorhanden ist. Mit den gleich hohen und wie diese aufgeteil-
ten Fenstern bilden sie eine Gliederungseinheit: nämlich
den 2zonigen Wandaufriß, der ja auch der allgemeinen Entwicklung entspricht.

Im gleichen Bauabschnitt entstehen *Vierung* und die 2 Joche
breiten *Querschiffarme* mit Nebenapsiden. Im N-Arm sind
die Triforien noch rechteckig gerahmt, Säulen und Dienste
besitzen Laubkapitelle mit Kopfmasken. Im jüngeren südl.
Querschiff fehlen die Rechteckformen, hier schneiden die
Dreipaßlanzetten hart in die Wand ein. Beide Stirnseiten
sind reich mit Blendbögen und Maßwerk sowie Fenstern

gegliedert. – Auf der N-Seite zwischen Blendbögen das
Kreuzgangsportal; über den auch nach außen offenen Triforien im hohen Bogenfeld eine große Rose mit etwas starren,
sich durchschneidenden, schmalen Rechteckfeldern und
Dreipässen als Maßwerk.

Das *Langhaus* übernimmt die 3zonige Jochgliederung mit
dem vereinfachten Triforium des südl. Querarms. Die sich
bis Ende des 14. Jh. hinziehende Bauzeit macht sich v. a. an
den geschmeidig miteinander verschliffenen Profilstäben
und Kehlen bemerkbar, die ohne Akzentuierung in die
Bögen übergehen. Im westl. Joch sind noch gemauerte
Rundpfeiler des roman. Baues sichtbar (von der Abschluß-
mauer des 19. Jh. z. T. verdeckt).

Das *nördl. Portal* zeigt außen ein skulptiertes Tympanon. Gewände
und Archivolten bilden Profilstäbe und Kehlen wie im Innern: mehr
Rahmen als Strukturelemente. Im Bogenfeld historische und legendäre Szenen aus der Germanus-Vita. Zuoberst, unter dem Scheitel,
sagt Christus dem Heiligen den Tod an. Figurenkonzeption und
Gewandfaltenführung sowie die zierreichen Baldachine deuten auf
die 1. Hälfte des 14. Jh.

Der 2geschossige **Kreuzgang** und die westlich anschließenden **Klosterbauten**, für die zeitweilig noch der klassizistische
Architekt Jacques-Germain Soufflot, der Erbauer des Pariser Panthéon (1713 in Irancy bei Auxerre geboren), tätig
war, stammen aus dem 18. Jh. Die schweren Pfeilerarkaden
und die Pilastergliederung sind schmucklos streng; die im
Bogen gedrückten Gratgewölbe in den Galerien unterstreichen noch den nüchternen Zweckbaucharakter dieser Architektur. – Von dem 2schiffigen, 3 Joche breiten *roman.*
Kapitelsaal des Abtes Arduin (1174 hier bestattet) ließ die
Restaurierung 5 Bogenstellungen (im O-Flügel) zurückge-
winnen. Der plastische Baudekor erinnert lebhaft an Portale in Avallon und St-Philibert in Dijon.

● **⁴St-Eusèbe**

Die Kirche des im 7. Jh. gegründeten Klosters erlitt beim Norman-
nenüberfall 887 schwerste Schäden. Seit 1110 neue Blütezeit. Das
Stift hat bis zur Revolution bestanden. Vom frühroman., vermutlich
schon querschifflosen Bau blieben nur Fragmente, u. a. ein Kapitell,

übrig. Turm und Pfeilerarkaden sind 12. Jh., Triforienzone und Gewölbe nach 1216 erneuert. Offensichtlich sollte der Turm abgebrochen und ein neues Langhaus gebaut werden (Beweis: Strebepfeiler beim Turm sowie die Zahnsteine). Der Chor entstand seit 1530. Mißverstandene Restaurierungen erzeugten baugeschichtliche Unklarheiten. Die Schäden des 2. Weltkriegs sind beseitigt.

Ältester Teil des Ä u ß e r e n ist der ca. 40 m hohe, quadratische *Turm* über dem ehem. roman. Chorjoch. Der gemauerte Helm wurde im 15. Jh. erneuert. Zwischen den got. Fenstern der *Chorkapellen* des 16. Jh. wachsen tiefe Strebepfeiler mit Triglyphengesims auf; an den Schmalseiten Renaissance-Nischen. Elegant gezeichnete Strebebögen stützen den polygonalen *Hochchor* (Fenster erneuert).

Im I n n e r n des basilikalen *Langhauses* 6 spitzbogige Pfeilerarkaden. Den roman. Kreuzpfeilern eingebundene Halbsäulen nehmen die angesetzten Längs- und Quergurte auf. Sind die Kreuzgratgewölbe im Mittelschiff ursprünglich, oder war Tonnenwölbung vorgesehen? Die antikisierenden bzw. geometrisierenden Pfeilerkapitelle sind stark überarbeitet. Die Triforien wurden nach Brand (1217) mit den frühgot. Rippengewölben eingebracht. – Der *Chor* entstand seit 1530 als Neubau, trotz einiger Renaissance-Elemente eine elegante got. Anlage mit 5seitiger *Apsis* und *Umgang*. Schlanke Rundsäulen und gestelzte Spitzbögen geben den Blick in einen durch die *Kapellen* vielschichtigen Umgang frei. Den hohen Arkaden entsprechen äußerst schmale, rundbogige Triforien, darüber jochbreite Fenster. Über den Kapitellen die in Burgund seit dem 13. Jh. häufigen kleinen Köpfe. Noch nach 1621 im Joch vor der Apsis spätgot. Sterngewölbe. Die schlanken Freisäulen vor und in den Chorumgangskapellen sind denen in der Kathedrale und St-Germain nachempfunden. Umgang und Kapellen sind nicht mehr radial angeordnet, sondern in einem komplizierten Grundrißsystem; ebenso kompliziert ist die Rippenführung der Gewölbe. Verwirrend reich sind *Umgangsjoch* und *Scheitelkapelle* in der spätestgot. Gewölbeführung.

Über niedrigen Sockelmauern öffnen sich alle Umgangskapellen in hoch hinaufgreifenden Fenstern mit *Farbscheiben* des 16./17. Jh.

(Einzelszenen aus dem Leben Absaloms, Joachims, Josephs, Laurentius' und der Passion Christi). – Kostbarster Besitz ist das *Leichentuch des hl. Germanus*, Stiftung Karls d. Kahlen (s. o., St-Germain). Das 1,60:1,20 m große Seidentuch ist webtechnisch wie im Ornament von höchster Vollkommenheit: 4 mit Goldfäden eingewebte Adler mit ausgebreiteten Schwingen, im Schnabel hält jeder einen Ring – wahrscheinlich aus der Hofwerkstatt in Byzanz.

● **[5] St-Pierre** (St-Pierre-en-Vallée)

Die schon im 6. Jh. erwähnte, seit 1170 einem Mönchskloster dienende, nach Brand 1277 wiederhergestellte Kirche wurde im Religionskrieg 1567 hart getroffen. Die Mönche, seit 1635 Augustinerchorherren, versahen seit alters auch Pfarraufgaben. Die Bürger der Pfarre finanzierten zwischen 1557 und 1656 den neuen Kirchenbau, nachdem sie zuvor bereits den Turm errichtet hatten. In der Revolution verhinderten sie auch den Abbruch der Kirche. – Die Farbverglasung des 17. Jh. mit großfigurigen Heiligen ging 1944 verloren.

Der *Turm* (Höhe 45 m), in stolzem Selbstbewußtsein nach dem damals erst vollendeten N-Turm der Kathedrale gebaut, übertrifft mit der Fülle seiner spätgot. Dekorformen, die sich über alle Mauerflächen ausbreiten, sein Vorbild. Renaissanceformen waren damals durchaus geläufig, dennoch schwelgt der Turm noch vorwiegend im »Flamboyant«. Mäßige Apostelfiguren. – Die *Fassade* bleibt zwar mittelalterl. Giebelfront, ist aber ebenso mit Dekor überfrachtet wie der Turm, jetzt allerdings im Stil der antikisierenden Formen des 17. Jh. Prunkstück ist der kaum vortretende *Mittelrisalit* mit je 4 Säulen der ionischen, korinthischen und kompositen Ordnung. Zwischen den Säulen in der Mitte Portal und ebenso breite Fenster. Offensichtlich sind hier römische Triumphbogenmotive eingebracht, doch der Baudekor wie auch die architektonische Komposition sind von geringer Qualität. Die Strebepfeiler und -bögen, auch am *Langhaus*, sind der Struktur nach mittelalterlich, doch mit klassischen Ornamentmotiven besetzt, v. a. an den mauerbreiten Aufsätzen. – Nach Vollendung des Turmes wirkte die ältere Kirche daneben unansehnlich, deshalb verpflichteten sich die Bürger 1557, nicht nur ihre Pfarrkirche, sondern auch einen neuen *Mönchschor* zu bauen.

Auxerre. St-Pierre. Fassade

Das I n n e r e erweist sich als langgestreckte, querschifflose Basilika (Länge ca. 60 m), deren 8seitigen Chor die Seitenschiffe wie ein Chorumgang umschließen. Rundum sind Kapellen eingebaut. Rundbogige Arkaden über gemauerten zylindrischen Säulen mit korinthisierenden Kapitellen heben die gereihte Monotonie des weitläufigen Raumes nicht auf. In den spitzbogigen Fenstern trockenes Flamboyant-Maßwerk. Die Verbreiterung der Pfeiler beim Turm hat statische Gründe. Im *Mittelschiff* Sterngewölbe, in den *Seitenschiffen* einfache Kreuzrippengewölbe, in *Chor* und *Turmkapelle* sind sie mehrstrahlig. Die Rippen setzen zwar auf den Kapitellen »hart« auf oder gehen vorher ineinander über, erzeugen aber an den flachbogigen Gewölbeflächen belebende Wirkung, gefördert noch durch die um ihre Schlußsteine gemalten wechselnden Ornamente. Gelungene Sterngewölbe mit wechselnden »Mustern« decken die trapezförmigen *Chorkapellen.*

Vor der Kirche steht noch das **ehem. Klosterportal** (um 1530/40). Stilistisch ist es der Fassade verwandt, doch in Proportionen wie Formbehandlung und in der Beschränkung des Dekors gehört es zur frühen französischen Renaissance-Architektur.

Die [6]**ehem. Kapelle der Visitandinerinnen** (98, Rue de Paris), 1714 über dem Grundriß eines griechischen Kreuzes errichtet, dient Ausstellungszwecken.

Profanbauten

Bedeutende nichtkirchliche Architekturdenkmäler haben sich kaum erhalten. Zu nennen ist jedoch die [7]**Tour de l'Horloge** (Tour Gaillarde), 1483 an der Stelle eines der gallo-römischen Wehrtürme der Stadtmauer errichtet – seinerzeit sicherlich als ein Wahrzeichen der selbstbewußten Bürgerschaft verstanden (s. dazu auch St-Pierre). Der von Fialen flankierte Kielbogen über dem Zifferblatt (über dem Durchgang) und der mit Krabben und Kreuzblume besetzte Giebel passen ebenso zur Bauzeit wie der schmuckreiche Helm (1891 erneuert) des auf Konsolringen aufgebauten Rundturms.

Zu erwähnen ferner an der Place Maréchal-Leclerc das
[9]**Rathaus** von 1733 sowie das 1617–22 als [10]**Intendantur** in
den etwas schwerfälligen Formen des »Louis XIII« errichtete Gebäude. Vom mittelalterl. Grafenschloß an diesem
Platz blieb in der Rue des Boucheries nur ein Stück der
Rundmauer des Donjons erhalten; mit einem festgestell-
ten Durchmesser von ca. 22 m vermutlich ein freistehender
Wohnturm.

In den engen Straßen des Zentrums, besonders in der
Umgebung von Place Ch.-Surugue und Maréchal-
Leclerc, sowie am *Yonne-Ufer* unterhalb von Kathedrale
und St-Germain finden sich noch **ältere Wohnhäuser**, v. a.
eine ganze Reihe ansehnlicher **Fachwerkbauten** mit den
charakteristischen hohen, schmalrechteckigen Gefachen,
einige mit gemauerten Ornamenten zwischen Ständern und
Rähmhölzern (s. dazu Dijon).

[3]**Städtische Sammlungen** (ehem. Abtei St-Germain, nach proviso-
rischer Unterbringung in der ehem. Intendantur bzw. der Chapelle
des Visitandines). Das **Musée des Beaux-Arts** ist ohne besonders
herausragende Werke. – Interessanter dagegen die archäologische
Sammlung (**Musée Lapidaire**): vornehmlich griechische und gallo-
römische Werke, aber auch bronzezeitliche Funde sowie Fragmente
und kleinere Bildwerke aus nachantiker Zeit. Bemerkenswert sind
griechische Vasen verschiedener Stilepochen. Die berühmte »Dame
d'Auxerre« ist nur als Gipsabdruck vorhanden (diese 0,65 m hohe
Kleinstatue einer frü harchaischen Göttin [7. Jh. v. Chr.] gehörte
einem hiesigen Bildhauer und kam, da im Wert nicht erkannt, 1908
in den Louvre).

AUXONNE (Côte d'Or G5)

Pfarrkirche Notre-Dame

*1193 übereignete der Graf von Mâcon dem Cluniazenserpriorat (»als
Wiedergutmachung«) die Marienkirche. Baudaten fehlen; eine stilistische Datierung ist erschwert, weil am Chor und Querschiff, den
ältesten Teilen, die Romanik des 12. Jh. fühlbar nachwirkt. Einzelne
Formen weisen jedoch deutlich ins frühe 13. Jh. Das ca. Mitte des
13. Jh. begonnene Langhaus wurde kaum vor Ende des Jahrhunderts
abgeschlossen, möglicherweise noch später; einiges, v. a. in den Tri-*

forien und an den Kapitellen, deutet auf 15. Jh. Die Seitenschiffkapel-
len stammen aus dem 14./15. Jh., wurden jedoch im 19. Jh. völlig
verändert.

Das Ä u ß e r e ist am südl. Querschiff noch romanisch mauerhaft; an Chor und Querschiffkapellen tauchen dagegen
schon got. Rahmenprofile an Fenstern und Kranzarchivolten auf. Im Scheitel der polygonalen Apsis steht statt der
durchfensterten Polygonseite ein Strebepfeiler – eine sehr
seltene Disposition. Der *südl. Querschiffarm* stammt vielleicht noch von einem Vorgängerbau des 12. Jh.: ein quadratischer Turmblock mit Eckstrebepfeilern; die offensichtlich angebaute Kapelle selbst ist spätere Zutat. Erwähnenswert noch ein großes Rundfenster mit tiefen Rahmenkehlen
und skulptierter Ranke, das Maßwerk modern. Über kräftigem Gesims folgt ein weiteres Geschoß mit doppelbogigen
Schallarkaden; im Gewände und als Zwischenstützen Säulen mit Knospenkapitellen. Seine N-Seite verdeckt der
nachträglich aufgesetzte *Vierungsturm* mit schlanker Helmspitze (15. Jh.).

Die nahezu schmucklose *westl. 2-Turm-Fassade* (der N-
Turm ist nicht vollendet) erhielt in der 1. Hälfte des 16. Jh.
eine *3torige Vorhalle* mit reichem plastischem Dekor. Zwi-
schen den wie Stufenportale angelegten Eingängen – mit
Säulen, Statuen und entsprechend profilierten Archivolten
– Figurennischen mit hohen Fialen. Die Portale selbst über-
formen Kielbögen mit Kreuzblumen und Freifiguren (alle
Portalskulpturen erneuert). Innen ist die Vorhalle über
Kreuzrippen gewölbt; die Kapitelle der sie aufnehmenden
Säulen sind kraus mit figürlichen Motiven und Blattwerk
geschmückt. Die Vorhalle von St-Michel in Dijon hat hier
anregend gewirkt. Die älteren Portale (13. und 14. Jh.) wur-
den im 16. Jh. überholt.

Im I n n e r n sind die Bauzeiten an den Formen und wenig
abgestimmten Proportionen leichter abzulesen. Im 3zonig
gegliederten *Chor* bleibt das Triforium dunkel, die kleinen
Vierpaßfenster verhindern aber eine »transparente Dunkelzone« zwischen den hellen Fensterreihen; seine Bogenstel-

lungen – in den Zwickeln Köpfe – mit dünnen Säulen ver-
raten die Marienkirchen in Dijon und Semur-en-Auxois als
Vorbilder. Doch vor der oberen Fensterreihe fehlt hier der
für die Wandstruktur so charakteristische »burgundische
Laufgang«. Die Fenstergewände sind mit Säulen, Stäben
und Kehlen reich ausgestattet. Eine Beeinträchtigung des
Raumbildes erbringt auch das fehlende Scheitelfenster. –
Das 7 querrechteckige Joche tiefe, von niedrigen, später um
je 6 Kapellen bereicherten *Seitenschiffen* begleitete *Mittelschiff* ist höher als die Vierung; eine Stirnmauer gleicht aus.
Gestelzte *Arkaden* über gedrungenen Rundpfeilern nehmen die halbe Höhe ein. Nachträgliche Veränderungen verursachten die unterschiedliche Höhe zwischen Pfeilerkapitellen und Säulendiensten für das Mittelschiffgewölbe; in
den Seitenschiffen stimmen sie überein. Der vordere Dienst
durchschneidet das Fußgesims des hohen Triforiums, das
aber höher ist als im Chor und bis zum Gewölbeansatz
reicht. Die *Fenster* sitzen in den Schildwänden; die andere
Proportionierung bewirkt einen niedrigeren Raum als in
Dijon und Semur, er wirkt auch breiter. Das säulenreiche
Triforium mit 2mal 2 Bögen, denen noch Dreipaßbögen mit
eigenen Säulen eingepaßt sind, fördert die vertikale Struktur. Vor den in den Außenwänden als Dreiergruppen angelegten Fenstern ein in der Mauer ausgesparter Laufgang;
der breite Schildgurt darüber gleicht in der starken Mauer
einem kurzen Tonnengewölbe, ist aber rechteckig im Querschnitt. – In den westl., 4zonig angelegten Jochen des Langhauses erscheinen kantonierte Pfeiler, in der S-Reihe dazu
eine Andeutung von Stützenwechsel; vielleicht waren hier
Doppeljoche mit 6teiligem Gewölbe vorgesehen.

Von der Ausstattung sei nur die *»Madonna mit der Weintraube«*
(Höhe 1,50 m, ca. 1445) hervorgehoben, eine hinreißend schöne
Plastik, die zwar Sluter-Einfluß (Champmol-Madonna) bezeugt, in
der üppigen Gewandfaltenbewegung wie in der Körpergebärde
jedoch noch Züge der ausklingenden »Internationalen Gotik um
1400« zeigt. Man rückt sie heute in die Nähe von J. de la Huerta
(über ihn s. Dijon, Grabmäler im Museum).

AVALLON (Yonne C4)

● **St-Lazare**

1078 wird ein »goldenes Lazarus-Bild« erwähnt. Anlaß war die Schenkung der vermutlich Ende des 10. Jh. innerhalb der herzoglichen Burg gegründeten Marienkirche an Cluny. Die Rückgabeurkunde an das Bistum Autun nennt 1116 Lazarus neben Maria ausdrücklich als Kirchenpatron. 10 Jahre früher war bereits ein Neubau geweiht worden.

Der Lazarus-Kult dürfte sich in Avallon seit dem 11. Jh. entwickelt haben, gefördert durch den noch »attraktiveren« Magdalenen-Kult in Vézelay (über den Lazarus-Kult s. Vézelay und Autun). Wegen dieses Kults kam es zu Streitigkeiten zwischen Avallon und Autun: Beide Kirchen beanspruchten, die »echten« Lazarus-Reliquien zu besitzen (Avallon nur den Kopf ohne Unterkiefer, Autun den ganzen Corpus). Bei einer vom König 1482 (!) veranlaßten Echtheitsprüfung erklärten die Kanoniker von Avallon, daß ein ihrer Kirche von Herzog Heinrich d. Gerechten (Bruder Hugo Capets) geschenktes Kopfreliquiar das Lazarus-Haupt enthalte. In Autun hielt man dagegen, Bischof Gerhard (ebenfalls 10. Jh.) habe den Corpus aus Marseille nach Autun verbracht, nur der Kiefer sei zurückgeblieben. Nach anderer Lesart hat schon Graf Girard nicht nur die Magdalenen-Reliquien für das von ihm gegründete Kloster Vézelay (s. d.) aus Marseille mitgebracht, sondern auch die Lazarus-Reliquie für Avallon. Die Echtheitsprüfung fiel übrigens 1482 gegen Avallon aus.

Von der Kirche des 10. Jh. stammt angeblich die z. T. erhaltene Krypta, von dem 1106 geweihten Neubau die Grundmauer der Hauptapsis sowie die Ummantelung der Nebenapsiden. Über die Bauzeit gibt es sonst keine Nachricht. Die Kirche hat im Baulichen manches mit Vézelay gemein, dürfte demnach bald nach 1135/40 begonnen und um 1160/70 fertig gewesen sein. Der Turm über dem W-Joch des nördl. Seitenschiffs stammt aus dem 17. Jh.; darauf verweist das Portal mit gekröpftem Giebel und kannelierten Pilastern. Sein Vorgänger war 1633 eingestürzt, wobei Gewölbe und W-Front empfindlich getroffen wurden. Der im Bodenniveau nach O um 3 m (!) fallende Innenraum wurde 1859 mit erneuerten Chorfenstern wiederhergestellt.

● Eindrucksvollster Teil des Ä u ß e r e n sind die *Portale* der *W-Front*, die auch im Mauerwerk (regelmäßige Kleinquader) noch romanisch ist. Die Blendarkaden über dem südl. Nebenportal gehören dazu (urspr. 2-Turm-Fassade ist nicht auszuschließen). Die durch Bauten des 17. Jh. asymmetrisch gewordene Front stand schon immer schräg zur Achse; vermutlich wurde ohne genaue Abstimmung an Schiff und Portalen gleichzeitig begonnen, so daß die für das Portal vorgesehene Breite nicht ausreichte. Also verlängerte man die S-Mauer um ca. 1 m und stellte die Portalanlage schräg in den Raum. Ergänzt man das nördl. Seitenportal, ergibt sich eine Gliederung wie bei den W-Portalen von Chartres: zwischen den Stufenportalen vorn je ein schmaler Pfeiler. Die gedrehten Säulen davor gehörten zur Vorhalle. Der jüngere Turmstrebepfeiler daneben schneidet diesen Pfeiler weg und das Mittelportal an.

Tympanon und Sturz gingen 1793 verloren. Mittelpfosten und Gewändefiguren hat ein Pfarrer (seit 1821) zu dünnen Säulen abarbeiten lassen! Die einzige erhaltene Säulenfigur, ein Prophet, kam 1907 ins Portal zurück. Im Seitenportal blieb das Tympanon z. T. erhalten.

Das *ikonographische Programm* der erhaltenen Portale konnte rekonstruiert werden. *Mittelportal:* In der Mandorla thronender, von Engeln und Evangelistensymbolen umgebener, am Ende der Tage zum Gericht wiederkehrender Christus. In den Archivolten Engel und die 24 Ältesten der Apokalypse, die Christus als Opferlamm das »Neue Lied« singen. Hier auch Monatsdarstellungen und Tierkreiszeichen. Im Gewände Propheten, u. a. Moses, daneben Maria mit Verkündigungsengel (sehr frühe szenische Darstellung als Säulenfiguren; s. a. Vermenton). Am Sturz Gastmahl in Bethanien mit Lazarus und Kreuzigung. – *Kleines Portal:* Im Tympanon Szenen mit den 3 Königen. Am Sturz Auferstehung und Abstieg zur Vorhölle. Weitere Themen: Heimsuchung, Geburt und Beschneidung Jesu sowie, ausführlich, Lazarus-Szenen.

Doch der Ruhm dieses wahrscheinlich spätesten roman. Portalzyklus' Burgunds gründet nicht nur in den figürlichen Darstellungen, sondern ebenso in der eminent fruchtbaren *Ornamentphantasie*, aus der die vornehmlich antikisierenden Motive in immer neuen Abwandlungen und Verbindungen geschaffen wurden. Merkwürdigerweise bleiben sie zumeist in gerahmten Feldern oder Streifen im Nebeneinander und wirken dadurch fast wie eine »Musterkarte«. Lohnend ist eine genauere Betrachtung auch des »Gemachtseins«, denn es handelt sich hier nicht nur um stupend beherrschte handwerkliche Technik. So spürt man z. B. die Einfühlung in die Mög-

Avallon. St-Lazare. Schmuck am rechten Portalgewände

lichkeiten des Reliefs, das mal flach oder wie aufgelegt geschichtet ist, daneben stärker vortretende und sogar hinterschnittene und sich räumlich entfaltende Formen zeigt. – Auch in der *Bilderfindung* waren hier hervorragende Künstler tätig, wie die eine Prophetenfigur, die Relieffragmente im kleinen Portal sowie die figürlichen Archivolten des Mittelportals beweisen. Köstlich sind auch die wie spielerisch in und zwischen die Ornamentfelder v. a. des kleinen Portals eingestreuten Figürchen, die in Erfindung und plastischer Behandlung bereits ein gewisses Verständnis für den menschlichen Körper, überhaupt für Bewegung bekunden. Späteste, ausufernde Romanik also neben – übertrieben formuliert – beginnender Gotik, wie v. a. die ohne Chartres (1145) nicht denkbare Prophetenfigur bekundet. Die Portale könnten um 1160/70 fertig gewesen sein (die Satyrmasken im Hauptportal 15./16. Jh.).

● Das I n n e r e (Länge 53,50 m, Breite 18 m, Höhe 12,50 m) kann das Vorbild Vézelay nicht verleugnen, ist aber steiler und spitzbogig und nimmt in Details den »Trend« zur beginnenden Gotik auf. Spitzbogige Pfeilerarkaden gliedern das basilikale *Langhaus* in gleichmäßigem Rhythmus, den die Gewölbequergurte mit der Jochbildung auch auf den Raum übertragen. Den Stützen eingebundene Halbsäulen mit üppigen Akanthuskapitellen steigen im Mittelschiff zum

Gewölbe auf, in Höhe der Arkadenkapitelle und des Horizontalgesimses überringt. Für die Schildbögen sind im Obergaden schlanke Säulchen eingestellt – sollen sie vielleicht einen »Gewölbehimmel« andeuten? Das den 2teiligen Wandaufbau (s. dazu Vézelay und Pontaubert) betonende Horizontalgesims knickt mehrmals rechtwinklig ab, um den Niveauunterschied auszugleichen. Die Kreuzgewölbe (im W-Joch Rippengewölbe des 17. Jh.) sind so stark gebust, daß sie wie Kuppeln mit Andeutung von Graten wirken; sie sind auch wie Kuppeln in Keilsteinschichten gemauert (im letzten Joch und Vierung 19. Jh.). – Die *Seitenschiffe* haben echte Gratgewölbe. Bemerkenswert ist hier das virtuos gearbeitete Eierstabgesims der Außenmauern. Das letzte Joch wirkt wie ein Querschiff: Die Scheidbögen sind höher als die Schiffsarkaden, Fenster und Horizontalgesimse fehlen, nur der Eierstab geht weiter. – *Haupt- und Nebenapsiden* waren durch ältere Grundmauern festgelegt; der Anschluß erfolgte durch angemauerte Pfeiler für Scheid- und Triumphbogen. Ob die Apsis nach Veränderungen im 18. und 19. Jh. noch die urspr. Gestalt zeigt, ist zweifelhaft. Beachtlich die beiden *Kapitelle am Choreingang* mit gegenständigen Engeln bzw. Adlern – die einzigen figürlichen Kapitelle im Innern; in der Faktur sind sie härter als die Schiffskapitelle. – In der S-Mauer der beiden W-Joche ist eine schmale *gewölbte Treppe* ausgespart, die in den Dachstuhl führt.

St-Pierre

Angeblich schon im 12. Jh. auf der S-Seite von St-Lazare als Pfarrkirche angebaut, ca. im 15./16. Jh. um ein Schiff verbreitert, das jedoch 1835 wieder abgemauert und für Ausstellungen zweckentfremdet wurde. Nach Aufhebung des Stiftes übernahm die Lazaruskirche die Pfarraufgaben.

In der *S-Wand* noch die Stützen des 15. Jh.; ihre Kapitelle zeigen Laubfriese mit Tieren. Der 1schiffige, 4 Joche tiefe R a u m besitzt spätgot. Rippengewölbe, die vorderen mit Scheitel- und Nebenrippen. In den rundbogigen *Blendarkaden der Außenwand* stecken noch die Strebepfeiler der

Lazaruskirche. – Im verglasten Bogenfeld des *Portals* schönes *Steinkreuz* des 16. Jh.

St-Martin-du-Bourg, roman. Kapelle im O der Stadt. Nur ein Langhausjoch, Querschiff und der Turm über dem Chor sind erhalten. Das Fehlende wurde in der Revolution abgebrochen. Mit 2zonigem Wandaufbau, Kreuzgewölben und Fenstern in den Schildwänden des Hochschiffs gehört die Kirche zur Gruppe Anzy-le-Duc/Vézelay: Mit Anzy und Sémelay (Dép. Nièvre) hat sie die überkuppelte Vierung gemeinsam; ihr fehlen dagegen die in Pontaubert und Sacy vorhandenen Schildgurte und Horizontalgesimse.

A u ß e n ist nur der Chor mit rechtwinklig aneinandergeschobenen Blöcken interessant (vgl. Pontaubert). – Im I n n e r n Pfeilerarkaden – gedehnter im *Langhaus*, steiler in Vierung und Chor –, über den Halbsäulen korinthisierende Kapitelle für Längs- und Quergurte. In der robust gemauerten *Vierung* Trompen für eine flache Kuppel. In der *Apsis* wiederverwendete römische Marmorsäulen.

St-Martin, ehem. Kapelle der Visitandinerinnen, 1698 bis 1701, mit einer in klassischen Formen gehaltenen Fassade, wurde als Pfarrkirche Nachfolgerin von St-Martin-du-Bourg. 1848 vergrößert.

●　　　　　**Die Stadt**

Die auf einer durch Schluchten isolierten Höhe über dem Cousin-Tal strategisch günstig gelegene Stadt galt im Mittelalter als eine der Schlüsselfestungen Burgunds. Nur ein geringer Teil der den Granitfelsen aufgesetzten **Mauerbefestigung** steht noch. Für die Verteidigung unwirksam geworden, wurde sie von Ludwig XIV. der Stadt verkauft, die an den Steilhängen **Terrassengärten** und **Baumalleen** anlegen ließ sowie 1723 die P r o m e n a d e des T e r r e a u x als großen, von Balustraden gesäumten und mit Bäumen be pflanzten Platz.

Das **Rathaus** (1770) steht mit gerundeter Ecke als Fassade zwischen 2 Straßen; ein Dreiecksgiebel bekrönt die

2geschossige Portalfront, darüber erhebt sich der obligate Rathausturm.

Weiter südlich, in der R u e A . - B r i a n d , vorbei an mehreren **Häusern des 16.–18. Jh.**, steht der **Uhrenturm** (1456–60), ehem. Sitz der Schöffen. Der spitze Turmhelm ist 50 m hoch. – Rechts und links vor dem Turm das **Ursulinenkloster** mit **Kapelle** (1629) und das »**Collège**« (1650). – Der gewölbte Tordurchgang führt auf die P l a c e S t - L a z a r e . An der Platzecke die sog. **Maison des Sires de Domecy** aus dem 15. Jh.; an der Platzfront über dem Portal halbrund auskragender Treppenturm. – Das **Justizgebäude** gegenüber der Kirche steht an der Stelle der innerhalb des römischen Castrums errichteten ehem. Burg in der Nähe der südlich davon verlaufenden **Mauerbefestigung**.

An der Kirche vorbei gelangt man zur sog. **Petite Porte**, im 18. Jh. mit 2 kleinen, gekuppelten Pfeilern erstellt, und weiter zur **Tour Gaujard** (1438), einem Wachtturm der Verteidigungsmauer. Die Straße führt in die Terrassenalleen und ins Cousin-Tal.

BARD-le-Régulier (Côte-d'Or D5/6)

St-Jean-l'Évangéliste

Die Johanneskirche gehörte zu einem Chorherrenstift. Der Bau selbst entstand Mitte oder Ende des 12. Jh.

Der graue Stein gibt der Kirche ein altersloses, stämmigsprödes Aussehen. Dem 8seitigen *Vierungsturm* des 13. Jh. eignet eine gewisse Eleganz. Im Gewände des schlichten, tympanonlosen *Portals* als einziger Schmuck je eine kannelierte bzw. mit Zickzackmuster ornamentierte Gewändesäule. – Im I n n e r n gleichen Stufen das ansteigende Gelände aus. Das fensterlose Mittelschiff, die ausladenden Kreuzarme und der gerade schließende Chor haben rundbogige Tonnen (im Schiff leicht gebrochen), Vierung und Seitenschiffe Gratgewölbe. Gliederungselemente sind auf Konsolen ansetzende Pfeilervorlagen und Gewölbegurte.

Die kleinen Seitenschiff-Fenster wurden im 14. Jh. zu Dreipaßfenstern vergrößert.

● 3 Werke der A u s s t a t t u n g lohnen die Besichtigung: *Grabmal eines Ritters* († 1305) mit lebensgroßer Liegefigur, begleitet von betenden Mönchen und Weihrauch-Engeln. – Das feinlinig geschnitzte *Chorgestühl* mit 34 Sitzen gilt als eines der schönsten in Burgund (etwa Mitte 14. Jh.). Auf den Wangen in flachem Relief Szenen aus dem Marienleben (Verkündigung, Heimsuchung, Geburt Jesu, Abendmahl und Marientod) sowie 2 Szenen mit dem Apostel Johannes (Empfang des vergifteten Bechers und die legendäre Ölmarter) und akrobatische Figuren (an Armlehnen und Miserikordien grimassierende Köpfe). – Stehender *Johannes Ev.* (ca. 1460/70, Höhe 0,75 m), der durch das Kreuzzeichen das Gift im Becher entweichen läßt. Die fließende Eleganz der »auf schön« drapierten Gewandfalten, die sorgfältig behandelten Haarlocken und das ebenmäßige, nachdenkliche Gesicht rücken die Figur in die Nähe J. de la Huertas (möglicherweise im Auftrag des Kardinals Rolin, der Prior des Stiftes war).

BEAUMONT-sur-Vingeanne (Côte-d'Or G4)

● **Schloß.** »Une folie« nennen die Franzosen ein Lusthaus, wie es sich Adelige und reiche Bürger im 18. Jh. für ein zwangloseres Dasein fern vom Hof bauen ließen, kein gesellschaftlich anspruchsvolles Schloß also, eher ein Mittelding zwischen Schloß und Stadtpalais irgendwo abseits der Stadt, vielleicht in einem Park. Eine solche »folie« ist auch das elegante kleine Schlößchen, das sich Claude Jolyot, Geistlicher der Diözese Angoulême, bald nach 1724 bauen ließ, das schönste seiner Art in Burgund. Die Hanglage begünstigt eine schloßähnliche F a s s a d e : Giebelbekrönter Mittelrisalit mit Portal, zu dem eine 2läufige Halbrundtreppe hinaufführt, sowie nur kurz vortretende, aber eben doch vorhandene Flügel (Andeutung eines Ehrenhofs?). Mittel- und Eckrisalite sind mit Lagerfugen gequadert und tragen wie Pilaster ein Gebälk, das eine die Dächer verbergende Balustrade bekrönt. Unter der Treppe Zugang ins Untergeschoß, das der hohen Beletage als Sockel dient. Zurückhaltender plastischer Dekor nur in den Fensterschlußsteinen, an den Konsolen unter dem Giebel und als Balustradenfiguren und -vasen.

An der großzügigeren R ü c k f r o n t bildet das hier höhere Sockelgeschoß eine von Balustraden gesäumte, die ganze Breite einnehmende Terrasse. Rundbogige Fenstertüren des Mittelrisalits gehen auf eine Plattform, von der Treppen hinabführen. Es fehlt die Giebelbekrönung; die auch hier vorhandene Dachbalustrade wird nicht unterbrochen.

Das **festungsartige Schloß** der Grundherren in Beaumont (Saulx-Tavannes) hatte der kaiserliche General Gallas (Nachfolger Wallensteins, auch in der Herrschaft Friedland) 1636 zerstört. Nur Mauerreste zeugen noch von ihm.

BEAUNE (Côte-d'Or F6)

Der Name ist von einer gallischen Gottheit abgeleitet, welche die Römer Belen oder Belenus nannten und mit Apollon verglichen. Angeblich hatte Caesar hier einen Militärposten. Wann der Platz befestigt wurde und ein erstes Castrum für den vom König beauftragten Grafen entstand, ist nicht bekannt. Im 10. Jh. wird eine mit Türmen bewehrte Mauer erwähnt, 1127 ein Rathaus. 1203 verlieh der Herzog der Bürgerschaft – gegen Zahlung einer jährlichen Rente – das Stadtrecht. Beaune war lange die von den Herzögen bevorzugte Residenz, in der Parlament und Appellationsgericht tagten. Die Valois-Herzöge bevorzugten dagegen Dijon, ließen gleichwohl im 100jährigen Krieg auch Beaune schützen. Nach dem Tod Karls d. Kühnen (1477) fiel Burgund an die Krone zurück. Beaune ergriff jedoch Partei für die Herzogstochter Maria (vermählt mit dem späteren deutschen Kaiser Maximilian I.). »Zur Strafe« verlegte Ludwig XI. das Parlament nach Dijon. Beaune hatte jedoch im 15. Jh. durch den einflußreichen Kanzler des Herzogs, Nicolas Rolin, dessen Mutter von hier stammte, wirksame Förderung erfahren (s. Hôtel-Dieu). Nach Aufdeckung eines abermaligen Komplotts, aber auch wegen allgemeiner Unsicherheit (herumziehende Banden »arbeitslos« gewordener Soldaten aus dem langen Krieg) ließ der König in der Stadt eine gegen diese selbst gerichtete, aber auch den Zugang von allen Seiten sichernde Festung bauen, die Heinrich IV. nach den Wirren der Religionskriege 1602 wieder zerstörte.
Der hl. Martin von Tours (4. Jh.) soll das Christentum hierher gebracht haben – eigentlich erstaunlich spät für eine Stadt nicht weit

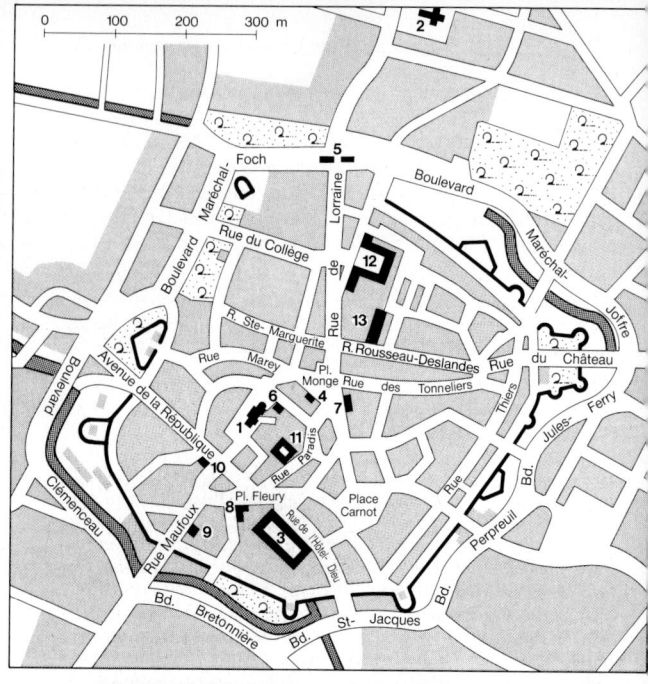

1 Kollegiatskirche Notre-Dame
2 St-Nicolas
3 Hôtel-Dieu mit Museum
4 Beffroi
5 Porte St-Nicolas
6 Maison du Chapitre
7 Hôtel de la Mare (Rochepot)
8 Hôtel de Saulx
9 Hôtel Thiroux de St-Félix
10 Maison du Colombier
11 Hôtel des Ducs de Bourgogne;
   Musée du Vin
12 Rathaus; Musée des Beaux-Arts
13 Hospice de la Charité

Beaune. Innenstadt-Lageplan

von Autun und den Saône-Städten Chalon und Mâcon, wo bereits Ende des 2./Anfang des 3. Jh. christliche Gemeinden bestanden. Vielleicht wollte man den »Frankenapostel« auch in der eigenen Geschichte nennen dürfen. Im 6./7. Jh. gründete der Ire Kolumban hier ein Martinskloster. Von den vielen seit dem 8. Jh. entstandenen und zumeist nicht mehr bestehenden Kirchen und Klöstern verdienen nur die Kollegiatskirche und St-Nicolas ausführliche Besprechung.

¹Notre-Dame, ehem. Kollegiatskirche

Die Kirche gehörte zu einem Kanonikerstift; mit ihrem Bau wurde
um 1120 begonnen. Genauere Daten fehlen. Chor und Querschiff
sowie 4 Langhausjoche waren ca. 1140 fertig, die westl. Schiffsjoche
erst Anfang des 13. Jh. Die lange Bauzeit ist an den Kapitellen abzu-
lesen. Die Vorhalle entstand um die Wende 13./14. Jh., war aber
1348 noch nicht vollendet. Im 13. Jh. erhielt der Chor die got. Hoch-
fenster. Die Seitenschiffkapellen entstanden seit dem ausgehenden
14. Jh., die westlichen auf der S-Seite erst 1529–33. Nach Brand
(1575) erhielt der Vierungsturm seine Kuppelhaube.

G r u n d r i ß. 3schiffige, im Langhaus 6 Joche tiefe Basilika
mit ursprünglich um 1 Joch breiterem Querschiff. Über der
quadratischen Vierung 8seitige Trompenkuppel. Ein gleichfalls 3schiffiges Chorjoch leitet in die Halbrundapsis mit
Chorumgang über, an den 3 Kapellen anschließen.

Beherrschender Akzent des Ä u ß e r e n ist – v. a. in der
Fernsicht – der mächtige *Vierungsturm*, am eindrucksvollsten auf der O-Seite, wo er trotz in Geschosse gebundener
Kantigkeit hoch über Apsiden, Chorumgang und Hochchor
steht. Die geschmeidig elegante glockenförmige Kuppelhaube mit luftiger Laterne steigert noch den durch Kreuz-
stange mit Wetterhahn verlängerten vertikalen Akzent.
Den got. *Hochchor* stützen Strebepfeiler und -bögen, die,
nachträglich angesetzt, wie Gerüste zwischen den Kapellendächern aufsteigen. Gestalterisch überzeugender ist die
breite Lagerung der schmuck- und gliederungslosen *Halb-*
rundkapellen und, zwischen und über ihnen, des *Chorum-*
gangs, deren Dächer über den Hochchor auf den Turm
vorbereiten. Die Fenster scheinen erneuert. Unter den
Dächern nur schlichte Konsolgesimse. Den *Turm* gliedern
im vorletzten Geschoß Blendarkaden und kannelierte Pilaster, im oberen (13. Jh.) je 3 offene, leicht spitzbogige Arkaden, die – für diese Zeit erstaunlich – strukturell mit den
Blendarkaden nicht zusammengehen. Ihre mehrfach gestuften Gewände sind dicht mit Säulen besetzt und die Archivolten entsprechend profiliert. Offensichtlich sollte diese Vielfalt an Säulen, Kapitellen und Kämpferprofilen im abschlie-
ßenden Turmgeschoß plastisch wirksame Akzente setzen.

Querschiff und *Langhauswände* zeigen nichts Besonderes. Am letzten Joch der *N-Seite* statt der Kapelle eine *Vorhalle*, aus der ein *roman. Portal* mit Gewändesäulen direkt ins Querschiff führt. Die *westl. Seitenkapelle* (S-Seite) ist 1533 datiert. Schwere Fruchtkränze zwischen Pilastern und an den Fensterbögen römische Köpfe bekunden Kenntnisse der Renaissance (ebenso eine Loggia mit über Pfeilern vorkragendem Balkendach innen).

● Die 2 Joche tiefe, 3schiffige *W-Vorhalle* erinnert an Notre-Dame in Dijon und Semur-en-Auxois, öffnet sich hier jedoch auf 3 Seiten in schlanken, spitzbogigen, luftigen Bögen, die in der Breite den Kirchenschiffen (ohne Kapellen) entsprechen, wie diese auch basilikal gegliedert. Sie steht auf einem mehrere Stufen hohen Sockel. Den außen durch Strebepfeiler verstärkten Stützen sind innen Säulen für Gewölbegurte und -rippen eingebunden; die freistehenden Zwischenstützen sind dünne, mit Wirteln beringte Rundpfeiler. Kelchknospen- und Blattkapitelle nehmen die Arkadengurte auf, aus deren Zwickeln die Diagonalrippen wie mühelos hervorgehen. Dem entsprechen auch die leichten, erst im 14. Jh. eingezogenen Gewölbe; im höheren Mittelschiff eignet ihnen die sammelnde Wirkung 6teiliger Gewölbe. Freistehende Fialen besäumen das in der Mitte als Terrasse gebildete Dach.

Die 3torige *W-Front* der Kirche ist als 2-Turm-Fassade angelegt; ihre quadratischen Türme enden bereits in Höhe des Mittelgiebels. Die *Portale* – das mittlere breiter und rundbogig, die seitlichen spitzbogig – verloren in der Revolution ihre gesamte plastische Ausstattung.

Das *ikonographische Programm* ist bekannt: im Mittelportal Jüngstes Gericht, darunter Auferstehung der Toten; im Gewände 12 alttestamentliche Figuren; in den Archivolten Tierkreiszeichen, Monatsdarstellungen, Kluge und Törichte Jungfrauen, Patriarchen und Engel, in der innersten Himmel und Hölle. In den Seitenportalen Szenen aus Passion und Marienleben. – Die *geschnitzten Türflügel* des 15. Jh. zeigen üppigen Flamboyant-Dekor.

● Die *Wandgliederung* im I n n e r n (Länge 80 m, Gewölbehöhe 21 m, unter der Vierungskuppel 28 m) entspricht den

Beaune. Notre-Dame. Inneres gegen den Chor

Cluny-Kirchen, insonderheit Autun, ist jedoch in Formen und Linienführung schwerfälliger: kreuzförmige Pfeiler mit kannelierten Pilastern im Mittelschiff, glatten in den Seitenschiffen; in den Arkadenlaibungen eingebundene Halbsäulen unter knapp abgesetzten Längsgurten (in Autun kannelierte Pilaster auf allen Seiten). Die Deckplatten der zumeist glatten oder kunstlos erneuerten Kapitelle bilden Kämpfergesimse rund um den Pfeiler. Im *Mittelschiff* stehen die Pilaster 4mal übereinander, jeweils mit Kämpfern, die sich zu Gesimsen verbreitern. In ihnen wirkt der in den Kanneluren plastisch werdenden vertikalen Struktur eine horizontal in die Tiefe führende Raumbewegung entgegen. Die diese optisch unterstützende Arkadenfolge erfährt in dem Kuppelraum der *Vierung* eine Unterbrechung, die jedoch durch die angepaßten Vierungsbögen in der Längsrichtung gemildert wird. Diese auf das Hauptschiff konzentrierte und durch die (im 19. Jh. restaurierte) Längstonne noch geförderte Raumbewegung kommt erst in den Bogenstellungen zwischen *Apsis* und *Chorumgang* zur Ruhe. Die antikisierende Blendbogenfolge des *Triforiums* mit kannelierten Pilastern und skulptierten Kapitellen ist nicht flacher als in Autun, aber nicht so tief skulptiert und spricht deshalb weniger wirksam (Schattenbildung) mit. In Beaune fehlt außerdem das Rosettenband. Im *Lichtgaden* hier wie dort glatt einschneidende Rundbogenfenster und neben den Pilastern, statt der scharfen Kanten, Säulen unter den Gewölbequergurten. In den beiden *westl. Jochen* haben jüngere Bauleute die roman. Wandstruktur mit flachen Pilastern fortgesetzt; an den got. Kelchkapitellen mit Knospen und aufgehenden Blättern ist jedoch die Bauzeit (Anfang 13. Jh.) abzulesen. – In den *Seitenschiffen* zwischen gestuften Quergurten Kreuzgratgewölbe. Die Außenseiten öffnen sich hier zu den nachträglich angebauten Kapellen.

Wie Wandstruktur und Blendbogenfries weisen auch die wenigen, im südl. Seitenschiff erhaltenen *figürlichen Kapitelle* nach Autun. Dargestellt sind: Steinigung des Stephanus, Noahs Arche auf dem Berge Ararat, die Wurzel Jesse und der Löwe, der dem Einsiedler

Antonius das Grab bereitet, außerdem Esel und Bock als Musikanten. Die im Figürlichen anspruchsvollen Kapitelle machen die nachlassende gestalterische Kraft evident; die bemühte Nachahmung ist nicht zu verkennen (um 1240/50).

Über der durch Trompen zum Oktogon gewordenen *Vierung* eine 8seitige flache Kuppel mit Scheitelöffnung. – Im *Chor* setzt sich das Langhaus 3schiffig fort. 6 schlanke Säulen unter Bögen bilden die Apsis; ihre hohen Kapitelle haben zungenartig glatte Blätter und Eckvoluten. Wegen des nur hier – zur Hervorhebung des Altarraums? – erscheinenden Rosettenfrieses wurden die Apsisbögen um dessen Höhe verkürzt. Die nachträgliche Verkürzung des Blendtriforiums geht auf den got. Umbau (um 1300) zurück – offensichtlich auch, um die schmalen got. Fenster höher zu machen. Vielleicht besaß die Apsis – wie in Autun – unter einer Halbkuppel ein der Triforiengliederung entsprechendes Fensterband, oder umschloß der auffällige Rundbogen die roman. Halbkuppel? Apsiden mit Stirnmauern an dieser Stelle sind nicht selten. Überaus dünne, oberhalb der Triforien aufsetzende Säulen nehmen über zarten Kapitellchen die schmal profilierten Rippen des 8strahligen Gewölbes auf. – Den *Chorumgang* unterteilen trapezförmige Joche. Die Eingänge zu den schmucklosen *Kapellen* sind für Fenster in den Schildwänden darüber zu niedrig. – Die *Seitenschiffkapellen* waren Stiftungen; sie wirken fast wie zusätzliche Schiffe.

N - S e i t e. In der *1. Kapelle*, 15. Jh., Grisaille-Fenster mit Passionsszenen. – In der folgenden, nach dem Stifter (Kardinal *Jean Rolin*, der sich 1470 von Autun nach Beaune zurückzog) benannten *Kapelle* Reste beachtlicher Wandmalereien (Engel mit goldener Altardecke, kniender Kanoniker, Maria und Martha bei der Auferweckung des Lazarus; ca. 1470–74). – Anschließend noch 3 Kapellen, nach den Gewölbeformen vermutlich Ende 14. Jh.
S - S e i t e. Die *Bouton-Kapelle* (1. Kapelle im W), benannt nach dem kunstsinnigen Kanoniker, entstand 1525–33. Trotz der Verluste in der Revolution (v. a. Bildfenster und größere Alabasterfiguren) erweisen z. B. die Figurennischen in ihrer feinlinigen Eleganz sichere Kenntnis aller Dekorformen der italienischen Renaissance, wenn im Aufbau der hohen Baldachine auch die Spätgotik oft nach-

wirkt. Die steinerne Kassettendecke ist dagegen ganz ein Werk der
Renaissance. Wie am Außenbau je 2 römische Köpfe am Architrav.
Am Kapelleneingang spätgot. und Renaissance-Formen nebenein-
ander, an den Gewändestufen dagegen Reliefs mit Füllhorn,
Genien, Amoretten, eine musizierende Frau und sogar Herkules im
Kampf mit Antäus. – Vom *mittelalterl. Hauptaltar* stammt eine *Mar-
morplatte* mit Liniengravur einer thronenden Madonna, vor ihr hin-
gestreckt eine Beterin (um 1200). – In der *2.* und *3. Kapelle* beacht-
liche *Steinaltäre* des 16. Jh. mit illustrativen Szenen aus dem Leben
Petri sowie der Geburt und Passion Christi.

An den südl. Querschiffarm schließt der in 2 Jochen erhaltene **Kreuzgang** (13. Jh.) an. Die Außenseite des *roman.
Stufenportals* noch aus dem 12. Jh.

Charakteristisch die hohen Sockelstufen und klassischen Basen, im
Blattwerk der Kapitelle Vögel und Andeutungen von Köpfen, die
Archivolten mit frei skulptierten Blättern.

Der Stilunterschied zum Kreuzgang selbst ist überall ablesbar. Schild- und Fensterbögen sowie das Portal zum *Kapitelsaal* sind leicht spitzbogig. Der durch Wandvorlagen und
(erneuerte) Gewölbegurte in 3 unterschiedlich breite Joche
unterteilte Saal stammt ebenfalls aus dem 13. Jh. (heute
Sakristei und Ausstellungsraum).

Hier die bekannten *Bildteppiche mit Szenen aus dem Marienleben*
(an Festtagen zwischen den Apsisbögen der Kirche aufgehängt).
Entwurfsauftrag (angeblich vom Kardinal Rolin) 1474, angefertigt
vermutlich in Tournai, 1500 vollendet. Die 6,00 auf 1,90 m messen-
den Teppiche bringen die Geschichte Marias in 19 Einzelszenen,
beginnend mit der Begegnung an der Goldenen Pforte, endigend
mit der Krönung. Im Szenischen, Räumlichen und Stofflichen ist
eine der niederländischen Malerei entsprechende realistische Bild-
wiedergabe angestrebt, und zwar in überraschend hellen Farben.
Aus dem Bemühen um möglichst genaue Schilderung wurde die
Komposition hier und da etwas überfrachtet.

²**St-Nicolas** (Faubourg St-Nicolas). Vom roman. Bau blieben nur das Sockelgeschoß des *westl. Fassadenturms* und –
unter hölzerner Vorhalle des 15. Jh. – ein rundbogiges *roman. Portal*.

In den Gewändestufen monolithische Säulen mit Blattkapitellen, in
der Archivolte mit Palmetten reliefierter Wulst. Im Tympanon der

hl. Nikolaus von Bari, der 3 Mädchen goldene Kugeln schenkt, um sie vor dem Freudenhaus zu retten. Die noch ungelenk blockhaften, in der Oberfläche mehr gezeichneten als skulptierten Figuren sind typisch romanisch – in den beiden Knienden ein Anflug von Körperbewegung.

Das *Spitzbogenfenster* des 13. Jh. geht ins Langhaus. – Über der Giebelmauer löst sich der *Turm* mit Blend- und Schallarkaden aus der Fassade. Wie eine Pfeilspitze schießt darüber der steinerne Helm steil in die Höhe, durch Gesimse mehrmals »gebremst«, einmal sogar mit spitzbogiger Öffnung.

Das *1. Joch* im I n n e r n ist noch romanisch, basilikal gestuft mit Pfeilerarkaden zwischen engen, hohen gewölbten Schiffen. Aus Gründen der Statik (Turm!) wurde es beim Umbau der Basilika in einen wohlproportionierten *got. Saalraum* mit Rippengewölben über eingebundenen Säulen und Konsolen mit Knospenblüten beibehalten. Die schmucklosen Fenster spenden reichlich Licht. Säulenbündel betonen die Ecken der *Vierung*; entsprechend sind die gedehnten Vierungsbögen profiliert. Die fast quadratischen *Querarme* zeigen dieselben Formen wie im Langhaus. – Den *Chor* bilden ein selbständig gewölbtes Joch und die *Apsis* mit ⅝-Schluß; die Rippen des 6strahligen Gewölbes sind tief heruntergezogen. In den mittleren Polygonseiten Fenster. Der für die Gotik des 13. Jh. niedrige, breit gedehnte Raum erklärt sich wahrscheinlich aus der Bindung an den roman. Bau.

[3] **Hôtel-Dieu** (Rue de l'Hôtel-Dieu) ●

Das Krankenhaus, eines der bekanntesten des Mittelalters, dient seit der Gründung im 15. Jh. ohne Unterbrechung seiner Bestimmung und bestreitet bis heute einen großen Teil seines Etats aus Einnahmen des Stiftungsvermögens (u. a. ca. 800 ha Weinberge, davon 52 ha der besten Lagen Burgunds).

Gründer und Stifter waren Nicolas Rolin und seine Frau. Rolin († 1462), Sohn eines Advokaten in Autun »de modeste origine«, begann als Advokat beim Parlament in Paris, stieg zum Ratgeber Herzog Philipps d. Guten auf, der ihn 1422 zum Kanzler Burgunds machte. Er wurde zum einflußreichsten und dadurch mächtigsten Mann nicht allein in Burgund. Versiert und verschlagen, war er sicher

*mehr als nur ausführendes Organ der opportunistischen, sogar gegen
den eigenen König gerichteten konspirativen Bündnispolitik des Herzogs mit England, selbst vor der Auslieferung der Jeanne d'Arc an
England gegen Geld nicht zurückschreckend. In den Ritterstand
erhoben und Grundherr geworden, erwarb er ein riesiges Vermögen,
das die Mitgift seiner 3. Frau (aus burgundischem Adel) noch beträchtlich vermehrte. Aufschlußreich für seine Persönlichkeit und das
Zeitverständnis ist die Gründungsurkunde für das Hospital von 1443.
Nach Berechnung des Stiftungsvermögens und der Anordnung, wie
dieses und das Haus verwaltet werden sollten und die Betreuung der
Kranken zu erfolgen habe (selbst über die Kleidung der Schwestern,
ihre Ausbildung und Lebensführung wird befunden), und nachdem
er seiner Stiftung Steuer- und Abgabenfreiheit besorgt und für Perso-
nal und Insassen die Befreiung von der Jurisdiktion des Bischofs und
des örtlichen Kapitels erwirkt hatte, heißt es, daß er nur an sein Heil
denke und daran, »durch eine glückliche Transaktion die zeitlichen
und deshalb vergänglichen Güter, die mir Gottes Freigebigkeit geschenkt hat, gegen die ewigen, himmlischen Güter einzuwechseln«
– eine Floskel? Vielleicht, aber Rolin hoffte doch offensichtlich, sich
damit einen Logenplatz im Himmel zu sichern.*
*Das Hospiz in Beaune setzt zweifellos Kenntnis des 1293 gegründeten
in Tonnerre voraus.*

● Der Bau ist wie ein Kloster mit 4 Flügeln (80:53 m) um
einen Hof angelegt. Auf der N-Seite die *Eingangsfront*,
keine »Schauseite«, sondern eher sachlich nüchtern. Die
einfachen Bogenfenster gehen auf den Großen Krankensaal
und die Kapelle; ihre unterschiedlichen Abstände sind also
zweckbedingt. Das steile *Dach*, doppelt so hoch wie die
Mauern, ist eine gewaltige, durch Dacherker belebte und
am Firstblei verzierte Fläche. Nur der ca. 30 m hohe,
schlanke *Turm* unterbricht die ca. 80 m lange Waagerechte;
sein spitzer Helm weist wie ein gestreckter Finger zum Himmel. Aus der kargen Mauerfront hebt sich nur der Eingang
heraus: ein spätgot. *Portal* mit freischwebendem Rippengewölbe zwischen Halbrundbögen unter Giebeln als Schirm-
dach.

Die den Fialen aufgesetzten Statuetten sind die Schutzheiligen des
Hauses, die Fürbitter Maria und Johannes sowie Nikolaus von Bari.
Das flachbogige Portal selbst umschließt ein spitzbogiger Rahmen.
In der Eichentür ein als Geflecht geschmiedeter »Judas«, d. i. ein

Beaune. Hôtel-Dieu. Südostecke des Hofes

Guckloch, daneben ein Türklopfer mit einer Eidechse, die einer
Fliege nachstellt: die im Alter erblindete Eidechse wendet ihre
Augen zur aufgehenden Sonne und wird wieder scheu; so soll
der Mensch durch die Sonne der Gerechtigkeit (Christus) gesund
werden.
An der W-Ecke der Mauerfront die Wageneinfahrt. – Im
H o f fallen S - u n d O - F l ü g e l als erstes ins Auge. Ihre
hellen *Dächer* sind mit farbigen Ziegeln in Rechteckmustern
gedeckt, passend zu den Fachwerkfassaden der in 2 Geschossen vorgesetzten *Galerien.* Im Erdgeschoß durchlaufende Schwellen auf Steinsäulen; in der rückwärtigen

Wand Kielbogentüren und -fenster. Darüber kürzere Pfosten auf einer Balustrade mit sich kreuzenden Hölzern in den Gefachen. Auf den Dachschwellen Erker mit Dreipaßöffnungen und Giebelschrägen; den First säumen Krabben. Die gedrechselten Fialen mit Wetterfahnen fördern die Vorstellung von luftiger Architektur. Die überdachten Sitzplätze vor den Innenräumen sind zugleich Korridore, um schnell alle daran liegenden Räume zu erreichen. In den Hofecken vermitteln *Treppentürme* zwischen den Geschossen; auch in ihnen Kielbogenfenster. Diese beiden Flügel erinnern ebenso wie der geschmiedete *Brunnen* vor ihnen an flandrische Rat- und Kaufhäuser – verständlich, denn im 15. Jh. haben viele Künstler aus den seit 1384 zu Burgund gehörenden Niederlanden für den Herzogshof u. a. burgundische Auftraggeber gearbeitet. So auch der von Rolin beauftragte Architekt Wiscrere. Erklärtermaßen diente das Hospital in Valenciennes als Anregung.

Neben den offenen Fachwerkgalerien nimmt sich der N - Flügel (Eingangstrakt) mit Krankensaal und Kapelle sowie Speisesaal der Schwestern und Zimmer der Oberin ernst und nüchtern aus, ein Eindruck, den auch die mit Wetterfahnen bewimpelten und mit Krabben besetzten spitzgiebeligen Dachfenster nicht aufheben. Belastet wird die Hoffront zusätzlich durch die schwerfälligen, 1852 unverständlicherweise noch erhöhten Flankentürme des Portals.

Der erst 1659 entstandene W - T r a k t (war ursprünglich – wie bei Schlössern – eine 3-Flügel-Anlage vorgesehen?) deutet zurückhaltend die sich klassisch verstehende Architektur des »Grand Siècle« an. – Im anschließenden H o f mit anspruchslosen Flügeln des 18./19. Jh. ein *Denkmal der Stifter* von Henri Bouchard. – Unter dem großen Hof fließt übrigens ein Bach, der die Abwässer mitnahm.

● Im I n n e r n bietet der *Große Krankensaal* nach Restaurierungen im 19. Jh. und in unserer Zeit in Gestalt und Einrichtung weitgehend wieder das urspr. Bild: ein einziger, 14 m breiter und mit einer im Scheitel 20 m hohen Holztonne gewölbter Saal von – einschließlich der durch ein Holzgitter abgetrennten Kapelle – 72 m Länge. Die quer zum Raum auf Fußpfetten über den Seitenmauern liegenden Sparren – sie kommen aus geschnitzten Drachenmäulern – werden in der Mitte von Hängesäulen gehalten.

An den Wölbflächen die Wappen Rolins und seiner Frau sowie Philipps d. Guten und der Herzogin. Auf den Bodenkacheln die Monogramme der Stifter und der als Treuegelöbnis verstandene Wahlspruch »Seulle« (Einzig). – Die Kranken folgten dem Gottesdienst von ihren an den Außenmauern in 2 Reihen aufgestellten, 2,75 m hohen Betten.

Auf der O-Seite die 1451 geweihte *Kapelle*, nur durch eine Gitterwand (19. Jh.) vom Saal getrennt.

In der Altarwand ein in der Wölbhöhe von 2 Rundfenstern flankiertes Fenster mit gotisierenden Malereien des 19. Jh. Für den Altar hat Rogier van der Weyden das riesige »Weltgericht« gemalt (s. u., Museum). – Das rechts neben dem Eingang aufgestellte überlebensgroße Andachtsbild *»Christus im Elend«* stand (auf einer Konsole vor der W-Wand des Saales) ursprünglich dem »Weltgericht« direkt gegenüber: Das Gerichtsbild sollte dem Kranken Hoffnung auf Erlösung machen; das Andachtsbild war als Hilfe für einen Sterbenden gedacht, der durch den Anblick Christi leichter Ergebung in Gottes Willen finden sollte. In einen Wandschlitz neben der Konsole stellte man (von außen) eine brennende Kerze. Die vermutlich in einem Antwerpener Atelier um 1500 entstandene Figur (Höhe 1,75 m) hat noch ihre alte Fassung. Der unter dem Saum des Gewandes sichtbare Totenkopf ist sinnbildlicher Hinweis auf Adam, der als erster durch Christus erlöst wurde (nach mittelalterl. Vorstellung hatte er auf dem Golgatha sein Grab).

Museum des Hospitals

Bedeutendstes Werk ist der *»Weltgerichts-Altar«* des Rogier van der Weyden. Die durch keine Urkunde gesicherte Zuschreibung wurde nie bezweifelt, ebensowenig seine Entstehung vor Rogiers angenommener Rom-Fahrt 1450. (In der Revolution entfernt, 1836 wiederaufgefunden, 1878 restauriert und in jüngerer Zeit erneut untersucht.) Der auf Holz gemalte Flügelaltar ist ausgeklappt im erhöhten Mittelteil 2,15 m hoch und insgesamt 5,60 m breit, die Mitteltafel allein 1,10 m. Die Flügel sind auseinandergesägt, um beide Seiten museal aufzustellen.

In geschlossenem Zustand zeigen die Tafeln das betende Stifterpaar, zu seiten Engel mit den Wappen, daneben als Fürbitter die hll.

Rogier van der Weyden: Verdammte
Ausschnitt aus dem »Weltgerichts-Altar«
(Beaune. Musée de l'Hôtel-Dieu)

Sebastian (Patron der Pestkranken) und Antonius (Patron der
Kapelle), auf den oberen Tafeln in Grisaillemalerei die Verkündigung. Im Aufbau folgt der geschlossene Altar dem 1432 vollendeten
Genter Altar der Brüder van Eyck. – In der Mitte des aufgeklappten
Altars vor Goldgrund in den Wolken Christus als Richter im Purpur-
mantel auf dem Regenbogen, die Füße auf der 3geteilten Weltkugel
(oben die schon christliche, unten die heidnische und die sich noch
bekehrende Welt). Von seinem Mund gehen Lilie und Schwert aus
(Zeichen für die geistliche und weltliche Macht), begleitet von
einem Schriftband mit dem Urteilsspruch. Von Engeln gezeigte Lei-
denswerkzeuge bezeugen Christi Anspruch auf das Richteramt. Auf
den Seitenbildern Maria und Johannes d. T. als Fürbitter, neben
ihnen je 6 Apostel als Beisitzer (als Jünger bekunden sie seine Er-
lösungstat). Hinter ihnen sind – angeblich mit zeitgenössischen
Anspielungen – ein Papst (Eugen IV.), ein Bischof (Jean Rolin), ein
Gekrönter (Herzog Philipp) und ein Edelmann (Nicolas Rolin) bzw.
weibliche Heilige (als Standesvertreter) dargestellt. Unter dem
Goldhimmel ein blauer Wolkenrand über der Erde; auf dieser,
unter Christus, Erzengel Michael mit der Seelenwaage. Rechts und

links Engel mit den Posaunen des Gerichts: Teufel führen die Verdammten in die aufflammende Hölle, während Engel die Seligen zur
Himmelsburg (Treppen) geleiten.

Der vielfigurigen, zu *einer* Bildhandlung zusammengeschlossenen
Darstellung eignet eine feierlich anmutende Hoheit, die in der
streng symmetrischen Komposition gründet. Offensichtlich ist auf
jede Art von Raumwiedergabe bewußt verzichtet. Hoheit verkörpern die großen Gestalten auch in ihrer wie bei einer feierlichen
Liturgie gemessenen Haltung. Rogier hält alle Figuren in der vordersten Bildebene, wo er sie nicht räumlich verfestigt, um ihre reli-
giös-zeichenhafte Bedeutung nicht in einem »diesseitigen« Hand-
lungsraum zu beeinträchtigen. Der in der realistischen Erfassung
der Körper erfahrene Maler erweist sich als fähig, das Gesehene
überzeugend wiederzugeben, auch im individuellen Gesicht des
alternden Rolin und dem jugendlicheren seiner Frau. Auch Christi
hoheitsvolles Antlitz und der tiefe Ernst im Gesicht des Erzengels
beruhen ebenso auf Beobachtung: doch die symmetrisch durch-
klärte Ebenmäßigkeit läßt nichts individuell Menschliches durchscheinen; sie sind hier *nur* Richter, *nur* Vollzieher.

Ein weiterer Höhepunkt sind die *»Tapisseries Roses de l'Hôtel-
Dieu«*, prachtvolle Teppiche des 15. Jh. (2,75 : 1,75 m), die, an Festtagen vor den Betten aufgehängt, dem Krankensaal die Würde einer
Kapelle verliehen. Insgesamt 30 sind erhalten (nur einige ausgestellt). Sehr dekorativ heben sich helle Taubenpaare im Wechsel mit
Monogramm, Wappen und Devise der Stifter von dem Purpurgrund
ab. – 2 größere Bildteppiche (für die Kapelle) mit ähnlich ornamen-
tiertem Grund zeigen *Antonius* mit dem Pestglöckchen und einem
Schwein (beides seine Attribute). – 2 weitere sind auf blauem Grund
mit Schlüssel und Turm im Rapport ornamentiert, bringen außerdem das *Kreuzeslamm* sowie im *von Sonne und Mond flankiertes Kreuz*. – 2 jüngere Teppiche (Anfang 16. Jh.) zeigen den *Hl.
Eligius*: einmal lebensgroß neben Maria mit dem toten Sohn,
zum anderen, mit Blumen, Vögeln und Vasen ornamentiert, die
bekannte Wunderszene mit dem störrischen Pferd (dem er ein
Bein abschneidet und, mit dem Eisen beschlagen, wieder anfügt).
– Ein flämischer Riesenteppich mit üppiger Bordüre (17. Jh.;
3,20 : 5,30 m) bringt *König David* in dem Moment, da ihn die Nachricht vom Tode Absaloms erreicht.

Weiteren Teppichfolgen und *Einzelstücken* des 16.–18. Jh. begegnet man beim Rundgang in anderen Räumen, z. B. einer Folge
(5 Stücke) mit Szenen des *Patriarchen Jakob* (16. Jh.). Andere
mit Szenen aus der *Esther-Geschichte* und dem *Opfer Abrahams*.

*Der hl. Eligius und das störrische Pferd. Teppich
(Beaune. Musée de l'Hôtel-Dieu)*

4 Aubusson-Teppiche bringen Bilderzählungen aus dem *Leben Achills*, 4 andere, ebenfalls aus Aubusson, *galante Motive* nach François Boucher (im Ratssaal der Verwaltung); und noch viele andere, zumeist gewebte Wiedergaben von im 18. Jh. besonders beliebten Bildern.

Zu nennen sind ferner eine ansprechende *spätgot. Madonna* (Holz, 15. Jh.) sowie Beispiele für *Buchmalerei* und *Elfenbeinschnitzerei* des 14.–16. Jh., außerdem besonders schöne *Möbelstücke* im Museum u. a. Räumen.

Zu erwähnen ist auch die a l t e A p o t h e k e mit historischen Fayencen, Zinn- und Bronzegefäßen und die K ü c h e noch mit got. Kamin und »Meister Bertrand«, einer hölzernen Kunstfigur mit Antriebsmechanismus von 1698.

Profanbauten

Von einer **römischen Mauer** zeugen Fundamentreste in einigen Kellern sowie Skulpturenfragmente im Museum. – Restaurierte Mauerstücke mit Wachttürmen und Schießscharten stammen von der **Stadtmauer des 16. Jh.**, vermutlich auf einer älteren Befestigung stehend.

Der quadratische [4]**Beffroi** (Place Monge) war ursprünglich Turm einer Klosterkirche, 1395 auf Anordnung des Herzogs an die Stadt abgetreten. Eine erneuerte Bedachung mit 4 Erkern leitet zum 8seitigen Glockenstuhl mit hoher Wetterfahne über.

Die ehemals befestigte [5]**Porte St-Nicolas** im N (Straße nach Dijon) wurde 1762–70 als klassizistischer Triumphbogen mit pyramidalen Vorblenden an den seitlichen Blöcken erneuert.

Ein R u n d g a n g zeigt, daß die Stadt ihre alte Straßenführung und eine Reihe älterer **Wohnbauten** bewahrt hat, die ihr heute noch das Cachet einer historischen Stadt geben. – Zu nennen sind v. a. eine *Straßenfront noch des 13. Jh.* in der R u e R o u s s e a u - D e s l a n d e s mit 8 aneinandergereihten Dreipaßbögen über Säulen und kannelierten Pilastern im Wechsel. – Ähnlich, ebenfalls 13. Jh., die sog. [6]**Maison du Chapitre** (östlich der Hauptkirche). – Eindrucksvoll in der R u e d e L o r r a i n e eine in 3 Geschossen erhaltene *Fensterfront* mit elegant gezeichneten Kielbögen. In derselben Straße eine *Renaissance-Fassade* mit plastischem Giebeldekor und Ornamentbändern, wie sie in Häuserfronten in Dijon von H. Sambin oft verwendet wurden. – Das [7]**Hôtel de la Mare (Rochepot)** an der P l a c e M o n g e (Nr. 9) soll seit 1522 entstanden sein; im *Hof* ein in 4 Geschossen mit flachbogigen, offenen Galerien gegliederter und durch eingelassene Medaillonreliefs geschmückter Wohntrakt. – Ein sehr schönes, in elegantem Rokoko ausgeführtes *Portal* mit geschmiedetem Fensterbalkon steht in der R u e S t e - M a r g u e r i t e . – Beachtenswert ist ferner an der P l a c e F l e u r y (Nr. 13) das [8]**Hôtel de Saulx**; im Hof ein polygonaler spätgot. Treppenturm, auf einem Flügel Fachwerkdacherker. – Einen angemessen wiederhergestellten *Hof* (1547) mit Fachwerkgalerien und -treppe und skulptierten Kragsteinen zeigt das [9]**Hôtel Thiroux de St-Félix** in der R u e M a u f o u x (Nr. 33). In derselben Straße (Nr. 2) die [10]**Maison du Colombier** mit vorgebautem Erker. – Schließlich, vielleicht am bekanntesten wegen des **Wein-Museums**

(Zugang Rue d'Enfer; mit *Bildteppichen* über den Wein von Jean Lurçat [1892–1966]), das [11]**Hôtel des Ducs de Bourgogne** (15./16. Jh.) in der R u e P a r a d i s mit in der Front eingelassenen Plastikfunden. Auch hier offene Fachwerkgalerien mit gemauertem polygonalem Treppenturm in von 5 Flügeln umstandenem *Hof*.

Im [12]**Musée des Beaux-Arts** (Rathaus) Skulpturen aus gallo-römischer Zeit sowie späteren Jahrhunderten, außerdem eine Sammlung von Bildern unterschiedlicher Qualität.

BERZÉ-la-Ville (Saône-et-Loire E8/9)

Kapelle des »Château des Moines« (Mönchsburg)

Der Bau geht vielleicht auf den Cluny-Abt Hugo von Semur (reg. 1049–1109) zurück, der sich den 1740 (Inschrift) erneuerten Gutshof als Ruhedomizil südlich des großen, von Cluny gegründeten Priorats errichtet haben soll. Wegen einer Datierung gegen Mitte des 12. Jh. wäre eine Bauzeit unter Petrus Venerabilis (1122–56) wahrscheinlicher (auf Grund des von A. Grabar geltend gemachten Einflusses der byzantinischen Malerei). Altar und sonstiges Mobiliar der Kapelle sind verloren. – Heute im Besitz der Académie de Mâcon.

Die Doppelkapelle (Länge 13,20 m, Breite in der Apsis 4,00 m, Höhe 8,80 m unter der Schiffstonne) steht auf halber Höhe, deshalb vermutlich auch in 2 Geschossen übereinander, denn für eine unterirdische Anlage bestand kein Anlaß. Der im Ä u ß e r e n bis auf gliedernde Lisenen nüchterne kleine Bau steigt, stufenweise breiter werdend, über den Höhenzug auf. Eine getreppte Rampe führt zum oberen Eingang. – I n n e n gliedern über hohem Sockel eingebundene Dreiviertelsäulen neben 3 Halbrundfenstern das Apsisrund der o b e r e n K a p e l l e ; vorn je eine Blendnische.

Die obere Kapelle war ganz ausgemalt (Farbspuren auch auf der S- und W-Wand, an letzterer »Einzug Christi in Jerusalem«), doch nur die *Chorfresken* blieben großenteils intakt. Thema der Malerei in der Halbkuppel: Thronender Christus in mandelförmiger, bestirnter Glorie. Mit der Rechten segnet er die Apostel, mit der Linken reicht er Petrus das »Berufungsschreiben« (»traditio legis«), beide-

Berzé-la-Ville. »Château des Moines«. Kapelle
Fresko der Laurentius-Marter

mal den Rahmen der Mandorla durchstoßend. Unterhalb der Mandorla je 2 Bischöfe und 2 Äbte (?); leider sind die Inschriften nicht
mehr lesbar. Wären der 1. und der 6. Abt von Cluny (Berno und
Hugo) gemeint sowie der Ordensgründer Benedikt mit Desiderius

von Montecassino, dann würden hier die Gründung Clunys und die Stiftung der Kirche durch Christus sowie die Gründung des Benediktinerordens gleichgesetzt – ein stolzer, anspruchsvoller Vergleich, aber bei der Aktivität Clunys im monastischen, kirchlichen und politischen Bereich denkbar. – Die Klugen Jungfrauen in den Bogenzwickeln, die ihre Lampen erheben, wurden mit byzantinischen Prinzessinnen verglichen, die dem himmlischen »Basileus«, dem König, akklamieren. – In Rechteckfeldern am Sockel über Vorhängen die Brustbilder von Heiligen. Dies auch ein Hinweis auf die byzantinische Anregung des Stils der Malerei, die in vielem, v. a. in Farben und Maltechnik (Kalkmalerei, Mischung von Fresko- und Secco-Auftrag), zumindest Einflüsse von dort nicht verleugnet.
In den vorderen Blendnischen Martyrien der hll. Blasius und Laurentius (oder Vinzenz von Saragossa). Beide lassen in Zeichnung, Farbe und Gebärden merkwürdig wenig menschliche Empfindungen verspüren, eher eine erstaunliche, abgeklärte Ruhe, so als erwarteten sie »im Tod die Geburt zum seligen Leben« (Y. Christ). Die auf wenige Farben (Grün, Blau, gelber und brauner Ocker, Zinnober) beschränkten Töne sowie ein Rauchschwarz und Bleiweiß bekommen durch Verwendung von Wachs in dem frischen, nur 4–5 mm starken Putz einen violetten Glanz – bewußte Nachahmung von Mosaik? – Der auf seinem Rost hingestreckte Laurentius erinnert in der Sperrigkeit der Körperknickung »irgendwie« an die vergleichbare Kapitell-Szene in St-Lazare, Autun.
Altar und sonstiges Mobiliar der Kapelle sind verloren.

BERZÉ-le-Châtel (Saône-et-Loire E8)

● **Burg**

Eine Burg der Herren von Berzé wird 991 erwähnt. Ihre wechselvolle Geschichte, in der die Auseinandersetzung der Valois-Herzöge mit dem König eine Rolle spielt, kann hier nicht dargestellt werden. Wesentliche Teile der Anlage dürften aus dem 13. Jh. stammen.

Die auf einem Felsvorsprung an der Straße Cluny–Mâcon gelegene, in 3 Stufen wie eine Festung mit insgesamt 12 Türmen angelegte, ursprünglich durch 3 Mauern hintereinander geschützte und auf der Bergseite durch die Enge des einzigen Zugangs zusätzlich gesicherte mittelalterl. Burg bietet trotz der Verluste auf allen Seiten immer noch eine großartige Silhouette. Die mit Rund- und eckigen Türmen bewehrte **äußere Mauer** (nicht überall mehr in der alten Höhe) paßt sich als unregelmäßiges Sechseck dem Gelände an. Der mit Maschikulis ausgestattete, von 2 Rundtürmen mit Schießscharten flankierte **Torbau** besitzt bis zu 3,60 m starke Mauern (oben nur noch 1 m) und öffnet sich nebeneinander in einem größeren und einem kleineren Tor für Wagen und Fußgänger; Mauerschlitze deuten auf Zugbrükken. Der Wallgraben ist zugeschüttet. Das unmittelbar anschließende H o f p a r t e r r e verwandelte das 17. Jh. in einen zeittypischen Garten mit architektonisch zugeschnittenen Buchsbäumen. Von hier aus gelangt man gleichfalls über eine Zugbrücke an das **innere Burgtor** in der 2. Mauer, das von Pechnasen in Konsolen sowie einem schlanken Turm und einer Scharwacht aus verteidigt werden konnte. In der starken Mauer des i n n e r e n B u r g h o f s mit dem **Palas** findet sich ein **3. Portal**, beschützt von dem im 15. Jh. erbauten **Turm Montgirard**, erkennbar am schönen Quaderwerk. Es führt auf einen weiteren H o f mit dem **4. Tor** (2 schmale, heute vermauerte Öffnungen) zwischen 2 in den unteren Geschossen massiven Rundtürmen. In dem auf der SO-Seite dieses Hofes hinter der Außenmauer halbrund aufsteigenden Bau vermutet man die **ehem. Burgkapelle**. – An dem jetzt dreieckigen, nach SW weit geöffneten inneren Hof stehen 2 **Wohntrakte**, beide mit quadratischem Turm (der westliche verkürzt). Die Fenster sind modern; das Innere wurde im 19. Jh. sehr aufwendig im »Geschmack des Mittelalters« eingerichtet.

BLANOT (Saône-et-Loire E8)

St-Martin de Tours

Die Martinskirche kam 927 zu Cluny, das hier ein Priorat einrichtete. Nach unbestätigter Tradition schickte Cluny unbotmäßige Mönche zur Buße hierher.

Das Interesse an der kleinen, 1schiffigen Kirche mit völlig schmucklosem, flachgedecktem Saalraum konzentriert sich auf den *Chor* und seinen schlanken, überraschend hohen, quadratischen *Turm*, beide aus unregelmäßigen Steinen aufgeschichtet. Nur im oberen Turmteil (z. T. verputzte) flache Rundbogenfriese mit frühroman. Lisenen. Die beiden größeren Bögen in den Seitenmitten sind Archivolten früherer Doppelfenster; darüber vermutlich ursprünglich ein Abschlußgesims für das Dach. Das obere Geschoß mit (erneuertem) Pyramidendach stammt aus dem 15. Jh. Strebepfeiler stützen den Turm. – Im I n n e r n eine *Apsis* mit Halbkuppel über Rundmauer. Das querrechteckige *Turmjoch*, seitlich durch dicke Mauerblöcke gestützt, nimmt über Trompen eine längsovale Kuppel auf.

Neben der Kirche das im 15. Jh. umgebaute **ehem. Priorat**, heute **Museum** mit Funden aus frühgeschichtlicher und gallo-römischer Zeit, außerdem Schmuckstücken, Waffen, Münzen u. ä. aus hier aufgedeckten merowingischen Gräbern; einige Sarkophage stehen im Hof. Im Obergeschoß volkskundliche Sammlung.

BOIS-SAINTE-MARIE (Saône-et-Loire D9)

Das bescheidene Dorf war im Mittelalter eine befestigte Stadt. Auf einem Hügel in der Ortsmitte die Kirche

Notre-Dame.

Ob die Marienkirche zu einem Cluny-Priorat gehörte, ist nicht sicher. Im 15. Jh. Sitz eines Erzpriesters. 1420 von Armagnacs geplündert, 1567 von Hugenotten beschädigt, sind Stadt und Kirche in der Folgezeit verfallen. 1849 Beschluß, die Kirche zu erhalten. Der Bau wurde seither »Stück für Stück« wiederhergestellt. Auch wenn Steine, Bögen und Mauern tatsächlich in den »originalen Dispositionen respektiert« sein sollten, ist er doch v. a. in Steinbearbeitung und Mauertechnik eine roman. Kirche des 19. Jh. Gleichwohl sind 2 verschiedene Bauperioden festzustellen: Chor und Umgang sind frühes 11. Jh.; gegen dessen Ende entstanden Querschiff und Vierungskuppel und im 1. Viertel des 12. Jh. das Langhaus.

Der G r u n d r i ß zeigt ein in 3 Schiffe mit 4 Jochen und ein Querschiff unterteiltes Rechteck, an das ein gleich breiter Chorumgang anschließt.

Ä u ß e r e s. Hoch steht die durch Strebepfeiler gegliederte *W-Front* über dem Dorfplatz; über eine Freitreppe davor erreicht man das (neue) *Portal*. Ob der Steinwechsel in

Archivolten und Giebelfenster ursprünglich ist und Auver-
gne-Einfluß bezeugt, ist nicht zu beweisen, ebensowenig wie
die Authentizität der Blendbogengliederung mit Säulen. –
In den *Langseiten* rundbogige Fenster, anschließend die
Stirnseiten des Querschiffs. Das südl. *Nebenportal* ist offensichtlich mit dem Tympanonrelief (»Flucht nach Ägypten«)
Erfindung des 19. Jh. – Interessantester Teil ist die *Chorpartie* mit dem auch im Mauerwerk noch alten *Vierungsturm*,
einem kompakten Block aus kleinteiligem Steinmaterial;
darüber 2 kurze Geschosse, das letzte als Glockengeschoß
mit 3facher Bogenstellung über Doppelsäulen auf allen Seiten. Die Säulenkapitelle scheinen wiederverwendete Werkstücke verschiedener Herkunft. Die *Apsis* schließt ohne
Chorjoch an die Vierung; unter dem Dachgesims Rundbogenfries mit flachen Lisenen. Konzentrisch ein *Umgang* mit
Halbsäulengliederung; das figürliche Kapitell (Verdammte
mit Fürsprecher-Engel) sieht ebenfalls nach 19. Jh. aus.

Das I n n e r e weist gestreckte Proportionen v. a. im hohen,
mit Spitzbogentonne gewölbten Mittelschiff auf. Kreuzförmige Pfeiler und rundbogige Arkaden bestimmen den
Raum. Die Seitenschiffe besitzen Kreuzgratgewölbe (über
die Kapitelle s. u.). – Nach dem übersichtlichen Langhaus
ist der erhöhte *Chor* mit niedrigem *Umgang* weniger überschaubar. Unterschiedlich hohe Bögen grenzen die *Vierung*
ein; die Längsgurte sitzen auf Halbsäulen mit skulptierten
Kapitellen. Sehr niedrig angesetzte Trompen ermöglichen
eine 8seitige Kuppel. Die schiffbreite *Apsis* öffnet sich in
3 hohen Fenstern; darunter 7 noch höhere, aber engere
Bogenstellungen zwischen Säulen, die auf den Umgang
gehen. Die *Bogenstützen* haben zum Chor hin stärkere
Schäfte, zum Umgang schwächer dimensionierte nebeneinander, alle mit eigenen Basen und skulptierten Kapitellen.
Dem experimentierenden Baumeister ging (wie öfter in
Burgund) Sicherheit über gestalterische Baustruktur: die
stärkeren Säulen wegen der Mauertiefe hintereinander, die
dünneren im Umgang (in Entsprechung zu den Doppelsäulen an der Außenmauer) nebeneinander.

● Die *Kapitelle* sind allerdings problematisch. Die meisten wurden im
19. Jh. neu gemeißelt und sind an der robusten bildhauerischen Faktur und der vereinfachten Zeichnung leicht zu erkennen. Die frühesten der noch alten Kapitelle finden sich im Chorumgang; sie zeigen
nur grob angedeutete oder unbeholfen gearbeitete Blätter in verschiedener Anordnung und sind selbst für das frühe 11. Jh. schon
altertümlich; vielleicht stammen sie von einem Vorgängerbau.
Etwas überzeugender scheinen die Kapitelle in Vierung und
anschließendem Joch; sie wurden z. T. »wörtlich« von Anzy-le-Duc
und Charlieu übernommen; Menschen- und Tierköpfe, hockende
Gestalten, gegenständige Löwen oder Vögel, zumeist in Verbindung mit Blattkranz oder Ranken. Erst in den Laibungen der jüngeren Schiffsarkaden werden die Bildhauer freier und sicherer in der
plastischen Behandlung; hier auch szenische Darstellungen, vielfach mit der Abschreckung dienenden dämonischen Wesen, die dro-
hen, peinigen und Höllenqualen als Lohn der Sünde andeuten, aber
auch Kampfszenen mit nackten Männern oder Kriegern.
Der von 5 Säulen getragene *Tischaltar* in der Apsis könnte aus dem
11. Jh. stammen.

BONNAY (Saône-et-Loire E8)

Saint-Hippolyte (E8)

● **Ehem. Kirche**

*Einstige Prioratskirche von Cluny, vermutlich unter Hugo von Semur
(† 1109) gebaut. Der O-Teil wurde bereits im 13. Jh. durch Aufmauerung der Querschiffarme zu einem mächtigen Baublock, mehr Donjon als Kirche. Im 15. Jh. schon gefährdet, stürzte das Langhaus in
der Folge ein.*

Der abgelegene Bau, von dem sich nur der O-Teil mit Turm
und Chor erhielt, ist selbst als Ruine eindrucksvoll. Fundamente und Mauerreste ermöglichen eine Beschreibung auch
der verlorenen Teile. – Das 3schiffige, 4 basilikale Joche
tiefe *Langhaus* hatte rundbogige Arkaden über Stützen mit
Vorlagen für Quergurte einer Spitzbogentonne; in den Seitenschiffen Gratgewölbe. Erhaltene Kapitelle könnten von
Säulen oder Rundpfeilern im Langhaus stammen. Fenster
mit Rahmenlaibungen innen und außen sind noch da. Rundbogige Durchgänge führen ins *Querhaus* mit Tonnenwöl-

Saint-Hippolyte. Kirchenruine von Südosten

bung; auf der O-Seite Halbrundapsiden. Durch Stufung gedoppelte Bögen heben die niedrigere *Vierung* heraus, die über Trompen eine 8seitige Kuppel überwölbt. Das gerade *Chorjoch* (mit je 2 seitlichen Fenstern und darunter Wandpfeiler, was an doppelte Blendbögen denken läßt) hat gleichfalls Tonnenwölbung; in der Stirnwand über der nochmals niedrigeren *Apsis* ein Fenster mit Ecksäulen innen und außen. Unter der Halbkuppel im Apsisrund nur 3 größere Fenster.

Den Außenbau charakterisieren großflächige, durch
wenige Strebepfeiler kaum gegliederte, glatte Mauern aus
kleinteiligem, vorwiegend flachem Steinmaterial in sorgfältiger Schichtung – übrigens in Mauertechnik und Ausführung ähnlich hervorragend wie Cluny III: dort allerdings
in der gliedernden Wandstruktur »moderner« als das noch
der frühroman. Tradition verhaftete St-Hippolyte. Die von
den (späteren) Mauermassiven eingeschlossenen *Turmgeschosse* zeigen dasselbe Mauerwerk, hier noch mit den frühroman. Bogenfriesen, Lisenen und Bogenöffnungen mit
abgesetzten Laibungen, im oberen Geschoß mit Dreier-
arkade über jeweils gedoppelten Säulen.

BOURBON-LANCY (Saône-et-Loire C7/8)

*Der Name der kleinen, auf einer Anhöhe liegenden Stadt leitet sich
von dem keltischen Gott Borvo ab; noch in fränkischer Zeit sprach
man von einem »Castrum Borbonii«, das im ganzen Mittelalter
Hauptort einer Lehnsherrschaft war. Der Zusatzname geht auf einen
Lehnsmann Anceau zurück, der 1030 »Kirche und Altar« dem Kloster Cluny schenkte, das hier ein Priorat einrichtete, von dem nur die
Kirche erhalten blieb.*

Ehem. Prioratskirche St-Nazaire

*Mit dem Bau der Anlage wurde vermutlich bald nach 1030 begonnen
(Ende des 19. Jh. wiederhergestellt). Die Datierung ist umstritten:
Für Langhaus und Chor sind verschiedene Bauzeiten anzunehmen.
Überzeugend wurde das 12. Jh. für den Chor als zu spät abgelehnt
(R. Oursel); er dürfte Ende des 11. Jh. entstanden sein.*

Im Innern der im Langhaus 3schiffigen, 5 Joche tiefen
Kirche einfache Pfeilerarkaden zwischen flach gedeckten
Schiffen mit merkwürdig hoch sitzenden Fenstern im mittleren Kastenraum. Die leeren Mauerflächen des nur wenig
artikulierten *Mittelschiffs* erinnern an ältere Kirchenräume
und waren vielleicht wie jene ausgemalt. Die nachträglich
angebrachten Strebepfeiler sind kein Indiz für ursprünglich
gewölbte Seitenschiffe. *Vierung* und *Querschiffarme* sind
ebenfalls flach gedeckt. Die über Wandvorlagen gemauerten Bögen in den Kreuzarmen waren wahrscheinlich

Schwibbögen zur Ableitung des vom Dachstuhl verursachten Gewichts. Rundbogige Durchgänge verbinden Seitenschiffe und Querarme, ebensolche Bögen grenzen auch die Vierung aus. Den Kreuzpfeilern sind Halbsäulen mit Blattkapitellen schwerfälliger Faktur eingebunden. An das Querschiff schließt in voller Breite ein *Staffelchor* an (ähnlich in Anzy-le-Duc): zuäußerst nur Halbrundapsiden, daneben – den Seitenschiffen entsprechend – solche mit tonnengewölbtem Chorjoch und schließlich – noch weiter nach O ausgreifend – die mittelschiffbreite *Hauptapsis* mit 2 tonnengewölbten Chorjochen. Alle Apsiden mit Halbkuppeln. Zwischen den Chorjochen – wie in der Vierung – Wandvorlagen mit Halbsäulen unter einfachem Quergurt. Die Blattkapitelle hier wirken noch mehr wie eingekerbt als plastisch herausgearbeitet. Die durchfensterte Hauptapsis flankieren 2 schlanke Säulen mit Blattkapitellen. Alle Bögen sind mit Keilsteinen gemauert und sitzen auf wenig ornamentierten Kämpfern – allerdings: zum Schiff hin zeigen sie von der Vierung ab skulptierte Kapitelle und ornamentierte Kämpfer – zweifellos eine Auszeichnung für den Chor, die wahrscheinlich auf Cluny zurückgeht.

Der A u ß e n b a u ist auf Grund verändernder Wiederherstellungen v. a. der Dächer baugeschichtlich von geringerem Interesse. Den Staffelchor muß man sich wie in Anzy-le-Duc in der Horizontalen *und* in der Vertikalen gestaffelt vorstellen. Ob der kurze, massige, quadratische *Turm* mit doppelten Klangarkaden in dieser Gestalt romanisch ist, wird bezweifelt.

Die Kirche dient heute als **Museum**: Römische Funde (v. a. Münzen) und in der Nähe ausgegrabene merowingische Sarkophage sowie eine Grabfigur des 13. Jh. sind zu erwähnen, daneben Arbeiten des 19./20. Jh.

In der von den Türmen der neugot. **Kirche Sacré-Cœur**, 1882 (darin Bild von Puvis de Chavannes), überragten **Innenstadt** seien der **Uhrenturm** über einem wehrhaften Portal des 15. Jh. sowie ein Teil der spätmittelalterl. **Stadtbefestigung** mit Toren und aufgesetzten Wachttürmchen genannt. – In der Rue d'Horloge ein eindrucksvolles **Fachwerkhaus des 16. Jh.** mit Kielbogenfenstern und eingelassenen Medaillons. – In der Nähe die **Fontaine Sévigné**.

BOURG-en-Bresse (Ain G9)

Für eine frühe Besiedlung sprechen gallo-römische Funde (s. Brou, Museum). Bei der Invasion von Alemannen und Franken (3. Jh.) soll die Stadt Brovium *zugrunde gegangen sein. Obwohl in christlicher Zeit bald wieder bewohnt, entwickelte sich ein kirchliches Zentrum nur außerhalb der Siedlung in Brou (s. u.), wo eine Prioratskirche (11. Jh.) des Klosters Ambronay die Pfarraufgaben für Bourg wahrnahm.*

In der zum Königreich Burgund gehörenden Landschaft Brixia *war nach der Völkerwanderung die Familie de Bâgé mächtig geworden (aus ihr Bischof Étienne de Bâgé, s. Lazaruskirche in Autun). Durch Heirat der Erbtochter mit Herzog Amadeus V. von Savoyen wurde die Bresse 1272 Teil des Herzogtums mit der Hauptstadt Bourg. 1536–59 schon einmal annektiert, kam das Gebiet 1601 (Friede von Lyon) endgültig an Frankreich, zunächst noch mit eigenem Gouvernement, später in Burgund eingegliedert. Für die Herzöge von Savoyen wurde Bourg bevorzugte Residenz.*

● Notre-Dame

Im Mittelalter existierte in Bourg eine Stiftskirche mit 28 Priestern, die aus ihr eine Wallfahrtsstätte machten (wundertätiges Marienbild). Wegen der Pfarraufgaben gab es Querelen mit Brou, da Stift und Bürgerschaft von Bourg eine Pfarrkirche innerhalb der eigenen Mauern anstrebten. Anfang des 16. Jh. entschied die Herzogin Margarete den Streit zugunsten von Bourg. 1505 wurde mit dem Bau der neuen Kirche begonnen. Im Abschlußjahr 1514 stürzte sie zusammen. Nur der Chor blieb beim Wiederaufbau erhalten. Etwa 1530 war der größere Teil der noch durchaus got. Kirche fertig, Fassade und Gewölbe der letzten Joche erst im 17. Jh.

P l a n. 3schiffige, 6 Joche tiefe, querschifflose Basilika mit nachträglich angebauten Kapellen. Die 5seitige Apsis tritt nach Chorjoch aus der Mauerflucht vor.

Im Vergleich mit Brou (s. u.) wirkt das I n n e r e einfach, trotz vergleichbarer spätgot. Formen. Schiff und Chor bilden *einen* Raum – weder Querschiff noch plastisch gliedernde Wandvorlagen, die »Spannung« erzeugten. Nach

dem Abbruch des Lettners (1768) »behindert« nichts mehr
die Raumbewegung aus der Tiefe des 48 m langen, von Seitenschiffen und Kapellen begleiteten Schiffes bis in die
durchlichtete Apsis. Der tiefe *Chor* stammt noch aus der
1. Bauzeit (1505–07). 3 über 10 m hohe, schmale Fenster
machen die Apsis zu einem Glasgehäuse. Dünne Dienste
nehmen über zierlichen Kapitellchen die Rippen des einen
halben Stern bildenden Gewölbes auf. An den Schlußsteinen zierliche Rosetten. Über den vorderen Polygonseiten
ein erweitertes Kreuzgewölbe mit großem Schlußstein. Im
Chorjoch über winzigen Blattkapitellen mit Wappenengeln
ein Sterngewölbe; an den Schlußsteinen Evangelistensymbole. Kennzeichnend für die neue Bauleitung am *Langhaus*
(seit 1509) ist der Wegfall der Kapitelle zwischen Diensten
und Rippen. Fließend verzweigen sich jetzt Pfeiler- und
Wanddienste in die Längsgurte der Arkaden und Gewölberippen. Zwischen Arkaden und hochsitzenden Fenstern
besteht optisch kein Strukturzusammenhang. In der leeren,
hohen Wandfläche fehlt ein gliederndes Element, das in
Brou mit dem Laufgang und der Balustrade noch vorhanden
ist. Die halbrund und prismatisch profilierten Vorlagen an
den Pfeilern fördern noch die Vorstellung eleganten Aufsteigens. Das 1. Stützenpaar im W ist mehr als doppelt so
stark wie die übrigen: über ihm und der hier verstärkten
Mauer ragt der Turm auf. Im Mittelschiff wie im Chorjoch
aufgefächerte Sterngewölbe, in den nur wenige Meter niedrigeren Seitenschiffen sternartig verschobene Gewölbe.
Gefördert durch breite Arkadenstellungen, die vollen Einblick gewähren, entsteht die Vorstellung hallenartiger
Weite. In den breiten Kapellenfenstern Flamboyant-Maßwerk.

Ausstattung. Das seit 1511 entstandene *Chorgestühl* (Eichen-
holz) hat 68 Sitze. Ursprünglich stand es an den Schranken im Chorjoch; 1768 wurde es in die Apsis versetzt – leider damals im Rokoko-
geschmack hell gestrichen (1840 erträglich gereinigt). Bildprogramm: 34 an den Dorsalen im Relief dargestellte Heilige, einzeln
oder zu mehreren unter Kielbogenrahmen, viele mit porträthaften
Zügen (historische Persönlichkeiten?). An den seitlichen Wangen

kleinere Figuren und Halbfiguren, an den Miserikordien geschnitzte Köpfe aller möglichen Stände und Temperamente, nur wenige in grotesken Verzerrungen. Die künstlerische Qualität ist unterschiedlich, zumeist tüchtige Handwerksarbeiten. – Zu erwähnen ist auch die *Orgel* mit Prospekt von 1682. – Ein Werk von beachtlicher Qualität ist die geschnitzte *Kanzel* mit Treppenaufgang, eine Arbeit des reputierten J.-M. Fiot aus Lyon (1760).

Das Ä u ß e r e zeigt sehr schön die schlanken Chorfenster. Die Kapellenfenster sind die einzigen Gliederungselemente in den sauber in Haustein gemauerten Seitenfronten; nur auf der N-Seite getreppte Strebebögen. – Die *W-Front* mit dem Turm zeigt beispielhaft die gewandelte Bauauffassung von der Renaissance zur Klassik des 17. Jh. Pilaster beherrschen die Front mit dem Hauptportal in der Bucht zwischen vorgezogenen Strebepfeilern.

Auf der Balustrade der Galerie Kopie einer Madonna (1676) von Antoine Coysevox. In den Nischen standen vermutlich nie Figuren. Wo sich Platz bot, ist italianisierender Reliefdekor angebracht.

Mit Giebelschrägen bzw. ionischen und korinthischen Säulen nimmt der 72 m hohe *Turm* die klassische Gliederung auf. Das abschließende Oktogon (erst 1660er Jahre) schließt mit Kuppel. Die große Sonnenuhr im 3. Geschoß ist von 1911; damals wurden das Oktogon mit hohen Schallarkaden auf allen Seiten und die Kuppel mit abschließender Laterne und Turmhahn zur heutigen Gestalt erneuert. Aus derselben Zeit stammt auch das Glockenspiel mit 32 Glocken (in Nachahmung des Glockenspiels von Westminster; angebliches Gewicht 11 500 kg).

Brou (G9)

● Ehem. Kloster

Margarete von Bourbon, Gemahlin Philipps »sans terre«, Grafen von Bresse und späteren Herzogs von Savoyen, gelobte 1480, das alte Priorat Brou, das für Bourg Pfarre war (s. o.), zu einem Kloster auszubauen, wenn ihr durch Unfall verletzter Mann genesen werde. Der Graf genas, Margarete aber starb 1483, ohne ihr Versprechen eingelöst zu haben. Beider Sohn, Herzog Philibert II., heiratete 1501 Margarete von Österreich (1480–1530), Tochter (Kaiser) Maximilians und der Maria von Burgund. Margarete war 3jährig

*König Karl VIII. von Frankreich angetraut worden, der schon die
8jährige wieder verstieß, um die Erbtochter Anne de Bretagne zu
ehelichen. Margarete hatte dann mit 16 Jahren den Infanten Juan von
Spanien geheiratet, der nach 1jähriger Ehe verstorben war. Nach nur
3jähriger Ehe starb 1504 auch ihr neuer Mann, Philibert »d. Schöne«
von Savoyen. Mit 24 Jahren war Margarete also einmal verstoßen und
zweimal Witwe. Sie löste jetzt das Versprechen ihrer Schwiegermutter
ein und baute das Kloster, nun für Augustinermönche, in Brou, dessen Kirche sie zur Grablege für ihre Schwiegermutter, ihren Mann
und sich selbst bestimmte. Die ihr als Herzogwitwe zufallenden Einkünfte verwendete sie ganz für Bau und Ausstattung dieser Kirche.
1507 ernannte ihr Vater, Kaiser Maximilian I., sie für ihren verstorbenen Bruder (Erzherzog Philipp d. Schönen, durch Heirat mit Jo-
hanna, d. Wahnsinnigen, Regent und König von Spanien geworden)
zur Generalstatthalterin in den Niederlanden.*

Ehem. Klosterkirche (St-Nicolas de Tolentino)

*Die Pläne der Kirche lieferte vermutlich ein Franzose (Jean Perréal
[ca. 1455 – vor 1530]); sie wurden angeblich nach dessen Ablösung
weiter verfolgt. Für die großen Grabmalfiguren bestand seit 1526 ein
Vertrag mit Konrad Meit aus Worms, dem Hofbildhauer der Herzogin in Mecheln. Beim Tode der Herzogin (1530) war die Kirche
unvollendet, Meit mit der Lieferung der Figuren im Rückstand. 1532
Einweihung und Überführung der toten Herzogin.*
*Die intakt gebliebene Kirche hat mitsamt Ausstattung die Revolution
schadlos überstanden. Kirche und Kloster dienten danach verschiedenen Zwecken; 1823–1905 bischöfliches Seminar. Später gründliche
Restaurierung. – Kloster und Mönchsbauten sind seit 1921 Museum.*

Die Kirche ist eine Basilika von 4 Jochen, mit je 2 gleich
hohen Seitenschiffen im Langhaus, wenig ausladendem
Querschiff und verstärkten Vierungspfeilern, die einen
geplanten Vierungsturm vermuten lassen; der Chor, von
Kapellen flankiert, schließt mit 5seitiger Apsis. Innen ist die
Kirche 72 m lang und 30 m breit, im Mittelschiff 21 m hoch.
Der gebaute Turm steht auf der S-Seite des Chores.

Im Äußeren ist die *W-Front* als 35 m hohe Schauwand
üppigst ausgestattet. In ihr gehen geometrisches Kalkül und
spätgot. Flamboyant eine merkwürdige Paarung ein: Über
dem flachbogigen Portal zwischen tiefen Strebepfeilern
leicht zurücktretende, durch Balustraden abgesetzte Geschosse. Die Front bildet mit den Seitenschiffgiebeln fast

ein gleichseitiges Dreieck. Mit Kreuzblumen verzierte Strebepfeiler unterteilen diese Front so, daß die Gleichmäßigkeit offenbar wichtiger war als eine got. »organische« Struktur. Am großen Giebel wird das ausgezirkelte Spiel mit

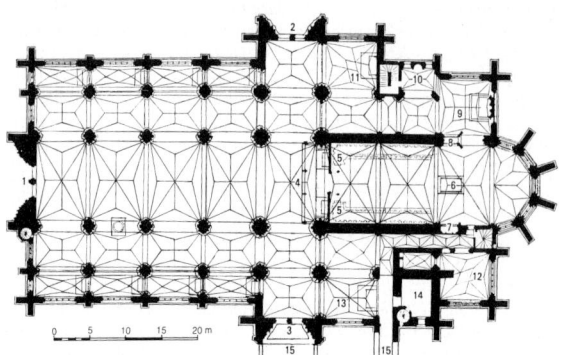

1 Westportal	8 Grabmal der Herzogin
(Hl. Nikolaus von Tolentino)	Margarete von Österreich
2 Nordportal (Hl. Augustinus)	9 Kapelle der Herzogin
3 Südportal (Hl. Monika)	10 Oratorien der Herzogin
4 Lettner	11 Gorrevod-Kapelle
5 Chorgestühl	12 Ste-Apolline-Kapelle
6 Grabmal Herzog Philiberts II.	13 Montecuto-Kapelle
7 Grabmal	14 Turm
der Margarete von Bourbon	15 Durchgänge zum Kloster

Brou. Ehem. Klosterkirche. Grundriß

Dreiecksformen deutlich: Das Rundfenster in der Mitte sitzt in einem auf der Spitze stehenden Dreieck, während die 3 Restdreiecke stehende 3seitige Fenster haben; alle Fenster füllt Flamboyant-Maßwerk. Figuren flankieren die große Firstblume; über den Strebepfeilern wurden sie anscheinend nicht mehr ausgeführt.

Abgesehen vom Maßwerk in den Seitenfenstern, den Krabben und Kreuzblumen, konzentriert sich der D e k o r auf den Mittelteil, in dem kaum eine Fläche leer bleibt. Im stufenlosen Gewände sitzt das

2geteiltes *Portal*. Alle Stäbe beginnen über prismatischen Sockeln. In der breitesten Kehle massige Figuren (Petrus und Paulus), am Mittelpfosten der Ordensheilige Nikolaus von Tolentino. Im Tympanon Christus als »Ecce homo«, dem die Fürbitter das von Engeln umgebene Herzogspaar empfehlen; die Anlehnung an Champmol (s. Dijon) mit dem burgundischen Herzogspaar ist deutlich, auch die dortigen Herzogsgräber dienten als Vorbilder. In den Archivolten immer wieder die Initialen P und M (für Philibert und Margarete) sowie das Andreaskreuz, das Abzeichen des Ordens vom Goldenen Vlies. Ein riesiger (erneuerter) Hl. Andreas reicht hier in die Fensterzone hinein, die sich in einem 4teiligen Bogenfenster mit Flamboyant-Maßwerk in gezirkelten Bögen öffnet.

Im I n n e r n überrascht helles, von allen Seiten in das völlig ausgeräumte *Langhaus* einfallendes, farbloses Licht, in dem das Verfolgen der Architekturglieder von den Pfeilersockeln bis zu den Gewölbeschlußsteinen die bautechnische Logik, mit der eines aus dem anderen hervorgeht, alles Interesse auf sich zieht. Der Phantasie des Betrachters bleibt nichts zu entdecken; mit einem Blick übersieht man, wie z. B. die unterschiedlich dimensionierten Säulendienste aus den Sockeln hervorgehen, bei den Arkaden in die Längsbögen hinübergleiten bzw. weitersteigen und sich ohne Artikulierung in die Längs- und Quergurte verzweigen, hinter der Balustrade sogar noch weitere Profilstäbe mitnehmen, die sich um die Schildmauern der rückwärtigen Fenster legen; wie aus den Zwickeln die Rippen hervorgehen, die sich unter den Gewölben ausbreiten und sphärische Dreiecksformen bilden. Und das alles wie mühelos: von »lastenden« und »stützenden« Baugliedern kann kaum noch gesprochen werden. Auf Grund der weiten Pfeilerstellungen ist der Raum voll überschaubar, er wirkt eigentlich nicht mehr »gotisch« im Sinne vertikal gerichteter Proportionen. Ein Triforium ist nicht vorhanden, denn die Maßwerkbrüstung vor dem wie in Wandvertiefungen verlaufenden »burgundischen« Gang ist nicht als »Wandzone« anzusprechen. Der trotz spitzbogiger Arkaden breit gedehnte Raum (Scheitelhöhe unter Gewölbe 21 m, in den Seitenschiffen 12 m, bei einer Gesamtbreite von 30 m) wirkt in den Pro-

portionen sehr ausgeglichen. Ohne auch nur eine einzige
Renaissanceform zu entdecken, ist die Wandlung in der
Raumauffassung fühlbar.

Welche Bedeutung den Proportionen für die Raumwirkung
zukommt, veranschaulicht ein Blick in den *Chor*: Bei gleicher Höhe und Breite und fast gleicher Länge wirkt er »gotischer«, obwohl der Formenapparat nicht wesentlich verschieden ist. Das »Gotische« beruht fast ausschließlich auf
den schmalen, dicht stehenden Fenstern, die von der niedrigen Sockelmauer bis in die Gewölbescheitel der Apsis hin-
aufreichen. Hinzu kommt, daß sich nach den schiffshohen
Vierungsbögen die Langhausgliederung zwar fortsetzt, der
Einblick in die Kapellenräume durch das Chorgestühl aber
verwehrt ist. Der Chor wirkt dadurch 1schiffig und in »goti-
schem« Raumverständnis steiler.

Die bis auf wenige Scheiben intakten 5 *Bildfenster* des Chores haben
ein auf die Grabkapelle bezogenes Programm: Im Scheitelfenster
erscheint der auferstandene Christus oben der Maria Magdalena,
unten Maria; in den Fenstern rechts und links das kniende Herzogspaar mit Patronen. Darüber und in den äußeren Fenstern zugehörige Wappen. Die szenischen Darstellungen sind nach Dürers »Kleiner Passion« konzipiert: gestalterisch – wie die Stifterbilder – mehr
Tafelmalerei auf Glas als die früh- und hochgot., aus farbigen Glas-
stücken mit Bleiruten zusammengehaltenen, wandhaften Bildkom-
positionen. Die Kartons, auch für die Bildfenster in den Kapellen
(s. u.), lieferten flämische Künstler; ihre leicht ins Pathetische
gesteigerte Darstellungsform verrät eine Mischung von italienischen
Renaissance-Elementen (Putten, Architekturteile, Muschelkonchen u. ä.) und aus spätgot. Naturalismus entwickelten Ornament-
linien.

Der *Lettner* – 12 m breit und 8 m hoch – trennt Mönchschor und
Laienkirche: zur Schiffseite hin mehrfach abgesetzte Pfeiler, dar-
über kantonierte Halbsäulen, die über Kapitellen die Korbbögen
der Eingänge tragen, in der Balustrade tabernakelähnliche Auf-
sätze für Figuren. Der wenig glückliche Einbau des Lettners läßt
nachträgliche Planung vermuten. Die À-jour-Ornamente in den
Bogenlaibungen, die Vorhangmotive über den Korbbögen, die in
Kreuzblumen enden, sowie das aus Dreipässen zusammengesetzte
Flächenmuster der Balustrade bekunden virtuos gehandhabte
Steinmetztechnik. Auch hier immer wieder die Initialen P und M

sowie das Andreaskreuz und das Burgunderwappen. In den Pfeilernischen Propheten und Heilige. Unter dem Lettner links und rechts
je ein Altar; an der Rückfront des Portals spätgot. Ornamentformen
und renaissancehafte Säulen sowie Relieffüllungen nebeneinander.
– Über dem Lettner ein Gang, der die Gemächer der Herzogin (im
südl. Klostertrakt) mit ihrer hochgelegenen Kapelle (N-Seite des
Chores) verband.

Die *Grabdenkmäler* stehen parallel zueinander vor der Apsis: in der
Mitte, frei, das Grabmal für Herzog Philibert; in der Chorschranke,
auf der S-Seite, das Wandgrab seiner Mutter; auf der N-Seite das
fast freistehende für die Herzogin Margarete. Ihre Aufstellung hat
die Choranlage bestimmt, weshalb auch der Lettner in erster Linie
die Gräber der Herzogsfamilie absondern sollte, deren Augustinermönche (wie in Champmol, s. Dijon) nach dem Willen Margaretes
in immerwährendem Gebet und Gesang zu gedenken hatten.

Die Einstellung der Kirche zu Gräbern in Kirchengebäuden war
Wandlungen unterworfen, indessen gab es Kirchengräber schon im
4. Jh. Ambrosius bestimmte gar für den Bischof den Platz unter dem
Altar (Krypta). Daß Laiengräber von Konzilien des 5. und 6. Jh.
verboten wurden, beweist ja, daß es sie gab; sie wurden auch wieder
zugelassen (manchmal mit fast katasterähnlicher Festlegung nach
Würde oder Verdienst). Bewegender Grund für die Bestattung *in*
der Kirche war v. a. das Verlangen, nahe bei den Reliquien derjenigen Märtyrer und hll. Patrone begraben zu sein, die man besonders
verehrt hatte; man hoffte, in ihrem Schutz und mit ihrer Fürspra-
che zum Letzten Gericht gehen zu können – sicherlich auch der Grund
für die früher übliche Anlage von Friedhöfen um die Kirche herum
oder an ihrer Außenmauer. Im 11. Jh. kamen Grabplatten mit dem
Bild des Verstorbenen auf, meist in Bronze, aber auch in Stein, vom
12. Jh. an auch als Hochrelief und umgeben von Wappentafeln und
Inschriften, dazu in dem Rang des Toten entsprechenden liturgischen Gewändern oder weltlichen Amtstrachten und Ritterrüstun-
gen. Auch die Gräber selbst wurden seit dem 13./14. Jh. reicher in
der Form, nun als auf Säulen hochgestellte Tumben (urspr. einfache
Sarkophage), oft auch schon mit baldachinartigen Überbauten; weiterhin entstehen die sog. Klagetumben, an denen Relief- bzw.
kleine Freifiguren den auf der Platte dargestellten Toten beklagen
(in Frankreich seit dem 13. Jh.; bedeutendste Beispiele sind die
Herzogsgräber des 15. Jh. in Dijon, s. d.). Schon im hohen Mittelalter und besonders seit der Renaissance gesellte sich dem christlichen
Gedanken des Grabmals für den die Auferstehung Erwartenden der
Gedanke des irdischen Ruhms: Das Grabmal wird zum Erinne-

rungsmal des Verstorbenen und seiner oft mit ihm dargestellten Leistungen.

Die Entwürfe lieferte hier Jan van Zoom (auch »de Bruxelles«) 1516. Vorgeschrieben waren: schwarzer Marmor für Stand- und Liegeplatten, Carrara-Marmor für die großen Figuren des Herzogspaares, Alabaster für die unteren und die kleineren Figuren, ferner für alles, was weniger gut zu sehen ist. Konrad Meit mußte sich verpflichten, Gesichter, Hände und bedeckte Körperteile eigenhändig zu arbeiten.

● Rechter Hand im Chor das Wandgrab für *Margarete von Bourbon*. Die im Staatsgewand ruhend Dargestellte setzt die Füße auf einen Windhund (Zeichen für Treue und Gehorsam). Die gewölbte Wandnische öffnet sich unter breitem Korbbogen, getragen von gebündelten Diensten mit Nischenfiguren; das Ganze, überreich mit Blattwerk und Astranken sowie À-jour-Ornamenten überzogen, entspricht noch spätgot. Tradition. In den Pfeilernischen unten Engel, die wie Renaissance-Putten aussehen, und in Kapuzenmäntel gehüllte Klagefiguren, außerdem kleine Figuren mit Wappenschilden. Unter den Bögen des Hintergrundes weitere Wappenfiguren und Schutzheilige der Familie. Alles Figürliche ist von unterschiedlicher Qualität.

● Anders das freistehende Grabmal *Philiberts*. Zweimal ist der Herzog dargestellt – unten als Leichnam, hervorragend in seiner Kennzeichnung, oben in Prunkharnisch und Hermelin. Die Stützen für die obere Platte sind durch Flachbögen verbunden, deren Ast- und Rankenwerk sich mit den Flamboyant-Baldachinen über den Pfeilernischen vereinigt. In den Nischen köstlich gearbeitete weibliche Statuetten, angeblich »Tugenden« des Herzogs (nach anderen: Sibyllen). Hervorzuheben ist die staunenswerte Fähigkeit, diesen Figuren genügend Raum zu sichern. Beachtenswert auch, daß diese Kunst zwar noch der »got. Gewandfigur« mit scharfen Kantenlinien und harten Faltenbrüchen verpflichtet bleibt, aber dennoch weibliche Eleganz zu vermitteln vermag und aus realistischer Beobachtung überraschend unmittelbare Darstellung gewinnen kann. Die auf der Deckplatte mit Waffen und Wappen sich tummelnden Putti sind allerdings reine Kinder der Renaissance. Der Herzog auf der oberen Platte hat die Füße auf einen Löwen gestellt (Zeichen für Kraft und Starkmut). Auffallend die Herausarbeitung der mächtigen Gestalt und des energischen Gesichts, aber ebenso die feinnervige Übersetzung des ziselierten Dekors von Rüstung und Waffen in Marmor.

● Das größte und aufwendigste Grabmal hat die Herzogin *Margarete*

Brou
Ehem. Klosterkirche
Statuette
einer »Tugend« (?)
vom Grabmal
Herzog Philiberts

von Österreich. Es steht auf 3 Seiten frei, übernimmt aber die Arkadenpfeiler für den Aufbau – im Grunde ein einfaches architektonisches Konzept. Höhepunkt des verwirrend reichen plastischen
Dekors sind die Figurennischen an den Pfeilern und v. a. die in
hohen Fialen endenden Baldachine sowie die mit Ast- und Blattwerk gefüllten Flächen zwischen den Bögen, die den Blick auf die
Liegefigur freigeben. Hier war das Interesse an handwerklicher Vir-
tuosität und technischem Raffinement offenbar größer als am Ornament selbst. Leider kommen die Nischenfiguren (männliche und
weibliche Heilige) neben solcher Ornamentfülle nicht zur Wirkung.
Die auf realistischer Beobachtung basierende Gestaltung orientiert
sich an Formprägungen der italienischen Renaissance (Kontrapost,
symmetrisierende Anordnung, ausschwingende Faltenbögen), mit
denen sich auch Anmut und Eleganz verbinden. Wie Philibert
erscheint auch Margarete als Liegefigur auf 2 Ebenen: auf der unteren im Totengewand, aller Würden entkleidet, auf der oberen idea-
lisiert im Staatskleid mit allen Insignien. Konrad Meit hat die tote
Herzogin als Schlafende dargestellt, von der Schweigen gebietende
Ruhe ausgeht – keineswegs idealisierend, eher übergenau, mit den
Unebenheiten der Züge und Altersschwere (erschlaffende Haut
und geschwollene Hände). Allerdings verleiht das Lockenhaar dem
toten Haupt etwas vom Hauch schlafenden Lebens (schon den Griechen galt der Tod als Bruder des Schlafes).
Die Entwürfe für das in kurzer Zeit (1530–32) geschnitzte, eichene
Chorgestühl mit 74 (!) Sitzen stammen vermutlich aus demselben
flämischen Atelier wie der Dekor der Grabmäler – stellenweise bis
zur Identität. Neben vollplastischen Figuren waren szenische
Reliefs gefordert, neben wucherndem Dekor realistische, florale
Details. Die Ausführung ist nicht durchgehend von höchster Qualität. Das Bildprogramm ist typologisch aufgebaut: Moses und Aaron
entsprechen den Kirchenvätern Hieronymus und Gregor; Erschaffung Evas, Austreibung aus dem Paradies, Tod Abels und Davids
Kampf mit Goliath entsprechen der Geburt Christi, der Hirtenverkündigung, der Darstellung im Tempel usw. Das riesige Evangelien-
pult tragen die 4 Evangelisten, zugleich Vertreter des Neuen Testaments und damit der Kirche.
Auf der N-Seite des Chorjochs die K a p e l l e d e r H e r z o g i n mit
rundbogigen Blendarkaden über einer Marmorbank. Auf der O-
Seite der *Altar der »Sieben Freuden Mariens«* in hellem Alabaster
(Höhe 6,67 m, Breite 4 m). Der architektonische Rahmen ist spätgotisch, und zwar – wie alles hier – in der ornamentüberladenen
flämischen Art. Im Grunde ein steinerner Schnitzaltar. Dargestellt

Brou. Ehem. Klosterkirche. Grabmal der Margarete von Österreich

sind die üblichen Szenen des Themas. In ihrer Bildhaftigkeit sind sie
ganz von der Renaissancekunst bestimmt. Als Altarbekrönung 3
Einzelfiguren: die Madonna, begleitet von Margarete mit dem Drachen und Magdalena mit dem Salbgefäß; v. a. die beiden letzteren
sind schöne Beispiele got. Gewandfiguren in einfühlsam durchgear-
beitetem Detailrealismus. – Im *N-Fenster* der Kapelle Glasmalerei
nach Dürers »Marienleben« (Holzschnittfolge von 1510): Himmelfahrt und Krönung, unten die um das leere Grab versammelten
Apostel; zuunterst das Herzogspaar als Stifter. Im Streifen unter
dem Bogenfeld als Grisaille der »Triumph des Glaubens« (nach
einer Zeichnung Tizians): In einem von Adam und Eva angeführten
Zug huldigen Vertreter und Heilige des Alten und Neuen Testaments Christus als Sieger auf einem von den Evangelistensymbolen
gezogenen und von Kirchenlehrern geschobenen Triumphwagen.
Im Maßwerk des Bogenfeldes eine der – auch farbig – schönsten
Erfindungen: musizierende Engel.

Westlich vor der Kapelle liegen die durch eine Treppe verbundenen
O r a t o r i e n d e r H e r z o g i n, die von hier über den Lettner ihre
Gemächer erreichte (s. o.). – Davor die nach ihrem Ratgeber
benannte K a p e l l e G o r r e v o d. Im *Bildfenster* hier »Christus
und der ungläubige Thomas« mit dem Stifterehepaar. Im Bogenfeld
wiederum musizierende Engel. Wappen und Gewänder geben
einen delikaten farbigen Glanz. – Das (sehr restaurierte) Bildfenster der S - K a p e l l e hat »Christus mit den Emmaus-Jüngern«
zum Thema; im s ü d l. Q u e r s c h i f f a r m »Die keusche Susanna«. Alle Bildfenster wurden nach flämischen Kartons 1525 und
1528 ausgeführt.

Die **Klosterbauten** ordnen sich um 3 ursprünglich doppel-
geschossige **Kreuzgänge**; der älteste stammt aus dem frühen
15. Jh. In einem Flügel blieb das Obergeschoß über Arkaden mit prismatischen Säulen erhalten. Hinter dem älteren
Kreuzgang rippengewölbte *Küchen*. Die beiden seit 1506
entstandenen Kreuzgänge haben im Erdgeschoß Rippengewölbe über spitzbogigen Pfeilerarkaden; am 2. liegt der
große Saal, in dem Margarete Rat halten wollte, am 3. liegen
u. a. *Sakristei* und *Kapitelsaal*.

Die beiden jüngeren Kreuzgänge mit Anbauten sind städtischer
Besitz mit **Bibliothek** und dem **Musée de Brou**; Sammlungen,
u. a. für Volkskunde, mit komplett eingerichtetem Bauernhaus
aus der Bresse, und einer Kollektion von Lampen aller Art seit früh-

griechischer Zeit. Für das oberste Geschoß ist eine Schausammlung von Fachwerk- und Zimmermannsarbeiten des 16. Jh. vorgesehen.

BRANCION (Saône-et-Loire F8) →Martailly-lès-Brancion

BROYE (Saône-et-Loire D7)

Schloß Montjeu

Pierre Jeannin, aus einer Gerberfamilie zu den höchsten Staatsämtern aufgestiegen (zunächst burgundischer Parlamentspräsident, dann Gesandter Heinrichs IV. und schließlich Oberintendant der Finanzen Ludwigs XIII.) hatte 1595 die Herrschaft Montjeu gekauft. Seit 1606 ließ er sich das Schloß errichten. Schwiegersohn und Enkel führten nach Jeannins Tod (1623) den Bau weiter.

Montjeu, auf einem ca. 600 m hohen Berg südlich von Autun, liegt in einem großen, mit ca. 11 km langer Mauer abgegrenzten Park innerhalb eines noch größeren Waldgebiets. Es ist ein für Frankreich seit der Renaissance typisches Schloß mit 3 um einen E h r e n h o f gruppierten Flügeln, an den Ecken und Flügelenden von höheren Türmen mit Zeltdächern und kleinen Laternen flankiert. Eine niedrige Mauer mit monumentalem Portal schloß den Hof vorn ab (im 18. Jh. entfernt, auch die Zugbrücken vor und hinter dem Schloß durch feste Brücken ersetzt). Alle Flügel besitzen 2 Hauptgeschosse, deren Fenster im Wechsel Dreiecks- und Segmentgiebel tragen, und ein mit Erkern ausgebautes Dach. Nur die Wassergräben und Schießscharten in den Türmen beim Eingang deuten noch den Wehrbau an.

Bei Bränden 1735 und 1963 ging die I n n e n a u s s t a t t u n g weitgehend verloren. Nur die K a p e l l e im S-Flügel blieb verschont; sie besitzt noch kostbare Boiserien aus dem 17. Jh. und dem Niederländer Paul Brill (1554–1626) oder seiner Werkstatt zugeschriebene köstliche Landschaftsbilder mit religiösen Staffagen.

Der W i r t s c h a f t s h o f des 17. Jh. mit einem eines Schlosses würdigen *Portal*, einer **Pferdeschwemme** und einem riesigen **Taubenhaus** liegt auf der N-Seite. – Vor dem Schloß der auf Terrassen in verschiedenen Ebenen mit verbindenden Treppen angelegte französische **Garten**. Eine breite Allee setzt die Mittelachse des Schlosses fort und führt den Blick weit in die umgebende Waldlandschaft hinein.

BUSSY-le-Grand (Côte-d'Or E4)

● **Schloß Bussy-Rabutin**

Bussy entstand als befestigte Anlage, wurde dann seit der Renaissance zunehmend wohnlicher ausgebaut. 1602 kam es in den Besitz der Familie Rabutin, die es 1733 wieder verkaufte. Heute Staatsbesitz.

Die vorspringenden **Türme** stammen von einer burgähnlichen Anlage des 15. Jh. Ihre im 17. Jh. neu gefaßten Wassergräben waren mit Zugbrücken zu überqueren. Nach 1520 entstanden die seitlichen **Hofflügel** neu und erhielten die Türme ihren heutigen Mauermantel; die mit Laternen bekrönten Kegeldächer kamen erst im 17. Jh. hinzu. Im linken Turm die Kapelle. Im Erdgeschoß der Flügelbauten bilden Arkaden eine offene Galerie mit gedrückten Korbbögen, die aus Rechteckpfeilern hervorgehen; auf der Schauseite sind sie mit antikisch ornamentierten Pilastern sowie Faszien und Rankenfries besetzt; darüber ein niedrigeres Geschoß, ebenfalls mit skulptiertem Fries. Zwischen den Pilastern Rechteckfenster. Die Renaissance-Ornamente wirken an dem in Struktur und Proportionen noch mittelalterl. Bau wie nachträglich appliziert.

Zwischen den hinteren Türmen das **Corps de logis**, 1602 begonnen, 1649 vollendet. Es schließt den Ehrenhof von der Gartenseite ab. Mit keinem Element nimmt der neue Bau die Proportionen der älteren Flügel auf. Seine F a s s a d e prunkt mit einer repräsentativeren Pilastergliederung, ionisch im unteren, korinthisch im oberen Geschoß. In beiden wechseln in rhythmischer Folge hohe, gerahmte Rechteckfenster mit Nischenfeldern: unten rundbogig mit Halbkuppeln, oben oval und offensichtlich für Büsten gedacht. Einen zusätzlichen Wechsel bringen die Dreiecks- und Segmentgiebel über den Fenstern. Neben dem Portal im vortretenden Mittelrisalit statt der Pilaster zur Hervor-

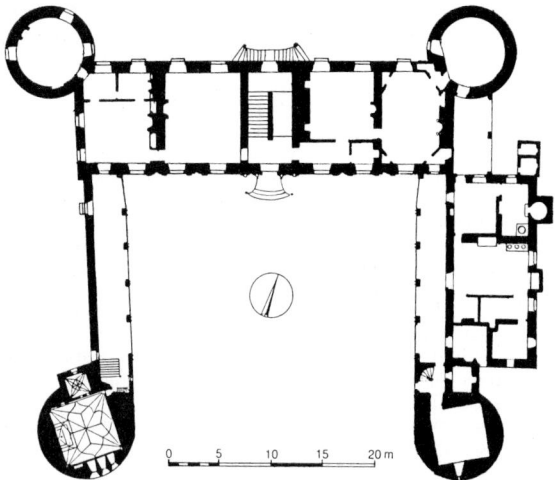

Bussy-le-Grand. Schloß Bussy-Rabutin. Grundriß

hebung Säulen und ein gesprengter Dreiecksgiebel, im Obergeschoß ein gleich breiter Segmentbogen. Französischer Bautradition entsprechen die Dacherker, gleichfalls mit wechselnden Bekrönungen. Merkwürdig muten die kartuschenähnlichen Rahmenornamente in den Nischenfeldern an, die weniger schmücken als füllen. Angemessener wirkt dagegen der harmonische Ausgleich zwischen vertikalen Fensterachsen und weniger betonten Horizontalbändern der Sockelzonen und Gesimsleisten. – Die G a r t e n - f r o n t ist dagegen anspruchslos nüchtern.
Vollendet wurde das Corps de logis durch Roger de Rabutin, Graf von Bussy, Vetter der Marquise de Sévigné, der das Schloß 1643 erbte und 1649 zum Abschluß brachte. Er war hochrangiger Offizier, wegen leichtfertiger Verbreitung von Skandalgeschichten über den jungen Ludwig XIV. und Maria Mancini (Nichte Mazarins) und die Hofgesellschaft (als »Histoire Amoureuse des Gaules«, 1665 in Hol-

land gedruckt) und eines die Kirche provozierenden Eklats 1666 vom Hofe verbannt worden, an dem er erst 1682 wieder erscheinen durfte. – In der Verbannung widmete er sich vornehmlich der Innenausstattung seines Schlosses, angeblich bis zur tätigen Mitarbeit.

Abgesehen von schönen Balkendecken und kunstvoll verlegten Parkettböden sowie einzelnen Möbelstücken stellt die Ausstattung eher ein *Kuriosum* dar, denn sie besteht im wesentlichen aus über 300 *Bildern*, zum allergrößten Teil Porträts, mit denen in mehreren Räumen und Galerien die Wände »tapeziert« sind. In der Mehrzahl sind »Devisen« (Sinn- und Wappensprüche) als erläuternde Bild- und Motivverklärungen beigegeben, wie sie damals Mode waren. Neben oft maliziös gemeinten Literaturzitaten finden sich auch selbstverfaßte Sentenzen, die z. T. hämisch, ja verletzend bissig sind, aber auch anzüglicher Hofklatsch im Sinne seiner »Histoire Amoureuse«.

Künstlerisch ansprechend und z. T. noch im urspr. Zustand erhalten sind nur die links von der Haupttreppe gelegenen Räume. In der »Salle des Devises« Bildwiedergaben königlicher Schlösser sowie allegorische Darstellungen (z. B. Früchte, Tiere, Pflanzen und ebenso allegorisch gemeinte Naturerscheinungen wie Sonne, Mond, Regenbogen u. ä.). – Im Obergeschoß sind in einem Raum 65 *Porträts* von (zumeist französischen) *Feldherren* versammelt, in einem anderen *Bildnisse französischer Könige* von Hugo Capet bis Ludwig XIV. – In der »Tour Dorée«, dem als Salon des Schloßherrn eingerichteten Rundraum im W-Turm, hängen vornehmlich *Frauenbildnisse*, ausgewählt nach Rang, Schönheit und ihren in den »devises« mehr oder minder pikant angesprochenen Abenteuern; in der unteren Zone mythologische Bilder, deutlich in porträtierender Absicht. – In der Kapelle ist ein figurenreiches, 3fach unterteiltes *Retabel* mit der »Auferweckung des Lazarus« zu erwähnen (italienisch, 16. Jh.).

Den französischen **Terrassengarten** hinter dem Schloß soll Le Nôtre entworfen haben. Die beiden reich ornamentierten »Campanile« (ehem. Dachaufsätze des 16./17. Jh.) stammen aus Dijon; sie wurden im 19. Jh. hier als Gartenplastiken aufgestellt. Von Bildhauern aus Dijon stammen auch die meisten der hier und im Park stehenden *mythologischen Figuren*. – Hinter dem Terrassengarten ein Teich, dessen Wasser über eine kleine *Kaskade* abfließt.

Im **Dorf**, dem Schloß gegenüber, steht von einer kleinen mittelalterl. **Kirche** (St-Antoine) noch das roman. Langhaus mit Querschiff und Chorjoch: eine 3schiffige Pfeilerbasilika

mit gegurteten, spitzbogigen Arkaden über Halbsäulenvorlagen, nur in den Bogenlaibungen mit unbeholfen skulptierten *Kapitellen* (u. a. Daniel in der Löwengrube; Mann –
Simson? – tötet Löwen); Löwenköpfe als Eckvoluten; alles
im Relief flach und hart gezeichnet. Die Längstonne ist alt;
an ihrem Fuß in jedem Joch 2 Spitzbogenfenster. Die durch
Vorlagen verstärkten Vierungspfeiler tragen über Bögen
eine *Vierungskuppel*, außen einen 3geschossigen *Vierungsturm* mit Blend- und offenen Schallarkaden. Kapellenan-
bauten des 16. und 17. Jh. und ein im 19. Jh. als Grablege
erweiterter Chor haben das Raumbild verändert. Die Kirche ist ein instruktives Beispiel für das Verharren dieser
Kunstlandschaft in der Romanik.

CHABLIS (Yonne C3)

St-Martin

*Die Kirche reicht in die Karolingerzeit zurück; sie gehörte bis zur
Aufhebung 1789 dem Martinskloster in Tours. Wahrscheinlicher
Baubeginn im frühen 13. Jh. Nach Beschädigung durch Hugenotten
(1569) Instandsetzung im 17. Jh. Bei Überholung nach 1805 teilweise
erneuert.*

Ä u ß e r e s. *W-Front* mit Volutengiebel 17. Jh. Strebepfeiler und -bögen (z. T. 19. Jh.) sind wesentliche Gliederungselemente an *Langhaus* und *Chor*. Kein Querschiff. Ein
»übergotisierter« *Dachreiter* des 19. Jh. ersetzt den Vierungsturm; auf der N-Seite der alte Treppenturm.

Das *S-Portal* mit Gewändesäulen, Knospenkapitellen und rundbo-
gigen Archivolten von ca. 1225/30; im Tympanon Lilienkreuz mit
Lamm Gottes und 2 Tieren (Schlange und Taube oder Hahn?). Die
Türbeschläge sind 13. Jh., die Hufeisen Widmung an den hl. Martin.

Das I n n e r e überrascht durch seine – trotz langer Bauzeit
und Erneuerungen im 17. und 19. Jh. – einheitliche Raumgestalt. Die Doppeljoche des basilikal gestuften *Langhauses*
ermöglichen Stützenwechsel und, dadurch bedingt, 6tei-
lige Rippengewölbe. Ohne Artikulierung gehen *Mittelschiff*
und *Chor* ineinander über; die Seitenschiffe setzen sich im
Chorumgang fort. Chorjoch und polygonale Apsis faßt ein

8strahliges Rippengewölbe zusammen. Der Wandaufbau ist durchgehend 3zonig.

In der *Apsis* 6 eng gestellte monolithische Säulen mit blockhaften Kelchkapitellen, deren flache Blätter sich knospenhaft runden. Die vielfältig profilierten spitzbogigen Arkaden mußten gestelzt werden. Aus ihren Zwickeln steigen Runddienste zum Gewölbe auf; die Knospenkapitelle zeigen schon entwickeltere Formen dieses Typus. Im *Triforium* Doppelarkaden mit Zwischenstütze unter Blendbögen: Die Versammlung dieser Säulen mit Knospenkapitellen und Profilbögen erbringt plastische Fülle; auch an den tiefen Laibungsschrägen der Fenster sind Säulen für die Schildrippen angebracht. Die maßwerklosen Fenster im noch mauerhaft anmutenden *Obergaden* wirken allenfalls frühgotisch, keinesfalls »kathedralgotisch«, wie man bei der Bauzeit annehmen könnte. Nachhaltiger Einfluß der Kathedrale von Sens (zwischen 1163 und 1168 vollendet!) dürfte dafür maßgeblich sein. – In den trapezförmigen *Umgangsjochen* mit je 5 Rippen im Gewölbe ist es weniger eng und stehen infolgedessen die plastischen Formen nicht so dicht gedrängt; sie können sich hier überzeugender entfalten. An den Wandkapitellen sind die Blätter schon zu Knospen geworden.

Zur Bauperiode des Chores gehören noch die starken Pfeiler des 1. Joches und der SW-Pfeiler im 2. Joch des *Langhauses*, alle mit eingebundenen Diensten: je 3 für die Arkaden- und Gewölbegurte, in allen Schiffen je 2 weitere für die Diagonalrippen. Die Mittelschiffdienste steigen ungehindert zum Gewölbe auf und setzen in den nur 16 m hohen Raum mit gedehnt spitzbogigen Arkaden und wenig steilen Gewölben dennoch einen vertikalen Akzent. An den Zwischenstützen des vorderen Joches beginnen die Wanddienste – wie im Chor – erst auf dem Kapitell, in den jüngeren Jochen vom Boden an: Symptom der jüngeren, stärker vertikal gerichteten Gliederungsweise. Doch in den gereihten Kapitellen und Gesimsen wird auch eine horizontale Komponente fühlbar, die Chor und Langhaus zusammenschlie-

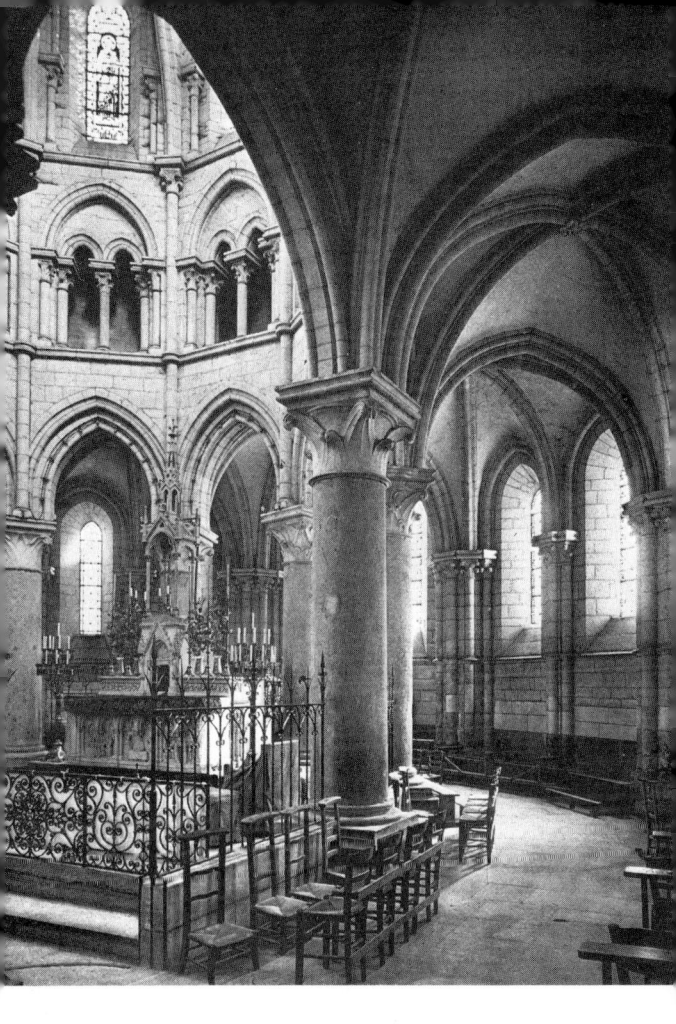

Chablis. St-Martin. Inneres. Apsis und Chorumgang

ßen. Für die Bauzeit überraschend ist die Beibehaltung der schmalen Fenster. An den zu Blättern aufgegangenen Knospen der Kapitelle und den polygonalen Deckplatten ist die jüngere Bauzeit ebenso abzulesen.

In der A u s s t a t t u n g 2 qualitätvolle *Steinskulpturen*: eine Petrus-Figur mit Buch und Schlüssel, 2. Hälfte 13. Jh., und ein namenloser Papst in liturgischer Gewandung, um 1300.

Pfarrkirche St-Pierre (auf dem Friedhof). Trotz frühgot. Formen gehört die Kirche noch zur Romanik; Bauzeit wahrscheinlich um 1160/70. In der Revolution gingen Chor und Querschiff verloren; erhalten blieb nur das basilikale Langhaus, in dem – in der Übergangszeit in Burgund häufig – das Mittelschiff schon Kreuzrippengewölbe aufweist, die Seitenschiffe jedoch noch Gratgewölbe mit stark gebusten Kappen besitzen (um das Gewicht mehr senkrecht zu konzentrieren). Überaus mächtige, niedrige Kreuzpfeilerarkaden mit eingebundenen Halbsäulen für scharfkantige Längs- und Quergurte trennen die Schiffe: das Mittelschiff ohne eigenes Licht, in den kurzen Schildmauern blieb kein Platz für Fenster. Die Übergangszeit zeigt sich auch in den wuchtigen Kapitellen, deren volutenförmige Blätter nur an den Spitzen einrollen; im westl. Joch erscheinen schon Knospen. Wenig bewältigt sind die in die Ecken wie eingezwängten Viertelrunddienste mit quergesetzten Kapitellen für die Diagonalrippen.

CHALON-sur-Saône (Saône-et-Loire F7)

Das römische Capilonum *war Hafenstadt, Caesar hatte hier einen Versorgungsstützpunkt. Über öffentliche Bauten ist nichts bekannt. Von der befestigten Stadtmauer stehen noch Reste. Unter dem als heilig verehrten merowingischen König Gunthram (561–592) war Chalon zeitweilig Hauptstadt des mit dem Teilungsvertrag von 561 neu gebildeten Burgund. 1237 kam die Stadt durch Tausch von den Grafen von Chalon an den Herzog von Burgund.*

St-Vincent, ehem. Kathedrale

Der Legende nach brachte der hl. Marcellus (nach der Verfolgung in Lyon 177) das Christentum nach Chalon. Historisch gesicherter

Bischofssitz erst Ende des 5. Jh. (bis 1790). Gregor von Tours beschreibt die Pracht der ersten, reich mit Säulen, Marmor und Mosaiken ausgestatteten Kirche, die beim Sarazenen-Einfall 731 zerstört und in karolingischer Zeit erneuert wurde.

Von der roman. Kathedrale des frühen 12. Jh. blieben die unteren Teile der Schiffe, Querhaus und Nebenapsiden mit Chorjochen erhalten. Hauptapsis und Hochwände der Chorjoche wurden 1230/40 gotisch erneuert. Seit etwa 1310 entstanden Triforium und Lichtgaden im Langhaus, dessen Mittelschiff seit 1374 Rippengewölbe bekam, während die Seitenschiffe ihre roman. Gratgewölbe behielten. Schlußweihe 1403. – Im 14. und 15. Jh. wurden an Seitenschiffen und im südl. Chorbereich die Kapellen gebaut, außerdem der Kreuzgang erneuert. Die erst 1844 abgeschlossene 2-Turm-Fassade mit Vorhalle ist eine der frühesten neugot. Fassaden in Frankreich: in der Ausführung perfekt, in der künstlerischen Erfindung phantasielos und trocken. Bei der gleichzeitigen Restaurierung gab man dem roman. Langhaus sein vermeintlich urspr. Aussehen zurück.

Das Ä u ß e r e bestimmen die neugot. *Fassade* und die spätgot. *Kapellen* mit Maßwerkfenstern sowie die Strebepfeiler und sich überschneidenden Strebebögen. Am *nördl. Querarm* ein kleines got. *Portal.* Die *nördl. Chorseite* hat ihren roman. Mauermantel samt Treppenturm und mit Blendbögen gegliederter Nebenapsis bewahrt. Die polygonale *Hauptapsis* des 13. Jh. zeigt unten mit Säulen bereicherte Bogenfenster; die jüngeren Fenster darüber haben nur noch gerundete Kanten und Kranzarchivolten. Um die Apsis führt der (üblicherweise innere) Laufgang außen durch die Strebepfeiler hindurch. Die *südl. Nebenapsis* ist mit einer got. Kapelle zugebaut.

Im I n n e r n ist trotz 400jähriger Bauzeit ein *got. Kathedralraum* entstanden, wobei der Mauercharakter der roman. Pfeilerarkaden neben den gotisch aufgelösten Triforien und spätgot. Fenstern unter dem noch späteren Rippengewölbe durchaus bewußt bleibt. Gesamtlänge rd. 58 m, davon ca. die Hälfte für das Langhaus; das Mittelschiff ist 10 m breit, unter dem Gewölbe 24 m hoch. Der überschaubare Raum ist in Grundriß und Proportionen noch vom roman. Vorgängerbau geprägt. Kreuzpfeiler und spitzbogige Arkaden gliedern das *Mittelschiff* in 7 schmalrechteckige Joche, Halbsäu-

len übernehmen in den Laibungen die Längsgurte, auf den
Schiffsseiten sind es für die Gewölbegurte Pilaster, die in
den Chorjochen wieder zu Halbsäulen werden (ursprünglich hier vielleicht für Balken einer flachen Holzdecke).

Die Eierstabkanten und Pilasterkanneluren sowie Kapitele und
Basen wurden im 19. Jh. »nach Vorbild Autun« erneuert oder
zurechtrestauriert. Auch die figurierten Kapitele blieben nicht
unberührt (s. u.).

Der got. Umbau des *Chores* brachte Triforien und maß-
werklose Hochfenster und vor beiden »burgundische Lauf-
gänge« (s. Dijon, Notre-Dame). Die Vierpaßbrüstung im
oberen ist 14. Jh. Seit ca. 1310 wurde die Chorgliederung
auf das *Langhaus* übertragen, wo die Anpassung an die
roman. Arkaden viel leere Wandfläche entstehen ließ. Die
Triforien wirken hier wie aufgepfropft – gemildert nur durch
die aufgesetzten got. Gewölbedienste. Auch die *Vierung*
erhielt im 13. Jh. got. Rippengewölbe. Laufgang und Balustrade sind in ihr weitergeführt. Offensichtlich wollte man
im 14. Jh. mit dem nachträglichen Einbau Langhaus, Vierung und Chor im Sinne des got. Kathedralraums zusam-
menfassen.

Die roman. *Seitenschiffe* in Langhaus und Chorjochen sowie
die *Querschiffarme* (noch mit spitzbogigen Quertonnen,
aber spätgot. Fenstern in den Stirnseiten) treten für den
Blick völlig zurück. Auch die *Chorseitenschiffe* haben
ebenso wie die *Nebenapsiden* ihre roman. Gestalt – vielleicht noch von Ende des 11. Jh. – bis heute bewahrt.

● *Ikonographie* der roman. L a n g h a u s k a p i t e l l e. *N-Seite*, westl.
Außenwand: Himmelfahrt Alexanders d. Gr. als Sinnbild der Über-
heblichkeit (Greifen tragen ihn empor – er hatte sich selbst unter die
Götter setzen lassen –, doch Ketten binden ihn an die Erde). –
Stilisierte Blatt-, Zweig- und Baumdarstellungen an den ersten 4
Pfeilern. – Auf O-Seite als Rosette ein Löwenkopf (Symbol der
Auferstehung Christi?). – Opfer Kains und Abels. – *Chorjoche:*
Christus erscheint Maria Magdalena, Emmaus-Mahl. – *Chorein-
gang:* Lebensbaum mit Weintraube (entsprechend auf der S-Seite
2 zu Voluten verschlungene Blätter). – *S-Seite:* Lebensbaum. –
Sirenen (Schlangenschwanz und weibliche Köpfe) in Blattranke:

Wächter des Baumes oder Verlockung des Bösen? – Als Eckvoluten
wenden sich männliche und weibliche Köpfe (mit Krone) durch
Ring gebundenen Raubvögeln zu; ähnlich auf den Schmalseiten:
Warnung vor Hochmut und Egoismus? – Adler zerreißen für ihre
Jungen ein Kaninchen bzw. umkrallen einen Vogel: Liebe und Für-
sorge für Menschen? – *Vierungspfeiler:* ein durch Pinienzapfen
geteiltes Kapitell mit Ranken und Früchten. – Sündenfall. – *Chorjoche*, S-Seite: als Eckvoluten Köpfe, denen Flechtbänder aus dem
Mund quellen (häufiges Motiv, bis jetzt noch ohne Deutung).
S o n s t i g e A u s s t a t t u n g. Im Chor *spätgot. Baldachin* (von
einem Wandgrab), subtile Steinmetzarbeit; die Fialen trugen Kreuzigungsgruppe. – Das *Reliquiar mit Elfenbeinkreuz*, gegenüber, gilt
als »Krümme des hl. Lupus«, bemerkenswerte Arbeit des 12. Jh. –
Im Altarraum 7,15 m breiter Sakramentsteppich des 16./17. Jh. mit
Abendmahl und alttestamentlichen Vorbildern (Melchisedech und
Abraham, Mannalese und jüdisches Passahmahl). – Im südl. Seitenschiff spätgot. Schale als *Weihwasserbehälter* mit Löwenmäulern (im
nördl. Seitenschiff Kopie davon). – Im südl. Seitenschiff *Grabplat-
ten* des 15. und 16. Jh. – Im Mittelschiff vor der Vierung überlebens-
große *Christus-Figur*, Holz, 17. Jh.; gegenüber *Barockkanzel* mit
Bildschnitzereien, 1716 dat.
S p ä t g o t. K a p e l l e n. *N-Seite:* G r a b k a p e l l e (1424) mit ge-
mauertem und bemaltem Blockaltar, darauf Pietà des 16. Jh. –
Die 2. K a p e l l e daneben – in Flamboyant-Formen – stiftete
Bischof Jean Rolin (Sohn des Kanzlers Nicolas R., s. Autun und
Beaune). – Die 3. K a p e l l e wurde 1522 von 24 Bürgern gestiftet.
Das Sterngewölbe mit hängenden Schlußsteinen und ornamentier-
ten Gewölbeflächen stellt üppigste späte Gotik dar; ebenso virtuos
der mit Astwerk und Drachen skulptierte Eingangsbogen. – *S-Seite*.
Interesse verdient v. a. das feingliedrige Stabwerk der *steinernen
Schranken* mit von Kielbögen überformten Eingängen. – In der
4. K a p e l l e 2 farbig gefaßte Steinfiguren (Ende 15. Jh.), in der
ü b e r n ä c h s t e n K a p e l l e sehr verblaßte Wandmalereien des
15 Jh. (Bestattung und Himmelfahrt Mariens). – Im *Querschiff*
K a p e l l e zur S c h m e r z e n s m u t t e r M a r i a (1450), einst berühmte Wallfahrtskapelle. Das Andachtsbild (Pietà) nach Beschädigung schlecht restauriert.
In der S a k r i s t e i Fenster mit (restaurierter) Glasmalerei des
16. Jh.: Apokalyptisches Weib und Michaels Drachenkampf. – In
einem der um den Chor (bei der Sakristei) angeordneten Räume,
der im 16. Jh. in der Höhe geteilt wurde, im unteren Teil spätgot.
Gewölbe über Mittelpfeiler und figürlichen Wandkonsolen; die

älteren Säulen in den Ecken gehören noch zu dem 6teiligen Gewölbe des oberen K a p i t e l s a a l s (14./15. Jh.).

Der **Kreuzgang** stammt aus der Zeit des got. Umbaus (vergleichlicher Kreuzgang in Charlieu). Kennzeichnend sind die mit »Nasen« gerundeten und konkav gemuldeten Stege der Dreipaßarkaden über dünnen Säulen, mit eleganten Kelchkapitellen, im S- und W-Flügel mit Drolerien. – Neben dem Zugang zur Kirche eine kleine K a p e l l e des 16. Jh. – Im Kreuzgarten beeinträchtigen die gegen den Schub der Rippengewölbe des 15. Jh. angebauten schweren Strebepfeiler die luftige Leichtigkeit der älteren Bogenfolgen.

St-Pierre, ehem. Klosterkirche

Nach Verlust ihrer Niederlassung auf der Höhe, die Franz I. (1515–47) zu einer Festung hatte ausbauen lassen, welche die Hugenotten 1562 eroberten, bauten die Mönche seit 1684 ein neues Kloster mit Kirche. Zu Beginn des 20. Jh. wurde das nördl. Querschiff verbreitert und die Kirche restauriert, damals auch die Fassade wenig exakt erneuert.

Das I n n e r e der kreuzförmigen Anlage, einer der ganz wenigen Barockkirchen in dieser Kunstlandschaft, bestimmen Monumentalpilaster mit barockisierten Kapitellen und ein den ganzen Raum umziehendes hohes Gebälk mit Kranzgesims, über dem sich die Wandgliederung für Fenster- und Gewölbezone fortsetzt. Zwischen tiefen Quergurten Kreuzgratgewölbe, im Chor eine Tonne mit Stichkappen. Zwischen den Pilastern flache Nischen mit Altären bzw. Figuren. Über den Vierungspfeilern Pendentifs für eine 8seitige Tambourkuppel. – Das hierher verbrachte *Chorgestühl* des 17. Jh. gibt der Halbrundapsis einen plastischen, auch farbig wirksamen Akzent – daneben wirken alle Formen unbarock hart und streng und sehr nüchtern.

Alt-Chalon

Nach dem 2. Weltkrieg wurde die **Altstadt** saniert und v. a. an der P l a c e S t - V i n c e n t und den angrenzenden Straßen R u e S t - V i n c e n t , R u e d u P o n t und R u e

du Châtelet eine Reihe von alten **Fachwerkhäusern**
mit charakteristischen Giebelfassaden wiederhergestellt. –
Auf der Place de Beaune im Zentrum der schöne
Neptun-Brunnen (1744). – Südöstlich anschließend die
schmale Grande-Rue mit ansehnlichen Häusern; beachtenswert v. a. Nr. 39, **»Maison des Trois-Rois«**. – Von
dort zum *Beffroi* des **alten Rathauses**, Anfang 15. Jh. –
Weiter in der Rue du Châtelet; **Nr. 5** und **15**: Häuser des 17. und 18. Jh.; **Nr. 37**: Haus mit aufwendiger *Fassade* (Reliefs der Jahreszeiten und Medaillons sowie
Löwenwasserspeier).

Die **neue Brücke** führt in den **Faubourg St-Laurent** auf einer
Insel. Hier das **Hospital**, dessen *Kapelle*, *Refektorium* und
Apotheke z. T. noch ihre alte Ausstattung zeigen. – Neben
dem Hospital die 6seitige, 5 Geschosse hohe **»Tour du
Doyenné«** aus dem 15. Jh. (der 1907 abgebrochene elegante
Turm des ehem. Dekanatsgebäudes der Kathedralkanoni-
ker wurde 1926 hier wiederaufgebaut).

Musée Denon (Pl. de l'Hôtel-de-Ville). *Funde* von regionaler
Bedeutung aus vorgeschichtlicher und gallo-römischer Zeit, von
überregionaler solche aus der Zeit des Solutréen, einer altsteinzeitli-
chen Kulturstufe (benannt nach dem Fundort westlich von Mâcon).
Merowingische und karolingische Waffen und Schmuckstücke. Aus
dem Mittelalter Bronze- und Emailarbeiten. Außerdem gallo-römische und mittelalterl. Mosaiken und Stelen und auch größere Skulpturen. – Im 1. Geschoß vorwiegend Werke der französischen,
niederländischen und italienischen *Kunst* des 16.–18. Jh.; aus
19. und 20. Jh. nur einige Beispiele. – Ein Raum dient der *Stadt-
geschichte*, ein anderer dem Andenken an *Nicéphore Niepce*
(1765–1833), den aus Chalon stammenden »wirklichen Erfinder«
der Fotografie.

CHAPAIZE (Saône-et-Loire E8)

St-Martin, ehem. Prioratskirche   ●
*Für die Frühzeit sind keine Baudaten überliefert (wahrscheinlich
1. Drittel 11. Jh.). Nach Gewölbeeinsturz im 12. Jh. leicht veränderte
Wiederherstellung.*

Chapaize. Kirche. Inneres gegen den Chor

Die 3schiffige Basilika mit nicht austretendem Querschiff, rechteckigem Vierungsturm und in 3 Apsiden endigendem Chor ist ein für die Frühromanik in Burgund aufschlußreicher Bau, der auch in der Region nachgewirkt hat (z. B. in Uchizy, Saint-Vincent-des-Prés, Farges).

In der *W-Front* noch die frühe Schichtflächengliederung mit ● Lisenen und Rundbögen: Die übergiebelte Mitte tritt leicht vor, Portal (ohne Sturz und Bogenfeld!) und Seitenfenster schneiden glatt ein, zwischen seitlichen Lisenen und Bogenfriesen eine eingetiefte Fläche. Das Mittelfenster mit Laibungssäulen (auch im Innern) vertritt schon eine entwickeltere Stufe der Romanik. – Der querrechteckige *Turm* weist in 3 Geschossen dieselbe Flächengliederung auf, wobei schmale Kantenlisenen sein zügiges Aufschießen unterstreichen, im höheren Untergeschoß von Lisenen noch gefördert. In den oberen Geschossen unter Blendbogenfriesen Doppelarkaden über Zwischensäulen. Dank der im 12. Jh. angebauten Strebemauern (auf der S-Seite mit offener Turmtreppe) und ihnen parallelen Giebelwände hat der Turm die Jahrhunderte überstanden. Mit den gleichzeitigen Halbrundapsiden (Mauerstärke ca. 1 m) ist hier ein in sorgfältigem Mauerwerk aufeinander abgestimmtes Baugefüge entstanden, durch Strebepfeiler sowie Konsol- und Rundbogengesimse plastisch bereichert. – Für die neuen Schiffsgewölbe wurden die *Langhaus*-Mauern mit tiefen Strebepfeilern verstärkt und gegliedert. Vermutlich wurden bei der Neuwölbung auf den Seitenschiffdächern die Dachziegel durch geschichtete Steinplatten ersetzt. Wegen des Wasserablaufs mußten die Pultdächer höher ansetzen; die dabei überschnittenen Hochfenster nahm man (aus Sicherheitsgründen) in Kauf.

Im I n n e r n bestimmt die ungefüge Schwere der mit fla- ● chen Steinen mehr aufgeschichteten als gemauerten Wände und mächtigen Rundpfeiler das Bild. Die vom Putz befreite Steinstruktur war früher vermutlich mit einer Kalkschlämme bedeckt. Das Schiff ist ein mit Vierung und Vorchor 7 Joche langer, durch 6 Pfeilerpaare mehr unterteilter

als wirklich gegliederter Rechteckraum. Das *Mittelschiff*,
etwa doppelt so hoch wie die Seitenschiffe, hatte zuerst eine
Rundtonne, doch sie war zu schwer, drückte die Wände
auseinander und stürzte ein. Der (wegen der Ableitung des
Schubes) statisch günstigeren Spitzbogentonne mit kräftigen Quergurten hielten die verstärkten Mauern stand, abgesichert auch durch die über Quergurte, Scheid- und Blendbögen aufgeführten Kreuzgewölbe in den Seitenschiffen
(zum Stützsystem s. a. Tournus, Vorkirche von St-Philibert). Das in erster Linie auf Sicherheit bedachte schwere
Gefüge der Rundpfeiler und niedrigen Bögen suchte der
Baumeister durch Halbrundvorlagen an den Schiffswänden
plastisch wirksam zu machen, um v. a. einen räumlichen
Strukturzusammenhang herzustellen. Charakteristisch dafür sind die Dreiecksformen der *Kapitelle*, welche die kurzen Rundpfeiler und die schlanker aufsteigenden Halbsäulen an den Außenwänden vertikal verbinden. Die auf
einfachste Weise zwischen Pfeilerrund und quadratischem
Auflager vermittelnden Dreiecksschrägen zeigen das Suchen nach den neuen Strukturformen dienlichen tektonischen Elementen (ähnlich im ehem. Dormitorium von St-
Bénigne in Dijon; in Tournus und Farges dagegen nur ein
abschließender Steinring ohne Übergang).

Den Arkaden entsprechende Rundbögen grenzen die queroblonge, durch Trompen ins Achteck überführte *Vierung*
gegen Langhaus und Chor und die wesentlich schmaleren
und niedrigeren *Querschiffarme* ab (»niedriges Querschiff«,
ähnlich in Uchizy, Saint-Vincent-des-Prés und Le Puley).
Die in unserer Zeit neu unterfangenen Vierungspfeiler
wurden trotz des hohen Turmes nicht verstärkt.

Raumgliederung und Wandaufbau sind im späteren *Chor*
schon selbstverständlich. Das Chorjoch geht bei den Nebenchören akzentlos in die Apsiden über, im Mittelschiff erst
nach einem hohen, tonnengewölbten geraden Joch unter
befensterter Stirnwand in die breitere und höhere *Hauptapsis* mit gliedernden Fenstern unter Spitzbogentonne, die sich
in die Halbkuppel verlängert. Kein Horizontalgesims be-

tont in den 3 Apsiden den Ansatz der Halbkuppel, wie sich auch im ganzen Raum keine wirksame horizontale Komponente findet.

Der aus schwarzem und weißem Marmor gefertigte *Altar* stammt aus Cluny.

Lancharre (E8)

Von der roman. **Kirche** eines ehem. Benediktinerinnenklosters stehen nur noch *Querschiff mit Turm und Chor* aufrecht – eine kuriose Ruine, die baugeschichtlich und selbst im Grundriß recht kompliziert ist. Am Mauerwerk sind verschiedene Epochen abzulesen: Die mit unregelmäßigen Steinen grob vermauerten Teile sind frühes 11. Jh., der sorgfältige Mauerverband mittlerer Quader Jahrhundertwende oder Anfang 12. Jh. Der nördl. Kreuzarm mit Trompenkuppel und Turm war in einer älteren Kirche eine Vierung und wurde durch vorgesetzte Rundbögen zwischen den Trompen der N- und S-Wand zum Quadrat verkürzt. Die Apsis der älteren Kirche besitzt noch ihre Halbkuppel, der nördl. Querarm seine leicht gebrochene Quertonne, während der südliche von der querrechteckigen Vierung der jüngeren Kirche verdrängt wurde, deren vorgesehenes Kreuzgewölbe schließlich einer spitzbogigen Tonne mit Stichkappen weichen mußte. Man beachte an den nördl. Vierungspfeilern die den älteren angemauerten Vorlagen mit Halbsäulen; die südlichen sind bereits für den neuen Bau konzipiert.

Auch am A u ß e n b a u sind beide Phasen abzulesen. Der quadratische *Turm* stammt (bis zu den Eckverstärkungen) vom älteren Bau; in halber Höhe Kragsteine für ein Gesims (unter einem Glockengeschoß?). Mit dem Umbau wurde der Turm um das Glockengeschoß erhöht. Die durch Strebepfeiler verstärkte, breit sich rundende *Hauptapsis* schmückt ein Bogenfries mit aus dem Stein geschnittenen Konsolen. Die ältere *N-Apsis* hat noch flache Bögen mit Lisenen und schlitzartig schmalen Fenstern. Über der Hauptapsis hohe Giebelwand für das mit der Vierung zusammengehende Chorjoch; die Giebelschrägen folgen dem Kegeldach der Apsis. – An der *W-Seite* sind noch die

Schiffsarkaden auszumachen sowie ein Portal mit unbeholfen skulptierten Oranten auf den Konsolen.

Im Innern *Grabplatten* von Äbtissinnen und Stiftern.

CHARLIEU (Loire D9)

Bis ins 13./14. Jh. war die Geschichte der Stadt die des Klosters. Seit
dem 13. Jh. blühte Charlieu wirtschaftlich auf und baute Pfarrkir-
chen. Aufschlußreich ist der Konflikt zwischen den Franziskanern,
die sich gegen den Willen der Benediktiner, aber von der Bürgerschaft
unterstützt, hier niederließen.

Ehem. Benediktinerabtei

872 als Eigenkloster gegründet. Förderer war Herzog Boso, der
spätere König der Provence (sein Grab hier ist jedoch Legende). 932
Cluny als Priorat unterstellt. Für die Bautätigkeit gibt es keine ge-
sicherte Überlieferung; hypothetisch bleibt auch die Abt Odilo zuge-
schriebene Rolle für den Bau des 11. Jh. – 1787, also 2 Jahre vor
der Revolution, Aufhebung des Klosters. In der Revolution (1792)
Archive und Bibliothek verbrannt, 1795 die Klostergebäude zum
Abbruch verkauft, die Kirche in 2 Losen, von denen jedoch nur eines
ausgeführt wurde. Seit 1853 Konsolidierung des Bestehenden, wobei
leider die noch vorhandenen Schiffsgewölbe verlorengingen. 1877/78
Wiederherstellung der Vorhalle. 1926 erste Grabungen, seit 1938 von
der amerikanischen Archäologin E. R. Sunderland weitergeführt.

● **Ehem. Klosterkirche St-Fortunat.** Fundamente von 3 teils
neben-, teils übereinander liegenden Kirchen sind freigelegt:

Der k a r o l i n g i s c h e B a u ist ein rechteckiger, 3 Fensterachsen tiefer Saalraum mit einspringendem Vorchor und
höher gelegener Halbrundapsis (Treppen aufwärts) und
tiefer gelegener Ringkrypta mit Scheitelkapelle (Treppen
abwärts). Seine innere Länge: rd. 42 m. Die Strebepfeiler
deuten nicht auf Gewölbe.

Im B a u d e s 1 0. J h. unterteilen 2 Pfeilerreihen den Saalraum in 3 Schiffe. Vorlagen außen lassen gewölbte Seitenschiffe vermuten. Stärkere Vierungspfeiler weisen vielleicht
auf einen (wie auch für Cluny II vermuteten) Vierungsturm. Die Ringkrypta wurde zum Chorumgang mit offenen

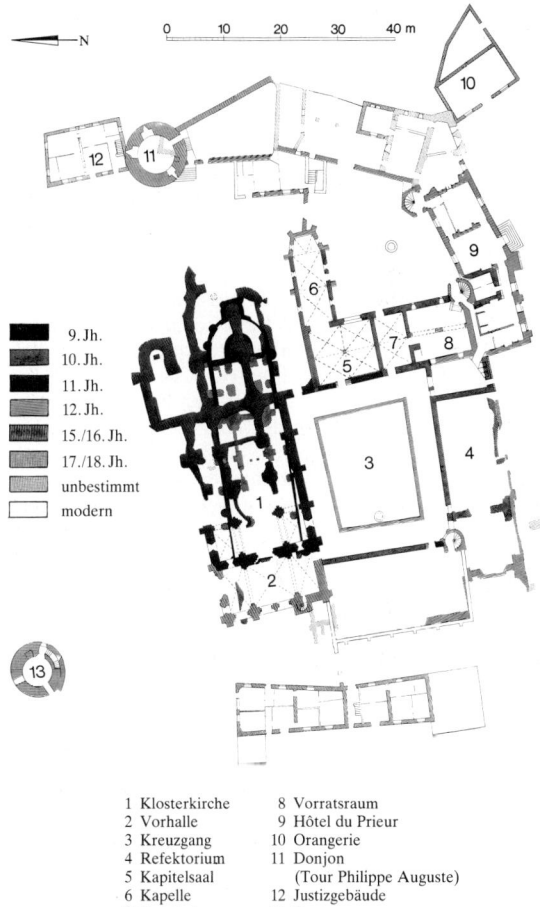

■	9. Jh.
	10. Jh.
	11. Jh.
	12. Jh.
	15./16. Jh.
	17./18. Jh.
	unbestimmt
□	modern

1 Klosterkirche 8 Vorratsraum
2 Vorhalle 9 Hôtel du Prieur
3 Kreuzgang 10 Orangerie
4 Refektorium 11 Donjon
5 Kapitelsaal (Tour Philippe Auguste)
6 Kapelle 12 Justizgebäude
7 Parlatorium 13 Turm

Charlieu. Ehem. Abtei. Lageplan (nach E. R. Sunderland)

Bogenstellungen (?), deren Säulen angeblich im Kreuzgang wiederverwendet wurden (s. u.): frühes, aber nicht einziges Beispiel für diese sich später so reich entfaltende Raumgestalt. Cluny-Einfluß verrät die hinzugefügte Vorhalle.

Die 3. K i r c h e , vermutlich auf Initiative Odilos (Abt in Cluny bis 1048/49) begonnen, 1094 geweiht, ist ein leicht nach N verschobener Neubau (Länge ohne Vorhalle ca. 50 m). Erhalten nur das *westl. Joch* mit der *W-Front* und der *Vorhalle*. Die im Fundament ablesbare 3schiffige Kirche mit ausladendem Querschiff und Staffelchor stimmt im Grundriß weitgehend mit Anzy-le-Duc überein, das ebenfalls Odilo zugeschrieben wird. Doch ein gravierender Unterschied besteht: Anzy hat im Mittelschiff Kreuzgewölbe, Charlieu eine Längstonne, in der Bogenführung mit dem Hochfenster der W-Wand konzentrisch. In Anzy sitzen die Hochfenster in den Schildmauern, in Charlieu schneiden sie dagegen mit Stichkappen in die Tonne ein. Nach älteren Zeichnungen waren die Fenster von Blendbögen flankiert, wie in der W-Wand noch auszumachen.

Die in Portal- und Fensterzone aufgegliederte W - F r o n t ist außen durch die 2geschossige Vorhalle des 12. Jh. verstellt. Eingebundene Halbsäulen dienten als Auflager für eine niedrige Vorhalle.

Der ursprünglich schlichtere *W-Eingang* wurde nachträglich der heutigen Portalstruktur mit Gewändesäulen angepaßt: eine noch tastende Lösung, das Stufenportal mit tektonischen Elementen – tragende Stützen mit artikulierenden Kapitellen und von einem auf Konsolen liegenden Sturz getragenes Bogenfeld – aufzubauen und gleichzeitig plastisch zu durchgliedern. Der *Sturz* ist nachträglich in die Stufe eingesetzt, mit der er vorn in einer Ebene liegt; das *Tympanon*-Relief sitzt noch tiefer in der Archivolte. Das Portal wirkt wie aus Einzelteilen zusammengesetzt, das Tympanon wie ein in die Mauer eingelassenes Bild. Offensichtlich wurden Tympanon und Sturz nicht für dieses Portal gearbeitet. Sie stimmen auch in den Maßen nicht überein: Der Sturz ist in der Mitte ausgearbeitet, weil der Rahmen den Blick auf Christus verstellte, der Tympanon-Rahmen schneidet außerdem die Mandorla an. Stilistisch ist der Sturz älter als das Tympanon: Die sitzenden Apostel sind plastisch noch wenig differenziert und im Umriß kaum artikuliert; die spärliche Binnenzeichnung wirkt wie eingeritzt und ist darin den Gewändekonsolen und -kapitellen verwandt. Das Tympanon könnte unmittelbar vor der Weihe 1094 entstanden sein. Sturz und Kapitelle sind offenbar wiederverwendet, sie stehen den Kapitellen der Säulen vom Chorumgang des 10. Jh. (s. o.) nahe.

Das *Tympanon*-Relief ist eine der frühesten monumentalen Darstellungen des in der von Engeln gehaltenen Mandorla thronenden Christus und das älteste bekannte Beispiel in Burgund. In der Kleinkunst kommt das Motiv früher vor, ist letztlich in der römischen Kaiserapotheose vorgeprägt. Sein Thema ist die Wiederkunft Christi am Ende der Tage, zum Gericht, dessen Beisitzer, die Apostel, auf dem *Sturz* als Thronende (nach Matth. 19,28) dargestellt sind. In ehrfürchtiger Haltung (Kniebeugung) zeigen die Engel Christus mit Buch und Segensgestus, wobei seine Größe sowie das Thronen in feierlicher Frontalität und die Würdeform der Mandorla den Triumphgedanken (Sieger über den Tod, Heilsbringer) anschaulich machen. – In der Revolution wurden allen Figuren die Köpfe abgeschlagen.

Die wenigen *Schiffskapitelle* – einige noch in situ, andere museal in der Ruine aufgestellt – stimmen mit Anzy überein: hier wie dort doppelschwänzige Sirenen, Daniel in der Löwengrube und sich gegenseitig am Bart reißende Männer (hier Kentauren, in Anzy wilde Männer). In der Plastik ist Charlieu summarischer, mehr blockgebunden und weniger differenziert als Anzy, man möchte sie für älter halten als jene. Doch das heißt noch nicht, daß auch der Grundriß Vorbild für Anzy war; es ist zumindest nicht erwiesen.

Die wie das Langhaus 3schiffige, ein Joch tiefe V o r h a l l e der 1. Hälfte des 12. Jh. (Baudaten fehlen) war ursprünglich 1geschossig. An *Portal* und *westl. Abschlußwand* Rechteckvorlagen mit Halbsäulen für die Gurte zwischen den Kreuzgewölben. Der auf der N-Seite ungewöhnliche Haupteingang erklärt sich wohl aus dem verfügbaren Baugrund. In der westl. Außenfront Fenster mit gestuften Laibungen und eingestellten Säulen mit Laubkapitellen.

In der Vorhalle mehrere *Steinsarkophage*, der größere lt. Inschrift aus dem 2. Jh. (angeblich aus der karolingischen Krypta). – An der Wand Gipsabguß eines *Verkündigungs*-Reliefs, ursprünglich vermutlich eine Stuhlbekrönung. Die Gestalten einzeln unter Säulenarkaden: Maria, Gabriel, sitzend der nachdenklich zweifelnde Joseph und ein alttestamentlicher Prophet (Schriftrolle?). Die Datierung »um 1120« entspricht dem Faltenstil und der noch zögernden Figurenauffassung. – Ein karolingisches Relief mit *Daniel in der Löwengrube* ist schwerlich zu lokalisieren. Es verrät noch gewisse Hilflosigkeit gegenüber figürlicher Darstellung.

Die *östl. Schiffswand* im *Obergeschoß* war ursprünglich Außenmauer: Das Horizontalgesims über dem Fenster verschwindet im nachträglich eingezogenen Gewölbe; es markierte den Giebelansatz über dem Mittelschiff (s. Außenbau). Das von niedrigen Blendbögen flankierte *Fenster* wirkt wie ein Säulenportal mit ornamentierten Wülsten in den Archivolten. Das spricht für ein Außenfenster; allerdings ist es auf der Schiffsseite ebenso gegliedert, nur weniger aufwendig in der plastischen Ausformung.

Am rechten Kapitell (Anfang 12. Jh.) Sonne und Mond = Tag und Nacht. Die Bodenfliesen aus dem 12. Jh.

● Das (nördl.) *Außenportal der Vorhalle* ist tektonisch folgerichtig aufgebaut: Gewändestufen und Archivolten trennt ein Horizontalgesims, für den Sturz zugleich obere Rahmenleiste, in der vorderen Stufe für das Säulenkapitell Deckplatte. Die untere Profilleiste des Sturzes ruht auf den Pilasterkapitellen der inneren Stufe. Man muß diese Struktur allerdings aus einer verwirrenden Ornamentvielfalt – Ranken, Flechtbänder, Mäander, Kassetten, Würfelfriese, Palmetten, Perl- und Eierstäbe, stilisierte Blätter, Blumen und was die Ornamentgrammatik sonst noch bietet – herauslösen. Feine Profilleisten umziehen Laibungsflächen und Archivoltenbänder, was ihren Charakter als Strukturelemente etwas einschränkt; sie wirken dadurch wie gerahmte Ornamentfelder (vgl. dazu Avallon). Bei den Rauten und Mäandern entsteht bei Schrägsicht eine gewisse Raumillusion, ansonsten aber verhaftet der Linienstil der Umriß- und Faltenzeichnung die Figuren in der vorderen Reliefschicht, besonders einprägsam bei dem thronenden Christus und den Engeln an der Mandorla. Bei der »Luxuria« (linke Laibung) könnte man allerdings an gallo-römische Grabmonumente denken. Wie stark flächegebunden bleiben dagegen die knienden Engel an dem Kapitell darüber! Die üppige Fülle der Ornamente und, fast mehr noch, die verornamentalisierten Figuren kennzeichnen die Spätphase der Romanik und legen eine Datierung ins 5. Jahrzehnt des 12. Jh. nahe.

B i l d p r o g r a m m. Im *Tympanon* der thronende Christus mit Buch und Segensgestus in der von Engeln gehaltenen Mandorla, umgeben von den Evangelistensymbolen. – Auf dem *Sturz* die 12 Apostel, in ihrer Mitte Maria, von 2 Engeln flankiert. – Im Scheitel der *Rahmenarchivolte* das Lamm Gottes, an ihrem Fuß je einer der 24 Ältesten der Apokalypse, die mit den Rosetten-Nimben (insgesamt 24) an der Stirnseite gemeint sind. Mit enthalten ist Christi Himmelfahrt (Apostel, Maria und 2 Engel) und die dabei angesagte Wiederkunft zum Gericht. Das Lamm deutet auf Christi Opfertod für die Erlösung von der Paradiessünde, ist zugleich Hinweis auf seine sakramentale Vergegenwärtigung im Meßopfer der Kirche, deren Lehre die Evangelisten verkünden. Auch die »Geheime Offenbarung« für die endzeitliche Geschichte bis zum Weltgericht wird beschworen und damit die neutestamentliche Erfüllung der alttestamentlichen Visionen von Jesaia und Ezechiel. – An den *Kapitellen* (unter dem Sturz) Engel als Atlanten, die den Himmel tragen. – Im *gerahmten Feld* darunter (links) die nackte »Luxuria« (Einzeldarstellungen des Lasters dieser Art kommen mit der mönchisch-asketischen Reform auf, die strenge Klausur ruft eine skeptische Einstellung gegenüber der Frau hervor). Die Tier- und Dämonendarstellungen darunter verkörpern ebenfalls die Welt der Sünde. – Im *Gewände* (neben dem Sturz) links König David, rechts der Täufer Johannes, welche die Erfüllung des Alten im Neuen Testament veranschaulichen. Neben ihnen König Boso (s. o.) und Bischof Ratbert, Gründer und Förderer des Klosters, deshalb beide mit Kirchenmodell.

Rechts neben dem Vorhallenportal ein schmales, mit skulptiertem Bogenfeld über dem Sturz ausgestattetes *Fenster*.
Im *Tympanon* die Hochzeit zu Kana (irrtümlich oft als Abendmahl mit isoliert sitzendem Judas angesprochen). Das Füllen der Weinkrüge rechts und links vom Tisch sowie die Anwesenheit von nur 3

nimbierten Personen (Christus, Maria und ein Jünger) neben 8 Personen ohne Nimbus spricht für das Weinwunder (das übrigens auch als Symbol für die Eucharistiefeier der Kirche verstanden wurde, im Mittelalter typologisch als Bild der Hochzeit Christi mit der Kirche gedeutet). Die Anbringung in der Tiefe der Archivolte und die im Halbkreis um den runden Tisch Versammelten suggerieren nur die Vorstellung von Raum, v. a. im Vergleich mit der in der Fläche bleibenden Opferszene auf dem Sturz. In ihrer linearen Dynamik sind alle Figuren noch durchaus flächegebunden. Als Wunder gehört das Thema zu den Christus-Epiphanien, ebenso wie die »Verklärung auf Tabor« an der Stirnseite der *Archivolte*. Im Scheitel Christus mit Moses (Christus als Thronender geht vielleicht auf eine Predigt des Cluny-Abtes Petrus Venerabilis zurück, der anläßlich der Verklärung auch von dem Richter Christus sprach). Neben Moses rechts Elias, darunter Petrus, links Jakobus und Johannes. Für die geläufige Darstellung der »Verklärung« war kein Platz, also begnügte man sich mit einer Reihung der 6 Gestalten. – Auf dem *Sturz* die vielfigurige Szene eines alttestamentlichen Tieropfers als typologische Vorausdeutung auf Abendmahl und Eucharistiefeier. – Die *Kapitell*-Themen hier und am Portal nicht mehr auszumachen.

Mönchsbauten. Der spätgotisch erneuerte **Kreuzgang** hat luftige Spitzbogenarkaden von trockener Eleganz. Sein **O-Flügel** geht auf den Kapitelsaal (anschließend Parlatorium), den *ein* Mittelpfeiler in 4 Joche unterteilt. *Roman. Bogenstellungen* mit Doppelsäulen grenzen Kapitelsaal und Kreuzgang gegeneinander ab: es sind die Säulen vom Chorumgang der Kirche des 10. Jh. (s. o.). Auf der O-Seite anschließend die ehem. roman. Kapelle; sie ist ebenfalls gotisch geprägt: Rippengewölbe auf Konsolen, gekehlte Fensterlaibungen und 3seitige Apsis. – In das alte Refektorium auf der **S-Seite** führt ein *got. Portal*; hier entdeckte roman. Wandmalereien existieren nur in Aquarellkopien (einige Fragmente in Paris, Cluny-Museum).

Von der Kapelle gelangt man in den E h r e n h o f mit altem **Brunnen** vor dem **Hôtel du Prieur**, Anfang des 16. Jh. gebaut für den inzwischen weltlichen Titularabt (wie in Cluny wohnte der Abt nicht mehr mit den Mönchen zusammen): ein ansehnlicher, von polygonalen Türmen mit Eingang und Treppe flankierter, 2geschossiger Bau (das Innere völlig verändert).

Charlieu galt 1590 noch als eine der wichtigsten Zitadellen des Lyonnais. Pläne des 18. Jh. zeigen Mauerbefestigungen mit Wehrtürmen für Stadt und Kloster, letztere unabhängig von der städtischen Anlage.

Aus dem 12./13. Jh. stammen Reste einer noch vom König veranlaßten **Mauer** (er hatte das Kloster 1180 unter seinen Schutz gestellt), v. a. der östlich der Kirche stehende, nach ihm benannte **Runde Turm** (**Tour Philippe Auguste**; Höhe ca. 21 m, ⌀ fast 11 m, Stärke des Mauermantels 2,25 m). Das gewölbte Untergeschoß ist nur von oben zu erreichen. Durch Schlupftüren gelangte man über bewegliche Planken von einem Treppenturm in das 2. und 3. Geschoß. Die quadratischen Löcher dienten zum Aufsetzen von hölzernen Hurden.

Franziskanerkloster

Gegen Mitte des 13. Jh. ließen sich Franziskaner mit päpstlicher Autorisierung in Charlieu nieder, gegen den Willen der Benediktiner, die der Bischof deswegen exkommunizierte. 1259 drohte der Papst auch dem Abt von Cluny die Exkommunikation an, wenn der Widerstand andauere. Der Streit ging weiter, die Mönche drangen sogar gewaltsam in die Franziskanerniederlassung in einer außerhalb gelegenen Pfarrei ein. Ein neuer Papst bestätigte Cluny sein Zustimmungsrecht, dessen Nachfolger hob es wieder auf. Erst Nikolaus III. gelang die Beilegung des Streites. – Seit 1280 bauten die Franziskaner ihr Kloster in der Stadt; bei einem Überfall der Engländer wurde es 1362 völlig zerstört.

Von den nach 1368 entstandenen Bauten verdient der nahezu unbeschädigte **Kreuzgang** besonderes Interesse. 1912 sollte er nach Amerika verkauft werden, wurde aber gerettet und restauriert. Er zählt zu den bedeutenden spätgot. Bauwerken Burgunds. Der von offenen Doppelbögen flankierte *Eingang* auf der O-Seite stammt noch vom Kapitelsaal des 13. Jh. (Kapitelle). Die *Flügel* mit Sparrendecken öffnen sich über niedrigen Sockelmauern in luftigen *Arkaden* zum Kreuzgarten: Die schlanken, aus Hohlkehlen und Profilstäben sowie fadendünnen Vertikalleisten gebildeten *Stützen* stehen auf Basen mit polygonalen Wülsten und prismatisch gebrochenen, hohen Sockeln, die für die Stilstufe ebenso typisch sind wie die Kapitelle: in 2 Reihen gekräuselte Blätter und Ranken, im N-Flügel bevölkert mit Vögeln und anderen Tieren, außerdem noch menschliche Gesichter. Darüber ebenfalls polygonale Deckplatten. Aus den Pfeilerarkaden des 13. Jh. sind mit Dreipaßmaßwerk gefüllte Spitzbögen und Zwickelöffnungen geworden. Bemerkenswert auch die *Strebepfeiler* mit phantastischen Wasserspeiern und Mauerdurchbrüchen, über denen in Kehlrinnen das Wasser abfließt.

Aus dem Spätmittelalter sind eine Reihe von beachtlichen, z. T. sogar anspruchsvollen **Wohnhäusern** des 13.–16. Jh. in gutem Zustand erhalten. – Das **Rathaus** (ehem. Hôtel de la Rousiere) stammt aus dem 18. Jh.

CHAROLLES (Saône-et-Loire D8)

Ehem. Burg (Rathaus)

Beim Zusammenfluß von Semence und Arconce günstig gelegen, war der Platz in karolingischer Zeit Sitz eines von Autun abhängigen Vicomte, der 928 einen Ungarneinfall hier zum Stehen brachte; im gleichen 10. Jh. kam Charolles an die Grafschaft Chalon und wurde zur Festung ausgebaut, für die sich um 1166 auch der französische König interessierte; doch trotz Lehnseid betrachtete sich der Graf als Vasall des burgundischen Herzogs, der 1237 die Grafschaft Chalon käuflich erwarb und für das Charollais einen Bailli (Amtmann) bestellte. Wenig später wurde Charolles Sitz der Ständeversammlung (États) und 1277 zum Zentrum der Grafschaft mit 6 Burggrafschaften erhoben. Zwischen 1310 und 1317 wurde die Burg mit einem Ring von 9 Türmen umgeben. Die durch Heirat (um 1327) Besitz des Hauses Clermont gewordene Festung kaufte Philipp d. Kühne 60 Jahre später zurück und ließ sie noch weiter befestigen. Nach dem

Tod Karls d. Kühnen (1477), der vorher Graf des Charollais gewesen war, kam sie zu Frankreich. Schon im 16. Jh. hatte Charolles als Festung kaum noch Bedeutung; 1775 wurde die Burg bis auf den Archivturm verkauft und für einen Neubau großenteils abgebrochen. Seit 1867 dient der noch verwendbare Rest als Rathaus.

An der alten **Ringmauer** und angebauten Häusern ist die als Ruine eindrucksvolle weitläufige Verteidigungsanlage hier und da noch abzulesen. Der **Torturm** mit Durchlässen für Wagen und Fußgänger besteht noch. Nördlich davon ein hoher **Rundturm** in Rustikaquadern; vermauerte Öffnungen deuten auf aufsetzbare hölzerne Hurden. Die sich anlehnenden, niedrigeren **Wohnbauten** des 15. Jh. besitzen noch Fenster mit Kreuzhölzern. Auf der Höhe Reste des sog. **Archivturms** (s. o.) mit begleitendem Treppenturm, der offensichtlich mit der 2 m starken Wehrmauer verbunden war.

CHASTELLUX-sur-Cure (Yonne C5)

● **Schloß**

Der älteste Teil der Burg, der Johannesturm, geht noch ins 11. Jh. zurück. Damals gehörte sie bereits den Grafen von Chastellux. 1250 sind Bauarbeiten erwähnt.

Die Burg steht, das Cure-Tal beherrschend, auf einem Granitfelsen. Das mittelalterl. Bild bestimmen Rund- und Rechtecktürme sowie Mauerfluchten des 15. Jh.; allerdings sind Maschikulis und Zinnenkränze mit Wehrgängen, Schießscharten und Pechnasen zumeist romantisierend restauriert. Der 3seitige Grundriß paßt sich nach S dem Gelände an. Der umfänglichere **Amboise-Turm** an der N-Ecke wurde erst 1592 ausgebaut, erkennbar an den regelmäßigen Fensterfolgen; sein wehrhaftes Aussehen ist Erfindung des 19. Jh. Im anschließenden Flügel (mit *»Großem Saal«* und Freitreppe davor) der **Archivturm** des 15. Jh. mit der im 17. Jh. erneuerten *Kapelle*. Der runde, ursprünglich wohl freistehende **Johannesturm** (11./12. Jh.) hat über 10 m starke, geböschte Mauern und ist bei einem Durchmesser von 40 m ca. 17 m hoch; er verkörpert noch den Verteidigungscharakter der mittelalterl. Burg. Das obere der 4 Geschosse hat Schießscharten und Pechnasen.

Im sehr engen I n n e n h o f öffnen sich die Untergeschosse der in (z. T. verkleideten) Ziegelsteinen gemauerten **Wohntrakte** zu offenen *Galerien*, welche die Enge mildern; ihre mit Arabesken u. ä. Dekor bemalten *Balkendecken* sind 1612 datiert. Vorn im Hof stehen sich ein runder und ein polygonaler **Treppenturm** mit Wendeltreppen gegenüber: den runden trägt eine Säule, an der vorbei man die Treppe betritt: ein glücklicher Einfall, den Hof zu erweitern; der polygonale Turm sitzt halb in der Mauer und steht erst im Dachgeschoß frei. Auch im Hof dürfte manches der Bauphantasie des 19. Jh. entstammen.

Die **Wirtschaftsgebäude** des 18. Jh. liegen, durch einen Graben getrennt, vor dem Schloß.

CHÂTEAUNEUF (Ch.-en-Auxois; Côte-d'Or E5)

Im Dorf eine **Kirche** des 15. Jh. Über dem nach N abweichenden *Chor* steht ein stämmiger, auf Verteidigung eingerichteter *Turm*, an dieser Stelle jedoch, um ein Abrutschen des Baues zu verhindern. – Im I n n e r n Rippengewölbe mit Stichkappen, im Schiff vermutlich nachträglich erhöht. In den Chorfenstern Flamboyant-Maßwerk.

Neben einer *Madonnenfigur* noch des späten 14. Jh. fällt der von Sluter geprägte Realismus einer Figur *Johannes' d. T.* besonders auf. An der Kanzel geschnitzte Reliefs mit Propheten schon in Renaissance-Auffassung. Die Figuren der Apostel Philippus und Jakobus sind aus dem frühen 16. Jh. Eine etwa gleichzeitige Maria war längere Zeit das Andachtsziel von Wallfahrern.

Einige **Häuser** des 15./16. Jh. geben dem Ort noch mittelalterl. Cachet. – Auf einem Felsvorsprung über dem Dorf das

Schloß. Der quadratische **Donjon** reicht angeblich ins 12. Jh. zurück, wurde aber in der Folgezeit erweitert und mit hohen, von Türmen flankierten Mauern wie eine Festung ausgebaut. In ihrem nüchternen, durch kein Profil belebten glatten Bruchsteinmauerwerk mutet die Anlage noch heute wie eine mittelalterl. Bergfestung an, darin gefördert durch wenige kleine Fenster und (nur einige Meter noch vorhandene) Maschikulis, die ursprünglich einen Wehrgang trugen. Lange Zeit war der Eingang noch durch Graben mit Zugbrücke gesichert. Ohne diesen trutzigen Aspekt zu verändern, hat Philippe Pot, damaliger Besitzer (s. La Rochepot), dem Donjon einen neuen, den anspruchsvolleren Bedürfnissen des späten 15. Jh. entsprechenden **Wohnflügel** angebaut. Im Hof Juwelstücke französischer Flamboyant-Architektur: unterschiedlich große, mit doppelten Spitzen kielbogige *Fenster*, z. T. noch mit alten Fensterkreuzen sowie den für die Spätgotik so typischen Laibungsprofilen mit aufgelegten Stäben und als Kehlen eingetieften Rahmungen, besonders reich an den mit Fleurons bekrönten Dacherkern. Ähnliche Fenster am polygonalen *Treppenturm*. Zierreicher noch ist das *Turmportal*, dessen Kielbogen in hoher Kreuzblume endigt. Daneben ein gotisch überdachter *Brunnen*. Das rundbogige *Portal im Wohnflügel* selbst ist ähnlich eingefaßt. Ein vergleichlicher Trakt gegenüber ist weitgehend zerstört. – Auch im Innern Kielbogenumrahmungen.

Schönstes Stück der Ausstattung ist der große *Kamin* mit Haubengesims auf spätgot. Säulen. – In der Kapelle (Notre-Dame) spätgot. *Wandmalereien* mit Christus und den Aposteln.

CHÂTEAUNEUF (Ch.-sur-Sornin; Saône-et-Loire D9)

● **St-Paul**

Innerhalb der Mauerbefestigung etwa seit Mitte des 12. Jh. entstanden. Wegen Absenkungen v. a. im Vierungsbereich wurde die Kirche erstmals im 15. Jh., dann seit Mitte des 19. Jh. durchgreifend restauriert.

Trotz der Eingriffe behielt die Kirche ihre mittelalterl. Gestalt: 3schiffige Basilika mit überdehnten Jochen im Langhaus; schmale Seitenschiffe setzen sich über das eingebundene »niedrige Querschiff« fort, um in Nebenapsiden zu enden. Über der Vierung 8seitige Trompenkuppel, darüber hoher Turm.

Den Außenbau charakterisieren gestreckte Proportionen. Alle Giebelwände reichen über die Dächer hinaus. Im W ein *Stufenportal* mit Säulen, die ein leeres Bogenfeld umschließen; Basen und Kapitelle erneuert. Am *Chorhaupt* Strebepfeiler. Das offene Glockengeschoß des Turmes ist üppig mit Säulen ausgestattet.

Am *südl. Seitenschiff* ein *Nebenportal*; der wiederverwendete *Sturz* ist mit archaisch anmutenden Nischenfiguren der Apostel besetzt, alle gleichförmig wie an frühchristlichen Sarkophagen aufgereiht. Das Portal ist vermutlich mit dem Bau gleichzeitig entstanden.

Das Innere wirkt noch steiler als von außen erwartet. Es war kühn, den hohen Wänden die schwere Längstonne aufzubürden und sie am Gewölbefuß noch zu durchfenstern (s. dazu Cluny III): vermutlich auch der Grund für die hohen, schmalen Seitenschiffe, deren gegurtete Tonnen Strebewirkung haben. Trotzdem mußten Pfeiler und Bögen im 15. Jh. großenteils erneuert werden – erstaunlich, daß man die Stützen, nicht aber das Gewölbe erneuerte. Konische Trompen überführen die gelängte *Vierung* in ein Achteck; darüber – seltener Fall in Burgund – eine 8seitige Tambourkuppel mit flachen Blendarkaden und kleinen Fenstern. – Die *Hauptapsis* zeigt 5fache Blendbogenfolge, in dreien Fenster.

CHÂTILLON-sur-Seine (Côte-d'Or E3)

Auf einer Felsterrasse über der Stadt, einst im Schutze einer Burg, von der östlich der Kirche noch Reste blieben (ein ehemals von 4 Türmen flankierter **Donjon** und ein Turm des 14. Jh.), steht

St-Vorles.

Ein Oratorium des 5. Jh. war im 10. Jh. mit der dem hl. Vorelus gewidmeten Kirche überbaut worden. Das (nicht mehr ursprüngliche) Oratorium ist im nördl. Querarm z. T. erhalten. Das bei der Kirche gegründete Kanonikerstift gewann als Schule hohen Rang; hier studierte u. a. Bernhard von Clairvaux (* um 1090), der im Oratorium eine Marienerscheinung hatte, die seinen Weg bestimmt haben soll. Spätere Zubauten haben St-Vorles verunklärt; eine moderne Restaurierung hat vieles wieder zurechtgerückt.

Für das Verständnis ist es dienlich, zunächst das I n n e r e kennenzulernen (Maße: Länge 34,50 m, Breite 10,50 m, östl. Querschiff 20 m, Höhe 11 m, unter der Kuppel 14,50 m). – P l a n. Das basilikale Langhaus mit 4 querrechteckigen Jochen hat Pfeilerarkaden und im W ein nicht austretendes Querschiff; das östl. Querhaus mit quadratischer Vierung besitzt ausladende Flügel; Nebenapsiden auf der O-Seite sind anzunehmen (durch spätere Anbauten verändert). An das Chorjoch schließt eine Halbrundapsis an.

St-Vorles ist keine eigentliche doppelchörige Anlage; es hatte von Beginn an einen *W-Eingang* (Vorhalle 17. Jh.) mit niedrigem Tonnengewölbe, den selbständige, gratgewölbte, 2geschossige *Eckräume* flankieren. Diese sind höher als die Seitenschiffe des Langhauses. Ihre urspr. Höhe ist am Außenbau (N-Seite) abzulesen. Über dem Eingangsjoch eine zum Schiff offene Kapelle. – Die für das hohe, fensterlose *Mittelschiff* niedrigen Arkaden sind zwischen massige Rundpfeiler gespannt, die vermittels aufgesetzter Dreiecksformen ins Quadrat übergehen (ähnlich in Tournus, nur primitiver als dort). Darüber Vorlagen für Balken eines offenen Dachstuhls (die Einwölbung des Mittelschiffs erfolgte erst im 17. Jh.). Die Kreuzgewölbe in den *Seitenschiffen* zwischen gedrückten Gurten sind alt. – *Querschiff* und *Chorjoch* besitzen noch urspr. Tonnengewölbe; sie liegen höher als die Vierungsbögen. In der *Vierung* auf allen Seiten Rundbogenfenster; in der Zone darüber deuten winzige Trompen ein Achteck für eine flache (nicht mehr urspr.) *Kuppel* an. Die an den Querarmen vermuteten Nebenapsiden entsprachen den Blendbögen und offenen Durchgängen zu den Seitenschiffen auf der W-Seite. *Chorjoch* und *Apsis*, letztere mit Rundbogenfenstern unter der Halbkuppel, sind ebenso schmucklos wie die Langhauswände, die keine horizontal wirkende Form aufweisen, von plastischen Rundungen ganz zu schweigen.

Chor und Querschiff sind völlig von späteren *Kapellen* und *Sakristeien* umschlossen, ebenso die beiden letzten Seitenschiffjoche vor der Vierung. Die Anbauten sind nicht gleichzeitig und nicht nach Plan entstanden; sie spiegeln in Gewölben und Fenstern die Stilentwicklung vom 14. bis zum 17. Jh. – Im nördl. Seitenschiff Zugang zur *Krypta* unter dem nördl. Querarm (in der das alte Oratorium vermutet wird, s. o.), einem gerundeten Raum mit Figurennische für eine 1793 zerstörte »Schwarze Madonna«. Hier soll Bernhard seine Marienerscheinung gehabt haben.

Von der A u s s t a t t u n g verdient die bei der Krypta aufgestellte »*Grablegung Christi*« Beachtung, eine um 1527 entstandene eindrucksvolle Gruppe mit lebensgroßen Figuren in dramatisch bewegten Gebärden, die den auf einem Sarkophag ruhenden Leichnam Christi umstehen, unter ihnen die knienden Stifter.

Ä u ß e r e s . Das beste Bild des *frühroman. Baues* bietet die *S-Seite*. Typische Merkmale sind das Mauerwerk aus flachen, nur mit dem Hammer bearbeiteten Steinen sowie die glatten, flachen, unterschiedlich breiten Lisenen mit verbindenden Rundbögen unter den Dachgesimsen und den Giebelschrägen entlang. Die scharfkantig gemauerten Kuben wirken wie aus Baukästen zusammengesetzt, ohne plastisch gerundete Übergänge oder Bereicherungen. Auf der *Chorseite* das charakteristische Bild der sich in die Höhe staffelnden Baukomposition, die in dem schmaleren *Turm* des 12. Jh. gipfelt. Die steilen *Stirnseiten der Querarme* sind ebenso gegliedert (die Fenster nachträglich vergrößert). Leider blieb in der *W-Front* durch die Veränderungen des 17. Jh. (Vorhalle, erneuerter Turm, Verkürzung des S-Flügels mit Pultdach) vom frühroman. Bau nichts erhalten.

St-Pierre

Der in Grund- und Aufriß zisterziensische Zuschnitt der Kirche geht angeblich auf Bernhard selbst zurück. Sie hat jedoch nie zum Orden gehört. 1138 sollen Kanoniker von St-Vorles in der unteren Stadt eine Niederlassung gegründet haben. Seit 1704 z. T. als **Krankenhaus** *verwendet.*

Die Kirche ist eine mäßige Wiederholung der etwa gleichzeitig begonnenen Zisterzienserkirche in Fontenay, wurde aber erst Ende des 12. Jh. vollendet. Wie dort im *Mittelschiff* eine von Quertonnen gehaltene Spitzbogentonne über

Pfeilerarkaden und gliederungslos kahlen Mauer- und Gewölbeflächen.

Nur im W-Fenster Säulen mit Knospenkapitellen und Rundstab-
archivolte; ähnlicher Schmuck im *W-Portal.* Beachtenswert die als
Ranken mit schwimmenden Fischen geschmiedeten Beschläge der
hölzernen *Türflügel* des 13. Jh.

St-Nicolas

*Um 1136 Kirche eines Pilgerhospitals. Ende des 12. Jh. erfolgte ein
3schiffiger Neubau. Im 16. Jh. wurde der O-Teil spätgotisch um- und
wurden auf der S-Seite Sakristei und Kapelle angebaut.*

Romanisch sind lediglich noch die Langhausjoche; das
anschließende got. Joch mit Seitenkapellen wirkt nur außen
wie ein Querschiff, an das eine 5seitige Apsis anschließt. –
Am Äußeren interessiert v. a. die durch Strebepfeiler
gegliederte *W-Front* vom Ende des 12. Jh., mit tympanon-
losem Säulenportal unter Doppelarchivolten sowie 3 Rundbogenfenstern im Giebelfeld. Die Fassade flankierten runde
Treppentürme (nur der nördliche erhalten). Der roman.
Turm über dem 4. Joch besitzt im Glockengeschoß doppelbogige Schallarkaden unter Kranzarchivolten. Mauerwerk
und Baudekor deuten auf Erneuerung im 16. Jh.; Turmhelm
modern. Das höhere *got. Joch* zeigt in den Stirnwänden
hohe Maßwerkfenster. Tiefe Strebepfeiler stützen den *Chor*
ab, dessen Polygonseiten sich in nahezu wandbreiten Maßwerkfenstern öffnen.

Das Innere wirkt im *Mittelschiff* (wie St-Pierre) zisterziensisch. Merkmal des spätgot. *Chores* sind die phantasie-
vollen Sterngewölbe mit hängenden Schlußsteinen und die
Maßwerkfüllungen der schmalen, hohen Fenster. Allerdings: die tektonischen wie die schmückenden Formen sind
nicht mehr schwebend leicht oder züngelnd bewegt, sie wirken eher schwerfällig.

Von der umfänglichen *Farbverglasung* des 16. Jh. blieben neben
Fragmenten nur das (restaurierend ergänzte) »Wurzel Jesse«- und
das Jakobus-Fenster erhalten.

St-Jean-Baptiste

1551 geweiht, Chor im 17. Jh. erneuert, der Turm von 1820.

Künstlerisch von geringem Interesse. Aber das *»Wurzel Jesse«-Fenster* (Mitte 16. Jh.) verdient Beachtung, ebenso ein *»Christus im Elend«* auf einem mit den Evangelistensymbolen skulptierten Sitz (16. Jh.) und eine Steingruppe der *»Hl. Anna, die Maria beim Lesen hilft«* (2. Hälfte 14. Jh.), außerdem ein Tafelbild *»Maria mit Jesuskind und Johannesknaben«* (1521).

Châtillon-sur-Seine. Maison Philandrier. Innenhof
(nach einem Stich des 19. Jh.; zu S. 186)

*Wagen- und Fußkämpfer. Detail des Kraters von Vix
(Châtillon-sur-Seine. Musée Archéologique)*

Profanbauten

Die **Mauerbefestigung** auf der Höhe umschloß St-Vorles,
die Burg und die Häuser der Stiftsherren. Die Stadt hatte
eigene Mauern mit Türmen und Toren. Dazu gehörte u. a.
die noch im 18. Jh. erneuerte **Porte de Paris**.

Der bedeutendste Wohnbau ist die **Maison Philandrier** (7,
Rue du Bourg; Abb. S. 185), 16. Jh. Die anspruchsvolle
Straßenfront (Erdgeschoß verändert) ist mit Dreiecksgie-
beln und Segmentbögen zwischen Pilastern gegliedert; im
Abschlußgesims Metopen, Kassetten und Konsolen für
das überstehende Dach mit 2 Erkern. Im engen *Hof* sind
Fensterbänder, Dachreiter und ein Treppenturm arg zu-
sammengedrängt; dazwischen immer wieder Pilaster und
Girlanden (vgl. Wohnbauten in Dijon).
Im Innern ein großer Raum mit alter Balkendecke und reichem
Renaissance-Kamin; hier auch Wandmalereien des 17. Jh. (Allego-
rien der 4 Weltteile). – Heute
Musée Archéologique. Das Museum besitzt – neben *mittelalter-
lichen Skulpturen* – eine umfängliche Sammlung vor- und frühgeschichtlicher, außerdem keltischer und v. a. gallo-römischer *Funde*,

darunter aus Griechenland importierte Werke (zumeist in einem gallischen Oppidum gefunden).

Bemerkenswerte Stücke sind ein auf einem *Dreifuß* ruhender *Bronzekessel* mit 4 aufgesetzten Greifenköpfen (Gesamthöhe 1,10 m, griechischen Ursprungs, Ende 6. Jh.) sowie eine römische Bronzestatuette des nackten *Bacchus-Knaben* mit Efeukranz und Pantherfell (Höhe 0,39 m). Außerdem antike *Keramikarbeiten* nahezu aller Gattungen. Andere Vitrinen enthalten *Eisen- und Bronzewerkzeuge* sowie Gegenstände des täglichen Bedarfs. Auch *Skulpturen* bzw. Plastikfragmente sind aufgestellt. Instruktive Beschriftung und zeichnerische Darstellungen erleichtern das Verständnis.

Weltweit berühmt wurde die Sammlung durch die Funde in einem 1953 bei **Vix** (nordwestlich von Châtillon) aufgedeckten *keltischen* *Frauengrab*. Großartigstes Stück ist ein gewaltiger *spätarchaischer* *Bronzekrater* aus der Zeit um 530 v. Chr. (Höhe 1,64 m, Gewicht 208 kg, Fassungsvermögen 1200 l), das größte je ausgegrabene Bronzegefäß der Antike (griechische und römische Schriftsteller berichten allerdings von noch größeren Behältern). Ob der Krater von Vix je zum Mischen von Wein mit Wasser benutzt wurde, mag bei seiner Höhe bezweifelt werden. Möglicherweise galten so große Gefäße als kostbare Ehrengeschenke. Der *Gefäßkörper* ist aus Bronzeblech getrieben (mittlere Stärke 1 mm!). Von nur wenigen Schadstellen abgesehen, ist der Kessel makellos erhalten. Gegenüber den hocharchaischen Mischgefäßen, die zumeist kürzer sind und in der Öffnung weiter und damit für den Gebrauch praktischer, besitzt er eine schlanke Umrißform. Um den Gefäßhals legt sich ein im Wachsausschmelzverfahren gegossener, mit Nieten befestigter *Relieffries* (Höhe 14 cm), auf dem, 8mal wiederholt, ein Wagenkämpfer auf Vierergespann und ein vollbewaffneter Hoplit (Fußsoldat) einander folgen. Die auf der ornamentierten Gefäßschulter aufsetzenden *Volutenhenkel* zieren Spiralranken, Perlstäbe und kurze Blattzungen in feinem Relief. Sie enden in Löwen, die sich in eleganter Körperdrehung ihrer Herrin, der Gorgo, zuwenden, die zwischen den Henkelstegen dargestellt ist; ihre Hände legt sie flach auf große Schlangen. Löwen und Schlangen kennzeichnen das Unheimliche ihres Wesens und ihre Stärke. Die Strenge des Archaischen bestimmt noch die Figuren, beginnt jedoch, in der Körperbewegung (bei Mensch und Tier) in einer »neuartig« sich rundenden Körperform zu lockern: das entspricht durchaus spätarchaischem Stil. Umstritten ist die Herkunft der Vase. Auf der Rückseite der Reliefs und am Gefäß selbst gefundene Versatzmarken (Buchstaben des spartanischen Alphabets) deuten auf eine lakedämonische Werkstatt; andere nehmen aus stilistischen Gründen eine süditalische Werkstatt an. Dafür spräche auch die Statuette einer *Nymphe* von der Mitte des ebenfalls getriebenen, 4 mm starken *Deckels*; kennzeichnend dafür sind die großflächigen, geschmeidig ineinander übergehenden plastischen Formen und das trotz des sie ganz umhüllenden Peplos freie, aufrechte Stehen. Ihr Gesicht zeigt das rätselhafte »archaische Lächeln«.

Weitere Funde aus Vix sind eine flache *Silberschale* ohne Dekor mit goldenem Buckel (∅ 23,3 cm), vielleicht etruskisch, eine *schwarzfigurige attische Trinkschale* mit kämpfenden Griechen und Amazonen (∅ 18 cm), um 530/520, sowie eine 2. *Schale* mit durchsichtiger *schwarzer Glasur* (∅ 17,3 cm), um 520/510. – An einer prachtvollen *bronzenen Schnabelkanne* (27,5 cm hoch) fördert die stärkere Bauchung unter dem Schnabel als Gegengewicht zum massiven Henkel die Standfestigkeit der leeren Kanne, etruskisch, 6./5. Jh.; ferner mehrere *Bronzeschüsseln* unterschiedlichen Durchmessers und gleicher Herkunft. – In der Mitte des Grabes stand der *Totenwagen* (Rekonstruktion), in dessen Kasten sich Reste des Skeletts einer mit ihrem *Schmuck* bestatteten Frau befanden. Erlesenstes Stück, nicht nur vom Material her, ist ein 480 Gramm schweres *Golddiadem*: ein hufeisenförmiger, hohl gearbeiteter Stirnreif von ovalem Querschnitt, an den Enden in Löwenklauen übergehend, die eine Kugel halten. Kugel und Klauen verbindet ein Flügelroß (Pegasus) auf einer in Filigran ornamentierten Rundscheibe. Die winzigen Ornamente sind mit Sticheleisen oder Punzen ausgeführt. Die Herkunft des Diadems ist ungeklärt, wegen der Technik und Dekorformen kommen weder Römer noch Etrusker in Betracht; R. Joffroy, der Ausgräber, denkt an eine graeco-skythische Werkstatt.

Die Grabfunde sind, soweit datierbar, in der 2. Hälfte des 6./Anfang des 5. Jh. v. Chr. entstanden. Die Bestattung könnte also um oder nach 500 erfolgt sein. Wie die kostbaren Stücke hierhergekommen sein mögen, darüber gibt es nur Vermutungen. Marseille war um die Mitte des 7. vorchr. Jh. gegründete griechische Siedlung. Handelsverbindungen könnten eine Rolle gespielt haben.

CHISSEY-lès-Mâcon (Saône-et-Loire E8)

St-Pierre

Die roman. Kirche des frühen 12. Jh. war schon 1675 in desolatem Zustand, wurde aber erst 1850 restauriert. Damals hat man den alten Chor abgebrochen und auf der W-Seite das heutige Querschiff mit neuem Chor angelegt.

Der Eingang liegt jetzt im O mit dem Turmjoch als Vorhalle; das Portal ist neuromanisch. Dem schlanken, hohen *Turm* fehlen also Chorjoch und Apsis als gestaffelter Sokkel. Seine Kantenlisenen und der spitze Turmhelm machen die Leichtigkeit seines Aufsteigens bewußt. Sparsame Gliederungselemente unterstreichen die der Frühromanik eigene Flächigkeit aller Formen. Auf der *N-Seite* roman. *Stufenportal*; die Säulen erneuert, Tympanon und Sturz blieben leer.

I n n e r e s. Den 1schiffigen Saalraum gliedern spitzbogige, den Außenwänden vorgeblendete Arkaden. An der Wand unter den Gurten einer Spitzbogentonne eingebundene Halbsäulen. Diese Form der Raumgliederung, zumal in 1schiffigen Kirchen, ist im Rhônetal und in der Provence nahezu die Regel.

Die meisten der mit Blattwerk oder Masken skulptierten *Säulenkapitelle* dürften erneuert sein; die beiden ersten der S-Wand zeigen figürliche Szenen: Geburt Christi, Anbetung der Könige und Hirtenverkündigung sowie Kampf der Tugenden und Laster neben 2 allegorischen Szenen. Das Figürliche ist in der plastischen Artikulierung noch recht linkisch.

CHITRY (Ch.-le-Fort; Yonne C3)

St-Valérien

Im 13. Jh. erneuert und auch später oft verändert. Seit 1364 (im 100jährigen Krieg) genehmigte der Landesherr mit der Befestigung der Stadt auch den wehrhaften Ausbau der Kirche.

Der Bau hat den Charakter einer mittelalterl. *Wehrkirche* bewahrt, vorzugsweise in den – außer dem Glockenturm über der Vorhalle – errichteten *Verteidigungstürmen*. Der wie ein Donjon anmutende Rundturm beim Chor besitzt starke Mauern, aber nur wenige, schmale Öffnungen. Das letzte Geschoß erinnert mit seinem Fachwerk an hölzerne Hurden. Der Turm stammt vermutlich erst aus dem 15. Jh. Zur Verteidigung gehörten ebenso der quadratische Turm auf der S-Seite und der nur im Ansatz überkommene Halbrundturm der N-Seite. Die Türme waren durch die Kirche verbunden, was eine bewegliche Verteidigung gewährleistete. Der Glockenturm über der Vorhalle noch des 13. Jh. wurde in unserer Zeit (nach Blitzschlag) völlig erneuert. – Das I n n e r e ist trotz rippengewölbten *Umgangschors* (14./ 15. Jh.) bescheiden.

CIEL (Saône-et-Loire F6/7)

L'Assomption. Die Kirche Mariae Himmelfahrt ist 3schiffig, 5 Joche tief und basilikal gestuft. Nach Einsturz wurden die westl. Joche (18. Jh.) erneuert. Vom *roman. Bau* – den Formen nach 2. Hälfte 12. Jh. – stammen östl. Langhausjoch, Querschiff und Chor. – Das Ä u ß e r e beherrscht ein mächtiger *Turm*. Seine steile, 8seitige Helmspitze decken farbige Ziegel (18. Jh.). *Querschiff* und *Chorjoch* werden von Giebelmauern überragt (ein auvergnatisches Motiv).
Im I n n e r n Pfeilerarkaden und Spitzbogentonne im lichtlosen *Mittelschiff*, Kreuzgewölbe in den *Seitenschiffen*. Nur im roman. Joch noch eingebundene Halbsäulen mit stilisierten Blattkapitellen, ebenso an den Vierungspfeilern. Die abgesetzte *Vierungskuppel* ruht auf Pendentifs mit eingeschnittenen Trompen – eine ungewöhnliche Prozedur ohne statische Wirkung. In den kurzen *Kreuzarmen* spitzbogige Quertonnen, deren Fußgesims die Vierungskämpfer übernehmen, deutlich eine artikulierende Zusammenfassung der Raumteile. Ohne Übergang bleiben die Nebenapsiden. Unter dem östl. Vierungs(Triumph)bogen statt der Halbsäulen Pilaster, um den Blick in den *Chor* weniger zu verstellen. Auch die Scheitellinie des Chorjochgewölbes wird für die niedrigere *Apsis* übernommen. Eine Blendbogenfolge umzieht das Chorrund.

CÎTEAUX, ehem. Kloster (Côte-d'Or F6)
→Saint-Nicolas-lès-Cîteaux

LA CLAYETTE (Saône-et-Loire D9)

Schloß

Angeblich geht das seit ca. 1380 existierende Schloß auf eine ältere Zollstelle (Grenze Autunois/Mâconnais) zurück. Damals hat der Grundherr den ganzen Bau erneuert.

Die Anlage ist von Wasser umgeben und mit starken Türmen gesichert. Trotz der mit romantisierender Phantasie nach 1830 unternommenen Restaurierung dürfte die Grundidee der »zurückgewonnenen« vieltürmigen *mittelalterl. Burg* einigermaßen stimmen, natürlich nicht in den Formen. – Den Wirtschaftshof flankieren niedrige Langbauten mit wie Scharwachten aufgesetzten Rundtürmen.

CLESSÉ (Saône-et-Loire F8)

Notre-Dame. An der Liebfrauenkirche interessieren v. a. die Fassade des 11. Jh. und der nicht wesentlich jüngere Vierungsturm. Querschiff-Flügel 15./16. Jh. Der gerade Chor ersetzt eine frühere Halbrundapsis. – Die *westl. Giebelfront* ist konsequent 2schichtig, d. h. die flachen Lisenen gehen ohne Artikulierung in Rundbogenfolgen über. An den Ecken breiter, bilden sie in der Mitte einen Portalblock, darüber ein gleich breites Feld mit schmaleren Lisenen und eingetieften Feldern, oben durch Konsolen begrenzt: eine einfallsreiche Fassadengliederung. Der 8seitige *Vierungsturm* – über den Dächern Abdachungen für die Trompen – hat 2 Geschosse: das untere mit breiten Lisenen und Bogenfolgen, das obere reicher gegliedert unter zusammenfassenden Blendbögen und Ecksäulen.

Das Innere ist sparsam bis schlicht: offener Dachstuhl im Langhaus, Vierung mit Trompenkuppel. Die späteren Querarme haben spätgot. Rippengewölbe, ebenso der gerade schließende Chor.

CLUNY (Saône-et-Loire E8)

● **Ehem. Benediktinerkloster St-Pierre-et-St-Paul**

*Cluny wurde 910 von Wilhelm, Herzog von Aquitanien und Graf der
Auvergne, als Eigenkloster (s. u.) gegründet. Patrone waren Petrus
und Paulus. Zum Abt berief Wilhelm Berno (850–927), der als
Mönch von St-Martin in Autun 886 nach Baume (Jura) gegangen war
und 890 Gigny (Jura) gegründet hatte; in allen 3 Klöstern blieb er Abt.
– 1790 wurde das bereits 1258 in eine Kommende (Ordenspfründe
ohne Amtsverpflichtung) umgewandelte Kloster Cluny aufgehoben
und die Kirche 1798 auf Abbruch verkauft. (Bekannteste Inhaber der
Pfründe waren Richelieu seit 1629 und Mazarin seit 1654.) Trotz
Bemühungen der Stadt, die Kirche als Denkmal zu erhalten, wurde
sie seit 1811 abgebrochen – bis auf die S-Arme der Querschiffe, die
Chorkapitelle sowie verschiedene Fragmente, auch vom W-Portal.
Bemerkenswert, daß der Abbruch nicht in blindwütigem Haß auf
alles Kirchliche gleich mit Ausbruch der Revolution erfolgte oder
nach der Erklärung des Klosters zum Nationaleigentum.*

*Nach zeichnerischen Aufnahmen vor der Zerstörung und seit 1913
durch Grabungen (jahrzehntelang geleitet von dem amerikanischen
Architekten und Archäologen K. J. Conant) sowie kunstgeschichtlichen Forschungen gelang es, Grund- und Aufriß dieses zur Bauzeit
größten Kirchenbaus zu ermitteln; er war die 3. Kirche des Klosters,
weshalb es sich eingebürgert hat, vereinfachend von ihr als »Cluny
III« zu sprechen. Da längst nicht alle baugeschichtlichen Probleme
dieser gewaltigen Kirche gelöst sind und dabei selbst Fragen zur
Datierung und Bauabfolge offenblieben, begnügen wir uns mit der
Beschreibung einer möglichen Rekonstruktion und der zeitgeschicht-
lichen Interpretation ihres Bedeutungsgehaltes.*

*Begriffsklärung: Die Rechtsinstitute »Eigenkirche« und »-kloster«
hängen mit dem Lehnsrecht und der Investitur zusammen, d. h. mit
dem Recht der Einsetzung in ein kirchliches Amt, ursächlich auch mit*

Die ersten Äbte in Cluny:

Berno (Bernon) 910–926/927
Odo (Odon, Hl.) 926/927–942/944
Aymard 942/944–963 († 965?)
Majolus (Mayeul de Forcalquier, Hl.)
963–994 (hatte faktisch schon ab 954
die Führung inne)
Odilo (Odilon de Mercœur, Hl.)
994–1048

Hugo von Semur (Hugues, Hl.)
1049–1109
Ponce de Melgueil 1109–1122 (abge-
wählt, wehrte sich mit Aufstand vergeblich; † 1126)
Hugo II. von Semur 1122
Petrus Venerabilis (Pierre de Montbois-
sier, le Vénérable) 1122–1156

der Klosterreform. Einem weltlichen Landesherrn stand für ein auf seinem Grund erbautes Kloster (sinngemäß auch für Kirchen, Stifte und sogar Bistümer) kraft sachenrechtlicher Herrschaft die öffentlich-rechtliche Befugnis zur Ernennung des Abtes (Gemeindepfarrers, Bischofs) zu, ebenso hatte er Anrecht auf alle wirtschaftlichen Einkünfte. Konfliktsituationen entstanden v. a., wenn die für geistliche Jurisdiktion zuständigen Bischöfe die Bedürfnisse der Seelsorge gefährdet sahen. Deshalb begab sich Herzog Wilhelm in der Gründungsurkunde für Cluny aller sachenrechtlichen Vorteile und Rechte im Klosterbereich. Er bestimmte, daß die Benediktinerregel uneingeschränkt gültig sein müsse und nach dem Tode des von ihm eingesetzten Abtes Berno die Mönche ihren Abt unter den Ordensbrüdern frei wählen sollten, ferner, daß weder er selbst noch ein anderer die Wahl beeinflussen oder behindern dürfe. Ausdrücklich betonte er, daß die Mönche keiner Gewalt unterworfen werden dürften, und daß auch kein Bischof, ja selbst nicht der Papst, dem er doch das Kloster als »exemt« (wörtlich: herausgenommen) unmittelbar unterstellte, es wagen dürfe, in Besitzungen des Klosters einzudringen oder sie ihm gar zu entreißen. Doch das so von jeglicher Investitur freie Kloster mußte sich schon bald nach Wilhelms Tod (918) der Ansprüche des Bischofs von Mâcon, zeitweise vom Metropoliten in Lyon unterstützt, erwehren, einmal sogar mit Waffengewalt.

Die Gründung Clunys erfolgte also ganz im Rahmen der Feudalordnung. Herzog Wilhelm gab jedoch sein Besitzrecht an den Hl. Stuhl ab, zu dem das Kloster in eine neue Art der Feudalbindung trat, symbolisiert durch den »Anerkennungszins« (Lichter, die in der römischen Peterskirche lt. Gründungsurkunde immer brennen mußten). Das Lehnsverhältnis haben die Päpste 1122 und 1174 ausdrücklich bestätigt. 932 war Abt Odo die Exemtion zugesichert, er sogar autorisiert worden, die Reform überallhin durch Gründung von Tochterklöstern zu verbreiten; ihm wurde außerdem das Privileg eingeräumt, bestehende Klöster zur Reform und dauernden Leitung Cluny zu unterstellen: also die Voraussetzung dafür, daß Cluny einen hierarchisch gegliederten Klosterverband auf- und ausbauen konnte, in dem das Verhältnis zu »seinen« Klöstern wiederum das Feudalsystem spiegelte. Der Großabt wurde so zum Feudalherrn; die Klöster wurden zu Lehnsnehmern, die wie Vasallen gebunden waren, dafür durften sie den Schutz Clunys erwarten. Die Exemtion gab es schon vor Cluny, doch hier ging sie (bis zur Umwandlung in eine Kommende, 1258) nie verloren. Der größer werdende Klosterverband bedurfte schließlich einer Verfassung, die dem Cluny-Abt nahezu uneingeschränkte Macht über alle zugehörigen Klöster gab.

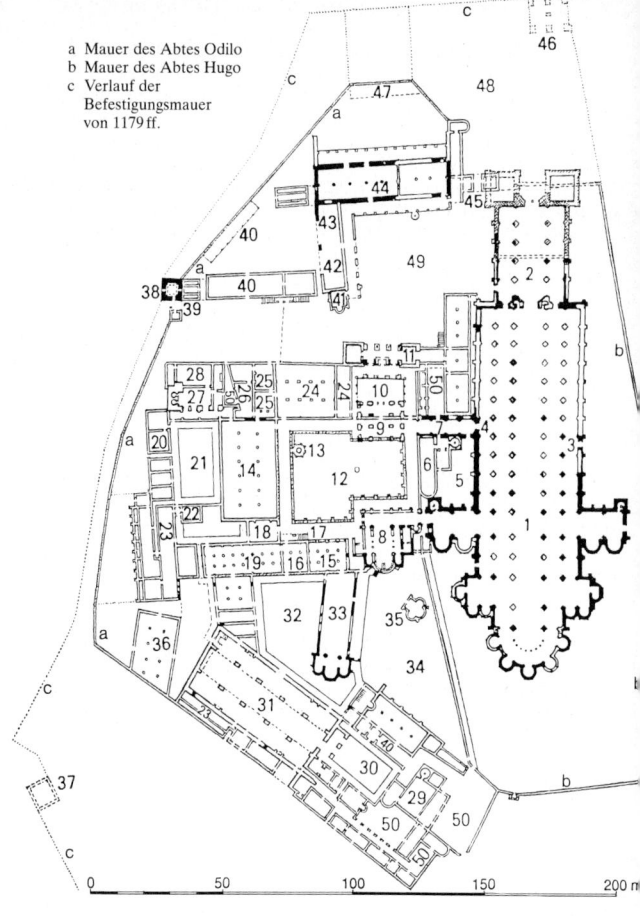

a Mauer des Abtes Odilo
b Mauer des Abtes Hugo
c Verlauf der
  Befestigungsmauer
  von 1179 ff.

Cluny. Ehem. Benediktinerkloster. Erdgeschoßlageplan um 1157
(einige Partien im W von Cluny III später)
(nach K. J. Conant)

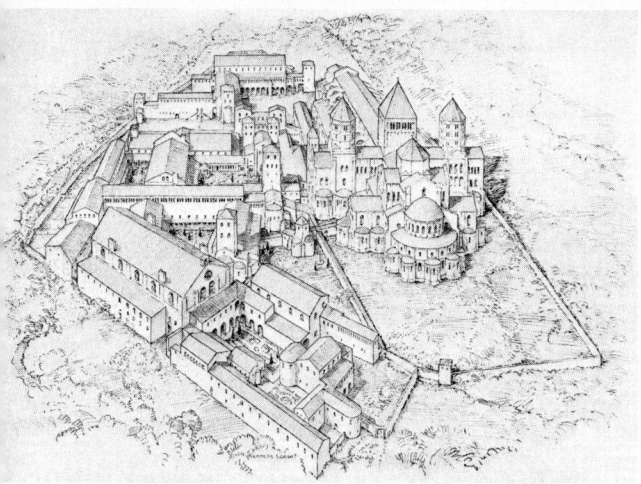

Cluny. Ehem. Benediktinerkloster. Rekonstruktionsansicht von O mit den Bauten unter Hugo von Semur und Petrus Venerabilis (nach K. J. Conant)

Die privilegierte Stellung allein hätte Cluny aber die einzigartige Bedeutung wohl nicht eingebracht, die es für gut 2 Jahrhunderte einnahm. Cluny hatte das Glück, in den entscheidenden Jahren bedeutende Äbte mit langen Regierungszeiten an der Spitze des Klosterimperiums zu haben. Das sichere Stetigkeit in der Führung im geistlichen wie im wirtschaftlichen Bereich und ebenso in der politischen Einstellung zu den Vorgängen in der Welt, zu denen Cluny Stellung nehmen wollte oder mußte. Abt Hugo war Ratgeber des Papstes (1048/49 war Gregor VII. Mönch in Cluny gewesen) und der Kaiser Heinrich III. und Heinrich IV. (Hugos Patenkind). An Canossa hatte er wesentlichen Anteil. Im übrigen entsprach der Steigerung der politisch-wirtschaftlichen Macht des Klosters eine Erneuerung des internen Ordenslebens nach den geistlichen Zielen Benedikts, die »Cluniazensische Reform«. Unter Hugo von Semur erlebte Cluny weiteste Ausbreitung und stand auf dem Höhepunkt seiner Erfolge und Macht. Ist es da verwunderlich, daß dieser Abt den riesigen Prachtbau Cluny III unternahm?

Was besagt »Cluniazensische Reform«? Erstes Ziel war, die in der Merowingerzeit verlorene Klosterdisziplin wiederherzustellen; ihre Befolgung wurde überwacht, was das Zusammengehörigkeitsgefühl förderte. Eine sehr ausgeprägte Spiritualität (z. B. im Stundengebet, dem »Opus Dei«) erhielt Vorrang. Erste und bald schon fast einzige Aufgabe war die Teilhabe am feierlichen Kult: der irdischen Entsprechung zum himmlischen Gottesdienst der Engel. Durch Gesang und Musik bereicherte liturgische Feiern füllten den Tag nahezu ganz aus. Für die in Benedikts Regel vorgeschriebene Handarbeit blieb kaum Zeit. Zum Festkalender kam noch der von Odilo eingeführte Allerseelentag, der in Cluny mit Messen, Psalmengesang und Almosenspenden gefeiert wurde. Auch die »Treuga Dei« (Gottesfriede, Forderung der Kirche als Vertreterin Gottes hinsichtlich des 5. Gebots) brachten für Cluny – wieder unter Odilo – neue heilige Tage und Zeiträume, z. B. Advent und Fastenzeit, die sich auf die Liturgie auswirkten.

Clunys Engagement für die Kreuzzüge ins Hl. Land und nach Spanien (zur Befreiung von den islamischen Arabern) gehörten ebenfalls zur »Reform«, denn der Kreuzzug wurde als Element göttlicher Ordnung aufgefaßt. Er begann als Wallfahrt, sicherte den Frieden daheim gegen Fehde und Krieg und ächtete Gewaltverbrechen. Clunys Eintreten für den Gottesfrieden aus christlichem Ethos wurde als zweite innere Christianisierung des Abendlandes verstanden.

Begonnen hatte es in Cluny mit der Gründung eines Reformklosters, dessen Kirche (Cluny II) vollkommen dem entsprach, was die Re-

form verlangte. Es ist wichtig, daß reformwillige Klöster Mönche nach Cluny schickten, um sich vor Ort zu überzeugen, wie sich das Klosterleben dort abspielte. Einige der sog. »Consuetudines« (»Gewohnheiten«, s. u.) sind erhalten (z. B. die um 1080 für das Kloster Hirsau aufgezeichneten »Consuetudines Hirsaugienses« des Ulrich von Zell, der 1061 selbst Mönch in Cluny war). Die Vorbild-lichkeit von Cluny II erweist schon der Vergleich von Grundrissen – in Deutschland: Hirsau, Alpirsbach, Regensburg-Prüfening, Paulin-zella in Thüringen; in der Schweiz: Romainmôtier und Payerne.

Wenn Cluny II so sehr das Reformprogramm verwirklicht hatte, wes-halb hat Abt Hugo später einen Bau erstellt, der grundsätzlich anders war als Cluny II? Es ging ihm offensichtlich nicht mehr nur um architektonische Verwirklichung der Reform – die führten jetzt die als Orden 1098 (also nur 3 Jahre nach der spektakulären Altarweihe im Chor von Cluny III!) gegründeten Zisterzienser durch. Cluny und Cîteaux hatten zwar dieselbe Benediktinerregel, die Zisterzienser leg-ten diese nur strikter aus. V. a. war ihnen im Kirchenbau alles das untersagt, was Cluny mit der 3. Kirche praktizierte: gewaltigste Aus-maße und verschwenderischer Reichtum an Bauskulptur. Dabei hat Cluny III architekturgeschichtlich wenig bewegt, hat im Reform-kirchenbau nicht entfernt dieselbe Rolle gespielt wie Cluny II oder später die Zisterzienser. Zweifellos war bei Cluny III mönchisches Machtbewußtsein eine der Haupttriebfedern. Aber fördert nicht das Klosterleben schon von selbst eine gewisse Ritualisierung durch »merkliche Verlängerung des monastischen Gebetspensums und einen gewissen aszetisch-weltflüchtigen Zug« als Ausdruck für das »monasterium« als etwas Herauszuhebendes (J. Semmler)? Auch bei den Zisterziensern »ist ein Nachlassen der kirchlichen Disziplin im 14.–16. Jh. festzustellen, was seinen Schatten auf die Ordens-disziplin jener Zeit warf« (K. Spahr). Der asketische Geist ihrer Kirchenbauten ging bald zurück, wenngleich nie ganz verloren (s. Fontenay und Pontigny).

Ehem. Klosterkirchen. Im folgenden werden die 3 nachein-ander gebauten Kirchen auch nach ihrem Liturgieverständ nis behandelt.

Cluny I

war vermutlich mehr ein Arrangement der jungen Mönchsgemeinde in dem schon bestehenden weitläufigen karolingischen Gutshof. Eine 915 geweihte 1schiffige kleine Kirche, über die wir wenig wissen, scheint eigens für das neue Kloster gebaut worden zu sein.

● **Cluny II**

Seit 948 im Bau; 981 geweiht. Chor und Atrium blieben nach Vollendung der 3. Kirche in Benutzung (übrigens rekonstruierte Conant in Höhe der Galiläa von Cluny II für Cluny III ein S-Portal und einen Durchgang); das Langhaus wurde ca. 1118 abgebrochen und zum neuen Kreuzgang geschlagen.

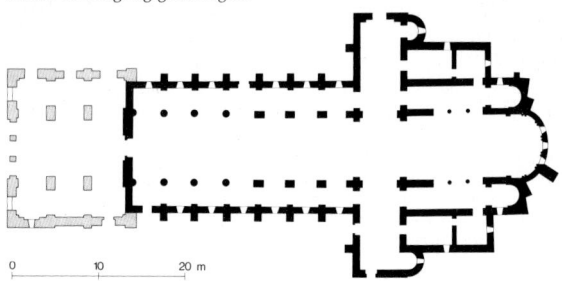

Cluny. Ehem. Klosterkirche Cluny II. Rekonstruierter Grundriß (nach K. J. Conant; gerastert die Galiläa)

Ergrabene *Fundamente* ergeben den G r u n d r i ß : 3schiffige Basilika mit ausladendem Querschiff und breitem Staffelchor (ähnlich Anzy-le-Duc, s. d.); im W ein Atrium mit Galiläa, zusammen ca. 30 m im Quadrat, beide fast querschiffbreit (möglicherweise nachträglich angebaut, da mit dem Langhaus nicht ganz konform). Der betont rechtwinklige Grundriß läßt einen asketisch strengen Bau vermuten, da außer an den 3 Apsiden des Chores keine Rundung die Kantigkeit mildert. Mehrere Aufzeichnungen der sog. Consuetudines (den Tagesablauf der Mönche, Prozessionen, liturgische Feiern, die Einteilung der Gottesdienste, die Stundengebete und den Psalmengesang regelnde Vorschriften) lassen Rückschlüsse auf die Gestalt auch der Räume und ihre Verwendung zu. Parallel zu den Chorseitenschiffen lagen rechteckige, quergeteilte Räume, die »Cryptes« für Bußübungen, auf jeder Seite einer. Die Vermehrung der Altäre auf insgesamt 15 macht zweifellos den Staffelchor (vgl. Grundriß) als Bauaufgabe verständlich, der vermutlich in der Stollenkrypta der christlichen Frühzeit vorgeprägt war.

In den ältesten christlichen Kirchen gab es lediglich den Tisch für das gemeinsame »Herrenmahl« (Eucharistiefeier), bei dem einer die Wandlungsworte sprach. Die Betrauung der Klöster mit Missionsaufgaben (596 z. B. durch Gregor d. Gr. bei den Angelsachsen) erforderte Priestermönche, um überhaupt Messen feiern zu können. Mit dem Vorwalten der Auffassung, daß der zelebrierende Priester für das Heil dessen, für den er die Messe las, »mehr« ausrichtete als der Laie mit seinem Gebet, wuchs das Bedürfnis der Mönche, täglich eine Messe zu lesen. Aus dem Bemühen um solcherart »Privatmessen« erwuchs, etwa seit dem 8. Jh., der Bedarf an immer mehr Altären, dem der Staffelchor wegen der Möglichkeit gleichzeitiger Messen an vielen Altären entgegenkam. Die Vermehrung der Altäre hängt ebenso mit dem Reliquienkult zusammen. Seit dem 5. Jh. enthielten die Altäre eine Reliquie, anfänglich vorzugsweise von Märtyrern, später auch von Heiligen (Heilige sind mit Christus im Himmel vereinigte Verstorbene). Mit der Vermehrung der Altäre wurde der Kirchenraum in »Hoheitsbezirke« für die in den Altären verehrten Heiligen aufgegliedert (der karolingische Klosterplan von St. Gallen nennt 19 im Innern verteilte Altäre). Hierbei tritt der »memoriale Charakter« (G. Bandmann) der Altäre klar zutage. Der Hauptaltar ist der »Thron des Lammes« der Apokalypse, den die »himmlischen Wohnungen« der Gottesstadt umstehen. Anders ausgedrückt: hier wird die »Gemeinschaft der Heiligen« (verbindlicher Artikel des um 500 formulierten Glaubensbekenntnisses) unmittelbar anschaulich. Die im Chor der Kirche Gott lobsingenden Mönche vereinigen sich so mit den »Gerechtfertigten« aller Zeiten und insofern auch mit den jenseitigen Heiligen, deren Reliquien in den Altären zugegen sind (A. Piolanti).

Atrium und Galiläa gehen auf die Vorhöfe frühchristlicher Basiliken zurück; den Reinigungsbrunnen ersetzte schon bald ein Weihwasserbecken in der Kirche. Sie dienten früher den nur zum Wortgottesdienst Zugelassenen, später auch Büßern und Pilgern. Die Galiläa, in Cluny II zwischen Atrium und Kirche, ist lt. den Consuetudines die letzte Station der Osterprozession – vielleicht eine Anspielung auf Matth. 28,7 und 16, wonach der auferstandene Jesus die Jünger nach Galiläa bestellt, um ihnen dort den Missionsauftrag zu geben.

Wie es sich mit der *Wölbung* in Cluny II verhält, ist umstritten; sie wurde angeblich erst unter Odilo eingezogen. Ein

Vierungsturm scheint gesichert, nicht aber eine Kuppel über der querrechteckigen Vierung, wenngleich der Chor wahrscheinlich gewölbt war; dafür sprechen die geringen Abmessungen bei stärkeren Mauern. Die für eine Wölbung des Langhauses rekonstruierten Wandpfeiler könnten auch Balken einer Flachdecke getragen haben; allerdings haben die von Cluny II architektonisch beeinflußten Klosterkirchen zumeist Gewölbe.

Die durch Gesang gesteigerte Liturgie wurde in Cluny II (und später III) sehr gefördert. Abt Odo soll gesagt haben, die Musik habe die Fähigkeit, »uns die Sehnsucht nach der Harmonie der himmlischen Heimat einzupflanzen« – verständlich bei der Überzeugung, daß sich in der Liturgie die Gläubigen mit den Engeln vereinigen. Biblisches Urbild der Liturgie war schon für Clemens von Alexandria (2./3. Jh.) der Gesang der Engel bei Christi Geburt (Luk. 2,14). Daher auch die Aufforderung Gregors d. Gr., mitzutun »in dem Reigen der Engel um den wahrhaft ohne Ende seienden Gott«. Beim Opfer öffnen sich »die Himmel, und die Chöre der Engel sind zugegen, Himmel und Erde verbinden sich«. Seit der Frühzeit der Kirche gibt es viele Äußerungen des Sinnes, daß liturgisches Singen unmittelbare Teilhabe am Gesang der Engel bedeutet. Für Thomas von Aquin (13. Jh.) ist die hierarchische Struktur der Engelwelt (7 oder 9 Chöre) noch Vorbild für die kirchliche Hierarchie, weshalb Gebete, Gesänge und liturgische Handlungen der Mönche als Abbilder des Dienstes der Engel zu verstehen seien.

In Cluny dürfte auch das Prozessionswesen auf die Raumgliederung eingewirkt haben. Wenn bei liturgischen Handlungen auf allen Altären die Lichter angezündet wurden und an den 4 Enden der Kirche große Radleuchter mit unzähligen Kerzen über den Mönchen schwebten, die in verschieden plazierten Chören sangen, so konnte das schon zu einem Bild des Himmels mit um Gott kreisenden Engeln werden und insofern den Auftrag für die Baumeister verständlich machen.

● **Cluny III**

Abt Hugo dürfte sich in den 1070er Jahren zu dem Neubau auf der N-Seite neben Cluny II entschlossen haben – mit dem Vorteil, die fertig werdenden Teile sogleich benutzen zu können. 1088 erfolgte die »fundatio«, wobei strittig bleibt, ob damit die Grundsteinlegung gemeint ist oder schon die Fundamentierung. 1095 Weihe des Haupt- und Matutinalaltars durch Papst Urban II. (früher Prior in Cluny). Präla-

*ten seines Gefolges weihten 3 Altäre in Kapellen – ob am Umgang
oder sonstwo im Chorbereich, ist nicht erwiesen. Die auf diese Weihe
gestützte Datierung der erhaltenen Chorkapitelle ist die umstrittenste
Frage in der Erforschung der burgundischen Skulptur des frühen
Mittelalters: War der Chor damals, 1095, fertig und waren es mit ihm
die Kapitelle? Oder weihte der Papst – auf dem Weg nach Clermont-
Ferrand, wo er zum Kreuzzug aufrief – nur den vorgesehenen Altar
im noch unvollendeten Chor, wie es nicht selten geschah, wenn ein
reisender Papst gerade einen Ort besuchte? Die Schlußweihe erfolgte
spätestens 1131/32. Übrigens: Noch während des Bauens stürzten
1125 Gewölbepartien des Langhauses ein, wurden aber gleich wiederhergestellt – allerdings nun statisch abgesichert durch äußere Strebebögen, die gerade erst »erfunden« waren. Von historischem Interesse
dürfte sein, daß sich unter den Gästen anläßlich der Schlußweihe 1132
auch Abt Suger von St-Denis befand, dessen 1137 begonnener Neubau seiner Abteikirche zu den Schöpfungsbauten der Gotik zählt (er
hatte ebenfalls bereits Strebebögen!). Die 3schiffige Vorhalle wurde
erst 1225 abgeschlossen.*

*Zweifellos hat die ständig größer werdende Zahl der Mönche (beim
Tode Hugos rd. 300, unter Petrus Venerabilis wurden es 400!) die
kaum mehr vorstellbaren Ausmaße von Cluny III mitbedingt, aber
doch nicht allein: es sprach wohl auch übersteigertes Mönchsbe-
wußtsein mit in dem Wunsch, eine Kirche zu bauen, die alles bisher
Dagewesene in den Schatten stellte – gleichsam des Himmels gewaltiger Auftakt. Dieses Cluny hatte Bernhard von Clairvaux wohl
auch als erstes im Auge, als er die exzessiven Abmessungen der Kirchenbauten und die verschwenderische Pracht an gemaltem und
skulptiertem Dekor geißelte (s. Fontenay).*

Maße der 3. Kirche: Gesamtlänge 187,31 m (fast 2 Fuß-
ballplätze hintereinander!), Länge des Narthex 32,45 m,
Schiff bis Querschiff 73,75 m; Breite des Querschiffs
73,75 m; Schiffhöhe 29,50 m, Vierungshöhe 36,87 m; Schiffbreite einschließlich Pfeiler 14,75 m; Höhe der Kuppel dei
Toui de l'Eau bénite 32,20 m.

Am Grundriß (und Conants Rekonstruktion, Abb. S.
195) ist die baugeschichtliche Stellung der einzelnen Bauteile abzulesen. Das 5schiffige, 11 Joche tiefe *Langhaus*
erinnert durch die lange Streckung und die gereihten Stützen mit eingebundenen Säulen (bewußt?) an frühchristliche
Basiliken. Unmittelbare Anregung durch das 5schiffige St-

Bénigne in Dijon (vor 1018) des Wilhelm von Volpiano,
einst Mönch in Cluny, und den Desiderius-Bau im Mutterkloster der Benediktiner in Montecassino (1071 geweiht),
den Hugo 1083 besichtigte, gelten als sicher.

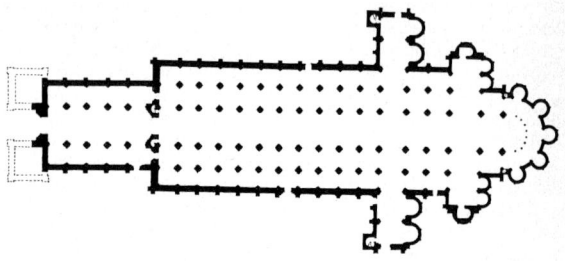

Cluny. Ehem. Klosterkirche Cluny III. Rekonstruierter Grundriß
(nach K. J. Conant)

Im *Chor* lebt der Staffelchor von Cluny II nach. Weitere
Anregungen spiegeln sich in der Form des Chorhaupts: Dieser Typus des Umgangschors erscheint in Frankreich angeblich erstmals um 1000 an St-Martin in Tours, der Grabeskir-
che des Frankenapostels; der mit Säulen umstellte Halbkreis der Apsis geht dort vielleicht auf die konstantinische
Rotunde über dem Hl. Grab in Jerusalem zurück, die als
Rotunde bereits an der Benignus-Kirche in Dijon wiederholt wurde.
Dieser gewaltige Chor ist der interessanteste Bau- und
Raumteil; er ist nur ca. 15 m kürzer als das Langhaus (etwa
60 : 75 m). In Cluny II war der Mönchschor (aus Platzman-
gel?) weit ins Langhaus vorgeschoben – im 3. Bau bildet er
fast eine Kirche für sich: Das *große Querschiff* steht für eine
mit 3 Türmen bestückte W-Front mit je 2 Apsiden, 3 jochbil-
dende Stützenpaare stehen für das Langhaus. Es folgt das
östl. (kleine) Querschiff mit Vierung und Chorjoch vor der
mit Säulen gegen den Umgang abgegrenzten Apsis. Ein solches doppeltes Querschiff im O kommt in Frankreich erst-

Cluny. Ehem. Klosterkirche Cluny III. Apsis und Chorumgang
Rekonstruktionsmodell (Cluny. Musée du Farinier)

mals (?) an St-Benoît-sur-Loire (Chor um 1073) vor. Die
Ausweitung und Gestaltung als »eigene Kirche« hier ist vielleicht auch vom Liturgieverständnis erklärbar, wie es ver-

*Cluny. Ehem. Klosterkirche Cluny III
Längsschnitt von West- und Ostteil
(nach K. J. Conant / Lestienne)*

mutlich schon für den Umgangschor in Tours gilt, der durchaus folgerichtig von älteren Ringkrypten abgeleitet wird.
Mit Reliquienkult könnte das insofern zusammengehen, als
der Umgang zugleich Zugang zu den an ihm liegenden
Kapellen ist.

Ein weiterer Aspekt von Cluny III gilt für den A u f r i ß : die
3zonige Wandgliederung im Innern. Trotz der bis auf Rest-
Zwickel aufgelösten Wand und trotz der zwischen senkrechten Vorlagen (nur gedehnt) spitzbogigen Arkaden wäre es
jedoch falsch, von »heimlicher Gotik« zu sprechen. In Triforien und Fenstern steigen in gleichmäßigem Rhythmus
Halbrundbögen auf und nieder, optisch »festgehalten« zusätzlich durch antikisierende plastische Elemente (Kanneluren, Kapitelle, Sockel, Konsolen, Eierstab, Kugelfries
u. ä. Dekor), die im Mittelschiff einen Hauch von Antike
verbreiten und, gereiht, die horizontalen Wirkungen verstärken. Was die Gotik ausmacht und was hier fehlt, ist eine
durchgehend vertikale Komponente. Eine solche stellt sich
in der rekonstruierenden Zeichnung vielleicht eher ein als
vor der Architektur des in seiner plastischen Vielschichtig-
keit erhaltenen Querarms. Auch die schweren Bänder der

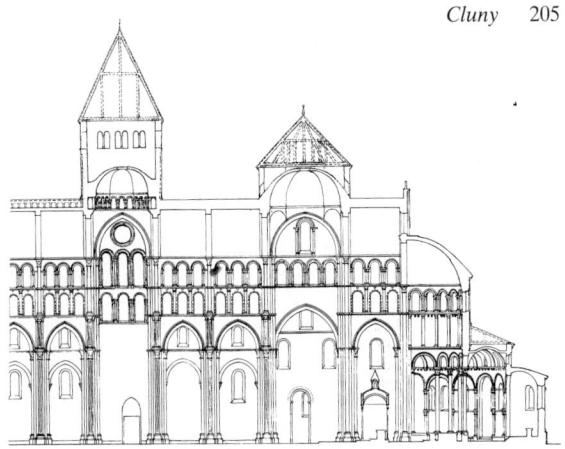

nur wenig gebrochenen Längstonne haben nichts »Goti-
sches«. Die *Stützen* sind Kreuzpfeiler mit eingebundenen
Halbsäulen; nur zum Mittelschiff hin weisen sie kannelierte
Pilaster, 2mal übereinander, auf. Im Triforium wechseln sie
mit Rahmen in Näpfchenform, an den Fenstern mit Gewändesäulen. Im Unterschied zu Staffel- und Umgangschor,
deren Form auf inhaltlich begründete Motive zurückgehen,
dürfte es sich hier um nur aus dem Künstlerischen verständ-
liche Formen handeln (wie ja die »plastisch organisierte
Wand« der Romanik letztlich aus der von den Römern ihren
Bauten vorgeblendeten griechischen Gliederarchitektur –
Säulen und Architrav – abzuleiten ist). In der großen Vierung und den Chorjochen bleiben die Vorlagen wie im
Langhaus; in den Querarmen, den östl. Pfeilern der kleinen
Vierung sowie den Stützen des Chorjochs sind die Pilaster
durch Halbsäulen ersetzt. Sollte man hier etwa aus dem
Mittelschiff im Chor nur Säulen sehen, in Angleichung an
die Apsissäulen mit den berühmten Kapitellen? Das wäre
denkbar, da anders kaum zu begründen. – Eine weitere
Besonderheit: Die Halbkuppel der Hauptapsis wird in Höhe
der Mittelschifftriforien von gereihten Fenstern – also von

Licht – getragen; eine faszinierende Vorstellung, die an Justinians Hagia Sophia in Konstantinopel erinnert.

● Gab es einen erkennbaren P l a n , nach dem gebaut wurde? Fr. Salet liest am noch stehenden *S-Arm des großen Querschiffs* 3 aufeinanderfolgende Projekte ab. Im ersten wurde der S-Arm – etwa in Höhe des Querschiffs von Cluny II – begonnen. Er war korridorartig schmal (9,85 m). Die verhältnismäßig dünnen Mauern sollten möglicherweise nur einen Dachstuhl tragen. Für die spätere Einwölbung (2. Projekt) mußten die Mauern durch vorgelegte Pfeiler (mit eingebundenen Säulen) verstärkt werden: Das südl. Joch deckt eine Tonne (ca. 25 m hoch), das quadratische Joch daneben eine nur wenig höhere Kuppel. Beide Joche dienten als Kapellen und haben je eine Apsis (letztere im 14. Jh. gotisch verändert). Die Breite maß jetzt nur noch 9,14 m. Das nördl. Joch hat – da auch zum Querschiff gehörig – eine Mittelschiffhöhe von ca. 30 m und ist wie dieses 3zonig gegliedert. Die plastisch reiche Gliederung gehört zum 3. Projekt, mit dem 1132 das Langhaus fertig gewesen sein dürfte. Abt Petrus Venerabilis ordnete damals nämlich ein Generalkapitel der Cluny-Mönche an, an dem über 1200 teilnahmen, die in einer Prozession die Kirche betraten.

Die Außenmauer des Chorumgangs scheint ebenfalls zum 1. Projekt gehört zu haben; die Verbindung mit dem *Chor* erfolgte jedoch bereits nach Planänderung, die nur einen Bauverlauf von W nach O gehabt haben kann. Vielleicht ist so auch der größere Abstand im 1. Joch des Chorumgangs zu erklären und die dreieckig gegurtete Stichkappenwölbung. Die Kapitelle »Abrahams Opfer« und »Sündenfall« hat man ohne begründbare Erklärung den Halbsäulen der östl. Bündelpfeiler des geraden Chorjochs zugewiesen (die westlichen gehören zur kleinen Vierung). Die anschließenden Freisäulen der Apsis trugen die berühmten Kapitelle. Übrigens hat nur das gerade Chorjoch Mittelschiffhöhe (30 m) und weist auch dessen Gliederung auf.

Auch über die Bauabfolge im *Atrium* sind die Meinungen kontrovers. Außer dem zweifellos homogenen unteren Teil der S-Mauer und der im Ansatz erhaltenen *W-Türme* (»Barabans«), die ein vermutlich erst um 1220 entstandenes Portal verband (der S-Turm nach Salet noch aus dem 12. Jh., der wesentlich jüngere N-Turm z. T. mit Ansatz von Gewände), steht nichts mehr aufrecht. Vor dem Abbruch entstandene Zeichnungen lehren jedoch, daß die beiden östl. Joche 4zonig gegliedert waren, die 3 westlichen aber nur 3 Zonen aufwiesen. Rippenwölbung und Strebebögen dürften kaum vor dem frühen 13. Jh. angelegt sein. Salet hält es für denkbar, daß Abt Petrus Venerabilis das Schiff 1132 vollendete und gleich mit dem nur 3zonig gegliederten Atrium begann, daß dieses jedoch unterbrochen wurde, bis Abt Roland de Hainaut (1220–28) die Fortführung unternahm. Dieser ließ in den beiden östl. Jochen die Wände durch überraschend kleine Fenster 4zonig erhöhen, um wenigstens einheitliche Gewölbe zu erzielen. Denkbar wäre auch, daß damals bereits alle Joche im Bau, aber unterschiedlich hoch waren, alle jedoch bis zu dem Gesims über den Arkaden reichten. Auf die Arkadenpfeiler mit allseitig eingebundenen kannelierten Pilastern könnte die damals bereits fortgeschrittene Lazaruskirche in Autun anregend gewirkt haben.

Einen weiteren Beweis für das Bauen auch in W-O-Richtung liest Salet an den *Querschiffapsiden* ab: am großen Querschiff sind diese noch nüchtern-einfach ohne bauplastischen Dekor, am kleinen zeigt der Fensterbogen dagegen einen Klötzchenfries und spricht das Konsolgesims stärker mit: es ist später angelegt.

Auszeichnenden Glanz verliehen der *Hauptapsis* 8 überaus schlanke, 8,85 m hohe *Freisäulen*, die sie im Chorhaupt vom Umgang abgrenzten.

Die durchweg 80 cm hohen Kapitelle (sie sind im Musée du Farinier – innerhalb der Klosterführung – zu besichtigen, müssen indessen des Zusammenhangs wegen hier behandelt werden) haben trotz Verstümmelung (beim Abbruch) wenig von ihrer Kostbarkeit eingebüßt. Man spürt ihnen den Beginn von etwas Neuem (für den Rückblick) förmlich an. Zwar gibt es in Frankreich ältere figürliche Kapitellplastik, auch in Burgund (s. Dijon/St-Bénigne, Tournus,

Anzy-le-Duc, Charlieu). Doch bei jenen lösen sich Menschen und Tiere noch nicht recht vom Grund, sie bleiben als Gestalten dem Reliefgrund unerlöst eingebunden, »die Masse ist plastisch noch nicht durchfühlt« (B. Rupprecht). Durch Einbeziehung zeichnerisch abgrenzender Linien werden in Cluny die Gestalten in den Gewandfalten und Körpergebärden beweglich und wird eine Bilderzählung darstellbar – allerdings nicht im Sinne organischer Gestalt: Die Körper sind noch unproportioniert gedehnt oder verhockt und die Kleider verselbständigt, sie umhüllen nicht. Doch schimmert bei einigen Figuren offensichtlich eine Ahnung vom antiken Menschenbild durch.

Der Halbkreis der Apsissäulen beginnt mit Halbsäulen, die den

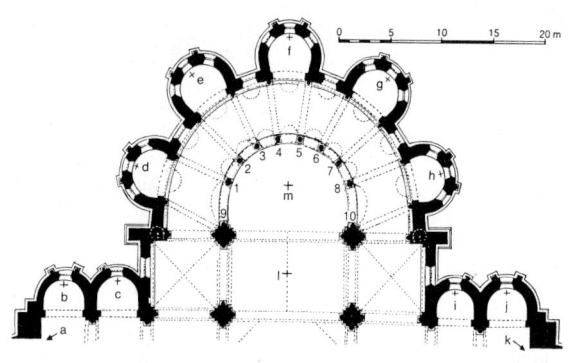

Kapellen, Altäre:		l Hauptaltar
a	Ste-Agathe	m Matutinalaltar
b	St-Nicolas	
c	St-Martin	*Kapitellskulpturen der Apsis:*
d	St-Nazaire	
	et Celse	1 Blattkapitell
e	St-Vincent	2 Wettkämpfer/Mönchseifer
f	St-André	3 Imker?/Elemente
g	St-Clément	4 Tugenden
h	St-Jacques-le-Majeur	5 Jahreszeiten, Tugenden
i	St-Denis	6 Paradies
j	St-Léger	7 u. 8 Kirchentöne
k	St-Eutrope	9 Sündenfall
		10 Abrahams Opfer

Cluny. Ehem. Klosterkirche Cluny III
Rekonstruierter Grundriß der Apsis (nach K. J. Conant)

Chorpfeilern auf der O-Seite eingebunden sind. Ihre Kapitelle haben »*Sündenfall*« und »*Abrahams Opfer*« zum Thema. Nach mittelalterl. Typologie müßte als Entsprechung ein neutestamentliches Ereignis erwartet werden (etwa die Kreuzigung), das aber fehlt. Sollte dieses Ereignis vielleicht das Wirken der Kirche in ihrer Gesamtheit sein, dargestellt in den Themen der übrigen Kapitelle? Auf einem ist nämlich das durch den Sündenfall verlorene, mit den Gnadenmitteln der Kirche wiederzugewinnende Paradies mit seinen 4 Flüssen und Bäumen dargestellt. Wiedergegeben sind weiterhin die theologischen und die Kardinaltugenden – möglicherweise in Konkordanz mit den ebenfalls dargestellten Jahreszeiten und den Elementen. Den 8 Tönen des Gregorianischen Kirchengesangs sind sogar 2 Kapitelle gewidmet – in Cluny, wo der Gesang bei der Liturgie eine so große Rolle spielte, kaum überraschend (in Vézelay und Autun ist es nur je 1 Kapitell); diese Allegorien beziehen sich übrigens nicht auf unsere Tonarten, Tonleitern oder gar Liedweisen, sie sind mehr als Personifikationen von Begriffen zu verstehen.

Vielleicht verhilft die 8-Zahl der Säulen und Kapitelle zu einer noch anders ausgelegten *typologischen Deutung*. Bei einer überzeugenderen Organisation des (Conantschen) Grundrisses wären nämlich 10 Säulen angemessener gewesen. Doch Christus erstand am 8. Tage nach dem jüdischen Sabbat vom Tode und erschien auch seinen Jüngern 8 Tage später. 8 Tage nach der Geburt mußte er nach dem Gesetz beschnitten werden. Deshalb galt die 8-Zahl im Mittelalter als Vorausdeutung auf die Auferstehung. Im selben Sinne wurde der Titel des 6. Psalms (Psalm Davids, »zu singen auf 8 Saiten«) gedeutet, der ebenfalls die Acht nennt. Weiterhin steht die Taufe für das Wasser der Sintflut, weil in dieser 8 Seelen gerettet wurden. Als signifikante Zahl für die Auferstehung und »Zeit der Gnade« nennt H. Meyer die 8 Seligpreisungen (Matth. 5,3–10) und die von Petrus aufgezählten 8 Tugenden (2. Petr.-Brief 1,5–7). Die 8-Zahl bestimmt auch Kronen und Leuchter, ebenso das Aachener Münster. »Überall, wo Vollkommenheit angestrebt und universaler Anspruch erhoben wird, liegt die Acht nahe« (G. Bandmann). Könnte in der Acht nicht der vermißte neutestamentliche Antitypus (s. o.) zu »Sündenfall« und »Abrahams Opfer« verborgen sein? Diese beiden Kapitelle gehören keineswegs selbstverständlich dazu; künstlerisch fallen sie im Vergleich mit den übrigen Chorkapitellen völlig ab. Ein Zusammenhang mit jenen ist deshalb weder inhaltlich noch gestalterisch gegeben. Sie bleiben hier unberücksichtigt.

Die Chorkapitelle haben alle korinthische Form. Dabei treten die Blätter stärker hervor, wenn sich die sinngebenden Figuren auf die

Ecken (unter den Voluten) beschränken; erscheinen diese jedoch als Medaillons, bleibt für die Blätter weniger Platz.

Das *1. Kapitell* (im nördl. Halbrund) ist ohne Figur; es kommt in der Formprägung einem gallo-römischen erstaunlich nahe.

2. An den Ecken Wettkampffiguren: ein Ringer und ein Diskuswerfer sind erkennbar; die anderen mögen Lesende sein: sinnbildlich vermutlich der *Eifer der Mönche* in ihren religiös-geistlichen Bemühungen um den höchsten Grad der Vollkommenheit.

3. Die einzige erhaltene Figur taucht eine Hand in einen Korb und wird oft als Imker beim Honigsammeln angesprochen und als Element »Erde« gedeutet. Vielleicht stellten die verlorenen Figuren entsprechende Tätigkeiten für die anderen Elemente dar; das ergäbe dann die *4 Elemente*.

4. Die *»Göttlichen«* oder *»Theologischen Tugenden«*: Die »Liebe« spendet Almosen aus einem Kästchen; der »Glaube«, im Begriff hinzuknien, empfängt eine Hostie; die »Hoffnung« trägt einen blühenden Stab und legt die Hand aufs Herz. Die verlorene Gestalt verkörperte wohl die »Gerechtigkeit« und hielt also eine Waage, war vielleicht aber die »Humilitas«. (6eckige Rahmen enthielten erklärende Inschriften.)

5. Jahreszeiten in ovalen Medaillons: der »Frühling« in schwingendem Gewand und als geschmeidige Gestalt; der »Sommer« hielt vermutlich eine Korngarbe. Auf demselben Kapitell auch weitere *Tugenden* – ob in Entsprechung zu Frühling und Sommer? Eine Frau mit Rute (das zu strafende Kind ist nur noch mit einem Fuß vorhanden) ist vielleicht »Prudentia« als Erzieherin. Im Kettenhemd geriert sich ein Streiter für eine weitere Tugend.

6. Das *»Paradies«* mit seinen 4 Flüssen, in Einklang gebracht mit den 4 Kardinaltugenden, den 4 Evangelien und dem Taufwasser als Symbolen der lebenspendenden christlichen Heilswahrheit. Als Symbol des Lebens gelten ebenso die 4 Paradiesbäume.

7. und 8. Die 8 *»Töne«* oder *»modi«* der Kirchentonarten, jeder durch eine Gestalt symbolisiert, die die Umschriften erläutern. Der 1. Ton ist ein sitzender Jüngling mit einer Art Laute; der 2. eine Tänzerin in anmutiger Bewegung mit lang fließendem Gewand, in den Händen vermutlich Zimbeln (kleine Glöckchen); die 2 als erste teilbare Zahl galt als schwach und daher weiblich, ganz im Sinne des Pythagoras, der ungerade Zahlen als männlich, gerade als weiblich bezeichnete. Der 3. Ton zupft über seine Harfe gebeugt die Saiten (David?); Bild und Inschrift enthalten Hinweise auf den Kreuzestod Christi und die Auferstehung 3 Tage danach. Der 4. Ton trägt stehend wie eine Last an einem Querholz befestigte Glocken, aus

Der 3. und der 4. Ton der Kirchentonarten
Kapitell aus der ehem. Klosterkirche Cluny III
(Cluny. Musée du Farinier)

Trauer wehklagend. – Das 2. Töne-Kapitell ist in den Figuren arg
zerstört, alle sind jedoch nach den Inschriften zu benennen: Der
Mensch schlechthin nach Adams Fall ist der 5. Ton; der 6. symboli-
sierte nach der Zahl die Trinität sowie die 3 Theologischen Tugenden (Liebe, Glaube, Hoffnung, vgl. a. 4. Kapitell); der 7. enthält
den Hinweis auf die 7 Gaben des Hl. Geistes oder auf die Weltschöpfung in 7 Tagen; der 8. Ton feiert die Heiligkeit der Seligen
und schließt mit der Aussicht auf ewiges Leben an den 1. Ton der 8
Modi wieder an. – Die Kirchentöne sind Dur und Moll vergleichbare
»Tongeschlechter«; sie sind transponierbar, d. h. können von jedem
Ton aus aufgebaut werden. Ihr Charakter ist nicht nur durch die
Stufenfolge geprägt, sondern durch Momente der 1stimmigen Melo-
dik des Chorals (U. Michels).
Die Chorkapitelle fanden inhaltlich ihre Ergänzung in der *Malerei*
der Hauptapsis. Thema war der vor Goldgrund in der Mandorla
thronende Christus, umgeben von den Evangelistensymbolen.
Nicht nur der Goldgrund deutet auf Anregung durch byzantinische
Goldmosaiken, sondern auch das Thema wurde durch Byzanz vermittelt; der auf dem Kaiserstuhl Thronende verkörperte den »Men-
schensohn auf dem Stuhl seiner Herrlichkeit« (Matth. 19,28). Nicht

also die »Majestas Domini«, in der sich Elemente der Visionen des
Ezechiel und des Jesaia mit der apokalyptischen Thronvision des
Johannes verbinden (in Byzanz lehnte man, nach P. Bloch, die
Johannes-Apokalypse ab und damit auch die Majestas Domini).
(Ob allerdings die Apsis-Malereien im Cluny-Priorat Berzé-la-Ville
von denselben Künstlern ausgeführt wurden, wie oft behauptet
wird, ist sehr die Frage.)
Weitere Malereien gab es im Refektorium von Cluny, und zwar
Szenen des Alten und Neuen Testaments in typologischem Bezug,
außerdem ein Jüngstes Gericht sowie die Klostergründer, dazu vielleicht die ersten Äbte. Formal ist über diese Malereien jedoch nichts
bekannt.

Der *südl. Querarm* blieb vom Abbruch verschont; er steht
noch mit dem 8seitigen Turmaufbau (*Clocher de l'Eau
bénite*, bis zur Turmspitze ca. 65 m hoch!). Abgesetzt davon
der quadratische Treppenturm (*Tour de l'Horloge*). – Im
Innern eine roman. Apsis mit Stephanus-Altar und, östlich
des überkuppelten Joches, eine ca. 1340 gotisch umgebaute
Martialis-Kapelle. Im Treppenturm Gabriel-Kapelle mit
Blendbogengliederung und beschädigter, deswegen um-
strittener Inschrift (für die Datierung wäre sie wichtig). Den
Eintretenden werfen die Steilheit des im Verhältnis kleinen
Raumes und die in schwindelnder Höhe versetzten Gewölbe
(Tonne und Kuppel ca. 36 m hoch!) über gleichsam empor-
schnellenden Vorlagen mit eingebundenen Halbsäulen
buchstäblich um (für Salet übrigens Bestätigung seines Ver-
dachts eines 1., später aufgegebenen Projekts, deshalb die
nachträgliche Verstärkung). Und in dieser Höhe wurde
gegen Ende des 11. Jh. gemauert! In den Wand-Gliede-
rungselementen herrscht der plastisch umzogene Rundbogen vor, während die tragenden Bögen – wie im Langhaus –
spitzbogig gebrochen sind. Erkannte man bereits, daß der
Spitzbogen statisch günstiger ist? Oder galt der römische
Rundbogen – da in den mehr dekorativen Partien bevorzugt
– als würdevollere Form? Die Bemühung um das antikische
Kapitell korinthischer Prägung selbst bei figürlichen Bei-
spielen scheint die zweite Vermutung zu bestätigen.
Das ebenfalls in seinem *S-Arm* erhaltene, aber weniger aus-

ladende sog. *kleine Querschiff* hatte ursprünglich auf der O-Seite nur eine Apsis, die auf Grund formaler Qualitäten (regelmäßigere Steinsetzung, Kugelfries-Kämpfer als Gesims um Fenster fortgeführt, Profilkonsolen unterm Dach) jünger ist (Salet): Beweis für Bauvorgang von W nach O, nicht, wie von Conant angenommen und sonst allgemein auch üblich, von O nach W. – Südlich anschließend die Kapelle, die Abt Jean de Bourbon (1456–81) mit polygonaler Apsis errichten ließ. Verlorene Apostelfiguren sollten im Innern auf den vorhandenen Prophetensockeln unter Flamboyant-Baldachinen stehen. Ähnlich wie in Paray-le-Monial fügt sich die spätgot. Kapellenbau nur widerwillig in die roman. Umwelt ein. (Wurden die Apostelfiguren jemals ausgeführt? Mit ihnen wäre es in der Kapelle sehr eng geworden.)

Das *W-Portal* der Kirche war – soweit die heute im Musée Ochier verwahrten Fragmente eine Rekonstruktion erlauben – ein Stufenportal mit eingestellten Säulen und christologischem Skulpturenprogramm.

Dargestellt waren vermutlich auf dem Türsturz (ca. 7,67 m) Ereignisse nach der Auferstehung, im Tympanon (5,60 : 3,25 m) der thronende Christus in von Engeln gehaltener Mandorla, oben und unten die Evangelistensymbole und 2 große Seraphim. Möglicherweise gehörten einige Fundstücke mit Rosetten an einem Mäander, der im Wechsel mit Köpfen (Propheten? Apostel? 24 Älteste?) besetzt war, zu einer der Archivolten. Das Fragment einer eindrucksvollen, fast lebensgroßen Petrus-Figur mit Schlüssel (heute in Rhode Island, USA) gehörte zu 2mal 2 Figuren an der rechtwinkligen Einfassung des Portals über der Rundung; sie zeigt dieselbe Formqualität wie die übrigen Skulpturen. Weitere Details, v. a. kannelierte Pilaster, bringen – wie im Innern – immer wieder antikisierende Elemente ins Spiel.

»Himmelfahrt« heißt immer auch Wiederkunft zum Gericht. In Autun ist an derselben Stelle das Gericht selbst dargestellt, in Vézelay das »Lehret alle Völker«; in Cluny ist es die darin beschlossene »Botschaft der Hoffnung«, d. h. die hoffnungsfrohe Überzeugung von einem erdenweiten Humanismus. Es spricht für die gestalterische Phantasie Clunys (Autun und Vézelay standen unter seinem unmittelbaren Einfluß), daß derselbe biblische Vorgang auf so unterschiedliche Weise dargestellt werden konnte. Zeitlich dürfte das W-Portal im Anschluß an die Chorkapitelle gearbeitet worden sein: um 1115 ff.

Zwischen den einst etwa 47 m hohen quadratischen Türmen schmückte ein Rundfenster mit 10 m Durchmesser die *Narthex*-Front (ca. 1220).

Fragmente und Zeichnungen lassen ein *Figurenportal* vermuten: Stephanus und Johannes Ev. im Gewände, Petrus am Mittelpfosten, Maria zwischen 2 Engeln über dem Sturz auf Konsolen. An den Türen sollen ca. 30 Relieffiguren angebracht gewesen sein.

Vom Narthex-Portal führten *Stufen*, in Absätzen die Höhe überwindend, zum Klosterportal hinauf. Auf einem Absatz stand eine große Kreuzigungsgruppe des 15. Jh. (spurlos verschwunden). Von hier aus hatte man zweifellos ein eindrucksvolles Bild von den gewaltigen Dimensionen der Gesamtanlage, die künstlerisch durch Gliederung der inkommensurablen Baumassen bewältigt wurden. Cluny III dürfte mit seinen 7 Türmen unterschiedlicher Stärke und Gestalt einer kleinen Stadt geglichen haben.

Das monumentale, 2torige, kaum beschädigte **Klosterportal** war eine Art »Ehrentor«: wurde es deswegen den römischen Monumentaltoren in Autun (s. d.) nachgebaut? Denkbar wäre es. Palmetten, Eierstab, korinthische Kapitelle und kannelierte Säulen bezeugen seinen auszeichnenden Charakter als Ehrentor, wenn auch in solid trockener Bauweise und mit großen Quadern ausgeführt. Durch das eine Tor schritt man auf die Kirche zu, das andere diente als Eingang in den Abtspalast.

Musée Ochier. Das ehem. **Logis des Abtes Jean de Bourbon** von ca. 1460 wurde von der Familie Ochier für museale Zwecke gestiftet. – Hier v. a. die Fragmente des W-Portals von Cluny III (vgl. S. 213).

Benachbart, im einstigen **Abtspalais des Jacques d'Amboise** von ca. 1500, das **Rathaus**.

● **»Fassade des Papstes Gelasius II.«.** Die irreführende Bezeichnung bezieht sich auf den Papst, der nach seiner

Flucht aus Rom, wo man ihm nachstellte, 1119 in Cluny
Zuflucht fand und im Gästehaus residierte, dem Vorgängerbau des jetzigen Empfangsgebäudes, dessen got. Fassade
bald nach 1300 entstand. Der got., mehrmals modifizierte
Bau erhielt, nach Abräumen aller späteren Zutaten, 1873
seine jetzige Gestalt. (Heute beginnt hier die Klosterführung.)

Dem **Kreuzgang** des 18. Jh. war ein vom (später abgewähl-
ten) Abt Ponce de Melgueil um 1115 errichteter vorausgegangen, der schon den Kreuzgang Odilos (Cluny II) ersetzt
hatte (einige Kapitelle im Musée Farinier). Der stehende
Kreuzgang zeigt nüchtern-sachliche Rundpfeilerarkaden.

Klostergebäude. Großprior Dom Dathoze unternahm
gegen Mitte 18. Jh. einen Neubau der Klosteranlage an der
alten Stelle, mit der *Hauptfront* zum Garten. Er verleugnet
den frühen Klassizismus in den Formen ebensowenig wie
der französische Schloßbau des 18. Jh.: Der giebelbekrönte
Mittelteil tritt als Risalit leicht vor; in der »Beletage« ein
geschmiedeter Balkon. Das Einerlei der geraden Fenster –
im Risalit sind sie halbrund –, hinter denen die Mönchszel-
len lagen, verstärkt noch die Monotonie. – Heute ist hier
eine **École nationale d'Arts et Métiers** untergebracht,
außerdem seit dem 19. Jh. ein **Gestüt**.

Eine riesige *Linde* (Umfang ca. 7 m) am Ende der Gartenallee erinnert an den unglücklichen scholastischen Philosophen, Theologen
und Dichter Abaelard (1079–1142), der sie gepflanzt haben soll.
Seine Liebe zu Heloïse, ebenso seine Ansätze zu einer kritischen
Erkenntnislehre brachten ihm Verfolgung und schwere Strafen ein.
Den auf Konzilen (1121 und 1141) Verurteilten nahm Petrus Venerabilis in Cluny auf.

Le Farinier, der Kornspeicher, ist ein 2geschossiger Bau   ●
(2. Hälfte 13. Jh.) in robuster Gotik. Das 2schiffige Untergeschoß war Keller, wo die Kornmühle stand. Der mit Holztonne (hervorragende Zimmermannsarbeit) gedeckte Speicher (auf Verteidigung eingerichtet) ist seit 1949 **Museum**.

Es dient vornehmlich einer anschaulichen Aufstellung der *Chorkapitelle* von Cluny III (vgl. S. 207). Außer diesen ist eine roman., mit

Bögen randverzierte marmorne *Altartischplatte* vorhanden, möglicherweise der 1095 von Urban II. geweihte Hauptaltar (Gegen-
stück zum berühmten, 1096 geweihten Tischaltar des B. Gilduin in
St-Sernin in Toulouse). – 2 große *Modelle* mit allen skulpturalen
Details der Klosterkirche ergänzen die Besichtigung; an dem einen
ist auch die Michaelskapelle zu sehen, die in der W-Mauer der Kirche saß, aber nur von der Empore der Vorhalle zu betreten war. Ins
Mittelschiff kragte sie hinein (wie noch heute in Vézelay und Semur-
en-Brionnais). – Weiterhin gibt es hier eine große, aus weißem Marmor gefertigte (vielleicht noch antike) Urne, angeblich für das Herz
des Abtes Hugo. Außerdem ein auffallendes, mit Vogelgetier
besetztes Pilasterkapitell sowie ein roman. Sarkophagdeckel. – Im
unteren Raum eine Reihe von zumeist roman. und frühroman. und
sogar vorroman., aber auch got. Plastikfragmenten, teils von Kirchen, teils von Zivilgebäuden der Stadt.

Das mittelalterl. Kloster umzog eine mit Türmen und Toren
bewehrte **Mauer**: auch ein Kloster, selbst eines, das die
»Treuga Dei« (Gottesfriede) durchzusetzen sich zur Aufgabe erkoren hatte (s. S. 196), mußte sich vor räuberischem
Überfall und selbst längerer Belagerung schützen (so z. B.
1166 vor dem Grafen von Chalon), so daß Klöster bisweilen
wie Trutzburgen aussehen konnten. In Cluny gab es nicht
nur »militärisch« geschützte Mauern, sondern auch zinnen-
bewehrte, bis zu 50 m hohe, mit allen Schikanen der Verteidigung ausgerüstete runde und viereckige Türme: **Mühlenturm** (beim Kornspeicher), **Rundturm**, **Käseturm**, **Turm
Fabri** haben sich erhalten; einige reichen ins 12. Jh. zurück.
Militärischen Aspekt verrät noch die **Porte Ste-Odile** (im
SW).

Erwähnung verdienen auch mehrere alte **Häuser** und **Pa-
lais**, insonderheit aus roman. Zeit, u. a. in der Rue de la
République, eines mit einer besonders reich skulptierten
Fensterreihe in der Straßenfront.

● **Notre-Dame**
Die an einem Platz inmitten alter Häuser gelegene langgestreckte, auffallend schmale Marienkirche aus der 2.
Hälfte des 13. Jh. gehört zu den wenigen got. Kirchen des
südl. Burgund und ist in ihrer konsequent got. Struktur die

Cluny. Notre-Dame. Inneres. Langhaus gegen den Chor

schönste. Das Ä u ß e r e hat allerdings durch Abbruch der
vermutlich 2geschossigen W-Vorhalle (vor der Revolution!) und gleichzeitige Vernichtung der Portalskulpturen
empfindliche Verluste erlitten.

Bis auf die mit Blättern gefüllten Archivolten und die schönen Konsolfiguren Moses' und Aarons (unter dem Tympanonsturz) ist fast
nichts an Skulpturen erhalten geblieben. (Moses gilt als Stifter der
Jahwe-Religion; Aaron, sein älterer Bruder, der am Sinai während
Moses' Abwesenheit das »Goldene Kalb« fertigte, war der erste
Hohepriester; beide haben heilsgeschichtlich-ikonographische Bedeutung.)

An den O-Jochen weitere got. Portale, die innen einen
roman. Aspekt bewahrt haben (Reste des von Abt Hugo
gegründeten, durch Brand zerstörten Vorgängerbaus?).
Bemerkenswert einige Köpfe, die als Konsolen unter Säulen
im Vierungsbereich dienten (wie in Notre-Dame in Dijon
und Semur-en-Auxois). Der kurze, aber mit steilem Dach
und Laterne ausgestattete Vierungsturm sieht mehr nach
einem Uhrturm aus, der er de facto auch geworden ist.

Das I n n e r e wirkt v. a. durch seine überschaubaren Proportionen und Abmessungen: ein Schiff von 7 basilikalen
Jochen und ein Chor, der viel niedriger, aber länger als
gewöhnlich ist. Das nicht ausladende Querschiff ist tiefer als
die Schiffsjoche; über dem westl. Vierungsbogen 2 ins Freie
gehende Fenster. – Der *Wandaufbau* ist 2zonig, die breit
gedehnten Arkaden sind spitzbogig; die sehr schmalen Seitenschiffe haben verhältnismäßig kleine Fenster.

In der klassischen Gotik hatte sich der 3zonige Wandaufbau mit der
»optischen Dunkelzone« (H. Jantzen) im Triforium als wirksames
horizontales Band durchgesetzt; ein 4zoniger mit Empore und Laufgang zwischen unteren Arkaden und oberen Fenstern war voraufge-
gangen. Nachdem die Triforien nach draußen ebenfalls durchfenstert wurden – innen blieben die Säulenbogenstellungen erhalten –
zeichnete sich im nur 2zonigen Wandaufbau eine neue Gliederungsweise ab: Fenster- und Triforienzone über den Arkaden werden
zusammen gesehen (eine ganze Reihe von Kirchen unseres Bereichs
verfuhren so: Villeneuve-sur-Yonne, Rougemont, Saint-Père-sous-
Vézelay, und zwar mit den Fenstern vorgelegtem Laufgang; ohne
Laufgang blieben Saint-Bris-le-Vineux, Aignay-le-Duc, Flavigny-

sur-Ozerain, Saint-Seine-l'Abbaye, Saint-Seine-sur-Vingeanne, Nuits-Saint-Georges, Chagny; andere Kirchen blieben 3zonig).

Zurück zu Notre-Dame in Cluny: Robuste Rundpfeiler mit eingebundenen ¾-Säulen gliedern das *Langhaus*; sie tragen kurze Kapitelle mit dicken Knospen und breit überstehenden Deckplatten, die keine durchgehenden Formen zulassen. Auf ihnen setzen die profilreichen Arkaden und je 3 Halbsäulen auf, welche die Hochwände jochweise gliedern und die Gurtrippen aufnehmen; nur die mittlere Halbsäule wird *nicht* von dem Horizontalgesims überschnitten (über die statische Sicherung mittels vorgeschuhter Deckplatten s. Dijon, Notre-Dame). Vor den Fenstern also ein schmaler »burgundischer Laufgang«, der hinter den hier freistehenden Wandvorlagen verläuft; außen wird er durch Strebebögen gegen den Gewölbeschub gesichert. Über der *Vierung* eine Rippenkuppel, die auf Masken aufsetzt. Die farbig figurierten Gewölbeschlußsteine und ebenso die kräftigen Rippen setzen plastische Akzente. Neben den je 2 hohen, schmalen Mittelschiff-Fenstern – ein Rundfenster in den Schildbögen macht sie zu maßwerklosen Gruppenfenstern – viel stehengebliebene Wand. Den niedrigeren *Chor* beleuchten 3 hohe Apsisfenster (das Chorjoch bleibt fensterlos), welche die Mittelachse des schmalen Schiffes bewußt halten.

Zu erwähnen ist das Chorgestühl des 17. Jh.

St-Marcel. Von der roman. Marzelluskirche (urkundliche Erwähnung um 1159) innerhalb der einstigen äußeren Klostermauern ist nur der 8seitige *Turm* mit anschließendem *Chor* erhalten (das flachgedeckte Langhaus ist baugeschichtlich uninteressant) Außen erhebt sich das 3geschossige Turmoktogon über einem quadratischen Block, den innen Bögen und Gewölbe, außen durch Strebepfeiler verstärkte Mauern stützen. Auffällig ist die nach oben zunehmende plastische Bereicherung der Gliederungsformen. Die schlanke, aus rötlichen Ziegelsteinen gemauerte 8seitige Helmspitze stammt aus dem 15./16. Jh., ist aber erneuert. Der Turm steht über quadratischer, durch Spitzbogen abgegrenzter Vierung, die Trompen ins Achteck überführen und die eine 8seitige Kuppel überwölbt. Die Bögen der Längsrichtung sind zugleich Durchgang zu Schiff und Chor und seitlich den Außenmauern vorgeblendet. Das Chorjoch mit spitzbogiger Längstonne springt leicht ein, im Typus also den seit langem in Burgund heimischen 1schiffigen Kirchen folgend.

Die Chorfenster stammen von 1953. Beachtenswert ein *Weihwasser-gefäß* (Taufbrunnen?) aus einer Säulentrommel mit 4 eingebundenen Halbsäulen (nachträglich mit Köpfen versehen und durch got. Blattwerk verbunden), 13. Jh.

COMMARIN (Côte-d'Or E5)

Schloß. Eine Ende des 12. Jh. erwähnte **Burg** war im Laufe des 15. Jh. zu einer vieltürmigen Wohnburg mit Doppelgräben ausgebaut worden. Von den Türmen sind nur 2 stämmige *Rundtürme* erhalten, die den Eingang zum Ehrenhof des jüngeren Schlosses flankieren; im linken, mit Laterne auf dem Kegeldach, die got. *Kapelle*. – Seit ca. 1620 entstand das heutige **Schloß**. Ältester Teil ist der linke Flügel. Corps de logis und rechter Flügel kamen erst an der Wende des 17./18. Jh. hinzu, damit einen Ehrenhof bildend, wie es höfischen Vorstellungen entsprach. Damals wurde der Schloß- und Wirtschaftshof trennende Graben zugeschüttet. Um die Mitte des 18. Jh. erhielt die Innenausstattung ein neues Gepräge.

Den vorgelagerten Wirtschaftshof begrenzen vorn quadratische **Turmblöcke** (an einem noch Mauerschlitze für eine Zugbrücke). Schon von weither sieht man in den Ehrenhof hinein und hat in der Tiefe die *Fassade* des **Hauptbaus** im Blick, dessen 3 Achsen breiter Mittelrisalit ein Segmentbogen zusammenfaßt. Der Hervorhebung dient auch der nur hier vorhandene schmiedeeiserne Balkon: zweifellos für den »langen« Blick angelegt, denn die gleichmäßig gereihten Rechteckfenster sind in beiden Geschossen geradezu schlicht. Merkwürdigerweise fehlen Säulen und

Pilaster als Gliederungselemente völlig. Man vermißt auch eine plastische Belebung der Fassade; die flach abgetreppten Rahmenformen bringen (im Licht) nur ein Minimum an Schattenlinien. Die Voluten der Dacherker und das Trophäenrelief des Segmentgiebels vermögen die ganz auf Linie abgestimmten, aber ausgewogen proportionierten Formen nicht zu bewegen. – Die G a r t e n f r o n t ist um die Eckrisalite mit Giebelbedachung breiter, sie weist auch mehr plastisch wirksame Formen auf: mit Lagerfugen eingefaßte Risalite, Rund- und Rundbogenfenster in den Dacherkern, Vasen und die kleine, halbrunde Terrasse, die zur (im 19. Jh. erneuerten) *Grabenbrücke* überleitet.

Interessanteste Stücke der A u s s t a t t u n g des Innern sind neben z. T. sehr wertvollen alten *Möbeln* 4 große *Wandteppiche* mit Wappen und Wappensprüchen, die 1478 und 1500 anläßlich von Hochzeiten entstanden.

CORMATIN (Saône-et-Loire E8)

Schloß. Das im frühen 17. Jh. erbaute Schloß liegt auf einer Grosne-Insel und entsprach mit 3 um einen Ehrenhof gruppierten Flügeln allen Ansprüchen an Repräsentation. Ein Flügel ging später verloren. Nach dem Erhaltenen läßt sich ein großer, nur auf einer Hofseite offener quadratischer Komplex rekonstruieren, dem kleinere Eckpavillons mit eigenen Walmdächern einen fast wehrhaften Aspekt geben, gefördert durch die Buckelquader des geböschten Sockelgeschosses und die Hausteinverstärkung an allen Kanten sowie die den Eckpavillons aufgesetzten runden Wachttürme. Doch das ist alles nur Dekor. Gegen eine mögliche Verteidigungsanlage sprechen die großen, unterteilten Fenster in den Hauptgeschossen. Das großenteils verputzte Mauerwerk wie der ganze architektonische Zuschnitt erinnern mehr an Schloßbauten der französischen Renaissance des 16. Jh. (etwa Ancy-le-Franc oder Tanlay, s. d.): z. B. die breiten, durchlaufenden Bänder zwischen den Geschossen, die flachbogigen Dacherker mit Seitenvoluten sowie der gedoppelte Dreiecksgiebel über dem Mittelrisalit der Gartenfront. Dazu paßt auch die schwerfällige Architektur der beiden *Portale* in den Hoffronten: im Hauptflügel eines mit dorisch aufgebauter Ädikula, im gesprengten Segmentgiebel eine Büste; das rundbogige Portal im Seitenflügel hat ionische Säulen und eine große Rahmenkartusche im gleichfalls gesprengten Giebel. – Im I n n e r n eine aus Quadern gemauerte, über starken Bögen und steigenden Tonnengewölben angelegte, von scharfkantig gemeißelten Balustern begleitete *Treppe* ohne jeden Dekor.

Die z u g ä n g l i c h e n R ä u m e haben z. T. noch alte Balkendecken und Kamine; in einigen stehen schwerfällige Möbel »Style Louis XIV«. Außerdem eine Vielzahl von *Bildern*, zumeist Porträts, die bedeutenden Meistern wie Rigaud, Nattier, Mignard, Lesueur und Velázquez zugeschrieben werden. Die angeblich von Claude Lorrain stammenden eingelassenen Bilder (Salle des Gardes) sind wohl als »in seiner Art gemalt« anzusprechen.

CRAVANT (Yonne C3)

In der kleinen Stadt stehen noch Teile der **mittelalterl. Befestigung** und einige alte **Fachwerkhäuser** sowie der **Uhrenturm** von 1387 (restauriert).

● **St-Pierre-et-St-Paul.** Die Kirche geht mit dem *Langhaus* vermutlich noch ins 13. Jh. zurück; die Seitenmauern mit spätgot. Maßwerkfenstern stammen aus dem 15., die Strebebögen aus dem 17. Jh. (Erneuerung der Gewölbe). Von dem im 16. Jh. geplanten Neubau kam nur der aufwendige *Umgangschor mit Kapellenkranz* zur Ausführung. – In der *W-Front* noch Reste der älteren Fassade; an der NW-Ecke ein Treppenturm des 15. Jh. Der den Chor auf der N-Seite flankierende mächtige, quadratische *Turm* ist im Sockelgeschoß noch mittelalterlich (Fenster); in den beiden folgenden Geschossen bekunden als klassisches Gebälk aufgemachte Gesimse bereits die Wandlung zum »Neuen«, außerdem sind sie mit ionischen und korinthischen Pilastern ausgestattet. Hinter kräftig vortretendem Kranzgesims tritt das Pyramidendach zurück. Trotz der zu Pilastern gewor-

Cravant. Kirche. Inneres

denen Strebepfeiler und friesartigen Dachgesimse sowie »gezirkelten« Maßwerkfenster mutet der *Chor* in der Gliederung des Bauvolumens noch mittelalterlich an.

Der Gegensatz Mittelalter – Renaissance bestimmt auch im
● I n n e r n das Raumbild: Das kurze *Langhaus* mit 3 niedrigen Spitzbogenarkaden, deren Pfeilern nachträglich Gewölbedienste vorgelegt wurden, wird von dem aufwendigen *Chor* mit sehr schlanken, in den Laibungen konkav geschnittenen Pfeilern auf hohen Postamenten übertönt. Die korinthisierenden Kapitelle beginnen schon zu verschnörkeln, ihre v. a. im Chorpolygon staffelartig gebildeten, hohen Kämpfer nehmen gestelzte, eng stehende und vielfältig profilierte Bögen auf. Auf der Chorseite darüber flache Pilaster mit vorgesetzten kleinen Baldachingehäuschen für Apostelfiguren. Hinter dem zusammenfassenden Abschlußgesims noch ein Umgang. Die um Längs- und Querstege vermehrten Gewölberippen sind scharf profiliert und wirken, obwohl Steingewölbe, wie mit dem Messer geschnitten. Dazu passen die reich verzierten hängenden *Schlußsteine*; in der vom Umgang belichteten Apsis ist einer mit einer Madonna skulptiert. Verwirrend wirkt das Raumbild in der Gewölbezone des sehr viel engeren *Umgangs*, in dem die Rippenprofile der einheitlichen Sterngewölbe wie gehäuft wirken. Die *Umgangskapellen* sind mit kurzen Quertonnen gewölbt, die, jede anders, mit Kassettenmotiven ornamentiert wurden. Trotz der »Renaissance« bleibt im Raumgefüge der Eindruck eines got. Chores erhalten, der bei der Höhe der schlanken Stützen hallenartig offen wirkt (vgl. Ligny-le-Châtel).

Von den *Bildfenstern* des 16. Jh. sind nur noch vereinzelte Scheiben alt, so v. a. im sog. *Immaculata-Fenster.*

CRÊCHES-sur-Saône (Saône-et-Loire F9)

Im Umkreis des Dorfes, ca. 9 km südlich von Mâcon, stehen 3 Schlösser, von verschiedenen Besitzerfamilien zu unterschiedlichen Zeiten gebaut.

Schloß Chaintré

*Der von Mauern mit flankierenden Türmen umgrenzte Vorhof mit
seinen Bauten und die auf unterschiedlich hohen Terrassen angeleg-
ten Gärten entstanden vor 1661; erst 1746 kam der N-Flügel hinzu, die
O-Fassade wurde umgewandelt, und an der W-Ecke des Hauptbaus
hat man Treppe und Galerien angelegt. Von der Revolution blieb das
Schloß auch nicht unberührt. Seit 1868 gehörte es wieder privaten
Besitzern, welche die Außenmauern restaurierten (Fenster) und die
Platanenallee anlegten, das Innere jedoch entscheidend veränderten.*

Den *Hofeingang* flankieren schlanke *Rundtürme*; danach
kommt erst der **Torturm**. Das 3geschossige **Corps de logis**
mit ausgebautem Dachgeschoß ist mit einem quadratischen
Turm verbunden.

Ein prachtvoller **Garten** mit Skulpturen (angeblich von J.-B. Carpeaux [1827–75]) mündet in einen **englischen Park**.

Schloß Estours

*Das Schloß ist älter. Nach Beschreibung von 1588 war die ummau-
erte, von Wassergräben umzogene Festung groß genug und so ausrei-
chend mit Soldaten belegt, daß die Bevölkerung mit Vieh hier Schutz
fand. Der Umfang ist noch festzustellen. Aufrecht steht nur noch der
mittelalterl. Turm. Im 15. Jh. hat die Festung bei Auseinandersetzungen mit Mâcon stark gelitten, ebenso bei der Besetzung Burgunds
durch spanische Truppen (1635). 1725 begann der Aufbau als Wohnschloß (Fenster vergrößert und N-Flügel modernisiert, S-Flügel um
1870/71 abgebrochen). Man versucht heute, das noch Vorhandene zu
restaurieren.*

Der dicke Rundturm gilt als urspr. **Donjon**; er ist erst im
Obergeschoß betretbar. Innerhalb seiner starken Mauern
befinden sich *Sakristei* und mit Rippen gewölbte *Kapelle*;
die Rippen sitzen auf figürlich skulptierten Kapitellen.

Schloß Thoiriat

*Ein befestigtes mittelalterl. Haus wurde 1794 abgebrochen. Das neue
Schloß entstand zwischen 1779 und 1787, wurde jedoch 1794 verkauft
– hat aber kaum Schaden genommen.*

Der kleine Rechteckbau – mehr Manoir als Schloß – besitzt
auf beiden Seiten nur kurze Flügel, die einen Hof andeuten
und Fassadeneindruck ergeben. Der klassizistische Charakter des anspruchslosen Baues wird durch Horizontalbänder
zwischen den Geschossen unterstrichen.

LE CREUSOT (Saône-et-Loire E7)

Château de la Verrerie (Glashütte)

Die Kristall-Manufaktur wurde 1784 von Sèvres nach Le Creusot verlagert, weil hier die Steinkohle (zur Erzielung höherer Temperaturen) billiger war. Die Werkstätten entstanden 1784–88 und haben, z. T. mit Heimarbeitern, bis zu ihrem Verkauf 1833 produziert. 1837 erwarben die Brüder Schneider die Anlagen, die sie seit 1847 als Wohnsitz ausbauen ließen. Dank der in der Umgebung abgebauten Steinkohle und Erze hat sich hier eines der bedeutendsten metallurgischen Zentren Europas – für Gießereiprodukte und Waffenfabrikation – entwickelt (gegr. 1836 als »Société Schneider-Frères et Cie«).

Den schloßähnlichen Charakter bekam die Anlage erst im frühen 20. Jh. Einzig die den Eingang flankierenden hohen *konischen Türme*, die ehem. Schmelztiegel und Brennöfen, erinnern noch an die urspr. Zweckbestimmung. (**Ecomusée** de la Communauté Le Creusot-Montceau-les-Mines.)

CRUZY-le-Châtel (Yonne D3)

● **Schloß Maulnes.** Das zur Domäne Cruzy gehörende Schloß steht vom Dorf isoliert auf dem Plateau einer Waldlichtung. Leider blieb nur das aus den 60er Jahren des 16. Jh. stammende **Corps de logis** erhalten, das nach moderner Restaurierung den urspr. Zustand weitgehend wiedergibt: ein abweisend strenges, gleichmäßig 5seitiges Bauwerk, dessen Ecken ebenfalls 5seitige turm- oder pfeilerartige Pavillons bilden, die mit 2 Seiten leicht vortreten. Nur an einem dieser Eckpfeiler ist noch das bekrönende Giebeldreieck erhalten – charakteristisches Zeichen der Bauzeit. Die Eckpavillons haben lediglich auf der Eingangs- und Gartenseite Fenster, während die Schloßmauern auf allen Seiten Fenster aufweisen. Doch selbst die vielen Öffnungen vermögen die stämmige Stereometrie dieser Architektur nicht aufzulockern, deren Geschlossenheit durch die vertikale Scharfkantigkeit der einzelnen Bauteile bestimmt ist. Die Profilgesimse bilden daneben keine wirksame horizontale Komponente. Lediglich dem kräftigen Sockelgesims kommt v. a. für den

Niveauausgleich in dem abfallenden Hang – in der Eingangsfront 3 Ebenen, auf der Gartenseite 5 – größere Bedeutung zu, vielleicht auch dem nur auf der O-Seite restaurierten Konsolgesims als Abschluß (zwischen den Konsolen skulptierte Tierköpfe). Bildbestimmend ist eben-

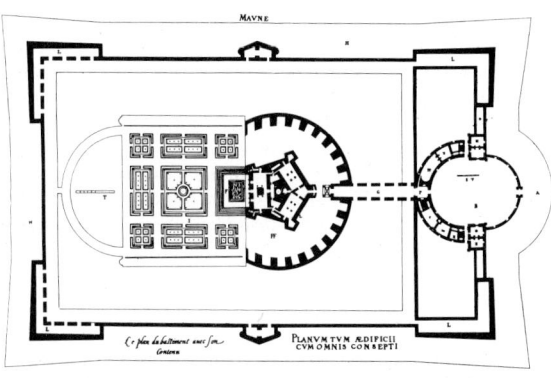

Cruzy-le-Châtel. Schloß Maulnes (Planaufnahme Ducerceaus)

so, daß die Fenster weder innerhalb der Geschosse noch in der Senkrechten eine gliedernde Reihe bilden; in den Eckpfeilern muten sie wie Schießscharten an. Das sich in die Pfeilergiebel hinein verlängernde abgeflachte Pyramidendach trug eine von Schornsteinen umstandene Laterne.
In der Mitte des Schlosses befindet sich eine als *Brunnen* gefaßte Quelle, um die sich die Spindel der *Wendeltreppe* rundet. In allen Geschossen gab es Bademöglichkeiten; auf der Gartenseite floß Wasser in ein von Stufen gesäumtes »Nymphäum«, und schließlich gab es noch einen Wassergraben mit Zugbrücke beim nördl. Eingang: so viel Wasser auf der Höhe eines Plateaus war zweifellos eine Attraktion! Neben dem Quellwasser wurde Regenwasser gesammelt, das durch ein »Opäum« in der Kuppel (unter der Laterne) in

die Leitung kam. Aber auch Licht fiel in den Brunnen-
schacht, das durch spiralförmig angebrachte Fenster die
Treppe beleuchtete.

Der *Eingang* liegt im einzigen Rechteckturm auf der N-
Seite. 6 Stufen führen aus ihm zum 1. Treppenabsatz hinauf.
Treppenhaus und Spindel sind ebenfalls 5seitig, dem Grund-
riß des ganzen Baues entsprechend.

Im 1. O b e r g e s c h o ß vor dem Hauptsaal dorische Säulen
– neben den Giebeln (s. o.) die einzigen antikischen Form-
elemente am ganzen Bau. In der N-S-Achse folgen auf das
Treppenhaus 3 parallele Rechteckräume; in den beiden
h ö h e r e n G e s c h o s s e n sind sie zu Säulen vereinigt, mit
Fenstern nur auf den Garten. Schmale Korridore verbinden
diese Räume mit Nebentreppen in den anderen Pfeiler-
türmen. Der komplizierte Grundriß bedingte natürlich
Resträume verschiedenen Zuschnitts. Über ihre Verwendung ist nichts bekannt; man nahm sie offenbar der Einheitlichkeit wegen in Kauf.

Die um 2 Ebenen höhere G a r t e n f r o n t besitzt mehr und
größere Fenster. Das in Quadern sorgfältig aufgeführte
Sockelgeschoß weist eine breite, von Nischen und Seitenportalen flankierte flachbogige Öffnung zwischen innerem
und äußerem **Nymphäum** auf. Mittel- und Seitenportale
sind mit glatten und rustizierten Quadern eingefaßt und
haben dadurch Reliefcharakter. Der plastischen Heraushebung der Nymphäumswand entspricht der Farbwechsel im
Stein: als Ganzes setzt sie sich mit rötlichem Stein gegen den
hellen Stein des Schlosses ab; im Innern ist das Nymphäum
ockerfarben, am Gewölbe im Wechsel mit hellen Steinen.

Das intellektuelle Spiel mit geometrischen Formen in symmetri-
scher Anordnung hat den Bauherrn (A. de Crussol, verwandt mit
dem Bauherrn von Ancy-le-Franc, s. d.) und den (unbekannten)
Architekten künstlerisch offensichtlich mehr beschäftigt als Säulenordnungen u. a. Gliederungselemente der Renaissance. Das Schloß
gleicht mehr dem Donjon einer mittelalterl. Festung als einem Jagdschloß oder Lusthaus der adligen Gesellschaft des 16. Jh., und die
architektonischen Detailformen wirken auch mehr wie mit Lineal
und Zirkel als mit dem Zeichenstift entworfen. J. Ducerceau

(1510–84), Architekt und Kupferstecher, hat Pläne und Beschreibungen von Maulnes in sein berühmtes Stichwerk »Les plus excellents bâtiments de France« (1576–79) aufgenommen; sie stimmen mit dem Erhaltenen weitgehend überein. Das dürfte auch für die verlorenen Teile gelten.

Das *Corps de logis* stand in einem von *Wehrmauern* umzogenen Rechteckareal. Im N lagen im Halbrund die *Ökonomiegebäude*, die eine gleichfalls runde äußere Zugangsmauer zu einem Kreis schloß. Den Scheitelbau verband eine ca. 45 m lange *Bogengalerie* mit dem Rechteckhof. Eine *Zugbrücke* über einen wiederum halbrunden Wassergraben mündete vor dem Eingang des Hauptbaus. Das auf der Gegenseite liegende, um die Stufen des *Nymphäums* angelegte und in rechteckige Rabatten unterteilte *Gartenparterre* schließt wieder mit einer Halbkreismauer.

Auch in der Gesamtanlage tritt also das spekulative Interesse für axial und symmetrisch geordnete Bau- und Raumkombinationen mit geometrischen Formen deutlich hervor – zweifellos von den in Frankreich tätigen italienischen Renaissance-Architekten angeregt und gefordert (s. dazu Ancy). Zu ihnen gehörte auch S. Serlio, seit 1542 Hofbaumeister in Fontainebleau, der in einem architekturtheoretischen Stichwerk den gleichfalls 5seitigen Grundriß des päpstlichen Sommerpalastes in Caprarola (von Peruzzi und Sangallo) veröffentlicht hatte. Er könnte die Anlage in Maulnes angeregt haben. – Nicht zu übersehen ist der *Wehrcharakter* von Schloß Maulnes, der aus der Tradition der als Castrum angelegten heimischen Châteaux forts zu verstehen ist. Auf Verteidigung zu verzichten, bestand in der Zeit der sehr heftigen Religionskriege in Frankreich selbst bei einem Jagdschloß kein Anlaß, zumal die Mutter des Bauherrn engagierte Hugenottin war; er selbst gab sich indifferent. Ducerceau erwähnt übrigens ausdrücklich den Festungscharakter des Schlosses.

CURBIGNY (Saône-et-Loire D9)

Schloß Drée. Der seit ca. 1620 entstandene Bau hat U-förmigen Grundriß. Bei einem solchen Schloß (»Louis XIV«) konzentriert sich das Interesse auf den E h r e n h o f , der in Drée mit den Dacherkern eine 3. Fensterreihe aufweist. Alle Pracht des Bauens ist auf den **Hauptbau** gelegt mit einem 3 Achsen breiten *Eingang*. Der den Hof umziehende Sockel hebt Erd- und Hauptgeschoß empor, und die Frei-

treppe gibt dieser Architektur zusätzliche Würde: Je nach
Rang empfing der Schloßherr seine Gäste am Treppenaufgang oder schon am Tor zum Ehrenhof. Unterstrichen wird
diese Würde durch die Säulen, die im Erdgeschoß einen
Portikus bilden, im oberen Geschoß die Fenstertüren des
von einer Balustrade begrenzten Balkons flankieren. Die
Säule galt als Herrschaftssymbol (sie fehlt deshalb auch auf
kaum einem Staatsporträt). Durchgehende Gesimse oder
Horizontalbänder schließen den Ehrenhof zusammen. Nur
im Portal werden sie unterbrochen oder – wie unter dem
Dach – zum Konsolgesims gesteigert. Darüber – in Entsprechung zu Treppe und Balkon – eine geschlossene
Attikamauer, bekrönt von großer, frei stehender Wappenkartusche, flankiert von gegenständigen Löwen. – Die
G a r t e n f r o n t weist zwar die klassischen Elemente eines
französischen Barockschlosses auf, ist aber einfacher, ja
trockener.

Hauptattraktion des I n n e r n ist der mit erlesenem Geschmack im
Stil des 18. Jh. ausgestattete *Weiße Salon*, in dem elegante Möbel,
v. a. Stühle und Tische, sich dem verspielten Rokoko-Dekor an
Wänden und Decke sowie Türen und Kamin anpassen. Die wenigen
Vergoldungen an den Rahmenformen der als Grisaillen gemalten
Supraporten wie am Kamin geben dem vorherrschenden Weiß
einen besonderen Glanz.

DIJON (Côte-d'Or F5)

*Vor- und frühgeschichtliche Funde bezeugen eine frühe Besiedlung
der Region, mitgefördert durch günstige Voraussetzungen für das
sich hier entwickelnde »Straßennetz« mit Anschluß nach allen Richtungen.*

*Ein römisches Militärlager hat zweifellos die zunehmende Konzen-
tration der einheimischen Bevölkerung begünstigt. Zur Gründung
einer römischen Stadt kam es offenbar nicht. Das Castrum hatte vermutlich keinen Namen. Seine mit 33 halbrund vorspringenden Türmen befestigte Mauer, deren Verlauf nur mit wenigen Resten überkommen ist, wurde erst ca. 270–275 gebaut. In ihr wiederverwendete
Steinblöcke (bei Ausgrabungen in St-Étienne entdeckt) und die vielen
römischen Grabdenkmäler u. a. Funde scheinen zu bekunden, daß*

das für die militärische Überwachung des Ouche-Tals und der Saône-Ebene gedachte Castrum durchaus städtischen Charakter gehabt haben könnte. – Gregor von Tours (6. Jh.) beschreibt die damalige Stadt aus eigener Kenntnis (sein Onkel war Bischof von Langres). Nach ihm war die ca. 1200 m lange Mauer mit 4 Haupttoren 9 m hoch und 1,50 m stark, die Türme doppelt so hoch, davor ein Graben. Im Abstand von 2 m eine zweite Mauer; der Zwischenraum mit Sand, Kalk, Ziegelschutt und zerhacktem Stroh ausgefüllt. Gregor nennt erstmals den Namen Divio, abgeleitet (angeblich) vom keltischen »di« = zwei und »dio« = Wasser. Ob damit Ouche und Suzon (kleine Flüsse in und bei Dijon) gemeint sein können, ist nicht erwiesen. Schon die gallo-römische Niederlassung scheint – das berichten die Grabmäler, auch Gregor von Tours – Handelsplatz hauptsächlich für Wein, Korn und handwerkliche Erzeugnisse gewesen zu sein.

Frühes Christentum. *Der hier verehrte Benignus, nach unhistorischer Legende Schüler des vom Apostel Johannes um 100 zum Bischof geweihten Polycarp in Smyrna, soll nach der historischen Verfolgung (177/178 in Lyon) in Burgund missioniert haben und in Dijon als Märtyrer gestorben sein. In Autun hatte er Symphorianus getauft, in Langres die dort verehrten Drillinge der Leonicla; in Saulieu missionierte sein Begleiter Andochius, in Chalon-sur-Saône Marcellus und in Tournus Valerianus. Sie gelten alle als vom hl. Irenäus, dem Nachfolger des Märtyrerbischofs Pothinus, ebenfalls eines Polycarp-Schülers, mit Missionsauftrag nach Burgund gesandt. Mit dieser Legende schließen jene christlichen Gemeinden unmittelbar an die Apostel-Tradition an, was ihnen die Legitimität der »ersten Stunde« verschaffte. – Früh konzentrierte sich in Dijon christliche Frömmigkeit in Verbindung mit Märtyrerverehrung auf dem westlich vor der Mauer gelegenen Friedhof mit Gedächtniskapellen für mehrere Heilige, wobei dem späteren Stadtpatron Benignus besondere Verehrung zuteil wurde. Das Christentum, längere Zeit neben anderen Kulten, setzte sich im 5. und 6. Jh. durch. Innerhalb der Mauern gab es – wieder nach Gregor – eine Kirche mit Baptisterium, daneben Bischofspalast und ein Haus für die Kleriker.*

Über die politische Geschichte und die wirtschaftliche Entwicklung Dijons in den folgenden Jahrhunderten ist wenig bekannt. Die fränkischen Könige, die den burgundischen nach deren Niederlage bei Autun folgten (534), nahmen als »Maîtres« das Land und Dijon als wichtigste Stadt in Besitz. 768 wird Dijon erstmals als Hauptort eines »Pagus« genannt: Indiz für die inzwischen erworbene Autorität, die später allerdings wenig kontinuierlich gewesen zu sein scheint. 737

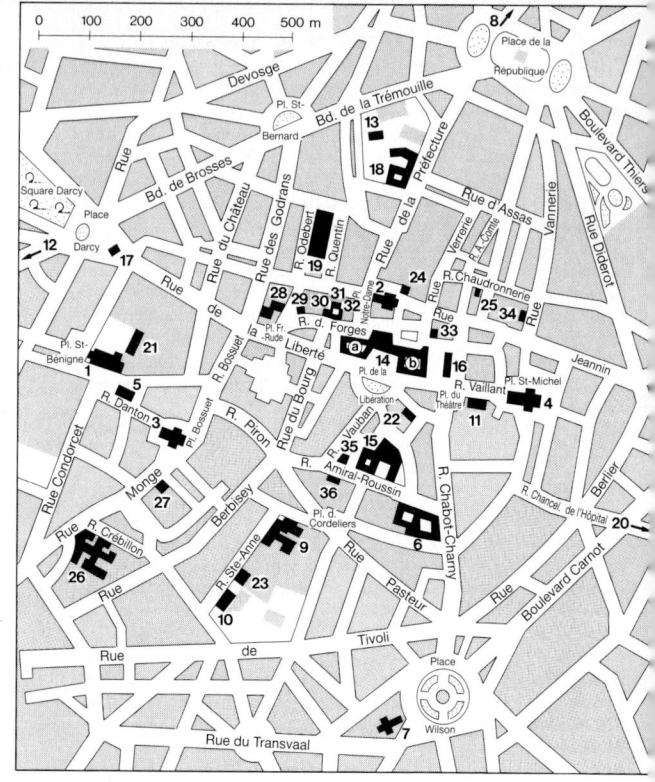

Dijon. Innenstadt-Lageplan

wurde die Stadt von Sarazenen geplündert, 888 von den Normannen.

In der Folgezeit wird die mittelalterl. Geschichte der Stadt, um deren Besitz es immer wieder Intrigen gab und öfter gekämpft wurde, verworren. (Für die Kunstgeschichte belangvolle politische Vorgänge sind bei den Kirchen und Profanbauten erwähnt.) – Die Grafschaft Dijon war im 9. Jh. mehrfach bestätigter Besitz des Bischofs von Langres, der in Dijon residierte. Bemühungen, diese Grafschaft dem

Zu nebenstehendem Plan:

Herzogtum Burgund zu unterstellen, waren erst unter dem französischen König Robert II. 1016 (nach mißglückter Belagerung 1015) mit politischen Mitteln erfolgreich (Betreiben der Wahl eines ihm genehmen Bischofs). Schon 1002 hatte Robert das freigewordene Herzogtum an sich gebracht und seinem Sohn Heinrich verliehen. Nachdem dieser selbst König (Heinrich I., 1031–60) geworden war, vergab er es seinem Bruder Robert, dem Begründer der herzoglichen Linie der Kapetinger, *die hier bis zum Aussterben 1361 regierten.*

In dieser Zeit wurde Dijon zum Zentrum der herzoglichen Regierung*: durch Konzentration der Verwaltung und Intensivierung auch der wirtschaftlichen Aktivitäten. Über die zu eng gewordenen Mauern hinaus mußten neue Wohn- und Gewerbeviertel erschlossen werden. Mitte des 11. Jh. erfolgte ein erster Mauerdurchbruch für die Vergrößerung der Kirche St-Étienne. Das muß wie ein Signal gewirkt haben. Schon bald legte sich um die römische Mauer ein ganzer Gürtel von Häusern, sich zu neuen Faubourgs mit eigenen Zentren entwickelten. Bei St-Bénigne hatte dieser Prozeß – bedingt durch das Märtyrergrab auf dem Friedhof und das bei diesem entstehende Kloster – schon früher eingesetzt. So sind die meisten Pfarrkirchen aus Friedhofskapellen hervorgegangen (z. B. St-Jean, St-Philibert, St-Michel). Bei ihnen entstanden auch die immer wichtiger werdenden*

*Märkte, deren Zeiten und Ordnung zwischen den einzelnen Gemein-
den, den rivalisierenden Klöstern und den Beauftragten des Herzogs
oft strittig waren.*

*Nach einem großen Stadtbrand (1137), bei dem die meisten Häuser
zugrunde gingen und die Kirchen stark beschädigt wurden, erstand
Dijon als* geschlossene Stadt *neu. Die Faubourgs wurden von der
jetzt weiteren Mauer umfaßt. Sie hatte einen Umfang von 2631 m, der
bis ins 19. Jh. ohne größere Erweiterungen erhalten blieb und offensichtlich auch ausreichte. Der Mauerbau zog sich allerdings bis in die
Mitte des 14. Jh. hin. Die alten Tore behielt man jedoch bei; sie waren
für den Herzog offenbar sehr einträglich (um 1170/71 verpfändete er
z. B. die Zolleinnahmen aus der zu St-Étienne gehörenden Porte des
Chanoines. Gegen die erweiterte Mauer protestierte nur der Bischof
(sie »trenne ihn von seinen Kirchen«).*

Mit der vielberufenen »Charte de Commune« *(Verfassung), die Herzog Hugo III. 1183/87 seiner Stadt gab, hat sich rechtlich für den
Bürger wenig geändert; im Grunde bestätigt sie nur die Freiheiten, die
er schon vorher hatte. Aber die Tatsache der anerkannten Zuständig-
keit für die eigenen Belange und ihre juristische Umschreibung stei-
gerte das Selbstbewußtsein der Bürgerschaft und förderte auch das
Zusammengehörigkeitsbewußtsein aller Stände mit dem Herzog. Für
den häufig in Geldnöten steckenden Hugo III. bot sie – möglicherweise der Hauptgrund für ihre Erlassung – eine Einnahmequelle: Die
Bürger hatten nämlich jährlich für die Anerkennung ihrer Rechte zu
zahlen, außerdem verpfändete der Herzog gewisse Privilegien (auch
den Kirchen) gegen feste Summen. Hugo benötigte Geld nicht zuletzt
für seine Ambitionen, sich von der Krone unabhängig zu machen und
die Vorrechte der Barone (Adelige mit Privilegien) und den ebenfalls
auf Privilegien gestützten Einfluß der Kirchen zu beseitigen. Bezeich-
nenderweise bleibt die Kodifizierung der speziellen Rechte der Bürger
und ihrer gewählten Vertreter recht allgemein, dagegen ist der Katalog
der an den Herzog zu zahlenden Strafen (für Verstöße und Versäum-
nisse) sehr ausführlich. In dieser Charta waren auch die Kriegsdienste
der Bürger festgelegt: innerhalb des Königreichs 40 Tage, im Herzogtum unbegrenzt. Über die innere Verwaltung der Stadt und ihrer
Organe steht in der Charta nichts. Die Ständeversammlung bestand
seit 1302.*

Die vier »großen Herzöge« *aus dem* Hause Valois *(1361–1477) bauten Dijon politisch, wirtschaftlich und künstlerisch zur Hauptstadt
eines fast souveränen Territorialstaates aus. Außer den Kirchen und
Teilen des Schlosses steht im Kern der Innenstadt noch eine große
Zahl historischer Häuser auch aus dieser Zeit, wenn das heutige*

*Stadtbild mit seinen Straßen und Plätzen auch erst unter den vom
König bestellten Gouverneuren seit dem 16. Jh. geprägt wurde. Karl
d. Kühne war der letzte Herzog. Nach seinem Tode 1477 behielt
König Ludwig XI. trotz des Protestes der in Dijon versammelten
Stände das Herzogtum ein, bestätigte jedoch die bisherigen Privilegien und verlegte das Parlament von Beaune nach Dijon, wo er als
erstes die Mauern festungsmäßig ausbauen ließ (von Karl VIII. und
Ludwig XII. fortgeführt). Sie hielten 1513 sogar einer Belagerung
durch Schweizer und Süddeutsche zumindest bis zur Eröffnung von
Verhandlungen stand (s. dazu den Bildteppich im Musée des Beaux-
Arts, Salle des Gardes). Die 3jährlich stattfindende Ständeversammlung, das Parlament und die »Chambres des Comptes« haben gelegentlich durch abwartend geschicktes Verhalten Unheil von der Stadt
abwenden können. Sie waren es auch, die trotz Eifersüchteleien
untereinander den Aufstieg der Stadt förderten und allen Äußerungen
einen »burgundischen Stempel« aufprägten. Von 1631 bis zur Revolution kamen mit kurzen Unterbrechungen die Gouverneure aus der
Familie Condé, einer Seitenlinie der Bourbonen.*

*Das 17. und 18. Jh. brachten der Stadt eine Glanzzeit – trotz der
letztlich noch um das burgundische Erbe mit Habsburg geführten
Kriege der Bourbonen-Könige, die auch Dijon nicht unberührt lassen
konnten, denn es war damals Grenzstadt und mußte sich gegen einen
sowohl aus Lothringen wie aus der Freigrafschaft kommenden möglichen Feind sichern. Eine Glanzzeit auch für den wirtschaftlichen
Aufschwung, von dem alle profitierten, wie für Künste und Wissenschaften und v. a. für das gesellschaftliche Leben der vielen Mitglie-
der der genannten, bestehenden oder zu dem Zweck neu gegründeten
Korporationen. Spiegelbild dafür sind die erhaltenen, je nach Vermögen mehr oder weniger aufwendigen Stadtpaläste und bescheideneren
Häuser. – 1731 wurde Dijon Sitz eines neu eingerichteten Bistums.*

*Seit 1721 gibt es in Dijon eine juristische Ausbildung. Die »Acadé-
mie« wurde als Lehrinstitut Vorläufer der Universität, 1759 verbunden mit der 1752 gegründeten »Société Litéraire«. 1767 Bestellung
eines Universitätskanzlers. Zugehörig, wenn auch getrennt funktio-
nierend, war ebenfalls das seit 1654 bestehende »Collège de la Méde-
cine«. (Näheres bei den einzelnen Bauten.)*

Kirchliche Bauten

[1] **Kathedrale St-Bénigne** (Pl. St-Bénigne)

*Über dem Grab des hl. Benignus entstand im 6. Jh. eine große Basi-
lika (Weihe 535), die spätere Klosterkirche. 989 kamen Mönche aus*

Cluny, um hier die Reform einzuführen. Ein Jahr später wurde Wilhelm von Volpiano (962–1031), ebenfalls aus Cluny, zum Abt bestellt. Unter ihm wurde das Kloster Zentrum einer eigenen Reformgruppe von ca. 60 Klöstern. Die nicht mehr restaurierfähige Abteikirche veranlaßte Wilhelm zu einem Neubau (1001–18) von ungewöhnlicher Gestalt. Bei dem Stadtbrand 1137 beschädigt, wurde sie etwa Mitte des 12. Jh. um eine Vorhalle erweitert wiederhergestellt, im 13. Jh. jedoch (nach Turmeinsturz, 1271) durch einen got. Neubau ersetzt: Chor und Teile des Querschiffs waren 1287 fertig, das Schiff erst 1325; Schlußweihe 1394. – Von dem im 18. Jh. geplanten Klosterbauten der Maurinier kam nur wenig zur Ausführung.

In der Revolution wurde das Kloster aufgehoben, seine Kirche geplündert und als »Tempel der Vernunft«, aber auch als Artilleriedepot zweckentfremdet. Die oberen Geschosse der von Wilhelm hinter dem Chor erbauten Rotunde wurden abgetragen und mit dem Schutt dessen Untergeschoß auf Kryptenebene gefüllt. Nach Dekretierung der »Freiheit der Kulte« als kath. Kirche 1795 wieder zugelassen, 1805 zur Bischofskirche erhoben (anstelle von St-Étienne). Nach Wiederentdeckung der zugeschütteten Krypta mit dem Benignus-Grab begann man aus neu erwachtem Interesse für mittelalterl. Baukunst, das Erhaltene (nach damaligen Vorstellungen) wiederherzustellen; bei der Krypta kam noch der neu entfachte religiöse Eifer für die ehrwürdige Stätte des Märtyrergrabes hinzu.

Die **Kirche des Abtes Wilhelm** kann nach älteren Zeugnissen und neuerlichen Grabungen (1976/78 von C. Marino Malone) beschrieben werden. Es war eine 5schiffige Basilika mit Pfeilerarkaden; Gesamtlänge 97,70 m. Die schmalen Seitenschiffe lagen im Niveau niedriger als das doppelt so breite Mittelschiff. Unter diesem eine weit nach W reichende Krypta mit 3torigem Treppenzugang aus dem Mittelschiff. Krypten dieser Art sind in Burgund selten, in der oberitalienischen Heimat Wilhelms dagegen häufig. Das Mittelschiff schloß – in Burgund ebenfalls selten – mit einer W-Apsis, möglicherweise von Türmen (vor den Seitenschiffen) flankiert. In ihr versammelten sich die Pilger vor dem Abstieg in die Krypta. Hinweise auf einen Altar wurden nicht entdeckt, auch keine Anhaltspunkte für Gewölbe. Ebenso rar ist ein durchgehendes östl. Querschiff mit unmittelbar ansetzender Apsis. Der Mönchschor erstreckte sich

Dijon. St-Bénigne
Rekonstruktion der Kirche im 11. Jh.
(nach C. Marino Malone / G. Monthel)

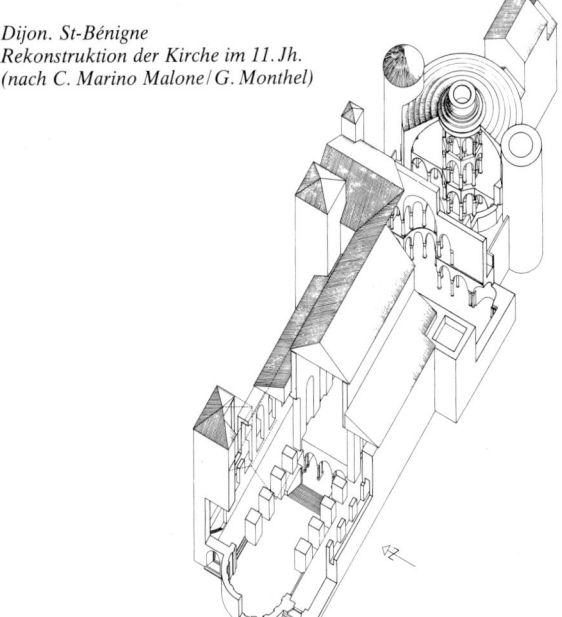

weit ins Mittelschiff hinein. Das Querschiff war mit der
Krypta »unterkellert«, entsprach ihm vermutlich auch in der
Raumgliederung, d. h., es hatte wohl auf beiden Seiten
gestaffelte Nebenapsiden. Die Hauptapsis war vermutlich
nur mit Säulenstellungen gegen eine 3geschossige Rotunde
mit mehreren Säulenringen abgegrenzt. Der für Frankreich
unübliche *Grundriß* erinnert an doppelchörige ottonische
Bischofs- und Klosterkirchen in Deutschland. Die Ausgrä-
berin nennt v. a. den Augsburger Dom, den Wilhelms Tauf-
patin, die Kaiserin Adelheid, eine burgundische Königstochter, seit 995 nachdrücklich förderte. Einfluß wäre also

durchaus denkbar, wobei auch die bewußte Erneuerung des
karolingischen *und* konstantinischen Reiches unter den
sächsischen Kaisern zu bedenken wäre, was vielleicht auch
mit der *Rotunde* zum Ausdruck kam. Denkwürdig bleibt,
daß Wilhelm diese in so monumentaler Form im Zusammenhang mit dem Märtyrergrab aufführte. Nur das Kryp-
tengeschoß ist erhalten; allerdings geriet es bei der Restaurierung (seit 1845) fast zu einem Neubau – wenn auch in
urspr. Raumgestalt und unter Verwendung noch brauchba-
rer Säulenschäfte und Kapitelle.

Zur »K r y p t a« – oder was von ihr übrigblieb – führt eine
Treppe des 19. Jh. hinab. In die got. Fundamente gerundete
Nischen sind Erfindungen der Restauratoren. Sie verwen-
deten vorgefundene Säulenschäfte und 6 frühroman. Kapi-
telle wieder. Die meisten Säulen und Kapitelle sowie 24 m
Mauerwerk sind neu. Weitgehend erneuert ist auch der
Bereich um das Benignus-Grab.

● Das erhaltene K r y p t e n g e s c h o ß d e r R o t u n d e (∅
16,60 m, Mauerstärke ca. 2,20 m) gliedern 2 konzentrische
Säulenringe (Höhe der Schäfte ca. 2,10 m, ∅ 0,55 m). Den
inneren Umgang zwischen 8 bzw. 16 Säulen überwölbt eine
Ringtonne, den äußeren zwischen 16 Säulen und 24 Halbsäulen (an Außenmauer) im Wechsel Kreuzgewölbe und
Tonnensegmente. Die kurzstämmigen Säulen verstellen
den richtungslosen Raum mehr als daß sie ihn gliedern.
Basen und Plinthen sind auch hier großenteils erneuert. Die
schweren, nur an den Ecken abgefasten Kapitelle gehen
z. T. ohne Deckplatte in Gurtbögen und Gewölbefelder
über. Das wirkt ungemein schwerfällig. Übrigens sind alle
Gewölbe aus dem 19. Jh.

● Die *figürlichen Kapitelle* gehören zu den frühesten in Burgund und
stammen vom Bau des 11. Jh. Die Kapitellblöcke entsprechen zwar
römischen Kompositkapitellen, plastisch haben sie jedoch mit jenen
wenig gemein: Sie sind noch nicht aus dem Stein herausgearbeitet,
sondern bleiben mit kerbschnittartiger Bearbeitung mehr an der
Oberfläche und neigen – charakteristisch für die Frühstufe – zu
häufender Flächenfüllung. Anstelle der Blattkränze und Voluten
zeigen einige grotesk anmutende Misch- und Monsterwesen oder

kuriose, bärtige Köpfe über verkümmerten Leibern; auch figürliche
Motive mit wie bei Atlanten oder Oranten erhobenen Händen (statt
Voluten!) kommen vor. Außer der Vorstellung von dämonischer
Starrheit in Haltung und Blick haben Deutungen bisher nichts
gebracht (vergleichbare Kapitelle in der Vorhalle von Tournus, in
Anzy-le-Duc und Charlieu).

Welche Bedeutung kommt der Rotunde zu? Rundbauten
dieser Art sind zumeist Erinnerungsmonumente an die Gra-
beskirche in Jerusalem mit ihrer Auferstehungsrotunde.
Hinweise auf ein »Hl. Grab« im speziellen Verständnis sind
allerdings nicht vorhanden. Formal sind beides Kuppelbau-
ten auf Säulen. Erinnerungträchtig wurde die konstantinische Grabesrotunde erst recht nach ihrer völligen Zerstörung um 1009 (also zur Bauzeit der Benignus-Kirche!) durch
Sultan Hakim. Neuerdings hat W. Schlink das 609 zur Kirche Sta. Maria ad Martyres umgewidmete römische Pan-
theon (zwischen 118 und 125/128) als Vorbild der Dijonneser Rotunde in die Diskussion eingeführt, und zwar mit Hinweis auf ein gemeinsames liturgisches Programm (beide
seien dem Gedächtnis nicht nur der Märtyrer, sondern
»aller Heiligen im Himmel« gewidmet und in der Anordnung der Altäre und Gräber – nach einer zeitgenössischen
Erklärung – durch einen »sensus misticus« verbunden).
Gemeinsam seien beiden ferner wichtige Weihe- und Erin-
nerungsdaten. Schlink verweist auch darauf, daß beide Bauten ein Opäum (Lichtöffnung im Kuppelscheitel) gehabt
hätten (in Dijon für das Mittelalter einmalig). Ob die Pan-
theon-These beweiskräftiger ist als die ältere Vorstellung,
ist hier nicht zu erörtern.

Bleibt noch das Problem des *W-Portals* und seiner Tympana. Beim Stadtbrand 1137 wurde die Kirche v. a. beim
Krypteneingang hart getroffen, beim Wiederaufbau die W-
Front um eine Vorhalle erweitert (neue Weihe 1147). Nicht
geklärt ist, wie es zu dem rechtwinkligen *Narthex* vor der
halbrunden W-Apsis des 11. Jh. kam. Das aufwendige Stufenportal (9,50 m breit, 9 m hoch) wurde in den got. Bau des
13. Jh. übernommen, 1794 jedoch bis auf den äußeren Rahmen und die Gewändesockel abgeschlagen.

Als Fragmente blieben nur der *Kopf des Benignus* vom Mittelpfosten und Instrumente zweier der 24 Ältesten erhalten (s. Archäologisches Museum). – Das P r o g r a m m ist bekannt (Stich von 1739): im *Tympanon* thronender Christus mit Evangelistensymbolen, Cherubim sowie Ecclesia und Synagoge; auf dem *Sturz*: thronende Madonna, flankiert von Kindheit-Jesu-Szenen; in den *Archivolten* Engel, weitere Kindheit-Szenen und die Ältesten der Apokalypse; im *Gewände*: alttestamentliche Gestalten sowie Petrus und Paulus. – Das *heutige Tympanon* mit Stephanus-Steinigung ist J.-B. Bouchardon (1667–1742) von der ehem. Stephanus-Kathedrale (→St-Étienne) wurde 1805 für die neue Kathedrale passend gemacht. Das frühere Relief derselben Szene 1794 abgemeißelt. Erhalten ein »Abendmahl«-Relief (heute im Museum; dort auch ein kleineres Tympanon mit »Majestas«-Darstellung).

Der nach Einsturz des Vierungsturms 1271–1325 aufgeführte **got. Neubau** war durch den Vorgängerbau in den Ausmaßen festgelegt (Länge 68 m, Breite 29 m, Höhe im Mittelschiff 27,50 m), somit auch im Gestalterischen beschränkt; im Vergleich mit der Kathedralgotik wirkt er geradezu bescheiden: Schlichte 5seitige Apsis mit kurzem Chorjoch, das Querschiff mit Nebenapsiden eingebunden, im Schiff nur 5 querrechteckige Joche. Die Krypta wurde aufgegeben, die Benignus-Reliquie 1288 den gewandelten Vorstellungen entsprechend in einem Schrein hinter dem Hochaltar aufgestellt.

Das Ä u ß e r e ist sachlich nüchtern. Glatte Strebepfeiler mit geraden Stegen gliedern die Mauern. 1894 ersetzte der 93 m hohe *Turm* einen noch um 2 m höheren von 1745. Am Turmsockel kupfergetriebene Kolossalfiguren aus der Geschichte der Kirche. Die *westl. 2-Turm-Fassade* stützen tiefe Strebepfeiler; in den oberen Geschossen stehen die 8seitig gewordenen Türme frei. Am älteren S-Turm Reliefbänder mit amüsanten Jagdszenen, Gesichtern und Blattwerk. Zwischen den Türmen der *Vorhallen*-Block mit spitzbogigem Eingang. – Das I n n e r e bestimmen seltsam kahl anmutende Mauerflächen und wie auf dem Reißbrett ohne Materialgefühl gezeichnete Strukturformen. Der 3zonige *Wandaufbau* entspricht der klassischen Gotik, bleibt jedoch merkwürdig unplastisch.

Die A u s s t a t t u n g ging in der Revolution zugrunde – bis auf die
Orgel des 17./18. Jh. auf der Tribüne von ca. 1740. Die heutige Ausstattung stammt aus aufgelassenen Kirchen. Es sind keine Kunstwerke von hohem Rang darunter, die meisten aus frühklassizisti-
scher Zeit des 18. Jh. – Unter den *Grabplatten* von Äbten, Mönchen
und Stiftern einige bemerkenswerte Beispiele. Erwähnenswert das
Grabmal des 1388 hier als Mönch gestorbenen *Wladislaw von Polen*;
die Pleurants erinnern an die burgundischen Herzogsgräber (im Museum).

Von den **mittelalterl. Klosterbauten** steht nur noch der
S c h l a f s a a l d e r M ö n c h e (O-Flügel des ehem. Kreuz-
gangs). Die Mauriner hatten das Gelände um rd. 2 m
erhöht, um den Schlafsaal ebenerdig zu verwenden. Der alte
Kapitelsaal darunter wurde so zum Kellergeschoß, ein
neuer Schlafsaal aufgestockt (**[21]Archäologisches Museum**).
Der *Treppenturm* im Winkel mit der Kirche verband alle
Geschosse mit dem Kircheninnern.

[2]Notre-Dame (Pl. Notre-Dame)

Die zwischen 1220/30 und 1250 errichtete got. Kirche geht auf Initia-
tive des Magistrats zurück. Ein Neubau ihrer Pfarrkirche in »moder-
nen« Formen war den Bürgern als Wahrzeichen stolzen Selbstbe-
wußtseins ein besonderes Anliegen – zumal der Herzog der Stadt 1187
eine »Charte de Commune« verliehen hatte. Seit dieser Zeit leisteten
hier, wo auch der Stadtschatz aufbewahrt wurde, die in St-Philibert
gewählten Bürgermeister und Schöffen ihren Eid.
Die Kirche war schon vor Mitte des 13. Jh. in Benutzung (Weihe
1334). Um den Chor heller zu machen, öffnete man 1611 in der
Triforienrückwand die großen Rundfenster. – Bei der Restaurierung
im 19. Jh. wurden (mit Billigung des Denkmalpflegers Viollet-le-
Duc) Vierungsgewölbe und -turm (offensichtlich nach Vorbild der
Kathedrale von Laon) wenig glücklich verändert: statt des durch-
gehenden Rippengewölbes über hohem Tambour eine Rippenkup-
pel; der Vierungsturm mit steiler Helmspitze über erhöhtem Arka-
dengeschoß erneuert.

Die Kirche ist zwar nicht groß (65 m äußere Länge), für eine
Stadt- und Marktkirche aber überraschend aufwendig und
reich ausgestattet. Der Baumeister beherrschte die kon-
struktiven Notwendigkeiten der neuen got. Bauweise und
war auch mit den aus diesen erwachsenen baulichen und

künstlerischen Möglichkeiten durchaus vertraut: eine eigenwillig geniale Künstlerpersönlichkeit, die dieser Kirche eine
aus der Aufgabe gefundene besondere Gestalt zu geben
wußte, wobei der in dem dicht bebauten Stadtviertel mit
engen Straßen und Gassen sehr begrenzte Baugrund den
Erfindergeist des Architekten herausgefordert haben mag.
Übrigens haben so bedeutende Architekten des 18. Jh. wie
Soufflot, J.-Fr. Blondel und P. Patte bei aller Verachtung
für die »Gotik« seine erfinderische Leistung in der Baustatik
gerühmt.

● Plan. 3schiffige Basilika, im Mittelschiff 3 quadratische
Doppeljoche mit 6teiligen Kreuzrippengewölben und 6
gleichfalls quadratischen, kreuzgewölbten Jochen in den
Seitenschiffen. Eine 2 Joche tiefe W-Vorhalle öffnet sich in
3 scheitelhohen Bogenstellungen; im Innern trägt sie eine
zum Mittelschiff offene Empore. Quadratisch sind auch die
Vierung und die wiederum 6teilig gewölbten Querschiffarme, denen in der Höhe das urspr. Kreuzrippengewölbe
der Vierung entsprach. Auch das Chorjoch ist quadratisch
und 6teilig gewölbt. Anschließend die 7seitige Apsis mit tief
heruntergezogenen Gewölbekappen. Zwischen Chorjoch
und Querschiff beidseits niedrigen, 5seitige Kapellen mit
schmaler Verbindung zum Chor und voller Öffnung auf die
Querarme.

● Die *westl. Außenfront* der Vorhalle hat 3 spitzbogige
Portale, darüber in 2 Geschossen dicht gereihte, elegante
Bogenfolgen auf dünnen Säulen: eine rechteckige *Schauwand*, die nichts vom Aufriß der Kirchenfront hinter ihr
preisgibt. Sie läßt nicht einmal ahnen, daß sie eine 2-Turm-
Fassade verkleidet. Vorgeblendete Bogenstellungen gibt es
bereits an roman. Kirchen und als Zwerggalerien, in der
frühen Gotik oberhalb der Portalzone in Turmgeschossen,
zumeist jedoch in eine architektonische Gliederung eingebunden. In Dijon hat sich die Fassade in einer Schauwand
verselbständigt, an den Seiten von schlanken Treppentürm-
chen auf Konsolen abgerundet. – Die *Fronttürme* über den
Seitenschiffen der Vorhalle sind nur seitlich durch Strebe-

Dijon. Notre-Dame. Fassade der Vorhalle

pfeiler gesichert. Vermutlich wurden sie zugunsten der Schauseite aufgegeben. Die dem S-Turm aufgesetzte *Turmuhr* mit dem »Jacquemart« (Stundenschläger) brachte Philipp d. Kühne 1382 als Siegestrophäe aus dem flandrischen Kortrijk/Courtrai mit.

Die *Vorhallen-Portale* wirken – anders als in Beaune und Semur-en-Auxois – wie Kirchenportale. Merkwürdigerweise sind Pfeiler und Bögen – einzigartiger Fall – doppelt und durch einen schmalen, überwölbten Zwischenraum getrennt, wobei die hinteren (inneren) den Gewölben als Schildbögen dienen. Die äußeren Bogenprofile liegen der Mauer als Kranzarchivolten auf; in ihren Zwickeln Konsolen und Baldachine für (verlorene) Figuren.

Hervorzuheben die vorzüglichen *Blattkapitelle* in den *Bogengalerien* und – darüber – die ungemein lebendig skulptierten *Köpfe* und *Kleinfiguren* unter vorgeblendeten Bogenumrandungen (nicht alle alt). Sie sind ikonographisch nicht zureichend erklärt, finden sich ebenso, nur besser erhalten, im Innern (ähnlich auch in anderen got. Kirchen Burgunds). Man achte auch auf die beiden mit Fabeltieren ornamentierten Konsolen unter den schlanken Treppentürmen.

Innen gliedern 2 freistehende, von jungen und alten Diensten umstellte zylindrische Säulen die Vorhalle in ein quadratisches Mitteljoch mit 6teiligem Gewölbe und 2×2 querrechteckige Seitenschiffjoche. Letztere sind schmaler, weshalb die Bögen gestelzt sind. – Die ganze W-Front einschließlich Turmansätzen ruht auf den Bogenstützen, nach hinten durch die Gewölbe in Vorhalle und innerer Empore abgefangen, nur an den Schmalseiten durch Turmstrebepfeiler gestützt. Die Mitte über dem breiteren (und damit schwächeren) Bogen ist durch »Aushöhlung« der Mauer darüber entlastet: im unteren Galeriegeschoß durch die (hinter den Bögen sichtbaren) Emporenfenster, im 2schalig gemauerten oberen durch einen Verbindungsgang zwischen den Türmen.

Einzigartig sind die *plastischen Friese* zwischen den Galeriezonen: mit Ranken skulptierte quadratische Platten mit wie Wasserspeier vortretenden Figuren, in denen menschliche Leiber und Tierkörper, Chimären u. a. Fabelwesen in wunderlichen, oft grotesk verzerrten Ausformungen wechseln. Sie stammen von 1881, doch man orientierte sich an den Originalen in der oberen Reihe der Seiten- und Rückfronten der Türme. Die Idee, die Front mit unechten Wasserspeiern zu beleben, ist also keine Erfindung des 19., sondern schon des 13. Jh.

Der Vorhalle entsprechende *Schiffsportale* sind einer Kathedrale würdig. Doch die Gewändefiguren und szenischen

Darstellungen der Tympana und Stürze wurden 1794 noch gründlicher als anderswo abgemeißelt.

Das i k o n o g r a p h i s c h e P r o g r a m m konnte ermittelt werden: An Gewänden und Pfeilern Patriarchen, Propheten und Könige des Alten Testaments. Im Bogenfeld des *Mittelportals* Marienkrönung, in den Archivolten (angeblich) Vorfahren Christi, auf dem Sturz Tod und Grablegung Mariens; am Mittelpfosten die Madonna. *Linkes Portal:* Im Tympanon Anbetung der Könige, auf dem Sturz Verkündigung oder Heimsuchung neben Hirtenverkündigung. *Rechtes Portal:* Passion, Kreuzigung im Bogenfeld und, vielleicht, Abendmahl auf dem Sturz.

Das 3torige Figurenportal lehnt sich eng an die Portalzyklen des Kronlandes an und ist um oder bald nach 1230 entstanden (gemeinsame Herkunft verbindet es mit dem S-Portal des Straßburger Münsters). Die spätgot. Madonna am Mittelpfosten kam nachträglich hierher.

Das I n n e r e überrascht durch bemerkenswerte Proportionen; allerdings muß man Vorhalle und Empore dazunehmen. Das mit *Vorhalle* und *Empore* zusammen 8 Joche tiefe *Schiff*, dem eine ursprünglich gleich hohe quadratische *Vierung* und ein ebensolches *Chorjoch* folgten, endet in einer tiefen, polygonalen *Apsis*. Diese eindrucksvolle Raumfolge hat durchaus Kathedralcharakter, den man bei geöffneten Portalen auch voll erlebt.

Das gestalterische Gefüge weist glatte *zylindrische Säulen* (in der Frühgotik häufig, um 1230 eigentlich schon veraltet) mit hohen *Kelchknospenkapitellen* und spitzbogigen Arkaden auf, die trotz begrenzter Abmessungen ein weit- und tiefräumig anmutendes Langhaus mit vollem Einblick in die Seitenschiffe, beim Schrägblick sogar in die Querschiffarme ermöglichen. Erst mit dem Wechsel von einfachen zu 3 gebündelten *Gewölbediensten* auf den Deckplatten wird die Zusammenfassung zu *Doppeljochen* wirksam und erzeugt einen belebenden Rhythmus, der sich über die Triforienzone bis in die 6teiligen Gewölbe hinein fortsetzt. Das *Triforium* ist ein Gitterwerk von dünnen Säulen für je 3 Bogenstellungen; in den Zwickeln die Köpfe, auf die außen schon verwiesen wurde. Im 2schaligen *Obergaden* bleibt von der

Dijon. Notre-Dame. Inneres. Langhaussüdwand

inneren Wand nur der Schildbogen für die Gewölberippen
übrig; die Außenwand ist ganz durchfenstert. Davor liegt
der zum Schiff offene, mit Platten gedeckte sog. »burgun-

dische Laufgang«, der auch durch die nach innen verlängerten Strebepfeiler weitergeht. Im unteren Teil der Fenster steht noch ein Stück Außenmauer bis zu der Höhe, wo außen die Strebebögen auftreffen. Dieses konsequent durchgeführte System einer *doppelschaligen Wand* brachte in der Gewölbezone eine lichtdurchlässige Raumgrenze und setzte in der Arkaden- und Triforienzone den Mittelraum durch ein vornehmlich vertikal gegliedertes Wandgerüst gegen einen dunkleren »Raumgrund« (Jantzen) ab.

Die Lösung der *statischen Probleme* ist schlechthin genial, ●
weniger als Erfindung von baulichen Maßnahmen gegen Last und Schub als wegen der Kombination der Möglichkeiten zugunsten der angestrebten Raumwirkung. Um die Gewölbedienste auf den Kapitellen unterzubringen, wurden die Deckplatten vorgeschuht. Optisch ruhen die Gewölbe also auf diesen Ausbuchtungen. In der Triforienzone verdecken Wanddienste und Bogensäulen einen widerstandsfähigen Pfeilerkern, der sich in der Fensterzone mit dem (nach innen gezogenen) Strebepfeiler verbindet und so die Gewölbeanfänge stabilisiert. Die Triforienrückwand steht nicht lotrecht auf der Arkadenmauer, sondern z. T. auf den Seitenschiffgewölben, hinter deren Rippen- und Gurtansätzen eingebundene Strebepfeiler die Wand (im Dachstuhl und deshalb unsichtbar) verstärken. Außerdem stehen diese Mauern auf flachen Entlastungsbögen zwischen den genannten Strebepfeilern: Maßnahmen, die den senkrechten Druck vermittels der Arkaden auf die unteren Stützen leiten. Eine weitere Beobachtung: Die Bodenplatten des Triforiums gehen waagerecht durch die Außenmauer und ruhen auf den Entlastungsbögen, ebenso die Deckplatten, die zugleich Fußplatten für den Laufgang darüber sind, während der Schub über Strebebögen, die an der empfindlichsten Stelle ansetzen, auf die Außenpfeiler der Seitenschiffe geleitet wird. Man war sich offenbar der Kühnheit dieser Konstruktion bewußt, denn die Langhausstützen stehen nicht wie üblich auf Sockeln, sondern auf durchgehenden Sockelmauern von beachtlicher Breite.

Die *Empore über der Vorhalle* setzt das Mittelschiff fort. Auch die Gliederung mit Laufgang vor den Fenstern und verkürztem Triforium geht unter geradem Gebälk weiter.

Die mit dünnen und dicken Runddiensten kantonierten *Vierungspfeiler* steigen ungehindert nach oben auf. – *Chorjoch* und polygonale *Apsis* sind 4zonig: zuunterst Blendbögen; darüber flach gedeckter Laufgang vor hohen, maßwerklosen Fenstern (zwischen diesen – in der Außenwand und vorn – freistehende, mit Säulen besetzte Pfeiler); es folgt das Triforium mit Laufgang (die Rundfenster wurden nachträglich geöffnet); schließlich die von den Gewölbekappen umschlossenen Obergadenfenster, bei denen der Laufgang nach außen verlegt ist und dort durch die Strebepfeiler verläuft. Wandvorlagen und Gurtrippen grenzen – wie in der Vierung – das Chordoppeljoch vom Apsispolygon. Einzeldienste in den Ecken des Polygons für die Rippen der Gewölbekappen. Anders als im Schiff steigen im Chor schlanke Runddienste auf und überringen in den Wandzonen die Gesimse, immer begleitet von zoneneigenen Säulen mit Basen und Kapitellen. – Zwischen vorderem Chorjoch und Querarmen beidseits 5seitige *Nebenapsiden*, vom Chor zugänglich, zum Querschiff in voller Breite offen: eine räumlich geschmeidige Überleitung. – Die Wandgliederung des Chores setzt sich auf der O-Seite des *Querschiffs* fort, der untere Laufgang auch in den Stirnseiten, an deren westl. Ecken er in Rundtreppen mündet. Auch das Triforium ist als Laufgang vor den großen *Rosenfenstern* weitergeführt, die beinahe wandbreit über 5 schmalen, hohen Fenstern ein flimmerndes Licht verbreiten.

Die A u s s t a t t u n g ging in der Revolution weitgehend verloren oder wurde wie der 1693 von J. Dubois geschaffene barocke *Hochaltar* mit »Himmelfahrt Mariens« durch einen neugotischen ersetzt (der Barockaltar heute in der modernen Kapelle nebenan). Erhalten blieb dagegen die eindrucksvolle Madonna *»Notre-Dame de Bon Espoir«* (Holz, vielleicht um die Wende 11./12. Jh.). Die hoheitsvolle, menschlichem Blick wie entrückte Gottesmutter mit angeschnitztem Diadem ist eines der ältesten Beispiele dieses Madonnentypus' in Frankreich. 1794 gingen Hände, Kind und Thron ver-

Dijon. Notre-Dame
Innerer Aufbau der Apsis
(nach Viollet-le-Duc)

loren. Farbige Fassung wiederhergestellt. – Zu erwähnen sind Reste alter *Glasmalerei* in den Lanzettfenstern des nördl. Querschiffs, außerdem stark verblaßte *Wandmalereien* in Querarmen und Seitenschiffen. – Wiederholt sei auch der Hinweis auf die vielen *Köpfe* im Innern und am Außenbau.

Das Äußere von *Chor* und *Langhaus* ist weniger eindrucksvoll. Das *Strebesystem* verrät jetzt sicheres Wissen um mögliche Belastungen. An den Hochwänden Strebebögen auf Pfeilern. An den durch Fensterreihen und Rosenfenster geschwächten *Querschiffen* übernehmen Eckstrebepfeiler (der westliche mit Wendeltreppe) die Stützfunktion.

Ihre Bekrönungen sind 19. Jh., ebenso die von 4 Türmchen flankierte Pyramidenspitze des auch im Geschoß darunter veränderten *Vierungsturms*; seine Höhe stört alle Proportionen, und die Kirche wirkt kleiner als sie ist. Am meisten beeinträchtigt ist der Chor, dessen abgewogene Maße durch die gewaltige Turmmasse völlig erdrückt werden: eine irreparable Entstellung dieses einzigartigen Kirchenbaus.

³ St-Jean (Pl. Bossuet)

Über die Frühzeit der den beiden Johannes' geweihten Kirche ist nichts bekannt. Der heutige Bau entstand zwischen 1448 und 1478, gefördert durch Herzog Philipp d. Guten.

Vom Umfang her ein großer Bau mit massigen Chorflankentürmen, die nach Abbruch von Chor und Vierung (1811) mit der neugot. Abschlußwand eine bollwerkartige Turmfront bilden. Schmuckreiche Balustraden beleben die abrupt abbrechenden Türme kaum. Dagegen ist die *westl. Eingangsfront* mit hohem, von Kriechblumen eingefaßtem Giebel über schräggestellten Strebepfeilern ansprechender. – Der 1schiffige, von niedrigen Kapellen begleitete *Saalraum* ist nüchtern. Um so auffälliger ein mit hängenden Schlußsteinen ornamentiertes, konsolartiges Element beim Einschnitt des Querschiffs. Handwerklich-technisch verdient die aus Holz gezimmerte *Spitzbogentonne* Beachtung. Statisch interessant ist die Sicherung der Wände durch den Kapellendächern angeglichene Steinverklammerungen der inneren Strebepfeiler mit den äußeren.

● ⁴ St-Michel (Pl. St-Michel)

Hervorgegangen aus einer Friedhofskapelle der Kanoniker von St-Étienne. 889 als Pfarrkirche erwähnt. 1497 Beschluß für Neubau. Chor und Querschiff im frühen 16. Jh. fertig. Mangels Mitteln zog sich der Weiterbau hin. Bei Weihe 1529 das Innere vielleicht abgeschlossen. Von der von Beginn an aufwendig geplanten W-Front war 1537 das S-Portal fertig. 1551 Vertrag für Tympanon im Mittelportal. 1559 Fassade vollendet, bis auf die Türme, die erst 1659 bzw. 1667 ihre Bekrönung erhielten.

Die lange Bauzeit, dazu im Übergang von Spätgotik zur Renaissance, brachte Stilwandlungen, nicht nur in Details

Dijon. St-Michel. Westfassade

und Ornamentik, sondern auch grundsätzlicher in der architektonischen Formauffassung, allerdings unter Beibehaltung der damals schon »unmodernen« mittelalterl. 2-Turm-Fassade.

Am Außenbau ist an *Chor* und *Querschiff* kaum spätgot. Dekor zu finden. Am steilen Chorpolygon nur tiefe Strebepfeiler; die Fenster von 1857. Chorjoche und Querschiffarme sind mit den Kapellen eingebaut; aus den Dächern steigen Strebewände auf. An den *Querschiffportalen* dagegen spätgot. Tabernakel mit hohen Baldachinen sowie Fialen und kielbogenförmige Archivolten. Neben den nüchternen Mauern wirkt der virtuos gearbeitete Dekor auffällig fremd. Die Strebebögen der Langseiten liegen unter den Seitenschiffdächern.

● Ganz und gar ungewöhnlich stellt sich die *W-Front* bis in die Proportionen und mit allen Eigentümlichkeiten als got. *2-Turm-Fassade* dar, sogar mit Giebel zwischen den Türmen – und ist doch ausgeprägte Renaissance! Das Sockelgeschoß mit 3 Portalbuchten ist durch ein Gebälk verselbständigt. An den Portalgewänden mit Säulen und Baldachinen über (leeren) Figurennischen ist der plastische Dekor in Motiven und Faktur spätgotisch. In den Zwickeln der Front dagegen italianisierende Rundmedaillons mit Büsten. Es wirkt heute so, als sei die Außenfront den Portalen nachträglich als »Fassade« vorgeblendet. Im S-Portal spätgot. Archivoltenprofile und Engel unter Baldachinen, im Mittel- und N-Portal dagegen Kassetten und antikisierende Ornamente. Die Engel ahmen italienische Vorbilder nach. Die abrupt anmutende Entscheidung für die Renaissance schlägt sich in allen Elementen der Fassade nieder, am auffälligsten in dem Tempietto über dem Mittelportal, wo er zur Kuppellaterne wird. Nahezu alle Architekturformen sind im Sinne der Renaissance umgedeutet: die Strebepfeiler zu Doppelpilastern, ihre Kämpfer zum Gebälk, in das sich auch die Halbsäulen der Fenster einordnen. In der Mittelschiffsfront Doppelfenster mit Maßwerkrosetten, darüber eine Galerie mit kannelierten Säulen und Balusterbrüstung. Auf dem Archi-

trav Inschrift. Die Tambourkuppeln der Türme des 17. Jh.
erinnern an Michelangelos St.-Peters-Kuppel, aber trotz
Renaissance stehen die Oktogone in der Tradition der in
Burgund beliebten 8eckigen Vierungstürme.

Das plastische Bildprogramm verbindet das *Weltgericht*
mit *apokalyptischen Vorstellungen* in *typologischer Deutung*. In den
Rundmedaillons Propheten mit Hinweis auf ihre Voraussagen:
Jesaia (Berufungsvision), Ezechiel (»des Neuen Tempels Herrlichkeit«), Daniel (»Versiegelung der Weisheit«) und Baruch (»Schau
des Paradieses«). Das Mittelportal flankieren Moses (Gesetzestafeln) und David (Harfe). Im Rankenfries des Gebälks Zitate aus
der Apokalypse, an Anfang und Ende Reliefs mit Herkules-Taten
(Kampf mit dem Nemeischen Löwen und Bezwingung des Kre-
tischen Stiers), bezogen auf Michael als »christlichen Herkules«.
Im Mitteltympanon »Jüngstes Gericht«, am Mittelpfosten Michael
als Drachentöter (Apok. 12,7 ff.) und (nach Daniel) »Princeps
Magnus«, der beim Gericht die Seelenwaage halten wird (zerschlagen und 1828 erneuert). Am Figurensockel Davids Sieg über
Goliath; Herkules stiehlt Rinder des Geryones; Judith enthauptet
Holofernes; Urteil Salomos; Predigt Johannes' d. T.; Christus
erscheint Maria Magdalena; die tugendhafte Lukretia; Leda mit
dem Schwan und Venus mit Amor bei der Toilette. In der Tambourkuppel Inschriften und weitere typologische Darstellungen. Ebenso
in den kassettierten Archivolten des N-Portals, u. a. Engel mit den
Leidenswerkzeugen, die Christi Berechtigung zum Richteramt bestätigen.

Das Innere ist in mildes Licht getaucht, das Höhe und
Weite überschaubar macht. Auf unruhige spätgot. Formen
ist ebenso verzichtet wie auf attraktive Ausstattung. Das
höhere Mittelschiff ist fensterlos, Licht kommt nur von Sei-
ten- und schmalen Chorfenstern. Die rechteckigen Pfeiler-
stützen stehen quer zur Richtung (vermutlich wegen der
ansetzenden Strebebögen), an den Schmalseiten Säulendienste mit Blattkapitellen für Gurte, Rippen und Arkadenlaibungen. Doch die artikulierenden Formen sprechen nicht
stark, bestimmender ist der Eindruck eleganten Fließens.
Einziger plastischer Dekor sind die Kapitelle mit realistisch
behandeltem Blattwerk (Wein-, Kohl- und Chicoréeblätter
fallen besonders auf). In der Vierung schiffhohes Sternge-

wölbe, in Schiff und Querarmen einfache Rippengewölbe.
Chorjoche und polygonale Apsis zeigen keine besonderen
Merkmale. – Hauptaltar und Chorgestühl 1763.

● ⁵**Ehem. Kirche St-Philibert** (Parvis St-Philibert)

*Die Vorgängerin diente schon im 9. Jh. dem Benignuskloster als
Pfarrkirche. Der roman. Bau entstand nach dem Stadtbrand von
1137. Seit 1187 (»Charte de Commune«) wurden in der Vorhalle
Bürgermeister und Schöffen der Stadt gewählt, die anschließend in
Notre-Dame ihren Eid ablegten. In der Revolution als Kirche aufge-
hoben und seither zweckentfremdet. Heute dient der Bau kulturellen
Veranstaltungen.*

Der einzige erhaltene roman. Kirchenbau der Stadt. 3schif-
fige, 5 Joche tiefe Basilika mit Nebenapsiden am Querschiff,
überkuppelter Vierung und unmittelbar anschließender
Halbrundapsis. Das Ä u ß e r e zeigt solide versetztes Hau-
steinmauerwerk. Unter dem Dachgesims der durch Strebepfeiler verstärkten Langseiten Konsolgesims mit (in Burgund häufigen) halbrund gehöhlten Steinen. Die im 13. Jh.
angelegte, im 16. Jh. restaurierte *Vorhalle* mit offener
Bogenstellung unterteilen spitzbogige Doppelgurte in 3
Joche, das mittlere über Kreuzrippen gewölbt. Ins 13. Jh.
gehört auch das gestufte *Schiffsportal* mit Knospenkapitellen über freistehenden Säulen; in der NW-Ecke Treppe aufs
Vorhallendach. – Ein Juwel an Bauplastik ist das nachträg-

● lich auf die *S-Seite* versetzte *roman. Stufenportal*.

Antikisierende Akanthus-Kapitelle, belebt mit Sirenen und Vögeln; in den Archivolten Palmetten, Ranken mit geperlten Stengeln
und Rosetten. Die mittlere Ranke kommt aus Monstermäulern: ein
in der burgundischen Romanik (auch der Buchmalerei) beliebtes
Motiv. Eingelassene Reliefs (Verkündigung, Heimsuchung, Geburt
Christi und Aufklärung Josephs) könnten aus St-Bénigne stammen
(stilistisch etwa Vézelay/Autun).

Die Apsiden hat man 1827 wegen der Straßenführung weg-
gebrochen. Der *Vierungsturm* wurde im 15. Jh. als Oktogon
mit steilem Helm erneuert.

Im I n n e r n scharfkantig versetztes Mauerwerk mit ables-
barer Struktur, besonders an den Kreuzpfeilern mit Pilastern für die Gurte. Dem Raum fehlt v. a. das sammelnde

Halbrund der Apsis. 2zoniger *Wandaufbau* und *Kreuzge-wölbe* in allen Schiffen verbinden mit Anzy-le-Duc, Véze-lay und Pontaubert.

⁶Ehem. Jesuitenkirche und -kolleg, Bibliothèque munici-pale (Rue de l'École de Droit)

Im »Hôtel de la Tremouille« gründete sein Besitzer 1581 (Zeit der Gegenreformation) ein Jesuitenkolleg. Die Kapelle hat 1610–12 der Ordensarchitekt E. Martellange (1569–1641) vollendet. 1761 mußten die Jesuiten Frankreich verlassen. Das Kollegiengebäude war zu-nächst Schule, seit 1804 Rechtsfakultät, danach Kunstakademie, später Musikschule und ist seit 1909 öffentliche Bibliothek. Die Kir-che dient als Lesesaal.

Das I n n e r e der früheren **Kirche**: ein in 2 Geschossen von rundbogigen Pfeilerarkaden (vor Seitenschiffkapellen und Emporen) begleiteter, mit 3seitiger Apsis schließender Saalraum mit gotisierenden Rippengewölben. Schlichte Pilaster tragen das Profilgesims. Der Rückgriff auf got. Bau-formen in Verbindung mit klassischen Elementen ist für die von Martellange vertretene Richtung der Jesuitenkirchen charakteristisch – im Unterschied zu den betont barocken Kirchen des Ordens. – Der A u ß e n b a u ist so schlicht wie das Innere karg. Der quadratische *Turm* (N-Seite) mit Glockenstuhl in überkuppelter Laterne ist durch ein **Uni-versitätsgebäude** (1909) verstellt.

⁹Ehem. Karmeliterinnenkloster (Rue Ste-Anne)

1605 gegründet, 1790 aufgehoben; die Gebäude fielen an die Militär-verwaltung. Die 1643 geweihte Kirche war lange Zeit Militärgefäng-nis.

Mit ihrer schmalrechteckigen *Fassade* ist die **ehem. Kirche** ein typisches Beispiel für den üppigen, aber schwerfälligen »Stil Louis XIII«.

Im aufgesetzten Volutengiebel Nischenfigur »Christus in der Ver-klärung«, flankiert von Maria und Joseph; in den unteren Nischen Theresa von Avila und der Prophet Elias (die Israeliten hatten auf dem Karmel ein Höhlenheiligtum, dessen »zerbrochenen Altar Jah-wes« Elias wiederaufbaute [1. Kön. 18,30]).

In derselben Straße: [10] **Ehem. Bernhardinerinnenkloster.**
1623 nach Dijon verlegt. Die Kirche (1699–1708), in der Revolution profaniert, wurde Sammelstelle für in Klöstern und Kirchen konfiszierte Bilder u. a. Kunstwerke.

Die große **Kirche** ist ein überkuppelter Zentralbau mit quadratischem Untergeschoß. Das Portal ist trocken, aber nicht ohne Eindruck. Über dem durchfensterten Tambourgeschoß eine Kuppel mit Globus und Kreuz als Wahrzeichen.

Ein Teil des früheren Konfiskationsguts befindet sich noch hier und wurde Grundstock des [23] **Musée d'Art Sacré** (15, Rue Ste-Anne).

Der um 1765 aufgestellte **Obelisk**, auf der anderen Straßenseite, gehört zu einem geplanten, aber nicht vollendeten Brunnendenkmal.

[11] **Ehem. Klosterkirche und Kathedrale St-Étienne**
(Rue Vaillant)
Eine erste Kirche über unterirdischem Versammlungsraum entstand angeblich im 4. Jh.; im 5. Jh. Gründung einer für Pfarraufgaben tätigen Priesterkongregation. Um die Mitte des 11. Jh. vergrößernde Erweiterung der Kirche durch einen zwischen 2 römischen Castrum-Türmen über die Mauer hinweg gebauten neuen Chor (s. S. 233). Der alte Wallgraben begünstigte die Anlage einer Krypta. Um 1480 wurde der Chor erhöht, darunter ein Beinhaus für die Äbte angelegt. Im 17. Jh. Wiederherstellung des Gebäudes. 1731 wurde die Kirche zur Kathedrale erhoben (bis zur Revolution).

Grabungen im *Chor* haben die Angaben bestätigt: die gallorömische Mauer durchzieht ihn mit mächtigen Blöcken in N-S-Richtung. Östlich davon die Stützmauer der Krypta des 11. Jh.; ihre Apsis (schmale Fenster) ist in den Ausgrabungen noch auszumachen. – Das vom Chor abgesetzte *Querschiff* besitzt Rippengewölbe des 17. Jh. Heute ist hier das **Musée Rude** untergebracht.

Gipsabgüsse der bekanntesten Werke des vom Klassizismus zu einem realistisch aufgemachten Neubarock findenden Bildhauers François Rude (1784–1855), u. a. das Kolossalrelief des »Aufbruchs der Freiwilligen im Jahre 1792« (»La Marseillaise« [1832–36]) vom großen Triumphbogen in Paris. (Originalarbeiten des Künstlers im Musée des Beaux-Arts.)

Das vom Querschiff völlig getrennte *Langhaus* ist heute –

unter Wahrung der Raumgestalt des 17. Jh. – Sitz der **Handelskammer**. – Die 1718 von einem Mansart-Schüler entworfene *Fassade* der Kirche besitzt im risalitartig vortretenden Mittelteil ein von Doppelsäulen flankiertes *Portal*.

J.-B. Bouchardon (1667–1742) hatte hierfür das später nach St-Bénigne (der neuen Kathedrale) verbrachte Relief der »Steinigung des hl. Stephanus« geschaffen. – Die beiden Statuen »Industrie« und »Ackerbau« von P. Gasq beziehen sich auf die Handelskammer.

Das got. Portal des 14. Jh. (südlich der Kirche an der Rue Chabot-Charny) ist das *alte Klosterportal*, wohl im Zusammenhang mit der neuen Stadtmauer erbaut. Das mit dem **Wachgebäude** in 2 Bögen hintereinander angelegte Tor macht heute noch einen wehrhaften Eindruck.

[13] **Cellier de Clairvaux** (nahe Bd. de la Trémouille) ●

Das Zisterzienserkloster unterhielt in der Hauptstadt eine Vertretung, von deren Haus ein um 1190 gebauter Vorratsbau erhalten blieb. – Heute Sitz des »Comité Bourgogne«.

Geblieben sind von dem **Vorratsgebäude** allerdings nur 33 m seiner urspr. Länge von 69 m bei nur 11 m Breite (senkrecht dazu der **Wohnbau** des 15. Jh.). Der einst 12 Joche messende, auf der N-Seite dreieckig angelegte Bau ist 2schiffig und 2 Geschosse hoch; er wurde 1792 für die Straßenführung verkürzt: ein robuster, kunstloser Nutzbau, ganz auf Zweckmäßigkeit angelegt, wobei Kargheit und strenge Klarheit den Vorstellungen des Ordens durchaus entsprechen (s. dazu Fontenay). Im *Erdgeschoß* polygonale Stützen, statt der Kapitelle schlichte Kämpfer, die Gurte und solide Rippen aufnehmen – beim Ansatz verjüngt, damit auf den Kämpfern alle Platz fanden (Zweckmäßigkeit!). Das *Obergeschoß* ist ebenso gegliedert, nur niedriger, auch tragen hier die Säulen Kapitelle mit flachen Blättern. Über den Fenstern Entlastungsbögen in der Mauer.

[12] **Ehem. Kartause Champmol** (7, Bd. Chanoine-Kir) ●

Philipp d. Kühne baute ab 1377 (Grundstein 1385, Weihe der Kirche 1388) unweit westlich der Hauptstadt ein Kartäuserkloster, dessen Kirche er zur Grabstätte der Valois-Herzöge bestimmte (er wollte nicht wie seine kapetingischen Vorgänger in Cîteaux bestattet wer-

den). *Für die Kartäuser entschied er sich, weil diese (lt. Gründungsurkunde) »unablässig Tag und Nacht zu Gott für das Heil der Seelen
beten, für Wohlfahrt und Gedeihen des Gemeinwohls und der regie-
renden Fürsten . . . für uns selbst und für die Herzogin . . .«. Die
Grüfte wurden unter dem Mönchschor der Kirche angelegt. Beigesetzt waren hier Philipp d. Kühne († 1404), Johann ohne Furcht
(† 1419) und Gemahlin sowie Philipp d. Gute († 1467) mit beiden
Frauen. Noch Kaiser Karl V. wünschte »bei seinen burgundischen
Vorfahren« bestattet zu werden. – Die Gebäude des in der Revolution
1792 aufgehobenen Klosters wurden 1833 Asyl für geistig Behinderte
(heute durch Neubauten des Psychotherapeutischen Zentrums ersetzt). – Nur das Portal und der sog. Moses-Brunnen blieben am
Ort erhalten, beide im wesentlichen das Werk von Claus Sluter (* um
1355/60 in Haarlem, seit 1385 in Dijon, wo er 1405/06 starb). Die
Grabmäler Philipps d. Kühnen und Johanns ohne Furcht heute im
Musée des Beaux-Arts.*

● **Portal.** 1386 von Jean de Marville († 1389), einem Flamen, entworfen. Sluter war vermutlich seit 1389 mit der Übernahme von dessen
Werkstatt am Portal tätig. Der breit gedehnte, durch kein Kapitell
artikulierte Rahmen war damals wohl fertig, ebenso die kostbar
ziselierten Figurenbaldachine. Über der Madonna reichte der Baldachin bis ins Bogenfeld. Ob die mit Prophetenköpfen und (abgeschlagenen) Wappen skulptierten Konsolen unter den Gewändefiguren schon fertig waren, ist zu bezweifeln. Herzog und Herzogin sollten nämlich herkömmlicherweise in den Nischen stehen
(Beweis: die leeren Nischenwände hinter ihnen sowie die klobigen,
polygonalen Pfeiler unter den inneren Sockeln).

Mit der Aufgabe der Gewändefiguren vollzog Sluter eine entschei-
dende Wandlung: er erfand eine bildhaft um die *Madonna* kompo-
nierte, durch die stehenden *Fürbitter* hinter dem knienden *Herzogspaar* ausgeweitete Szene, die *vor* der Architektur als Hintergrund
spielt. Herzogspaar und Fürbitter (Johannes d. T. und Katharina
von Alexandrien) blicken betend zur Madonna auf, von den
Gewandfalten gleichsam unterstrichen. Maria sieht sie nicht an; sie
ist mit ihrem Kind allein, das sie den Stiftern nicht wie üblich entge-
genhält. Das mächtige, raumverdrängende Volumen der Gestalten
sprengt das überkommene Figurenportal. Umfang und Wucht und
die Formenergie der Sluterschen Plastik durchbrechen alle Kon-
vention. Herzog und Herzogin (beide mit so charakteristischen
Zügen, daß man an Bildnisse denken kann), auch ihre Fürbitter,
sind greifbar nahe: Der Herzog betet zwar kniend, aber nicht de-

mütig fromm, eher selbstbewußt; die Herzogin wirkt im Knien
geschmeidiger, ist gleichwohl nicht weniger gerade aufgerichtet.
Die Madonna, eine hinreißend schöne Gestalt, richtet sich stolz auf,
in der Körperachse leicht gedreht und mit einem Anflug jener so
unkörperlichen Eleganz der »Schönen Madonnen« der »Internationalen Gotik« dieser Zeit, über die Sluters Kunst sonst schon hinaus-
weist. Als ob sie eine Vorahnung des Kommenden habe, sieht
Maria, sehr nachdenklich und ernst, nur ihr Kind, das aber mehr
nach oben zu blicken scheint, wo im Baldachin vermutlich die Lei-
denswerkzeuge angebracht waren. – Die Figuren sind zwischen
1,90 m und 2,65 m hoch; Entstehungszeit zwischen 1386 und 1401.

Am **Moses-Brunnen**, einem nahezu 8 m hohen *Kalvarienberg* auf
einem Figurensockel im *Brunnenbecken des Kreuzgangs*, hat Sluter
1395–1404/05 gearbeitet. Erhalten ist nur der 6seitige, von Prophe-
tenfiguren umstellte *Sockel*, und von der Kreuzigungsgruppe der
armlose *Oberkörper mit dem Haupt Christi* und seine Unterschenkel
(im 19. Jh. im Brunnen gefunden, heute im Archäologischen
Museum). Der frei aufgestellte Kalvarienberg ging samt Kreuz und
Figuren schon im 16. Jh. verloren; im 17. Jh. wurde das heutige
Schutzgehäuse errichtet.

Offene Dreipaßbögen gliedern den mit Ecksäulen besetzten, 3 m
hohen Architekturblock, auf dem die Propheten stehen. Über dem
Abschlußgesims scheinen *Engel* auf ihren Flügeln die Standplatte
für das über 4 m hohe Kreuz zu tragen. Eindrucksvoll ihre wechselnden Klagegebärden, die von resignierender Trauer bis zu expressiver Verzweiflung reichen. Sie entstanden um 1399, vermutlich
in Zusammenarbeit mit dem Neffen und Nachfolger Claus de
Werve.

Sluters größte Leistung sind die *Propheten*. Obwohl einzeln vor
»Nischen« stehend, sind sie nicht isoliert. Man kann auch hier von
bildmäßig-szenischer Anordnung der in prophetischen Ausdrucksgebärden konzipierten Gestalten sprechen. Wie sie mit Schriftrolle
oder -band – einige zusätzlich mit Buch – heraustreten: das ist
»Handlung«, ebenso die sprechende Gebärde, mit der sie beides
vorweisen. Das Gespräch zwischen *Jesaia* und *Daniel* über die Eck-
säule hinweg wird zu einer Auseinandersetzung, in der Daniel seine
Rede, nachdrücklich auf die Schrift weisend, unterstreicht, während
der sich zu ihm hindrehende Jesaia mit nachdenklich geneigtem
Kopf zuhört. *David* und *Jeremias* bilden ebenfalls eine Gruppe, in
der der König, die Hand mit gestrecktem Zeigefinger auf der
Schrift, auf das zu hören scheint, was Jeremias ihm vorliest. *Moses*
nimmt die Frontseite ein, zu der seine breite Gestalt mit von Falten

Dijon. Ehem. Kartause Champmol. Moses-Brunnen
Propheten am Sockel

durchzogenem Gesicht und in die Zukunft weisendem Blick paßt: Sendungsbewußt und keiner Diskussion zugänglich steht er erhobenen Hauptes da, von seiner Aufgabe als Volksführer, Wundertäter und Künder der Gotteserkenntnis zutiefst überzeugt, eine Gestalt, vor der man an Michelangelos Moses denkt. Auf der anderen Seite des Blockes *Zacharias*, vom Alter gebeugt, die Kopfbedeckung tief in die Stirn gedrückt und ganz nach innen gekehrt; seine erschlafften Hände deuten ein von Sorge umdunkeltes Grübeln über seine als »Nachtgeschichte« bezeichneten Visionen des Endgerichts an und die Trauer um den »Durchbohrten«.

Die Umsetzung der Einzelgestalten ins Szenische geht zusammen mit einem *Realismus*, der sich in der Erfassung der Temperamente ebenso bezeugt wie in der Kennzeichnung des Stofflichen (Bücher, Gürtel und Taschen, geäderte Hände und glatte oder von Runzeln durchzogene Gesichtshaut). Die Gewänder fallen hier »richtiger« als in der Internationalen Gotik, sind weniger tief, eher großflächig, sogar von Korrespondenz zwischen Körper und Gewand kann man sprechen. Es sind eminent plastische Figuren, die in sich selbst gegründet stehen.

Ebenso großartig die Bewältigung des *Programms:* Der Brunnen des Kreuzgartens, bei den Kartäusern zugleich Friedhof, wird durch die Kreuzigung zum *Lebensbrunnen.* Die typologische Auslegung der von den Propheten vorausgesagten Erlösung erfährt in der heilsgeschichtlich-symbolischen Verbindung von Wasser und Blut (z. B. Quellwunder Moses' und Seitenwunde Christi) eine neue Vertiefung durch die Kunst. – Die den Realismus noch steigernde *farbige Fassung* ist nur in Resten erhalten.

Öffentliche Gebäude

[14]Ehem. Schloß; Hôtel de Ville; Musée des Beaux-Arts ●
(Pl. de la Libération)

Das einstige **Palais des Ducs** (seit 17. Jh. Logis du Roi und Palais des États de Bourgogne), ein Bau von über 200 m Breitenerstreckung, ist wenig einheitlich. Rd. 4 Jahrhunderte haben an ihm gebaut, alle Stilphasen dieser Zeiten sind je nach Bedarf und Anspruch vertreten. Sie spiegeln auch die sich wandelnden Vorstellungen von politischer Repräsentation.

Über den Sitz der Herzöge vor den Valois ist wenig bekannt. – *Philipp d. Kühne*, 1363 Herzog geworden, begann sofort

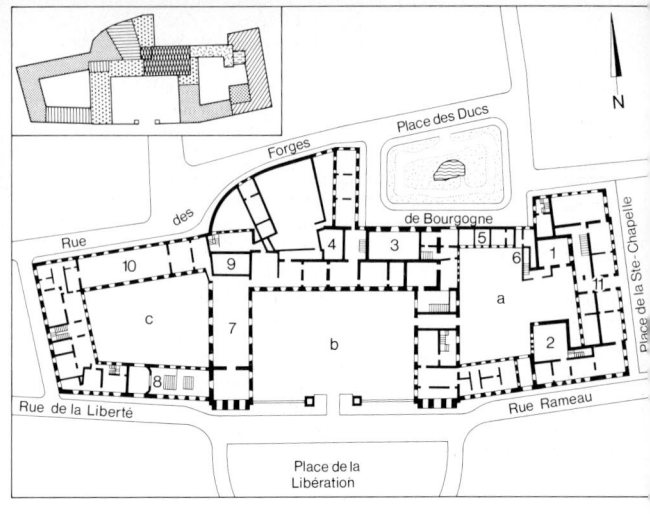

Dijon. Ehem. Palais des Ducs et des États de Bourgogne
Übersicht der Bauperioden (nach P. Gras)
und Erdgeschoß-Grundriß

mit dem Bau eines **Logis** zwischen der römischen Mauer und
der (1802 nahe der Stelle des heutigen Theaters abgerissenen) Ste-Chapelle. Ältester Teil ist die **Tour de Bar** (benannt nach René von Anjou, Herzog von Bar, 1435–42
König von Neapel, der 1432–37 hier gefangen saß): ein
gedrungener, 4geschossiger Bau mit 2 schlanken Treppentürmen (Fenster und Dächer erneuert). Auf der südl. Hofseite, dem Turm gegenüber, der **Küchenbau** (1433); er hat
auf 3 Seiten je 2 Feuerstellen mit Luftführung hinter Mantel-
wänden; durch eine Öffnung im 8strahligen Gewölbe zieht
Rauch und Küchendunst ab. Im Hof blieb nur der **Ziehbrunnen** erhalten.

Von *Philipp d. Guten* stammt das 3geschossige **got. Logis**
mit Festsaal (1450–55). Die südl. Frontseite wurde im
17. Jh. mit neuen Trakten am Ehrenhof kaschiert. Auf der
N-Seite (Place des Ducs) hohe Fenster mit »Eselsrücken«

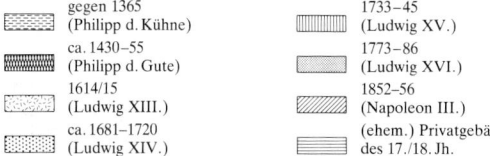

und eingetieften Profilrahmen. Hinter ihnen der durch 2
Geschosse gehende einstige Festsaal, die **S a l l e d e s G a r -
d e s**, heute Teil des Museums (Herzogsgräber). – Der
1450–56 einem Turm des römischen Castrums aufgesetzte,
46 m hohe **Turm Philipps d. Guten** schloß den got. Palast im
W ab. Sein unregelmäßiger Grundriß geht vielleicht auf
einen älteren Wohnturm zurück. Philipp legte eine Wendeltreppe an (vorher gab es nur Leitern!), deren Stufen eine
schraubenförmige »Säule« bilden. An der Außenwand
Blattwerk und figürlich skulptierte Kragsteine, die obere
Plattform mit Maßwerkbalustrade. Der freistehende Turm
wurde 1710 mit einem **Pavillon** für den Gouverneur Condé
u. a. Trakten umbaut.
Nach dem *Heimfall des Herzogtums an die Krone* (1477)
blieb der Palast zunächst unbenutzt. Ludwig XI. und seine
Nachfolger erneuerten nur die Befestigungen.
Erst im 17. Jh. interssierten sich *Gouverneur* und *Ständeversammlung* wieder für den Bau, der in den folgenden Jahr-
hunderten immer großzügiger zum **»Logis du Roi«** und
»Palais des États« ausgebaut wurde. Seit 1615 entstand

zwischen Tour de Bar und got. Corps de logis die nach dem damaligen Gouverneur benannte **Galerie de Bellegarde**; sie hat unten eine ursprünglich offene Pfeilerhalle, oben eine Galerie (die Fenster wurden für das Museum vermauert), zu der aus dem Hof eine (urspr. 2) gedeckte *Treppe* hinaufführt. Treppe und Galerie orientieren sich an der florentinischen Spätrenaissance (zwei Königinnen aus dem Hause Medici hatten im 16. und 17. Jh. in Paris gebaut).

Neben der Treppe *Bronzestatue Claus Sluters* von H. Bouchard.

Der *Ausbau im Sinne der »französischen Klassik«* begann Ende des 17. Jh. Beteiligt waren der König, der Gouverneur, die Ständeversammlung und die Stadt, letztere wegen der Platzgestaltung vor dem Schloß und der Straßenführung. Zur Aufgabe stand: vor dem mittelalterl. Schloß einen E h r e n h o f anzulegen, dessen Flügel die älteren Trakte verdecken sollten. Das hohe Dach des alten Logis wurde niedriger gelegt und mit einer Balustrade umzogen. Der got. Turm überragt allerdings bis heute – wie ein Erinnerungszeichen – das Schloß des Königs und der Stände.

Als erste entstand seit 1681 der **westl. Flügelbau** für die **Ständevertretung**, ihre Verwaltung und die Münze. Die Pläne lieferte D. Gittard (1625–86), ein Günstling des Prinzen Condé; örtlicher Bauleiter war M. de Noinville († vor 1740). Nachfolger Gittards wurde J. Hardouin-Mansart (1646–1708), auf dessen Plänen alle künftigen Um- und Erweiterungsbauten basieren, sein Nachfolger R. de Cotte (1656–1735). Hardouin-Mansart schloß den unvollendeten Flügelbau zur Straße hin mit einer auf hohem Sockel stehenden *dorischen Tempelfront* ab.

Im Giebelfeld Personifikationen des »Militärischen Ruhms« und der »Historia«, welche die Taten Ludwigs XIV. aufschreibt. Auf dem Dach Trophäen.

Hardouin-Mansarts endgültiger Entwurf (1688) berücksichtigt schon den H a l b r u n d p l a t z vor dem Schloß mit einem Reiterstandbild Ludwigs XIV. und, zwischen Platz und Schloß, einer breiten S t r a ß e (heutige Rue de la Liberté und Rue Rameau). Die **Pfeilerarkaden** des Platzes waren seit 1686 im Bau. – Gleichzeitig entstand der Plan eines östl. Pendants zum westl. Ständeflügel und, auf Anordnung des Königs, eines »*embellissement de mon Logis*«, d. h. insgesamt eines des Königs würdigen Palastes.

Im Mittelrisalit Figurennische mit dem König als römischem Kaiser (nach der Revolution durch Minerva ersetzt). Als Bekrönung wieder Trophäen.

Bauzeit des **Haupttraktes**: 1690–1720. 1720 Beginn des O-**Flügels**, sein Weiterbau erst 1782–87. Künstlerisch bestimmen die Ehrenhof-Trakte die symmetrische Anordnung der Flügel mit den dorischen Tempelfronten. Die gleichmäßig gereihten Fenster, im Hauptgeschoß höher als Fenstertüren, wirken, da ohne plastische Akzentuierung, recht monoton. Das Ende des 18. Jh. angelegte *Hofgitter* fördert dagegen den Zusammenhang von Schloß und Ehrenhof mit dem Halbrundplatz davor, wobei die Torpfeiler plastische Akzente setzen.

I n n e n blieben aus der Bauzeit nur *Kamine* mit Reliefbildern von J. Dubois (1625–94), die Ludwig XIV. in mythologischen Posen feiern: als Herkules und als Jason, dessen Raub des Goldenen Vlieses auf den Sieg über Habsburg, den Großmeister des gleichnamigen Ordens, anspielt. Auf dem 3. Relief verkündet der »Ruhm« seine Siege. Im *Eingangssaal* 4 allegorische Statuen: Ruhm, Kraft, Gerechtigkeit und Glaube.

P l a c e   d e   l a   L i b é r a t i o n (ehem. Place du Roi). Seit 1678 wurde vom Magistrat im Zusammenhang mit dem Halbrundplatz eine großzügigere Straßenführung geplant. Der Stadt zuvorkommend, beschlossen die Stände ein Reiterstandbild des Königs. Daraufhin ließ der Magistrat (1686 bis 1692) dort **Pfeilerarkaden** aufstellen, deren Balustrade kein Bauwerk überragen dürfte (erst seit Mitte des 19. Jh. entstanden in den Arkaden Läden, Cafés u. a. Geschäfte). Die vorgesehene S t r a ß e zwischen Palast und Platz wurde 1720–24 ausgebaut; die Pfeilerarkaden wurden an ihren Häusern fortgesetzt. Das Denkmal in der Revolution zerstört. Seither ist der Platz »leer«.

Erweiterungsbauten für die Stände (Élus). Die Stände verlangten im 18. Jh. einen angemesseneren Rahmen für ihre

Sitzungen. 1731 beauftragten sie J. Gabriel (1667–1742), der eine Erweiterung des Ständebaus von 1681 im rechten Winkel dazu, entlang der neuen Straße nach W, vorschlug. Baubeginn 1733, Abschluß 1738. An die Portikusfront schließt folglich ein 2×5 Achsen langer Bau an, mit hohem *Eingangsportal* zum Vestibül und Durchgang zum späteren Hof, der sog. C o u r d e F l o r e. Das schmuckreiche Portal mit Rahmenpilastern und elegant geschnitzten Türflügeln entspricht der Architekturauffassung des 18. Jh. Leider wurde der Segmentgiebel 1785 in Angleichung an den jüngeren O-Flügel klassizistisch verändert.

● Das S t i e g e n h a u s gehört zu den Glanzleistungen der Epoche. Ganz in Weiß gehalten, bildet das V e s t i b ü l den Auftakt; in den Ecken kannelierte Doppelpilaster, darüber ein Konsolgesims für das Spiegelgewölbe. Im Bogenfeld Nische für eine »Flora«-Büste. Das Vestibül verlängert die Anlaufstufen der Treppe (deshalb Glastüren!) und steigert deren monumentale Wirkung. In halber Höhe werden die Stufen zwischen den wie Balkone vorgezogenen und umgitterten Blöcken schmaler. Das Treppenhaus wirkt 2geschossig, wobei die Vorstellung mitschwingen mag, von »unten« zu den »Erwählten« (Élus) aufzusteigen. Nicht zufällig sammelt sich hier das Licht zu strahlender Helligkeit.

Embleme für Künste und Wissenschaften, allegorische und auch historische Gestalten: alles ist hier nur noch feinnervig verspieltes, zwischen zartestem Relief und plastisch vortretenden Formen nuancierendes Ornament. Imposanter ist die *Wand über dem Vestibülportal*, die man beim Hinabschreiten vor sich sieht: eine von Genien mit Ruhmestrompeten gehaltene Wappenkartusche. Eine Meisterleistung sind ferner die schmiedeeisernen *Gitter* an Rampen und vorgebauten Emporen (1738 von Gabriel). – Im Hardouin-Mansartschen E c k p a v i l l o n wiederholt sich die dorische Außenfront; in den Nischen allegorische Figuren der »Stärke« und »Wachsamkeit«.

● Die K a p e l l e (»Chapelle des Élus«) im Ständeflügel (1736/39, Ausstattung 1740 vollendet) ist von außen nicht zu sehen. Innen unterteilen sie Pilaster und Kreuzgewölbe in 3 Joche; sie schließt mit gerader Altarwand. Auf der N-Seite ist sie – bedingt durch ältere Bauten – überraschend

steil. Der Architekt überspielte die Höhe durch einen Fas-
zien-Architrav, über dem er die Pilaster mit Teilstücken
eines mächtigen Kranzgesimses kurz fortsetzt. Schildwände
und Gewölbe gewahrt man kaum, der Rokoko-Dekor
bleibt auf die Flächen zwischen den Bögen beschränkt.
Doppelpilaster an den Stirnwänden machen den Raum
breiter.

Die Portale zeigen hervorragend geschnitzte *Türen*. – Der dunkle,
marmorne *Sarkophagaltar* von J.-N. Servandoni (1695–1766) fügt
sich dem hellen Gesamtdekor ein. Die *»Kreuzabnahme«* darüber
von J. Jouvenet (1644–1717). Der skulptierte, stuckierte und geschnitzte *Rokoko-Dekor* ist in Erfindung und Ausführung von
erlesener Eleganz, bleibt aber rahmenbezogen und in der Anlage
symmetrisierend (nachwirkendes Erbe der französischen Klassik
des 17. Jh.?).

Um die vom Gouverneur, den Ständen und der Stadt geförderte »École de Dessin« und ihre Studiensammlung angemessen unterzubringen, wurde der **O-Flügel** am Ehrenhof
seit 1782 weitergeführt, Fertigstellung 1787. Hardouin-
Mansart hatte ihn für den Blick auf St-Michel kürzer halten
wollen; dem jüngeren Architekten war die Symmetrie rd. 80
Jahre später wichtiger als die Perspektivwirkung! Ebenso
symmetrisch gedacht ist die Wiederholung des 10achsigen
W-Flügels auf der O-Seite, bis zur 1802 abgebrochenen Ste-
Chapelle.

Pilasterreliefs, Aufsatz und Putten am Portal gelten den Künsten.
Der stilistische Unterschied ist beispielhaft: geschmeidig elegant
sich rundende und in zartem Relief gehaltene Skulptur dort,
scharflinig gezeichnete und mit kantiger Meißelführung gearbeitete Formen hier – der Unterschied zwischen Rokoko und Klassizismus.

1836 Magistratsbeschluß, am früheren Ort der 1802 abgerissenen Ste-Chapelle ein **Museum** zu errichten (→ Musée des
Beaux-Arts). Es sollte baulich mit dem Theater im Einklang
stehen (s. d.). Grundsteinlegung 1852, Vollendung 1856;
Architekt war Louis Belin.

[15] Palais de Justice (Rue du Palais)

1572 für den Obersten Gerichtshof gebaut.

In der noch got. *Giebelfront* neben gedehnt spitzbogigen Fenstern mit schlichten Laibungsschrägen auch rundbogige, von antikisch ornamentierten Pilastern und Segmentbögen mit dicken Girlanden gerahmte Fenster. Sie sind zwar symmetrisch angeordnet, aber zu gehäuft, Rahmen an Rahmen stoßend, um als »Renaissance« bezeichnet zu werden. Von antikischer Ordnung ist wenig zu spüren. Renaissancemäßiger wirkt nur die von Nischen flankierte *Vorhalle*, deren gedoppelte Säulen ein geschupptes Kuppeldach tragen.

Die *Tür* ist eine Kopie der 1583 von H. Sambin geschnitzten (Original im Musée des Beaux-Arts). – Im I n n e r n ist hohe Halle: die über Kehlbalken mit getäfelter Holztonne gewölbte S a l l e   d e s   P a s - p e r d u s. Sie galt als Treffpunkt der Gesellschaft. – Links der H e i l i g g e i s t k a p e l l e mit feinnervig elegant als geflochtenes Astwerk mit kleinen Tieren geschnitzten *Chorschranken* (von Sambin) liegt der nüchterne G e r i c h t s s a a l von 1868. Seine geschnitzte *Holzdecke* (ca. 1645/50, nachträglich eingebaut) enthält Reliefs mit allegorischen Figuren und von Engeln gehaltenen Medaillonbildnissen. – Rechts der Kapelle die C h a m b r e   d o r é e, 1520 bereits für öffentliche Sitzungen des Gerichts entstanden. Ihre üppigen Friese und die vergoldete Kassettendecke erinnern an die Anfänge der französischen Renaissance; die allegorischen Grisaillemalereien sind jünger.

[16] Theater (Pl. du Théâtre)

In Dijon wurde seit Ende des 17. Jh. in einem Ballspielhaus Theater gespielt. Nach Abbruch der Ste-Chapelle (1802) bot sich der Platz des ehem. Kreuzgangs für einen eigenen Theaterbau an, der 1810–28 entstand.

An dem Gebäude ist abzulesen, wie gegenüber dem Frühklassizismus die Anpassung an die römische Antike rigoroser geworden war. Der 61 m lange, 22 m breite und ca. 17 m hohe Rechteckbau steht – wie der antike Podiumtempel – auf einem Sockel mit Stufen nur an der Frontseite. 8 korinthische Säulen bilden die Vorhalle. Sie tragen ein römisches Gebälk mit Faszien und Attika, das sich um den ganzen Bau herumzieht. Rundbogige Portale und Fenster sind scharf-

kantig geschnitten und unterbrechen die Horizontalgesimse.

Auf der Place de la Ste-Chapelle, zwischen Theater und
Schloß, ein **Denkmal** für den 1683 in Dijon geborenen Komponisten
Jean-Philippe Rameau (1880 aufgestellt).

Place Darcy

*Bis Ende des 18. Jh. war hier Ackerland. Von Paris und Chalon-sur-
Saône kommende Straßen trafen vor dem befestigten Haupttor zu-
sammen. An der Stelle des 1783 abgebrochenen Tores entstand (zu
Ehren des Prinzen Condé [1621–86]) der*

Triumphbogen, ein stämmiger Torbau ohne die übliche Säulenglie-
derung. Neben der Bogenrundung Reliefs: W-Seite mit Minerva
und Burgundia, auf der Stadtseite allegorische Figuren aus der
Geschichte der Stadt. Auf den breiten Pfeilern Girlanden und
Medaillons sowie Inschrifttafeln. Die Widmung an Condé wurde
durch die 1791 erklärten »Menschenrechte« ersetzt. Der Bogen hieß
jetzt »Porte de la Liberté« (nach dem Sturz Napoleons 1814 wieder
»Porte Condé«), später und bis heute [17]**Porte Guillaume** (nach dem
Reformabt Wilhelm von Volpiano [s. St-Bénigne]).

Westlich des Bogens baute der Ingenieur Henri Darcy (1803–58)
1840 einen Wasserspeicher, über dem in den 70er Jahren ein **Park**
mit von Balustraden eingefaßten Wasserbecken und -kaskaden
sowie Treppen angelegt wurde. Der kleine 8seitige **Pavillon** ist ein
Denkmal für Darcy (Büste im Portalgiebel). – *Plastische Bildwerke:*
Beim Eingang *»Eisbär«* von Fr. Pompon (1855–1933). Nicht weit
davon die C.-F. Attiret (1728–1804) zugeschriebene *»Morgenröte«*;
der Adler Jupiters versinnbildet den hellen Tag.

Wohnbauten und Palais

Dijon hat in Wohnbauten und Stadtpalästen seinen historischen Charakter bewahrt – nicht immer »stilrein«, denn
beim Wohnen paßt man sich leichter neuen Vorstellungen
an. Seit dem späten Mittelalter entstandene große Wohngebäude stehen in den Straßen neben bescheideneren und
schmalen, zudem sind an ein und demselben Haus oft Veränderungen stilistischer Art festzustellen. Auch das Bild der
planmäßig angelegten Plätze lebt von der Vielfalt der Häuser, die sie umsäumen. Ein Rundgang durch die Innenstadt ist deshalb sehr zu empfehlen; man durchwandert

dabei auch die Geschichte von Dijon. Eine Beschreibung
der charakteristischen Merkmale und Formqualitäten sei
dem Rundgang vorangestellt.

Steinbauten der **späten Gotik** sind unverändert kaum überkommen,
jedoch blieben an jüngeren Häusern des öfteren Bauteile aus dieser
Zeit erhalten. Fischblase und züngelnde Flamme sind charakteristische Ornamentformen, daneben naturalistisches Laubwerk.
Kielbogenfenster und -portale sind die Regel. In den Wänden häufig
polygonale Säulen auf prismatischen Sockeln. Die Fenster immer
in kleine Scheiben unterteilt. Maßwerkformen finden sich – außer
in den Fenstern selbst – in Bogenfeldern, an Geländern und Balustraden, aber auch verflochtene Gitterformen kommen ebenso vor
wie Kreuzblumen, Wimperge, Bogenspitzen und Fialen. Auf den
Bögen oft dichtblättrige Krabben. Ähnlich sind hängende Schlußsteine ornamentiert.

An den **Renaissance-Häusern** die üblichen antikisierenden Ornamentmotive, auch figürliche Personifikationen, seltener szenische
Darstellungen. Im mittleren 16. Jh. wird Dijon für Jahrzehnte vom
Sambin-Stil beherrscht, d. i. der von dem Architekten und Holzschnitzer Hugues Sambin (1518–1601) bevorzugte Dekor (s. Justiz-
palast). Die Fassaden wurden damals von kaum zu bremsender
Ornamentflut überwuchert. Unter den Händen der nicht immer
fähigsten Steinmetzen schoß seine Ornamentik oft üppig »ins
Kraut«. Manieristische Übertreibung steckt in vielen muskelstrot-
zenden Atlanten und Hermen und der überquellenden Gewandfal-
tenfülle weiblicher Karyatiden und Büsten, ebenso im Knorpelwerk
der aufwendigen Rahmenkartuschen mit Wappen oder Initialen.
Figuren solcher Art flankieren vorzugsweise Fenster und Mauer-
wie Dacherker, oftmals durch kurvige Konsolen ersetzt. Über den
Fenstern wechseln Dreiecks- und Segmentgiebel; ihre Felder füllen
Trophäen, Früchte und Blattwerk, auch Füllhörner, Löwen-, Wid-
der- oder Stierköpfe, Masken und Fratzen kommen vor. Aus
gesprengten Giebeln wachsen Vasen und besonders gern die sog.
»Choux Bourguignons« (irreführende Bezeichnung für mit buschi-
gen Blättern renaturalisierte Palmetten). Üppige Ranken und Girlanden hängen neben Fensterrahmen und in Bögen unter den Sohlbänken, oder sie füllen die Leerflächen zwischen den Fenstergeschossen, während neben den Fenstern häufig Rosetten, Köpfe auf
Konsolen und Knorpelkartuschen erscheinen. Beliebt waren die
umkränzten Ochsenaugen, vorzugsweise in den niedrigen Attika-
geschossen und an Erkern.

Dijon. Maison Milsand. Fassade (zu S. 272)

»**Stil Louis XIV**« (17. und frühes 18. Jh.). Besondere Aufmerksamkeit wurde dem einst von Pilastern und Säulen flankierten Portal geschenkt, oft eingeordnet in antikische Gliederungen. Häufig tragen sie auf hohen Sockeln Wappenkartuschen oder aufgesetzte Trophäen. Damals entstanden die anspruchsvollen Stadtpaläste, oft 3-Flügel-Anlagen um den Ehrenhof, zur Straße fast immer mit einer Mauer abgeschlossen. Damals setzte v. a. unter den zum Parlament gehörenden Ständevertretern ein regelrechter Wettbewerb ein. Seit etwa Mitte des 18. Jh. ist dann eine Zunahme von »archäologisch« getreuen Antikenordnungen mit den zugehörigen Ornamentmotiven zu beobachten. Zweifellos wurde die Säule noch im barocken Verständnis als Herrschaftssymbol gewertet.

Überraschend groß ist die Zahl der **Fachwerkhäuser**, von denen viele erst in jüngerer Zeit freigelegt worden sind. In Dijon kann man nachvollziehen, daß das Fachwerk eine Skelettbauweise mit tragenden Pfosten und waagerechten Querverbindungen mit Hölzern darstellt, durchaus geeignet für viele Geschosse hohe städtische Wohn- *und* Geschäftshäuser – und zwar in Höhe und Breite so variabel wie der Steinbau. Von Stockwerk zu Stockwerk besteht die Möglichkeit des Wechsels in der Raumverteilung. Ein weiterer Vorteil: in jedem Stockwerk lassen sich die Rähme mit Hilfe der Knaggen weiter in den Straßenraum vorschieben, um so die Nutzfläche zu vergrößern – bei dem stets knappen Baugrund in den Städten (die Verteidigungserfordernisse ließen den Mauerring so eng wie möglich halten). Einen Gewinn bedeutete auch die Möglichkeit, sein Haus durch Schnitzen, Bemalen und farbige Gestaltung »schöner« zu machen. Die meisten Fachwerkhäuser in Dijon gehen auf das 15., 16. und 17. Jh. zurück.

Einen **Rundgang** beginnt man am besten an der P l a c e R u d e. Von hier Blick auf 3 aneinandergebaute **Fachwerkhäuser** des 15. Jh. in der R u e d e l a L i b e r t é (**Nr. 54**).

Auch in der zu Notre-Dame führenden R u e d e s F o r g e s ein breit gedehntes **Fachwerkhaus**. – In dieser Straße mehrere aufwendige Häuser: **Nr. 52–56:** [29]**Hôtel Morel-Sauvegrain et Jacques Rochefort** mit spätgot. Stilmerkmalen (seit 1435). Nr. 56 hat Renaissance-Hof; hier zwischen den Geschossen Schlachtenreliefs (Bauherr war Waffen- und Geschirrschmied). – **Nr. 40:** [30]**Hôtel Aubriot** (Ende 13. Jh.), einer der seltenen hochgot. Privatbauten; Portal 17. Jh. Dieses Haus eines Geldwechslers wurde um 1910 mit all seinem Reichtum an plastischen Details wiederhergestellt, z. T. nach alten Stichen. – Daneben **Nr. 38:** [32]**Maison Milsand**

(Abb. S. 271), ein Musterbeispiel des prunkvoll üppigen Dekorationsstils Sambins (1568). – **Nr. 34–36:** [31] **Hôtel Chambellan** (1496). Im *Hof* offene Galerien mit bemerkenswertem Treppenturm.

Place Notre-Dame. **Nr. 7: Maison Maillard** (Wende 16./ 17. Jh.), wieder mit üppigem Sambin-Dekor.

Rue de la Chouette (N-Seite von Notre-Dame). **Nr. 10:** Haus von 1483 mit Kielbogen als Eingang mit lustigen Schnitzereien. – **Nr. 8:** [24] **Hôtel de Vogüé** (1607), Prototyp eines Stadtpalais: 3-Flügel-Bau, in der Straßenfront durch eine Mauer abgeschlossen. Im Ehrenhof schöner italianisierender Portikus.

Die Häuser der Rue de la Préfecture zumeist 17. und 18. Jh. Vereinzelt im Erdgeschoß noch Kielbogenfenster aus 1. Bauzeit; andere zeigen Klassizismus der 2. Hälfte des 18. Jh. – Hervorzuheben: **Nr. 49**, das ehem. Hôtel Lantenay (1759), heute [18] **Präfektur**. – **Nr. 40: Hôtel Dampierre**, um 1777 gebaut. Großes Portal.

Rue de la Chouette (Forts.). **Nr. 3** (an der Ecke zur Rue Verrerie): Hôtel des 15. Jh. mit 2 jeweils vorkragenden Geschossen und spitzem Giebeldach.

Rue Longepierre/Place des Ducs. **Nr. 16:** [33] **Hôtel Berbis** mit Renaissance-Erker. Zum Platz Figurennische mit Hl. Eligius. – Auf der N-Seite des Platzes Beginn der engen

Rue Verrerie. Mit den vorkragenden Fachwerkbauten wirkt sie noch mittelalterlich. Die Häuser **Nr. 8–12** sind beispielhaft, z. T. mit figürlich geschnitzten Schwellen und Kielbogenfenstern. – Haus **Nr. 16** und **18** mit Kielbogenportal, darüber 3 Figurensockel für (verlorene) Verkündigungsgruppe, nur Lilienvase erhalten. – **Nr. 21** und **23** sind beides mit Sambin-Motiven dekorierte Renaissance-Häuser.

Rue d'Assas. **Nr. 10: Hôtel Pouffier**, mit Portal 17./18. Jh. Hier tagte die von H. Pouffier gegründete »Akademie der Wissenschaften, Künste und Dichtung«, die J.-J. Rousseau 1750 den Preis für seine berühmte Antwort auf die Frage, »ob der Fortschritt in Wissenschaften und Künsten die Sitten gefördert oder korrumpiert habe«, verlieh.

Rue Chaudronnerie war die Straße der Kesselschmiede. – **Nr. 1:** Doppelhaus (Ende 16. Jh.) mit Fronten in 2 Straßen, im Baudekor Sambin-Einfluß. – **Nr. 4: Maison des Griffons**, neben dem »Aubriot« (s. o.) die älteste Straßenfront (Ende 13. / Anfang 14. Jh.) in Dijon. Im Hauptgeschoß 2 Doppelfenster mit Dreipaßbögen, darin Köpfe mit wechselnden Physiognomien. – **Nr. 5** (Ecke mit Rue A.-Comte): 3 Fachwerkhäuser mit anstoßenden Frontseiten und steilen Giebeln (15. Jh.). – **Nr. 28:** [25]**Maison des Cariatides** (frühes 17. Jh.), mit Arkaden im Doppelgeschoß (Köpfe als Schlußsteine), im Hauptgeschoß skurrile weibliche Karyatiden und männliche Atlanten zwischen großen Fenstern. Zwischen Rankenpilastern Sambin-Dekor. – **Nr. 27: Maison de Cirey**, zeigt elegante Spätgotik des 15. Jh. – **Nr. 44: Hôtel Filzjean de Ste-Colombe**, ein Beispiel für anspruchsvolles Wohnen im 18. Jh.

An der von St-Michel kommenden R u e V a n n e r i e sind **Nr. 80** und **79** 2 Eckhäuser noch des 15. Jh. mit vorkragenden Geschossen und alter Wendeltreppe. – **Nr. 66: Hôtel Le Compasseur** (ca. 1576). Fassade mit 3 ornamentreichen Fenstern und prachtvollem Erker (ob von Sambin entworfen?). Neben antikisierenden Ornamenten sein charakteristischer Dekor, hier mit Hermen und Karyatiden. – **Nr. 39** und **Nr. 41:** [34]**Hôtel Chartraire de Montigny** und **Ancien Hôtel du Commandant Militaire**, beide seit 1740 im Bau. In der Straßenfront von Nr. 39 Portal mit geschnitzter Rokoko-Tür; in seiner Supraporte große Rocaille. Die Front des Hauptbaus ist Klassizismus strenger Observanz. Im Mittelrisalit 3 Portale und Giebel. Innen monumentale, 2läufige Treppe mit als Trompe-l'œil gemalter Fortsetzung. Nr. 41 hat klassizistische Straßenfront; das Portal flankieren Schilderhäuschen mit Mars und Minerva (1787).

P l a c e S t - M i c h e l . Die Häuser hier meist 17.–19. Jh. Trotz Veränderungen (besonders aufwendig bei den älteren Bauten) blieb ein einheitliches Bild erhalten. – **Nr. 17: Hôtel de Laloge**, noch 16. Jh., im frühen 17. Jh. mit Renaissance-Treppe erneuert (vergleichbar der Bellegarde-Treppe im Schloßhof). – **Nr. 25: Hôtel de Croy et de la Monnaie**, gehörte zur Münze.

R u e C h a b o t - C h a r n y (vom Theaterplatz nach S). **Nr. 18: Hôtel Lemulier de Bressey** (16./17. Jh.). Fassade mit Sambin-Dekor, aber in eleganter Linienführung. – **Nr. 30: Maison Antoine**, ansehnliches Haus (Wende 17./18. Jh.) mit dezentem Baudekor, der die Lagerfugen-Strenge etwas mildert. Bemerkenswert 5 klassizistische Reliefs (nach 1775) mit neu erfundenen allegorischen Personifizierungen für Mathematik, Architektur, Straßen- und Brückenbau, Schiffahrt und die graphischen Techniken. – **Nr. 32: Hôtel de Vienne**. Grundbestand noch 15. Jh. Im Hof offene Galerien mit Kielbögen, aber jüngeren Kapitellen. Ein Flügel mit Eckturm gehört zur Renaissance. – **Nr. 64:** das ansehnliche **Hôtel Seguin de la Motte** (Mitte 18. Jh.).

Die Straße setzt sich – über P l a c e W i l s o n (dort [7]**St-Pierre**, ein neogot. Neubau von 1853 für die 1793 weiter nördlich abgetragene

Kirche) – in den C o u r s G é n é r a l - d e - G a u l l e und du P a r c
fort, der in den **Parc de la Colombière** mündet: Nach Plänen A.
Le Nôtres (1613–1700) um 1680 vollendet. Konsequent geometrische Flächenformen sind charakteristisch für Gärten dieser
Epoche. Im Schnittpunkt der Alleen runder Platz mit einem *Gnomon* (ähnlich einer im 16. Jh. in Brou aufgestellten Sonnenuhr).
Rechts der Hauptachse ein Stück der römischen **Via Agrippa**
(3. Jh.), links kleiner klassizistischer **Rundtempel** mit schlanken
Säulen (80er Jahre 18. Jh.): Freundschafts- oder Musentempel, wie
man sie im 18. Jh. in Parks gern aufstellte. Er kam übrigens erst 1954
hierher.

R u e P a s t e u r (Verbindungsstraße Wilson-/Franziskanerplatz).
Auf **Nr. 14, 28, 13, 15** und **17** interessante Wohnbauten des 18. Jh.,
mit Veränderungen zwar, aber ohne Beeinträchtigung des Gesamt-
bildes.

P l a c e d e s C o r d e l i e r s. An das 1243 gegründete Franziskanerkloster erinnert nur noch der Name.

R u e B e r b i s e y. **Nr. 3: Hôtel de Sassenay.** Der Treppenturm des
16. Jh. steht an jüngerem Bau (Ende 17. Jh.). Breite Haupttreppe
mit Statuen und geschmiedetem Geländer, im oberen Treppenhaus
Steinreliefs mit Apollo-Szenen sowie Supraporten mit Kindern als
»Jahreszeiten«. – **Nr. 6**, gegenüber, 3-Flügel-Bau (um 1760), das
Hauptportal etwas protzig überladen. – **Nr. 19: Hôtel Berbisey.**
Unauffällige Straßenfront, dahinter Rechteckhof mit offener Fach-
werk-Galerie, von ungelenk skulptiertem Holzpfeiler getragen. –
Nr. 21 hat schönes Spätrenaissance-Portal mit kannelierten Pilastern; in Bogenzwickeln Reliefs mit »Gerechtigkeit« und »Frucht-
barkeit«. Im 17. Jh. gaben die Berbisey das Haus auf und erbauten
sich **Nr. 25** und **27**, großzügiger im Stil (Wende 17./18. Jh.). – **Nr. 33:
Hôtel Richard de Ruffey.** Eckhaus mit Lagerfugen; im Mittelrisalit
rundbogige Türen und Fenster. Keine Pilaster oder Säulen (!), nur
im Hauptgeschoß in den Fensterbögen Masken, im Giebelfeld Wappen. Die Flügel umschließen einen Ehrenhof.

R u e C r é b i l l o n (beim »Ruffey« abzweigend). Am Haus **Nr. 27**
schönes Portal mit geschnitzten Türen (frühes 18. Jh.). – **Nr. 2** (an
der Ecke mit Rue Monge) das Ende des 17. Jh. gebaute [26]**Hôtel
de l'Académie**, 1773 für die Akademie erworben (früherer Sitz in
der Rue d'Assas; s. d.). Im großen Salon ionische Pilastergliederung und auf die Akademie bezogene Reliefbilder (Allegorien der
Natur, Wahrheit und Wissenschaft) von G. Bouchot (1775), in der
Attika Vasen und Bilder. Die ganze Ausstattung 2. Hälfte 18. Jh.

(Die Akademie wurde 1793 aufgehoben wie alle wissenschaftlichen Gesellschaften Frankreichs; das Gebäude heute Besitz der Universität.)

R u e C o n d o r c e t mit Häusern des 17. Jh. Das sog. **»Petit-Cîteaux«** ist ein Weinberghaus des 12. Jh., damals noch außerhalb der Stadt; es diente später den Äbten bei Besuchen in Dijon. Erhalten nur eine kleine, rippengewölbte *Kapelle* der Spätgotik. – Am Ende der Straße rechts in die R u e D a n t o n zur **Kirche St-Jean** (s. d.). Südlich davon die

R u e M o n g e . **Nr. 1** und **3**: Der im »Großen Stil« anspruchsvollste Bau ist das [27] **Hôtel Bouchu**, 1641–43 über Untergeschoß des 15. Jh. erbaut. Um Ehrenhof Hauptbau und kurze Flügel, an der Straße gequaderte Mauer. Das Portal flankieren dorische Doppelsäulen mit Putten (1782). Nachträglich wurden auch Balustrade und Vasen aufgesetzt, die den klassizistischen Charakter noch unterstreichen. Hauptbau und Flügeltrakte sowie die aufgesetzten Dacherker bestimmen Ecken und Fensterrahmen, nur das Halbrund der Freitreppe und die Perrongitter bringen einen Anflug von Bewegung. (Seit 1884 im Besitz der Stadt.)

P l a c e und R u e B o s s u e t (benannt nach dem 1627 in Dijon geborenen Theologen und berühmten Kanzelredner; sein **Denkmal** 1921 aufgestellt). Der Platz war seit frühem Mittelalter Markt und immer voller Leben; später siedelten sich auch wohlhabende Bürger an. Beispiele für ältere, z. T. restaurierte Häuser sind **Nr. 1** und **3** und das Eckhaus **Nr. 7** und **9**. – **Nr. 19** besitzt noch das Portal des 17. Jh.; **Nr. 21** mit Sambin-Dekor; ähnlich am **Hôtel de Lux** auf **Nr. 8**. – **Nr. 4: Hôtel d'Orange** (Wende 17./18. Jh.) zeigt mit Balustrade bekrönte Straßenfront, dahinter um einen Hof gruppierte 3-Flügel-Anlage mit zeitgenössischem Baudekor.

Die Rue Bossuet wird nördlich der Rue de la Liberté fortgesetzt durch die R u e d e s G o d r a n s , die in die Place St-Bernard endet. Die meisten nachmittelalterl. Häuser hier durch moderne Wohnblocks ersetzt. Erhalten blieb das spätgot. (vielfach umgebaute) [28] **Hôtel des Godrans** (15. Jh.) mit einigen Kielbögen an Fenster- und Türöffnungen; in mehreren Räumen noch got. Rippengewölbe, u. a. im »Restaurant du Marais«. Ein quadratischer *Turm* steht noch an der Place Rude (s. o.). – Das Hôtel **Nr. 24** (18. Jh.) verrät Tendenzen zum Klassizismus. – Auf der halbrunden P l a c e S t - B e r n a r d Bronzestatue des *Hl. Bernhard* als Prediger des 2. Kreuzzugs (1847 aufgestellt). – Das aufgehobene Dominikanerkloster (südlich) diente seit 1810 als Markthalle; die heutigen [19] **Hallen** (Rue

Odebert / Rue Quentin) entstanden 1872. – Weiter zum Platz vor dem Schloß.

Rue Vauban (vom Halbrund der Place de la Libération ausgehend). Im Hof von **Nr. 3** köstlicher kleiner *Renaissance-Bau* im Winkel zweier Trakte des 16. Jh. – **Nr. 12: Hôtel Bouhier**. Straßenportal und Dacherker sind bemerkenswert; Säulenportikus mit Eingangstreppe, 1. Hälfte 18. Jh. – Gegenüber (**Nr. 19**) ein Haus des 17. Jh. – **Nr. 21:** [35]**Hôtel Legouz de Gerland (Liégeard)** ist der umfänglichste, mit Außenfronten an 3 Straßen zu verschiedenen Zeiten entstandene Baukomplex: an der Rue Jean-Baptiste-Liégeard 1538 datierte 2geschossige Renaissance-Fassade mit Dacherkern und, zwischen diesen, von Konsolen getragenen Erker, 2 von ihnen mit schlankem Pyramidendach; ein dritter – in Angleichung an den großen Erker mit polygonalem Glockendach des jüngeren Traktes in der Rue Amiral-Roussin – nachträglich überkuppelt. Der späteste Bauteil (ca. 1690) mit nach innen gerundeter Fassade und aufgesetzter Balustrade in der Rue Vauban. Das von Löwen flankierte hohe Portal grenzen Lagerfugen gegen die Halbrundflügel ab.

Rue Amiral-Roussin. **Nr. 17:** Renaissance-Portal. – **Nr. 23:** [36]**Hôtel Fyot de Mimeure** (seit 1562 im Bau, Straßenfront jünger). Am zurückgesetzten Hauptbau noble, von schlanken Türmen flankierte Fassade mit zurückhaltendem Sambin-Dekor. – An der Ecke mit Rue Vauban ein **Fachwerkbau** mit geschnitzten Balkenköpfen und reliefierten Lagebalken; eine Säule mit »Verkündigung« (?).

In der Rue Piron (sie mündet auf Place Bossuet) ist nur **Nr. 17: Hôtel de Gissey** von Belang: Bossenquader am Portal; ein gewölbter Gang führt in den weiten Hof einer 3-Flügel-Anlage. Vor dem Hauptbau 2läufige Treppe mit Pilasterrampe und Plattform, darüber Dacherker. Der Sambin-Dekor v. a. der Fassade deutet auf 1. Hälfte 17. Jh. – Gegen Mitte des 17. Jh. kamen die Bauten auf **Nr. 15, 13** und **11** hinzu (nicht alle intakt erhalten). Damit entstand eine weitläufige Anlage mit Höfen und Gärten, die bis zur Rue Dauphine reichten. Hier gab es Billardsäle und – auf Nr. 15 – ein »Jeu de Paumes« (Ballspiel, Vorläufer des Tennis, bei dem man den Ball ursprünglich mit der Handfläche [paume] schlug, daher der Name; in Dijon gab es deren im 16. Jh. 9, in Paris im 17. Jh. über 70!).

In der Rue de Bourg (noch außerhalb der alten Stadtgrenze) herrschte die »démocratie locale« (E. Fyot); hier lag auch das Händlerviertel, in dem die Metzger die größte Strecke besetzten. Andere Händler kamen hinzu, auch Gaststätten und Vergnügungsetablissements etc. Geschäftsstraße ist sie bis heute geblieben. Ursprünglich reichte sie bis zur Rue des Forges (s. o.); zwischen ihr und dem Schloßplatz gab es vor 1720 keine rechte Straßenverbindung. An der damals angelegten R u e d e l a L i b e r t é mußten die Häuser einheitlich die Arkaden des Schloßplatzes fortsetzen (s. o.). Die neue Straße durchschnitt die Rue du Bourg und sogar die ansehnliche **Maison Chisseret**, deren eine Hälfte in der R u e S t e p h e n - L i é - g e a r d steht: ein Renaissance-Haus mit zurückhaltendem Sambin-Dekor (2. Hälfte 16. Jh.).

Museen

● [21]**Musée Archéologique** (5, Rue Docteur-Maret; nördlich der Kathedrale St-Bénigne, ehem. Dormitoriumsflügel)

Die im **Untergeschoß** aufgestellte Sammlung gibt Einblick in das private und öffentliche Leben in g a l l o - r ö m i s c h e r Z e i t und vermittelt ein Bild auch von den *religiösen Kulten*, insbesondere dem der Quellgöttin Sequana bei der Seine-Quelle. Alle Fundstücke stammen aus der Côte-d'Or. Es sind vorwiegend plastische Arbeiten in Stein, Bronze und Holz, viele Altäre und Architekturfragmente fast ausnahmslos aus 1.–3. Jh. n. Chr.

Überraschend ist die Zahl der *Grabdenkmäler* mit Büsten und ganzfigurigen Darstellungen, oft mit Attributen des Berufs oder Standes. Verhältnismäßig häufig sind *Votivsteine* mit Opfernden. *Götterbilder:* Apoll, Mars, Merkur, Minerva und Bacchus kommen vor, außerdem eine Flußgöttin und eine Gottheit mit Vögeln; mehrfach auch die keltische Pferdegöttin Epona. Als Dreiergruppe dargestellte Muttergottheiten wurden als Segensspenderinnen und Schutzgeister verehrt. Tierdarstellungen kommen ebenfalls vor, Stiere z. B., einige mit 3fachem Horn, Löwen als Brunnenfiguren, Tauben u. a. In Vitrinen Statuetten und Kleinkunstwerke aus Bronze und Ton sowie kunstgewerbliche Arbeiten und Schmuck.

Besonderes Interesse wecken die beim *Quellheiligtum der Sequana* ergrabenen *Fundstücke* (Sequana: röm. Name für den Grenzfluß zwischen Gallia Celtica und Belgica, die Seine; →Saint-Germain-Source-Seine). Das *Bronzebild* (Höhe 61,5 cm, Länge 40 cm) der in einer Barke stehenden *Göttin* mit Diadem wurde hier gefunden. Der aufregendste Fund (1963) war ein *Depot mit ca. 190 Holzskulpturen* von Pilgern beiderlei Geschlechts: ganzfigurige Gestalten, einzeln oder in Gruppen gereiht, auch einzelne Köpfe, Arme, Beine u. a. Gliedmaßen, ebenso Tiere (meist Pferde): Votiv- oder Weihegaben, die beim Bau eines steinernen Heiligtums (vermutlich 1. Jh.

n. Chr.) gesammelt und im Depot vergraben wurden, wo sie über-
dauerten. Fortan wurden dieselben Motive in Stein angefertigt. Die
Holzskulpturen sind älter. (An christlichen Wallfahrtsstätten gibt es
durchaus vergleichbare Votivgaben.) Die Leiden und Krankheiten
der Wallfahrer sind an den Votivfiguren noch diagnostizierbar:
Augenkrankheiten, Brüche, Wunden, Geschwülste, Kropf, Mißbil-
dungen und selbst Unfruchtbarkeit sind dargestellt. Dasselbe gilt für
die Haustiere. (Stilisierte Wiedergaben von Organen wie Lunge,
Leber, Herz, Darm wurden auch in etruskischen Gräbern gefunden.)

Im **Obergeschoß** des Museums S k u l p t u r e n a b t e i l u n g des
M i t t e l a l t e r s und der R e n a i s s a n c e.

Im T r e p p e n h a u s Vitrine mit subtil gearbeiteten *Fragmenten
vom roman. W-Portal von St-Bénigne* (um 1160/70) und ein Reli-
quienkreuz, Email, französisch (13. Jh.).

G r o ß e r S a a l. Plastikfragmente aus der Rotunde von St-Bénigne
sowie aus vor- und frühroman. Kirchen, weiterhin von einem der W-
Portale des 13. Jh. Beachtenswert ein Gewölbestein mit Blatt-
maske, Ende 13. Jh. Hauptwerke mittelalterl. Plastik sind 2 roman./
frühgot. *Tympanonreliefs* (Abendmahl, Majestas), früheste got.
Portalskulptur Burgunds (kaum vor 1160/70). – Weitere Haupt-
stücke: *Fragmente des Sluterschen Kruzifixes* vom Kalvarienberg in
Champmol (s. d.). Ein zweites *Kruzifix* stammt vermutlich von *Cl.
de Werve* (s. Grabmäler im Musée des Beaux-Arts). Zur *Sluter-
Nachfolge* zählen die Köpfe eines Antonius, eines hl. Bischofs und –
in der Treppenhausvitrine – das Fragment einer Madonna. – Weiterhin größere Zahl von Werken der Spätgotik und Renaissance, wobei
der Übergang gut zu beobachten ist.

Im **obersten Geschoß** Funde aus v o r - und f r ü h g e s c h i c h t l i -
c h e n E p o c h e n, g a l l o - r ö m i s c h e r und m e r o w i n g i s c h e r
Z e i t, alle begleitet von Tafeln mit erklärenden Übersichten auch
über die Forschungsergebnisse und heutigen Kenntnisse (nur Funde
aus dem burgundischen Raum).

[22] **Musée Magnin** (4, Rue des Bons-Enfants)

Benannt nach dem Stifter. Besonderer Reiz liegt in der Präsentie-
rung der Bilder in Wohnräumen inmitten der alten Möbel und Ausstattung. – Das Gebäude, **ehem. Hôtel Lantin**, stammt aus der Mitte
des 17. Jh.

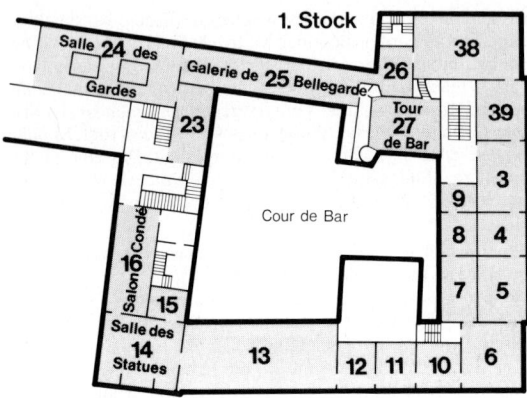

1. Stock

Salle **24** des Gardes

Galerie de **25** Bellegarde

26

38

23

Tour **27** de Bar

39

Cour de Bar

9

3

8

4

Salon Condé

16

7

5

15

Salle des **14** Statues

13

12 **11** **10**

6

Erdgeschoß

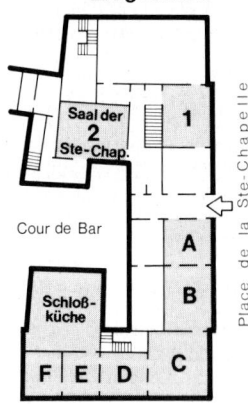

Saal der **2** Ste-Chap.

1

Cour de Bar

A

Schloß-küche

B

F **E** **D**

C

Place de la Ste-Chapelle

Rue Rameau

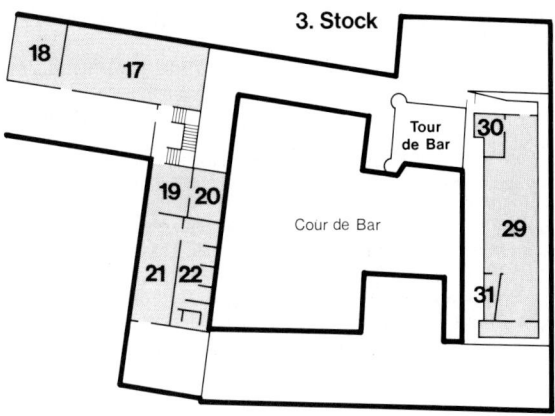

3. Stock

18   17

19   20

Tour de Bar   30

21   22

Cour de Bar   29

31

21 Fayencen und Glaswaren
22 Zeitgenössische burgundische Kunst
23 Flämische und burgundische Malerei
    des 15.–16. Jh.
24 Salle des Gardes:
    Herzogsgräber, Retabel, Tapisserien
25 Flämische, italienische und franzö-
    sische Malerei des 17.–18. Jh.
26 Malerei und Skulptur des 17.–19. Jh.
27 Malerei und Skulptur des 19.–20. Jh.
28 –
29 Malerei und Skulptur des 17.–19. Jh.
30 »Cabinet des Vanités«
31 Zeichnungen des 19. Jh.
32 Malerei und Zeichnungen
    Ende 19. Jh.
33 Georges Rouault, Adolphe Péterelle
34 Claude Domec
35 Kunst zu Beginn des 20. Jh.
36 Kunst des 20. Jh.
37 Zeitgenössische Kunst
38 Malerei und Skulptur des 19. Jh.
39 Malerei und Skulptur des 19.–20. Jh.

2. Stock

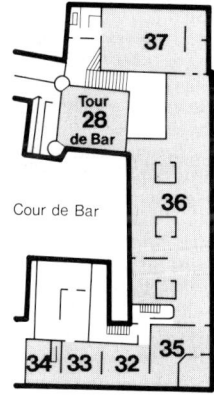

37

Tour 28 de Bar

36

Cour de Bar

35

34   33   32

Dijon. Musée des Beaux-Arts (Palais des États de Bourgogne)
Raumfolgen der 4 Geschosse

● **14b Musée des Beaux-Arts** (Palais des États de Bourgogne; Place de la Ste-Chapelle [Eingang beim Theater])

Das Museum nutzt Räume des Palais des États sowie den 1852 ff. östlich der Cour de Bar eigens für die Sammlungen errichteten Gebäudeflügel (s. S. 267). Es gehört – dank vieler privater Stiftungen – zu den wichtigsten und umfänglichsten Provinzmuseen Frankreichs. Die Umorganisation der Raumnutzung ist nicht abgeschlossen (die Pläne S. 280/281 geben den Stand im Sommer 1987 wieder). Das läßt statt einer saalweisen Darstellung der Bestände die Hervorhebung von Bestandsschwerpunkten sinnvoller erscheinen. Lediglich einige der historischen Räume werden vorab einzeln besprochen.

Im **Erdgeschoß** (SO-Seite der Cour de Bar) ist die alte S c h l o ß - k ü c h e aus dem 15. Jh. (s. S. 262) zu besichtigen.

R a u m   2 , der rechts hinter dem Museumseingang (neben der großen Treppe) gelegene Erdgeschoßraum der T o u r   d e   B a r , hatte den Kanonikern der Ste-Chapelle als Kapitelsaal gedient und war ferner Sitz des »Ritterordens vom Goldenen Vlies«. Herzog Philipp d. Gute verfolgte mit der Ordensgründung 1430 die Rückeroberung Jerusalems durch christliche Ritter. Sie sollten es den Ungläubigen entreißen, wie Jason das Fell eines Zeus geopferten Widders raubte (Sinn des Ordenssymbols); nach 1431 aufgekommenen Bedenken wegen des noch »heidnischen« Helden berief man sich statt dessen auf das alttestamentliche Vlieswunder des Richters Gideon und verstand dessen trocken gebliebenes Fell typologisch als Symbol der Reinheit der Jungfrau Maria, der Ordenspatronin.

Im *ehem. Kapitelsaal*, den ein Mittelpfeiler in 4 gleiche Kompartimente unterteilt, sind die wenigen 1802 beim Abbruch der *Ste-Chapelle* geretteten liturgischen Geräte und Kunstwerke ausgestellt: Steinfigur des hl. Genès (18. Jh.), als Schutzpatron der Schauspieler mit Musikinstrument-Attribut. Steinantependium mit Reliefs (Predigt, Teufelsaustreibung, Taufe, Kreuzigung) des hl. Petrus; in der Mitte thronender Christus. Altaraufsatz (14. Jh.) mit Manna-Regen und Kult der hl. Hostie (bezogen auf die hier verehrte Reliquie); unten das von Engeln gehaltene Tuch der Veronika, Silbertreibarbeit (ca. Mitte 16. Jh.). Antependium aus farbigem Stuck mit hl. Hostie in Monstranz (dat. 1674). Reliquienbehälter, eine Pyxis aus Bergkristall, welche die hl. Hostie enthielt, eine Herrenreliquie, die nach Dolchstoß geblutet haben soll. – In der Vitrine Schale des hl. Bernhard von Clairvaux (1112), außerdem die Krümme vom Abtsstab des hl. Robert von Molesme (1098 Mitgründer von Cîteaux, † 1111), sehr schöne Goldschmiedearbeit.

Auch die Räume in den oberen Stockwerken der Tour de Bar (Nr. 27 im 1., Nr. 28 im 2. Obergeschoß) werden für das Museum genutzt.

Im **1. Obergeschoß** war die S a l l e   d e s   G a r d e s (R a u m   2 4) der Festsaal im alten Herzogsschloß, etwa Mitte 15. Jh., nach Brand 1503 erneuert. Der Kamin 1504 mit zur Decke reichendem Aufbau. Gegenüber Musiker-Empore (Holz), 1548 erneuert. Mit den Gräbern der Herzöge und Kunstwerken aus ihrer Zeit ist der Raum das »Herz des alten Burgund«. Er sei deshalb hier ausführlicher besprochen.

Die beiden *Grabmäler aus Champmol* (s. d.) wurden seit 1827 restauriert. (Die Herzöge waren ohne Sarkophage in Erdgrüften unter ihnen beigesetzt.)

Grabmal Philipps d. Kühnen. Auf Stufensockel aus schwarzem ●
Marmor seine Liegefigur (Abb. S. 284). Zwischen Sockel und Platte Nachbildung eines Kreuzgangs aus Alabaster mit Kielbogenarkaden über polygonalen Pfeilern; auf den Kapitellen sollten 54 Engel stehen. Zwischen den Pfeilern paarweise der Trauerzug. Die 40 Pleurants (Trauernde) sind ca. 40 cm hohe Mönchsfiguren im Trauergewand mit Kapuze. Den Chorknaben vorn folgen Diakone und Priester, die Chorsänger und ein Bischof, anschließend 2 Kartäuser: der erste, eine stämmige, aufschauende Figur, wird Sluter selbst zugeschrieben. Die Anteilnahme der Pleurants ist unterschiedlich: einige ziehen die Kapuze tief ins Gesicht, andere schauen teilnahmslos umher, einer hält sich gar die Nase zu, ein anderer trocknet seine Tränen. – Jean de Marville, 1384 mit dem Grabmal beauftragt, konzipierte den architektonischen Rahmen. Unter seinen Mitarbeitern war seit 1385 Claus Sluter, der 1389 die Werkstatt mit den Aufträgen übernahm. Er war damals in Champmol voll beschäftigt. Bei Philipps Tod 1404 waren die Kartäuser-Pleurants fertig. Vermutlich hat Sluter das ganze Figurenkonzept ersonnen, das sein Neffe und Nachfolger, Claus de Werve (seit 1398 in der Werkstatt Champmol), vollendete: bis 1410 die Liegefigur, Engel mit der Sturmhaube und Löwe. Bei den Pleurants besteht kaum ein Unterschied. – Der Form nach ist das Grabmal eine riesige Tumba. Ob hier erstmals statt des rechteckigen Unterbaus räumliche Arkaden für den Trauerkondukt angelegt wurden, ist nicht sicher. Es gibt Vorformen, allerdings mit nur reliefierten Figuren an den Wänden. Das Dijonneser Grabmal ist in Erfindung und Gestaltung gleich eindrucksvoll. (Am vergleichbaren, 1405 begonnenen Grabmal des Duc de Berry in Bourges standen die Pleurants noch auf Konsolen unter Baldachinen.)

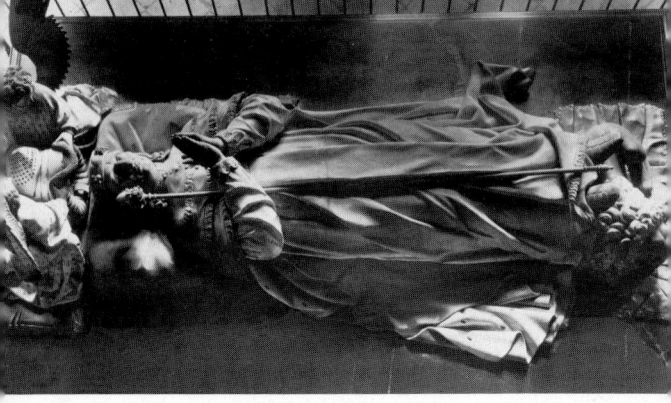

Grabmal Herzog Philipps d. Kühnen aus Champmol
(Dijon. Musée des Beaux-Arts; zu S. 283)

- *Doppelgrabmal Herzog Johanns ohne Furcht und seiner Gemahlin Margarete von Bayern.* Der Herzog hatte Pariser Bildhauer vorgesehen. Nach seiner Ermordung (1419) beauftragte sein Sohn 1436 Claus de Werve, der bis zu seinem Tod 1439 offenbar nur den Entwurf angefertigt hatte. 1443 Vertrag mit Jean de la Huerta, der bis 1455 die Alabasterarkaden, Engel mit Sturmhaube und, vielleicht, die Löwen sowie einige Pleurants schuf. Die beiden Liegefiguren zerbrachen (Materialfehler); Huertas Nachfolger Antoine Le Moiturier arbeitete sie 1460–70 neu (1793 wurden sie bis auf die Köpfe zerschlagen, später wiederhergestellt) und fertigte auch die restlichen Pleurants an. Das Doppelgrabmal lehnt sich bis zur Nachahmung an das ältere an. Feine Unterschiede bestehen trotzdem: Die jüngeren Pleurants stehen z. B. auf der Platte, die älteren auf noch angedeuteten Basen; die jüngeren sind gestenreicher in den Gebärden und komplizierter in den Gewandfalten; die Alabasterarkaden sind zierreicher, z. T. bis zu überbordender Üppigkeit. (Pfeilerengel im 19. Jh. ersetzt.)

  Aus Champmol stammen auch der »Passionsaltar« und der »Altar der Heiligen und Märtyrer«, beide von Jacques de Baerze (seit 1390). Melchior Broederlam hat sie vergoldet und die Außenseiten der Flügel bemalt. Beide haben auch die gleichen Maße, 1,59 ×
- 2,52 m; die Flügel sind je 1,25 m breit. – Der *»Passionsaltar«* hat in der Mittelnische »Kreuzigung«, rechts und links »Anbetung der Könige« und »Grablegung«. Darüber mehrgeschossige Maßwerknischen mit Fenstern und Tabernakeln zwischen hohen Fialen, das

Ganze wie eingewoben zwischen dünnen Pfeilern: vielleicht ist die
»Himmelsburg« gemeint, bevölkert von Engeln und Heiligen. Die
Gliederung der Flügel ist ähnlich. Figuren und Reliefs vertreten die
»Internationale Gotik« um 1400. Auf den Außenseiten Broeder-
lams berühmte Bilder: »Verkündigung« und »Heimsuchung« auf
dem einen, »Darbringung im Tempel« und »Flucht nach Ägypten«
auf dem anderen Flügel. Die kostbar wie Miniaturen in emailhaft
leuchtenden Temperafarben gemalten Szenen gehören in Erfindung
und Ausführung zu den sublimiertesten Malereien dieser Stil-
epoche (Abb. S. 286/287). – In der Anlage nahezu gleich der *»Hei-
ligen- und Märtyreraltar«:* Auf der Haupttafel »Enthauptung des
Johannes«, »Hinrichtung der Katharina von Alexandrien«, »Die hl.
Barbara mit ihrem Henker« und »Versuchung des hl. Antonius«.
Auf den Flügeln ebenfalls Nischenfiguren von Heiligen.
Der breite *Bildteppich* darüber (um 1515) zeigt Szenen der Belagerung Dijons durch Schweizer und Süddeutsche i. J. 1513 und seine
Verteidigung, dazu die Bittprozession mit der Schwarzen Madonna
(aus Notre-Dame). – 2 *flämische Wandbehänge* mit allegorischen
Themen (16. Jh.). – Das Fragment eines *Tournai-Teppichs* (15. Jh.)
zeigt Karl d. Gr. als Kirchenbauer. – In der Nische daneben ein
Rogier van der Weyden nahes Porträt *Herzog Philipps d. Guten* mit
dem Orden vom Goldenen Vlies (ca. 1450). – Ferner ein Passionsaltar mit sehr realistischer *Kreuzigung*, um 1500 (lt. Katalog von burgundischem Meister mit deutschem Einfluß). – Weiter eine um 1432
datierbare »Darbringung im Tempel« eines flämisch-burgundischen
Malers; der gemalte Kirchenraum zeigt Eigentümlichkeiten von
Notre-Dame in Dijon. – Zu nennen noch die geschnitzte Rücklehne
eines *Chorstuhls* (aus Champmol) sowie die Schmalseite mit 4 Pleurants vom Grabmal des P. de Baufremont (ca. Mitte 15. Jh.).
Östlich schließt an die Salle des Gardes die G a l e r i e d e B e l l e -
g a r d e (R a u m 2 5) an. Südlich – jenseits des Escalier du Prince –
liegen 2 Räume, Salle des Statues und Salon Condé, die vor der
Revolution noch fertig geworden und unverändert erhalten sind. Sie
waren für die Kunstschule bestimmt. Die Ausstellung hat noch
etwas von dem intimen Charme der frühen Klassizismus:
S a l l e d e s S t a t u e s (R a u m 1 4). Deckenbild »Verherrlichung
Burgunds« von Pierre-Paul Prud'hon, Schüler der Akademie von
Dijon und ihr Romstipendiat. Von Rompreisträgern auch die An-
tikenkopien. »Hebe mit dem Adler Jupiters« (1846) hat François
Rude sein »künstlerisches Testament« genannt.
S a l o n C o n d é (R a u m 1 6). Hier Wandteppiche aus der Einrich-
tungszeit, Bilder und Skulpturen von Nicolas de Largillière, Jean-

*Melchior Broederlam: Verkündigung und Heimsuchung,
Szenen auf den Flügeln des Passionsaltars*

*Darbringung im Tempel und Flucht nach Ägypten
(Dijon, Musée des Beaux-Arts; zu S. 285)*

Baptiste Lallemand, Maurice-Quentin de La Tour (sein bekanntes Selbstbildnis), Hubert Robert und Rosalba Carriera. Außerdem ein Wandteppich mit dem Wappen der Universität Dijon (1737). Davor die bekannte Marmorbüste Ludwigs XIV. von Antoine Coysevox (1686).

Von a n t i k e r K u n s t gibt es im Museum nur einige wenige Beispiele (v. a. ägyptische Arbeiten). – Auf dem Absatz der Haupttreppe zum oberen Geschoß »Apollon musagetes«, ein spätklassisches griechisches Marmorbildwerk (4. Jh. v. Chr.).

An S k u l p t u r e n besitzt das Museum ansonsten Werke vom 14. Jh. bis zur Gegenwart.

Claus Sluter (um 1355/60 – 1405/06) ist dokumentiert durch Gipsabgüsse seiner Arbeiten in Champmol (Madonna vom Portal, Propheten vom Moses-Brunnen) sowie eine Rekonstruktion des Kalvarienbergs.

● *Burgundische Werke des 14.–16. Jh.* zeigen Züge des von Sluter geprägten Realismus. Zu erwähnen mehrere stehende Madonnen aus verschiedenen Jahrzehnten, alle der Champmol-Madonna mehr oder weniger nahe verwandt. Besonders eindrucksvoll eine »Maria lactans«, ein »Verkündigungsengel« und »Lesende Heilige« sowie ein den Pleurants der Grabmäler noch naher »Hl. Bischof« (Holz). 2 kleinere Figuren (Madonna, hl. Veronika) scheinen noch aus dem 14. Jh. zu stammen. Aus dem 16. Jh. Steinrelief einer Pietà. – Die Ligier Richier (um 1500 – 67) zugeschriebene Skelettfigur von einem Grabmal prägt ebenfalls noch der spätgot. Realismus. – Von Hugues Sambin (um 1518–1601), dem Holzschnitzer und Architekten, der die französische Renaissance – auch durch eine theoretische Schrift – stark mitbestimmt hat, mehrere Reliefs (Genien mit Lorbeer, Tänzerinnen, »Opfer Abrahams«, »Jakobs Segen« und sein »Kampf mit dem Engel«); wichtigstes Werk: Türen aus dem Palais de Justice (s. d.). – J. Damotte (ca. 1500–67) zugeschrieben ein Steinaltar mit ganz renaissancemäßig gebauten Reliefszenen aus Kindheit und Passion Jesu. – Aus Antwerpen: Passionsaltar mit Reliefszenen, Holz mit alter Fassung (Ende 15. Jh.). – Als brabantisch gilt ein Altarfragment mit »Maria Ohnmacht«, Holz, alte Fassung (Anfang 16. Jh.).

Holzbildwerke des 15. und 16. Jh. aus verschiedenen Ländern. – Kleinbildwerke, u. a. eindrucksvolle »Zusammenbrechende Maria« und Madonnenstatuette (flämisch, Anfang 16. Jh.).

Deutsche Werke dieser Zeit: »Schlafender Johannes«, fränkisch, Holz mit alter Fassung (Ende 15. Jh.). »Hl. Georg«, norddeutsch (Nähe Notke), Holz mit Resten alter Fassung (Ende 15. Jh.).

»Joachim an der Goldenen Pforte«, Holzfigur; daneben »Anna«, gemaltes Bild, süddeutsch (Ende 15. Jh.). »Hl. Katharina«, schwäbisch, Holz mit alter Fassung (Ende 15. Jh.). »Enthauptung Johannes' d. T.« und »Salome mit dem abgeschlagenen Haupt«, Holzrelief, rheinisch (um 1520). Altarfragment mit »Geburt Christi«, rheinisch, Holz mit farbiger Fassung (Anfang 16. Jh.).

Französische Bildwerke. Von Jean Dubois (1625–94) und ihm nahestehenden Künstlern u. a. 2 kniende Männer von Grabmälern; in der Bewegung besonders schön die Figur des Joly de Blaisy. Marmorbildnis des Fr.-Cl. Jihennin. Einige kleinere Statuetten, Skizzen und Medaillons mit mythologischen und religiösen Szenen sowie Heiligen zeigen sichere Beherrschung der Figur und sind variantenreich in der Erfindung körperlicher Gebärden. – Von G. Dupré (1574–1641) beachtenswertes Medaillonporträt (Bronze) des Parlamentspräsidenten Jeannin. – Von Gobert (2. Hälfte 17. Jh.) Bildnismedaillon Ludwigs XIV. – Von Cl.-Fr. Attiret (1728–1804) Porträtbüsten und -medaillons in Marmor, Terrakotta und farbigem Gips, außerdem allegorische und mythologische Figuren wie »La Chercheuse d'Esprit«, »Jahreszeiten«, »Krieg und Frieden«. – Von A.-H. Bertrand (1759–1834) sind in Motiv und Form stark antikisierende Marmorbüsten zu sehen: »Sterbender Alexander«, »Bacchus«, »Solon«. – Von Edme Bouchardon (1698–1762) interessante Terrakotta-Skizzen für allegorische Figuren (Stadt Paris, Seine, Marne). – Jean-Jacques Caffieri (1725–92) brilliert in realistisch treffsicher modellierten Bildnisbüsten. – Joseph Chinard (1756–1813) modelliert klassizistische Porträts (Bonaparte als 1. Konsul). – Auch Jean-Antoine Houdons (1741–1828) Porträtkunst zeichnet sich durch Erfassung der geistigen Persönlichkeit aus (Napoleon, der Naturforscher Buffon, Hl. Bruno); Terrakotta und getönter Gips. – Porzellanentwürfe für Sèvres schuf L.-F. de La Rue (1731–65). – Vertreten sind weiter Jean-Baptiste Lemoyne (1704–78), J. Marlet (1731–1810), P. Mérard († 1800), Claude Ramey (1754–1838) und Fr. Rosset († 1824).

Besondere Aufmerksamkeit ist dem in Dijon geborenen Bildhauer *François Rude* (1784–1855) gewidmet. Neben Porträts der Entwurf für den »Aufbruch der Freiwilligen« am Triumphbogen in Paris. 1., später veränderter Entwurf für ein Napoleon-Denkmal mit dem von Adler bewachten toten Kaiser (Auftrag 1842); das 1847 vollendete Werk – »Napoleon erwacht zur Unsterblichkeit« – steht im Park von Fixin (s. d.). Mehrere kleinere Bronzebildwerke mythologischer Gestalten, u. a. »Aristäus« (Sohn Apolls) und »Eurydike«. Dazu noch Marmor- und Terrakotta-Figuren; »Geflügelter Genius opfert

Stier« (1811). 1. Bozzetto für die 1853 in Paris aufgestellte Statue
Marschall Neys.

Werke des 19. und 20. Jh. Bei Jean-Baptiste Carpeaux (1827–75)
verbindet die mit Licht und Schatten rechnende, aufgelockerte und
dadurch auch malerische Oberfläche den Bildhauer mit der romantischen Malerei und deutet auf Auguste Rodin (1840–1917) voraus,
von dem Bildnisse und Kleinbronzen sowie sein »Ehernes Zeitalter«
(1877) im Museum sind. – Vom Tierplastiker Antoine-Louis Barye
(1795–1875) besitzt das Museum nur kleine Werke (Bronzestatuetten). – Vom noch klassizistisch bestimmten Pierre-Jean
David d'Angers (1788–1856) eine Reihe seiner Bildnismedaillons
und eine Statuette (»Die Freiheit«, 1839). – Emmanuel Frémiet
(1824–1910) ist mit kleinen Bronzestatuetten vertreten, oft Reduk-
tionen größerer Bildwerke (u. a. Reiterstandbild der Jeanne d'Arc,
1874). – Zu nennen ist ferner Antoine Bourdelle (1861–1929), dessen »Allégorie de la Force« ebenso Beachtung verdient wie die
lebensgroße »Assia« (Bronze) von Charles Despiau (1874–1946).

Die Gestaltfindung des Tierplastikers *François Pompon* (1855
bis 1933) ist an rd. 200 Skizzen und Modellen zu verfolgen. – Weiter
gibt es Skizzen und Statuetten u. a. von Jean Dubois, Edme Bouchardon, Auguste Rodin, Henri Bouchard.

Die M a l e r e i, nach chronologischen und Herkunftszusammen-
hängen ausgestellt, umfaßt gleichfalls den Zeitraum vom 14. Jh. bis
zur Gegenwart.

Unter den *italienischen Bildern des 14. Jh.* hervorzuheben sind
Pietro Lorenzettis »Thronende Madonna« und Taddeo Gaddis
»Hirtenanbetung«. – Wichtig für das *16. Jh.* sind Jacopo Bassano
(»Einzug der Tiere in Noahs Arche«), Tizian[?] (»Madonna mit
Heiligen«), Paolo Veronese (»Rettung des Mosesknaben«) und Lo-
renzo Lotto (»Weibliches Porträt«), in der Folge dann Guido Reni
(»Sündenfall«). – In der italienischen Malerei des *17. und 18. Jh.*
ist Carracci- und Caravaggio-Einfluß auszumachen. Malerisch ge-
lungen die Stadtlandschaften von Francesco Guardi. Ganz venezia-
nisch Giovanni Battista Tiepolo in der »Erziehung Marias«.

Deutsche und Schweizer Malerei ist hauptsächlich durch das *15. Jh.*
vertreten. Glanzstücke sind 2 Tafeln vom *»Baseler Heilsspiegel
altar«* (um 1435) des Konrad Witz: »Augustus und die Tiburtinische
Sibylle« und »Hl. Augustinus mit Ausblick in Landschaft«. – Der
»Verkündigungsengel« eines bayerischen Künstlers (um 1460) hat
noch Goldgrund. – Aus Schwaben (Ende 15. Jh.) stammen »Verkündigung« und »Geburt Christi«. – Deutsche »Sebastians-Marter«
(Ende 15. Jh.). – »Reiterzug der Hll. 3 Könige« (Schweizer Maler,

um 1460). Ähnlich »Geburt Christi«. – Martin Schongauer: »Verkündigung«. – »Kalvarienberg« (süddeutsch, Ende 15. Jh.), in gebrochenen Farben gemalt. – Der Flügel eines Retabels zeigt großfigurige Heilige, über ihnen musizierende Engel (ca. Mitte 15. Jh.). – Goldgrundtafel mit 2 weiblichen Heiligen (Mitte 15. Jh., seeschwäbisch?). – Vom »Nelkenmeister« (im Bodenseeraum Ende 15./Anfang 16. Jh. tätige Werkstatt) mehrere Tafeln: »Barbara« und »Ursula«, Außenseite »Heimsuchung Mariae«; »2 hll. Benediktineräbte«. – Fenster mit Schweizer Glasmalerei (15. Jh.: »Hll. 3 Könige«; 16.–18. Jh: Wappenscheiben, bildliche Darstellungen).

Bedeutendstes Werk der *frühen flämischen Malerei* ist die »Geburt Christi mit Hirtenverkündigung und -anbetung« von Robert Campin (früher »Meister von Flémalle«, vor 1380–1444, in Tournai tätig), der mit seinem Realismus neben den van Eycks und Rogier van der Weyden zu den Bahnbrechern einer neuen Malerei gehört. Die Szene ereignet sich in einem Eigenraum *vor* der folgerichtig nach hinten bis zum Horizont aufgebauten Flußlandschaft so, daß alle Figuren räumlich feststellbar sind. Erstaunlich die malerische Charakterisierung alles Stofflichen; die Rückenfigur der vorderen Dienerin ist eine malerische Kostbarkeit. – Dirk Bouts (1416?–75) verleiht seinem »Christuskopf« (1441?) trotz allem Realismus die Würde und Hoheit des Religiösen. – Ebenfalls zu erwähnen Adriaen Isenbrants »Lesende Maria Magdalena« und Joachim Patinirs »Büßende Magdalena«.

Bei der »Madonna mit Franz von Assisi« von Peter Paul Rubens und Werkstatt sind die malerische Verve und das emailhaft glänzende Kolorit zu beachten.

An weiteren Werken der *flämischen und holländischen Malerei des 16.–18. Jh.* sind zu erwähnen: »Madonna im Wald« von Abraham Govaerts. – »Flucht nach Ägypten« von Joos de Momper. – »Ländliches Konzert« von Fr. Wouters. – »Dianajagden« des Hendrik van Balen. – Jan Bruegel: Schloßansicht. – Vorliebe für allegorische Bilder zeigen protestantische Holländer, denen kanonische christliche Themen versagt waren. »Humanistische« Themen wie die 5 Sinne, die 4 Elemente, Jahreszeiten, Monate usw. waren damals beliebte Motive. Dieselben Themen behandeln allerdings auch – vielleicht weniger zahlreich – die flämischen Künstler. – Jan van Kessel z. B. versinnbildet die »Erde« mit Tieren im Wald, »Wasser« mit Fischen und Seetieren. – Pieter van Avont verniedlicht das Thema in Bildern mit Putten, die mit Krug (Wasser) und Früchten (Erde) spielen, mit Vögeln (in der Luft) schweben, während andere Waffen tragen (»Feuer« der Schmiede Vulkans). – 2 anonyme flämi-

sche Bilder illustrieren solche Themen mit Genre-Szenen: »Beim
Barbier« (Gefühl) und »Falkenjagd« (Luft). – Von Gilles van Til-
burgh – in Brouwer-Manier – gemalte Bildchen erklären die Sinne
durch Handlungen: »Gefühl« (Betupfen einer Wunde), »Gesicht«
(2 Männer messen an Globus), »Gehör« (Musik hörende Frau),
»Geruch« (ein Paar mit Duftzweigen) und »Geschmack« (Paar an
gedecktem Tisch). – Sittenbilder und Gesellschaftsstücke fanden
breiten Raum, oft mit belehrender oder moralisierender Note. Das
gilt ebenso für Vanitas-Bilder u. ä. Motive, die später nicht mehr
verstanden wurden und zum raren Genre absanken.
Vermutlich das Werk eines *burgundischen Künstlers*, Ende 15. Jh.,
ist das *»Rétable de Clairvaux«*, ein Triptychon: im Mittelbild, auf
Goldgrund, die Dreieinigkeit, zu seiten Taufe Christi und Himmelfahrt, alle mit Hintergrundlandschaft. Auf den Flügeln, vor Gold-
rankengrund, der hl. Bernhard und der ihm befreundete Bischof
Malachias.
Aus der *französischen Malerei des 16.–18. Jh.* seien herausgegriffen:
Schule von Fontainebleau: »Dame bei der Toilette«, ein als Porträt
gegebenes Vanitas-Bild. – Großartig Jean Tassels (1608–67) Porträt
der Catherine de Montholon (früher seinem älteren Bruder Richard
[1588–1666/68] zugeschrieben). Von beiden weitere Werke. – Jean-
Marc Nattier d. J.: Königin Maria Leszczyńska, Gemahlin Lud-
wigs XV.
Zu *Malerei und Plastik im 19. und 20. Jh.* hier lediglich eine Liste der
bekannteren ausgestellten Künstler: E. Delacroix, Th. Géricault,
C. Corot, die »Schule von Barbizon« (mit Th. Rousseau, J.-Fr.
Millet und Ch.-Fr. Daubigny) sowie die Bildhauer A.-L. Barye,
J.-B. Carpeaux, E. Frémiet und A. Bourdelle. Weiter erscheinen
V. Hugo, A. Rodin, E. Gallé und G. Doré. – Die *Impressionisten
und ihre Vorläufer* vertreten E. Boudin, Cl. Monet, A. Sisley, A.
Lebourg, A. Guillaumin, H.-E. Cross und Fr. Bazille. Ihnen nahe
steht E. Manet mit Landschaftsskizze und 2 Pastell-Porträts. Die
»Nabis« M. Denis, E. Vuillard, G. Desvallières und F. Vallotton
sind zu sehen, auch der nicht zugehörige G. Rouault.
Von P. Picasso und G. Braque sind graphische Blätter, von J. Gris
3 Bilder ausgestellt; ausführlicher R. Delaunay; von A. Modigliani
schöne Zeichnungen. Außerdem A. Gleizes, L. Marcoussis, R. de
La Fresnaye, P. Gargallo.
Von einigen Künstlern – so A. Péterelle, Cl. Domec, Ch. Lapicque,
G. Hillaireau und J. Fautrier – besitzt das Museum kleinere oder
größere Kollektionen. Mehrfach vertreten sind auch N. de Staël,
E. Hajdu, M. E. Vieira da Silva, ebenso Fr. Gruber, J. Bertholle,

V. Pagava; außerdem A. Manessier und J. Messagier sowie der Bildhauer Y. Sklavos und die Maler Wols (Wolfgang Schulze) und, sehr ausführlich, A. Szenes.

Das Museum zeigt darüber hinaus: historische Waffen; griechische Vasen, präkolumbianische Gefäße, italienische Majoliken und französische Fayencen verschiedener Manufakturen, außerdem Porzellan und Glas; Tapisserien; Renaissance-Möbel; mittelalterl. Elfenbeinschnitzereien (v. a. Paris, 14. Jh.); Email-Arbeiten, 12./13. Jh. – Von den Brügger Grabmälern Karls d. Kühnen und seiner Tochter sind Abgüsse aufgestellt; Porträts der 4 Valois-Herzöge; Fragmente einer Standarte der Truppen Karls d. Kühnen.

Ferner gibt es eine Dokumentensammlung über den alten Herzogspalast (auch ein Modell) und das spätere Palais.

DONZY-le-Pertuis (Saône-et-Loire E8)

Die kleine, gut restaurierte **Dorfkirche** (Gesamtlänge 18,50 m) gehörte mit Blanot (s. d.) zu einem Cluny-Priorat; den wenigen künstlerischen Formen nach reicht sie noch ins 11. Jh. Das Langhaus ist modern. Baugeschichtlich interessant v. a. die *Chor*-Lösung mit »niedrigem Querschiff« und das Mitteljoch bekrönendem *Turm*. Dieser, ein massiger, quadratischer Block mit betonten Ecken und Blendbogenfolge in halber Höhe, ist überdimensioniert; er schiebt die mit Giebeldächern gedeckten *Querarme* und die mit Lisenen und Rundbogenfries unter dem Kegeldach ausgestattete *Apsis* fast zusammen. Wenig organisch wirkt die zum Turm hinaufführende Außentreppe (vgl. dazu Chapaize).

I n n e n wölbt sich unter dem Turm über Halbrundbögen eine Trompenkuppel; die niedrigen Querschiffarme mit kräftigen Tonnen dienen dem Turm als Widerlager. Die mit Halbkuppel gewölbte Apsis ist nur 1,65 m tief; sie wirkt wie eine Mauernische mit (erneuertem) Scheitelfenster. – Es ist aufschlußreich zu verfolgen, wie selbst bei einem so bescheidenen Bau die damals bewegenden baukünstlerischen Probleme (Turm und ihn absichernde Wölbung sowie die Raumlösung mit Vierung bzw. Turmjoch) angegangen werden (s. Chapaize und die dort zitierten Kirchen).

DRUYES-les-Belles-Fontaines (Yonne B4)

Schloßruine

Ein befestigtes Schloß ist 1031 bezeugt. Philipp d. Kühne, durch die »flandrische Heirat« 1369 hier Besitzer geworden, ließ die durch marodierende Banden im 100jährigen Krieg verursachten Schäden beseitigen. Im 16. Jh. erneut Kriegsschäden, danach Verfall zur Ruine, um die sich die italienischen Nachfahren der Herzöge im Nivernais nicht kümmerten. In der Revolution als Nationaleigentum verkauft.

Das Schloß, auf der Höhe über dem gleichnamigen Dorf, bildete ein von ca. 2 m starken, rd. 7 m hohen Mauern umschlossenes, als »castrum« angelegtes **Quadrat** mit flankierenden **Rundtürmen** an den Ecken. Die 53 m langen Mauern waren mit Wehrgängen ausgestattet, in den Seitenmitten zusätzlich gesichert durch **quadratische Türme**. Der *Eingang* in den weiten H o f liegt noch in dem mächtigen, mit Maschikulis bewehrten **Turm der SO-Mauer**. Ob er ursprünglich durch Graben und Zugbrücke geschützt war, ist ungewiß; nur der erhaltene **Torturm** des 14./15. Jh. besaß ein Fallgitter (wieweit das Kleinquaderwerk seiner Mauern mit Eckstrebepfeilern und die rundbogigen, auf Konsolen aufgesetzten Wurfschächte von einer Restaurierung stammen, bleibe dahingestellt). Sicher jüngeren Datums (16. Jh.?) ist das im Mauerwerk zurückspringende Abschlußgeschoß mit Rechteckfenstern auf allen Seiten. Der Zugang ist nur über eine eigene, im Mauerwerk untergebrachte Treppe möglich. Dem Eingang gegenüber stand der talwärts gelegene **westl. Wohntrakt**; seine außen 2×3 noch erkennbaren *Doppelbögen* gehörten wohl zum Hauptsaal. Im Erdgeschoß des Turmes in der links anschließenden Mauer liegt die durch 2 schmale Fenster belichtete Apsis der **Kapelle**, deren rippengewölbtes Langhaus in den Hof hineingebaut war.

Der W i r t s c h a f t s h o f vor dem Schloß war durch eine Mauer von ihm abgesetzt; nur das gleichfalls bewehrte *Portal* des 14. Jh. steht noch aufrecht.

Das Schloß von Druyes zählt zu den eindrucksvollen Burgruinen Burgunds. Sie hat zwar nichts von der bei Burg- und Schloßruinen zumeist erwarteten »Romantik«, wirkt eher kastellartig nüchtern; doch auch aus ihren Mauern wachsen Blumen.

Kirche

Die dem hl. Martin geweihte (?) Kirche des Ortes geht angeblich auf einen hl. Romanus zurück, der sie im 6. Jh. als Klosterkirche gegründet haben soll. Er kam aus Italien (oder stammte gar von dort?) und suchte für sich einen Ort, wo er als Eremit zu leben gedachte. Im 4. Jh. hatte bereits Martin von Tours diese Landschaft mit einer Quelle darin gepriesen.

Der jetzige Bau ist romanisch (12. Jh.); er wurde jedoch im 15./16. Jh. zur Wehrkirche ausgebaut. Zu ihm gehörten wahrscheinlich der östl., stämmig-gedrungene *Turm*, der – nach allen 4 Seiten – für seine Stärke viel zu kleine, wenn auch gedoppelte Schallarkaden (vielleicht auch zum Ausspähen nach Feinden dienend) besitzt, und die W-Front mit einem tympanonlosen *Portal*, das mit Perlbändern geschmückte Archivolten aufweist. Der vorgezogene Giebel sitzt auf sich wiederholenden Masken.

Das 3 Joche tiefe I n n e r e ist in allen 3 Schiffen mit spitzbogigen Tonnengewölben gedeckt, die Arkaden sind jedoch halbrund. Halbrunde Säulen kantonieren die Pfeiler; ihre Kapitelle zeigen sich einrollende Blätter, die Pfeilersockel sind mit Ecksporen skulptiert. Die halbrund sich vorwölbenden Apsiden tragen zur Gliederung des O-Teils der Kirche bei; während sie außen an den Querschiffarmen vielleicht allzu dicht aufeinanderstehen, wirkt das Innere – durch die Mauerstärke – ausgeglichener. Die mit Flamboyant-Ornamenten verzierten Fenster sind möglicherweise nach einer Bedrohung eingesetzt worden?

ÉPOISSES (Côte-d'Or D4)

Das **Schloß** liegt inmitten einer doppelten Mauerbefestigung und eines (heute trockenen) Grabens.
Die in die Zeit der Burgunderkönige zurückreichende Geschichte ist an den Bauten nicht mehr abzulesen; ihre ältesten Teile stammen

aus dem Spätmittelalter. Das Sechseck der heutigen Anlage geht auf die urspr. Umwallung zurück. Hier befanden sich auch die Kirche und einige Kanonikerhäuser. Die Mauern wurden erst im 18. Jh. auf ihre heutige Höhe verkürzt.

Die burgundischen Herzöge haben diese riesige Festung zeitweilig besessen (1189 im Tausch gegen Montbard erworben). Wegen der strategischen Bedeutung des Platzes konnte ihnen der Besitz in anderer Hand nicht gleichgültig sein. Ludwig XI. gab sie nach 1477 einem Vertrauten zum Lehen. Nach Beschädigungen im Religionskrieg des 16. Jh. wurde in der Revolution ihr Abbruch verfügt. Gleichwohl blieben 4 der 7 Türme – wenn auch nicht in urspr. Höhe – stehen, ebenso 3 der sie verbindenden Flügel mit den Wohntrakten. Ihre Außenfronten wurden im 19. Jh. verständnisvoll restauriert.

Das von **Gräben** umzogene unregelmäßige Sechseck ist an der im 18. Jh. im I n n e n h o f angelegten **Terrasse**, auf der die Wohnflügel standen bzw. noch, auszumachen. Ihre 3 nicht mehr bebauten Seiten begrenzen *Balustraden*, die auf Fundamentquader der verlorenen Mauerzüge und Türme gesetzt sind. Die 3 erhaltenen **Flügel** umschreiben im Grundriß etwa ein halbes Oval, zum Hof hin mit ungleich abbiegenden Flanken. In ihren Fassaden sind sie nahezu einheitlich mit Sockel- und Hauptgeschoß sowie einem mit Erkerfenstern ausgebauten Dachgeschoß gegliedert. Im ältesten, vermutlich noch aus dem Hochmittelalter stammenden **quadratischen Turm** liegt der *Hofeingang*; daneben, halbrund aus der Wand tretend, ein Treppenturm. Am anderen Hofende gegenüber der sog. **Uhrenturm** mit luftiger Laterne; der *heutige Eingang*, zu dem eine Steinbrücke – urspr. Zugbrücke – führt, die den vorderen Hof mit der Terrasse verbindet. – An der östl. Außenecke der starke, quadratische **Condé-Turm** (Louis II, dem sog. »Großen Condé«, war das Schloß 1669–72 als Fideikommiß übertragen), ein im Wechsel mit hellen und dunklen Steinen gemauertes Bauwerk; zum Hof hin Balkon auf Konsolen. Im W flankiert ihn der **Archivturm**, 6seitig, in Rustikaquadern.

Im I n n e r n besichtigt man den *runden Salon*, dessen flache Kuppel ca. Mitte des 17. Jh. mit elegant gezeichneten weiblichen Hermen, Karyatiden und Girlanden stuckiert wurde. – Im *»Königszimmer«*

verdienen 3 Porträts Beachtung: Ludwig XIV., die »Pfalzgräfin« (Liselotte, Tochter des Kurfürsten Karl Ludwig von der Pfalz, verheiratet mit Philipp, Bruder Ludwigs XIV.) und Condé (s. o.). – Die anschließende *Bildergalerie* zeigt v. a. Porträts im Sinne einer Ahnengalerie. – Der *Salon der Mme de Sévigné* besitzt noch eine mit Blumen bemalte Holzdecke von 1629 und schöne Beauvais-Teppiche. (Mme de Sévigné war befreundet mit einem Vorfahren der Familie, der das Schloß seit 1661 gehört.)

Im Wirtschaftshof rundes, umfängliches **Taubenhaus**, dessen Größe das Ausmaß des Besitzes anzeigt: Nach altem Herrschaftsprivileg war pro 3 »arpents« (ca. 1,5 ha) Grund ein Taubenpärchen erlaubt: das Taubenhaus hier bot Platz für 3000 Pärchen!

Die heute im **Park** stehende **Kirche St-Symphorien** gehörte im 12. Jh. zu einem Kanonikerstift. Ihr *Turm* ist im unteren Geschoß noch romanisch, das folgende Ende des 15. Jh. erneuert, noch jünger ist der Abschluß mit der Helmspitze. Das *Hauptportal* besitzt im Gewände Säulen, deren innere Kapitelle sorgfältig mit Blattwerk skulptiert sind, die äußeren mit Köpfen. Ein Seitenportal zeigt spätgot. Formen des 15. Jh. Im Chor 3 schmale, hohe Rundbogenfenster, darüber eine Rose.

In einer Seitenkapelle schöne Renaissance-*Piscine*. – Eine kleine Marmor-*Pietà* ist beachtenswert, vermutlich aus der Werkstatt J. de la Huertas, der für das Grabmal Herzog Johanns ohne Furcht arbeitete (s. Dijon, Musée des Beaux-Arts). Auf dem marmornen Hochaltar (1629) eine Miniatur-Wiederholung des »Symphorianus«-Bildes der Kathedrale in Autun von J.-A.-D. Ingres.

FARGES-lès-Mâcon (Saône-et-Loire F8)

St-Barthélemy. Die am Hang über Stützmauern gebaute Kirche des Dorfes (Länge ca. 25 m) ist wegen der in der Raumgliederung der O-Teile noch unentschiedenen Stellung der Vierung von baulichem Interesse. Der Einfluß von Tournus (11. Jh.) ist nicht zu übersehen.

Am Außenbau 2 Bauphasen. Herausragend der quadratische *Vierungsturm:* In der unteren Hälfte nur schmale Fensterschlitze, in den Geschossen darüber rundbogige Doppelfenster, die Kapitelle der Zwischensäulen mit Rosetten und geometrischen Mustern ornamentiert, im letzten zusätzlich mit Rundbögen und flachen Lisenen. Zwischen den Obergeschossen – wie in Tournus – ein gemauertes Zickzackband; Abschlußgesims und Helmspitze modern. O- und W-Wand des *»niedrigen Querschiffs«* sind zu Strebemauern für den Turm erhöht. Das *Chorjoch* schiebt die *Apsis* hinaus; auch die Einbauten am Chor sind später. Das *Langhaus* gliedern glatte Vorlagen, Mittel- und Seitenschiffe liegen unter *einem* Dach, die hoch sitzenden Fenster sind schlitzartig schmal. Die Giebelwand der *W-Front* ist ungewöhnlich nüchtern. Das plastische Wirkung anstrebende *Portal* mutet geradezu fremd an: Der leeren Wand vorgesetzte Pfeiler bilden eine Gewändestufe mit Säulen und profilierten Archivolten um ein schmuckloses Tympanon; der Sturz ist neu. Das Ganze bekrönt ein rahmender Giebel. Vermutete Entstehung: Ende des 11. oder erst im 12. Jh. Merkwürdig archaisch wirken die wie gekerbten Flachornamente der Kapitelle.

● Im I n n e r n stämmige *Rundpfeiler* (∅ ca. 80 cm) mit glattem Profilring, auf dem gurtlose Scheidbögen aufsetzen. Darüber nur ungegliederte, fensterlose Wand, die im *Mittelschiff* ohne artikulierendes Gesims in eine Längstonne übergeht. In den *Seitenschiffen* Quertonnen mit Stichkappen, die von Querbögen aufgenommen werden, an den Außenwänden Halbrundvorlagen: ähnlich Tournus stützen sie die Mitteltonne. Sie sind übrigens wie Kreuzgewölbe gemauert. Auf für den Turm berechneten Pfeilermassiven aufsetzende Halbrundbögen trennen das Langhaus vom *Querschiff*, dessen Arme mit Quertonnen gewölbt sind. Die unregelmäßige, längsrechteckige *Vierung* überdeckt eine liederlich gemauerte Tonne; die Bögen zu den Querarmen sind schmaler und niedriger als die Schiffsarkaden, der Triumphbogen dagegen ist höher. Ein gerades *Chorjoch* mit leicht deformierter Längstonne und die nicht abgesetzte *Halbrundapsis* liegen weder in der Achse der Vierung noch des Schiffes, ebensowenig das Mittelfenster der Apsis. Die noch tastende Unsicherheit in der Raumgliederung wird hier offensichtlich.

Aus der Bauzeit steinernes *Weihwasserbecken* mit Achtpaßschale und linkisch eingeritzten Masken: Abwehr von Dämonen kraft der lustrativen Macht des geweihten Wassers? – In der Apsis Reste got. *Wandmalerei* mit thronendem, von den Evangelistensymbolen umgebenem Christus.

FIXIN (Côte-d'Or F5)

St-Martin. Die im Hang stehende kleine Kirche noch des 14. Jh. erhielt im 15. Jh. einen quadratischen *Turm*: offenbar als Stütze gegen ein Wegrutschen am Hang über dem eigens dafür angelegten Seitenschiffjoch. Die anderen Joche haben ein niedriges Seitenschiff nur auf der Gegenseite. Das Ä u ß e r e ist durch spätere Anbauten ziemlich verunklärt. – Im I n n e r n überrascht der 3 Joche lange Bau durch seine Raumhöhe, zumal das Seitenschiff sehr niedrig bleibt und durch Rundpfeiler begrenzt wird. Bögen und Rippen sind spitzbogig und einfach gehalten, im Hauptschiff breit gedehnt. Sie enden mit den Schildrippen auf Konsolen, die jochteilenden Gurte auf der N-Seite oberhalb der Rundpfeiler auf Pilastern, gegenüber auf gekanteten Pfeilern.

Im Chor Gestühl und Boiserien des 18. Jh. – A u s s t a t t u n g : Sitzende Madonna, wohl noch um 1300; stehende Madonna und ein hl. Bischof, spätes 15. Jh.; Jakobus, wohl schon 16. Jh.

Fixin besucht man wegen des Bronze-**Denkmals »Napoleon erwacht zur Unsterblichkeit«** von François Rude. Im Auftrag des mit dem Bildhauer befreundeten Napoleon-Verehrers Claude Noisot, eines aus Fixin stammenden Gardeoffiziers des Kaisers, wurde es 1847 aufgestellt. Das in romantischem Sinne pathetische Bildnis des verjüngten »Helden« ist ein Spätwerk des Napoleon ebenso verehrenden Künstlers. – Beim Denkmal ein kleines **Museum** mit Skizzen und Erinnerungen.

FLAVIGNY-sur-Ozerain (Côte-d'Or E4)

Die auf bewaldetem Felsplateau rd. 150 m über dem Ozerain liegende **Stadt** hat z. T. noch ihre mittelalterl. Befestigungsmauern mit den Stadttoren. Ebenso ist das alte Straßennetz mit verschiedenen Häuserinseln noch vorhanden; auch die Häuser selbst sind zum nicht geringen Teil alt und werden weiterhin restauriert.

Die in vorrömische Zeit zurückreichende Geschichte des Ortes ist für das Mittelalter weitgehend mit der des Klosters St-Pierre identisch.

Ehem. Abtei St-Pierre

Nicht bezeugt ist eine erste Gründung durch Chlodwig (5./6. Jh.). Gesicherter scheint die Klostergründung eines burgundischen Grundherrn Widratus nach 722; über die Bauten wurde allerdings auch nichts ermittelt. Abt Manassès (755–788) brachte Reliquien des hl. Prix hierher. In der Kirche des angeblich unter Abt Ansegisus (807–833) erneuerten Klosters soll 864 die Krypta für die aus Alesia (→Alise-Sainte-Reine) hierher verbrachten Gebeine der hl. Regina (Reine) fertig gewesen sein. Die Übereignung des Klosters – inzwischen Benediktinerabtei – an Alkuin, den gebildeten Berater Karls d. Gr., ist nicht sicher. Karl d. Kahle unterstellte das bisherige Eigenkloster 877 dem Bischof von Autun. Beim Normannenüberfall 10 Jahre später wurde die Krypta schwer beschädigt.

Offenbar erregte das als Wallfahrtsort reich gewordene Kloster die Begehrlichkeit anderer Mächte. Dem im 11. Jh. schon zu den bedeutendsten Klöstern Burgunds zählenden Flavigny erlaubte Herzog Odo 1156 die Befestigung, wozu ein mächtiger Vorhallenturm gehörte. Ein Brand verursachte 1231 so schwere Schäden, daß zu deren Behebung Land verkauft und die Hilfe des Papstes erbeten werden mußte. Noch im 12. Jh. war ein frühgot. Langhaus begonnen worden. Für das 13. und 14. Jh. sind (nicht identifizierbare) Bauarbeiten erwähnt, vermutlich solche zur Wiederherstellung z. B. von Schäden nach Verwüstungen des Auxois und insonderheit Flavignys durch die Engländer (1359). Im Religionskrieg nahm das königstreue Kloster Partei für Heinrich III. (im Zuge der Gegenreformation 1573–74 polnischer Wahlkönig; 1574 nahm er als letzter Valois [bis 1589] die französische Krone an). Nach seiner Ermordung ging der neu entfachte Religionskrieg weiter und hat das royalistische Parlament Burgunds 1589–92 hier getagt, während Dijon auf seiten der Liga stand.

1644 übernahmen Mauriner (Kongregation von St-Maur) das Klo-

ster, die v. a. den Einfluß der Kommendataräbte zurückdrängten und in den Klöstern das Studium der Theologie und allgemein die Wissenschaften förderten. Durch diese Reform erlebte Flavigny im 17. und 18. Jh. eine Erneuerung, bei der die mittelalterl. Mönchsbauten durch spätbarock-klassizistische ersetzt (heute z. T. Anis-Fabrik) wurden; die alte Klosterkirche gab man dem Verfall preis. Den Rest besorgte die Revolution: Das Kloster wurde aufgehoben, seine Kirche – bis auf die Krypten – abgebrochen.

Von der **Klosterkirche** blieben nur noch Reste (z. B. »les Cryptes«). Selbst diese sind noch nicht ganz freigelegt; sie ermöglichen kein rechtes Bild: Das got. *Langhaus* des 13./14. Jh. ist bis auf 2 völlig umbaute Bündelsäulen ganz verloren, ebenso der Chor über der Krypta. Bekannt ist nur der Grundriß der Klosteranlage von 1655. Von der 3schiffigen *Vorhalle* mit dem Turm des 12. Jh. ist nur noch – ebenfalls eingebaut – das *südl. Seitenschiff* mit einigen Blattkapitellen und dem Gewölbe mit kräftigen Rundstabrippen (vielleicht die ältesten in Burgund) vorhanden. – Zu den Krypten geht man, nach Ersteigung einer Treppe, an 3 Blendarkaden entlang: d. i. die S-Wand des geraden *Chorjochs*. Darüber, ohne Strukturverbindung nach unten, 2 höhere, durch einen Pfeiler unterteilte Doppelbögen über massig gedrungenen Säulen mit schweren, nur andeutungsweise mit Blättern gezeichneten Kapitellen: sie stammen von den beim Chorumbau Ende des 11. Jh. angelegten *Emporen* (Mauerwerk!), deren Zugang noch auszumachen ist. *Chor* mit Chorjoch und Halbrundapsis sollen in der Anlage noch vom karolingischen, im 11. Jh. umgeformten Bau stammen.

In die K r y p t a S t e - R e i n e – darunter der älteste Teil der ganzen Anlage – gelangt man durch das südl. Seitenschiff. Langhaus und Krypta lagen auf gleichem Niveau; zum Chor führten Treppen hinauf. Die Krypta ist ein massiger, von geraden, rechtwinklig abknickenden und kreuzgratgewölbten Gängen (nur der südliche und der östliche sind z. T. ausgegraben) umzogener Mauerblock mit rundbogigen Zugängen: ein *Halbrundraum*, den eine 1748 errichtete Mauer im W abschließt; nach den Grabungen könnte es ein voller Rundraum gewesen sein. Die Krypta ist heute noch fensterlos; daraus ist zu schließen, daß sie einen Umgang hatte. 4 Säulen unterteilen den Halbrundraum nach Art von Langräumen in 3 Schiffe. Die römischen Säulenschäfte und ihre Basen stammen vermutlich aus Alesia, ebenso eine als Kapitell verwendete Kopfkonsole; die 3 anderen sind flächig stilisierte Nachbildungen römischer Kompositkapitelle. Aus dem *südl. Umgang* zogen die Pilger (aus der Kirche kommend) um den zentralen Raum und konnten die Reliquien sehen. Im südl. Umgang stehen noch durch (erneuerte) Bögen verbundene Pfeiler, deren einer sicher karolingisch ist; die flachen, flechtbandartig verschlungenen Ranken und stilisierten Blätter ahmen antike Ornamente nach. – N- und S-Flügel münden im O in kleine Kapellen; vom Querflügel führt in der Mitte ein breiterer, 3schiffiger *Gang* in ein im O angebautes Oratorium. An Ein- und Ausgang je ein Pfeilerpaar; die Mittelstützen sind Säulen mit antikisierenden Blattkapitellen.

Das durch den Gang angeschlossene 6seitige *Oratorium* hat 6 Säulen, die ursprünglich wohl durch Bögen verbunden waren und mit den in die äußeren Ecken eingestellten dünneren Säulen ein Gratgewölbe trugen. 4 dieser Säulen gleichen denen im Verbindungsgang: wiederverwendete römische Schäfte und nicht ganz dazu passende karolingische Kapitelle. Grabungen haben hier ein Ringfundament für eine ursprünglich runde karolingische Kapelle mit Fensteröffnungen ins Freie festgestellt. Dazu paßt die Schrägung der östl. Gangpfeiler, die genau einen dem Hexagon einbeschriebenen Kreis berühren. Warum die Änderung? Vielleicht dachte man an eine Doppelkapelle (oder war sie gar vorhanden?) und erachtete eine flache Kalotte für das obere Oratorium als nicht tragfähig genug (s. dazu Krypta von St-Germain in Auxerre und Rotunde von St-Bénigne in Dijon). Im Boden des Hexagons wurden weder Plattenbelag noch Gräber festgestellt, es war also von Beginn an ein Oratorium. Die spätgot. Piscina in der S-Wand läßt auf Meßfeiern hier schließen.

Ein Fragment eines roman. Bodenmosaiks mit Flechtbandmotiven und Tierdarstellungen (aus einem Raum über der Krypta, der das urspr. Niveau der oberen Kapelle anzeigt) heute im Musée Archéologique in Dijon.

St-Genès

Die im 13. Jh. neu gebaute, für den kleinen Ort anspruchsvolle Pfarrkirche war offensichtlich Ausdruck des Selbstbewußtseins der Gemeinde, die sich neben dem mächtigen Kloster behaupten wollte; sie hatte schon im 12. Jh. gegen die Klosterbefestigung protestiert.

Die got. Kirche hat ein 3schiffiges, rippengewölbtes basilikales Langhaus mit 6 unterschiedlich tiefen Jochen, ein eingebundenes Querschiff mit querrechteckiger Vierung und einen Rechteckchor, der im 15. Jh. für ein neu gegründetes Kanonikerstift um ein Chorjoch mit polygonaler Apsis verlängert wurde. Im 16. und 17. Jh. um 9 zwischen die Strebepfeiler gebaute Kapellen erweitert.

Ä u ß e r e s. Der oktogonale Turmaufsatz des 18. Jh. hat die urspr. *2-Turm-Fassade* künstlerisch nicht bereichert. Der quadratische *Vierungsturm* mit Mauersockel, spitzbogigen Doppelarkaden und moderner Dachform könnte aufs 13. Jh. zurückgehen, ist aber in der Substanz erneuert. Auf den *Langseiten* Strebepfeiler, die über den jüngeren Kapellen aufsteigen. Das Ganze wirkt wie ein Konglomerat mit dem Aspekt des Zufälligen.

Um so überraschter ist man im I n n e r n, das trotz spätgot. Veränderungen die robuste Raumgestalt des 13. Jh. bewahrt hat: kräftige Rundpfeiler mit vorgelegten Dreiviertelsäulen und, wo sie alt sind, Kelchblockkapitellen. Weitgespannte, mit Kehlen und Stäben profilierte spitzbogige Arkaden geben dem Raum lichte Weite. Säulenbasen und Plinthen überdecken die Bodenplatten, was die Raumproportionen beeinträchtigt. In den Seitenschiffen und ersten Mittelschiffjochen sind jochbreite *Emporen* eingezogen. Der so gewonnene Raum wurde an Festtagen für die Gläubigen von ca. 75 zugehörigen Pfarren benötigt. Kapitelle und Bogenprofile deuten auf Überholung der Emporen im 14. Jh. Die Zugänge, früher in den W-Türmen, wurden nach deren Umwandlung in die Seitenschiffe verlegt. Als für die

Flavigny-sur-Ozerain
St-Genès
Verkündigungsengel

Raumwirkung einschneidender erwiesen sich die im 15. Jh. (nach Einsturz) um 2,70 m (!) niedriger erneuerten Mittelschiffgewölbe. Das ursprünglich extrem steile *Mittelschiff* (nach de Truchis' Rekonstruktion mit 1:4 steiler als die Kathedralen in Amiens und Beauvais) hatte über den Emporen noch Fensterreihen und Strebebögen, die jetzt wegfielen. Ohne Kapitell gehen nun Diagonal- und Gurtrippen mit den in der Spätgotik üblichen zugespitzten Profilen aus den Diensten hervor. Aus dem *Querschiff*, das die urspr. Raumgestalt am besten bewahrt hat, grenzen hohe Pfeilerarkaden ohne Gurte und Kämpfer die *Vierung* aus. In den Ecken dünne Säulen für die Diagonal- und Schildrippen des Gewölbes. – Die 5seitige spätgot. *Apsis* ist Ergebnis einer Änderung. Sie öffnet sich seither wandbreit in Lanzetten mit Flamboyant-Maßwerk. Der mit Maßwerkbrüstungen ebenfalls in Flamboyantformen umschlossene *Lettner* – zum Schiff hin auf einer Konsole die besonders reich ornamentierte *Kanzel* – ist einer Bogenbrücke aufgesetzt, durch die man in den Altarraum blickt; er nimmt das östl. Schiffsjoch ein und verbindet die Seitenschiff-Emporen miteinander. – Die wenig einheitlichen *Kapellen* haben auch unterschiedliche Maßwerkfenster, die meisten mit Kreuzrippen –, einige schon mit Netz- oder Sterngewölben. Die letzte Kapelle der S-Seite – vermutlich noch vom Vorgängerbau – deckt eine Halbtonne; sie besitzt auch ein 2türiges *roman. Portal.* Auf der N-Seite ein Renaissance-Portal.

A u s s t a t t u n g. Das in der Apsis als Wandverkleidung fortgesetzte *Chorgestühl* hat ein flämischer Holzbildhauer im 15./16. Jh. geschaffen. Dorsale, Wangen und Baldachine sind als spätgot. Maßwerkblenden ornamentiert. Amüsant die realistisch-witzig skulptierten Figürchen auf den Wangen, ebenso die Köpfe an den Lehnen und die mit Masken, Trägerfiguren, Tieren und Blattwerk skulptierten Misericordien.

Von den (trotz Revolution) in größerer Zahl erhaltenen *Skulpturen* und *Altarbildern* haben einige hohen künstlerischen Rang: *Verkündigungsengel* (15. Jh., Champagne-Einfluß), »*Maria lactans*«, d. h. dem Kind die Brust reichende Muttergottes (farbig gefaßte Steinfigur, 14. Jh.), *Trauernde Maria* (Einfluß der Sluter-Schule, 15. Jh.)

sowie die mächtige Figur des *Evangelisten Johannes* (Holz, 15. Jh.,
Nachwirkung von Sluters Moses-Brunnen in Dijon unverkennbar).
– In den Kapellen der S-Seite: Tafelbild mit *»Geburt Christi«*
(16. Jh.); Steinfigur des *Hl. Dionysius* (farbige Fassung, 14. Jh.);
neben Resten von *Glasmalerei* des 16. Jh. *Hl. Barbara* und *Hl. Anna*
(farbige Steinfiguren, 15. Jh.). Außerdem ein *Altar des 17. Jh.*;
neben diesem *Hl. Joseph* und *Maria mit Kind*, beide Holz, 18. Jh.,
ebenso die *Hll. Maria Magdalena* und *Anna mit Maria*. – Im Chor,
rechte Seite, Nischen mit der *Schmerzensmutter* und einer *Hl. Margarete* (beide Holz, 15. Jh.). Weiterhin mehrere *Medaillonreliefs*
(Holz) aus der Renaissance sowie 2 beachtliche gemalte Flügel von
einem Triptychon des frühen 16. Jh. mit *»Mannalese«* und *»Melchisedech weiht Brot«*. – Vor der Rückwand (südl. Seitenschiff) *Hl.
Christophorus* (Stein, 15. Jh.).

Profanbauten

● Von der **Befestigung** mit starken Toren und Wehrgängen
hinter den Mauern sind zusammenhängende Teile erhalten,
desgleichen die oft verwinkelten, engen Straßen und kleinen
Plätze mit alten **Häusern**, z. T. allerdings durch Um- und
Einbau stark verändert (viele Häuser restauriert). Es empfiehlt sich – von der Esplanade vor der Mauer aus –, einen
R u n d g a n g durch die Stadt zu machen.

Porte du Bourg (15. Jh.): mächtiger, mit Wurfschächten
über 3fachen Kragsteinen und Schießscharten geschützter
Mauerblock mit flachbogigem Durchgang; darüber Kiel-
bogennische mit Madonnenfigur (15. Jh.).

In der G r a n d e R u e das **ehem. Hôtel Couthier**, ein
schloßartiges, vom 17. Jh. geprägtes Stadtpalais (1709,
heute **Seminar**).

In der R u e d e l a C u r e , innerhalb einer Stadt selten,
ein 2geschossiger quadratischer **Wachtturm** (15. Jh.) mit
Schießscharten zur Überwachung der Straßen. – Gegenüber
2 **got. Giebelhäuser** (13./14. Jh.).

In der R u e l l e d e s P u i t s mittelalterl. **Wehrgang**, zur
Poterne (auch »Potelle«) führend, einer flachbogigen Aus-
fallpforte in der Stadtmauer (Anfang 15. Jh.). – Wenige

Schritte außerhalb hat man einen großartigen Blick auf das
südl. Tal.

Durch die Rue de la Poterne zur Kreuzung mit der
Rue de la Cure; dort **Maison Brigandet** (B.: Verteidiger
der Stadt im Religionskrieg) mit Treppenturm und Kielbogenfenstern (16. Jh.). – Gegenüber Reste von Fenstern des
13. Jh. – In der Rue de la Poterne noch 2 Häuser des
16. Jh., eines mit Treppenturm. – Beim Chor von **St-Genès**
großer Hof, die sog. »**Castafours**«, d. i. der Innenhof des
ehem. Klosters der Ursulinerinnen. – Auf der N-Seite ein-
drucksvoller Blick in das NO-Tal. – Vom Kloster aus in die
Rue de la Fonderie und weiter in die Rue Frank-
lin ; dort ein Haus mit besonders schönen Doppelfenstern
(14. Jh.).

Auf der S-Seite der **Kirche** die Ruelle de l'Église.
Hier standen Herzogsschloß und Tour de Bourgogne; heute
nur noch ein **spätgot. Haus** mit Korbbogenportal (16. Jh.). –
Fortsetzung nach W in die Rue de l'Église. Dort, rechter Hand, die stattliche **Maison Pierrat** (13. Jh.); zu beachten: Nische mit schöner burgundischer Madonnenfigur
(Holz, 14. Jh.). – Gegenüber kleineres, elegantes Haus (frühes 16. Jh.), ebenfalls mit Nischen-Madonna. – Auf derselben Seite ein anspruchsvolleres Haus mit Treppenturm
(spätes 16. Jh.), die Fassade leider umgebaut; Säulen und
Pilaster wurden am Nachbarhaus verwendet.

In einem Hof der Rue du Centre schmuckes *Türmchen*
in Renaissanceformen (um 1580). – Eine malerisch sich über
Stufen windende Gasse mit in den Geschossen vorkragenden **Fachwerkhäusern** (15. Jh.) mit Blendfenstern führt zur
Rue Crebillon mit repräsentativem **Haus** mit *Wappen-
turm*, an dem sich spätgotische mit Renaissanceformen verbinden (frühes 16. Jh.). – Über die Rue des anciens
Halles geht es zur Rue Lacordaire, die auf ein Haus
mit charakteristischem Treppenturm (17. Jh.) und einem
größeren 8seitigen Turm (15. Jh.) zuführt. – Von da in die

Rue St-Dominique mit dem großen Baukomplex der

Maison Lacordaire, deren S-Flügel (13. Jh.) einst Sitz des
Verwaltungschefs war. Hier noch 3 Reihen roman. Fenster mit Kleeblattbögen. Im **Park** ein **Pavillon** des 18. Jh.
und Türme, deren einer zur Porte du Val (s. u.) gehört. Das
im 19. Jh. beträchtlich vergrößerte Gebäude diente seit 1848
Dominikanern (heute **Dominikanerinnen**) als Niederlassung. – In der R u e d u F o u r 2 beachtliche **Wohnbauten
des 13. Jh.**, eines mit erhaltener Fassade, deren durch Vierpässe getrennte Doppelfenster ebenfalls Kleeblattbögen
zeigen. – Nach links zur imposanten **Porte du Val**, einem
2fachen Tor: das innere, in regelmäßigen Quadern mit
Schießscharten über der flachbogigen Toröffnung, gehörte
zum Verteidigungsring des Klosters (13. Jh., s. o.), das
äußere, zwischen 2 stämmigen, innen gewölbten Rundtürmen mit Schießscharten, hat auf Konsolen sitzende Wurfschächte.

Der C h e m i n d e s P e r r i e r e s führt stadtseits an der
Wehrmauer entlang; an ihm steht, linker Hand, die **»Abba-
tiale«**, ein für die Kommendataräbte im 17. Jh. aufgeführter
umfänglicher Gebäudekomplex. – Außerhalb der Stadtmauer hat man hier einen Blick auf das Tal im NW der Stadt.

Die E s p l a n a d e d e s F o s s e s , in die der Chemin im SW
einmündet, war früher Teil des Klosters St-Pierre, zu dem
die anspruchslose **Porte Ste-Barbe** den Zugang bildet. – Die
anschließende R u e d e l ' A b b a y e führt an den **Klosterbauten** des 18. Jh. (heute **Fabrik** für die berühmten »Anis de
Flavigny«) entlang zu den Resten der alten **Klosterkirche**
(s. o.).

FONTAINE-FRANÇAISE (Côte-d'Or G4)

● **Schloß**

*1098 stand hier bereits eine Burg. Das heutige Schloß ist ein Neubau
von 1754–58.*

Das frühklassizistische Gebäude ist noch ohne die Pene-
tranz des Archäologischen, hat eher etwas von der Leichtigkeit des ausklingenden Rokoko. An der E i n g a n g s f r o n t

herrschen die Horizontalen der Sockelmauer und Gesimse vor. Die weiten Fensterabstände erzeugen an dem gestreckten Rechteckblock eine nur locker bleibende Gliederung. Hinter dem mit Wappenrelief gefüllten Giebeldreieck ein leicht geschweifter, im Grundriß quadratischer Sockel (mit Uhr) für eine 4seitige Kuppel; auf ihrem abgeflachten Scheitel eine kleine Terrasse (unter der Kuppel war ein Theater vorgesehen). Vor dem Mittelrisalit nur wenige Stufen zu schlichten Fenstertüren. Charakteristisch für den Klassizismus sind die geraden Stangen der Balkone.

Vor der im Aufbau ähnlich schlichten R ü c k f r o n t (im Giebel statt Relief ein Fenster!) eine wegen der geringen Tiefe mehr in die Breite entwickelte, doppelläufige Treppe, die von einer Terrasse in ein **Parterre** führt, das Stützmauern mit Balustraden in verschiedenen Höhen gegen einen kleinen, natürlichen See abgrenzen.

Auf der T e r r a s s e 2 Statuen (*Apoll* und *Pan*), angeblich von Jean-Baptiste Bouchardon (1667–1742, Vater des bekannteren Edme B.).

Im I n n e r n sind außer kostbaren *Möbeln* mehrere *Bildteppiche* aus einer »Alexander«-Folge des 17. Jh. zu bewundern sowie ein Einzelstück mit »Atalante bei der kalydonischen Eberjagd« (nach Karton von Ch. Lebrun [1619–90]). – Im T r e p p e n h a u s mehrere *Beauvais-Teppiche* mit ländlichen Motiven nach D. Teniers d. J. – Erwähnenswert weiterhin im G r o ß e n S a l o n eine *Wanduhr* mit Rokoko-Dekor; darunter mehrere Figurengruppen aus *Biskuitporzellan* (Sèvres). Hier auch ein weibliches Porträt von P. Mignard (1612–95).

FONTENAY, ehem. Abtei (Côte-d'Or DE4) →Marmagne

GEVREY-CHAMBERTIN (Côte d'Or Γ5)

Cluny hatte hier – dank einer Stiftung – seit 1019 ein Priorat, betrieb aber bald nur noch Weinbau. Schon das Priorat war wohl befestigt; sicher war es das zwischen 1257 und 1289 von den Äbten aus- und umgebaute

Schloß, eine 4seitige, 50 × 40 m messende Anlage, durch Ecktürme und hohe Mauern mit Wehrgang gesichert, davor

Wassergräben. Die Gräben sind jetzt eingeebnet; aufrecht steht noch der zum Dorf zeigende, aus Kleinquadern sauber gemauerte quadratische *Eckturm*; im oberen Geschoß der Beobachtungsstand mit 6 Fenstern; darunter durch eine Treppe in der Mauer verbunden, ein gleich großer Raum mit nach innen verbreiterten Schießscharten. In diesen Raum, der zeitweilig als Gefängnis diente, mündete der Wehrgang. Die schmalen Anbauten sind Latrinen. Nur teilweise erhalten ist der früher von 2 Türmen (nur einer noch vorhanden) flankierte doppeltorige *Eingang*, einst mit Zugbrücken über den hier 2fachen Gräben gesichert. Dahinter – ursprünglich nur auf den Hof gehend – 3 große, gewölbte Räume und weitere *Wohntrakte*. Auf der S-Seite verbindet eine offene Galerie auf Holzpfosten (16. Jh.) das Logis mit dem Eckturm.

Bei Überfällen durch protestantische Truppen (1569–76) ging v. a. der W-Flügel samt Türmen verloren, dem weitere Verluste durch Verfall folgten; die Partie beim Eingang stürzte 1722 ein. Im 19. Jh. wurden Nutzbauten angefügt.

St-Aignan. Von einer angeblich noch roman. Kirche soll das Portal stammen. Die Kirche selbst wurde im 14. Jh. erneuert; im 15. Jh. ein Stichkappengewölbe eingezogen, ein weiteres Portal am Querschiff in Flamboyantformen geöffnet und ein Turm dazugebaut.

Zur A u s s t a t t u n g gehören ein Kruzifix (16. Jh.), eine Figur des Täufers Johannes (15. Jh.) und ein Taufbecken (15. Jh.). Mehrere Grabsteine stammen aus dem 17./18. Jh. Im Chor Figuren der hll. Aignan und Nikolaus (Ende 17. Jh.); das Chorgestühl aus etwa derselben Zeit; das Chorgitter 1710.

GIVRY (Saône-et-Loire E7)

St-Pierre-et-St-Paul

Errichtet 1770–80. Architekt war Émiland Marie Gauthey (1732 bis 1806), der im erlernten Beruf als Ingenieur Kanäle und Brücken in Burgund baute, u. a. den »Canal du Centre«.

Die kuriose Kirche des kleinen Ortes besteht zur Hauptsache aus einem innen gerundeten Oktogon mit Rundfenstern

Givry. Kirche. Inneres gegen den Chor

am Kuppelfuß. Weitere gerundete Öffnungen gehen in dunklere Emporenräume. Eine Vielzahl ionischer Säulen (mit Entasis) tragen die Kuppel. Der länglich gerundete Chor wird (optisch) von verlängerten, pilasterartigen Strebepfeilern getragen. Die Vorhalle ist in einer hohen Steinpyramide untergebracht. – Offensichtlich hat den Architekten das einfallsreiche Spiel mit Rundformen mehr interessiert als die Aufgabe, eine Kirche zu bauen.

Dem **Rathaus** dient ein triumphales **Tor** von 1771.

GOURDON (Saône-et-Loire E7)

● **Kirche Notre-Dame**
Bauzeit: frühes 12. Jh.; danach nur wenige Veränderungen, bis auf den – nach Einsturz 1881 – erneuerten Vierungsturm.

Die Kirche mit ihrem Turm in grauem Granit ist schon weither zu sehen. Das Ä u ß e r e ist schlicht, glatte Kuben schieben sich aneinander. Einfache Gesimskonsolen erbringen mäßigen dekorativen Effekt. Das *W-Portal* mit Säulen, verwitterten Kapitellen und Konsolen sowie Rundstäben um ein leeres Tympanon bekundet Ansätze zu plastischer Bereicherung.

Im I n n e r n der 3schiffigen Basilika Kreuzpfeiler und Halbrundarkaden unter stark gerundeten Gratgewölben. Zwar noch von blockhaften Formen bestimmt, werden Tendenzen wirksam, die Schwere des Steines durch plastische Gliederung zu überwinden, z. B. mit eingebundenen Halbsäulen, die im steilen *Schiff* bis zum Gewölbeansatz aufsteigen und über skulptierten Kapitellen gestufte Quergurte aufnehmen. Dasselbe in den Arkadenlaibungen. Das wird ebenso deutlich in den Blendarkaden des (von Cluny übernommenen) Triforiums mit Doppelbögen. Neben den im Brionnais, v. a. in Anzy-le-Duc, gründenden Elementen (Dreischiffigkeit, Kreuzgewölbe, gestufte Rundbögen, Kreuzpfeiler mit Halbsäulen, Figurenkapitelle) ist Cluny-Einfluß nicht zu übersehen, obwohl Gourdon nicht zum Orden gehörte. Das künstlerische Streben nach zusammen-

fassender Wandstruktur ist in Gourdon zwar noch nicht voll
»da«, aber bekannt, und es wurde auch eingesetzt. Kreuzgewölbe im Hauptschiff sind in Burgund in dieser Zeit selten,
gehen wahrscheinlich auf das Martinskloster in Autun
zurück, zu dem Anzy als Priorat gehörte. Cluny und seine
Nachfolgebauten behielten die Längstonne bei. Kreuzgewölbe über nur 2zonigem Wandaufbau gibt es außer in
Anzy nur noch in Vézelay, Avallon, Pontaubert und Issy-
l'Évêque. – Das *Querschiff* ist schmaler als das Mittelschiff,
die *Vierung* folglich querrechteckig. Deshalb hohe Vierungsbögen, in Schiffsrichtung spitzbogig, in der Querrichtung rundbogig. Über Trompen 8seitige hohe Kuppel. In
den Seitenschiffen an Vierungspfeilern kannelierte Pilaster
(wie Cluny). In den Querschiffarmen wieder Kreuzgewölbe. Das *Chorjoch* hat Spitzbogentonne, an den Lang-
mauern Blendarkaden. In der Stirnwand über niedriger
Apsis großes Fenster; in den Ecken Säulen, deren Kapitelle
das Fußgesims der Halbkuppel tragen: also deutliche Artikulierung der architektonischen Gestalt.

Die Kirche hat ca. 100 *Kapitelle*, davon rd. 90 dekorativ skulptierte. ●
Sie sind solide gearbeitet, bleiben jedoch in altertümlich linkischer
Ungelenkheit und Oberflächengebundenheit des Reliefs befangen.
Die meisten sind vom korinthischen abgeleitete Blattkapitelle, manche mit Köpfen oder Masken, Menschen und Tieren, auffällig viele
mit Löwen und dämonisch anmutenden Mischwesen, auch Adler
und andere Vögel kommen vor. Vermutlich haben sie apotropäi-
schen Sinnbezug. Die rein ornamentalen Kapitelle sind formal besser als die figürlichen (Atlanten z. B.) – brachten die Künstler für sie
aus der eigenen Tradition mehr Erfahrung mit?

In der Apsis wurde *roman. Wandmalerei* mit einem »Christus in der
Glorie« freigelegt, an den geraden Wänden (auf der S-Seite noch
erkennbar) schreitende Apostel. Vermutlich noch 1. Hälfte 12. Jh.,
vergleichbar mit Curgy (Saône-et-Loire, bei Autun), beide aus
anderer Tradition als Berzé-la-Ville (s. d.).

GRANCEY-le-Château (Côte-d'Or F4)

Schloß

Der Legende nach fanden nach hier verschlagene trojanische Hel-
den in dem von Riesen bewohnten Schloß auf einem Felsvorsprung
über dem Tille-Tal Zuflucht. Historisch gesichert ist eine Trutz-
burg, die der Herzog von Burgund 1113 belagerte. Später festungs-
mäßig ausgebaut, hielt sie 1434 einer Belagerung stand. Der
Herzog ließ die Festung damals schleifen; ihre Mauern verfielen
bald. Erst um die Wende 17./18. Jh. entstand der heutige Neubau
unter Benutzung der Wallmauern, v. a. der Türme und gewölbten
Räume. 1960–65 wurde das Schloß mit einfühlendem Verständnis
restauriert.

Den Zugang bildet noch ein befestigtes **Tor** mit *Graben*
davor; ein 2. Graben ist noch auszumachen. Die *Wallmau-*
ern stützen eine ausgedehnte, von Balustraden eingefaßte
T e r r a s s e, in die Mauerwerk der mittelalterl. Anlage
inkorporiert ist. Zwar mehrmals restauriert, aber erhalten
ist die im 13. Jh. in einem **Turm** angelegte im 19. Jh. nachhaltig modernisierte *Kapelle*.

Das **Schloßgebäude** selbst steht am Ende einer Esplanade:
ein 3geschossiger *Rechteckblock*, dessen wenig geneigtes
Dach nach italienischen Vorbildern hinter einer Blendbalustrade verborgen bleibt – in Frankreich, wo man die
mit Fenstererkern ausgebauten Giebeldächer bevorzugte,
etwas sehr seltenes. Nur über dem Mittelrisalit der *Ein-*
gangsfront wird sie für den Dreiecksgiebel unterbrochen;
ähnlich an den Schmalseiten. Rechtwinklig aufgestellte
Waffentrophäen betonen die Flügelecken und fördern einen
gewissen Fassadencharakter, wobei die giebelgekrönte
Mitte nur um eine schmale Stufe vorgesetzt ist. Wie die
Trophäen schmücken Waffen neben Wappen auch das Giebelrelief. Die vortretenden Gebäudeteile sind an den Ecken
gequadert und besitzen in allen Geschossen nur je 3 flachbogige Fenster. Vor den Fenstern im Hauptgeschoß schmiedeeiserne Balkone. Die durchgehende *Rückfront* ist kaum
mehr gegliedert. Hinter ihren höheren Fenstern liegt der
Festsaal.

Die unvollendet gebliebene I n n e n a u s s t a t t u n g wurde im
19. Jh. nachgeholt. Bemerkenswert ist das in blendendem Weiß
gehaltene *Vestibül* und die aus ihm in die Etagen hinaufführende,
gerade 3läufige *Treppe*. Im Untergeschoß sind z. T. noch mittelalterl. Rippengewölbe vorhanden.

Vor der S-Flanke des Schlosses hatte der Bauherr (Marschall J.-L.
de Médavy) ein Reiterstandbild von sich selbst aufstellen lassen (um
1700, verloren). – Zur Talseite hin wurde die Terrasse im 19. Jh. für
einen **englischen Garten** verlängert.

GROSBOIS-en-Montagne (Côte-d'Or E5)

Schloß

*Ein älterer Wehrbau wurde seit dem 16. Jh. durch mehrere ineinan-
dergereihte Bautrakte verdrängt; im 19. Jh. noch ein neugot. Bau
hinzugefügt. – Um 1700 entstand als südl. Teil das (im 19. Jh. zweimal restaurierte)*

»Château Rose«. Es ist 2geschossig; im steilen Walmdach
ein weiteres Geschoß mit Erkerfenstern. Die 3 mittleren
Fensterachsen treten leicht vor, sie bekrönt ein Dreiecksgiebel; darüber liegt ein eigenes Pavillondach mit Ochsenaugenfenstern, die einen Giebelakroter mit Füllhörnern
flankieren. Auf der Rückfront ähnliche Gliederung mit
Apoll im Strahlenglanz. Hohe Schornsteine bedingte das
steile Dach.

Auffällig sind die auf die Fassade verteilten *Büsten mythologischer
Figuren*, so u. a. Apoll zwischen Daphnis und Klytië, Mars zwischen
Venus und Harmonie, Herkules zwischen Deïaneira, seiner Ge-
mahlin, und Königin Omphale, in deren Diensten er stand.

Im I n n e r n verteilen sich kleinere Räume um das Vestibül
mit großer Treppe.

Vom Schloß führt eine Achse durch den **französischen Garten** auf
einen halbrund wie ein Denkmal aufgestellten *Portikus* mit Nischen
und einer Balustrade mit Putten; davor, auf einem Sockel, ein Adler
mit ausgebreiteten Schwingen.

Um eine B i b l i o t h e k von ca. 40 000 Bänden unterzubringen,
wurde Mitte des 18. Jh. im **Wirtschaftsteil** das Obergeschoß zu
einem 20 m langen Saal umgebaut; eine – wie in den großen Barock-
bibliotheken – in halber Höhe angelegte Galerie erleichtert die

Benutzung der Bücher. Die inzwischen auf das Doppelte angewachsene Zahl der Bücher war der Anlaß für den neugot. **Ergänzungsbau**.

IGUERANDE (Saône-et-Loire D9)

● **St-André**

Um oder bald nach 1100 entstanden; gehörte einst zum Cluny-Priorat Marcigny.

In der a u ß e n breit gelagerten Kirche schieben sich die Bauteile zu massiger Silhouette zusammen. Das aus Bruchsteinen unterschiedlicher Stärke aufgerichtete Mauerwerk ist schmucklos nüchtern; selbst die starken Strebepfeiler werden nicht zu Strukturelementen integriert, die den Baukörper gliederten. Das 3schiffige, nur 3 Joche tiefe, basilikale Langhaus deckt ein gemeinsames Giebeldach. Zwischen 2 Strebepfeilern der *W-Front* leicht vortretend ein rundbogiges *Portal* mit leerem Tympanon; der Sturz zeigt verwaschene Dekormotive; im Gewände Säulen mit ornamentierten Kapitellen und Basen. Die *Querschiffarme* treten weit aus der Flucht vor; ihre Stirnseiten überragen wie freie Giebel die Dächer (auvergnatisches Motiv, s. dazu Tournus). *Chor-* und *Apsismauern* setzen das Langhaus mit Strebepfeilern fort. Zwischen den Nebenapsiden die breitere und höhere Hauptapsis mit skulptierten Konsolen. Der *Vierungsturm* steht als kompakter Mauerblock mehr *in* der Vierung als daß er *aus ihr* emporstiege. Im unteren Geschoß nur auf 2 Seiten kleine Öffnungen; darüber, zurückgesetzt, ein kürzeres Geschoß mit je 2 breiten, tiefen Blendbögen, die sich über Säulen in Doppelarkaden öffnen. Dach und Dachgesims sind modern.

Das I n n e r e bestimmen solide Mauer- und Pfeilermassive und ein schweres Rundtonnengewölbe im fensterlosen *Mittelschiff*, das aus gratgewölbten *Seitenschiffen* Licht bekommt. Glatter Putz und aufgemalte Mauerfugen verfälschen den Raumeindruck; eine dünne Kalkschlämme wäre angemessener. Das im Nebeneinander verharrende Raumgefüge des in quadratische Joche unterteilten Schiffes prägt der vorherrschende Rundbogen. Kreuzpfeiler mit Halbsäulen für Längs- und Quergurte auf allen Seiten, nur in Hauptschiff und Vierung die Gurte gedoppelt. Über dem westl. Vierungsbogen hohe Stirnwand, ähnlich in den Seitenschiffen; die mit Tonnen gewölbten *Querarme* wirken dadurch wie abgeschnürt. In der *Vierung* über Trompen oktogonale Kuppel. Im *Chorjoch* haben alle Schiffe Längstonnen; untereinander besteht Bogenverbindung. Die Blendbogengliederung in der *Hauptapsis*, die auch die Fenster umschließt, verweist auf das frühe 12. Jh.

Das gilt auch für die Langhaus-*Kapitelle* mit im Relief nur angedeuteten Blättern und profilierten Deckplatten; an den Basen mit Ranken und Monsterwesen ornamentierte Kehlen und Wülste.

ISSY-l'Évêque (Saône-et-Loire C7)

St-Jacques-le-Majeur (ca. Mitte 12. Jh.). Das Äußere der 6 Joche langen, querschifflosen Kirche setzt mit dem stämmigen *W-Turm* einen wirksamen Akzent gegen die Horizontale des Langhauses. Strebepfeiler verstärken das Turmmassiv an den Ecken, setzen sich in der solide gemauerten *Fassade* fort und gliedern diese als Basilika: eine einfallsreiche künstlerische Lösung. Besondere Verstärkungen bezüglich des schweren Turmes waren offenbar nicht vonnöten (auch nicht im Innern). Rundbogige Fenster gliedern die Fassade; im breiteren Mittelteil setzt das mit Stufengewänden und Archivolten ausgestattete *Portal* einen weiteren Akzent. Der plastische Dekor (an Kapitellen und Gesimskonsolen) ist bescheiden. Langseiten und Chor sind sorgfältig und mit gliedernden Strebepfeilern gemauert.

Das I n n e r e bestimmt die lange Reihe der im W spitzbogigen, in den älteren östl. Jochen noch rundbogigen, breit gespannten Arkaden zwischen kreuzförmigen Pfeilern. Die eingebundenen Halbsäulen nehmen in den Laibungen knapp abgesetzte Längsgurte auf, die scharfkantig in die Mauern einschneiden. Durchgehend spitzbogig sind dagegen die doppelten Quergurte zwischen den Kreuzgratgewölben, wobei die schmaleren auf kubisch glatten oder mit flachem Blattdekor skulptierten Kapitellen aufsetzen und das tektonische Gefüge artikulieren. Die Rechteckvorlagen darunter setzen sich akzentlos in den breiteren Gurten fort. In den Seitenschiffen nur einfache Quergurte über Rechteckvorlagen mit Kämpfern.

Unterschiedlich wie die Bögen sind auch die *Kapitelle* in den Arkadenlaibungen: im älteren Teil mit gereihten Blättern und Köpfen als Voluten (ähnlich in Anzy-le-Duc und Charlieu), aber auch Flechtbandmotive und Tiere kommen vor, v. a. gegenständige Löwen. Die jüngeren im W sind einfacher; unter kräftigen Voluten nur schwach reliefierte Blätter.

Die *Hauptapsis* ist schmaler und niedriger als das Schiff; in der hohen Stirnwand ein Fenster. Der Eingangsbogen über kannelierten Pilastern mit fächerförmig angelegten Blattkapitellen. Eine Profilleiste trennt die Halbkuppel von der mit Blendbögen über Säulen und fein skulptierten Blattkapitellen (Köpfe als Voluten) gegliederten Apsiswand, die auch 3 große Rundbogenfenster umschließen. Die jeweils benachbarten Säulen verbinden schmalere Blendbögen, was einen rhythmisierenden Wechsel erbringt. Die *Nebenapsiden* sind gleichfalls schmaler als die zugehörigen Seitenschiffe und anspruchsloser in der Gliederung.

Kreuzgratgewölbe über Kreuzpfeilern und 2geschossiger Wandaufbau sind im Brionnais durchaus zu Hause, Spitzbögen und kannelierte Pilaster bezeugen dagegen Cluny-Anregung.

JOIGNY (Yonne B2)

Von der Flußseite hat man den schönsten Blick auf die sich den Berg hinauf staffelnde kleine, vom mächtigen Turm der Johanniskirche im alten Burghof bekrönte **Stadt**. In ungleichen Ringen gruppieren sich die in engen Straßen dicht gereihten Häuser der einst befestigten Stadt, deren Boulevards auf der alten Wehrmauer angelegt sind. Das reich gewordene Joigny dehnte sich v. a. nach W aus, wo aufwendige Fachwerkbauten den früheren Wohlstand bezeugen.

Der Ort war bei der Ende des 10. Jh. angelegten Burg entstanden und schon im 12. Jh. erweitert und mit starken Mauern befestigt worden, die in den Straßenzügen noch zu verfolgen sind. Davon stammt das starke Tor westlich vor der Johanniskirche. Der außerhalb der 1. Befestigung entstandene westl. Vorort, in dem aus einer kleinen Kapelle die ansehnliche Pfarrkirche St-Thibault geworden war, wurde schon in die Ummauerung des 13. Jh. einbezogen; erhalten haben sich nur die Porte du Bois und ein Mauerrest mit Turm. Ein Brand vernichtete 1530 einen großen Teil der Gebäude, auch Kirchen und Burg erlitten schwerste Schäden. An der Stelle der Burg entstand seit dem 16. Jh. das heutige Schloß; die Kirchen wurden restauriert und teilweise erneuert.

Pfarrkirche St-Jean

Die 1080 erwähnte Kirche ist weitgehend ein Neubau d. J. 1548–96. Inschriften nennen Jean Chéreau aus Joigny als Baumeister der letzten Joche (s. a. Villeneuve-sur-Yonne).

Plan. 3schiffige Basilika ohne Querschiff; im Langhaus 6 queroblonge Joche. Das Mittelschiff setzt sich im geraden, von Halbrundapsiden flankierten Chor fort (Anbau auf der O-Seite von 1856, die Sakristei 20. Jh.).

Den schmucklosen Außenbau bestimmt bauliche Sachlichkeit. Wie ein Wächter steht der durch Strebepfeiler gestützte *Turm* in robuster Massigkeit vor der Kirche (barocke Haube von 1759). Das übernommene, spätgot. *Portal* ist überraschend hoch; die Archivolten bekrönte ein Ziergiebel. Das eingebaute Renaissance-Portal ist nur halb so hoch und schlicht ornamentiert. Die Strebebögen am *Langhaus* tragen Renaissance-Vasen. »Modern« ist auch der Schnitt der Fenster und ihre Unterteilung, in den östl. Jochen noch spätgotisch. Die Renaissance wirkt hier eher wie ein übergezogenes Kleid, das in den Proportionen wie im Schnitt jedoch noch gotisch bleibt.

Im Innern paßt sich der Architekt ohne historisierende Nachahmung dem älteren Formcharakter besser an. Glatte Rundpfeiler finden in den spitzbogigen, einfach profilierten *Arkaden* keine Fortsetzung, sie wirken wie dazwischengespannt. Die älteren Stützen im östl. Raumteil sind noch polygonal und haben Basen mit prismatischem Steinschnitt;

an ihnen sind die Bogenprofile besser vorbereitet. In den
Seitenschiffen nehmen flach gekehlte Wandvorlagen spätgot. Sterngewölbe auf, denen die Flamboyant-Formen der
Maßwerkfenster entsprechen. Im Grunde hat der Renais-
sance-Architekt die got. Formen nur vereinfacht, um in der
Arkadenzone eine einheitliche Raumwirkung zu erzielen.
Im *Obergaden* war er dagegen frei. Ein mit Tieren und
Fabelwesen köstlich skulptiertes Horizontalgesims setzt er
gegen die Arkaden ab. Die *Fensterzone* gliedern in der Vertikalen Halbsäulen, in der Horizontalen eine flache Blend-
bogengalerie. Arkadenzone und Obergaden sind durch
große, sogar farbige *Figurennischen* mit Konsolen und Baldachinen verklammert.

Mit großem Geschick ist der neue *Chor* den Gegebenheiten
angepaßt: Die Chorwand schließt in Höhe der Schiffsarkaden mit 3 Bögen; darüber baut sich ein flaches, 3seitiges
Polygon auf. Die Seitenschiffe enden in schräggestellten
Halbrundapsiden. Perspektivische Kassetten in den Bogenrundungen sind »angewandte« italienische Renaissance.

Chéreaus *Mittelschiffgewölbe* wird der Raumwirkung wegen
als Meisterleistung gerühmt: statt jochweiser Gliederung
eine flach gewölbte Halbtonne mit kurzen Stichkappen über
den Fenstern. Es ist ein Steingewölbe und bedurfte – wegen
der Schwere – außen der Strebebögen.

Die Wölbfläche ist ganz mit *Ornamenten* überzogen; ihre Motive
sind quadratische, 8seitige und runde Kassetten, in den Zwickeln
bei den Stichkappen Girlanden mit Masken, alles kunstreich in ein
geometrisches Liniensystem eingeordnet – vermutlich durch Stiche
in Serlios Architekturtraktat (seit 1537; s. Cruzy-le-Châtel) angeregt.

Ausstattung. *Wandnischengrab einer Gräfin von Joigny* (ca.
Mitte 13. Jh.). Auf dem Sarkophag Liegefigur in Zeittracht; auf der
Langseite unter Dreipaßarkaden Mädchen und Jünglinge, schon mit
Verständnis für organische Körperbewegungen; auf der Schmalseite moralisierende Szene aus der einst weitverbreiteten »Barlaam
und Josaphat«-Geschichte. – Eine *»Grablegung Christi«* (südl. Seitenschiff, etwa Mitte 16. Jh.) ist in Erfindung und plastischer Ausführung weniger bedeutend; der Sarkophag prunkt mit Renaissance-Motiven. – Erwähnenswert einige tüchtige *Tafelbilder* des 16.

und 17. Jh. von französischen und niederländischen Malern sowie ein Holztafelbild (ca. 1490) mit »*Anna selbdritt*« zwischen stehenden Heiligen.

Pfarrkirche St-Thibault

Anfänglich (im 11. Jh. erwähnte) Kapelle, später Pfarrkirche des neuen, in die Mauerumwallung des 13. Jh. einbezogenen Stadtteils. Von ihr das Untergeschoß des Turmes. Ein Ende des 15. Jh. begonnener Neubau überstand den Stadtbrand. Die 5seitige Scheitelkapelle ist von 1860.

Das Ä u ß e r e der 3schiffigen, querschifflosen Basilika mit 3 Chorjochen und Umgangschor bestimmen tiefe Strebepfeiler; an den Stirnseiten mit Giebeln bekrönte spätgot. *Figurennischen*, auf der N-Seite in Renaissanceformen. Im Hochschiff Maßwerkfenster noch in Flamboyant-Formen. Der durchgreifend restaurierte *Turm* nahm im 17. Jh. mit den neuen Geschossen die mittelalterl. Strebepfeiler nach oben, jedoch mit ionischen und korinthischen Pilastern. Über dem Konsolgesims Terrassenbalustrade, vom Tempietto des flankierenden Treppenturms überragt.

Das *Hauptportal* ist trotz Beschädigungen ein schönes Beispiel spätgot. Schmuckfreudigkeit. An den geschnitzten *Türflügeln* von 1623 der hl. Theobald und die von Engeln gekrönte Madonna. In einer Nische über dem Portal ein Steinbild des Heiligen.

Das I n n e r e (Länge 46 m) ist im *Hauptschiff* 2zonig aufgebaut. Der nach N abweichende *Chor* ist breiter und höher als das Langhaus; statt der einfachen Kreuzrippengewölbe des Schiffes besitzt er Sterngewölbe mit in jedem Joch wechselnder Zeichnung. Die 4 Schiffsjoche sind ungleich tief, die Seitenschiffe verschieden breit; kurze Pfeiler gehen ohne Kapitell in die Arkaden über. Im Hauptschiff nehmen polygonale Dienste über mit Laub skulptierten Kapitellen die Gewölberippen auf. Zwischen Arkaden und Obergaden bleibt »leere« Wandfläche, nur von den Diensten mehr graphisch als plastisch in Joche unterteilt. Horizontalgesimse sind nicht einmal in den Sohlbänken wirksam. Das noch spätgot. Flamboyant-Maßwerk ist auf der S-Seite bereits zirkelgerecht vereinfacht. Das quadratische *Turmgeschoß* und das 1. Joch des *Chorumgangs* haben Kreuzrippengewölbe. Alle Arkaden, auch die enger stehenden im *Chor-polygon*, sind so gestellt, daß das Sterngewölbe des letzten Joches eine neue Gewölbefigur bildet.

In der A u s s t a t t u n g haben sich Bildwerke und dekorative Arbeiten unterschiedlicher Qualität erhalten, u. a.: *Grabplatte* für eine Frau mit figürlicher Darstellung (2. Hälfte 13. Jh.). – Große, stehende *Pfeiler-Madonna* (um 1370/80, mit Ergänzungen). – In einer *Pfeilernische* (Renaissance, um 1540) eine ältere, kleinere *Madonna*. – Im Seitenschiff kniende *Stifterfigur* (2. Hälfte 14. Jh.), farbig gefaßt und erstaunlich lebensnah. – Kleine Figur des hl. Ivo Hélory († 1303), Patron der Advokaten (um 1500). – Einige Plastikfragmente angeblich vom abgebrochenen Lettner (ca. 1540), u. a. *Christus am Kreuz* zwischen den Schächern, Reliefs mit *Auferstehung* und *Himmelfahrt Christi*. – 3 farbige Reliefs mit *Judaskuß*, *Kreuztragung*, *Schweißtuch-Szene* sowie *Abstieg zur Hölle* dürften etwas jünger sein. – Gleichzeitig mit den Lettnerreliefs, aber im Stilausdruck verschieden, sind 2 Steinreliefs mit *Verkündigung* und *Hirtenanbetung*.

Hervorzuheben ist auch die spätgot. *Nische am Treppenturm* mit schönstem, in Flamboyant elegant gezeichnetem Blenddekor (Stabwerk, Wimperge und amüsanter Tierfries). – »Renaissancisch« dagegen die mit Pilastern, Medaillons, Ranken und den Zeichen für Sonne und Mond verzierte *Kanzel* mit Aufgang (Schalldeckel modern).

St-André, ehem. Priorats-, spätere Pfarrkirche. Ein mit interessant konstruierter Holztonne gedeckter, rechteckiger Saalraum (Außenmauer noch 12. Jh.) wurde noch vor dem Stadtbrand nach W verlängert, vermutlich gleichzeitig mit dem jüngeren Schiff (N-Seite), das über Rundpfeilerarkaden und Kreuzrippen mit stark gebusten Kappen gewölbt ist. Beide Räume sind denkbar einfach.

Hier finden sich jedoch einige bemerkenswerte *Bildwerke*, u. a.: *Männliche Liegefigur* von einem Grabmal noch des 13. Jh. Steinerne *»Pietà«* (Ende 15./Anfang 16. Jh.). *Stehende Madonna* (um 1600), die vor ihr knienden Gefangenen mit Totenkopf seinen Schuldschein zurückgibt. – Von den *Bildfenstern* ist das mit der *»Wurzel Jesse«* beachtenswert.

Die beiden *Portale der W-Front* zeigen instruktiv den Unterschied zwischen spätgot. Flamboyant und den neuen Renaissance-Formen, obwohl zeitlich kein größerer Abstand bestehen dürfte. – Der *Turm* über dem jüngeren Schiff hat spitzbogige Schallarkaden, als Abschluß aber eine Renaissance-Balustrade.

Im Fries des von antikisierenden Säulen flankierten *Turmportals* flaches Relief mit lebendig erzählten Szenen mit dem Apostel Andreas (Gefangennahme, Gerichtsverhandlung und Kreuzigung).

Schloß (Abb. S. 324)

An der Stelle der mittelalterl. Burg entstand in der 2. Hälfte des 16. Jh. das neue Schloß, ein Renaissance-Bau vermutlich des Architekten Jean Chéreau, der Schloß Ancy-le-Franc (s. d.) kannte und Serlios Architekturtraktat genau studiert hatte. Der 1569 begonnene Bau hat mehrmals den Besitzer gewechselt, was Planänderungen und Unterbrechungen verursachte.

Der erste Plan sah wahrscheinlich einen größeren Komplex mit Hauptfront nach S vor, zu der der quadratische Block auf der O-Seite des Platzes als südöstl. Eckpavillon gehören sollte. Die O-Front dieses 2geschossigen **Pavillons** ist mit hohen Doppelpilastern und Triglyphengebälk gegliedert. Über der mittleren Fenstertür ein Gesimsstück wie die Pilasterkämpfer, über den kleineren seitlichen Öffnungen dagegen Segmentgiebel. Die oberen Fenster später verändert.

Auf der W-Seite schließt ein 5 Achsen langer **jüngerer Trakt** an. In der Gliederung ist er konsequenter, in der Herausarbeitung ihrer Elemente plastisch wirksamer, dabei im Untergeschoß reicher als oben. Die Fensterachsen wechseln in gleichmäßigem Rhythmus mit schmalen Kompartimenten, die unten mit ionisch kannelierten, oben mit glatten Pilastern (korinthische Kapitelle) besetzt sind und ein mit Faszien und Fries ausgestattetes Gebälk mit kräftigem Abschlußgesims tragen. Im Erdgeschoß wechseln die Fenster mit Halbrundnischen zwischen Pilastern und Dreiecksgiebeln. Sie bewirken hier eine gewisse Vertikalbewegung, die sich von den Fensterachsen in den *Dacherkern* sogar um ein weiteres Geschoß verlängert.

Den P l a t z mit der Kirche St-Jean und dem Schloß betritt man durch die **Porte St-Jean**. Das Portal gehörte noch zur

Joigny. Schloß. Westtrakt (zu S. 323)

Burgbefestigung des 12. Jh. (Kleinquaderwerk der Einfassung); darauf deuten auch die Mauerschlitze für die Verschlußgitter im Durchgangsbogen. Die anschließenden **Mauerreste** sind massiges Gußmauerwerk mit Kieselsteinen.

An die Mauerbefestigung des 13. Jh. erinnert nur noch die spitzbogige, mit Türmen bewehrte sog. **Porte du Bois** im N, in der Nähe des **Rathauses**. Letzteres ist ein 1727 im Stil eines größeren Privathauses angelegtes Stadtpalais mit 3 Achsen breitem Mittelrisalit, das ein großer Giebel bekrönt.

Beachtung verdienen die in großer Zahl erhaltenen, zumeist nach dem Stadtbrand gebauten **Fachwerkhäuser**. Die Architekten nutzten die Hanglage der Stadt und gewannen dadurch oft mehrere Stockwerke. Die Balken zieren meist üppige Schnitzereien, häufig mit figürlichen Motiven.

LAIGNES (Côte-d'Or D3)

Die örtliche **Pfarrkirche St-Didier** ist im 3schiffigen, basilikalen *Langhaus* noch schwerfällig romanisch: gedrungene kreuzförmige Pfeiler mit Kämpfergesims, das in Mittel- und Seitenschiffen von Halbsäulen auf verhältnismäßig hohen Sockeln durchstoßen wird, um glatte, breite Gewölbegurte aufzunehmen. In der Spitze gebrochene Längstonne im Mittelschiff, in den Seitenschiffen Kreuzgratgewölbe.

Die vermutlich wiederverwendeten *Kapitelle* einer frühen Form mit Flechtbandmotiven und selbst glatten Blöcken (v. a. in Seitenschiffen) stehen neben schon frühgot. Knospenkapitellen oder solchen mit hochgestellten Blättern. Am Gewölbetuß Horizontalgesims, darunter merkwürdig anmutende Gesimsfragmente mit Hohlprofil: ähnlich den »burgundischen Konsolgesimsen« am Außenbau. War hier innen ein solches Gesims geplant? Die Putzschicht mit aufgemaltem Steinverband ist modern.

Das Mittelschiff ist lichtlos, nur in den Seitenschiffen und hier nicht einmal in allen Jochen kleine Fenster. – Ein völlig anderes Bild im *Querschiff* und im 5seitig schließenden, wie eine Halle weiträumigen, hellen *Chor* des 16. Jh. Die Seitenschiffe haben hier 2 quadratische, das Mittelschiff hat 2 querrechteckige Joche, alle gleich hoch. Rippengewölbe schon im Querschiff; in der durch hohe, starke Rundpfeiler markierten *Vierung* gehen auch die Gurte ohne Artikulierung aus den Pfeilern hervor, im Chor mit zusätzlichen Rippen. In den großen Fenstern Flamboyant-Formen.

Ausstattung. Einige Heiligenfiguren des 15. und 16. Jh. sowie 2 Piscinen mit Renaissance-Formen.

LANGRES (Haute-Marne G3)

Das römische Andematunum *war Hauptort der keltischen Lingonen an der Grenze des belgischen und lugdunensischen (Lyoner) Gallien. 52 v. Chr. waren sie »foederati« (Bundesgenossen) Caesars, wurden dafür beim Sabinus-Aufstand (70 n. Chr.) fast vernichtet. Vermittler des Christentums soll Benignus (s. Dijon) gewesen sein. Spätestens um 300 war Langres Bistum; der 3. Bischof Desiderius (Didier) ist historisch bezeugt. Mit Langres ist der Kult der griechischen Drillinge Speusippus, Eleusippus und Meleusippus verbunden (legendäres Martyrium unter Marc Aurel). In der Völkerwanderungszeit wurden hier Germanen von Constantius Chlorus geschlagen (301), 407 verwüsteten Alemannen die Stadt. Danach gehörte das Gebiet von Langres zunächst zum Königreich Burgund, später zum fränkischen Reich. Karl d. Kahle gewährte ihm 874 Münzrecht. Seit 967 führten die Bischöfe Titel und Befugnisse eines »Comte de Langres«, was neben dem mächtigen Herzogtum Burgund allerdings wenig besagte. Immerhin behaupteten sie ihre selbständige Stellung bis ins 18. Jh., zumal sie um 1350 selbst zu Herzögen erhoben wurden. Aus Teilen des Bistums Langres wurde 1731 ein Bistum Dijon ausgegrenzt (beide waren fortan Suffragan des Erzbistums Lyon). Übrigens residierten die Bischöfe von Langres vom 5. bis 9. Jh. vorzugsweise in Dijon.*

Langres, auf einem Felsen ca. 475 m hoch uneinnehmbar gelegen, hat seinen bis in die Römerzeit zurückreichenden Charakter als befestigte Stadt im ganzen Mittelalter weitgehend bewahrt. Von der »Promenade des Remparts« hat man heute noch einen umfassenden Rundblick auf seinen Befestigungsring mit Toren und Türmen.

Kathedrale St-Mammès ●

Patron ist der hl. Mam(m)as, ein kappadokischer Hirte, der angeb-
lich 275 (unter Kaiser Aurelian) 15jährig hingerichtet wurde; sein
Martyrium ist legendär. Seit dem 8. Jh. wurde er in Langres verehrt;
Reliquien sind erst ca. 1075 erwähnt. – Bauzeit: 2. Hälfte 12. Jh. bis
ca. 1220. Der Beginn wird zwischen 1141 und 1144 angenommen;
eine 1196 erwähnte Weihe muß nicht die Schlußweihe gewesen sein.

Der Außenbau wurde nachträglich verändert; es empfiehlt
sich daher, zunächst das I n n e r e zu besichtigen. *Abmes-*
sungen: Länge 91,40 m, Breite des Querschiffs 42 m, Höhe
des Mittelraums 23 m. Die in Langhaus und Chorjoch
3schiffige Basilika hatte 5 schmalrechteckige Joche; heute,
mit der erneuerten W-Front, sind es 6. Die Seitenschiffe
setzen sich als Chorumgang fort, Umgangskapellen kamen
erst im 14. Jh. hinzu. Der Chor ist der älteste Bauteil;
anschließend entstand das mit je 2 Jochen neben der quadratischen Vierung angelegte Querschiff. Das *Langhaus* ist der
jüngste Bauteil; in ihm tritt bereits got. Einfluß zutage.
Doch der roman. Raumcharakter bleibt auch hier stilbe-
stimmend.

Der unmittelbare Einfluß von Cluny III ist unverkennbar;
tatsächlich ist Langres der letzte Großbau der in der Tradition von Cluny III errichteten Kirchen (nach Paray-le-
Monial, Autun, Semur-en-Brionnais, Saulieu und Beaune).
Kennzeichnend für die Romanik dieser Bautengruppe sind
die vielfach mit kannelierten Pilastern besetzten Kreuzpfeiler (wie in Autun steht auch in Langres noch ein römisches
Tor mit kannelierten Pilastern). Weitere Kennzeichen sind
Akanthus-Dekor an Kapitellen und Kämpfergesimsen (v. a.
in den älteren Teilen) sowie andere der Antike entlehnte
Schmuckmotive. Der auch in Langres in Arkaden und
Gewölben auftauchende Spitzbogen ist allerdings nicht nur
für die genannten Bauten charakteristisch, er kommt in der
burgundischen Romanik auch sonst vor, ist im Grunde eine
Frage der Statik.

Anders verhält es sich mit den Rippengewölben. In Cluny
III und den anderen Kirchen deckt eine in der Spitze gebrochene Längstonne das Mittelschiff. Nur Langres hat Kreuz-

gewölbe mit untergezogenen Rippen. Ohne die Diagonalrippen könnte man jedoch meinen, unter einer Spitzbogentonne zu stehen. Die Rippen werden von röhrendünnen
»Diensten« aufgenommen, die schon die Arkadenpfeiler
begleiten. An den stämmigen Stützen wirken sie wie Abrun-
dungen und steigern deren plastische Voluminosität. Der
got. Dienst wird so zu einer roman. Formqualität »umfunk-
tioniert«. Die spitzbogigen Arkaden zeigen in den Cluny-
Kirchen nur an den Bogenrundungen eine schlichte Abtrep-
pung. Ein über den Wand- und Pfeilervorlagen verkröpftes
Gesims setzt erst nach einigem Abstand die Arkadenzone
von den rundbogigen Triforien ab. Letztere ziehen sich um
den ganzen Kirchenraum herum, in jedem Joch mit 3
Bögen, der mittlere als Blendbogen. Nur in der Apsis sind es
offene Doppelbögen auf doppelten Säulen im Wechsel mit
kurzen Pfeilern. Im folgenden Geschoß nehmen die joch-
trennenden Vorlagen *neben* den ebenfalls rundbogigen Fenstern über Kapitellen die unprofilierten Gewölbegurte und
Diagonalrippen auf. Die horizontalen Gesimsstücke bleiben auf die Triforien begrenzt, so daß letztere wie Viereck-
rahmen anmuten, während die Vorlagen vertikal durch-
gehen. Abweichend vom 3zonigen Wandaufbau wird in
Langres auf horizontale Abgrenzung verzichtet; hier erscheinen zwischen den Gewölbeanfängern in Breite und
Bogenführung den Arkaden angeglichene Schildbögen.
Damit kommt ein neuer Klang in die Wandgliederung, der
eine rhythmisierende Bewegung erzeugt.
Als ungewöhnlich für den schon gotisierenden Raum mag
man die sperrigen Gliederungsformen im Gewölbe, v. a. bei
den Quergurten, empfinden, die auch den Eindruck von
Tonnenwölbung wesentlich fördern (s. o.), besonders stark
in den Seitenschiffen, wo die schnelle Aufeinanderfolge der
querrechteckigen Joche den Einblick sehr erschwert. Andererseits verleihen die hohen Fenster dem in den Proportionen wohl ausgewogenen Hochschiffraum lichte Weite.
Chor. Wie in Cluny trennen 8 *Freisäulen* mit 9 spitzbogigen
Arkaden, deren erste und letzte auf den kräftigen Chorjoch-

Langres. Kathedrale. Inneres mit Nordquerarm

stützen aufsetzen, die Apsis vom *Umgang*. Ihre gerade Verbindung bewirkt ein dem Halbkreis angenähertes ($\%_{16}$-)Poly-
gon, das sich auch in der Sockelplatte der Apsis abzeichnet.
Über das Aussehen des Chores vor dem Anbau der got.
Kapellen gibt es Vermutungen, auf die hier nicht näher einzugehen ist (W. Schlink hat sie in subtiler Analyse ermittelt
und auch eine Scheitelkapelle wahrscheinlich gemacht).
Man kann annehmen, daß den Chorumgang auch außen
eine polygonale Mauer umschloß. Die Rippengewölbe
waren – nach Schlink – von Beginn an geplant. Ihre Stärke,
v. a. zwischen den trapezförmigen Kompartimente bildenden Quergurten, verhindert allerdings jenes elegante Flie-
ßen des Raumes, das Umgängen sonst eigen zu sein pflegt
(s. o. Charakterisierung der jüngeren Seitenschiffe).

Die *Apsis*, in der Arkaden- und Triforienzone noch (leicht)
polygonal gebrochen, rundet sich in der Fensterzone und
schließt mit einer Halbkuppel. Das Chorjoch setzt die Triforien fort. In der Schildwand darüber sitzt zwischen den Gewölbeanfängern – analog zu den Querschiffjochen – beidseits ein hohes Spitzbogenfenster, das von dem jüngeren
Langhaus übernommen wird. Die dicht gereihten Rundbogenfenster in der Apsis trennen – wie schon die Triforien –
kurze, kannelierte Pilaster. Ob die Fenster ursprünglich
ohne gerades Abschlußgesims in die Halbkuppel einschnit-
ten, ist eine hier nicht zu diskutierende Frage; sie stellt sich
jedoch, da die genannten Cluny-Kirchen über den Fenstern
alle auch ein Horizontalgesims aufweisen – allerdings unter
einer Längstonne! Die Kreuzrippenwölbung war eben doch
für die ganze Raumgestalt folgenreich (nach Schlink wäre
schon gegen 1300 eine Vergrößerung der Fenster denkbar,
und zwar, um mehr Flächen für Glasmalerei zu gewinnen;
die heutige Anordnung dürfte – nach ihm – jedenfalls der
ursprünglichen einigermaßen entsprechen).

● In der Bauplastik herrscht das *korinthische Kapitell* als Ornamentform vor, am wirkungsvollsten und üppigsten im *Chorbereich*,
also im ältesten Teil: natürlich kein Kapitell aus einer Stilfibel, das
einfach nachgeahmt würde, im Gegenteil, die Formen spiegeln

sogar unterschiedliche »Temperamente« wider, ohne daß daraus
auf individuell faßbare Künstler geschlossen oder gar datiert werden
könnte. Im Langroiser Dekor sind die Akanthusblätter ganz allgemein zeichnerisch aufgesplittert; sie wirken mehr oder minder wie
ausgestochen. Kaum eines zeigt selbst einen Anflug von Bemühung
um die Vorstellung organischer Blatt- und Rankenbildung. Von
»Laub« kann man auch in Cluny und Autun nicht sprechen (vgl. in
Autun die abgenommenen Blatt- und Rankenkapitelle im ehem.
Kapitelsaal). Auch dort geht es um in »Architektur« übersetzte
»Natur«. Aber in Langres wirken die Formen mal wie aus schmalen,
langen Streifen zu splitterigen Gebilden »korinthisch« zusammen-
gefügt, mal ist die Umrißform der Blätter flächig gehalten und pflan-
zenhaft ornamentiert. Viele der Pilasterkapitelle in Chorjoch und
Umgang sind geradezu brettartig flach gehalten; daneben gibt es
andere, deren Volutenformen sich ausgesprochen räumlich entfalten. Nahezu die ganze burgundische Romanik hat – so scheint es –
hier Pate gestanden. Bei den Kapitellen der Chorrundstützen und
Freipfeiler denkt man unwillkürlich an vergleichbare figürliche
Kapitelle in Cluny: dort sind sie Träger eines umfassenden heilsgeschichtlichen Programms, in Langres bleiben sie bildlos, zeichnen
sich jedoch durch die besondere Sorgfalt ihrer Bearbeitung aus. Wie
die meisten Kapitelle im Chorbereich tragen sie mit Akanthusblättern in der Anordnung von Palmetten überreich verzierte Abdeck-
platten mit Profilkanten. Der Gegensatz zwischen dem Nur-
Schmückenden und der funktionsbegabten Form wird oft verunklärt (Zeichen einer Spätphase?). Nur bei den Doppelkapitellen des
Apsis-Triforiums gibt es neben pflanzlichem Dekor auch figürliche
Motive, z. B. Köpfe von Menschen und Tieren sowie Greifen, Sirenen u. a. Fabeltiere. Nach deutbaren Sinnzusammenhängen mit
christlichen Motiven zu suchen, ist zwecklos; dahinter steckt die
Freude an solcher Art Drolerien. (Man muß auch dem mittelalterl.
Künstler zugestehen, Dinge rein »aus Spaß an der Freude« zu erfin-
den, v. a. dann, wenn die Umgebung bildlos blieb.)

Gegenüber dem Chorbereich verliert die Plastik schon in den *Querschiffarmen* an Glanz und Üppigkeit. Zwar erscheinen im vorderen
Joch (wie in Apsis und Chorjoch) noch Ranken und anderer Dekor,
doch von Schmuckfreudigkeit kann man nicht mehr sprechen. Die
beginnende Gotik zeigt sich an Blattenden, die sich zu Knospen
einrollen oder in Köpfen auslaufen. Letzteres häufiger im *südl. Seitenschiff*; im (allerdings stärker restaurierten) *nördlichen* bleibt es
bei beginnenden Knospen. Ähnlich verhält es sich am *südl. Seitenportal*, während es auf der *N-Seite* bei figürlicher Verbrämung

bleibt. Die Kapitellplastik im *Mittelschiff* (in der Laibung der Arkadenpfeiler und in der Fensterzone unter Gurten und Gewölberippen) kommt über trockene Zweckbestimmtheit nicht hinaus.

Zu erwähnen ist noch das zwischen südl. Chorjoch und dem tonnengewölbten Kapitelsaal vermittelnde *Portal*: ein Paradestück für die
betont flächige Phase des Langroiser Baudekors, der außer den
glatten Säulenschäften alle Glieder mit Ornamenten regelrecht
tapeziert. Die Ornamentformen, die den gerundeten Stäben folgen,
sind bravourös gearbeitet.

Ä u ß e r e s. Bei einem Großbrand 1562 war die gesamte
Bedachung verlorengegangen; die ebenfalls betroffenen
Fassadentürme wurden erst seit 1761 (nach Wettbewerb)
von dem Pariser Architekten Cl.-Louis d'Aviler als *2-Turm-
Fassade* in frühklassizistischen Formen wiederaufgebaut –
ein imposantes, aber schwerfälliges Bauwerk mit übereinan-
dergestellten Säulenordnungen. Die giebelbekrönte Mittelachse nehmen die noch ein weiteres Geschoß frei steigenden
seitlichen Türme zwischen sich, um danach in Plattformen
mit Balustraden zu endigen. Die mittelalterl. 2-Turm-Front
ist mit antikisierenden Säulenstellungen einfach nicht mehr
gültig zu realisieren (s. a. Dijon, St-Michel).

Von der nicht mehr sehr reichen D o m a u s s t a t t u n g sind *Kanzel*
und *Orgelprospekt* (aus Kloster Morimond) sehenswert. – Im 2.
Joch der S-Seite beachtliche got. *Türflügel*. – Auf der N-Seite desselben Joches H l . - K r e u z - (oder Amoncourt-) K a p e l l e , eine
Renaissance-Kapelle von beachtlicher Qualität mit kassettiertem
Gewölbe (16. Jh.); beim Eingang Skulpturen Marias und Johannis,
weiterhin ein Fragment des ehem. Lettners (1555). Der Altar
stammt aus der Bauzeit der Kapelle. – In beiden Querschiffarmen
Holzvertäfelungen des 18. Jh. sowie *Bildteppiche* mit Szenen aus
dem Leben des Patrons der Kathedrale. – Der *Hauptaltar* in der
Apsis 19. Jh. – In der mittleren Umgangskapelle außer dem modernen Altar eine eindrucksvolle *Alabaster-Madonna* von 1341.

In der S a k r i s t e i einige Bilder mit Szenen der keuschen Susanna.
– In der S c h a t z k a m m e r keine Werke von künstlerischem Rang.

Der **Kanonikerkreuzgang** (13. Jh.) im S der Kathedrale ist
nur z. T. erhalten. Den nicht sehr hohen, eher breit gedehnten Gang gliedern auf der Innenseite jochweise je 3 spitzbogige Blendarkaden. Jede 3. der schlanken Säulen vertritt ein

regelrechtes Säulenbündel für Diagonal-, Gurt- und Schildrippen einer schon entwickelteren Stufe.

Nicht weit entfernt (Place Jean-Duvet) ist ein **Collège de
Jeunes Filles** in einem schönen, zurückhaltenden Bau des
18. Jh. mit balustradengeschmücktem Hof. – Ostwärts
davon (Rue Constance-Chlore) bietet sich ein Blick ins
Marne-Tal.

St-Martin. Vielleicht auf älteren, beim Außenchor auszumachenden Fundamenten gebaut. Die rechtwinklige Apsis
ist 3fach unterteilt. Dem niedrigen Querschiff folgt ein –
etwas später im 13. Jh. entstandenes – 3schiffiges Langhaus.
Der 53 m hohe, elegante Glockenturm ist eine Hinzufügung
des 18. Jh.

Ausstattung. Am Hauptaltar ein überlebensgroß geschnitzter
Christus des 16. Jh. Rechts vom Chor ein Relief des hl. Martin mit
merkwürdiger Trinitätsdarstellung. In einer der Kapellen »Martyrium des hl. Bischofs Desiderius von Langres« von R. Tassel (s.
Museum); die Hintergrundlandschaft ist Langres, sie erinnert an
den Tod des Heiligen bei einem Vandalenüberfall (407 oder 411).

Das **Musée St-Didier** (4, Pl. St-Didier) ist in der **ehem. Kirche** dieses Namens untergebracht, von der jedoch nur die
Vierung (mit schönen roman. Kapitellen) und der anschließende gerade *Chor* noch stehen.

In einer *gallo-römischen Abteilung* mit den üblichen Fundstücken
u. a. ein Bacchus-Altar aus weißem Marmor und eine Merkur-Sta-
tuette. – Ein erwähnenswerter *Taufstein* (13. Jh.) stammt aus der
Kathedrale. – Ansonsten enthält das Museum ansprechende *Bilder*
vorwiegend des 19. Jh. und von einheimischen Malern (bedeutendste die Tassels: Jean 1608?–67, Richard 1588–1666).

Einen Teil der Museumsbestände beherbergt heute würdiger das
Renaissance-**Hôtel du Breuil de Saint-Germain** (Rue Chambrû-
lard), 1588. Hier v. a. schöne *Möbel*.

Römisches Tor. Die römische Stadt besaß 4 Tore, von
denen nur eines in der mittelalterl. Mauerbefestigung erhalten blieb; die rundbogigen Zwillingstore sind heute vermauert. (Vermutlich 2. Jh. n. Chr.) Das einst ansprechend pro-
portionierte Tor weist noch Reste von *kannelierten Pilastern*

mit Kompositkapitellen auf. Vielleicht wurden von ihm die kannelierten Pilaster in der Kathedrale angeregt (vgl. a. Autun).

In der Rue St-Didier (mit dem Museum) stehen 2 beachtenswerte **Häuser** (**Nr. 13** und **15**) des 17. Jh. sowie eines aus der Renaissance (**Nr. 10**), das antikisierende korinthische Säulen gliedern. – Aus derselben Zeit dürfte das sog. **»Haus der Diana von Poitiers«** in einem Hof der Rue du Cardinal-Morlot stammen, die heutige **Städt. Kunstschule**. Im Hof reizvolle Fassade mit von Säulen eingefaßten Fenstern und von Balustrade begleiteter Terrasse. Im Innern Räume mit Balkendecken; in einem Rundraum schöner Kamin. – Das **Rathaus** ist ein noch zurückhaltend klassizistischer Bau von 1778. Im Ratssaal schöne *Bronzebüste* des in Langres geborenen Schriftstellers *Denis Diderot* (1713–84) von J.-A. Houdon (1741 bis 1828).

Ein Spaziergang rings um die dem Gelände angepaßte **Stadtmauer** mit **Befestigungswerken**, wehrhaften **Toren** und **Türmen** (»Chemin des Remparts«) bietet heute eine malerische Anlage. Die mittelalterl. Befestigungen folgen z. T. noch der römischen Stadtmauer. Sie entstammen übrigens keinem einheitlichen Plan, wurden je nach Bedarf angelegt bzw. erneuert und zum größeren Teil im 19. Jh. restauriert.

Fast gerade Straßen (Rue de Nevers und Rue Diderot) durch die Mitte der Stadt mit der Kathedrale (Place Henryot) verbinden die **Longe-Porte** (1558) im N mit der **Porte des Moulins** im S (1647; mit gewölbten Durchgängen und kleinem Pavillon). – Weiter im S die im 19. Jh. angelegte, noch heute starke **Zitadelle** mit großen **Kasernen**. – Im S führt die von alten Bäumen besäumte Promenade de Blanchefontaine zur **»Grotte de la Grenouille«**, einer Quelle mit mehreren Bassins. – Besonders erwähnt seien außerdem: **Tour Piquante** (14. Jh.), gegenüber der **Hospital**-Kuppel (1770); **Tour St-Jean** (16. Jh.); **Tour du Marché** oder **du Petit-Saut** (um 1573); **Porte Routière** mit separatem Turm, in einer Nische Bischofsstatue. Der **Navarra-Turm** (1517) ist der mächtigste und eindrucksvollste neben der **Tour St-Ferjeux** (1471).

LAROCHE-SAINT-CYDROINE (Yonne B2)

St-Cydroine, ehem. Prioratskirche

Der nach legendärer Passio im 3. Jh. in Joigny enthauptete Cydroin wurde angeblich hier getauft. Der kleine Bau gehört mit Chor und Querschiff noch ins späte 11., das Langhaus ins 12. Jh. Restaurierungen im frühen 20. Jh. v. a. an Dächern und Turm.

An der kleinen Kirche (Länge ca. 50 m) sind nur Chor und Querschiff kunstgeschichtlich bedeutsam, beide schon ursprünglich gewölbt. Kantige Rundbogenarkaden mit knappen Gurten über Rechteck- und Halbrundvorlagen heben die *Vierung* aus übereck stehenden Mauern heraus.

Die noch etwas unbeholfen skulptierten *Kapitelle* sind alle verschieden mit Blättern und Ranken, geflügelten Tieren und Sirenen, Vögeln und Vierfüßlern, aber auch mit Menschenköpfen besetzt. Das flache Relief wirkt vielfach wie ausgestanzt. Die Deckplatten sind mit Flecht-, Wellen- u. ä. Bändern ornamentiert. Aufbau und volutenförmige Eckbetonungen zeigen die Herkunft vom antiken Kapitell; eines hat an den Ecken sogar Atlasmotive. Die Basen bestehen aus 2 oder mehr Wülsten neben Hohlkehlen, einige mit Zickzackstäben.

Ein Turmansatz im Dachstuhl bestätigt, daß der Turm ursprünglich quadratisch war, wobei der 8seitige Sockel des roman. Turmes eingepaßt wurde. Ein Arrangement mit 2 trompenartigen Eckrundungen übereinander ermöglicht das Achteck: ein Verfahren (ohne Vorbild und Nachfolge), das für einen erfinderischen Baumeister spricht. Das im 13. Jh. in eine Rippenkuppel umgewandelte Rund ist heute flach abgedeckt. Nach 2 schmalrechteckigen, tonnengewölbten *Chorjochen* springt die *Halbrundapsis* leicht ein; ihr Scheitelfenster verstellt ein barocker Altar. – Tonnengewölbe haben auch die *Querschiffarme*, an die Nebenapsiden mit tonnengewölbtem Chorjoch anschließen, leider z. T.

beschädigt, verändert oder vermauert. – Das ungewöhnlich gestreckte 1schiffige *Langhaus*, wahrscheinlich des 12. Jh., ist breiter als die Vierung und im Zuschnitt einfacher. Getäfelte Holzdecke des 16. Jh. (restauriert).

Ebenso anspruchslos ist das Ä u ß e r e. Nur mit kräftigen Strebepfeilern gesichert sind die Außenmauern an *Chor* und *Querschiff*. Der sich als 2geschossiges Oktogon aus den Dächern erhebende *Turm* des 12. Jh. weist plastisch belebende Gliederung auf: im geschlossenen unteren Geschoß des Oktogons je 3 eingetiefte, schmale Blendbögen, im oberen offene Bögen in gleicher Reihung, hier jedoch über Säulen mit Kapitellen. 8seitige Türme sind im südl. Burgund häufig (s. Anzy-le-Duc); in dieser Kunstlandschaft trifft man sie selten und wahrscheinlich durch La Charité-sur-Loire (Nièvre) und Sacy vermittelt.

LIGNY-le-Châtel (Yonne C3)

St-Pierre-et-St-Paul

Die Kirche gehörte 1116 dem Michaelskloster in Tonnerre, für Pfarraufgaben war aber das Domkapitel von Langres zuständig, das auch seit 1554 den Chorneubau betrieb, an dem Landesherr und Pfarrgemeinde beteiligt wurden. Geldmangel verhinderte die Erneuerung auch des roman. Langhauses.

Das *Langhaus* blieb niedrig und steht mit Querschiff und Vierungsturm ohne vermittelnden Übergang neben dem hohen, jüngeren Chor. Im Ä u ß e r e n mutet es mit seinem großen Satteldach eher wie ein Speicher denn eine Kirche an – bis auf die *W-Front* mit dem zwischen Strebepfeilern in einem Rechteckblock geöffneten *Portal*, dessen Archivolten mit Zickzack- und Würfelfries sowie gereihten Rosetten, Rund- und Perlstab ornamentiert sind. Gewändesäulen und Blattkapitelle sind großenteils erneuert. – Der querrechteckige *Vierungsturm* besitzt über geschlossenem Untergeschoß offene Doppelarkaden mit Kranzarchivolten. Sie mögen erneuert sein, entsprechen als plastische Gliederung aber durchaus den im 12. Jh. möglichen Formen, ebenso das hohe Pyramidendach. Neben dem *südl. Querschiff* bezeugen die Zahnsteine am Chor den geplanten Weiterbau.

Alle Konstruktionselemente des neuen *Chores* sind noch mittelalterlich, werden aber durch formale Umdeutung und applizierten Dekor der zeitgemäßen Renaissance angepaßt. So sind die Strebepfeiler zu Pilastern mit Renaissance-Nischen und abschließendem Kranzgesims geworden, während die Giebelmauern und Satteldächer der Kapellen in der Tradition bleiben. Die bekrönenden Aufsätze (Widerlager gegen den Gewölbeschub) haben sich in schmale Mauern mit Bogengliederung zwischen Pilastern verwandelt und tragen Vasen und kleine Pyramiden. Die Strebebögen haben Volutenform angenommen. Mittelalterlich sind dagegen die Wasserspeier, obwohl Wasserrinnen und -rohre bereits üblich waren. Auf der N-Seite 2 Renaissance-Portale, die gute Kenntnis dieser Stilform bekunden.

Das I n n e r e ist eine auf ihre Grundform reduzierte Pfeilerbasilika. Breite, scharfkantig glatte Arkaden trennen das fensterlose, mit erneuerter Holztonne gewölbte *Mittelschiff* von ebenso gedeckten Seitenschiffen. Der Raum ist bis zur Kahlheit nüchtern, doch nicht ohne ernste Würde, mitgetragen von ausgewogenen Proportionen. Einziger Anhalt für seine Datierung sind die um oder noch vor Mitte des 12. Jh. häufigen Glockenleistenprofile der Kämpfer, die auch am Portal erscheinen. Dazu paßt am Vierungsgewölbe das starke Rundstabprofil der in dieser Landschaft zu den ältesten zählenden Rippen (ca. 1155); in den Mauerecken der Vierung nur 2 z. T. noch sichtbare Halbsäulen mit Blattkapitellen. Turm und Chorneubau haben in der *Vierung* Veränderungen verursacht: die spitzbogige Anmauerung des westl. Vierungsbogens sowie die Verengung der Rundbögen zu den Querschiffarmen.

Ein kurzes gerades Joch paßt den in der Achse leicht verschobenen neuen *Chor* dem roman. Querschiff an. Grundriß und Raumordnung sind offensichtlich nach dem um vieles älteren Vorbild im benachbarten Pontigny konzipiert. Auch die Strukturelemente sind denen in mittelalterl. Bauten nachempfunden, aber in Renaissanceformen übersetzt – vermutlich der Grund dafür, warum sie hier und da fremd, ja bizarr wirken. Statt der die polygonale Apsis begrenzenden Säulen hier schlanke, hohe Pfeiler mit Figurennischen; die Pfeiler bzw. Wandvorlagen sind zu Pilastern und die Arkadenprofile zu Faszien geworden. Auch die Rippen beginnen als flache Bänder, verzweigen sich dann aber in Rundprofilen unter den Gewölben, in den geraden Chorjochen und der Apsis sogar mit Scheitel- und Querrippen und Anklängen an spätgot. Stern- und Fächergewölbe. Die Fenster zeigen unterschiedliche, mit dem Zirkel gezeichnete renaissancehafte Maßwerkformen.

LUGNY-lès-Charolles (Saône-et-Loire D8)

Schloß Grammont

Der einem Feudalgeschlecht gehörende Besitz wurde 1433 für Kanzler Nicolas Rolin konfisziert, von den Erben jedoch 1479 zurückgegeben. 1771 entstand das Neue Schloß.

Erstaunlich, wie geschickt das auf eine Felswand über dem Arconce-Tal gesetzte feste Schloß zu einem Wohnschloß des 18. Jh. umgebaut wurde. Die Leistung bestand v. a. darin, den mehrseitigen Wohntrakt in der Hauptfront zu einem Corps de logis zu vereinheitlichen, diesem schräg kurze Pavillonflügel anzufügen und so einen repräsentativen Hof zu bekommen, der durch den davor liegenden Wirtschaftshof noch weiträumiger wird. In der Achse der mit Pfeilern markierte Zugang mit schmiedeeisernem Portal, das in eine Baumallee führt.

Die *Frontseite* ist einheitlich gegliedert: über kurzem Sockel ein Erdgeschoß, darüber das Hauptgeschoß mit niedrigem Entresol, über dem Gesims des Walmdaches noch ein ausgebautes Dachgeschoß. Die mittleren Fensterachsen mit schlichtem Eingang treten als Risalit kaum vor, schließen aber mit Dreiecksgiebel und sind durch ein Pavillondach hervorgehoben. In der Fassade noch ein Treppenturm mit

spätgot. Eingang; belebende Akzente setzen nur die Fen-
sterkreuze. – Im I n n e r n nach 1843 eine bequemere
Treppe angelegt.

Das Schloß bewahrt noch Teile der A u s s t a t t u n g des 18. Jh.

MÂCON (Saône-et-Loire F9)

*Die Stadt am westl. Saône-Ufer hat nur wenige Zeugnisse ihrer
Geschichte bewahren können. Die ältesten stammen aus dem altstein-
zeitlichen »Solutréen«, der nach den Funden am Felsen von Solutré
benannten Schicht (Feuersteingeräte im Museum des ehem. Ursuli-
nenklosters).*

*Mâcon liegt im ehem. Stammesgebiet der römerfreundlichen Aeduer
(s. a. Autun). Seinem Hegemoniestreben unter den gallischen Völ-
kern widersetzten sich im SW die Arverner, im O die Sequaner. Im
römischen Castrum Matisconense siedelten sich auf Anordnung des
Aëtius (443) die von diesem geschlagenen Burgunder an und gründe-
ten hier das Königreich Burgund, wurden aber 534 von den Franken
besiegt. – Das Christentum soll in der von Lyon ausgehenden 1.
Missionswelle (Ende 2. Jh.) auch hierher gekommen sein (s. Autun,
Chalon, Tournus, Dijon). Unter den Aeduern waren angeblich auch
die Missionsbemühungen des hl. Martin (376–380) erfolgreich.*

*In den Zeiten des Feudalismus war im Mâconnais ein Grafenge-
schlecht besonders stark geworden. 1239 konnte Ludwig IX. diese
Grafschaft für die Krone erwerben. 1435 (Friede von Arras) kam sie
vorübergehend an das Herzogtum Burgund. Nach dem Aussterben
der Herzogslinie (mit dem Tod Karls d. Kühnen) zog König Ludwig
XI. 1477 das Mâconnais ein. – Im 100jährigen Krieg, in dem das
Gebiet wechselweise von den Kontrahenten beherrscht wurde, hatte
die Stadt sehr zu leiden (1417 hatten ihr die Armagnaken besonders
hart zugesetzt) – im Vergleich damit waren die Verluste in den Religionskriegen geringer. In der großen Revolution von 1789 haben
Übereifrige 1790 besonders stark gewütet; viele Kirchen gingen dabei
zugrunde, andere, wie die Kathedrale, wurden unbrauchbar gemacht
und die Kulte der »Vernunft« und des »Höchsten Wesens« eingeführt.
Das Bistum Mâcon wurde damals zugunsten der benachbarten aufgelöst und nie wieder konstituiert. 1799 begann die Demontage auch der
Kathedrale.*

Ehem. Kathedrale St-Vincent

*Die erste Bischofskirche stand nahe beim Saône-Hafen und war der
Nachfolgebau eines Merkur-Tempels. 543 brachte König Childebert*

aus Saragossa Reliquien des hl. Vinzenz mit, auf den die Kathedrale
umgewidmet wurde. Die Kirche erlitt in der Folgezeit mehrere starke
Schläge. Nach 960 entstand ein Neubau (Dekorfragmente im
Museum). Danach ist von umfänglichen Restaurierungen die Rede,
deren Arbeiten sich länger hinzogen. Erst nach 1096 wurden die
Dächer bzw. das Hauptgewölbe eingezogen. Nach 1147 scheint die
von bestehenden Türmen (nur ihre Untergeschosse sind noch 11. Jh.)
flankierte Vorhalle entstanden zu sein. 1180 stimmte der König einer
Befestigung der Kirche zu. Im Laufe des 13. Jh. wurden schließlich
Schiff und Chor gotisch erneuert (waren sie zu baufällig geworden
oder geschah das aus Ehrgeiz?). Damals ist erstmals eine Krypta
erwähnt; sie muß aber schon länger bestanden haben, da im 13. Jh.
üblicherweise keine neuen Krypten angelegt wurden (s. dazu Dijon,
Kathedrale). Über die Stiftung von Kapellen (insgesamt 23!) im
13.–15. Jh. wird ausführlich berichtet. Im Religionskrieg verwüsteten
Protestanten die Kirche, entwendeten die Glocken und zerbrachen
die Fenster (Bildfenster?). Der Bau selbst blieb unangetastet. Erst
Anfang des 17. Jh. begann man seine Schäden zu beheben, bis er
schließlich seit 1799 abgetragen wurde, den Narthex ausgenommen.
Die Türme wurden erst 1855 restauriert. – Die Vorhalle dient heute als
Musée lapidaire.

Eine charakterisierende Beschreibung ist weder für den
roman. Bau noch für das got. Schiff samt Chor und Kapellen
mehr möglich. – Die *Türme*, die ohne Artikulierung vom
Quadrat ins Achteck übergehen, standen vor den Seitenschiffen. Außen zeigen sie noch die für die Frühromanik
charakteristische Bogen-Lisenen-Gliederung; in den oberen Geschossen, deren glattes Mauerwerk das 13. Jh. vermuten läßt, fehlt sie. Im I n n e r n sind die Türme zu einem
hohen, kreuzgewölbten *Eingangsjoch* verbunden; auf der
O-Seite der Eingang zum Hauptschiff. Auch hier deutet vieles noch auf das 11. Jh. Dagegen zeigt die 1jochige, 3schiff-
ige *Vorhalle* an den nur fragmentarisch erhaltenen Gliederungselementen die voll entwickelte Romanik mit halbrunden Bogenformen (ca. Mitte 12. Jh.). Nur das Mitteljoch
erhielt später Rippengewölbe (vielleicht Anfang 13. Jh.),
die anderen Kompartimente haben noch Gratgewölbe. Im
Zugang von der Vorhalle ins Turmjoch das oft zitierte, von
einer hart gezeichneten Ranke (stark restauriert) umzogene

Tympanonrelief mit dem *Weltgericht*. Den auf skulptierten ●
Kapitellen aufsetzenden *Sturz* schneidet – seltener Fall – die
Portalrundung an.

In 5 Streifen Darstellung des Gerichts. Unten: Paradies und Hölle,
wo Jesus die Gerechten, der Teufel die Verdammten empfängt,
die Michael zurückdrängt. 2. Streifen: Auferstehung der Toten.
3. Streifen: die kleinen und großen Propheten des Alten Testaments (?). Neben der Christus-Mandorla (Figur zerstört) im 4. Register je 6 Apostel als Beisitzer mit Maria und Johannes als Fürbittern, beide von Engeln begleitet. In der 5. Zone deuten Seraphim
und Cherubim (die nach Apk. 4,6 ff. den Thron Gottes umstehen)
die Himmelssphäre an. Der Vergleich mit dem Weltgericht im
nahen Autun drängt sich auf: Beinahe gleichzeitig entstanden, geht
es dort dramatisch bewegt zu; in Mâcon glättet sich die Komposition zur durchgehenden Streifenerzählung (wie sie für die Gotik
charakteristisch werden sollte). – Die Sturzkapitelle waren skulptiert: ein Dämon, dem ein bewaffneter Engel in den Weg tritt, ist
noch auszumachen, auf den anderen (vielleicht) die Versuchung
Jesu (Kreuznimbus).

Unter den **Profanbauten** sind einige hervorzuheben:

An der Place aux Herbes ein vielgeschossiges, hohes **Fach-** ●
werkhaus, das in den oberen Stockwerken nicht mehr über-
kragt und immer einfacher wird. Über einem steinernen
Sockel der waagerechte, mit Figuren und Ornamenten
beschnitzte Rähm und als Säulen gearbeitete kurze Ständer.
Ebenso die nach einem Gesims weiterführenden Fensterpfosten. Der reich ornamentierte Teil hört mit dem
geschichteten Gebälk auf. Die vielen vertikalen Formen
und Flächen lassen den Bau, trotz der spätgot. krausen Formen, steil erscheinen (gefördert noch durch den Steinbau
daneben, der die vertikale Struktur übernimmt). Die
Schnitzarbeiten bezeugen Kenntnis von Renaissance-Elementen und rechtfertigen die Datierung (Anfang 16. Jh.).

Hôtel de Senecé (Rue Sigorgne; mit **Musée Lamartine**),
18. Jh., für einen hohen Beamten in elegantem Régence-Stil
(typisch die gerundeten Ecken) gebaut; statt Säulen zurück-
haltendere Pilaster als Gliederungselemente. Den Ehrenhof
(um 1750) flankieren 2 Flügel.

Beachtlich die geschmiedeten *Balkongitter*. – Die *Innenausstattung* mit flachen Stuckreliefs (Jahreszeiten), geschnitzten Türen und Boiserien sowie Teppichen ist erhalten. – Seit 1896 Sitz der 1805 gegründeten Akademie; mit vielen Erinnerungen an den 1790 in Mâcon geborenen Dichter Alphonse de Lamartine, der ihr Mitglied war. Heute großenteils Museum.

Im 1765 als Stadtpalais im Stil Louis XVI (mit beachtlichen Boiserien) gebauten heutigen **Rathaus** (Quai Lamartine) ist z. T. das **Museum** untergebracht (**Musée des Beaux-Arts**; seine Bestände sind großenteils Stiftungen). Der am Flußufer stehende Bau wurde seit 1767 um niedrigere Flügel für Bibliothek und Theatersaal erweitert (im Stil des 19. Jh. »restauriert«).

Das **Musée municipal des Ursulines** (5, Rue des Ursulines), im ehem. Ursulinenkonvent des 17. Jh., zeigt historische, prähistorische und völkerkundliche Exponate, ferner Keramik und Malerei sowie afrikanische Kunst.

Im **Hospice de la Charité** (Rue Carnot/Quai Lamartine), nach Plänen von J.-G. Soufflot (1713–80, Erbauer des Pariser Panthéon) 1750 begonnen, 1762 vollendet, interessiert v. a. die ovale *Kapelle* mit elliptischer Kuppel über eingebundenen Pilastern, die den Raum gliedern und wie Arkaden schließen. Er wirkt wie ein Umgang, den Emporen noch artikulieren. Anders als im Panthéon folgt Soufflot hier mehr römischen Kuppelkonstruktionen der Renaissance.

Hôtel-Dieu (Square de la Paix)
Ein Krankenhaus bestand hier seit dem 12. Jh. Ein späterer Neubau drohte einzustürzen; Soufflot lehnte die Bitte um Pläne für den Neubau ab (1747). 10 Jahre vergingen mit Standortdiskussionen, bis 1760 ein Lyoner Architekt beauftragt wurde, der Soufflot kannte (vielleicht von ihm beraten?). 1770 Einweihung.
In der Mitte giebelbekrönter Risalit mit Kuppel. Innen eine elliptische, von Galerien umzogene und zwischen breiten Gurten gratgewölbte *Rotunde*, die als Kapelle benutzt wurde. Von ihren Betten aus verfolgten die Kranken in den anschließenden Sälen den Gottesdienst. Die Rotunde ist der Charité-Kapelle Soufflots (s. o.) so verwandt, daß man sie ihm zuschreibt.

Die Wandmalereien sind wie die Gitter in den Arkaden unten Zutat des 19. Jh. – Weitere interessante Räume sind das *Beratungszimmer* und die *Apotheke*: quadratische, durch Abschrägung im Gewölbe 8seitige Räume, letztere noch mit den dunklen Schränken und Boiserien, belebt mit hellen Intarsien; alt sind auch die Fayence-Gefäße.

MALAY (Saône-et-Loire E8)

Notre-Dame

Die 1160 als Cluny-Priorat aufgeführte Kirche (wie St-Hippolyte, →Bonnay) dürfte zu Ende der Amtszeit des Abtes Hugo von Semur († 1109) entstanden sein, der O-Teil sicher noch vor dem Ende des 11. Jh.

I n n e r e s. 3schiffige, 3 Joche tiefe Basilika mit spitztonnengewölbtem *Mittelschiff* und quadratischer *Vierung* im nahezu gleich hohen *Querschiff*, dessen kurze, mit Rundtonnen gewölbte Arme kaum über die Flucht austreten; auf der O-Seite halbrunde *Apsiden*. An das tonnengewölbte *Chorjoch* schließt die *Hauptapsis* an (im Scheitel moderne Sakristei). Alle tektonischen Formen sind kantig geschnitten, in ihrer strukturellen Bedeutung klar ablesbar. Langhaus- und Vierungspfeiler haben Vorlagen für Bögen und Gurte. Die hohen, überaus schmalen *Seitenschiffe* besitzen – als Widerlager gegen die Mitteltonne (wie in Farges) – Quertonnengewölbe mit Stichkappen. Die Fenster des Mittelschiffs hat man seit der Erhöhung der Seitenschiffdächer (wegen des Wasserablaufs) vermauert. Anders als in vielen frühroman. Kirchen des südl. Burgund, die oft noch ein »niedriges Querschiff« haben, ist die angestrebte *Raumklärung im Vierungsbereich:* Langhaus und Querschiff sind gleich breit und (fast) gleich hoch; die quadratische, mit Trompenkuppel schließende Vierung wird so zur sammelnden Mitte des ganzen Raumes. Darin macht sich (wie in St-Hippolyte) ein von Cluny III ausgehender Einfluß bemerkbar. Die dort gefundene Raumklärung hat offensichtlich Eindruck gemacht – anders als im Langhaus, wo das »Neue« nicht voll erkannt wurde.

A u ß e n wird v. a. in der *O-Partie* die bewußte Zuordnung der Baukörper evident. Der strukturell kaum gegliederte *Turmblock* wirkt noch altertümlich; auch das kurze Obergeschoß mit unterteilten Schallarkaden und dem Fries unter niedrigem Pyramidendach (1932 erneuert) vermag den Eindruck gemauerter Schwere nicht zu lockern. Aber *wie* Querarme und Chorjoch gleichmäßig werden und die gleich hohen *Giebelfronten* den Turm umstehen, das wirkt der gedrungenen Schwere des Turmes entgegen. Denkt man sich die moderne Sakristei im Chorscheitel weg, träte auch die von Cluny angeregte Staffelwirkung klar zutage.

MARCIGNY (Saône-et-Loire D9)

St-Nicolas. Von der um 1125/35 erbauten Kirche des 1054 gegründeten Cluny-Priorats ist besonders die in regelmäßigen, sauber versetzten Quadern aufgeführte *W-Front* von Interesse. Im unteren Geschoß in ganzer Breite Bogengliederung: in der Mitte ein von schmalen Blendbögen flankiertes *Stufenportal* mit Säulen. Zwischen den Bögen je ein ornamentierter Pilaster mit Kapitellen, an den Außenkanten gemauerte Wandpfeiler mit Kämpfern für die Archivolten. Bogenfeld und Sturz sind leer. Die reicheren Pilasterkapitelle mit phantasievoll und tief gemeißelten Blatt- und Rankenmotiven erinnern an Anzy-le-Duc (W-Portal). Alle Kämpfer und Deckplatten liegen gleich hoch; sie veranschaulichen den tektonischen Aufbau des Portals (s. dazu Charlieu, Vorhallenportal). Der Anbau der S-Seite ist 19. Jh. Die Giebelwand darüber – rundbogiges Fenster ins Schiff, schmalere Öffnung für den Dachboden – ist der in Varenne-l'Arconce verwandt, jedoch ohne deren plastischen Gliederreichtum. Über dem Giebel ein niedriger quadratischer *Turm* mit gedoppelten Schallarkaden über Säulen mit skulptierten Kapitellen und Pyramidendach. – Die ursprünglich 1schiffige Kirche ist innen völlig entstellt.

Im **Dorf** einige ältere **Fachwerkbauten** und v. a. der sog. **Mühlenturm** (Rue de la Tour du Moulin), um oder bald

nach 1400, ursprünglich Teil einer türmereichen Mauerbefestigung. Die vorstehenden Rundungen im dicken Mauerwerk sollen steckengebliebene Kugeln von der Belagerung
1419 sein. Der stämmige Rundturm hat noch den alten
Dachstuhl aus Kastanienholz.

Das hier eingerichtete kleine **Museum** besitzt einige mittelalterl.
Bildwerke, außerdem eine Sammlung interessanter Fayencen.

MARCILLY-la Gueurce (Saône-et-Loire D8)

St-Laurent. Die roman. Kirche hat 2 Bauzeiten. *Frühromanisch* ist das *Langhaus*, dessen leider dick verputzte Außenmauern mit flachen, durch Bögen verbundenen Lisenen
gegliedert sind (Fenster nachträglich vergrößert). In der
westl. Giebelfront erneuertes Portal mit leerem Sturz und
Tympanon. Das gewölbte Schiff wurde in der Revolution
beschädigt und als flacher Saal wiederaufgebaut.
Zur *Romanik des 12. Jh.* gehören Turmjoch und Apsis. Der
schlanke *Turm* über dem Chorjoch mit ungegliedertem Sok-
kelgeschoß und 2 sich in Schallarkaden öffnenden Geschossen schließt mit Konsolgesims unter Pyramidendach. Die
Apsis (niedriger als das Langhaus) ist zwischen Strebepfeilern und Bogenfenstern gegliedert und besitzt ein von skulptierten Konsolen getragenes Kranzgesims für ein Kegeldach. – Im I n n e r n grenzen spitzbogige Arkaden das mit
ebenso gezeichneter Längstonne gewölbte *Turmjoch* auf O-
und W-Seite ein. Ihren Bögen auf Rechteckvorlagen sind
kräftige Gurte über eingebundenen Halbsäulen untergezo-
gen. Die Blattkapitelle sind mäßige Arbeiten. Auf S- und N-
Seite nachträglich angebaute Räume. Die mit spitzbogiger
Halbkuppel gewölbte *Apsis* umzieht auf hohem Sockel eine
sich auch um die Fenster legende Folge von Blendbögen
über Säulen, zu seiten des Scheitelfensters sind es Pfeiler mit
Ecksäulen; die Kapitelle gleichen im Blattdekor denen im
Chorjoch.

MARMAGNE (Côte-d'Or D4)

● **Fontenay** (DE 4)

Ehem. Zisterzienserabtei

*1115 war der hl. Bernhard von Cîteaux, dem Mutterkloster der
1098 von Robert von Molesme gegründeten Mönchsgemeinschaft
(→ Saint-Nicolas-lès-Cîteaux) nach Clairvaux geschickt worden. Von
dort aus gründete er u. a. in seiner Heimat 1118 Fontenay in dem
Wald südwestlich von Châtillon-sur-Seine.*

*1130 wurde das Kloster an seinen heutigen Platz verlegt, ein damals
sumpfiges Waldgebiet mit vielen Quellen, weshalb der hier fließende
Bach den Namen »Fontenay« (von »fontenaium«) erhielt. Fließendes
Wasser war Grundbedingung für ein Zisterzienserkloster. Seit 1139
war die große Kirche im Bau; 1147 Weihe durch Zisterzienserpapst
Eugen III. Die Klosterbauten dürften Ende des 12. Jh. fertig gewesen
sein.*

*Ludwig IX. (d. Hl., † 1270) befreite das Kloster von allen Abgaben;
damals erhielt Fontenay den Titel eines Königlichen Klosters und
führte seither eine Lilie im Wappen. Um 1300 lebten hier 300 Mönche
und Laienbrüder. Das 14. und 15. Jh. brachten Unsicherheit, Bedrohung, Überfälle, Kontributionen, aber auch Bauernaufstände
gegen das reiche Kloster, weshalb der Herzog (Philipp d. Kühne)
sogar den Bau einer Verteidigungsmauer erlaubte. Zumindest wirtschaftlich gelang Ende des 15. Jh. ein neuer Aufschwung. Das führte
zur Gründung von Außenstellen und Filialen.*

*Im 16. Jh. begann jedoch mit den Religionskriegen und der Einfüh-
rung weltlicher Äbte als Pfründeninhaber (1557) der endgültige
Abstieg; nicht nur disziplinär, auch materiell setzte zunehmend Verfall ein. Das große Refektorium wurde 1745 abgetragen. Säkularisie-
rung und Verkauf der Gebäude in der Revolution brachten das Ende.
Die eine Zeitlang industriell genutzten Gebäude ließ ein interessierter
Besitzer seit 1906 von Zubauten befreien und das 1862 in die Denkmalliste aufgenommene Kloster behutsam instandsetzen. (Noch
immer Privatbesitz.)*

Fontenay gibt – auch durch seine Lage – eine anschauliche
Vorstellung von einem Zisterzienserkloster des 12./13. Jh.;
seine Kirche ist nicht nur die der ältesten, sondern auch
besterhaltenen des Ordens aus dieser Zeit.

● Gibt es eine spezifische *Zisterzienser-Baukunst?* Sicherlich
nicht, wenn damit ein festgelegtes, für alle Klöster des

Ordens verbindliches Programm für die bauliche Gestalt der Kirche gemeint ist. Es gibt aber eine von den Zisterziensern zumindest bis etwa Mitte des 13. Jh. bewahrte Grundhaltung in Baufragen. Sie hat sich im 11./12. Jh. in den Auseinandersetzungen über die Auslegung der Benediktinerregel gebildet, wie sie sich am deutlichsten in der gegensätzlichen Einstellung der Cluniazenser und Zisterzienser bekundet. Jene suchten – wie die Engel im Himmel – das Gotteslob in nicht abbrechendem Chorgesang und, gesteigert, in feierlichen Liturgien darzubringen und sahen darin auch ihre wichtigste, bisweilen sogar einzige Aufgabe. Die Zisterzienser hielten dagegen Gebet und Meditation in der Stille für den Sinn mönchischen Daseins – neben der körperlichen Arbeit. Heiligung war für sie nur in entsagender Askese und Armut, im Schweigen und in der Buße zu gewinnen. Treffend spricht S. Hilpisch von cluniazensischen »Kultklöstern« und zisterziensischen »Gebetsklöstern«. Das Kloster sollte den Mönchen ein ihrer Regel gemäßes Leben ermöglichen.

Die gewisse Einheitlichkeit und vom gleichen Geist geprägte Formauffassung gründet nicht in einem Bauprogramm, sondern im gleichen Tagesablauf für alle Klöster. Die *Zweckgebundenheit* (»Funktionstüchtigkeit«) der Anlage wurde bei Neugründungen überprüft. Verbindlich waren nur einige – seit dem 13. Jh. nicht mehr streng befolgte – *Verbote*, wie z. B. die Errichtung hoher Glockentürme aus Stein (als Verbot erst 1157 formuliert), da die Mönche – ohne Pfarraufgaben – keine weittragenden Glocken benötigten; für die Klosterinsassen genügte ein Dachreiter aus Holz. Dieses Verbot ist die logische Konsequenz aus der Ordensaufgabe. Ein anderes betrifft figürliche Bilddarstellungen, da sie die Phantasie anregten und den meditierenden Beter ablenkten. Außerdem durften Bauten und Einrichtungen (Altäre, liturgische Geräte und Gewänder) nicht über ihre Zweckbestimmung hinaus durch plastischen oder farbigen Dekor »bereichert« werden. Übrigens bezogen sich die Verbote – v. a. der Bilder – nur auf

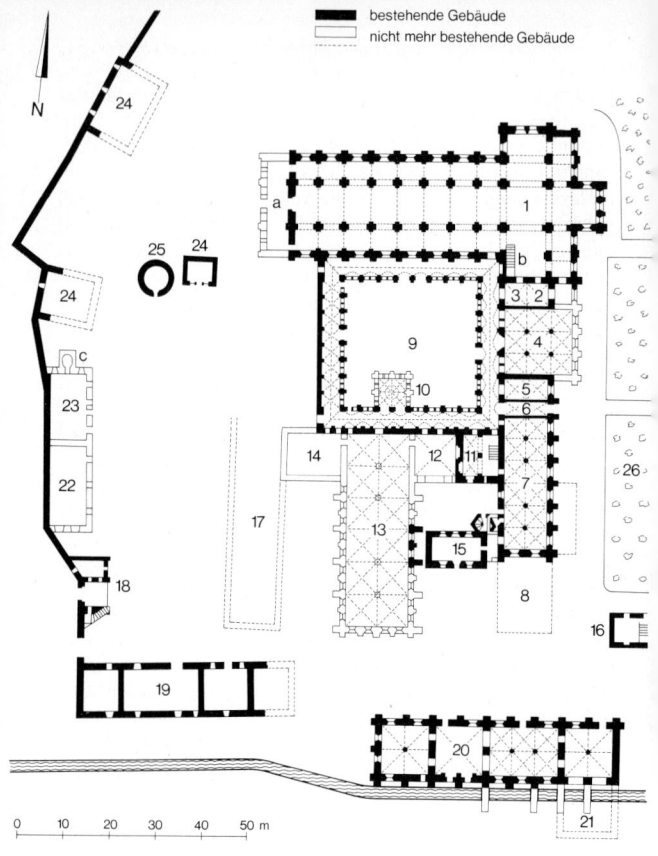

Fontenay. Ehem. Zisterzienserabtei. Lageplan (nach R. Aynard)
(ohne spätere Zubauten wie das Abtspalais des 18. Jh.)

Klöster; bei Bischofs- und Pfarrkirchen, wo sie der Predigt
dienlich waren, hat Bernhard, der die Bildlosigkeit v. a.
gegen die Cluniazenser vertrat, ihre Anbringung eher befür-

Zu nebenstehendem Plan (* = abgerissen bzw. nicht mehr vorhanden):

1 Abteikirche
 a Narthex (*)
 b Treppe zum Schlaf-
   saal der Mönche
   (= Obergeschoß
   über 2–7)
2 Sakristei
3 Bibliothek
4 Kapitelsaal
5 Parlatorium
6 Durchgang
 zur Feldarbeit
7 Saal der Mönche
8 Fischteich (*)

9 Kreuzgang,
 Kreuzgarten
10 Brunnenhaus (*)
11 Kleiner Warmraum
12 Großer
 Warmraum (*),
 ehem. Atelier
 der Buchmaler?
13 Mönchs-
 refektorium (*)
14 Küche (*)
15 Kleiner Krankenbau,
 Haftraum
16 Krankenbau

17 Vorratsbau (*)
 (oben Schlafsaal
 der Laienbrüder, *)
18 Pförtnerhaus
19 Gästehaus
20 Schmiede
21 Mühle (*)
22 Besucherkapelle (*)
23 Bäckerei (*)
 c Backofen (*)
24 Gesindebauten
 (z. T. *)
25 Taubenhaus
26 Kräutergarten

---

wortet. Vielleicht haben die rigorose Bild- und Schmucklosigkeit und ein nur zweckgebundenes Bauen dazu geführt,
daß der auch bei Zisterziensermönchen vorhandene Kunst-
sinn sich auf die Logik der Formen und Erfindung sinnrei-
cher Konstruktionsweisen, v. a. aber auf sauberste Ausführung konzentrierte. Möglicherweise gründet die Zisterzienser-Baukunst in der Freude an einer auf der Mathematik
beruhenden Harmonie und Schönheit. Von daher ist auch
der Rechteckchor verständlich, der keineswegs ein Gebot
bei Zisterzienserkirchen war (s. Pontigny).

Durch ein **Portalgebäude** des 15. Jh. betritt man den K l o -
s t e r h o f , der noch im Wald liegt.

Die W-Front der **ehem. Abteikirche Notre-Dame** ist breiter
als hoch; 2 schmale Strebepfeiler gliedern sie gemäß 3schiffi-
gem basilikalem Querschnitt. Die verlorene Vorhalle fluch-
tete mit den Seitenschiffmauern. Das tympanonlose *Stufenportal* ist überaus schlicht. Ein schmales Gesims begrenzt
den Giebel, der in 2 Reihen 4 bzw. 3 glatt einschneidende
Fenster aufweist; nur das größere mit Gewändesäulen und
Archivolte. Bis zu den Traufleisten des Satteldachs reichende Pultdächer der *Seitenschiffe* lassen im Mittelschiff
keinen Platz für Fenster. Die kurzen Seitenschiff-Fenster
sind durch den Kreuzgang bedingt. Das langgestreckte Satteldach hat nie einen Dachreiter getragen, ein bescheidenes

Türmchen über dem Schlafsaal genügte. Ohne Dachstuhl ist das Mittelschiffgewölbe mit Füllsteinen übermauert, auf denen die z. T. noch alten Ziegel liegen; die Pultdächer besitzen Dachstühle. Die *Querschiffarme* treten mit nur einem Joch aus der Flucht; der nördliche steht frei, der südliche setzt sich in Sakristei und Kapitelsaal fort. In Querschiffhöhe tritt der mittelschiffbreite *Chor* vor, wie die W-Front mit 2 Fensterreihen. In der den Chor überragenden *O-Stirnwand* 5 zur Mitte hin gestaffelte Fenster. – M a ß e : Gesamtlänge 66 m, Gesamtbreite 19 m, Mittelschiffbreite 8 m, Schiffshöhe 26,70 m, Querschifflänge 30 m.

● Im I n n e r n beeindruckt die steinerne Schwere des von mächtigen Pfeilerarkaden begleiteten Tiefenraums, der etwas von der lagernden Breite eines Tonnensaals hat, hervorgerufen durch die stark gedehnten spitzbogigen Gewölbegurte und Wölbflächen. Der Wandaufbau ist einfach; er veranschaulicht zisterziensische Baulogik. Das L a n g h a u s artikulieren Kreuzpfeiler und spitzbogige Längsarkaden, in den Laibungen unterstrichen durch knapp abgesetzte Gurte über eingebundenen Halbsäulen. Im *Mittelschiff* sind es (wegen des Chorgestühls) glatte Pilaster, in Höhe der Bogenkämpfer jedoch Halbsäulen, die einfache Gewölbegurte aufnehmen. In den *Seitenschiffen* werden die Pilaster zu Querwänden, auf denen Quertonnen aufsetzen, die durch offene Rundbögen miteinander verbunden sind. Statisch verteilen sich die Schubkräfte der Haupttonne auf die Längswände und werden über die Arkaden auf die Pfeiler geleitet. Abgesichert wird das Gewicht durch die Quertonnen, welche die Außenmauern entlasten (vergleichbare Lösung in Tournus, Vorhalle). Übrigens sind den Mittelschiffmauern (nicht sichtbar) im Dachstuhl der Seitenschiffe Verstärkungen angemauert.

Das Q u e r s c h i f f ist breiter und höher als die Langhausarkaden; es schneidet in die Längstonne ein, die sich im Schiff auch über die Vierung spannt. Der Tonnensaal dehnt sich also bis zur östl. Stirnwand aus. An den Armen auf der O-Seite je 2 tonnengewölbte *Rechteckkapellen*. – Im südl.

Fontenay. Ehem. Abteikirche. Inneres gegen Westen

Querarm eine Treppe zum Schlafsaal; daneben Eingänge in die S a k r i s t e i bzw. überraschend in eine kleine B i b l i o - t h e k.

Sie enthielt – damals – weniger der Wissenschaft dienende als die Meditation anregende Bücher (neben Chorbüchern zumeist nur die

Hl. Schrift, Kirchenväter und von Ordensbrüdern verfaßte Bücher; größere Bibliotheken gibt es in Zisterzienserklöstern erst im Laufe des 13. Jh.).

In der Stirnwand über dem *Triumphbogen* 5 gestaffelte Fenster. – Der Rechteckchor (in Querschiffhöhe) weist keine gestalterischen Besonderheiten auf; schlicht rechteckig ist auch die Piscina. Gegenüber dem fensterlosen Mittelschiff öffnet sich die *O-Wand* des Chores in 2 Dreiergruppen von (unten) rundbogigen, darüber spitzbogigen, ebenfalls gestaffelten *Fenstern*. Mit der Fünfergruppe der Stirnwand also 11 Fenster, die aus dem dunklen Mauerwerk so hell leuchten, daß man nach einem möglichen allegorischen Sinn ihrer zahlenmäßigen Anordnung fragt. Hinzunehmen muß man die Fenstergruppen der westl. Stirnwand; im nördl. Querschiffarm gab es eine Dreiergruppe.

Das 12. Jh. hat der *Zahlenallegorese* ganz besondere Bedeutung beigemessen. Folgende Zahlen kommen in den Fontenay-Fenstern vor, einige mehrfach: 3, 4, 5 (2+3), 6 (3+3), 7 (3+4). Hier kann nur stichwortweise auf ihren möglichen Sinn verwiesen werden. Die der spekulativen Meditation zuneigenden Zisterzienser haben für die Deutung religiöser Geheimnisse und Vorstellung die Zahlen sicher nicht ausgelassen.

Drei: Trinität; Grabesruhe Christi und Auferstehung am 3. Tag; sein 3faches Amt (König, Priester, Mensch). 3 Zeiten: Zeit der Patriarchen, Propheten und Apostel, oder des Gesetzes (Moses), der Propheten (Elias) und des Evangeliums (Christus). 3 Stände (Mönche, Kleriker, Laien), 3 menschliche Verhaltensweisen (Denken, Sprechen, Handeln), der 3teilige Kosmos (Himmel, Erde, Unterwelt d. i. Hölle). 3 Tugenden (Glaube, Hoffnung, Liebe).

Vier: Die auf die Erlösung bezogenen Kreuzesarme, die auch anderen Bereichen entsprechen: Breite = Liebe zu Gott und Menschen, Länge = Andauern guten Handelns, Höhe = Erwartung des Lohns im Himmel, Tiefe = Unergründlichkeit des göttlichen Richterspruchs. 4 Evangelien und die lebendigen Wesen Ezechiels (später Evangelistensymbole), der 4fache Schriftsinn, die 4geteilte geschaffene Welt (4 Elemente), 4 Jahreszeiten, die 4 Buchstaben des Namens Adam, die im Griechischen die Anfangsbuchstaben der 4 Himmelsrichtungen sind, 4 Weltteile und 4 Weltalter.

Fünf: Zeichen des Gesetzes (5 Bücher Moses) und des Alten Testaments (weil 5 der 6 Weltalter den Alten Bund ausmachen, in dessen 5. Jesus geboren wurde). Die 5 Wunden Christi haben Bezug auf die Weltalter bis zu seiner Ankunft. 5 als 2+3 beinhaltet den Glauben an die Trinität und das Handeln nach dem Gebot der Liebe zu Gott und Menschen.

Sechs: 6 Schöpfungstage und auf diese bezogen die 6 Weltalter mit dem 6. als der gegenwärtigen Zeit bis zum Endgericht. 6 gilt schon Augustinus als Beispiel für Übereinstimmung von mathematischer Gesetzlichkeit und biblischer Heiligung der Zahl; Gott schuf die Welt nicht auf einmal, weil die 6 (als Summe ihrer Divisoren 1+2+3=6) eine vollkommene Zahl ist; die Vollendung der Welt in 6 Tagen ist an die Vollendung der Zahl gebunden. Gregor d. Gr. begründet dagegen die Vollkommenheit der Zahl durch ihre biblische Heiligung. Die 6 als Summe erfährt noch eine Deutung als triadische Gliederung der von der Trinität geschaffenen Welt. Das menschliche Leben hat 6 Altersstufen. Christi Passion und damit die Erlösung fällt auf den 6. Wochentag in der 6. Stunde. 6fach sind auch die Werke der Barmherzigkeit (erst später 7), mit denen der Mensch sich den Himmel verdient.

Die *Sieben* ist nach Augustinus als Summe der ersten ungeraden, unteilbaren 3, und der ersten geraden und teilbaren 4 ebenfalls eine vollkommene Zahl, biblisch vollkommen, weil Gott nach Vollendung der Welt am 7. Tage ruhte. Von besonderer Wichtigkeit sind die 7 Gaben des Hl. Geistes und die 7fache Gnade Gottes, für die der 7armige Leuchter, die 7 Stufen zum Tempel und die 7 Säulen des »Hauses der Weisheit« Symbole sind. Hinzu kommen die 7 Augen und 7 Hörner des Apokalyptischen Lammes. Durch die 7 Brote (der 2. Brotvermehrung), verstanden als geistige Speise, ist die 7 auch Zeichen des Neuen Testaments.

Ein Wort noch zu den *Kapitellen*. Bernhard verurteilte v. a. Cluny gegenüber mit Schärfe die figürlich skulptierten Kapitelle und setzte für die Klöster seines Ordens das radikale Bilderverbot durch (s. o.). Die Kapitelle in Fontenay belegen das: Vielfach leiten schlanke Blöcke vom Säulenrund ins Quadrat über, andere sind kelchartig und mit flachen Blattformen besetzt, wenige haben einen Fries aus ineinandergesteckten Halbkreisen. Immer bleibt das Kapitell auf seine architektonische Funktion beschränkt: nämlich die Gelenkstellen zu artikulieren.

Ebenso charakteristisch ist die *Mauertechnik*, sowohl in Wahl und Zubereitung der Steine wie in ihrer Versetzung

mit schmalen Mörtelfugen im Mauerverband, wobei scharfkantige Rechtwinkligkeit ebenso erreicht wird wie die
Linienbestimmtheit in der Bogenführung. Bevorzugtes
Baumaterial sind glatte Kleinquader; mit ihnen sind alle
tektonischen Elemente wie Vorlagen, Bögen und Pfeiler
sowie der ganze Mittelraum einschließlich Chor gemauert;
weniger regelmäßig ist das vermutlich mit einer Kalkschlämme überzogene Bruchsteinmauerwerk in allen Sei-
ten- und Querschiffwänden.

A u s s t a t t u n g . Die wenigen plastischen Bildwerke stammen aus
einer Zeit, in der das Bilderverbot nicht mehr rigoros befolgt wurde.
– Die *»Madonna von Fontenay«* im Querschiff (Stein, ca. 2 m hoch,
um 1300) gehört zu den bedeutendsten Madonnenstatuen ihrer Zeit
in Frankreich. Die bearbeitete Rückseite deutet auf freie Aufstellung. Krone und Zepter sind beschädigt. Das Kind hält einen Vogel
in der Hand; seine Rechte ist ergänzt. Die Verbindung von hoheits-
voller Strenge (hoch aufgerichtet, gemessene Bewegung) mit der
Andeutung von mütterlicher Anteilnahme und kindlichem Ver-
trautsein charakterisiert die Stellung der Figur zwischen der Kathe-
dralplastik des 13. und der Andachtskunst des 14. Jh. – Im Chor (am
urspr. Platz?) ein *Altaraufsatz* (Stein, 0,80 : 2,50 m): Im Zentrum
unter got. Dreipaß die Kreuzigung, flankiert von Maria mit hll.
Frauen und Johannes mit Soldaten. Am Fuß das Haupt Adams (der
als erster erlöst wurde), über dem Querbalken Engel mit Sonne und
Mond, in den Zwickeln Blattmasken. In 2 schmalen Kompartimenten Ecclesia und Synagoge. Rechts und links in 2 Registern Szenen
aus dem Marienleben und der Passion: ein in Erzählweise einfaches,
vorzügliches Bildwerk bald nach 1300.

Hingewiesen sei noch auf die nach alten Vorbildern erneuerten,
grünlich-grauen *»Zisterzienser-Scheiben«* mit geometrischen Mustern; sie wurden fast synonym miteinander, obwohl das Generalkapitel seinerzeit beschlossen hatte, die Fenster sollten hell, »ohne
Kreuz und Malerei«, sein. – Im Chor liegen z. T. noch die alten,
gebrannten *Bodenplatten* mit wechselnden geometrisierenden Mustern. Diese wurden ähnlich wie beim Email ausgestanzt und vor
dem Brand mit verschiedenfarbigen Pasten ausgefüllt. Auch für
diese galt die Verfügung, keine Bildmosaiken mit Engeln oder Heiligen auszulegen, »auf die man spuckt oder auf denen man herum-
läuft«.

Von den *Grabmälern* verdient künstlerisch das eines Herrn von
Mello (Ende 14. / Anfang 15. Jh.) Beachtung, v. a. die (sehr beschä-

digten) kleinen, als »burgundisch« geltenden Sitzfigürchen betender Mönche neben den Hochreliefiguren der hier Bestatteten.

Der **Kreuzgang** (36:38 m) zeigt eher voluminöse Bauformen. Über niedrigen Brüstungsmauern öffnen sich zum Kreuzgarten breite, rundbogige Doppelarkaden mit kurzstämmigen Säulen als Zwischenstützen. Ihre außen durch Streben verstärkten Pfeiler sind mit Doppelsäulen bzw. geriefelten Reliefplatten besetzt. Trotz spitzbogiger Brechung wirken die Tonnengewölbe schwer und geben dem Kreuzgang einen Aspekt von gedrungener Mächtigkeit, verstärkt durch die Ausformung z. B. der doppelwülstigen Basen, Kapitellringe, ausladenden Deckplatten und Bogenprofile. Von Interesse ferner, daß den Hofarkaden vor den Innenwänden Vollsäulen entsprechen und daß auf der Hofseite zweier Flügel die Strebepfeiler in Höhe der Arkadensäulen ebenfalls durch Säulen abgelöst werden; vielleicht ist das aus Freude an der Vielfalt oder am bautechnischen Experiment zu erklären. Hierher gehört auch, daß einige Doppelsäulen vom Sockel bis zur Kapitelldeckplatte aus einem einzigen Block gearbeitet wurden. In jedem Flügel bleiben eine bzw. 2 Arkaden als Portal zum **Kreuzgarten** offen. – Geradezu üppig und für die Vorstellung von einem roman. Zisterzienserbau irritierend ist die plastische Vielfalt der *Kreuzgangfront des Kapitelsaals* mit Säulen und profilreichen Archivolten (Ende 12. Jh.). Sein Portal flankieren insgesamt je 5 Säulen, daneben noch offene Doppelarkaden. Im Schrägblick vermeint man nur noch Säulen und eine verwirrende Vielfalt an Profilformen zu sehen, neben denen sich Schildwände und Gewölbefelder merkwürdig kahl ausnehmen.

Der Kapitelsaal selbst ist in der Ausstattung aufwendiger als alle anderen Räume: 4 aus 8 eng gebündelten Säulen bestehende Freipfeiler unterteilen ihn in 9 quadratische, rippengewölbte Joche; die 3 östlichen gingen Ende des 15. Jh. verloren. Helles Licht macht den Saal weiträumig. Kräftige Gewölbedienste wachsen aus einem Kranz gerundeter Plättchen heraus und wirken wie die Fortsetzung der Pfeilersäu-

len. Statt skulptierter Schlußsteine nur winzige Rosetten.
Die Kapitelle sind dieselben wie im übrigen Kreuzgang.
Hier versammelten sich die Mönche täglich zu gemeinsamer
Lesung und Auslegung eines Kapitels der Regel und wurde
schließlich jedem seine Arbeit zugeteilt. – Im anschließen-
den P a r l a t o r i u m durften sich die zum Schweigen an-
gehaltenen Mönche unterhalten. – Es folgt ein offener
D u r c h g a n g in den Garten und auf die Felder.

Den sog. S a a l d e r M ö n c h e unterteilen 5 kurzstämmige
Rundpfeiler in 2 über Rippen gewölbte Schiffe. Hier ist alles
einfacher, auch strenger auf seine Grundform beschränkt.
Über seine Bestimmung ist Näheres nicht bekannt. Er liegt
neben dem W a r m r a u m (Calefactorium) an der SO-Ecke
des Kreuzgangs, dem einzigen beheizbaren Raum (Rippengewölbe erneuert), der später bis zum (verlorenen) Refektorium vergrößert wurde; vorzüglich die Schreiber haben
ihn, v. a. im Winter, benützt. Die beiden mit Hauben
gedeckten Kamine auf dem Dach stammen vermutlich noch
aus der Bauzeit.

Über dem ganzen Trakt lag der nicht unterteilte S c h l a f -
s a a l. Der nach Brand im 15. Jh. erneuerte, in Konstruktion
und Erhaltung bemerkenswerte Dachstuhl hat die Zeit
überdauert. Die lange Reihe schmaler Fenster stammt angeblich noch vom Bau des 12. Jh. Die Regel schrieb einen
gemeinsamen Schlafsaal mit abgeteilten Strohlagern vor,
auf denen die Mönche angekleidet schliefen. An den Schlafsaal grenzten die Latrinen. (Alle Abwässer des Klosters
sammelten sich übrigens in einem Ableitungskanal des
nahen Baches.) Der Schlafsaal ist heute durch eine Zwi-
schendecke unterteilt.

Vom R e f e k t o r i u m gibt nur noch ein jochbreites Mauerstück die Gliederung an. – Zwischen ihm und dem Mönchs-
saal ein 2stöckiges Gebäude, ehemals mit H a f t - sowie
K r a n k e n r a u m. (Ein separater **Krankenbau** steht südlich
des Klostergartens.)

Die sog. **Schmiede** (53 : 13,50 m) ist ein Werkstättentrakt
parallel zum Fontenay-Bach. Der Werkstattbau zeigt außen

wie innen dieselbe Sorgfalt in der Ausführung wie Kirche und Mönchsbauten. – Wie die Schmiede lagen **Küche**, **Vorratsräume** und **Weinkeller** (darüber der S c h l a f s a a l d e r L a i e n b r ü d e r) außerhalb des den Mönchen vorbehaltenen Kreuzgangbereichs. – Im S steht noch das **ehem. Gästehaus**, nahebei das **Pförtnerhaus**. – An die Mauer gelehnt waren eine **Kapelle für die Besucher**, die **Bäckerei** mit hinausverlegtem Backofen und mehrere **Häuser fürs Gesinde**. In roman. Gestalt erhalten ist auch das runde **Taubenhaus** mit 1 m starken Mauern. Taubenhäuser aus Stein waren ursprünglich den Privilegierten vorbehalten (s. die praktizierte Regelung bei Schloß Époisses).

In einer kleinen **Kapelle** in **Le Petit-Jailly** (Comm. Touillon; am N-Rand des Waldgebiets von Fontenay) einige *aus Kloster Fontenay stammende Bildwerke*: Eine jüngere *Madonnenfigur* (Stein mit Farbspuren, 1,60 m, 2. Hälfte 14. Jh.), charakteristisches Werk der sog. »Internationalen Gotik«, ist ganz aus der S-Schwingung der Gewandfaltenbewegung konzipiert; menschlich empfundene Züge im Ausdruck fehlen. – Ein Steinrelief mit *»Grablegung Christi«* (0,85 : 1,50 m, 2. Hälfte 15. Jh.). Der von Sluter ausgehende »burgundische Realismus« ist noch spürbar. – Aus dem 16./17. Jh. die 1,10 m hohe Steinfigur eines *»Ecce homo«*.

MARTAILLY-lès-Brancion (Saône-et-Loire F8)

Brancion (F8)

Das auf einem Felsvorsprung den Hang hinaufgebaute Dorf gehört der Legende nach noch in die Burgunderzeit, urkundlich beglaubigt seit dem 10. Jh., und zwar als Besitz der berühmt-berüchtigten Herren von Brancion, die sich jahrhundertelang mit den weltlichen und geistlichen Mächten der Region (Cluny, Grafen von Chalon) sowie den Bürgern anlegten, so daß mehrmals die Könige eingreifen mußten. Der bekannteste, Josserand III., fiel auf dem 6. Kreuzzug (1248–54) in der Schlacht von Mansura (1250; der König, Ludwig d. Hl., wurde gefangengenommen). Josserands Sohn verkaufte Schloß und Domäne 1259 an den Herzog von Burgund (also noch vor den Valois-Herzögen), der für Brancion einen Vogt bestellte und eine ständige Besatzung hierherlegte. Seit 1548 gab es für Schloß und

Ländereien Domänenpächter. Nach der großen Revolution wurde die Ruine des Schlosses verkauft (seit 1860 Privatbesitz).

● Die **Burg**, d. h. was von ihr noch steht, ist durch ihre Lage auf hohen, das zugehörige Dorf und die Wälder der Umgebung überragenden Felsen eine der imposantesten Ruinen Burgunds. Ein dem Gelände angepaßter, mit Rundtürmen durchsetzter äußerer Wall umschloß Burg und Dorf; den östlich gelegenen Burgbezirk trennt eine noch auszumachende Mauer auch vom Dorf. Der von Rundtürmen überwachte **Eingang** liegt im S; die Burg selbst war auf der N- und O-Seite nochmals durch Mauern gesichert. An höchster Stelle der quadratische, in Kleinquadern aufgeführte und in den unteren Geschossen unzugängliche **Donjon**; statt Zinnenkranz und Spitzdach heute eine Terrasse. Der anschließende Wohntrakt mit Dreipaßfenstern ist zerstört. Die ihn auf der O-Seite flankierenden **Türme** gehörten zur **Mauerbefestigung**. Ein im Fischgrätverband aufgeführtes Mauerstück ist nicht identifiziert.

● **St-Pierre.** Auf der Bergrampe vor Burg und Dorf steht die frühroman. Peterskirche, in der schmucklosen Strenge und nüchternen Sachlichkeit gleich eindrucksvoll. Beeindruckend auch die scharfkantige Linienführung der aus kleinteiligen Bruchsteinen aufgeführten Mauern. Bauzeit: vor oder um Mitte 12. Jh. – Von S kommend, überschaut man den ganzen Bau: 3schiffige *Basilika* mit wenig heraustretendem Querschiff und halbrund ansetzenden Nebenapsiden. Über dem rechteckigen *Vierungsblock* ein quadratischer *Turm* mit spitzem Pyramidendach. Ein fensterloses *Chorjoch* rückt die mit Strebepfeilern gestützte *Hauptapsis* nach O hinaus. Die am Langhaus besonders kleinen, am Chor etwas größeren Rundbogenfenster verengen sich zu schmalen Schlitzen; Turm, Querschiffkanten und W-Front sind an den Ecken verstärkt. Strebepfeiler an den *Seitenschiffwänden* deuten auf Wölbung. Die nicht als Fassade betonte W-Front besitzt ein schlichtes, tympanonloses *Portal*, darüber Rundfenster, für die Seitenschiffe Rundbogenfenster.
I n n e r e s. Kreuzförmige Pfeiler und spitzbogige Arkaden

Brancion. Kirche St-Pierre. Ansicht von Südosten

gliedern das ca. 18 m messende *Langhaus* (Gesamtlänge rd.
28 m) in 5 queroblonge Joche. Spitzbogig ist auch die Tonne
im fensterlosen *Mittelschiff*. Sie war zunächst nicht vorgesehen; die Pfeilervorlagen für die Gurte wurden nachträglich
angelegt, ebenso die das Mittelgewölbe stützenden 1hüfti-
gen Tonnen in den nur 1,70 m breiten *Seitenschiffen*. Am
Gewölbe ist das statische Experimentieren zu verfolgen: in
den westl. Jochen steigende Tonnen noch ohne Gurte, weshalb hier Wandvorlagen fehlen; im südlichen sind sie nur in
den beiden letzten, im nördlichen nur im letzten Joch vor
handen. Das schmalere und niedrigere *Querschiff* ist durch
verstärkte Vierungspfeiler und -bögen leicht abgeschnürt;
die fast quadratischen Querarme wölben Quertonnen (hier
wirkt noch das weniger entwickelte »niedrige Querschiff«
nach; s. dazu Chapaize). Vorkragende Bögen bringen in den
Schmalseiten die *Vierung* für die Trompenkuppel ins Quadrat (nach außen abzulesen); westl. und östl. Bogen sind
durch Gurte verstärkt (für den Turm). Zwischen Vierung

und *Hauptapsis* ist ein *Chorjoch* eingeschoben, die Nebenapsiden öffnen sich unmittelbar auf die Querschiffarme. Im
Vierungs- und Chorbereich zeigen alle Bögen und Gewölbe
spitzbogige Formen.

Reste von *Wandmalereien* (1. Hälfte 14. Jh.) in Haupt- und südl.
Nebenapsis sowie im nördl. Seitenschiff: der thronende Christus,
Apostel und Engel sind die Themen, außerdem Auferstehende zum
Jüngsten Gericht sowie das »Himmlische Jerusalem« und »Abra-
hams Schoß«, ferner Pilgerszenen u. a. – Seit 1959 ist in der Kirche
die *Grabfigur* des 1250 gefallenen Brancion aufgestellt.

Im **Dorf** sind noch die alten **Straßen** und einige ältere **Häuser** auszumachen, v. a. eine offene Halle in Holzkonstruk-
tion.

MESSIGNY-et-VANTOUX (Côte-d'Or F4/5)

● **Schloß Vantoux.** In hügeliger Wiesenlandschaft (nahe
Dijon) – »une Folie«, wie man damals sagte: abseits von
Hof und »Geschäften« (die auch im Ancien régime getan
sein wollten!)

*Jean de Berbisey, »Premier Président du Parlement de Dijon«, suchte
hier Erholung. Das Schloß entstand zwischen 1700 und 1704. Der
Architekt stammte vermutlich aus dem Umkreis von J. Hardouin-
Mansart.*

Die Gräben, heute z. T. mit Rasen und in Beeten bewach-
sen, erinnern kaum noch an Verteidigung. Die Kaimauern
wurden z. T. auch aufgemauert zu Brücken hinüber zum
Schloß, das in zurückhaltender Gliederung sowie sparsam
appliziertem Dekor etwas von der kühlen Würde des Klassischen bewahrt hat. Der flügellose Bau ist fast quadratisch
und 3 Geschosse hoch. In der Front treten die mittleren 3
der 7 Achsen als Risalit mit breiten Pilastern leicht vor. Auf
das Mittelportal führt eine sich verjüngende Treppe. Ein
Dreiecksgiebel faßt die mittleren Achsen zusammen. Im
Hauptgeschoß gehen 3 Fenstertüren auf einen Balkon mit
Balustrade, seitlich als Blendbalustrade weitergeführt.
Über dem Gebälk ein kurzes Attikageschoß und darauf

nochmals eine Balustrade, die sich um den ganzen Baublock zieht. Sie verbirgt das flach geneigte Pavillondach.

Ikonographisch interessant ist der *Reliefdekor* der Frontseiten. An den Balkonkonsolen der H a u p t f a s s a d e Jupiter mit Adler, Juno mit Pfau und Kybele mit Mauerkrone und Löwenfell. Über der Balkontür Apollon-Büste, daneben Apoll, der Daphne nachstellend bzw. die Pythonschlange tötend. Im Giebelfeld, dem bevorzugten Platz, nur Blattranken und Rocaillen um ein Rundfenster. – An der R ü c k f r o n t werden »Unabhängigkeit« und »Kraft der Tugend« durch Diana (Zwillingsschwester Apollons) gefeiert: als Selene (Mondgöttin) und als Jägerin. – Die S e i t e n f r o n t e n sind Venus und Flora gewidmet, Symbolgöttinnen für die Liebe und glückhaftes Gedeihen. – Y. Beauvalot bringt die *Bildbedeutung* mit dem politischen Verständnis der Aufgaben des Parlaments als unabhängige, alles überwiegende, höchste Gewalt zusammen: Der Sonnengott Apoll, bekanntlich das Emblem Ludwigs XIV., wird als Gott des unabhängigen Rechts verherrlicht, das auch dem Handeln des Königs übergeordnet ist. (Die angedeutete politische Ikonographie findet sich ebenso verklausuliert und noch ausführlicher in den Grotesken der Boiserien des großen E m p f a n g s s a a l s.) – Auf den Eckpfeilern des Schlosses verkörpern spielende Putten die Jahreszeiten.

Das Schloß ist von einem großen **Park** umgeben, dessen Besuch man nicht versäumen sollte.

MOLESMES (Côte-d'Or D2/3)

Ehem. Benediktinerkloster Molesme(s). Nur Ruinen erinnern noch an das einst berühmte Kloster, aus dem der hl. Robert 1098 auszog, um in Cîteaux den neuen Orden strengerer Observanz zu gründen (s. d. und Fontenay).

MONTBARD (Côte-d'Or D4)

Die Stadt an der Brenne, im 13. und 14. Jh. einer der Aufenthaltsorte der herzoglichen Familie, heute ein Industriezentrum, ist an Sehenswertem nicht eben reich. 1742 veranlaßte der damalige Besitzer, der Naturforscher Georges-Louis le Clerc de Buffon (1707–88), den Abbruch des ehem. herzoglichen Schlosses zugunsten der Anlage eines Parks.

An Baulichkeiten blieben neben Resten der **Wehrmauer** die **Tour de l'Aubespin**, der alte Donjon, mit dem **Musée Buffon** und die **Tour St-Louis** mit dem **Musée Archéologique**. – Ein **Musée des Beaux-Arts** ist in einer ehem. Kapelle untergebracht (Rue Piron).

MONTCEAUX-l'Étoile (Saône-et-Loire D9)

St-Pierre-et-St-Paul. Die 1schiffige Kirche ist schlicht, ihr sauber verfugtes Mauerwerk außen Ergebnis der Restaurierung. Über dem Chorjoch quadratischer *Turm* mit offenen Doppelarkaden, auch er stark restauriert, aber im Bestand alt. Die Halbrundapsis wurde leider durch einen klassizistischen Anbau erweitert.

● Das *Portal der Giebelfront* gehört zu den bekanntesten in Burgund; wie die vergleichlichen Werke im Brionnais (s. u.) wohl in das 2. Viertel des 12. Jh. zu datieren. Sein ockerrötlicher Kalkstein leuchtet im Licht wie Gold, was ihm zusätzlichen Glanz verleiht. Es sitzt in einem Rechteckblock und ist ein hohes, schmales Stufenportal mit eingestellten Säulen und skulptiertem Bogenfeld.

Die aufwendig mit Rundstäben profilierten *Archivolten* geben dem *Tympanon* einen monumentalen Aspekt. Thema ist die Himmelfahrt Christi. Im Bogenfeld eine eingetiefte Mandorla mit dem stehenden Christus, der das Kreuz wie ein Siegeszeichen hält. Die Schrittstellung und das aufwirbelnd gegen die Schenkel gedrückte Gewand suggerieren die Vorstellung von Entrücktwerden. Das gilt auch für die mit dem Rücken zu Christus emporfliegenden Engel, die mit zurückgreifender Hand die Mandorla halten; mit der anderen zeigen sie nach oben, wohin auch ihre Flügelspitzen weisen; ihr zweiter Flügel füllt mit dem flatternden Gewand die Restflächen des Tympanons – eine überlegene Komposition, die deutend das Themenverständnis fördert. Auf dem nicht abgesetzten *Sturz* darunter (das ganze Relief ist aus *einer* Steinplatte gearbeitet) die Apostel; in der Mitte ein Engel, der, zu Petrus (Schlüssel) gewandt, den Vorgang erläutert und Christi Wiederkunft anzeigt; neben ihm Maria (Schleier), die sich mit ratlos nach dem Sinn des Geschehens fragender Gebärde an Johannes wendet. Alle Versammelten schauen dem Entschwindenden nach oder besprechen das Ereignis, wobei die

Montceaux-l'Étoile. Kirche. Portal

Körpergebärden fassungsloses Staunen und Betroffensein anschaulich machen.

Die linienhaften Gewandfalten sind in ihrer fast kalligraphischen Führung noch ohne organisches Körperverständnis; dasselbe gilt für die auf- und umschlagenden Gewandsäume, denen nichts Stoffliches eignet. Die Figuren wirken wie *vor* dem glatten Reliefgrund agierende Gestalten (Stege verbinden sie mit ihm). Dadurch entstehen Schatten, die, noch gefördert durch die gemuldete Relieffläche die wie eine Standfläche für die Figuren wirkende untere Rahmenleiste, einen gewissen räumlichen Aspekt hervorrufen, was die Darstellung außerordentlich verlebendigt.

Die figürlich skulptierten *Säulenkapitelle* und *Sturzkonsolen* erweitern oder ergänzen das Hauptthema: Rechts der geflügelte Engel der Apokalypse, der mit der Rechten zu Christus hinaufdeutet und so Johannes, der das »Büchlein des Engels« verschlungen hat (worauf es ihm »im Bauch grimmte«, Apk. 10, 9–10) auf ihn aufmerksam macht. Köstlich der naive Darstellungsrealismus in dem sich vor Bauchschmerzen krümmenden Johannes, der gleichwohl gebannt nach oben schaut. – Links und an beiden Konsolen Motive der Psychomachie bzw. Michaels Drachenkampf, d. h. der Kampf des Guten gegen das Böse. Damit ist auch die Wiederkehr zum Gericht am Ende der Tage angesprochen. Man beachte auch die vorzügliche plastische Faktur an den Kapitellen und die sichere Einfügung der figürlichen Motive in das Blattkapitell, das seine antike Grundform bewahrt (vergleichliche Motive u. a. in Cluny, Perrecy, Anzy-le-Duc, Vézelay).

Das I n n e r e ist ein anspruchsloser, heute gewölbter *Saalraum*, an den ein leicht einspringendes *Chorjoch* mit Halbsäulen für einen trennenden Quergurt anschließt. Trompen führen diesen Raum in ein Achteck, auf dem die (außen durch den Turm überhöhte) *Kuppel* sitzt. Die nochmals einspringende Halbrundapsis (später im Scheitel geöffnet) besitzt Blendbogengliederung. – Der Raum verdiente es, von der entstellenden Stuckverkleidung befreit zu werden.

MONTIGNY-sur-Aube (Côte-d'Or EF2)

Schloß

Unter dem Eindruck einer Italienreise ließ der Bauherr (ein Amoncourt) zwischen 1537 und 1552 ein Renaissance-Schloß errichten, zeitgleich mit Schloßbauten in Ancy und Tanlay. 2 der 3 um einen rechtwinkligen Hof angelegten Flügel wurden nach Brandschäden in der Revolution abgebrochen.

Aufrecht allein der **N-Flügel** mit den angrenzenden **Türmen**. Der mittelalterl. Rundturm an der SW-Ecke scheint sehr restauriert; der quadratische Turm an der NW-Ecke mit der um 1550 eingerichteten Kapelle bleibt isoliert.

Klassisch streng sind an der F r o n t die über dunklem Sokkel stehenden, mit hellen Quadern gemauerten Hauptgeschosse in gleichmäßigem Rhythmus mit 10 Rechteckfenstern im Wechsel mit Doppelsäulen gegliedert, unten toskanisch, oben ionisch. Auffällig ist das Bemühen, durch scharfe Kanten an Gebälk und Fensterrahmen feine Linien zu erzielen; nur Säulenbasen und Kapitelle sind gerundet. In den im hohen Walmdach aufgesetzten *Erkern* erweisen sich Architekt und Bauherr als Kenner der Säulenordnungen: einmal in der Reihenfolge toskanisch–ionisch–korinthisch (letztere in den kannelierten Pilastern der Erker), zum anderen darin, daß die Rundbögen der Erker-Doppelfenster auf niedrigen Pfeilerkämpfern ansetzen und im Scheitel das gerade Gebälk berühren. Also karge Strenge in den Geschossen, die Erker plastisch reicher mit Reliefkartuschen dekoriert. – Das unauffällig schlichte *Portal* (3. Achse von rechts) scheint alt; darüber ein mit Voluten geschmücktes Fenster. 19. Jh. sind die Fenstertüren und die Halbrundtreppe davor. – Die Fenstergliederung der R ü c k f r o n t offenbar mit der alten Wehrmauer beseitigt.

Der **Kapellenturm** zeigt dieselbe maßgenaue, scharfkantig linierende Mauertechnik wie die Hauptfront: Doppelsäulen flankieren ein von kannelierten Pilastern eingefaßtes rundbogiges *Portal*, darüber ein Fenster, beide mit abschließendem Giebel. Über dem Portal ein mit Voluten verschnörkeltes Wappen. – Im Innern der K a p e l l e (St-Jean-Baptiste) ein kassettiertes Gewölbe. Etwas befremdlich wirkt heute der Überreichtum an Knorpelwerk, Kartuschen, Rosetten, Masken, Girlanden, Blumen und Früchten.

Die Kapelle wird oft Jean Bullant (ca. 1500/15–78) zugeschrieben,

*einem der Hauptmeister der französischen Renaissance-Architektur,
der selbst in Italien war und sich auch theoretisch v. a. zu den Säulenordnungen geäußert hat. Möglicherweise geht das ganze Schloß auf
ihn zurück. Als Entwerfer wird auch der gleichzeitige Philibert
Delorme genannt, der ebenfalls in Italien war und einen vielbeachte-
ten Architekturtraktat verfaßte. Beide bezeugen gegenüber Serlio (s.
Ancy-le-Franc) u. a. italienischen Architekten, die in Frankreich tätig
waren, eine selbständigere, auch in der französischen Tradition wur-
zelnde künstlerische Haltung.*

MONTRÉAL (Yonne D4)

*Die kleine Stadt in isolierter Höhe über dem Serein-Tal war gut zu
überwachen. Angeblich hatte Königin Brunhilde im 6. Jh. hier eine
Residenz. Unter den Kapetingern war sie Grenzstadt zwischen Burgund und Champagne und stark befestigt. 1255 kam sie an die Herzöge von Burgund, 1477 an die Krone; in fast alle politischen und
kriegerischen Auseinandersetzungen des 14.–16. Jh. wurde sie hineingezogen. Die Stadt war durch 3 Mauerringe und Tore gesichert;
Heinrich IV. ließ ihre Mauern 1597 schleifen. Seither hat Montréal
seine Bedeutung eingebüßt; heute ist es nur noch ein Dorf mit ca.
300–400 Einwohnern.*

Von den Mauern und Toren steht nichts Nennenswertes
mehr aufrecht. – Die **Friedhofsmauer**, welche die Kirche
umschließt, gründet auf der ehem. Wehrmauer mit dem
Oberen Tor, in dem die Glocke für die Kirche hängt.

● **Ehem. Kollegiatskirche Notre-Dame**
*1068 soll das Kanonikerstift gegründet worden sein. Der noch ste-
hende roman. Bau ist 12. Jh. Urkundliche Nachrichten fehlen. Viollet-le-Duc (über ihn s. Vézelay) hat die Kirche seit 1847 bis in die
Fundamente zunächst stabilisiert, die Gewölbe gesichert und am Bau
selbst manches ergänzt.*

Plan: 3schiffige Basilika (innere Länge 34 m, Breite
17,50 m), im Langhaus 3 unterschiedlich tiefe Joche, quadratische Vierung und ebensolche Querschiffarme, auf der
O-Seite je eine quadratische Kapelle.

Das Äußere ist wenig eindrucksvoll: eine karge, nüchterne kirchliche Zweckarchitektur, v. a. fehlt selbst der
Ansatz einer plastischen Durchgliederung. Gleichwohl

kann man Mittel- und Querschiff mit ihren hohen Giebeldächern, die sich, gleich hoch, durchdringen, eine gewisse
robuste Monumentalität nicht absprechen. Die Stirnseiten
von Chor und Querarmen haben alle – mit Fensterreihen
und nach Maßgabe der alten z.T. erneuerten Fensterrosen
zwischen starken, übereck gestellten Strebepfeilern – einen
gewissen »Fassadencharakter«. Übrigens wurden die mächtigen Strebepfeiler am Chor nicht nachträglich hinzugefügt,
sondern wegen des tonhaltigen Baugeländes aus statischen
Gründen gleich mitaufgeführt. Deshalb fehlt vermutlich der
Vierungsturm.

Die W-Front ist anders: Aus genau zugehauenen Kleinquadern sorgfältig geschichtet, ist sie so stark, daß sie keiner
Strebepfeiler bedurfte und brettglatt blieb. Wenig glücklich
ist das Verhältnis von Portal und Fensterrose und wie beide
in ihrer Zone angelegt sind. Das mutet fast zufällig an. Im
gedehnt rundbogigen *Portal* wechseln an den Gewändestufen 4 in Knospen- und Laubkapitellen endende schlanke
Säulen mit vertikal gereihten, etwas teigigen Rosetten. Sie
sowie die doppelwülstigen Säulenbasen auf hohen Sockeln
machen eine Bauzeit im 13. Jh. wahrscheinlich. Ein merkwürdiger, aus spitzigen, festonartig gereihten Halbrundfor-
men gebildeter, eingetiefter Rahmen umzieht die Portalöffnungen (arabischer Einfluß?). Die kleineren Tympana wie
auch das große Tympanon bleiben leer; letzteres war möglicherweise bemalt. Das ähnlich gerahmte *Rundfenster* darüber ist noch ein roman. Radfenster; doch die Speichen sind
schlanke Säulen, die wie die Profilformen auf das 13. Jh.
verweisen. Die Fensterschlitze beim Portal beleuchten
Treppenaufgänge.

Das Innere ist ein im Mittelschiff und dem wenig niedrigeren Chor einheitlich wirkender, nicht sehr hoher, mit plastischen Mitteln gegliederter spätroman. Raum, der die
Gotik ahnen läßt. Wie Vézelay, Avallon und vergleichbare
Kirchen ist er 2zonig gegliedert. Chor, Querschiff und das
anschließende Joch entstanden vermutlich in den 70/80er
Jahren des 12. Jh. Eindrucksvoll ist die *östl. Abschlußwand*

des ganzen, hier in 3 Zonen gegliederten *Chores*: rundbogige Blendarkaden an der Sockelmauer, die sich an den Seitenwänden nicht fortsetzen; darüber 3 rundbogige, schmale
Fenster mit breiten Profilrahmen, die bei den kürzeren Seitenfenstern fehlen. In der Schildwand (erneuertes) Rosenfenster, in den seitlichen Schildwänden Rundbogenfenster.
Bei so wechselreicher Gliederung ist man überrascht, in
einem Raum vom Ende des 12. Jh., der in 3 Zonen Gliederungsformen aufweist, keinen vertikalen Strukturzusammenhang zu finden; offensichtlich war er auch nicht angestrebt. Zu »erklären« ist so etwas nicht.

Das Charakteristische für den Übergang zur frühen Gotik
bezeugt ebenso die quadratische *Vierung* mit Rechteckvorlagen und eingebundenen Halbsäulen als Eckpfeilern
(Schaftringe!), zwischen ihnen schlanke Runddienste für die
Diagonalrippen. Die breiten Gurte der Vierungsbögen sind
im Zuschnitt noch romanisch, ebenso die Kapitelle mit flach
einrollenden Blättern. Ihre Kämpfer verlängern sich mit
gleichem Profil in Chor und Querschiffarmen als Gesimse.
Nur die Stirnseiten der *Querschiffarme* sind befenstert: die
südl. Fensterrose wurde im 19. Jh. ganz, die nördliche nur
z. T. erneuert. Die architektonischen Formen sind der Vierung angeglichen, ebenso in den beiden *Chorkapellen*.

Das *östl. Langhausjoch* ist noch romanisch. Die hier um eine
Rechteckvorlage verstärkten Pfeiler sind nur halb so hoch
wie in der Vierung und wirken deshalb stämmig. Im *Mittelschiff* steigen beide Vorlagen und eine Halbsäule zum
Gewölbe auf und nehmen über breitblättrigen Hochkapitellen die sich zum Gesims verbreiternden Kämpfer auf. Dia-
gonal- und Schildrippen setzen auf den Rechteckvorlagen
an. Die schmalen, mit steil steigenden Sohlbänken verlängerten Hochfenster schaffen ein angemessenes Verhältnis
zu den Arkaden unten. Die Bogenverbindungen der gratgewölbten *Seitenschiffe* zum Querschiff besitzen interessante,
in der Faktur vorzügliche Kapitelle mit verschiedenartigen
Motiven.

Mit den beiden *westl. Jochen* wurde der Bau – Jahrzehnte

Montréal. Notre-Dame. Trinkszene am Chorgestühl

später (im frühen 13. Jh.) – abgeschlossen; die jüngere Bauzeit zeigt sich jedoch nur in dekorativen Einzelheiten. Ein
einheitliches Raumbild war allen offensichtlich wichtiger,
als sich »modern« zu geben. Auffallendste got. Merkmale
sind Knospenkapitelle und die von tiefen Kehlen begleiteten Profilstäbe an Archivolten und Rippen (manches ist
19. Jh.). – Der W-Wand ist zwischen den Pfeilern etwas
gewaltsam eine auf klobigen Konsolen vorkragende *Empore* wenig organisch vorgesetzt, vorn durch eine Balustrade
aus Steinplatten abgeschlossen – vermutlich die Hofkapelle
der Burgherren, wie ein Altar des 13. Jh. (zum Messelesen)
hier oben und eine Piscine daneben nahelegen (wie die Dop-
pelkapellen bei Pfalzen und Schlössern seit karolingischer
Zeit).
Bedeutendstes Werk der Ausstattung ist das 1522–50 geschnitzte *Chorgestühl* mit 26 Sitzen: zu Recht gerühmt wegen der
realistisch lebensnah erzählenden Reliefs alt- und neutestamentli-
cher Szenen in typologischer Zuordnung. Die vollplastischen Wan-
genbekrönungen: Sündenfall / Heimsuchung; Darbringung im Tempel / 2 Löwen streiten um einen Knochen; Tugend und Laster /

Sänger an Chorpult; Hirtenverkündigung; Taufe Christi / Anbetung
der Könige; David tötet Löwen; Hl. Familie in Josephs Werkstatt / 2 Bildhauer beim Trinken; Christus und Samariterin am Brunnen. Einige Reliefs und Gruppen sind spätes 16. oder 17. Jh.,
andere verloren. Rahmenpilaster mit Renaissance-Ornamenten
und Muschelformen zwischen Kopfmedaillons demonstrieren
Kenntnis der »neuen Kunst«. Auch Armlehnen und Miserikordien
zeigen Dekorelemente der Renaissance. – Ebenfalls im Chor sog.
»*Nottingham-Altar*«, Alabaster, englisch, 15. Jh.: in neugot. Rahmen 4 figurenreiche, auf Linieneleganz bedachte Marien-Szenen, in
der Mitte und höher »Gregorsmesse«, außerdem die hll. Stephanus
und Laurentius als Einzelfiguren. – Zu erwähnen auch ein *Abtsstuhl*
und ein *Chorpult* in spätgot. Formen. – Im südl. Seitenschiff ein mit
Flechtband ornamentierter *Sarkophagdeckel* des 13. Jh. sowie ein
Friedhofskreuz, Ende 15. Jh.

MONT-SAINT-VINCENT (Saône-et-Loire E7)

● **St-Vincent**, ehem. Prioratskirche
*Die Ende des 11. Jh. gebaute Kirche eines Cluny-Priorats hat emp-
findliche Verluste erlitten. Halbrundapsis und Chor wurden im
18. Jh. überarbeitet, der Vorhallenturm 1793 abgebrochen.*
Anlage: 3schiffige Basilika mit Querschiff und von Nebenapsiden flankiertem Chor. – Das Ä u ß e r e wirkt ungeho-
belt; dazu trägt der dunkle Granit nicht wenig bei. Leider
fehlt dem langgestreckten Bau die ausgleichende Turmver-
tikale. Einfache Strebepfeiler gliedern Langhaus und Chor;
unter dem Dach Konsolgesims, einige Konsolen mit Köpfen. – Die Mitte des 12. Jh. angebaute V o r h a l l e ist auf 3
Seiten offen; der östl. Bogen an der W-Front ist vorgeblendet. In ihm ein *Stufenportal* mit Säulen für die Archivolte;
der hohe Sturz scheint erneuert.

● Im *Tympanon* ein in der Mandorla thronender Christus, flankiert
von Petrus und Paulus: derbe, verwitterte Figuren aus der Bauzeit.

Im I n n e r n gliedern Kreuzpfeiler und rundbogige, durch
Längsgurte über Halbsäulen gestufte Arkaden das *Mittelschiff*, dessen *Quer*tonnen die Herkunft von Tournus (Langhaus) nicht verleugnen: Den im Wölben noch wenig erfahre-
nen Baumeistern der frühen Romanik war diese Wölbform

offenbar das, was sie suchten: sie bot bautechnische Möglichkeiten statischer Art, denn am Außenbau bedurfte sie keiner aufwendigen Verstärkung gegen den Schub, da die Quertonnen sich gegenseitig stützen (vgl. ausführlich dazu Tournus, schon an der Vorhalle). Außerdem ermöglichen sie direkte Beleuchtung durch Fenster in den Schildwänden des Obergadens. Dieses etwas komplizierte Verfahren ist in Burgund selten; zumeist gab man (bei Aufgabe der Längstonne) dem Kreuzgratgewölbe den Vorzug – vielleicht aus Strukturgründen wegen der in den Arkaden bereits angeschlagenen Längsbewegung auf den Chor hin.

Die *Kapitelle* bei den Arkaden sind nur geschrägt, im Hochschiff dagegen mit Laubwerk, Menschen- und Tierköpfen u. ä. Motiven skulptiert – in dem dunklen Stein und der derben Faktur allerdings kaum wahrzunehmen.

Das schmalere *Querschiff* ist mit Längstonnen gewölbt; in der querrechteckigen *Vierung* eine über Trompen ins Oval gedehnte Kuppel. Die Vierungspfeiler wurden – nach Choreinsturz – so verstärkt, daß sie den Raumwert der Vierung stark beeinträchtigen. – Nur die *nördl. Nebenapsis* blieb erhalten; die südliche im 18. Jh. durch den Sakristeibau ersetzt. Chorjoch und Halbrundapsis sind erneuert.

MOUTIERS-SAINT-JEAN (Côte-d'Or D4)

Die seit ihrer Entstehung im 12. Jh. mehrfach veränderte **Kirche** mit geradem Flamboyant-Chor lohnt einen Besuch wegen einiger hervorragender *Skulpturen*.

Zu den Hauptwerken vom Ende des 15. Jh. zählen: *Hl. Nikolaus* als Nothelfer und Kinderbeglücker (Höhe 1,29 m); *Hl. Dionysius* mit abgeschlagenem Haupt (Höhe 0,82 m); *Hl. Barbara* mit Turm und Märtyrerpalme (Höhe 0,68 m, vergleichbar fast identischen Figuren derselben Zeit in Autun [Museum], Pontaubert u. a.). Weiterhin Statuen der hll. Petrus und Paulus, eine hl. Katharina sowie eine ältere Madonna (vielleicht noch 14. Jh.).

Ehem. Kloster St-Jean-de-Réomé-en-Auxois

In Moutiers bestand eines der ältesten Klöster Ostfrankreichs: noch vor der Regel des hl. Benedikt (529) vom hl. Johannes von Réomé

(1. Hälfte des 5. Jh.) gegründet. Zu ihm zählten im 16. Jh. noch ca. 40 Niederlassungen. Hugenotten und zur Hl. Liga gehörende Katholiken haben zum Ruin beigetragen.

Außer einem *Portal* des 14. Jh. erinnert nichts mehr an die mittelalterl. Anlage. Andere Baulichkeiten aus dem 17. Jh.

Den hier noch befindlichen **Französischen Garten** mit einigen **Säulengängen** ließ ein Parlamentspräsident aus Dijon im 17./18. Jh. anlegen.

Ebenfalls in der Nähe Bauten eines Mitte des 17. Jh. mit Beratung des hl. Vinzenz von Paul angelegten **Hospitals**.

Hier sehenswerte Sammlung von *Apothekerfayencen* und Kannen des 17. Jh. sowie zinnernem Küchengeschirr des 18. Jh.

NEUILLY-en-Donjon (Allier C9)

● **Ste-Madeleine.** Das roman. *Portal* der künstlerisch bescheidenen Kirche ist inhaltlich wie formal von größtem Interesse. Die Entstehungszeit: etwa 30er oder 40er Jahre des 12. Jh.

Ein Archivoltenrahmen mit Eierstableiste und Palmettenkranz umschließt das Bogenfeld. Das *Tympanon* verbildlicht in einer vielfigurigen »Anbetung der Könige« eine der Epiphanien Christi in ihrem vielschichtigen Beziehungsreichtum. Der Thron der Madonna, der größten und beherrschenden Gestalt, und ihres Kindes ist auf den Rücken eines geflügelten Löwen gestellt; die Könige stehen auf dem Flügel eines Stieres; über ihnen der Stern, der sie geführt hat (Manifestation des Göttlichen ebenso wie bei der Taufe im Jordan und dem Weinwunder zu Kana; s. dazu Charlieu). Hinter dem Thron steht ein Engel. Löwe und Stier sind weder dämonische Tiere noch etwa Löwe und Drache des 90. Psalms, sondern wie der Engel eine ungewöhnliche Darstellung der Evangelistensymbole. Die Restfläche des Tympanons füllen 4 Seraphim, die in gewaltige Hörner blasen. Es sind keine gewöhnlichen Engel, da sie nur aus Flügeln bestehen; sie werden auch als Verkörperung der 4 Winde oder der Engel, welche die Winde zurückhalten, angesprochen, aber immer im Verständnis der 4 Weltgegenden, in die die Evangelisten Gottes Wort tragen. Die Seraphim aus der Berufungsvision des Jesaia verkünden den Sieg Mariens über Eva, da sie mit der Geburt ihres Sohnes die Erlösung von der Paradies-Sünde einleitet; der

Sündenfall ist auf dem *Sturz* unten links mit 2 Bäumen dargestellt, dem Baum der Erkenntnis des Guten und Bösen und dem Baum des Todes (ähnlich in Anzy-le-Duc). Neben dem Sündenfall das Gastmahl im Hause des Simon, bei dem Maria Magdalena als öffentliche Sünderin erschien und Gnade fand. Diese Szene ist typologisch ebenfalls als Wiedergutmachung der Eva-Sünde zu verstehen. Hinter dem Tisch aufgereiht die Jünger, eine deutliche Anspielung auf das Abendmahl. Ikonographisch ist das Gastmahl bei Simon außerdem bedeutungsvoll wegen Jesu Todesankündigung. – Die *Kapitell*-Darstellungen demonstrieren den Sturz ins Verderben sowie die Errettung durch Glauben: links Absturz des Magiers Simon (auch als Sauls Ende und als Bestrafung für Ungehorsam gedeutet), rechts Daniel in der Löwengrube.

Die gedrängte Komposition veranschaulicht das vielschichtige Thema nach Art einer Bilderpredigt. Die unstatischen Figuren und gebogenen Tierleiber sowie die hochschwingenden Hifthörner bringen spannungsgeladene Unruhe, darin noch gefördert durch kurvig bewegte oder, bei den Gewandfalten, hart brechende Linienführung und zerdehnte, langgezogene Gestalten. Äußerlich mögen sie an Autun (W-Portal-Tympanon) erinnern, in der gestalterischen Durchbildung erreichen sie nicht die strenge Formgesinnung des Gislebertus. Sie sind stärker von der wogenden Bewegtheit bestimmter roman. Miniaturmalereien beeinflußt. Bei der Darstellung des Mahles stereotype Reihung der immer gleichen Formen (Tischtuch, Gewänder, Füße); nur in Köpfen und Händen sind Ansätze für ein »Gespräch« ahnbar. Expressiver im Erzählerischen, wenn auch noch linkisch in der Auffassung, wirken der Sündenfall sowie die kniende Magdalena.

NOYERS (N.-sur-Serein; Yonne D3)

Benannt nach den seit 794 zur Anpflanzung empfohlenen Nußbäumen. Die mittelalterl. Stadt sicherte ein starker Mauerring, von einer Bergfestung überwacht. Der Serein umfließt hier eine Hochebene, an deren schmalster Stelle ein steiler Felsen natürlichen Schutz bot. Wegen vorhandener Quellen war der Platz schon in vorrömischer Zeit besiedelt. Normannenüberfälle veranlaßten im 11. Jh. eine Burg mit Donjon, die ein Mauerring und ein z. T. in den Felsen gehauener Graben zusätzlich schützten. Am Fuß und die Hänge hinauf siedelten sich die Menschen an. 1101 ist eine »capella in castro« erwähnt, Vorgängerin der späteren Pfarrkirche. Von der Feste blieben nur geringe Reste; Heinrich IV. hatte sie 1599 schleifen lassen. Gegen Ende des

12. Jh. erhielt die Stadt ebenfalls Mauerbefestigung. Die »ältere«
Stadt war allmählich zur Vorstadt für die im Flußbogen entstehende
»neue« Stadt geworden; beide blieben durch einen ca. 250 m langen,
5 m breiten Damm verbunden, dessen eine Seite Häuser säumten, die
andere nur eine Mauer gegen den Fluß. 1232 gewährte der Grundherr
den Bürgern Privilegien, erwartete dafür finanzielle Beteiligung am
Ausbau der Stadtmauer.

Der parallel zum Flußverlauf entstandene **Verteidigungs-**
ring des 13. Jh. ist mit 13 von 22 **Türmen** erhalten, v. a.
direkt beim Fluß und auf der S-Seite. Zu ihm gehörten die
noch stehenden **Tore**: im S, verbunden mit der **Brücke**, die
Porte peinte; im N die **Porte de Tonnerre**, davor noch Teile
der Befestigung mit **Wachtturm**.

● In der **Stadt** haben sich nicht nur vereinzelt stehende **alte**
Häuser erhalten, sondern ganze Straßenzüge, v. a. mit
Fachwerkbauten. Bemerkenswert an den letzteren sind die
nach oben zu immer weiter vorkragenden Geschosse (s.
dazu Dijon) mit amüsant geschnitzten Balkenköpfen des 15.
und 16. Jh. Auch **Steinhäuser** zeigen mehr oder minder
reich mit Fenstern und Portalen gegliederte Straßenfronten,
● vielfach mit den ganze Straßen begleitenden *Laubengängen*,
die meist mit Balken gedeckt sind und hinter Pfeilerarkaden verlaufen. – Zu nennen ist besonders die P l a c e   d e
l' H ô t e l   d e   V i l l e mit dem **Rathaus**, mehreren Fachwerkhäusern und den charakteristischen Pfeilerarkaden. Seine
schlichte, mit Pilastern gegliederte Front des 18. Jh. mit
Segmentgiebeln über Portal und Dachgesims zeigt eine fast
rührend naive Verwendung dieser Formen. Doch der drei-
eckige Platz nahe dem Brückentor hat in ihm seine Mitte.

Pfarrkirche Notre-Dame

Die ehem. Prioratskapelle lag den Bürgern zu weit in der Vorstadt.
1489 Beschlußfassung für eine eigene Pfarrkirche im Zentrum. Weihe
1515.

Kein aufwendiger Bau, eher eine spätgot. Kirche einfachen
Zuschnitts, doch keineswegs ärmlich. – Das Ä u ß e r e bestimmen hohe Strebepfeiler und -bögen sowie steile Giebel über Querschiffarmen und W-Front. Einziger Schmuck

sind die Portale: Das *westl. Portal*, flachbogig und von schlanken Fialen flankiert sowie mit Kehlrahmen eingefaßt, unterteilt ein Mittelpfosten; Sockel und Baldachin deuten auf eine (verlorene) Figur. Eine Blendbogenreihe wirkt wie ein Triforium. Mit Krabben besetzte Kielbögen und Baldachinnischen sprechen ebenfalls für Figuren. Darüber spitzbogiges Fenster mit Renaissance-Maßwerk. Das *nördl. Querschiffportal* ist ähnlich. Darin das Reliefbild eines Toten mit »Memento mori«-Inschrift. – In stolzem Selbstbewußtsein bauten die Bürger neben ihrer Kirche einen hohen Turm (ca. 35 m). Ein Rechteckportal zum Turm hinauf mit kunstvoller À-jour-Ranke verdient Beachtung.

Das I n n e r e (ca. 40 m lang, 18 m breit) ist nicht minder karg: 3schiffig und 4 Joche tief im Langhaus, das sich im Mittelschiff über Vierung und Chorjoch in gleicher Höhe bis zur Apsis fortsetzt. Breit gedehnte Kreuzrippengewölbe in allen Schiffen und Jochen, nur die Apsis hebt ein Sterngewölbe heraus. Gurte und Rippen gehen ohne Akzentuierung (lediglich in der Vierung kleine Masken) aus den Wandvorlagen hervor. Die gedehnten Pfeilerarkaden sind in dem sehr hohen Raum überraschend niedrig, ein Eindruck, den auch die Runddienste auf hohen polygonalen Sockeln nicht aufheben – nur in den Laibungen erscheinen winzige Kapitellchen. Die überraschend hoch sitzenden kleinen Fenster lassen zwischen sich und den Arkaden große, leere Wandfläche, eine wenig befriedigende Lösung, v. a. im Vergleich mit dem *Chor*, dem die über niedrigem (ursprünglich mit Marien-Szenen bemaltem) Sockel bis in die Gewölbescheitel hinaufreichenden Spitzbogenfenster mit mäßigem Flamboyant-Maßwerk eine besondere Note geben.

LES ORMES (Yonne B3)

Schloß Bontin

Aus den 80er Jahren des 16. Jh., erhielt seine künstlerische Prägung aber erst nach 1692 durch François de La Prée, einen Marschall Ludwigs XIV.

Bestechend an Bontin ist einmal die Linienbestimmtheit,
wirksam geworden in dem Gegeneinander abgesetzter Formen; zum andern die kühle Farbigkeit der in roten Ziegelsteinen aufgeführten Mauern und architektonischen
Glieder gegen hell geputzte Mauerflächen und bandbreite
Rahmen. In den senkrechten und waagerechten Fugen des
Steinverbandes verbinden sie sich zu einem dichten Netz-
werk. Hinzu kommt die bläuliche Tönung der hohen Schie-
ferdächer und das wechselnde Grün der Bäume. Das flache
Relief, in dem die Einzelformen zueinander stehen, und die
scharflinige Schattenbildung geben den Formen einen Zug
von Genauigkeit. Antikisierende Elemente fehlen außen
fast ganz – von den kleinen Dreiecksgiebeln der Dacherker,
den größeren im Walm der kurzen Seitenflügel sowie dem
breiteren Segmentgiebel über dem Mittelrisalit mit schlichtem Portal abgesehen; sie wirken dazu nicht einmal richtig
antikisierend. Das ist erstaunlich für die so nachhaltig vom
französischen Barockklassizismus und der Repräsentations-
architektur Ludwigs XIV. bestimmte Bauzeit. Wenig überzeugend ist es, darin eine Nachwirkung hugenottischer
Gesinnung sehen zu wollen, auch wenn die Bauherren sich
zur Reform bekannten.

1584 hatte der spätere »Große Sully«, der bedeutende Wirtschaftsmi-
nister Heinrichs IV. und führende Protestant, in Bontin die Enkelin
eines Courtenay, Erbin des Anwesens und gleichfalls Hugenottin,
geheiratet. Der Großvater († 1540) der Braut soll mehr mit dem
Gedanken gespielt als hier wirklich ein neues Schloß mit Türmen und
Gräben gebaut haben.

In einem der Salons eine aus der Bauzeit stammende Reliefdarstel-
lung des »Ruhmes« mit Ludwig XIV.

PALINGES (Saône-et-Loire D8)

Notre-Dame-de-l'Assomption. Die den Kapitellen nach ca.
Mitte des 12. Jh. entstandene Pfarrkirche Mariae Himmelfahrt besteht heute aus einem neuroman. *Langhaus* und
einem breiten *Querschiff*. Über der nahezu quadratischen
Vierung eine 8seitige Trompenkuppel. Der Rundbogen

zum Schiff hin steht über Pilastern mit Halbsäulen, klassischen Basen und doppelreihig stilisierten Blattkapitellen; der östliche hat nur Pilaster mit einfachen Kämpfern. In den breiten, zunächst nicht austretenden Kreuzarmen Rundtonnen, unmittelbar anschließend die Nebenapsiden. Vor der *Hauptapsis* kurzes, gerades Joch, dessen Rundtonne in die Halbkuppel der Apsis übergeht. Darunter, auf hohem Sockel, 7fache Bogenfolge über Säulen mit klassischen Basen und Blattkapitellen verschiedener Zeichnung (eines mit nicht sicher als Adam und Eva gedeuteten nackten Figuren). In jedem 2. Bogen Fenster. Augenscheinlich war die sich steigernde Betonung der Raumfolge – Langhaus, Vierung, Chorjoch und Apsis – ein die Gestaltung bestimmendes Thema.

A u ß e n fallen die starken Strebepfeiler an Querschiff mit Turm und Hauptapsis ins Auge: offensichtlich statische Sicherung und Gliederung zugleich, wobei die skulptierten Konsolen plastische Akzente setzen. Der über quadratischem Sockel im Glockengeschoß als Oktogon gemauerte *Turm* hat auf allen Seiten gedoppelte Schallarkaden mit Säulen als Zwischenstützen; ihre Kapitelle sind mit Eckvoluten und Blättern skulptiert; die Kämpfer setzen sich als Gesims um den Turm herum fort (vgl. u. a. Anzy-le-Duc, Cluny): Die zunehmende Neigung zu plastischer Durchformung des Baukörpers ist nicht zu übersehen.

Schloß Digoine

An der Stelle einer mittelalterl. Burg entstand seit 1709 das heutige Schloß. Vollendung erst ca. 1770.

Den 2geschossigen, 11 Fensterachsen langen Bau – die 3 mittleren mit Fenstertüren und Giebel in einem flachen Risalit – flankieren je 3 Fensterachsen breite, nur wenig vortretende Flügel. In der nüchternen Strenge der bis auf das Giebelrelief (Wappen) schmucklosen *Front* zum E h r e n h o f wirkt sich bereits der beginnende Klassizismus aus. Am Hofeingang ein schönes *schmiedeeisernes Gitter* des 18. Jh. – Gegenüber so viel Strenge und Kühle wirkt die G a r t e n s e i t e reich. Achsensystematik auch hier, doch fühlbar auch noch der Barock, allerdings mit plastischen Mitteln: durch die den First überragenden *Rundtürme* mit Zwiebelkuppeln und offenen Laternen. Der mit einem Attikageschoß ausgestattete *Mittelrisalit* ist mit Säulen und Pilastern gegliedert, deren Kapitelle wechseln. Barocke Erinnerungen wecken auch die mit Masken skulptierten Fensterschlußsteine. Die *schmiedeeisernen Balkonbrüstungen* mit aus Voluten, Palmetten und Ranken phantasievoll entwickelten Liniengespinsten vermitteln heitere Beschwingtheit.

Das V e s t i b ü l ist ein Musterbeispiel klassizistisch kühler Formeneleganz; bis auf die schwarz-weiß verlegten marmornen Bodenfliesen strahlt alles in makellosem Weiß, auch die eingelassenen Flachreliefs mit Meeresgottheiten. Die S a l o n s sind dagegen mit Boiserien im Stil der Gartenfassade ausgestattet. Die Einrichtung der B i b l i o t h e k in einem der runden Turmzimmer ist neugotisch (ca. 1825).

In einem isoliert stehenden **Gartenpavillon** wurde um 1840 ein T h e a t e r eingebaut. Als Prunkstück gilt die radial unterteilte *runde Decke* mit auf Goldgrund gemaltem Dekor (Musikinstrumente, Kandelaber, Putten mit Wappen sowie Blumen und Girlanden). Constant Coquelin (1841–1909) und Sarah Bernhardt (1844–1923) haben hier gespielt.

PARAY-le-Monial (Saône-et-Loire D8)

Paray, eine dörfliche Siedlung, wurde noch im 10. Jh. religiös von einer Landpfarre versorgt. Der Grundherr dieses Fleckens, ein Graf von Chalon, stiftete 973, vom Cluny-Abt Mayeul unterstützt, ein Benediktinerkloster, das 999 Cluny unterstellt wurde. Steuererleichterungen sowie der Gewerbefleiß der Bewohner (Weberei) ließen im 13./14. Jh. einen gewissen Wohlstand entstehen; die Bewohner bauten ihre Stadt dafür zu einer »place forte« aus, wovon allerdings nichts erhalten blieb. Daß der Stadt der Beiname »die Klösterliche« (le Monial) angemessen erscheinen mochte, deutet darauf, daß außer Cluny noch andere Klöster hier Niederlassungen hatten oder die Cluniazenser sehr zahlreich vertreten waren; Anhaltspunkte gibt es dafür nicht.

Pfarrkirche Sacré-Cœur, ehem. Benediktinerklosterkirche ●
Notre-Dame

Ein 973 gegründetes Eigenkloster wurde 999 Priorat von Cluny, des-
sen Abt fortan auch hier Abt war. Ob eine Kirchenweihe 1004 mit der
Verlegung des Klosters an das Bourbince-Ufer zusammenhängt, ist
offen (Abt war damals Odilo von Cluny). Wegen weitgehender Über-
einstimmung in Grundriß und Strukturgliederung mit Cluny III nennt
man die Kirche gern »kleinere Schwester von Cluny«. Da Hugo von
Semur († 1109), Bauherr der gewaltigen Kirche Cluny III, in der im
Bau befindlichen Kirche von Paray einen Verunglückten ins Leben
zurückgerufen haben soll, wird die Bauzeit mit ca. 1100–09 ange-
nommen. Diese Frühdatierung stützt sich nur auf die (nicht erwie-
sene) Annahme, daß der Chor in Cluny 1095 bei einer Altarweihe
bereits gestanden habe und somit Paray als Vorbild dienen konnte.
Sichere Baudaten fehlen; nach Einschätzung der Bau- und Raumglie-
derung sowie der architektonischen Formen wäre »um 1120/25« eine
angemessenere Datierung.
1873 erhob der Papst die nun Sacré-Cœur (s. u., Kloster der Visitan-
dinerinnen) geweihte ehem. Klosterkirche zur »Basilica minor«.

Äußeres. Von der Flußbrücke her überblickt man die
ganze Kirche; dabei zeigt sich deutlich die beherrschende Stellung des Vierungsturms im Schnittpunkt des kurzen Langhauses mit dem ausnehmend breiten Querschiff
(Turmhöhe 56 m, Querschiffbreite 40,50 m, Langhaus ohne
Vorhalle 22 m).
Der ältere, nicht auf die Mittelachse der Kirche ausgerich-
tete *W-Bau* hat eine mit kantigen Strebepfeilern gegliederte
2-Turm-Front. Der Unterschied zwischen dem unregelmäßigen Bruchsteinmauerwerk des älteren *S-Turms* (11. Jh.)
und den Kleinquadern des *N-Turms* (schon 12. Jh.) macht
die Entwicklung zur mehr plastisch angelegten Baukunst
der Hochromanik augenscheinlich. – Das durch 2 mächtige
Stutzen in 6 kreuzgewölbte Kompartimente unterteilte,
als *Vorhalle* offene Untergeschoß mußte im 19. Jh. völlig
erneuert werden. Dieser Vorhallenbau (»clocher porche«)
gehört kaum zum Weihedatum 1004, er dürfte um die Mitte
des Jahrhunderts entstanden sein. – An *Langhaus* und
Querschiff sind künstlerisch in dem Betracht nur die *Quer-*
schiffportale interessant.

Paray-le-Monial. Basilika. Äußeres von Südosten

Beide Querschiffportale besitzen etwas wahllos der antiken Ornamentgrammatik entlehnte Motive, aber auch Flecht- und Wellen-
band sowie Rollen- und Zackenfries kommen vor; hier und da fühlt

man sich an Islamisches erinnert. Merkwürdigerweise bleibt alles
ohne Gespür für architektonische Gliederung. Die Ornamente wirken nicht wie in Stein gehauen, eher wie in Metall ziseliert.

Das eindrucksvollste Architekturbild bieten *Chor* und ●
Querschiff. In Entsprechung zum Innern steigen alle um das
Chorhaupt gruppierten Bauteile von den *Umgangskapellen*
und *Querschiffapsiden* an wie eine Stufenpyramide zum
Vierungsturm hinauf: über den außen polygonalen *Chorumgang* zur höheren *Halbrundapsis* und deren Kegeldach,
dann zur noch einmal abgesetzten Giebelmauer des *Chorjochs*, die durch niedrigere Pultdächer über den Chorseitenschiffen ebenfalls vorbereitet ist. – Der *Vierungsturm* erhebt
sich als quadratischer Block aus den Giebeldächern; hinter
seinen freistehenden Ecken sitzen die Trompen, die innen
zum Oktogon überleiten. Das oberste Geschoß mit den
Schallarkaden ist Hinzufügung des 19. Jh. – Die sich in die
Höhe staffelnden Bauteile begleiten auf allen Stufen *Rundbogenfenster*: mal einzeln in den Jochen, mal – wie in der
Apsis (hier sogar zwischen kannelierten Pilastern) und in
den Querschiffarmen – zu Fensterbändern gereiht oder, in
den Turmgeschossen, gedoppelt. Eine zwar sparsame, aber
wirksame plastische Akzentuierung durch Halbsäulen und
Pilaster, Konsolgesims und ornamentierte Archivolten unterstreicht diese Gliederung noch. Im Vergleich mit dem im
Nebeneinander verharrenden Staffelchor von Anzy-le-Duc
ermißt man die künstlerische Bedeutung der plastisch
durchgeformten Architektur der hohen Romanik.

Das Innere ist noch nachhaltiger von Cluny geprägt. Der ●
schmal und steil wirkende, helle, basilikal gestufte Raum ist
im *Mittelschiff* 3zonig: spitzbogige Pfeilerarkaden unten, die
Gurthlenden mit Eierstabmotiv; in der Triforienzone rundbogige Blendarkaden mit kannelierten Pilastern unter dem
wie ein Gebälk mit Konsolen anmutenden Fußgesims der
Fensterzone, die zu dreien gereihte, gleichfalls rundbogige
Fenster mit Ecksäulen aufweist. Die abschließende Längstonne ist spitzbogig gebrochen. Pfeiler- und Wandvorlagen
sind im Mittelschiff nach dem Vorbild Cluny behandelt: im

Arkadenbereich zweimal mit Kapitellen in Höhe Arkaden- und Triforiengesims ausgestattete, hohe kannelierte Pilaster übereinander; im Blend- und Fenstergeschoß Halbsäulen mit Gesimsverkröpfung. Ebenfalls wie in Cluny sind die

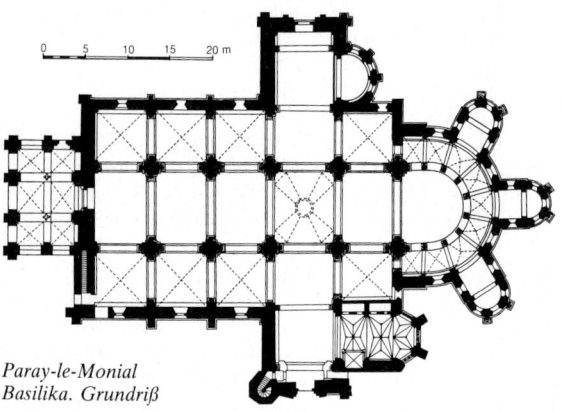

0   5   10   15   20 m

*Paray-le-Monial
Basilika. Grundriß*

Kanten der Rechteckvorlagen in Bogenhöhe zu dünnen Säulen gerundet. In den Arkadenlaibungen nehmen eingebundene Halbsäulen die Abtreppungen auf. Der im W Eintretende hat also nur Säulen im Blick – das ist sicherlich beabsichtigt als Vorbereitung auf den *Chor*, in dem ein ganzer Kranz von Säulen die Apsis gegen den Umgang abgrenzt. Damit wird der Chor optisch näher an das Schiff herangebracht. Derselben Absicht dient, daß die Vierungspfeiler (unter Kuppel und Turm) keinerlei Verstärkung aufweisen, somit den Blick nicht behindern. In Cluny wie hier kommen übrigens in den Querschiffarmen keine kannelierten Pilaster vor, vielleicht aus der Absicht, den Mittelraum als den eigentlichen Feierraum mit dem Säulenrund der Apsis und dem Lichtkranz der Fenster darüber herauszuheben. Die Fenster in der Stirnwand über der Apsis – 2 Rund-

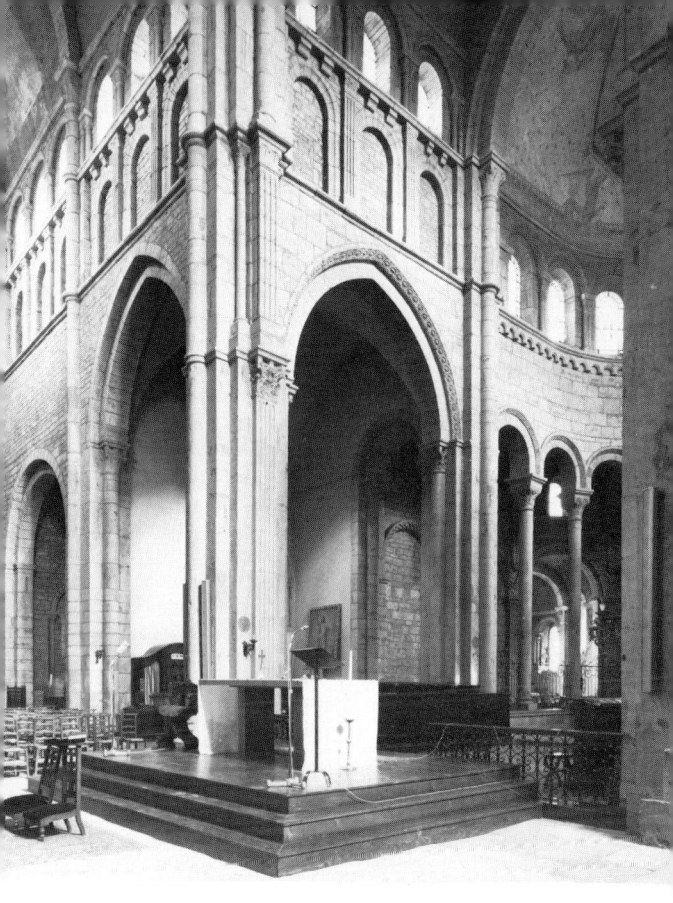

Paray-le-Monial. Basilika. Inneres mit Chor und Querschiff

und 1 Rundbogenfenster – könnten die Trinität versinnbilden. Die so betonte Heraushebung des Mittelraums und
seine 3zonige Begrenzung ist sicherlich mit eine Vorausset-

zung für den got. Kathedralraum; auch angesichts des Glie-
derreichtums möchte man von »heimlicher Gotik« sprechen.

Die *Vierung* mit lichtloser Kuppel (Höhe 25,50 m) tritt als
raumgliederndes Element wenig hervor, obwohl das *Querschiff* (40,50 m breit) fast ein eigenes Schiff bildet und weitgehend Gliederung und Gewölbe des Hauptschiffs übernimmt. – Der *Chorumgang* setzt nicht die Seitenschiffe fort,
er ist auch mit 3,20 m kaum halb so breit wie das Chorjoch
vor ihm und im Scheitel nur 9,20 m hoch. So folgerichtig er
sich als Staffel in den Außenbau einfügt, innen wirkt er eher
eng, vermehrt noch durch die Vielfalt der Formen, die sich
in ihm häufen: Sockel mit Profilkanten, kannelierte Pilaster
mit Blattkapitellen unter den mit Rollenfriesen ornamentierten Blendbögen, in den konzentrisch eingeschnittenen
Fenstern Laibungssäulen, ebenfalls mit skulptierten Kapitellen. Aus den Bogenzwickeln kommen noch Doppelsäulen für die Quergurte der Kreuzgratgewölbe, deren Kappen
die Schildmauern mit der 2. Fensterreihe umspannen. In
den *Kapellen* die gleichen Gliederungsformen.

Es fällt auf, daß Chor und Umgang mehr *plastischen Schmuck* aufweisen als Langhaus und Querschiff, wenn auch immer noch sparsam im Vergleich mit Cluny u. a. roman. Kirchen der Region.
Außerdem ist das wenige in der künstlerischen Qualität einfach
geringer. Nur ein einziges Kapitell (S-Seite) zeigt Ansätze einer
(nicht gedeuteten) szenischen Darstellung, einige wenige nur haben
Tiermotive und Fabelwesen. Die meisten sind Blattkapitelle, bild-
hauerisch-technisch gekonnt, aber in der Ausführung wenig sensibel. – In der Apsis eine 1935 aufgedeckte got. *Wandmalerei*: Thronender Christus und Evangelistensymbole. – Die mittelalterl. Ausstattung wurde im Religionskrieg in der offenen Vorhalle verbrannt
(dies die Ursache für die schweren Schäden am Mauerwerk dort?).

Das mit dicken Mörtelschichten wenig elegant aufgeführte
Mauerwerk in Langhaus und Querschiff war vermutlich mit
einer Kalkschlämme überzogen (zumindest dafür vorgesehen), von der sich die mit Werksteinen gemauerten Gliederungsformen bestimmender abhoben als heute. In Chor
und Umgang ist durchgehend Haustein verwendet.

Christus und Engel
vom Portaltympanon der Kirche in Anzy-le-Duc
(Paray-le-Monial. Musée Eucharistique Hiéron; zu S. 387 f.)

Die *Grabkapelle* des 15. Jh. am südl. Querarm, ein mit 3sei-
tigem Chor und Sterngewölbe ausgestatteter Raum, bringt
mit der schmuckreichen Spätgotik einen fremden Klang in
die herbe Strenge der roman. Kirche.
Kapelle im Obergeschoß des W-Baues. Dieser ältere Bau
sollte zweifellos abgebrochen werden; er steht ja nicht in der
Achse des Langhauses, das mit 3 Jochen (insgesamt 22 m!)
viel zu kurz ist, um *so* geplant sein zu können. Auch das W-
Portal und das ins Schiff gehende Kapellenfenster (über der
Vorhalle) liegen dementsprechend nicht in der Mitte. Wie
die Vorhalle unten unterteilen 2 starke Kreuzpfeiler die
Kapelle in 2 3schiffige, gewölbte Joche. Einige der Bogen-
kämpfer sind mit schlichten Ornamenten besetzt. Die
Räume dienen heute Ausstellungszwecken.

Kloster der Visitandinerinnen (Rue de la Visitation, nördlich der Basilika)
*Paray ist ein vielbesuchter Wallfahrtsort. Andachtsziel ist aber nicht
die große Kirche, sondern eine Kapelle im Kloster des Ordens von
der Heimsuchung, in dem die Nonne Marguerite-Marie Alacoque
(† 1690) lebte und mehrmals Erscheinungen Christi hatte, der ihr sein
Herz zeigte. Aus ihren Berichten ging die Herz-Jesu-Verehrung als
Kult hervor* (Sacré-Cœur), *der jedoch erst nach der Seligsprechung
der Nonne 1864 (Heiligsprechung 1920, übrigens im gleichen Jahr
wie Jeanne d'Arc!) zu einer großen religiösen Bewegung innerhalb
der kath. Kirche, insonderheit Frankreichs führte. Nach dem verlorenen Krieg 1870/71 und dem Kommune-Aufstand erhielt diese Bewegung mit der Gründung des »Vœu National au Sacré Cœur« auch
nationale Züge. Diese schlugen sich im Bau der Kirche Sacré-Cœur
auf dem Montmartre in Paris nieder. (Die ehem. Benediktinerkirche
in Paray wurde ebenfalls Sacré-Cœur geweiht; s. o.)*
Der Leichnam M.-M. Alacoques ruht in einem Schrein der
Erscheinungskapelle. Schrein und Einrichtung der Kapelle
sind modern.

Dem Standort der mittelalterl. Pfarrkirche **St-Nicolas** (nur
die als Keller verwendete *Krypta* erhalten; **Turm** 16. Jh.)
gegenüber das **Rathaus** (1525–28), in dessen Renaissance-
Fassade noch got. Züge durchscheinen: so in den sich
aus der Wand rundenden Türmchen. Zwischen ihnen frei-

Paray-le-Monial. Rathaus, Fassade

stehende Giebelaufsätze. Bemerkenswert die strenge Symmetrie und die Renaissance-Friese mit Muschelkonchen und figürlichen Medaillons.

Im **Musée Eucharistique Hiéron** (Rue de la Paix / Rue Pasteur) interessiert v. a. das roman. *Tympanon mit Sturz vom Vorhallenpor-*

tal (?) der Kirche in Anzy-le-Duc (s. d.; Abb. S. 385). Eine Rankenarchivolte umzieht das Bogenfeld, in dem Christus mit Buch und
Segensgestus in einer gemuldeten, von 2 Engeln gehaltenen Mandorla thront. Mit ausgreifenden Körpergebärden und der Rundung
angepaßten Flügeln füllen die Engel die Restflächen des Tympanon-
feldes. Auf dem Sturz die Gottesmutter, ihr Kind stillend, eine der
frühesten plastischen Darstellungen der »Maria lactans«. Von beiden Seiten kommen nimbierte männliche und weibliche Heilige auf
die Gruppe zu, deren einer bedeutungsvoll auf seine Schriftrolle
weist. An den Konsolen Propheten mit Stirnreif und Schriftrolle
(ohne Nimbus). Die sitzenden Gestalten an den Kapitellen, mit
Nimbus und Schriftrolle, könnten Evangelisten sein. Wie in Perrecy unterschiedliche Reliefbildung im Bogenfeld und am Sturz:
hier die hoheitsvoll-feierliche Monumentalität des Thronens und
des dienenden Kniefalls in der auf Würde zielenden stärkeren Plastizität, dort im flacheren Relief mehr erzählte Handlung – ein nicht
zu übersehender Unterschied in der plastischen Vergegenwärtigung, der durchaus thematisch bedingt sein könnte. Vermutliche
Entstehungszeit: 3. Jahrzehnt des 12. Jh., etwas jünger als das W-
Portal in Anzy, das auch stilistisch vorauszusetzen ist.

PERRECY-les-Forges (Saône-et-Loire D7/8)

● **Ehem. Prioratskirche St-Pierre-et-St-Benoît.** Von der
durch spätere Eingriffe sehr beeinträchtigten roman. Kirche
eines im 9. Jh. gegründeten Priorats interessiert im wesentlichen die etwa 1115 begonnene 2geschossige, 3schiffige und
● 2 Joche tiefe W-Vorhalle, insonderheit ihre Portalwand
zur Kirche. Die Vorhalle sollte über dem W-Joch eine 2-
Turm-Front mit 3torigem Eingang tragen (Eingang heute
auf der N-Seite). Ausgeführt wurde nur der *NW-Turm* (ca.
1125/30), der, in den Schallarkaden der oberen Geschosse
reich mit Säulen, Pilastern und Blendbögen ausgestattet, in
Gliederung und plastischer Durchformung die entwickeltere Romanik repräsentiert (verwandt dem Vorhallenturm
in Tournus). Das *urspr. Hauptportal im W* mit Halbsäulen
und skulptierten Kapitellen vertritt dieselbe Stilstufe. Im
I n n e r n unterteilen 2 stämmige Pfeiler mit Halbsäulen auf
allen Seiten die weiträumige Vorhalle in 2×3 Joche, im

Perrecy-les-Forges. Ehem. Prioratskirche. Portal

Mittelschiff mit Kreuzgewölben, die im kürzeren vorderen Joch wegen der Scheitelhöhe gestelzt werden mußten. In den Seitenschiffen *Emporen*. Die unteren Räume wölben hier Quertonnen mit Stichkappen, die Emporen dagegen Längstonnen; beide sind dazu bestimmt, Druck- und Schubkräfte des hohen Mittelgewölbes sicherer abzufangen (vgl. dazu Tournus, Vorhalle). Künstlerischen Sinn für zusammenfassende Raumgliederung bezeugt die Wiederholung der Scheidbögen an den Schildwänden sowie in den durch Säulenbögen gegliederten Emporen auf der N-, W- und S-Seite; in der Portalwand statt der Empore eine *Halbrundnische* (im Unterschied zur Vorhalle in Vézelay, wo eine Empore auf das Eingangsportal zur Kirche drückt). 2geschossige Vorhallen dieser Art waren in Burgund neu; die obere Kapelle blieb in den älteren Anlagen von der meist offenen Vorhalle unten völlig getrennt (s. u. a. Tournus, Charlieu, Paray-le-Monial).

Um der einheitlichen Raumgestalt willen übernimmt der Baumeister in Perrecy für die Rahmenarchivolte des *Säulenportals* die Abmessungen und Profilierungen der seitlichen Arkaden. Für ein mehrstufiges Gewände war die Mauer nicht tief genug, also täuscht er ein solches vor. Aus den Konsolen für den Sturz werden den Säulenkapitellen angepaßte Pfeilerkapitelle, und der Sturz wird über den Kapitellen weitergeführt. Aus der Laibung des Arkadenpfeilers entsteht so – optisch – eine weitere Portalstufe, auf der auch der Portalbogen aufsetzt.

● *Portalskulptur.* Die Mitte des *Tympanons* nimmt eine gemuldete Mandorla mit dem thronenden Christus ein. Thron, Buch und Segensgestus deuten auf die Wiederkunft vor dem Ende der Tage. Da die Evangelistensymbole fehlen, ist es nicht die »Majestas Domini«! Die beiden Seraphim gehören zur Jesaia-Vision; alt- und neutestamentliche Bildvisionen werden also beschworen, um den Weltenrichter zu vergegenwärtigen. Die Passionsszenen auf dem *Sturz* beginnen links mit dem Gebet am Ölberg; rechts der Gang nach Emmaus: Erst das vollbrachte Erlösungswerk berechtigt Christus zum Richteramt. An den *Kapitellen* Kampf des Guten gegen das Böse: links 2 Wüstenheilige, die sich vom Teufel nicht verführen lassen, daneben Michaels Drachenkampf. Gegenüber hebt ein Engel sein Schwert gegen einen Dämon, daneben kämpft ein behelmter Faun mit Schleuder und Schild gegen einen 3köpfigen Vogel. Weiterhin Personifikationen von Erde und Meer: ein Weib, das Schlangen nährt, bzw. eine doppelschwänzige Sirene (vgl. Darstellungen u. a. in Cluny, Vézelay, Montceaux).

Tympanon, Kapitelle und Sturzverlängerung sind aus ockerfarbigem Kalkstein, der Sturz selbst ist aus einem kreidigen weiß-grünen Stein. Auch stilistisch bestehen Unterschiede: Im Tympanon und an den Kapitellen zeigen die Figuren festen Umriß und in den stilisierten Gewandfalten herbe Strenge, auf dem Sturz dagegen eine auf Anschaulichkeit zielende Erzählweise. Das ist indessen kein Grund, das Tympanon um 1100 anzusetzen und als »wiederverwendet« zu betrachten, den Sturz dagegen um 1120/25 zu datieren. Am Tympanon war vielleicht eine ältere Hand derselben Werkstatt tätig. Auch der thematische Unterschied ist zu bedenken: einmal das großflächige, auf Hoheit und feierliche Würde bedachte Tympanon, daneben die dichtgedrängte Figurenfülle der wesentlich kleineren und lebhafter erzählten Szenen auf dem Sturz.

PIERRECLOS (Saône-et-Loire E9)

Schloß

Vor 1403 entstanden. Im 15. Jh. wiederholt überfallen, 1471 schließlich von königlichen Truppen eingenommen. Auch im Religionskrieg nicht unbehelligt. Wiederherstellung erst nach 1665. Im 19. Jh. schließlich ergänzende Restaurierungen.

Inmitten von Weinbergen gelegen. Trotz der Restaurierungsbauten blieb das Bild einer turmreichen mittelalterl. Festung erhalten (in der Silhouette durch den nahen roman. Turm der **Kirche** ergänzt). Das Ganze umzieht eine niedrige Mauer. – Durch ein *Portalgitter* des frühen 18. Jh. betritt man den V o r h o f mit ruinierten **Wirtschaftsgebäuden**. Ein Torweg führt von hier in den S c h l o ß h o f mit den wichtigsten Bauten: ein hoher **quadratischer Turm** mit Konsolgesims für den Wehrgang unter dem Pyramidendach; ein mehrgeschossiger **Rechteckbau**, in großen Fenstern zum Hof sich öffnend. Die NW-Ecke bildet ein enorm **breiter Turmblock** mit tonnengewölbten Räumen in 3 Geschossen und Pyramidendach; die runden Wachttürmchen an den

Ecken sind 19. Jh. Das anschließende **Corps de logis** mit 2
Hauptgeschossen wurde oft erneuert, seine Fortsetzung auf
der N-Seite nicht wiederhergestellt. Eine Wendeltreppe
(antikisierende Pfeiler auf den Podesten) verbindet die Geschosse.

Terrassengärten (»Hängende Gärten«) mit kunstvoll geschnittenen
Buchsbäumen.

PIERRE-de-Bresse (Saône-et-Loire G6/7)

● **Schloß**
*Die Baulichkeiten entstanden seit ca. 1680, Park und Gärten erst seit
1744.*
Das Schloß gruppiert sich um einen Ehrenhof. Runde *Ecktürme* sollten vielleicht den Aspekt eines älteren, wehrhaften Schlosses erzeugen, dem auch die zum Ehrenhof führenden *Wassergräben* dienen, die eine *Brücke* überquert.
Der Wirtschaftshof davor bleibt wegen der »Rang-
ordnung« niedriger und schmucklos. Dies alles wurde
zweifellos als Bedeutungssteigerung empfunden. Auch
den Wirtschaftshof umschließen Wassergräben mit einer
die Achse betonenden Brücke. Vor 2 seitlichen **Wachhäu-
sern** schließt ihn ein Eisengitter zwischen Pfeilern ab. Im
Hof ein *Ziehbrunnen* mit kunstvollem Traggerüst (Ende
17. Jh.).
Das **Schloß** selbst steht auf einer Terrasse. Den Ehrenhof
grenzt vorn ein niedrigeres, reich ornamentiertes *Gitter* ab;
man sieht schon vom Park her in ihn hinein. Ziel dieser
axialen Ordnung ist das **Corps de logis**, dem in ganzer Breite
eine Kolonnade mit Balkon vorgelegt ist; die Mitte betont
ein *Wappengiebel*. Diesem Giebel entspricht gewissermaßen die Ausbuchtung in der Mittelachse des Ehrenhofes auf
die Brücke zum Wirtschaftshof hin, beidseits von monumentalen Steinskulpturen – Sphingen und Windhunden –
flankiert. Im Schloßhof setzt sich die Kolonnade als Blendarkade in beiden Flügeln fort. – An dem roten Ziegelstein-
bau sind nur Giebel, Gesimse und Balustrade, die Säulen

und Fenstereinfassungen sowie die betonten Ecken in Haustein, z. T. mit Lagerfugen ausgeführt – eine farbige Bereicherung, andererseits eine Betonung der Flächigkeit dieser Architektur, die etwas »Kunstgewerbliches« hat und mehr an Spätrenaissance oder den Stil »Louis XIII« erinnert als an »Louis XIV«, der sich in der achsenbezogenen Gesamtanlage und den abgestimmten Proportionen äußert. – Im Innern ist v. a. eine aufwendige *Marmortreppe* zu erwähnen.

Schloß Terrans

Neben dem großen Schloß ist Terrans, ca. 3 km westlich, von unaufdringlicher Eleganz, hat mehr privaten Charakter. 1765 gebaut, ist es 85 Jahre jünger, doch welch ein Unterschied in Bauauffassung und Repräsentationsbedürfnis! Ein Rechteckbau auf niedrigem Sockel, der in der Front nur 3 horizontale Bänder aufweist: zwischen den Geschossen eine durchlaufende Trennleiste sowie Sockel- und Dachgesims. Der 1achsige *Portalrisalit* ist die einzige vertikale Form: Eine von Wappenlöwen flankierte Treppe führt auf das rundbogige Portal (die Fenster sind alle rechtwinklig), darüber ein schmiedeeiserner Balkon vor einer von breiten Pilastern eingefaßten Fenstertür, das Ganze von einem Dreiecksgiebel mit Wappenkartusche bekrönt. Unmittelbar auf dem Dachgesims sitzen Erker mit Ochsenaugenfenstern und Seitenvoluten: die einzigen plastischen Formen der Fassade neben dem Wappen. Die Linienbestimmtheit klassizistischer Bauauffassung macht sich bemerkbar. – Im I n n e r n erreicht man vom *Vestibül* aus alle Räume (keine Enfilade!).

Im großen *Salon* in den Supraporten Jahreszeiten-Medaillons, ein typisch klassizistischer Dekor.

Den H o f vor dem Schloß bilden niedrigere **Ökonomiebauten** – bei einem »Ehrenhof« der Epoche davor kaum denkbar. Gegen die Straße ist er durch Eisengitter (1776) abgegrenzt.

PONTAUBERT (Yonne C4)

Der Name erinnert an eine um 840 von einem Grafen Autbert ange-
legte Brücke. 1167 gründete der Besitzer der Domäne hier eine Kom-
turei des Hospitalordens des hl. Johannes zu Jerusalem (seit 1022 für
Pilger und Handelsleute bestehend, 1099 in Ritterorden umgewan-
delt), die bis 1658 bestanden hat.

● **Kirche Nativité de Notre-Dame**
   Ende des 12. Jh. begonnen, im frühen 13. Jh. vollendet, der Turm
   erst im fortgeschritteneren 13. Jh. Die Vorhalle ist Zutat des 15./
   16. Jh.

Die Kirche zu Ehren der Geburt Mariens steht an einem
nach O abfallenden Hang, eine 3schiffige querschifflose
Basilika (innen ca. 33 m lang, 13 m breit) mit 3seitiger Apsis
und der späteren Vorhalle. Der betont schlichte, streng
anmutende Bau wirkt wie aus Kuben zusammengesetzt, fast
wie frühromanisch. Wie anders dagegen der jüngere *Turm!*
Über dem Sockelgeschoß des frühen 13. Jh. mit dem W-
Portal ein Blendarkadengeschoß mit Gewändesäulen und
got. Knospenkapitellen. Im Glockengeschoß offene Schall-
arkaden. Hier sind Pfeiler und Mauerkanten mit Rundstä-
ben und Kehlen profiliert. Der Helm ist modern. Dieser
Turm gibt dem anspruchslosen Bau plastisches Volumen.
Trotz der noch spätromanisch geprägten Elemente ist die
Aneignung got. Formen zu verfolgen. Dazu gehört auch das
W-Portal.
Die Gewändesäulen haben Knospenkapitelle; die Archivolten sind
profiliert. Im *Tympanon* Marienszenen, gruppiert um die thronende
Madonna, über ihr Engel mit der Krone. Links die 3 Könige, rechts
Mariae Himmelfahrt. Figuren und szenische Komposition sind von
mäßiger Qualität.
Die *Vorhalle* des 15./16. Jh. mit Vierpaßbalustrade und
amüsant skulptierten Wasserspeiern setzt eine burgundi-
sche Tradition fort (z. B. St-Père-sous-Vézelay, Dijon/
Notre-Dame, Semur-en-Auxois, Beaune), sie will in Pontaubert jedoch in Proportionen und Formen nicht recht zu
dem monumentalen Turm passen.
Das I n n e r e ist überschaubar, das Verhältnis der Teil-

räume untereinander und zum Raumganzen wohlabge-
stimmt. Bis auf schlichte Blattkapitelle ist der Raum
schmucklos. Dieselbe Klarheit bestimmt den im baulichen
Gefüge wie im Gestalterischen ablesbaren 2geschossigen
Aufbau: Im Kern quadratische Pfeiler werden durch Vorlagen kreuzförmig; die Scheidbögen haben die Breite der Vorlagen, ihre Längsgurte beginnen über Kämpfern, die sich als
Gesims fortsetzen. Die Kapitelle vermitteln zum Halbrund
der Halbsäulen, die im Mittelschiff aufsteigen und die Hochwände gliedern. Die Quergurte tragen die Gliederung auch
in die *Gewölbezone*. Die Gewölbekappen umschließen die
mit den Arkaden konzentrischen Schildwände, die Gewöl-
begrate beginnen über den Kämpfern der Rechteckvorlagen. – Die hier waltende *Baulogik* ist eindrucksvoll, zumal
die Strukturformen den Raum rhythmisierend gliedern.
Alle Fenster wirken durch stark geschrägte Sohlbänke wie
Lichtschächte, die das Schiff hell beleuchten. Das erhöhte
Chorjoch ist im Gewölbe durch doppelten Quergurt und die
Stirnwand niedriger gehalten, die *Apsis* wiederum vom
Chorjoch abgesetzt. Im jüngeren got. *W-Joch* unter dem
Turm wird das roman. Raumkonzept beibehalten, die Kapi-
telle sind dagegen eindeutig gotisch (die gleichen wie am
Außenportal). – Mit ihrem 2zonigen Wandaufbau und den
Kreuzgratgewölben gehört die Kirche in die Gruppe Véze-
lay–Avallon.

In der Vorhalle ein *Grabmonument* des 13. Jh. (Stein); im Innern
mehrere mittelalterl. *Steinskulpturen* (14.–16. Jh.).

PONTIGNY (Yonne C3)

Fhem. Zisterzienserkloster

*Cîteaux mußte bereits vor der Ordensbestätigung (1119) Tochter-
klöster einrichten, um die große Zahl von Mönchen aufnehmen zu
können: 1113 La Ferté, 1114 Pontigny, 1115 Morimond und Clairvaux, die alle selbst in rascher Folge Tochterklöster ins Leben riefen.
Pontigny selbst hatte Mitte des 12. Jh. bereits über 30 Filialklöster.
Gerade um die Mitte des 12. Jh. wurde mit der großen Kirche (äußere*

Länge, mit Vorhalle, 119 m) begonnen; Schlußweihe für den um 1185
begonnenen Umgangschor mit Kapellenkranz war 1206.
Das Kloster, wegen seiner Gastfreundschaft schon im 12. Jh. be-
kannt, gewährte trotz Drohung der englischen Könige dreimal Erzbi-
schöfen von Canterbury Zuflucht: Thomas Becket 1164–66, Stephen
Langton 1208–13 und Edmond von Abingdon († 1240, hier bestattet,
1246 kanonisiert; durch ihn, St. Edme, wurde Pontigny zur Wall-
fahrtsstätte). Große Stiftungen, die Urbarmachung weiter Gebiete
und der Weinbau förderten den Reichtum des Klosters. Seine wech-
selvolle Geschichte erbringt für die noch stehende Kirche kunsthisto-
risch keine weitere Aufhellung. In der Revolution wurde es aufgeho-
ben und das gerade großzügig erneuerte Abtsgebäude zerstört; die
nicht mehr genutzten oder verkauften Mönchsbauten verfielen und
wurden als Steinbruch ausgebeutet oder zweckentfremdet. Seit 1954
Sitz eines Seminars der »Mission de France«, nachdem der Plan, die
weite Ebene in einen Stausee zu verwandeln, verhindert werden
konnte.

● Vom Dorf führt eine Baumallee auf die **Klosterkirche**
(L'Assomption) zu, einen breit sich dehnenden, in Volumen
und Umriß horizontal angelegten Bau: Die gleichbleibende
Folge von Fenstern und Strebepfeilern an Seiten- und Hochschiff gibt ihm zwar keinen fühlbaren vertikalen Akzent,
lockert ihn aber doch auf, wobei die Reihung dieser Elemente ihre strukturmäßige Einbindung in die Waagerechte
auch wieder fördert. Die heute ungebrochen durchlaufende
Dach-Horizontale war allerdings ursprünglich über der Vierung durch einen hölzernen Glockenstuhl unterbrochen.
Dank ihrer horizontalen Proportionen fügt sich die gewaltige Baumasse ganz der fast ebenen Landschaft ein, wächst
jedenfalls nicht als weithin wirkendes Zeichen aus ihr
heraus.
Das *Eingangsportal* zur langhausbreiten *Vorhalle* und die
flankierenden offenen Doppelarkaden über (hintereinander) gedoppelten Säulen als Zwischenstützen sind schmucklos. Die nachträglich davorgesetzten, spitzbogig-got. Blendarkaden haben auf hohen Postamenten ebenfalls Doppelsäulen, hier aber nebeneinander angeordnet. Über dem an
der *Kirchenfront* sich auf Mittelschiffbreite verengenden
Pultdach ein hohes, von Blendarkaden über ebenfalls paar-

Pontigny. Ehem. Klosterkirche. Ansicht von Süden

weise verwendeten, schlanken Säulen flankiertes Spitzbogenfenster. Frontgliederung und Vorhallenüberblendung
sind wohl mit dem 1. westl. Joch (s. u.) um 1170 entstanden.
Das ausladende *Querschiff* ist höher als die Seitenschiffe,
überragt aber nur mit der Giebelspitze das Konsolgesims
des Hauptschiffs und des Chores, während die angebauten
Rechteckkapellen noch niedriger bleiben als die Seitenschiffe – auch sie mit Strebepfeilerverstärkung. In den Stirnseiten der Querarme große Achtpaßfenster. – Am Außenbau ist in der Mauertechnik kein Unterschied zwischen
älterem Langhaus und weit ausschwingendem *Chor* mit
Umgang und polygonal angelegtem *Kapellenkranz* (seit
1185) zu bemerken. Die aus den Chordächern aufsteigenden flachen Strebebögen deuten auf jüngere Bauzeit. Vielleicht erklärt sich das mit 9 Seiten stumpfwinklige Polygon
aus der Tendenz, möglichst gerade verlaufende Mauern
und Dachteile zu bekommen und für die Gewölbeansätze
günstige Winkel – ein für die an klarer Baulogik mehr als
an Baudekor interessierte Zisterzienserbaukunst charakteristischer Zug.
Die Kirche hat keine Krypta oder Substruktionen, sie ist

auch ohne tiefe Fundamente gebaut, steht allerdings auf
einer dicken Tonschicht.

● Im I n n e r n ist die *Vorhalle* ein Rechtecksaal mit kahlen
Wänden; 2 stämmige Freisäulen mit flach stilisierten Blatt-

Pontigny. Ehem. Klosterkirche
Grundriß

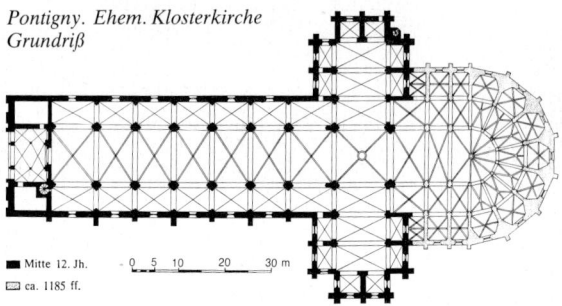

■ Mitte 12. Jh.
▭ ca. 1185 ff.

0   5   10   20   30 m

kapitellen tragen spitzbogige Kreuzgewölbe. Ein rundbogiges *Stufenportal* mit eingestellten Säulen führt in die Kirche;
die hölzernen Türflügel haben noch Beschläge aus dem
12. Jh. – Der *Kirchenraum* wirkt schlicht überwältigend:
Das makellose Mauerwerk der in weiß-grauem Stein aufgeführten tektonischen Glieder und die geputzten Wand- und
Gewölbefelder strahlen in mild-hellem Licht, das den ganzen Raum mit einem Blick überschaubar macht. Bis auf die
Chorschranken, deren Altäre das Mittelschiff unterbrechen, und das Chorgestühl dahinter ist der Raum ohne Ausstattung; dennoch wirkt er nicht leer oder gar kalt. Mit etwas
poetischer Phantasie vermeint man eher, in dieser »reinen«
Architektur etwas von der den Zisterzienserkirchen eigenen
»heiligen Nüchternheit« (Hölderlin) zu spüren.

Das basilikale *Langhaus* gliedern niedrige *Pfeilerarkaden* in
rechteckige Joche. Die Pfeiler sind durch Vorlagen mit eingebundenen Halbsäulen kreuzförmig geworden und nehmen spitzbogige Arkaden mit gestuften Längsgurten auf.
Am reinsten haben die kreuzgewölbten *Seitenschiffe* ihre

Pontigny. Ehem. Klosterkirche. Inneres gegen Lettner und Chor

Raumgestalt bewahrt. Die hier gestuften Gewölbegurte
sind wegen der Strebewirkung (gegen das Mittelgewölbe)
so stark. Das *Mittelschiff* ist 2zonig; nur eine dünne Profilleiste – in Entsprechung zu den Kapitelldeckplatten –
grenzt den Obergaden mit je einem Fenster gegen die
Arkadenzone ab. In dem breiteren und höheren Raum
nehmen sich dieselben Pfeiler vergleichsweise elegant aus,

zumal sie sich hier in den Gurten und Rippen des seit ca. 1160/70 anstelle der geplanten Tonnen- oder Kreuzgratwölbung eingezogenen, leichteren *Rippengewölbes* fortsetzen. Das Mittelschiff wirkt »gotischer« als die schweren Seitenschiffe. Die Rippengewölbe gehören neben denen in Vézelay (Vorhalle), St-Martin-du-Bourg in Avallon, Ligny-le-Châtel und Vermenton zu den ältesten in Burgund. Seit etwa Mitte des 12. Jh. wurde im Kronland konsequent an dieser Wölbform gearbeitet (Kathedrale in Sens, Abteikirche St-Denis). Für die Baumeister in Pontigny bedeutete es um 1160/70 eine kühne Tat, ohne größere Erfahrung ein über 10 m breites roman. Schiff über Rippen zu wölben. Daß am 1. westl. Pfeilerpaar die Halbsäulen bereits vom Boden an aufsteigen, während die folgenden erst ca. 3,50 m hoch auf Konsolen beginnen, hat nichts mit der Wölbung zu tun; man brauchte an den Pfeilern glatte Flächen für die Aufstellung des damals bis hierher reichenden Chorgestühls.

Das *Querschiff* mit breit ausladenden Armen ist mit 16,50 m um 3,50 m niedriger als Vierung und Mittelschiff, aber 7 m höher als die Seitenschiffe. Die jeweils 3 Joche der Arme haben noch Kreuzgewölbe, ebenso die ihnen auf 3 Seiten angebauten je 2 *Kapellen*. Im N-Arm mündete die Treppe zum Schlafsaal (vgl. Fontenay). Die Kapellen sind bis auf die Piscinen und schmale Nischen für liturgische Gewänder leer; von den mittelalterl. Tischaltären blieb keiner erhalten. Sie waren übrigens *alle* wie der Hauptaltar nach O gerichtet; in die an der W-Seite liegenden Kapellen gelangte man deshalb nur durch einen Gang aus den Seitenschiffen.

Ursprünglich folgte (wie in Fontenay) auf die *Vierung* der nur ein Joch tiefe gerade *roman. Chor*; er trat außen nur um ein halbes Joch aus der Mauerflucht der je 3 Kapellen vor (die dem Chor benachbarten Kapellen wurden für den Umgang aufgegeben). Der Chor war also in den Querschiffarmen von insgesamt 14 Einzelkapellen umgeben. Ihre mit geometrischen Mustern ornamentierten, nach alten Vorbil-

dern erneuerten Glasfenster sind für die bilderfeindlichen
Zisterzienser charakteristisch.

Zwischen ca. 1185 und 1208 entstand (aus dem Bedürfnis
nach weiteren Kapellen?) der *Umgangschor mit Kapellen-*
kranz, der nach geraden Jochen mit 7seitigem Chorhaupt
schließt: wahrscheinlich nach dem Vorbild von Clairvaux,
wo bereits ein Jahr nach Bernhards Tod (1153) der von ihm
seit 1135 gebaute gerade Chor durch einen Rundchor mit
Kapellenkranz ersetzt wurde. Dieselbe Anzahl zusätzlicher
Kapellen hätte aber auch ein rechteckiger Umgangschor
(wie in Morimond, ca. 1160) erbracht.

Die auf einfachste, logisch begründbare, dabei betont schmucklose,
bautechnisch solide und in der handwerklichen Ausführung meister-
hafte Bauweise bedachten Zisterzienser, die weder aufwendige
Altäre kannten noch eine festliche Liturgie pflegten, waren anfangs
vielleicht gegen den Halbrundchor mißtrauisch, ohne ihn grundsätzlich abzulehnen. Mit Abtssitz im Scheitel und Gestühl für die an den
festlichen Gottesdiensten teilhabenden Priestermönche und den sie
mit Gesängen begleitenden Mönchschor eignet der Halbrundapsis
»an sich« schon etwas Feierliches. Von Bedeutung könnte ferner der
Wert gewesen sein, den Cluny der liturgischen Feier wie der darauf
zielenden Ausstattung solcher Chöre legte (s. d.). Es ist durchaus
denkbar, daß der in seinen Bauvorstellungen von sachlicher Nüchternheit bestimmte Bernhard sich aus solchen Erwägungen für den
einfachen, schlichten Rechteckchor entschied; man spricht gelegentlich von einem »bernhardinischen« Kirchenraum. Doch wie das
got. Rippengewölbe nicht zu verhindern war, so auch nicht – nicht
an der Grenze zur Île de France, wo er seine letzte Ausprägung
erfuhr – der got. Umgangschor mit Kapellenkranz.

Der für Pontigny gestaltete Chor bleibt insofern »zisterziensisch«, als die Kapellen außen zwischen den Strebepfeilern
(an den Polygonecken) gerade Mauerzüge aufweisen, die
sauber anschließende Dächer ermöglichen. Das gilt ebenso
für das Innere. Das letzte der geraden, mit Kreuzrippen
gewölbten Chorjoche ist mit 2 Rippen in das vielstrahlige
Gewölbe der gleichfalls polygonalen Apsis einbezogen. Die
Umgangsjoche sind mit 5 Rippen gewölbt; die trennenden
Gurte liegen in der Verlängerung der Apsisrippen, die sich
in den Trennwänden zwischen den Kapellen fortsetzen:

also der für die Gotik charakteristische Strahlenkranz, der
im Schlußstein der Apsis seinen Mittelpunkt hat. Die Trennwände der 6seitigen Kapellen werden nach außen zunehmend zu Mauermassiven, die als Widerlager für die Strebepfeiler dienen, auf denen die Strebebögen aufsetzen. – Das
Apsispolygon grenzen 8 enggestellte, monolithische Säulen
mit Knospenkapitellen auf niedriger Brüstungsmauer gegen
den Umgang ab. Über ihnen steil gestelzte, spitzbogige
Arkaden mit getreppten Archivolten. Aus ihren Zwickeln
kommen feine Runddienste, ebenfalls mit Knospenkapitell-
chen, deren Deckplatten sich zum Fußgesims der Fensterzone verbreitern. Die bis hierher reichenden Gewölbekappen umschließen hohe, von einer Vielzahl dünnster Dienste
gerahmte Schildwände mit nur halb so hohen Fenstern.
Unter den Fenstern und oberhalb der Arkaden bleibt sehr
viel leere Wand stehen. Gegenüber dem Langhaus fällt die
dünngliedrige Feinheit aller Formen hier auf. Im got. Chor
werden aus den Pfeilervorlagen des Schiffes vom Boden aufsteigende Halbrunddienste für die jetzt auch mit Rundstäben profilierten Gurte und Rippen.
Vierung und Querschiffarme sind noch romanisch geprägt
(Rechteckvorlagen); für den Anschluß erneuerte Rippen
wurden denen im Chor nachgebildet. Der Umgang setzt die
Seitenschiffe – auch über das etwas höhere Querschiff – fort
(s. außen). An den Kapelleneingängen sind regelrechte
Bündelpfeiler mit Gewölbediensten für Gurte und Rippen
in Umgang *und* Kapellen entstanden. Im Unterschied zu
den im Langhaus verputzten Wänden sind diese im Chor
sorgfältig gemauert. Es versteht sich, daß die Fenster auch
im jüngeren Chor einer Zisterzienserkirche ohne Maßwerk
bleiben. In den kleinen Kapellen wirken sie, da hier verhältnismäßig groß, wie Licht-Flächen.
In Langhaus und Querschiff bleiben die *Kapitelle* im Grunde von der
Säulenrundung sich ins Quadrat (für die Auflage) schmiegende
Blöcke, hier und da mit einer Andeutung von zungenglatten Blättern; von »Skulptur« kann keine Rede sein. Im Chor sind die Blöcke
fast noch dieselben, lediglich die hochgestellten Blätter sind gerie-
felt und rollen an den Enden volutenartig ein.

Ausstattung. Der geschnitzte *Lettner* mit 2 kleinen, seinen Eingang flankierenden *Altären* sowie das mit 100 Sitzen ausgestattete *Chorgestühl* stammen aus dem 17. Jh. Die schmiedeeisernen *Gitter* (17./18. Jh.) wurden erst 1775 hierher verbracht. – Das in dieser Umgebung wenig angemessene monumentale *Schreindenkmal des hl. Edmond* wurde im 18./19. Jh. aufgebaut.

Wenn möglich, besichtige man auch den gewaltigen *Dach-*   ●
stuhl, der unter Verwendung älterer Hölzer im späten Mittelalter neu gesetzt wurde.

POSANGES (Côte-d'Or E4)

Schloß. Die zwischen 1437 und 1453 in einem Zug gebaute kastellartige Anlage gleicht heute noch einer Festung. An den Ecken des fast quadratischen Gevierts mit völlig schmucklosen, ursprünglich fensterlosen Mauern stehen stämmige Rundtürme mit Kegeldächern, denen hohe Kamine aufgesetzt sind. Schießscharten in unterschiedlicher Höhe sicherten den Verteidigern breite Schußfelder. Die kleinen Rechteckfenster wurden nachträglich angebracht. Den Rundtürmen der O-Flanke sind nur vom Hof zugängliche Treppentürme eingebaut, vermutlich auch die einzigen Zugänge zu dem alle Türme miteinander verbindenden Wehrgang. Das einzige Portal liegt in einem Rechteckturm in der Mitte desselben Flügels: eine schmale, von einer Schlupftür begleitete, flachbogige Öffnung, durch Maschikulis in vorkragenden Konsolen zusätzlich gesichert. Über dem Portal eine Figurennische (Madonna im »burgundischen Stil« des 15. Jh.). Die Mauereinschnitte daneben dienten einer Zugbrücke über den 14 m breiten, ursprünglich mit Wasser gefüllten Graben, der die ganze Festung umzog.

Den NW-Turm ließ Heinrich IV. schleifen, angeblich aus Ärger über den Schloßbesitzer. Von 1714 bis zur Revolution gehörte das Schloß den Ursulinen aus Vitteaux, die auch die Marienfigur aufstellten.

LA ROCHEPOT (Côte-d'Or E6)

Ste-Vierge, ehem. Prioratskirche

Im 12. Jh. von Benediktinern aus Flavigny gebaut. Im späten 15. Jh. kam der beim Portal stehende Turm hinzu.

Im *Portal* Gewändesäulen und Mittelpfosten mit Zickzackornament. – I n n e r e s. 3schiffiges basilikales *Langhaus*, in dem Kreuzpfeiler mit Pilastern und Arkaden zu den sehr schmalen Seitenschiffen vermitteln. In den *Querschiffarmen* noch roman. Gratgewölbe. In der von Halbrundkapellen flankierten *Hauptapsis* Rundbögen auf Halbsäulen. In Raumgestalt und Formenzuschnitt ist die kleine Kirche noch ganz romanisch bestimmt, leider sehr vernachlässigt.

● Ein Besuch lohnt dennoch wegen einiger figürlicher *Kapitelle* in den Arkadenlaibungen: Prophet Bileam auf seiner Eselin; Verkündigung; ein Ritter im Kampf mit Adler; 2 Adler. Thematisch sind in der plastischen Faktur waren die Kapitelle des Gislebertus in Autun unverwechselbare Vorbilder, die sie jedoch in der Formpräzisierung nicht erreichen. In der Ausführung sind sie auch von denen in Saulieu verschieden. Neben den figurierten auch einfachere Kapitelle mit hochgestellten oder zungenartig glatten Blättern. – Zu erwähnen ist noch ein *Tafelbild mit der hl. Katharina*, das dem Umkreis des Leonardo da Vinci zugeschrieben wird, der 1516–19 in Frankreich lebte und auch dort gestorben ist. Außerdem ein französisches *Retabel* des 16./17. Jh. mit Grablegung und Verkündigung.

● **Bergschloß**

Die geographische Situation über der Kreuzung der großen Straßen Paris–Lyon und Moulins–Basel bot sich für die Anlage einer festungsartigen Burg förmlich an. Ihre Anfänge reichen ins frühe Mittelalter zurück. Die Ende des 13. Jh. angeblich noch erweiterte Burg kam 1403 durch Kauf an die Familie Pot, deren einer hier einen ca. 70 m tiefen Brunnen graben ließ. Der berühmte Seneschall Philippe Pot (✝ 1493) hat ebenfalls an ihr gebaut. Nach ihm kam sie in verschiedene Hände; u.a. gehörte sie eine Zeitlang dem bekannten Kardinal J.-F. de Retz, Führer der Fronde und Gegenspieler Mazarins. Seit der Revolution hatten die Gebäude durch Plünderung und Brand sehr gelitten. 1894 erwarb die Witwe Sadi Carnots, des 4. Präsidenten der Republik, die inzwischen vollends zur Ruine zerfallene Burg, deren Wiederaufbau der Sohn besorgte. Abschluß der Arbeiten 1926.

Schon von weitem winken die farbigen Dächer des nach
romantischen Vorstellungen von einer mittelalterl. Burg
(»style troubadour«) restaurierten, vieltürmigen Schlosses –
eine rechte »Ansichtskartenburg«. Wirklich einzigartig ist
die Lage: Wie eine mit vielen Fleurons bestückte Krone sitzt
sie auf dem hohen Felsen, dem sich die in unregelmäßigem
Polygon angeordneten Flügel anpassen, aus dem sie geradezu herauszuwachsen scheinen. Ein gerader Querbau mit
Torturm schließt den Hof vorn ab. Es brächte wenig, hier
die mit viel Phantasie und handwerklicher Perfektion wiederhergestellten Gebäude in den Einzelformen baugeschichtlich zu beschreiben. Das gilt auch für das I n n e r e ,
wo Decken und Böden ebenso wie die Kamine und Wand-
verkleidungen einschließlich der »gotischen« Behänge und
Möbel bis zu den Beschlägen und komplizierten Riegel-
schlössern der Truhen und Schränke dem Mittelalter nachempfunden wurden – mit viel Liebe und Bemühung. Doch
wiederentstanden ist nur ein »Bild«, das über das 19. Jh.
mehr aussagt als über das Mittelalter.

ROUGEMONT (Côte-d'Or D3/4)

Ehem. Benediktinerinnenkirche Notre-Dame

Die Kirche aus der 2. Hälfte des 13. Jh. gehörte zum Kloster Mou-
tiers-Saint-Jean. Vorbild war die Kirche in Semur-en-Auxois.
Den A u ß e n b a u beherrscht der *W-Turm.* Ursprünglich
saßen in beiden Geschossen spitzbogige Kranzarchivolten
auf mit Köpfen und Tieren skulptierten Konsolen. Nachträgliche Mauerschlitze zeigen seine Einrichtung (vermutlich im 100jährigen Krieg) zur Verteidigung (Zinnenkranz
auf der Vorhalle). Wahrscheinlich wurden damals auch die
westl. Seitenschiffjoche erhöht und dem *Vorhallenblock*
eingefügt, der mit dem Turm mächtiger wirkt als die nur 1 m
tiefe (nachträgliche) Vorhalle. Diese ist gut eingepaßt, v. a.
beim *Mittelportal,* das zurechtgeflickt aussieht (Zerstörung?, Unterbrechung?).
In der oberen Bildzeile des Tympanons sind die Figuren teils voll-

endet, teils halbfertig, z. T. stehen sie noch im Stein. Das obere Bogenfeld war noch gar nicht in Angriff genommen. Warum und wann das geschah, ist nicht bekannt. In den unteren Registern Jugendgeschichte Jesu, im 3. Streifen Passionsszenen, im Bogenfeld vermutlich Kreuzigung. Schon vor der Mitte des 13. Jh. gab es in Streifen mit Einzelszenen zerlegte Tympana, dem Bedürfnis nach Bilderzählungen folgend. So auch in Rougemont. In vielfigurigen Ausdrucksgebärden gelingt die Darstellung menschlich empfundenen Beteiligtseins. Die Apostel im Gewände wirken daneben eher schwerfällig (im Innern weitere Einzelfragmente). Die Madonna am Mittelpfosten (hier ursprünglich?) ist zwar elegant gezeichnet, in der Körpergebärde jedoch ungelenk und gespreizt. Die Portalplastik ist nach Mitte oder Ende des 13. Jh., die Madonna schon ins 14. Jh. zu datieren.

● Das I n n e r e bestimmen weit gespannte Pfeilerarkaden. An der urspr. Raumhöhe gemessen sind die Rundpfeiler stämmig; ihre Kapitellringe mit Knospen und Blättern dämmen die vertikale Struktur ein. Im Mittelschiff durchschneidet der für die Gewölbegurte bestimmte Runddienst Kapitellzone und Horizontalgesims und steigt ungehindert auf; die begleitenden Runddienste werden von diesen »Hindernissen« abgeschnitten. In Laibungen und Seitenschiffen haben die Dienste eigene Kapitele. Nur das 3. Joch ist noch 2zonig gegliedert mit »burgundischem« Laufgang in der doppelschaligen Fensterzone (s. dazu Notre-Dame in Dijon). Der heutige *Chor* muß ursprünglich das 4. Mittelschiffjoch gewesen sein – zu unvermittelt stoßen hier Arkadenpfeiler und Gesims an die gerade Abschlußwand. Das kann so nicht geplant sein; vermutlich ist – wie bei Benediktinern üblich – ein 3-Apsiden-Chor als ursprünglich anzunehmen. Die Umwandlung erfolgte vielleicht im 15./16. Jh. Neueren Datums ist das heruntergezogene Tonnengewölbe. Das unter der Empore niedrigere *Turmjoch* wirkt wie noch nicht recht zum Schiff gehörig, mehr wie eine Vorhalle. Der Standfestigkeit wegen wurden Pfeiler und Bogengurt durch Vorlagen verstärkt.

● Von der A u s s t a t t u n g ist eine schöne, farbig gefaßte *Stehende Madonna* zu nennen, die dem Kind eine Weintraube reicht (15. Jh.), sowie eine interessante Reiterfigur des *Hl. Georg*

Rougemont. Kirche
Madonna mit Traube

(15. Jh.). Aus dem W-Portal stammen stark beschädigte *Apostel-figuren* (hinten nicht bearbeitet). – Hingewiesen sei noch auf die *Seitenportale* mit *Petrus-* bzw. *Nikolaus-Szenen*.

ROUVRES-en-Plaine (Côte-d'Or FG5)

Pfarrkirche St-Jean-Baptiste

Eine Johanneskirche ist 1148 erwähnt. Vom Neubau 1233 ist der Chor offenbar noch erhalten. Querschiff und Langhaus entstanden Ende des 13. / Anfang des 14. Jh. neu.

Den A u ß e n b a u bestimmt ein quadratischer *Vierungs-turm* mit doppelbogigen Schallarkaden im einzig gegliederten Geschoß. In der *W-Front* spitzbogiges Säulenportal mit Blattkapitellen und bildlosem Bogenfeld.

● Das I n n e r e der nicht großen, dennoch monumental wirkenden Basilika hat trotz got. Formen noch etwas von der Steinschwere der Romanik (Länge 34 m, Höhe Gewölbe-scheitel 11 m), mitbestimmt durch unstrukturierte Mauer-flächen im *Mittelschiff*, in das über Blatt- und Knospenkapi-tellringen spitzboge Pfeilerarkaden einschneiden. Aus ihren Zwickeln kommen kurze Wandvorlagen auf Konsolen, die nicht einmal mit den Arkadenpfeilern zusammen einen ver-tikalen Strukturzusammenhang erzeugen. An den Konsolen männliche und weibliche Köpfe, die plastische Akzente in die fensterlose Wand bringen. Direktes Licht kommt (im Langhaus) nur vom großen W-Fenster. Einzig die akzentlos in die Rippen übergehenden Dienste entfalten Vertikalbe-wegung, sie schließen auch das relativ breite Mittelschiff räumlich zusammen.

Die *Vierung* steht in hellem Licht, zum Schiff und den *Quer-schiffarmen* in voller Höhe offen, betont nur durch die Vor-lagen an Pfeilern und Bögen. In den Stirnwänden flutet das Licht durch große got. Fenster, Doppellanzetten und eine als Sechspaß angelegte Rose im Bogenfeld. Auf der O-Seite je eine quadratische *Chorseitenkapelle*, am S-Arm noch in der Gestalt des 13. Jh.: Kreuzrippengewölbe über dünnen Ecksäulen, got. Fenster in der S-Wand und beim Eingang ein halbrundes Ausgußbecken unter Dreipaßbogen; die

N-Wand zeigt dagegen alle Merkmale der späten Gotik: gekehlte Rundstabrippen, Fenster mit Flamboyant-Maßwerk und am Ausgußbecken einen Kielbogen. Beim östl. Vierungsbogen Andeutung einer schmalen Schildrippe; über dem niedrigeren Chorjoch unverputzte Mauer ohne Fenster. Der gerade schließende *Chor* mit 6teiligem Rippengewölbe stammt noch vom 1. Bauabschnitt: auf Konsolen und Säulen mit Knospenkapitellen aufsetzende Profilrippen sowie eine Dreiergruppe kaum gebrochener roter Fenster, über ihnen eine Sechspaßrose. Auf Köpfen aufsetzende kurze Scheitelrippen unterteilen das Gewölbe in engere Kappen.

A u s s t a t t u n g. Ein riesiger *Johannes* (2,12 m) ist zwar noch echte Gewandfigur, durch den Ausdrucksrealismus der Gebärde darüber hinaus aber von eindrucksvollem Ernst (vielleicht noch 2. Hälfte 14. Jh., stark restauriert). Er soll ursprünglich im Chor gestanden haben und in den südl. Querarm verbracht worden sein, als das aus Époisses (s. d.) stammende *Chorgestühl*, vermutlich aus der Werkstatt des H. Sambin (aus Dijon, s. d.), aufgestellt wurde. – In der nördl. Kapelle ein gemeißelter Steinaltar (Bild verloren). Über dem Altar die *Madonna* und *beide Johannes'*. Maria in faltenreichem Gewand hat noch einen Anflug von »Schöner Madonna«, einem Ideal der Internationalen Gotik (»Weicher Stil«) um 1400, ist in ihrer Haltung jedoch nachhaltig durch den von ihrem Gesicht ausgehenden Ernst geprägt: Sie ahnt das künftige Leiden des Kindes voraus. Darauf deutet auch das »Opferlamm« auf dem Buch des Täufers. Der Evangelist Johannes, mit Kelch und segnender Hand, ist eine schlanke jugendliche Gestalt, ähnlich aufwendig gewandet wie Maria. Der Täufer dagegen wirkt verhaltener, fast wie in Kontrapoststellung. Der in der älteren Figur noch spürbare Wüstenprediger wirkt hier ebenfalls elegant. Die 3 Figuren könnten aus der Werkstatt des J. de la Huerta stammen (s. dazu Dijon, Musée des Beaux-Arts, Herzogsgräber). – Bemerkenswert auch ein *Grabstein* mit gravierten Figuren.

RULLY (Saône-et-Loire E7)

Wie ein Castrum steht das Ende des 13. Jh. angelegte **Schloß** • über dem Weinland. An 3 Ecken treten **Rundtürme** vor; ein rechteckiger **Donjon** nimmt die 4. Ecke ein. Ursprünglich waren die Türme nur durch Wehrmauern mit Schießscharten und Maschikulis sowie einen Wehrgang verbunden. Zusätzlichen Schutz boten Wassergräben. Ende des 15. Jh. entstanden auf der Hofseite **Wohntrakte**; nur die südl. Eingangsfront bewahrte ihren Mauercharakter. Hier und da sind außen noch die eichenen Balkenköpfe der riesigen Dachstühle auszumachen, die damals auch über den Türmen errichtet wurden. Die großen Fenster stammen aus dem 17. Jh.

Der gute Erhaltungszustand geht z. T. auf Restaurierung im 19. Jh. zurück, bei der nicht nur konserviert, sondern auch abgebrochen und Neues hinzugebaut wurde, z. B. der Trakt beim Donjon. Die südl. Eingangsfront wurde zu perfekt restauriert. Trotzdem: die Einfachheit der Architektur ist immer noch imponierend.

SACY (Yonne C3/4)

Pfarrkirche St-Jean-Baptiste

Für das roman. Langhaus ist eine Bauzeit um 1130/40 anzunehmen; das got. Querschiff und der anschließende Chor entstanden um oder bald nach der Mitte des 13. Jh.

Das basilikale *Langhaus* hat nahezu quadratische Joche mit scharfkantigen Spitzbogenarkaden über stämmigen Pfeilern. Halbsäulenvorlagen nehmen in allen Schiffen Längs- und Quergurte zwischen Kreuzgewölben auf. In den schmalen Seitenschiffen sind es – wegen der Enge – Pilaster. Die Kapitelle haben dem Block anliegende Blätter, einige Masken oder Tierköpfe; ihre Kämpfer umziehen die Pfeiler als Gesims, nur im Mittelschiff von den Diensten durchschnitten, die in die steinschwere Massigkeit der Architektur eine vertikale Komponente bringen. Im westl. Joch noch die urspr., hochsitzenden (heute lichtlosen) Fenster; die anderen sind vermauert. Das Schiff war (wie in Vézelay, Avallon, Pontaubert u. a. Kirchen im südl. Burgund) 2zonig, allerdings ohne Horizontalgesims und Schildgurt. Original ist nur im 1. Joch das wie eine Kuppel gemauerte Gratgewölbe; die anderen Gewölbe im Schiff sind fast alle erneuert, in den Seitenschiffen auch die Fenster. – Das mit Längstonne gewölbte 5. Joch ist die *Vierung* des roman. Baues; sie ist niedriger (hohe Stirnwand zwischen Bogen und Gewölbe) und durch zusätzliche Vorlagen an den Pfeilern und die Doppelgurte stärker als die Schiffspfeiler geworden, aber auch enger. Die Vierung trägt den Turm. Spitzbogenarkaden verbinden sie und die *Querschiffarme*, die dem gotisch gewordenen Querhaus angepaßt sind, auch im Rippengewölbe.

Der gerade *Chor* steht durch hohe, schmale Lanzettfenster in hellem Licht. Die elegante Leichtigkeit und Vielzahl der verschieden starken Säulendienste für die spitzbogigen, bandartigen Vierungsbögen sowie die Rippen der Gewölbe, welche die hohen Fenster einfassen, geben diesem Raum einen Anflug von schwebender Leichtigkeit. Die östl. Vierungspfeiler des roman. Querschiffs wurden durch Einbindung entsprechender Runddienste – durch einen gestalterischen Trick sozusagen – zu den westl. Vierungspfeilern der etwas breiteren got. Vierung. Doch auch für die Zugangsbögen und die zum Querschiff wie in das vordere Chorjoch geöffneten, quadratischen Kapellen sind die Säulen an den Vierungspfeilern eingebracht und ist der Bauverlauf abzulesen. Es verdient Beachtung, daß *alle* Dienste noch als Säulen verstanden werden und Kapitelle aufweisen.

Von der Ausstattung sind nur die an den Chorwänden unter Baldachinen stehenden großen *Steinfiguren der beiden Johannes'* mit ihren Attributen zu nennen, vorzügliche Arbeiten des späten 13. Jh.

Der Außenbau, im langgestreckten roman. Schiff anspruchslos schlicht, ist durch die nachträglich erhöhten Seitenschiffe entstellt. In der *W-Front* ein einfaches rundbogiges *Portal*; ein weiteres auf der S-Seite mit Säulen im 3stufigen Gewände und Archivolten ist aufgegeben. – Anspruchsvoller ist der am Hang über hoher Sockelmauer errichtete *Chor*. Westlich vor dem ausladenden got. Querschiff ist das romanische durch eine Strebemauer gegen das

Schiff abgesetzt. Über der Vierung ein 8seitiger hoher *Turm*: das untere Geschoß mit Blendarkaden, das obere mit offenen Doppelarkaden. Über Konsolgesims und einem Diamantfries ein niedriges, ebenfalls 8seitiges Pyramidendach. Der 8seitige Turm, wie er im südl. Burgund häufiger ist (vgl. Anzy-le-Duc u. a.), geht hier und in Saint-Cydroine (→Laroche-Saint-Cydroine) vielleicht auf La Charité-sur-Loire (Nièvre) zurück. Das durch den Sockel in seiner schmalen Höhe noch gesteigerte *Querschiff* besitzt ein quer zum Langhaus stehendes Dach mit gleicher Firsthöhe. Übereck gesetzte kräftige Strebepfeiler unterstreichen die Baublöcke der Querarme, des Chores und der Kapellen. Nur am Schnitt der schmalen, hohen Fenster mit den feinlinigen Rundstabarchivolten wird der got. Charakter des sonst mauerhaft geschlossenen Baues sichtbar, dessen lichterfüllte Leichtigkeit des Innenraums von außen nicht zu ahnen ist.

SAINT-ALBAIN (Saône-et-Loire F8)

St-Albain. Die got. Kirche des früh befestigten Ortes wurde vermutlich im 13. Jh. in einem Zug gebaut. Sie ist ein Neubau, dennoch nachhaltig von der roman. Bautradition geprägt – vielleicht ein Symptom dafür, warum die Gotik im südl. Burgund nicht recht Fuß fassen konnte.

Die *W-Front* spiegelt in den Strebepfeilern das basilikale Langhaus; die Pultdächer der Seitenschiffe waren ursprünglich weniger steil. Zwischen den mittleren Strebepfeilern eine Spitzbogennische für das *Portal* mit seinen zu dünnen Säulen gewordenen Gewändeprofilen. Im Tympanon eine Madonna und – in Burgund selten an diesem Platz! – Reste von *Malerei*. Auf dem W-Bau ein fensterloser Mauerblock, in dem das karolingische Westwerk nachzuleben scheint. Die eingetieften flachen Lisenen und Bogenfriese sind frühroman. Reminiszenz. Die *Langseiten* mit nachträglich verstärkten Strebepfeilern wirken massig schwer, die schmalen, hohen Fenster sind dagegen von got. Zuschnitt. Das sog. *»niedrige Querschiff«* (höher als die Seitenschiffe, niedriger als das Mittelschiff) ist sogar ein Merkmal der noch nicht voll entwickelten roman. Kirchenräume und ihrer Vierung. Auch der 8seitige *Vierungsturm* – im unteren Geschoß mit Blendgliederung – steht im oberen trotz schlanker Dreipaßbögen mit dünnen Säulen und trotz der Profilformen noch in der Tradition der roman. Türme im südl. Burgund. Der niedrigere *Chor* mit schweren Streben und bis auf die schmalen Fenster mauerhaft geschlossenen Wänden wirkt nur im polygonalen Abschluß gotisch.

Das I n n e r e ist trotz got. Formen v. a. im Langhaus von roman. Tradition bestimmt: Schwere, scharfkantige, spitzbogige Pfeilerarkaden trennen die Schiffe. Im *Mittelschiff* spitzbogige Längstonne mit einfachen Gurten, in den *Seitenschiffen* Kreuzgratgewölbe mit Quergurten. Die Fenster dagegen sind gotisch lang und schmal und haben Dreipaßbögen. In der *Vierung* eine roman. Trompenkuppel, in den niedrigen *Querschiffarmen* dagegen got. Rippengewölbe mit prismatisch geschnittenen Rippen über schlichten Konsolen. Der *Chor* hat eine tiefe, polygonale Apsis und got. Gewölbe, deren dicke Rippen auf Konsolen aufsetzen; ihr Schlußstein zeigt das Lamm mit dem Kreuz.

SAINT-AMBREUIL (Saône-et-Loire F7)

Schloß La Ferté

Ehem. Abtsgebäude des 1113 gegründeten Zisterzienserklosters La Ferté (vgl. Cîteaux, Fontenay und Pontigny). Johann ohne Furcht hatte im Krieg gegen Karl VI. v. a. in Anbetracht der gefürchteten Armagnaken auf seiten des Königs das ganze Kloster zu einer Festung ausgebaut, die jedoch 1570 gegen die protestantischen Truppen Colignys nicht standhielt; lediglich Kirche, Sakristei und Kapitelsaal sowie ein anhängender Bauteil überlebten die Katastrophe. Abtsgebäude und Kreuzgang entstanden 1682 neu, die Verteidigungseinrichtungen wurden weggeräumt, die Gräben zugeschüttet. 1789 gab es außer dem Abt nur noch 14 Mönche. Die Gebäude bewohnten z. T. Arbeiter einer Baumwollspinnerei. Der gesamte Klosterbesitz wurde 1791 verkauft; die Gebäude – bis auf das Abtshaus – wurden abgebrochen und Gärten angelegt.

Bei dem mit 15 Fensterachsen langgestreckten, auf der W-Seite mit nur wenig vortretenden Eckpavillons und Mittelrisalit mäßig gegliederten, 2geschossigen Abtsbau mit in vortretenden Erkern ausgebautem Dachgeschoß könnte man fast noch von »zisterziensischer« Schmucklosigkeit sprechen: Die kantig geschnittenen, von flachen Steinbändern gerahmten Rechteckfenster und ebensolche Bänder zwischen den Geschossen setzen sich von den geputzten Mauerflächen ab; die äußeren Ecken sind wie Zahnsteine gemauert (im östl. Eckrisalit ein Rest des alten Kreuzgangs). Nur der 3 Achsen breite *Mittelrisalit* ist durchgehend mit Lagerfugen aufgebaut; seine Türen und Fenster sind rundbogig sowie höher und breiter als die anderen Fenster. Zwischen den Fenstern im höheren Hauptgeschoß – übrigens mit skulptierten Scheitelsteinen – schlanke Pilaster auf hohen Sockeln mit verschnörkelten ionischen Kapitellen unter klassizistischem Gebälk; über den Fenstern leere Tafeln mit »Guttae« (Tropfen der dorischen Ordnung) und als Abschluß ein ausladendes Gesims, auf dem ein profilierter Segmentgiebel mit Wappenkartusche sitzt, an den Ecken von Vasen flankiert. Zwischen den Pilastersockeln geschmiedete Balkongitter. Wenige unauffällige Stufen (keine Treppe!) führen zu den Portalen. Eine Konzession an die französische Tradition stellen wohl die volutenförmig auslaufenden Rahmen der im Wechsel mit Segment- und Dreiecksgiebeln bekrönten Dacherker dar. – Erwähnenswert das *Vestibül* mit der großen Treppe zur »Étage noble«.

SAINT-BONNET-de-Joux (Saône-et-Loire E8)

Schloß Chaumont-la-Guiche. Das Schloß des 16. Jh. wurde im 19. Jh. zu einer »Wohnburg« im »style troubadour« umgewandelt.

Baugeschichtlich interessanter ist der 1648–52 entstandene monumentale **Pferdestall** mit Stellplätzen für 99 Pferde (nur der König durfte 100 und mehr halten). Als erstes fallen die beiden riesigen, doppelläufigen, jede für sich durch eine

Rampe verbundenen *Treppen* ins Auge, die von außen in das Obergeschoß (für Pfleger und Wachen) führen, beidseits von Balustraden begleitet. Zwischen den Treppen das große rundbogige *Portal* mit ionischer Pilasterordnung. Darüber, in überdachter Flachnische, das Reiterporträt des Schloßherrn Philibert de La Guiche; militärische Embleme deuten auf den Artillerieoffizier. 2 kleinere Portale toskanischer Ordnung mit bossierten Quadern zieren Wappengiebel und ebenso die beiden sehr hohen Schornsteine über den Langhausmauern. – Das I n n e r e bildet einen einzigen, über 2 Reihen von 28 Säulen gewölbten Raum mit den Boxen.

SAINT-BRIS-le-Vineux (Yonne C3)

Angeblich ist hier Priscus von Auxerre enthauptet worden. Der hl. Germanus entdeckte im 5. Jh. das Haupt des Märtyrers und errichtete dafür ein kleines Sanktuarium.

St-Prix-et-St-Cot. Der heutige Bau der Kirche – inmitten ringförmig angelegter Straßen – weist neben hoch- und spätgot. Stilformen auch Renaissance-Elemente auf. Das 3schiffige, querschifflose Langhaus und der Turm gehören dem 13. Jh., das südl. Chorseitenschiff dem 14. Jh., Chor mit Apsis und nördl. Chorseitenschiff dem 16. Jh. an. Im südl. Seitenschiff noch Reste eines Turmes des 12. Jh.

Im Ä u ß e r e n eine zwar mächtige, aber nüchterne, dazu wenig einheitliche Architektur. In der *westl. Giebelfront* ein *Portal* des 13. Jh., von dem die rundbogigen Archivolten stammen; das Gewände wurde im 14. Jh. mit Ziergiebel und polygonalen Pfeilern erneuert. Die Figuren sind verloren. In der *N-Flanke* steht ein stämmiger, quadratischer *Turm* des 13. Jh. (Schallarkaden und Balustrade erneuert). Aus dem Rechteckblock des spätgot. *Portals* kommt der zugehörige polygonale, in der Höhe reich verzierte *Treppenturm*. In den folgenden Jochen statt der Flamboyant-Fenster des Schiffs rundbogige Doppelfenster mit Renaissance-Motiven: erstaunlich sicher in der Zeichnung und sensibel in der reliefplastischen Ausführung. Die durch Strebepfeiler gegliederten *Apsiden* – die südliche im 17. Jh. verändert – zeigen schmale, hohe Fenster.

An die Kirche sind in den meisten Jochen *Kapellen* (14./ 15. Jh.) mit spitzbogigen Maßwerkfenstern und Pultdächern angebaut, aus denen Strebepfeiler frei aufsteigen. Vor dem 3. Joch ein runder *Treppenturm*, daneben noch Mauerwerk von einem älteren, quadratischen *Turm* mit Eckstrebepfeilern (12. Jh.?).

Das I n n e r e (Länge 52 m, Breite und Höhe 19 m) bestimmt, trotz der Veränderungen im Chor und des Einbaus der Seitenkapellen, der got. Bau des 13. Jh. Das *Mittelschiff*, ein bis zu den Apsisfenstern durchgehender Raum mit 5 tiefen Rechteckjochen, wird im Langhaus von Seitenschiffen begleitet. Die Bündelpfeiler der gedehnten Arkaden weisen 16 je nach Funktion stärkere oder schwächere Dienste auf, die sich in den Pfeilerkern schmiegen; alle Dienste haben eigene Knospenkapitelle, im 2zonigen Mittelschiff erst in Höhe der Fenstersohlbänke. Die Rippengewölbe sind zur Erzielung gleicher Scheitelhöhen gestelzt. Im Vergleich mit den hochgot. Kathedralen wirkt das auch hier steile got. Schiff reduziert. Die großen, farbverglasten Fenster der Kapellen muten daneben wie helle Bildwände an.

Der vermutlich im 100jährigen Krieg beschädigte *Chor* wurde im 16. Jh. durch einen 3 Joche tiefen, 3schiffigen ersetzt. Sein *südl. Seitenschiff* war allerdings schon im 14. Jh. entstanden; darauf deuten der Baudekor, v. a. die delikat skulptierten Schlußsteine der Kreuzrippengewölbe, und ebenso die niedrige *Nischenkapelle* (am mittleren Joch). Darin merowingischer Steinsarkophag. Im *Mittelraum* vielkantige Kreuzrippen und Quergurte sowie hängende Schlußsteine von beträchtlicher Länge. In die rundbogigen Fenster des Obergadens ist die Renaissance eingezogen. Die nur flach 3seitige *Apsis* beherrschen schmale, hohe Fenster, gerahmt von Pilastern und Arabesken. In ihrer Halbkuppel spitzige Rippen, in der Mitte sternförmig angelegt. Die langen Schlußsteine bilden gebündelte Pilaster. Ähnlich sind »gotische« Baldachine und Sockel bei den

Pilastern behandelt. – Im *nördl. Chorseitenschiff* mit joch-
breit offenen Kapellen herrschen Renaissanceformen und
-ornamente vor: Kassetten mit Rosetten, Tierkreiszeichen,
mythologische Gestalten u. ä. Motive schmücken die Gurtbögen, die von korinthischen Säulen getragen werden.

Bei den G l a s m a l e r e i e n des 15. und 16. Jh. sind zwar Einflüsse
(v. a. aus Troyes) festzustellen, sie bewahren jedoch durchaus ihre
Selbständigkeit, die sich besonders in der realistischen Erzählweise
bekundet; doch wirken die Fenster noch nicht wie auf Glas gemalte
Tafelbilder: sie bleiben noch »Wand« – ein Grundgesetz aller archi-
tekturbezogenen Bildkunst. – *S-Seite*. In der westl. Kapelle großfigurige Heilige unter Renaissance-Giebeln (16. Jh.). – In den folgenden 2 Kapellen szenische Darstellungen, noch in den kräftigen Farben des 15. Jh., u. a. lebhafte Jagdszenen mit dem hl. Hubertus. –
Im verkürzten Joch vor dem Turm Maßwerkscheiben des 16. Jh. –
Chor, Apsis-Fenster: links Szenen des Alten Testaments; Mitte
Leben Jesu (1559); rechts Vita der Titelheiligen Priscus und Cottus.
– In der *nördl. Apsis* Grisaillen zum Marienleben. – *N-Seite*. In der
östl. Kapelle Grisaillefenster aus der Vita des Täufers Johannes
(1546), in den anschließenden Kapellen wieder farbige Fenster mit
Szenen aus mehreren Heiligenviten. Im letzten dieser Reihe die hll.
Petrus und Paulus (Grisaille).
W a n d b i l d e r . Im 1. Chorjoch riesiges Fresko mit *»Wurzel Jesse«*
(7 m hoch, 5 m breit), 1500 dat. Neben Jesse Jeremias und Jesaia,
weiter rechts die hl. Anna mit Maria und der Stifterin, links ein
Bischof mit dem Stifter. Die 41. Generation vertritt Joseph (wider
Erwarten nicht Maria), neben ihm Jesus. Alle zeigen realistisch
gesehene, porträthaft gegebene Züge. – Ein 2. Wandbild mit dem
»Jüngsten Gericht« am Sockel des S-Turms.
Im kürzeren Joch vor dem Turm ein bemerkenswerter hängender
Schlußstein mit von Engeln getragener Trinität und Marienkrönung
(16. Jh.) – Auf dem *Hochaltar* Holzreliefs des Marienlebens
(15. Jh.). – Beachtenswert auch die *Kanzel* (Ende 15. Jh.) mit 8seiti-
gem Korb und kelchförmig geripptem Fuß. An den Ecken Engel mit
den »Arma Christi«, darüber spätgot. Säulen und Flamboyant-Fia-
len. In den Füllungen Schnitzreliefs mit schwingenden Ranken der
heimischen Flora, z. T. mit figürlichen Einsprengseln (u. a. Monatsdarstellungen). Zaghaft tauchen schon Renaissance-Motive auf.

Auf der S-Seite der Kirche liegt der von schlanken Türmchen eingefaßte Eingang zum **Schloß** (17. Jh., heute **Mairie**
und **Schule**).

SAINT-CYDROINE (Yonne B2) →Laroche-Saint-Cydroine

SAINT-ÉMILAND (Saône-et-Loire E6)

Schloß Épiry. 4 Rundtürme (14. Jh.?) und ein Wohnbau geben der mittelalterl. Veste noch das Aussehen eines Castrums. W- und S-Flügel gingen verloren. Den Hof schließt jetzt ein Gitter zwischen Wappenlöwen ab. Davor eine den Graben überquerende Brücke (ursprünglich wohl Zugbrücke). Der O-Flügel wurde 1717 durch ein **Corps de logis** ersetzt, allerdings jenseits der beiden Rundtürme; ein Rest ist in die Schloßfront einbezogen. Kielbogenfenster im Wohntrakt und an den Türmen sowie die Gußerker des NW-Turms wurden im 19. Jh. erneuert. Erneuert wirken auch an den Türmen die von den Maschikulis übriggebliebenen Konsolen. – In der *Schloßkapelle* des SO-Turms Rippengewölbe aus der Bauzeit (15. Jh.). – In der schlichten *Hoffront* des frühen 18. Jh. bemühte man sich offensichtlich um einen repräsentativen Abschluß: Gleichmäßig mit Fugenschnitt versetzte Steine heben die *Portalachse* heraus, toskanische Pilaster mit Gebälk und ein Segmentbogen fassen die Türöffnung ein. Der bekrönende Dreiecksgiebel wird von Dacherkern mit plastisch gerahmten Rundfenstern flankiert. Diese mit sparsamen Mitteln erzielte architektonische Gliederung gibt dem schlichten Bau durchaus Würde.

SAINT-FARGEAU (Yonne A4)

● **Schloß**

Ein im 10. Jh. erwähntes Jagdschloß der Bischöfe von Auxerre war zu einem befestigten 5seitigen Wohnsitz ausgebaut worden, der seit dem 11. Jh. mehrfach den Besitzer wechselte; um 1450 soll er Jacques Cœur aus Bourges gehört haben, dem gerissenen, aber befähigten, später enteigneten Finanzminister Karls VII.
Das heutige Schloß geht wesentlich auf Anne-Marie-Louise d'Orléans zurück, die »Grande Mademoiselle«, die mit ihrem Vater (Gaston d'Orléans, Bruder Ludwigs XIII.) in die Fronde verwickelt war und 1652–57 sowie 1662–64 vom Hof verbannt hier lebte. Sie hat das offenbar heruntergekommene Schloß weitgehend im Sinne der

Saint-Fargeau. Schloß. Hof

durch den Repräsentationsstil Ludwigs XIV. bestimmten Bauauffassung erneuert, beraten von dem Pariser Architekten François Le
Vau (Bruder des durch seine Arbeiten am Louvre und in Versailles
bekannteren Louis).

Bei den Baumaßnahmen Mitte des 17. Jh. erhielten die von
der Verteidigungsanlage des 15. Jh. mit den Gräben übernommenen stämmigen **Rundtürme** ihre hohen, luftigen
Laternen – bis auf den Jacques Cœurs Maßnahmen zugeschriebenen, besonders massigen **Rundbau** der N-Ecke.
Zwischen den beiden Türmen der NW-Ecke enge *Einfahrt*
mit schmalem Portal für Fußgänger; die Mauerschlitze verweisen auf Zugbrücken. Die Scharwacht über dem Eingang ist vorgeblendeter Dekor. Die außen noch sichtbaren
Sockelmauern stammen z. T. noch vom älteren Bau; die
aufgesetzten *Schildmauern* haben den wehrhaften Aspekt
behalten, während sich die gestalterischen Intentionen des
17. Jh. ganz auf den zwar ebenso unregelmäßigen, im ar-

chitektonischen Konzept jedoch einfallsreich gegliederten
H o f konzentrieren.

Der Einfahrt gegenüber rundet sich zwischen langgestreckten **Wohnflügeln** ein mit *Laternenkuppel* überwölbter **Pavillon** vor, der sich in 3 Rundbögen auf eine Treppe in den Hof
hinab öffnet. Der Pavillon birgt das Vestibül für die im Turm
dahinter untergebrachte *Kapelle*. Die etwa einen Viertel-
kreis einnehmende, 20 Stufen hohe *Treppe* gibt dem Hof
einen repräsentativen Charakter. Die offenen Bögen des
Vestibüls setzen sich in den *Pfeilerarkaden* der Fensterachsen fort, wo sie die hohen Fenster der Beletage umschließen, unter denen Scheinbalustraden angebracht sind. In
Sockel- und Mezzaningeschoß gerahmte Rechteckfenster;
in den Bogenzwickeln reich ornamentierte Kartuschen mit
den Initialen der Schloßherrin und glatte, für Wappen vorgesehene Rauten. Zwischen Haupt- und Mezzaningeschoß
fehlt das Horizontalgesims; das lockert die Gliederung auf,
da die Fenster und Kartuschen unterschiedlich hoch ansetzen und ein Auf und Ab bewirken, also Bewegung erzeugen: ein wenig auffälliger, aber wirksamer Kunstgriff, der in
den gereihten Fensterachsen eine allzu strenge Systematik
verhindert. Über dem Kranzgesims im Walm des Daches
noch Ochsenaugenfenster und in der Traktmitte je ein Dreiecksgiebel. Diese Auflockerung auf der Hofseite findet ihre
farbige Ergänzung durch den Wechsel von hellem Haustein
und roten Ziegelsteinen.

*Nur 4 der 5 Hoffronten wurden vollendet; der NW-Flügel entstand
erst seit 1715. Durch Brand gingen 1752 alle Dächer verloren, die
Gebäude bis auf die Fassaden und größeren Mauerzüge. Die Dächer
wurden sofort, die Gebäude erst nach und nach instandgesetzt. – Der
als erster »politischer Märtyrer« in der Revolution sehr gefeierte
Louis-Michel Le Peletier gen. Saint-Fargeau hatte in den General-
ständen den Adel vertreten und im Nationalkonvent für den Tod des
Königs gestimmt; tags darauf war er ermordet worden (1793). Seine
Tochter erbte das Schloß, das offenbar nicht geplündert wurde. 1809
wurde der französische Garten des 17. Jh. in den noch bestehenden
englischen Park umgewandelt, die Innenausstattung seit 1829 erneuert.*

Schloß Le Fort d'Assigny, auf einem Hügel außerhalb des ●
Dorfes.

Hervorgegangen aus einem befestigten Haus des 11. Jh. in einer noch feststellbaren Erdumwallung. An seiner Stelle entstand (vermutlich im 14. Jh.) ein von Gräben umzogenes Festungsgeviert mit von Türmen und Zugbrücke gesichertem Eingang. Im Krieg der Armagnaken und Burgunder ging es um 1428 zugrunde. Anfang des 17. Jh. entstand hier offenbar wieder ein größeres, von Wassergräben umzogenes Anwesen (mit Brunnen, Taubenhaus, Stallungen), das eine feste Brücke mit dem durch einen Graben getrennten Wirtschaftshof verband; ca. 1575 war schon eine Kapelle entstanden. Nach 1601 begann der Bau des bestehenden Schlosses, das erst im 18. Jh. mit den Wirtschaftsgebäuden vollendet wurde.

Die Anlage entspricht durchaus den Vorstellungen vom Schloßbau im 17. Jh.: Der querrechteckige, 2geschossige Wohnbau bildet mit vortretenden Pavillonflügeln einen kurzen Hof, nach vorn erweitert durch gärtnerische Anlagen. Der höhere rechte Pavillon könnte auf ein früheres Stadium zurückgehen; vielleicht wurde aber auch der ganze Hauptbau im 18. Jh. überholt. Möglicherweise wurden damals die Erker im Walm der Mansarddächer untergebracht. Eine feste Steinbrücke führt auf den Eingang zu. Der mit Hau- und Ziegelsteinen neben Putzflächen aufgeführte Bau ist bis auf Fenster und Dach völlig mit Grün zugewachsen. – Die kleine *Kapelle* zeigt in den Einzelformen wie im ganzen architektonischen Zuschnitt noch französische Renaissance.

Schloß Dannery, nordöstlich vom Ort in ebenem Wald- und ●
Ackergelände.

Die »Grande Mademoiselle« hat 1652 nach ihrer Verbannung hier den Abschluß der Arbeiten am großen Schloß abgewartet.

Dannery hat die einst ganz von Gräben umzogene ältere Rechteckanlage beibehalten. Von den ursprünglich 7 Türmen blieben allerdings nur 2, an die sich heute Bauten unbestimmten Alters anlehnen. Sie flankieren den im Stil des 16./17. Jh. gehaltenen, 2geschossigen Wohntrakt.

SAINT-FLORENTIN (Yonne C2)

*Im Mittelalter gab es in der unteren Stadt eine Pfarrkirche des hl.
Martin, auf der Höhe eine bereits 1038 erwähnte Schloßkirche des hl.
Florentin, eines legendären burgundischen Heiligen der Zeit um 400.
Im 100jährigen Krieg beide abgebrochen: die eine störte die Abwehr,
die andere sollte einem eingedrungenen Feind keinen Rückhalt bie-
ten. Über eine 1416 erwähnte Pfarrkirche ist nichts bekannt.*

● **Pfarrkirche St-Florentin**

*Anfang des 16. Jh. entstand die heutige Florentinuskirche, z. T. auf
Fundamenten des Vorgängerbaus, dessen Querschiff und Langhaus
noch bis Anfang des 17. Jh. benutzt wurden; das neue Querschiff
wurde 1609–13 errichtet. Die W-Front stammt von 1857–61; damals
fand eine Restaurierung statt.*

Der Außenbau ist in der architektonischen Konzeption
trotz der Verwandlung einzelner Bauelemente in Renaissanceformen und des applizierten Renaissancedekors im
Prinzip noch gotisch: Strebepfeiler mit hohen Aufsätzen
und, über Zwischenpfeilern, Strebebögen an Chor und
Querschiff; Wasserspeier statt Dachrinnen und Wasser-
rohre; polygonal brechende Mauern um die 5seitige Apsis;
in Obergaden, Chorumgang und Kapellen breite, gedehnt
spitzbogige, in Lanzetten unterteilte Fenster noch mit Flamboyant-Maßwerk, allerdings mit Zirkel und Kurvenlineal
gezeichnet. Dasselbe gilt für die Fensterrosen der Lang-
hausmitte und der Stirnseiten des turmlosen *Querschiffs*, die
schlanke, polygonale Türme bzw. kräftige Strebepfeiler
flankieren, was die steilen Proportionen noch unterstreicht.
Die beiden Stirnwände selbst weisen dagegen reinen
Renaissancedekor auf, besonders wirkungsvoll auf der *N-
Seite*, wo eine schmale *Treppe* zu ihr hinaufführt. In 3
Geschossen flache Pilaster, in der breiteren Mittelzone ein
Rundbogenportal mit kassettierten Archivolten.
In den Zwickeln Relieffiguren von Engeln mit den Leidenswerkzeu-
gen Christi (ähnlich den Viktorien in Antike und Renaissance). In
seitlichen Nischen große Figuren von Moses und Aaron (ursprüng-
lich auf dem oberen Treppenabsatz).
Über dem Portal Muschelkonche und Voluten; ein massiges

Saint-Florentin. Kirche. Inneres. Lettner und Chor

Konsolgesims mit Balustrade im 2. Geschoß, das ebenso wie das 3. mit antikisierenden Elementen gegliedert ist. Zwischen den Flankentürmen wirken sie wie applizierter Dekor. Architektur und Dekor bleiben inkongruent.

Im I n n e r n tritt diese Inkongruenz noch deutlicher zutage: Der mit klassischen Formen besetzte Lettner und die Chorschrankenportale muten unter got. Rippengewölben und von spitzbogigen Arkaden umgeben eigentümlich fremd an. Doch diese Gegensätzlichkeit bringt auch belebende Spannung in den Raum. Die Bauleute hatten inzwischen gelernt, den Zuschnitt ihrer got. Formen dem Neuen anzupassen.

Der weiträumige *Chor* ist 2zonig aufgebaut; statt des got. Triforiums am Fuß des Obergadens erscheint eine offene Galerie mit Säulen- und Pilasterbalustrade, die in der Apsis hinter den Dienstbündeln herumführt. Symptomatisch auch, wie an den eng stehenden Chorpfeilern Kern und Dienst zu konvex und konkav sich rundenden Formen verschmelzen und ohne Kapitell in die Gewölberippen übergehen. In den Bogenlaibungen und im Umgang sind die Kapitelle reich mit Blattwerk, Wappen, Tieren, aber auch musizierenden Engeln, Putten, Eierstab und Muschelmotiven geschmückt. (Gewölberippen und -gurte sind z. T. mit den 1857–60 erneuerten Gewölben entstanden, der hängende Schlußstein in der Apsis ist alt.) In den angebauten *Kapellen* blieben die Sterngewölbe erhalten.

Das Anfang des 17. Jh. entstandene *Querschiff* orientiert sich fast ganz am Chor und ist wie dieser gegliedert. Die starken *Vierungspfeiler* lassen einen geplanten Turm vermuten. Ist das Sterngewölbe der Vierung alt? Die Kreuzrippen der Querschiffarme (got. Knospenkapitelle!) sind erneuert. – Vom 3schiffigen *Langhaus* mit Kapellen waren 1630 nur 2 Joche bis Seitenschiffhöhe fertig; sie wurden erst 1857–61 mit der Restaurierung eingewölbt. Die *W-Front* mit der Orgelbühne wurde damals überhaupt erst gebaut.

● A u s s t a t t u n g. Der *Lettner* zwischen Chor und Vierung (1600) nimmt das antike Triumphbogenmotiv mit 3 Bögen zwischen korinthischen Säulen und Pilastern mit Rankenfries und Abschlußgesims auf. Kurze ionische Pilaster und Rankenpfeiler gliedern die Brüstung zwischen Feldern und Durchbruchornamenten. In der Mitte eine stark italianisierende, fast elegante *Pietà* (1600). – Ebenso antikisierend sind die *Eingangsportale des Chorumgangs* (1629); auf den Schrägen ihrer Dreiecksgiebel musizierende Engel (nach Michelangelos Mediceer-Gräbern). – Vor den östl. Vierungspfeilern *Reste des älteren Lettners* (Anfang 16. Jh.) mit noch gotisch konzipierten Gewandfiguren von Heiligen unter Baldachinen in üppigem Flamboyant. Auf dem *Altar* davor Alabaster-Statuette der *Hl. Katharina* (ca. 1320/30), auf der S-Seite *Schmerzensmann* (Ende 16. Jh.). Zwischen den Chorpfeilern Kolonnaden korinthischer Ordnung als *Schranken*; an den Pfeilern des *Chorrunds* Baldachinnischen mit den Evangelisten und den hll. Petrus und Vinzenz. – Auf dem *Hochaltar* wie eine Architektur aufgebaute Reliefnischen, die höhere mit der Kreuzigung; links bzw. rechts »Ecce Homo« und Auferstehung, darüber, vollplastisch, die Reiterheiligen Martin und Florentinus (Ende 17. Jh.) und eine moderne Christus-Figur. Der Reliquienschrein in der Mitte des Chores ist modern. – Von den *Umgangskapellen* fällt die des *hl. Nikolaus* (S-Seite) durch ein Übermaß an architektonischer und ornamentaler Ausstattung heraus; offensichtlich demonstrierte hier ein Künstler seine Kenntnis der italienischen Renaissance. Erwähnenswert die farbige *Steinfigur des hl. Nikolaus* (Mitte 16. Jh.). – Vor dem Scheitelfenster des Umgangs großer *Passionsaltar* mit von der Renaissance beeinflußten, vielfigurigen Szenen (1548). – Auf dem Altar der »*Sacré-Cœur*«-*Kapelle* (N-Seite) farbig gefaßte *Pietà* (noch 15. Jh.); zu seiten Steinfiguren der *beiden Johannes'* (Ende 16. Jh.) und ihnen verwandte *Heimsuchungsgruppe*.

Glasmalereien. In den Hochfenstern des Chores Szenen der *Passion* (Mitte 16. Jh.). – Die Glasmalereien in *Kapellen* und *Chorumgang* sind großenteils zwischen 1524 und 1529 entstanden; die meisten nennen auch die Stifter. – In der *Marienkapelle* die »*Wurzel Jesse*«, ferner *Maria* in Einzelszenen und ihre Krönung. – Das *Martinsfenster* im Scheitel erzählt das Leben des hl. Bischofs von Tours. – Im Fenster rechts die *Schöpfungsgeschichte*. Ein kleineres Fenster, das älteste der Kirche (1525), ist der *Unbefleckten Empfängnis* gewidmet, mit den Sinnbildern der Lauretanischen Litanei. – Links vom Altar das *Fenster des hl. Florentinus*; das folgende erzählt legendenreich die Vita des *hl. Nikolaus*. – Am nördl. Umgang »*Sacré-Cœur*«-*Kapelle* mit Bildfenstern des *Täufers Johannes* und der *Apokalypse* (nach Dürers Holzschnittfolge von 1498). – Ebenfalls auf der N-Seite *Kapelle* des hl. Büßers *Julianus Hospitator*, dessen legendäre Vita das Glasfenster illustriert. – Alle (im 19. Jh. mehrmals restaurierten) Glasmalereien sind bedeutende Spätwerke dieser Kunst in Frankreich.

SAINT-GERMAIN-SOURCE-SEINE (Côte-d'Or E4)

● **Seine-Quelle**
Das Quellgebiet der Seine liegt 471 m hoch in einer Wiesenlandschaft. Um die Hauptquelle eine **Grotte**. Die Liegefigur der *Quellnymphe* (1865) erinnert an Canovas bekannte Porträtskulptur der Paolina Borghese (Rom, Galleria Borghese).
Nur wenig von der Quelle entfernt wurden 2 römische Bronzebildwerke gefunden: die in einer Barke (0,40 m lang) stehende, griechisch gewandete Göttin Sequana (Gesamthöhe 0,62 m) sowie die 0,60 m hohe Statuette eines jungen Fauns (beide Dijon, Archäologisches Museum). Ein in unmittelbarer Nähe der Fundstätte festgestellter römischer Tempel bestätigt die Vermutung, daß sich hier die Kultstätte einer Quellgottheit befand, an der die Menschen Heilung von allen möglichen Gebrechen suchten. Die vielen, aus Stein und Bronze gefertigten Weihegeschenke (»ex voto«) wurden zur weiteren Bestätigung für die Kultstätte, die vermutlich eine schon kelto-gallische Tradition fortgesetzt hat. 1963 fand man ein ganzes Depot von aus Holz gefertigten Weihegeschenken, die ziemlich sicher noch aus vorrömischer Zeit stammen oder noch lange eine alte, autochthone Gewohnheit fortsetzten (s. dazu ebenfalls Dijon, Archäologisches Museum).

SAINT-JULIEN-de-Jonzy (Sâone-et-Loire D9)

St-Julien. An der kleinen Dorfkirche sind nur der urspr. Vierungsturm und das dank seines Tympanonschmucks
● künstlerisch bedeutende W-Portal alt. Der *Turm* zeigt im Sockel kannelierte Pilaster mit Blendbögen, darüber ein allseitig offenes Glockengeschoß mit Schallarkaden und vielen Säulen.
● Im *Tympanon* des *Portals* thront in der von 2 Engeln gehaltenen Mandorla Christus mit Buch und Segensgestus, die Füße auf einem Schemel. Auf dem *Sturz* das Abendmahl; am rechten Tischende wäscht Jesus den Aposteln die Füße, links tun die Apostel dasselbe untereinander. Ikonographisch versinnbildlicht der thronende Christus sowohl den auferstandenen wie den in den Himmel gefahrenen,

Saint-Julien-de-Jonzy. Kirche. Portalschmuck

vor dem Ende der Tage jedoch wiederkommenden Erlöser und
Richter. Die Abendmahlsszene weist auf die Eucharistie-Feier der
Kirche, die Fußwaschung auf Christi Menschwerdung und Leidens-
geschichte sowie die Sündenvergebung. Stilistisch ein Beispiel des
Spätstils, etwa aus den 30er Jahren des 12. Jh. In der »barocken«
Liniendynamik der fast zum Selbstzweck werdenden Faltenführung
wie in der ausgreifenden Bewegung v. a. der Engel, die das Bogen-

feld füllen, ist die Darstellung derjenigen in Charlieu verwandt, im
stärker betonten und klarer gegliederten Relief jedoch geschmeidiger, auch stofflicher und weniger scharfgratig als dort. Tympanon
und Sturz sind aus einem Stein, obwohl der Sturz breiter ist: war
eine 2. Archivolte über einem weiteren Säulenpaar im Gewände
geplant? – Den Figuren auf dem Sturz wurden 1793 die Köpfe abgeschlagen.

SAINT-JULIEN-du-Sault (Yonne B2)

● **Ehem. Kollegiatskirche St-Pierre**
*Warum die Gründung von 1193 im 13. Jh. im Stil einer got. Kathe-
drale mit Chorumgang und Kapellenkranz erneuert wurde, ist nicht
bekannt. Im 100jährigen Krieg durch Brand schwerstens getroffen,
galt die Kirche 1367 als »schon lange zerstört«. Erst Mitte des 16. Jh.
betrieb das Domkapitel von Sens ihre Restaurierung mit weitgehender
Erneuerung des Chores sowie Teilen des Querschiffs; das zu Lasten
der Bürger gehende Langhaus wurde verkürzt und blieb, auf die
Arkadenzone begrenzt, unvollendet. Die provisorische W-Wand
neben dem Turm des 16. Jh. steht seit 1735. 1773 Aufhebung des
Kapitels.*

● Am A u ß e n b a u nimmt der hohe *Chor* alles Interesse in
Anspruch. Vom Bau des 13. Jh. stammen nur Sockel- und
Fenstergeschoß. Chorjoche und Kapellenkranz weisen
schlichtes Quadermauerwerk auf. Zwischen den Strebepfeilern in Lanzetten unterteilte Maßwerkfenster in voller Jochbreite; die schmaleren Kapellenfenster des Umgangs bleiben dagegen ohne Maßwerk. Ins 13. Jh. gehört auch noch
der *Treppenturm* beim südl. Querschiff; seine schlanken
Obergeschosse entstanden jedoch erst mit dem Hochchor
im 16. Jh. Dessen gezirkelte Maßwerkformen und sehr
schmalen Strebebögen bekunden Anklänge an die Renaissance, ebenso die Pfeileraufsätze mit Figurennischen, Dreiecksgiebeln, Vasen und kleinen Gesimsen. Gleichwohl
bleibt mit dem steilen Giebeldach ein durchaus got. Aspekt
erhalten.
Die Stirnseiten der nicht austretenden *Querschiffarme* mit
Vorhallen für 3 spitzbogige Eingänge (auf der N-Seite besser erhalten) wirken mit ihren kurzen Rippen und Tonnen-

gewölben, gebündelten Säulen sowie Laubkapitellen und Blattmasken noch gotisch, ebenso die spitzbogigen Flachnischen über den Pultdächern. Das Gebälk darüber deutet jedoch auf Restaurierung im 16. Jh. – Die Außenmauern des unvollendeten, niedrigeren *Langhauses* sind ohne künstlerische Bedeutung; das die 3 Schiffe überspannende Satteldach erreicht nicht annähernd die Höhe des Chores. Der kunstlose quadratische *Glockenturm* im W wurde Ende des 16. Jh. über der älteren Vorhalle (heute *Sakristei*) gebaut.

Das I n n e r e ist im *Langhaus* ebenso uninteressant wie der Außenbau; seine geplante Länge wurde nicht erreicht. Die *Seitenschiffe* besitzen noch (allerdings im 16. Jh. erneuerte) spitzbogige Kreuzrippengewölbe, *Mittelschiff* und *Vierung* sind dagegen mit dunklen Holztonnen gedeckt, während die niedrigen *Querschiffarme*, deren Stirnseiten wie außen gegliedert sind, Flachdecken haben. Die westl. *Vierungspfeiler* werden von der Holzdecke durchschnitten. Interessant ist ihr Querschnitt: zwischen dünnen Diensten für Gewölbe- und Gurtrippen breitere, konkav verzogene Vertiefungen für die entsprechend profilierten Bögen. Ähnlich elegante Profilformen in den Ecken der Kreuzarme und an den Schiffspfeilern der westl. Joche (auf der N-Seite durch Turm überdeckt); hier dazu noch Säulendienste mit feinfühlig skulptierten Blattkapitellen: dem Stil nach Ende 13./ Anfang 14. Jh.

In den 3 in der Tiefe abnehmenden geraden *Chorjochen* haben die spitzbogigen, mit Rundstäben und geschmeidigen Flachkehlen profilierten Pfeilerarkaden in den Bogenlaibungen alle ihr eigenes, »gotisch« konzipiertes Renaissance-Kapitell. Auf der Chorseite steigen sie ungehemmt hoch und nehmen über korinthisierenden Blattkapitellen in halber Fensterhöhe die sich in Rippen zuspitzenden Gewölbekappen auf. Im Chorpolygon sind die Bögen nicht – wie üblich – gestelzt, sondern fast wie Spitzbogengiebel so hart in die Pfeilervorlagen eingesetzt. Die Wand ist 2zonig; statt des Triforiums schließt eine nackte, glatte Mauer mehr als

ein Drittel der Fensterzone außen ab (dahinter der Dachstuhl), vor der die Pfeiler- und Gewölbedienste stehen.
Doch der in der burgundischen Gotik übliche, auch hier
vorhandene Gang umgeht die Vorlagen im Dachstuhl, auf
den die Öffnungen führen. Im Zuschnitt also ein got. Chor-
raum, nur in Einzelheiten des Dekors zeigt sich die veränderte Zeit. Malerisch spätgotisch wirken dagegen die in
»Mustern« angelegten Rippengewölbe.

Chorumgang und *Kapellenkranz* stammen in Mauerwerk
und Kreuzrippengewölben großenteils noch vom Bau des
13. Jh., zeigen also die alte Grundrißlösung: Auf die Rechteckjoche folgen, in der Rundung, trapezförmige, deren
Schlußsteine nach der Außenseite hin verschoben sind. Die
vorderen Kapellen am Umgang runden nur flach aus, während die anschließenden polygonalen Kapellen selbständige, durch Mauermassive getrennte Räume sind; Säulen-
und Rippenprofile sowie Kapitell- und Maßwerkformen
deuten auf eine Bauzeit um oder bald nach Mitte des 13. Jh.

● Die Glasmalereien in den Chorjochen stammen aus dem
16. Jh., in den Umgangskapellen noch aus dem 13. Jh. Allzu gründliche Restaurierungen und weitgehende Ergänzungen (1881–87)
haben sie in der künstlerischen Qualität sehr beeinträchtigt. Die
Erneuerungen sind im Vergleich leicht auszumachen. – *Die älteren
Scheiben. N-Kapelle:* Hl. Margarete und Kindheit Jesu; Szenen mit
den beiden Johannes'. – In der *Scheitelkapelle* die Passion Christi
und der thronende, von Evangelistensymbolen umgebene Christus;
weiterhin Märtyrerszenen (Petrus, Paulus und Blasius), ein ganzes
Fenster mit Nikolaus. – *Rechts vom Scheitel* Marienlegenden, die
Theophilus erlebt haben soll (beinahe unberührt erhalten), großartige Werke des 13. Jh. zu diesem Thema. – Nicht geringer sind, trotz
6 ganz erneuerter Scheiben, die ausführlichen Szenen aus dem
Marienleben in der *S-Kapelle*. – *Scheiben des 16. Jh.* in *Kapellen der
geraden Chorjoche. S-Seite:* Jüngstes Gericht, darunter Kreuzabnahme, Beweinung und Auferstehung Christi; Kreuzigung Petri
und Enthauptung des Paulus, außerdem eine Traumlegende Karls
d. Gr. Weitgehend modern die Kreuzlegende im 2. Fenster. Im
3. Fenster »Wurzel Jesse« (nur wenige Scheiben alt). – Etwas jünger, um 1530, die Bildfenster der *N-Seite* mit Legenden (Julianus
von Brioude, hl. Genoveva).

SAINT-MARCELIN-de-Cray (Saône-et-Loire E8)

Cray (E8)

St-Paul. Die ca. Mitte des 12. Jh. gebaute Kirche mußte
nie restauriert werden. Robuste, stämmige Formen und
schwere Mauern: das ist der erste Eindruck von dem 1schif-
figen Bau mit gedrungenem, quadratischem Turm. Die
Langhausmauern sind 1,35 m stark, an Turmjoch und Apsis
nur wenig geringer, doch überall ist die Kirche noch durch
Strebepfeiler gefestigt. Der Giebel der *W-Front* mit Stufenportal überragt das Dach. – Auch das I n n e r e bestimmt
solide Bauweise: Im *Langhaus* eine spitzbogige Tonne mit
Rechteckgurten über ebensolchen Wandvorlagen. Eine
gleichfalls spitzbogige Öffnung – in ihr ein schmiedeeiserner
Triumphbalken mit Kruzifix aus dem 18. Jh. – führt in das
nur wenig niedrigere, queroblonge und mit einer Tonne
geschlossene *Turmjoch*. Ähnlich nüchtern ist die *Apsis*.

SAINT-NICOLAS-lès-Cîteaux (Côte-d'Or F6)

Cîteaux (F6)

●

Kloster

*Cîteaux wurde 1098 von Robert von Molesme (um 1027–1111) gestif-
tet. Er hatte 1075 in Molesme ein Kloster gegründet, das ihn jedoch
nicht voll zufriedengestellt zu haben scheint – vermutlich ging es ihm
dort zu wenig asketisch zu. Weshalb sonst das neue Kloster? Cîteaux,
das – im Hinblick auf Molesme – lange Zeit »Neukloster« (novum
monasterium) genannt wurde, war radikaler sowohl in der Befolgung
der Benediktinerregel von seiten der Mönche als auch im Bauen (vgl.
dazu Fontenay). Schließlich war in Cluny der Prachtbau Cluny III im
Entstehen!*
*Robert, der Gründer von Cîteaux und sein 1. Abt, war ein Mönch mit
höchsten Ansprüchen an sich selbst. Um so überraschender muß es
anmuten, daß er auf Befehl Papst Urbans II. (1074– um 1079/80 Prior
in Cluny) und dem Wunsch der Mönche dort entsprechend nach
Molesme zurückbeordert wurde. – In Cîteaux wurde Alberich sein
Nachfolger als Abt (1099–1108), der schon mit Robert nach Molesme
gekommen war und Prior wurde; er leistete den inneren Aus- und
Aufbau.*

Der 3. Abt, Stephan Harding (1059–1134, Abt 1108–33), stammte aus England. Auch er war bereits mit Robert nach Molesme gekommen und in Cîteaux gleichfalls von Anfang an dabei. Als Theologe war er vielseitig (Revision des Vulgata-Textes, Durchklärung vieler Fragen der Liturgie); sein Hauptwerk, die »Charta Caritatis«, ist ordensgeschichtlich von größter Bedeutung, das Grundgesetz der Zisterzienser (1119 vom Papst bestätigt). Sie basiert auf dem zisterziensischen Filiationsprinzip, das – gegen den feudalistischen Absolutismus Clunys – ein patriarchalisches Rechtsverhältnis vorsieht, nach dem das Einzelkloster zwar zum Klosterverband gehört, aber ebenso selbständig bleibt wie die Einzelfamilie im größeren Familienverband. Das jährliche Generalkapitel erörtert und entscheidet in allen Fragen, die ebenfalls jährliche Regularvisitation nimmt der Vaterabt vor.

Bernhard von Clairvaux (1091–1153), der bekannteste und wohl auch bedeutendste Zisterzienser, den es je gab (nach ihm werden die Zisterzienser auch Bernhardiner genannt), trat 1112 in Cîteaux ein und wurde 1113 Mönch. Innerhalb von 3 Jahren kann Cîteaux damals 4 neue Klöster gründen: 1113 La Ferté, 1114 Pontigny, 1115 Clairvaux (dorthin wurde Bernhard geschickt) und Morimond.

Symptomatisch für die Situation von Cîteaux kann man es nehmen, daß selbst die Päpste dessen Äbte seit dem 15. Jh. (vereinzelt selbst im 13. Jh.) mit Generalabt anreden!

Eine erste Kirche in Cîteaux wurde 1106 geweiht, eine zweite 1140/50, die dritte 1193; diese war 130 m lang und hatte im Chorgestühl über 100 Sitze, im Kapitelsaal sogar mehr als 300. – Das Kloster wurde, v. a. während der Religionskriege, öfter verwüstet und geplündert. 1760 entstand der Plan, die mittelalterlichen Bauten durch einen klassizistischen Neubau zu ersetzen, der jedoch nur im kleinsten Teil fertig wurde. – 1790 wurde das Kloster aufgehoben, sein Besitz verkauft. Was übrigblieb, erwarben 1898 die Trappisten (Reformierte Zisterzienser von der strengen Observanz, 1664 gegründet).

In architektonischer, überhaupt künstlerischer Vorstellung bietet Fontenay (→Marmagne) überzeugend das, was in Cîteaux nicht mehr nachzuvollziehen ist. Von mittelalterlichen Bauten blieb hier kaum noch etwas aufrecht (weniger als beim Kontrahenten Cluny). Eine zweckentfremdete **Kapelle** angeblich des 12. Jh. steht noch; von der **Bibliothek** des 15. Jh. ein Saal mit Rippengewölbe und Kielbogenportal; ferner eine klassizistische **Häuserfront** – das ist alles, was an älteren Bauwerken überkommen ist.

SAINT-PÈRE (St-P.-sous-Vézelay; Yonne C4)

Pfarrkirche Notre-Dame

*Am Fuß des Berges gab es außer der Klostergründung (s. Vézelay)
eine bescheidene Marienkapelle, aus der die Marienkirche hervor-
ging, die im 13. Jh. erneuert wurde. Von diesem Bau stammen noch
Schiff, Fassade und Turm. Ende 13. / Anfang 14. Jh. kam die Vorhalle hinzu und im frühen 14. Jh. die neue Choranlage. Genauere
Baudaten sind nicht überliefert. Bei jedem Zwist der Folgezeit erlitt
die Kirche bedrohlicher werdende Schäden. Seit 1840 konnte sie
von Viollet-le-Duc, der damals auch Vézelay betreute, restauriert
werden.*

P l a n. Die nicht sehr große, 3schiffige Basilika ist im Langhaus 5 Joche tief. Der ursprünglich einfache Chor wurde im
14./15. Jh. durch den heutigen Umgangschor ersetzt. Vor
dem Umgang je 2 Kapellen, die wie ein Querschiff anmuten.
Die 3 östl. Polygonseiten sind dagegen selbst wieder mit
polygonalen Kapellen besetzt, deren mittlere, die Hauptapsis, weiter nach O ausgreift. Im W eine 2 Joche tiefe Vorhalle in der Breite des Langhauses.
Das Ä u ß e r e beherrscht die als 2-Turm-Fassade geplante,
aber nur mit dem nördl. Turm ausgeführte *W-Front* mit
hohem Giebel. Die sich wie eine vorgeschobene Plattform
ausnehmende *Vorhalle* hat 3 gedehnt spitzbogige *Säulen-
portale.*

Alle Portale umzogen von mit Krabben besetzten Archivolten. Das
mittlere ist auf einen Dreipaß verengt, umgeben von Weltgerichts-
reliefs und Engeln in den Archivolten. (Das früher beherrschende
Thema ist zu kleinen Erzählungen geschrumpft!) Das rechte Portal
ist mit Blattgehängen (alt?) ornamentiert, das linke nachträglich
umgestaltet.
Zwischen den Portalen Strebepfeiler mit Figurensockeln
(nur eine Figur erhalten), die, über der von ihnen umsäum-
ten Balustrade in hohen Fialen endigend, wie Denkmäler
vor der Fassade stehen. – Ohne Vorhalle muß die Front
eminent steil gewesen sein. Zweifellos nach dem Vorbild
der Klosterkirche Vézelay wurde der *Giebel* mit gestaffelten, von Säulen eingefaßten Figurennischen gegliedert (in
Vézelay sind es allerdings 2 Figurenreihen übereinander).

● Der *Turm*, mit rd. 50 m etwa so hoch wie die Kirche lang ist,
zählt zu den schönsten seiner Stilstufe nicht nur in Burgund.
Zweifellos war von Beginn an eine Vorhalle geplant, denn
das außerordentlich hohe Sockelgeschoß ist höher als die
übrigen Turmgeschosse zusammen, gegen die es mit einem
Spitzbogenfries abgesetzt ist – nur auf der W-Seite durch
doppelte Blendarkaden in die Fassade eingegliedert, in
Entsprechung zum in dieser Höhe endenden S-Turm. Die
mit offenen und Blendarkaden versehenen folgenden Geschosse des N-Turms sind nur durch schmale Gesimse
gegeneinander abgesetzt, im vorletzten jedoch mit einer
Balustrade: Im letzten Geschoß sind nämlich die Ecken
zum Oktogon abgeschrägt, die hier frei aufsteigenden Runddienste führen jedoch das Quadrat des Turmes weiter –
im Geschoß darunter übrigens durch Posaunenengel des
Gerichts unterbrochen. Leider ist dieses vielgliedrige Archi-
tekturgebilde durch den neuen, glatten, 8seitigen Turmhelm in seiner Wirkung beeinträchtigt. Die in den Proportionen und Gliederungsformen faszinierende Eleganz des in
den Horizontalen und Vertikalen so ausgeglichenen Turmes
ist künstlerisch gleichwohl noch nachzuvollziehen. Die vielen Säulen, Knospenkapitelle und Archivoltenprofile bewirken im Wechsel von Licht und Schatten ein bezaubernd
lebendiges Formenspiel. – *Langseiten* und *Chor* sind künstlerisch von geringerem Interesse.

Überrascht ist man in der V o r h a l l e über die unvermutete
Weite des nur 2 Joche tiefen Raumes, gefördert v. a. durch
die im Mittelschiff breit gedehnten Gewölbefelder sowie die
über niedrigen Sockeln aufgerichteten, zwischen die wie die
beiden Freipfeiler gebildeten Stützen gespannten Maßwerkfenster. Ihre Lichtdurchlässigkeit auf 3 Seiten verhindert die
Vorstellung von geschlossenem Raum. Hinzuweisen ist hier
auch auf die elegante Zeichnung der Profilstäbe in Gewölb-
berippen und Bogenstellungen, ebenso der Kapitelle, deren
Knospen und Blätter sich zu Laubwerk (Erdbeere) verdichtet haben, das sich um die Kapitelle legt, bei den Freipfeilern sogar ohne differenzierende Artikulierung. Die Säulen-

basen bleiben wie die Schaftringe gerundet, Sockel und
Deckplatten sind dagegen polygonal geworden. Alle Merkmale deuten auf eine Bauzeit um oder kurz nach 1300.

Am *rechten Kirchenportal* blieb das Tympanon mit Kreuzigung ●
Christi erhalten, in den Archivolten die Klugen und Törichten Jungfrauen: Sinnbilder also für Erlösung und Gericht. – Im Mitteljoch *Gewölbeschlußstein* mit Marienkrönung. – Beachtung verdient
ferner ein qualitätvolles *Hochrelief* mit namenlosem Stifterpaar
(2. Hälfte 13. Jh.) an der Rückseite eines Vorhallenportalpfeilers. –
Einem durch Inschrift 1258 datierten *Sarkophag* beim linken Kirchenportal sind Dreierarkaden eingezeichnet, auf dem Deckel ein
Tatzenkreuz.

Das I n n e r e der nicht sehr hohen, über Kreuzrippen ●
gewölbten Basilika mit 2geschossigem *Wandaufbau* ist –
nach Turm und Vorhalle – mehr »Architektur« und weniger
applizierte »Plastik«. Es sind vorzugsweise tektonische Elemente, die den Raum tragen und gliedern. Gedehnt spitzbogige Pfeilerarkaden trennen die Schiffe und bilden im Mittelschiff 5 querrechteckige Joche. Die stämmig gemauerten
Rundpfeiler haben kurze Schäfte mit überraschend hohen,
aber nur spärlich »belaubten« Kapitellen (Blätter und Knospen). Auf polygonalen Deckplatten setzen unvermittelt mit
Rundstäben, Leisten und Kehlen kräftig profilierte Scheidbögen auf. Am 1., 3. und 5. Pfeilerpaar durchschneiden
lange Gewölbedienste (Dreierbündel) Deckplatten und
Horizontalgesimse; an den benachbarten Stützen (2. und
4. Pfeiler) setzen sie auf mit Masken und Blattwerk skulptierten Konsolen in den Bogenzwickeln auf. Am 1. Pfeilerpaar erklärt sich diese Änderung durch den Einbau der
Orgelempore; unter dem Turm ist sie auch statisch bedingt.
Der 5. Pfeiler stammt mit dem Runddienst von einem älteren Bau. Am 3. Pfeiler wurden die langen Dienste wahrscheinlich »in Angleichung« angebracht, erklären sich
jedenfalls nicht aus der Planung 6teiliger Gewölbe über
Doppeljochen. Die Kelchknospenkapitelle aller Runddienste variieren wenig. Das schmale Horizontalgesims trennt
die Arkaden- von der etwa gleich hohen Fensterzone. Vor
den Hochfenstern ein ausgesparter Gang, der hinter den

freistehenden Diensten weitergeht. Die Schildmauer wird hier 2schalig (aber anders als die »diaphane« Wand der Früh- und Hochgotik), ein in Burgund und der Champagne häufiges Gliederungsmotiv (vgl. die Kathedrale in Auxerre, Notre-Dame in Dijon, Semur-en-Auxois, Villeneuve-sur-Yonne, Chalon-sur-Saône, Notre-Dame in Cluny). Die Hochfenster haben Lanzetten und Sechspaßrosen im Bogenfeld – die seit dem 13. Jh. übliche Form.

Der im 14. Jh. mit Umgang und Kapellen erweiterte *Chor* liegt über dem Schiffsniveau. In Chorjoch und Apsis übernimmt er die Langhausgliederung, in den Formen kündigt sich jedoch die beginnende spätere Gotik an: Die jetzt auch enger gestellten Arkaden sind spitzbogig scharf gezeichnet und steigen ohne Unterbrechung mit gleichmäßig geraden Leistenprofilen auf; im Vergleich mit den Schiffsarkaden sind sie mehr dünnlinige Rahmenprofile und haben die Plastizität von gemauerten Formen verloren. Beachtenswert auch die offenbar wiederverwendeten, z. T. figürlich skulptierten Konsolen für die aus den Bogenzwickeln aufsteigenden dünnen Säulen unter den Gewölberippen, welche die Obergadenfenster umschließen. Um für die 3 polygonalen Chorkapellen gleiche Öffnungen und für die Schlußsteine und Gurte aller Gewölbe eine radiale Anordnung zu erzielen, nahm man im Umgang Zufälligkeiten bei den Jochen offenbar in Kauf – oder geht das auf die Wiederherstellung nach Schäden zurück?

Ausstattung. An der Rückseite der Vorhalle *Sarkophag* (13. Jh.) mit Liegefigur des Toten, im Hintergrund Christus als Richter über seine als Kind dargestellte Seele mit Fürsprecher (Petrus) und 2 Engeln. – In den Kapellen *Grabplatten* des 14. Jh. und ein roman. *Altar*. – Auf der Empore ein *Gewölbeschlußstein* (aus dem alten Chor?) mit Ansätzen für 7 Rippen; am Schlußstein *Segnender Christus* (Anfang 13. Jh.).

Im **ehem. Pfarrhaus** des 17. Jh. zeigt ein kleines **Museum** interessante *Funde* aus vorgeschichtlichen und gallo-römischen Epochen, aus der Merowingerzeit und dem Mittelalter. Die meisten Objekte stammen aus der Umgebung und geben Aufschluß über die frühe Besiedlung der Landschaft. Die große Figur einer *Quellgottheit* wurde bei Ausgrabungen in **Les Fontaines-Salées** (wenige Kilometer südlich) gefunden, von wo übrigens – neben denen aus der gallorömischen Villa Vercellatus (Vézelay) – die interessantesten Stücke des Museums kommen.

SAINT-SEINE-l'Abbaye (Côte-d'Or F4)

Ehem. Abteikirche

Im 6. Jh. bestand hier eines der ältesten Klöster Burgunds mit Maria als Patronin der Kirche. Es wurde später nach dem angeblichen Klostergründer Sequanus St-Seine genannt. Übrigens trat Benedikt von Aniane, der Berater Kaiser Ludwigs d. Frommen und Erneuerer der Klosterzucht, 774 hier als Novize ein. Baugeschichtlich ist aus der Frühzeit nichts überliefert. – Die stehende Kirche wurde um 1200 geplant, Baubeginn war zwischen 1205 und 1209, eine Unterbrechung gab es 1226–35. Den weit gediehenen Bau zerstörte ein Brand 1255 bis auf den Chor und den N-Querarm. Schnelle Wiederinstandsetzung bei um 2 Joche verkürztem Langhaus und ohne Gewölbe. Zwischen 1375 und 1439 wurden Langhaus und südl. Querschiff fertig, ebenso Portal und Fassadengiebel. In derselben Zeit entstand die Vorhalle mit den flankierenden Turmgeschossen. Nur der N-Turm wurde um die Mitte des 15. Jh. vollendet. Der Vierungsturm ging im 17. Jh. verloren.

Die 3schiffige, im Langhaus 4 Joche (= 2 quadratische Doppeljoche) tiefe Basilika hat ein mit einem Joch aus der Flucht tretendes Querschiff mit quadratischer Vierung und ebensolchen Flügeln, auf die sich Kapellen öffnen. Dem gleichfalls 2geteilten quadratischen Chorjoch folgt der weniger tiefe Rechteckchor mit geradem Abschluß. Der G r u n d r i ß wirkt zisterziensisch: Der bauende Abt Nivard († 1204) war Großneffe Bernhards von Clairvaux.

Der bis auf wenige Kantenprofile, Gesimse und schmale, z. T. erneuerte einfache Fenster schmucklos nüchterne A u ß e n b a u ist für die Bauzeit überraschend kompakt. Mit den schräggestellten Strebepfeilern der westl. 2-Turm-Front (nur 1 Turm ausgeführt) wirkt er geradezu stämmig robust. Nur im Glockengeschoß auf allen Seiten offene, schmale Schallarkaden. – Das *Vorhallenportal* wirkt zwischen den sperrigen Turmstrebepfeilern wie eingezwängt;

seine Gewändeprofile gehen in einen Kielbogen mit Kreuzblume über, die in die Balustrade des Vorhallendachs
reicht; hinter dieser das got. Gruppenfenster der westl. Kir-
chenwand. – Schmucklose Strebepfeiler gliedern auch die
Langhausmauern, an den niedrigen Seitenschiffen mit Pultdächern, aus denen die schmalen (auf den Gewölbegurten
im Innern aufsetzenden) Strebepfeiler und -bögen für die
Hochwände herauswachsen. Die schlichten Seitenfenster
stammen noch vom 1. Bauabschnitt, die Maßwerkfenster
der Hochwände aus dem 14./15. Jh. Das gilt auch für die
Querschiff-Flügel mit nackten, über den Dächern stehenden
Giebelmauern. In den Stirnseiten über einfachen Fenstern
(unten) got. Gruppenfenster mit spätgot. Maßwerk. An den
Chorseitenmauern schmale Obergadenfenster mit Dreipässen. Die *östl. Stirnwand* schmückt über einer Dreiergruppe
ein großes Rosenfenster.

Die rippengewölbte *Vorhalle* zwischen den Turmgeschossen
entspricht einem Schiffsjoch, ist aber gegen die nach vorn
durchfensterten Turmräume abgemauert. Das ebenfalls mit
Kielbogen schließende *Schiffsportal* (ursprünglich wohl als
Außenportal geplant) flankieren polygonale Strebepfeiler,
die sich in der Höhe von Wasserspeiern in schlanken Fialen
fortsetzen.

Nur an diesen wie Bilderrahmen profilierten Gewänden und Archivolten hatte die Kirche plastischen Dekor, der allerdings verloren-
ging. Erhalten lediglich die mit Blattwerk skulptierten Konsolen;
das naturnah erfaßte Weinlaub mit dazwischen kriechenden
Schnecken u. a. Getier ist in der Erfindung ebenso köstlich wie
meisterhaft in der Ausführung. Von gleicher Qualität die Eichen-
blätter der Mittelarchivolte und die Krabben auf dem äußeren Rahmen. Der einzig erhaltene Kopf der Portal-Madonna ist innen aufgestellt.

Das I n n e r e hat trotz Wiederaufbaus in spätgot. Zeit noch
einen gewissen roman.-frühgot. Aspekt behalten. Dazu tragen die karge Strenge der ganz auf Quadrat und Rechteck
basierenden Raumordnung und die mäßige Schiffshöhe
ebenso bei wie der Stützenwechsel: Kompaktere, mit dünnen Säulen für Längs- und Quergurte besetzte stämmige

Rundpfeiler wechseln mit schlankeren, glatten Rundstützen, die erst über schon polygonalen Kapitelldeckplatten Gurte und Dienste aufnehmen. Dem Stützenwechsel entsprechen 6teilige Rippengewölbe. Romanisch wirkt auch noch der 2geschossige *Wandaufbau* mit vertikal wenig wirksam gegliederten Mauerflächen zwischen Arkaden und von den Gewölbekappen nahezu verdeckten Hochfenstern. Auf den Laufgang vor den geradezu »ungotisch« kleinen Hochfenstern mochte man offenbar auch im erneuerten *Langhaus* des späten 14. Jh. nicht verzichten. Die *Vierung* hebt sich im Innern nur unmerklich ab, man erlebt den gesamten Mittelraum bis zur Chorwand als einen einheitlich durchgehenden Raum; ihr Kreuzrippengewölbe nimmt man kaum wahr. Lediglich die mit Säulen für Vierungsbögen und Rippen kantonierten Mauerecken setzen einen Akzent. Die *Querschiff-Flügel*, ebenfalls mit 6teiligem Gewölbe, bilden dem Mittelschiff entsprechend je 2 Joche mit spitzbogigen Öffnungen: auf der W-Seite in die Seitenschiffe bzw. für Fenster, auf der O-Seite in *Kapellen*: die inneren 2 Joche tief und wie Chorseitenschiffe anmutend, im N-Flügel mit schönem Flamboyant-Fenster. In den Stirnseiten über hohem Mauersockel 3 mäßig spitzbogige Fenster mit glatt geschrägten Laibungen, die noch romanisch wirken. Die Gruppenfenster darüber zeigen aus Drei- und Vielpässen gebildetes Maßwerk. – Das *Chorquadrat*, ebenfalls ein Doppeljoch, entspricht den Querschiffarmen, in den Formen auch der kürzere, querrechteckige *Chor* mit geradem Abschluß. In der O-Wand unten gleichfalls 3 Fenster, in der Schildwand darüber ein großes *Rosenfenster*, dessen gezirkeltes Maßwerk (vermutlich 18. Jh.) sich an Rosen des 13./14. Jh. anlehnt.

Erwähnenswerter *Baudekor* ist nicht vorhanden. Die mit Knospen und Blättern besetzten Kapitelle sind spröde in der Zeichnung und in der Faktur ohne künstlerische Phantasie.

Ausstattung. Der im 18. Jh. in den Chor versetzte spätgot. *Lettner* (um 1400, früherer Standort umstritten) besteht aus 3 beidseitig bearbeiteten offenen Bögen, die beiden äußeren mit abschließender Balustrade. Die in Kreuzblumen endigenden und mit Krabben

besetzten Kielbögen sind innen mit wie ziselierten hängenden Dreipässen festoniert: ein Werk von stupender handwerklicher Fertig-
keit. Die Figuren einer *Verkündigungsgruppe* stehen der Sluter-
Werkstatt nahe. – Das in der Vierung aufgestellte *Chorgestühl* mit
biblischen Szenen in Medaillons stammt aus der Zeit vor 1750.

An den Außenseiten der Vierungsschranken *Wandmalereien*: auf
der N-Seite in 2 Reihen 23 durch Texte erläuterte, sehr illustrative
Schilderungen aus der Legende des Kirchenpatrons Sequanus, der
(rechts) als Fürbitter des vor der Madonna knienden Stifters dargestellt ist (1504). Die Bilder der S-Seite zeigen bereits Renaissance-
Einfluß. Themen sind hier (links) »Wurzel Jesse« mit Stifter und
Fürbitter (1521) sowie (rechts) der hl. Bartholomäus, der als Patron
den Stifter der von Symbolen der Lauretanischen Litanei umgebenen Maria empfiehlt. Zwischen beiden Szenen legt der hl. Sequanus
für einen ritterlichen Förderer des Klosters beim vom hl. Christophorus getragenen Jesuskind Fürbitte ein.

Im Chorbereich sind *Skulpturen* vornehmlich des 16. Jh. aufgestellt.
– Zu erwähnen sind 3 *Tafelbilder* von L. Vitat, 1718, mit der Kreuzlegende. – An den Stirnwänden des Querschiffs 13 *Grabplatten* von
– in Liniengravur dargestellten – Äbten und Stiftern (14.–17. Jh.),
darunter beachtenswerte Beispiele des 15. Jh. – Im nördl. Seitenschiff sind *roman. Kapitelle* (Ende 11. / Anfang 12. Jh., s. o.) aufgestellt. Ebendort der eindrucksvolle *Kopf der Portal-Madonna*
(15. Jh., s. o.).

SAINT-THIBAULT (Côte-d'Or E5)

● **Pfarrkirche St-Thibault**

1190 vermutlich als Eigenkloster gestiftetes Priorat mit der Gottes-
mutter als Patronin der Kirche. Wie um 1240 Reliquien des hl. Theo-
bald hierherkamen, ist nicht bekannt. Wunderereignisse machten sein
Grab nach wenigen Jahren zum frequentierten Wallfahrtsziel, so daß
Ort und Kirche bereits 1249 nach ihm benannt wurden. Mit dem Bau
einer neuen Kirche könnte man nach der Jahrhundertmitte begonnen
haben. Für 1297 und 1323 sind noch Stiftungen bezeugt. In nachmit-
telalterl. Zeit gerieten Wallfahrt und Priorat in Vergessenheit. 1686
stürzten mit dem Glockenturm Langhaus, Querschiff und ein Chor-
joch ein; bis 1712 wurde die Kirche für den Pfarrdienst wieder benutz-
bar gemacht. 1728 zerstörte ein Brand das Chordach, das erst Mitte
des 19. Jh. erneuert wurde. Eine durchgreifende Restaurierung fand
1895 statt; damals wurde das noch intakte nördl. Querschiffportal
durch den neuroman. Turm gesichert.

Vom *mittelalterl. Bau* stammen also das hohe Chorpolygon, die Kapelle auf der O-Seite des (verlorenen) Querschiffs und dessen Portal. – Am Außenbau des innen 27 m hohen, 5seitigen, an den Ecken durch Strebepfeiler gesicherten *Chorpolygons* sind 4 Geschosse abzulesen: ein glattes Sockelgeschoß, darüber nicht sehr hohe Fenster, dann folgen die geschlossene Außenmauer des Triforiums und schließlich, mehr als ein Drittel der Gesamthöhe einnehmend, spitzbogige Maßwerkfenster. – Die sehr viel niedrigere, mit Doppeljoch und polygonaler Apsis ganz erhaltene *Gilles-Kapelle* besitzt dieselben, nur schmaleren Fenster. – Das einst unter einer Vorhalle geschützte *Portal* besitzt statt in die Tiefe führender Stufen rahmenartig schräggestellte Gewände: unten Blendarkaden mit Dreipaßbögen über Säulen, darüber, ebenfalls zwischen Säulen mit Knospenkapitellen, flache Figurennischen mit Baldachinen, vorn vielleicht einst von dünnen Freisäulen getragen.

Trotz zeitgenössischer Gewandung (aus der man auf zeitgenössische Persönlichkeiten geschlossen hat) stellen die Figuren, da ohne Attribute, anonyme, vermutlich biblische Personen oder Heilige dar. – Am *Mittelpfosten* der Titelheilige Theobald in liturgischem Gewand. Im *Tympanon* Marienkrönung mit huldigenden Engeln; auf dem *Sturz* Tod und Himmelfahrt der Maria. In der *inneren Archivolte* die Klugen und Törichten Jungfrauen, in der *äußeren* beidseits zunächst eine weitere Jungfrau, darüber paarweise zusammengehörige alttestamentliche Gestalten: Moses und Aaron, David und Salomo, Jeremias (wegen seiner Weissagung mit Kreuz) und ein nicht identifizierter Prophet (mit einem Turm?), ein weiterer namenloser Prophet mit Spruchband und Melchisedech (Wein und Brot), schließlich Simeon und Johannes d. T. Die fest modellierten, steinschweren Skulpturen sind z. T. von massig gedrungener Körperlichkeit; die Gewände vermeiden tiefe Unterschneidungen. Dabei wirken die Gestalten in den Körpergebärden lebendig und in den Physiognomien sogar individuell, wobei jedoch eine gewisse Formelhaftigkeit nicht zu übersehen ist, v. a. bei den kleinen Figuren im Bogenfeld und in den Archivolten. Wie bei den meisten burgundischen Skulpturen dieser Zeit ist trotz etwas summierender Vereinfachung die Herkunft von Reims nicht zu verkennen. Sie dürften nicht lange nach der Mitte des 13. Jh. entstanden sein, wobei der stilistische »Fortschritt« in der Gewandbehandlung der Gewändefiguren links gegenüber denen der rechten Seite nicht unbedingt chronologisch sein muß, er könnte auch durch einen jüngeren Meister zu erklären sein.

● Das I n n e r e ist durch den Verlust des Langhauses stark beeinträchtigt, zumal der eminent steile C h o r einen »langen Blick« erforderte. Alt ist an ihm nur die polygonale *Apsis*; das Chorjoch wurde nach häufigen Beschädigungen zusammengeflickt. Der Chor gehört zu den kühnsten got. Bauwerken Burgunds. Die ohne Überschneidung aufschießenden, überaus schlanken Runddienste für die in halber Höhe der Fenster beginnenden Gewölberippen machen in dem sich in 4 unterschiedlich hohen, jeweils anders gegliederten Zonen aufbauenden Raum die vertikale Dynamik unmittelbar anschaulich. Schier unfaßlich, wie die in Licht und filigranhaft dünne Stege und zierreiche Bögen aufgelösten Wände, die außen keine Strebebögen, sondern nur mäßig tiefe Strebepfeiler stützen, unter einem 27 m hohen Gewölbe haben halten können! Lastendes Mauerwerk wurde auf ein Minimum reduziert, im 2. und 3. Geschoß sogar noch durch Gänge zerlegt. Die umschließenden Wände bestehen im Grunde nur aus Gliederungsformen, im unteren Geschoß der Mauer allerdings als Dreipaßarkaden vorgeblendet. Deren Vertikalstäbe setzen sich in der 2. Zone vor einem Laufgang als freistehende dünne Säulen und Profilstäbe in einem ebenso freischwebenden, wechselreichen Maßwerk fort, das in dem hellen Licht wie flimmerndes Steingewebe wirkt. In der Triforienzone heben sich freie Bogenstellungen hell von der dunklen Rückwand ab; die glatten Schutzwände des Ganges sind sicherlich spätere (unschöne) Zutat. Die in 4 Lanzetten unterteilten Hochfenster mit zirkelgerechtem Maßwerk sind offensichtlich erneuert. Die Mauern sind bis an die Grenze des Möglichen aufgelöst; man soll offenbar meinen, die linienhaft schlanken, durchgehenden Dienste, die sich in den auf die vordere Leiste zu gekehlten Rippen fortsetzen, trügen das Gewölbe, wobei die Häufung der Profilstäbe neben den Kehlen den Vertikalismus noch wirksam unterstreicht.

Saint-Thibault. Kirche. Inneres. Apsis

Doch ist nicht zu übersehen, daß im Unterschied zur etwas älteren Gilles-Kapelle (s. u.) im Chor Säulen und Dienste trockener und die Profile schärfer geschnitten sind, so daß der Raum nicht mehr wie plastisch ummantelt anmutet, sondern eher ein gerüsthaft konstruiertes Gehäuse darstellt – allerdings ein kunstreiches, mit Lichteffekten verzaubertes Gehäuse. Leider ist nicht bekannt, ob er farbig verglast war; die heutigen Scheiben sind alle modern. – Der Chor dürfte gegen Ende des 13. Jh. begonnen und im frühen 14. fertig geworden sein. Dazu passen die eingangs zitierten Stiftungen. Kennzeichnend für die jüngere Bauzeit sind auch die zu Rechtecken durchgesteckten Profilstäbe in den einzelnen Zonen.

Die Kapelle St-Gilles (= Ägidius – warum ihm hier eine Kapelle gewidmet wurde, ist nicht bekannt) besteht aus einem Doppeljoch mit 6teiligem Rippengewölbe und gleich breiter, 5seitiger Apsis. Spitzbogige, mit Dreipässen gefüllte Blendarkaden gliedern die niedrige Sockelmauer, deren Brüstungsgesims äußerst dünne Gewölbedienste durchschneiden. Zwischen tief heruntergezogenen Gewölbekappen mit zugespitzten Rippen schmale, hohe, in Lanzetten mit Dreipaßmaßwerk unterteilte Fenster. Besonders hingewiesen sei auf die schönen, die Rippen sammelnden Gewölbeschlußsteine. Künstlerisch bemerkenswert ist der Einfall, die Restmauer neben den Fenstern hinter vielen dünnen Runddiensten verschwinden zu lassen, welche die vertikalen Proportionen noch unterstreichen; die winzigen Kapitellchen aber erinnern immer noch an ihre Bedeutung als tektonische Artikulierung zwischen Bogen und Säule. Die Anregungen zu der geschmeidigen Eleganz dieser Architektur stammen aus der Champagne-Gotik. – Die Kapelle ist um 1270 zu datieren, also nicht lange nach dem Querschiff(portal) entstanden; man vergleiche Säulen und Kapitelle.

● Zur Ausstattung gehören museumswürdige Bildwerke. Der *Hauptaltar* zeigt Szenen aus dem Leben des hl. Theobald. Die farbigen Holzreliefs sind von Steinarbeiten des 13. Jh. inspiriert.

Saint-Thibault. Kirche. Sitzstatue des hl. Theobald

Künstlerische Darstellung und plastische Durchbildung sprechen für die Zeit um 1330/50. Auffallend die ikonographische Anlehnung an Christus-Szenen (Verkündigung, Geburt, Mutter mit Kind als stehende Madonna, 3 Könige); der Tod des Heiligen erinnert an Marientod-Szenen. In der Mitte unten der wie Christus mit Buch und Segensgestus thronend dargestellte Theobald, über ihm die Kreuzigung mit dem auferstehenden Adam. – Fast dieselben Szenen zeigt der linke der in Holz geschnitzten *Türflügel des Außenportals*; auf dem rechten sind 16 Heilige als Einzelgestalten dargestellt (um 1500).

Beim Choreingang eine kraftvoll und sicher gemeißelte *Sitzstatue Theobalds*, eindrucksvolles Beispiel des sich verfestigenden Realismus der Zeit nach Sluter (nach 1400). – *»Vierge à l'oiseau«*, eine stehende Madonna (Holz, farbige Fassung erneuert). Der Knabe spielt mit einem Vogel, der ihn beißt. Kündigt sich darin und in dem von Trauer gezeichneten Blick der Mutter eine Ahnung von Christi späterem Leiden an? Die S-Schwingung des Körpers und entsprechende Gewandführung sind Indiz für Datierung um 1320/30. – In der Nähe eine weniger ausdrucksvolle *Madonna*, Anfang 15. Jh. – Zu erwähnen im Chor ein *Hl. Dionysius*, Ende 14. Jh., mit alter Fassung, und ein *Hl. Bischof*, 15./16. Jh. – Das *Triumphkreuz* über dem Altar mit Evangelistensymbolen in Vierpässen an den Kreuzenden, etwa Mitte 14. Jh.; charakteristisch der zusammengesunkene Körper und die hochgeschobenen Knie über den mit *einem* Nagel angehefteten Füßen.

Ein seltenes Werk ist die in die Astkrümmung eines Kreuzes montierte geschnitzte *Taube als Hostienbehälter*, 16. Jh.; über eine Rolle konnte man sie aufziehen und niederlassen. – Erwähnt seien noch *Reliquienkästchen*, Goldschmiedearbeiten, in einer Chornische, die bei besonderen Anlässen ausgestellt wurden: ein Emailschrein des 13. Jh. aus Limoges; ein auf 6 Löwen ruhender Schrein mit ziseliertem Kamm und 2 Engeln, 14. Jh., vermutlich italienische Arbeit; ein röhrenförmiges Reliquiar, eingeschlossen in ein Gehäuse mit Maßwerkfenstern und Baldachinfigürchen, das auf einem Kelchfuß mit Knauf steht, 15. Jh. – Der große, hausförmige sog. *Reliquienschrein des hl. Theobald* in der Ägidius-Kapelle besitzt an den Ecken geschnitzte Fialen mit Kreuzblumen. Der Kasten selbst ist grob mit Blumen und Blättern bemalt (1687 dat.). Bemerkenswert die eisernen Beschläge und komplizierten Schlösser. Die Pilger gingen unter dem Kasten durch.

Neben Wasserausgüssen (*Piscinen*) – in einer Nische mit Kopfkonsole im Chor (Ende 13. Jh.) und unter einem Baldachin der Kapelle

(13. Jh., im 15. Jh. erneuert) – sind 2 *Grabmäler* zu erwähnen: im Chor ein Wandnischengrab; davor ein Sarkophag mit Liegefigur des angeblichen *Klostergründers*. Neben seinem Haupt kniende Engel, neben dem Löwen unter seinen Füßen gut geschnitzte Statuetten trauernder Mönche. In der Nische 2 Reliefs, ein Trauerkondukt betender Mönche und klagender Frauen, darüber fürbittender Heiliger und Engel mit der Seele des Verstorbenen vor Gott als Richter. Grabfigur und Reliefs 14. Jh. Die sehr beschädigte *weibliche Liegefigur* gilt als Frau des Ritters; ursprünglich hatten sie vielleicht hier ein gemeinsames Grabmonument.

SAINT-VINCENT-des-Prés (Saône-et-Loire E8)

St-Vincent

Um 1070 kommt eine Vinzenzkirche an die Kathedrale von Mâcon. In der Anlage gehört der Bau ins 1. Viertel des 11. Jh. An Apsis und Turm zeigen sich jedoch entwickeltere Formen.

Der Grundriß der kleinen Kirche (ca. 20 m Länge) ist ein Rechteck mit Halbrundapsis. – Am A u ß e n b a u ist das *»niedrige Querschiff«* abzulesen (vgl. Chapaize, Uchizy, Farges, Brancion), dessen Pultdach höher als die Seitenschiffe, aber niedriger als das Mittelschiff liegt und auf den quadratischen Mauersockel der Vierung führt. Darüber steigt der *Turm* 3 Geschosse hoch auf: das untere mit flachen Blendbögen, das 2. mit schlichte Bogenöffnungen und das obere Schallarkaden mit Doppelsäulen als Zwischenstützen. Durchgehende Eckpilaster unterstreichen die schlanke Eleganz des für den kleinen Bau sehr hohen Turmes. Unmittelbar am Querschiff die *Halbrundapsis*; statt der Strebepfeiler hier Halbsäulen, deren Kapitelle – im Wechsel mit Konsolen – einen Bogenfries tragen, möglicherweise das Ergebnis einer nachträglichen Änderung (um oder bald nach 1100). Am *Hochschiff* frühroman. Rundbogenfries. An der *W-Front* äußerst schlichtes Portal. – Der Bau gewänne sehr, entfernte man, wie an der Apsis, überall den Putz; die gemauerten Strukturen träten klarer hervor. Das I n n e r e der 3schiffigen Basilika ist gedrungen, eine Folge der übermächtigen Stützen und Mauern. Im *Schiff* kurze Rundpfeiler ($\emptyset$ ca. 0,60 m) wie in Tournus, unter 0,90 m starken Mauern. Um die 8 m hohe Mitteltonne und die nur halb so hohen Kreuzgewölbe der schmalen Seitenschiffe und v. a. den Turm über oktogonalem Vierungsgewölbe statisch abzusichern, wurden Stützen und Mauern so stark bemessen, daß sie ohne Widerlager dem Schub standhielten – allerdings auf Kosten der Raumwirkung. *Daß* so kalkuliert wurde, bezeugt die Gliederung: das 1. Stützenpaar im W hat »normale« monolithische Säulen ($\emptyset$ 0,24 m) und stilisierte Blattkapitelle. Die dicken, gemauerten Rundpfeiler hören mit einer Profilleiste auf. Durchgehende Wandstruktur ist auch bei den Säulen noch nicht gegeben, die Formen verharren vielmehr im Nebeneinander. Unentschieden bleibt auch das »niedrige Querschiff«. Die Vierung grenzen Bögen auf Rundpfeilern wie im Schiff ab, liegen jedoch höher als dort, ebenso in den kreuzgewölbten Querarmen. Gestalterisch unbewältigt sind gleicherweise die hohen, leeren Stirnmauern über den Vierungsbögen der Längsrichtung. Ursprünglich hatte das Mittelschiff unter der Längstonne schmale Fenster; sie sind heute ebenso vermauert wie die Apsisfenster. – Leider liegt auch das Innere noch unter einem deckenden Putz; seine Beseitigung würde wie in Chapaize die Raumwirkung wesentlich fördern.

SAULIEU (Côte-d'Or D5)

● **St-Andoche**

Der Legende nach hat Andochius, bei der Christenverfolgung in Lyon 177 von einem Engel aus dem Kerker befreit, hier gepredigt und den Märtyrertod gefunden (vgl. dazu Autun, Tournus, Chalon und Dijon). Eine von Arabern 731 zerstörte Kirche soll Karl d. Gr. wiederhergestellt und reich dotiert haben. 843 wird ein hier entstandenes Eigenkloster dem Bischof von Autun unterstellt, 1119 eine feierliche Reliquienübertragung erwähnt. Auf Bischof Étienne de Bâgé, Erbauer der Lazaruskirche in Autun, geht auch die roman. Kirche in Saulieu zurück. Die Annahme gleichzeitiger Ausführung beider Kirchen scheint berechtigt, die gestalterische Planung dürfte jedoch in Autun gelegen haben. 1360 wurden Chor und Querschiff stark beschädigt (1702 abgebrochen und durch ein bescheidenes Sanktua-

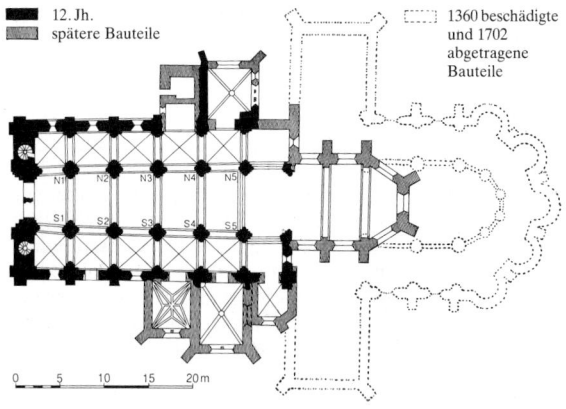

■■ 12. Jh.
▨ spätere Bauteile

⌐¬ 1360 beschädigte
und 1702
abgetragene
Bauteile

0 5 10 15 20m

N2 Bileam auf der Eselin
N3 Erste Versuchung Christi;
   ausgebreitetes Blattwerk
N4 Eberjagd;
   Blattwerk
N5 Blätter;
   römische Wölfin
   Außenwand: Kentaur
S1 Küssende Flügeltiere
   mit Schlangenleibern
   (Lastersymbol)

S2 Christus erscheint den
   Frauen am Grab
S3 Judas vom Teufel erhängt;
   Adler;
   Akanthusblätter mit Menschenköpfen
S4 Flucht nach Ägypten;
   Hahnenkampf
   Außenwand: Löwen
S5 Tiere tanzen nach dem Horn
   eines Hirten;
   Eulen hinter Akanthusblättern

Saulieu. St-Andoche. Grundriß

rium ersetzt). Weitere Beschädigungen im Religionskrieg. Bei Restaurierung 1869 wurde u. a. das Portal völlig erneuert.

Das Ä u ß e r e erscheint in dem nachgedunkelten Muschelkalk eher düster als einladend; die *2-Turm-Front* ist durch spätere Eingriffe uninteressant geworden. Um so überraschter erlebt man im I n n e r n ein helles, 6 Joche tiefes, basilikales *Langhaus* mit steilem Mittelschiff, dessen 3-zonige *Wandgliederung* deutlich die von Cluny III ist, über Autun vermittelt: also spitzbogige Pfeilerarkaden unten, im Triforium gerundete Blendarkaden und im Lichtgaden nur je 1 Rundbogenfenster (wie in Autun; in Cluny war es ein

Fensterband, ebenso in Paray-le-Monial). Auch die spitzbogige Längstonne und die Kreuzgratgewölbe in den kaum
halb so hohen Seitenschiffen gehören zum Cluny-System
(Mittelschifflänge ca. 35 m, urspr. Höhe 18,80 m). Nur:
Saulieu ist schlichter, knapper, das bauliche Gefüge bleibt,
bis auf die Kapitelle der Arkadenzone und unter dem hohen
Gebälk, ohne Dekor. Ebensowenig gibt es kannelierte Pilaster. Bei der Würdigung der Proportionen ist die Anhebung
des Bodenniveaus um über 1 m zu berücksichtigen. Die
Steilheit des Mittelraums wird durch die sich als Wirtel über
die Wanddienste legenden Horizontalgesimse gebunden,
die auch einen gewissen plastisch rhythmisierenden Akzent
in diese strenge Architektur bringen. Die im Mittelschiff
von W nach O von 4,80 m auf 5,90 m zunehmende Breite bei
ebenfalls größer werdendem Pfeilerabstand ist schwerlich
zu erklären.

In der W-Wand über dem Portal – wie aufgehängt – eine
kleine *Michaelskapelle*; sie ist auch für Cluny erwiesen, in
Semur-en-Brionnais vorhanden und in den meisten Cluny-
Kirchen anzunehmen. – Das schlichte *roman. Portal* im
südl. Seitenschiff ging auf den (verlorenen) Kreuzgang. –
Die *Seitenkapellen* sind Stiftungen des 15. und 16. Jh.

● Den Ruhm der Kirche machen ihre Langhaus-Kapitelle aus,
die, heller und aus feinkörnigerem Stein als das Mauerwerk, wie
ziselierte Kostbarkeiten die Blicke anziehen. Lange hielt man 1119
für das Weihedatum der vollendeten Kirche und die Kapitelle demnach für älter als die Gislebertus-Kapitelle in Autun, oder man
betrachtete sie als eine Jugendwerke oder Probearbeiten für
Autun. Die nahe Verwandtschaft ist nicht zu übersehen, doch der
Vergleich gerade der Kapitelle mit thematisch identischen Szenen
macht deutlich, daß Gislebertus in Autun der Erfinder des hier wie
dort so unverkennbaren bildnerischen Erzählstils war und daß der
Bildhauer von Saulieu nicht jene Formpräzisierung erreichte, die
Gislebertus so einmalig macht. Möglicherweise ist jener Bildhauer in der Autunenser Werkstatt so hervorgetan, daß man ihm
Saulieu anvertraute, vielleicht war die enge Anlehnung auftragsbe-
dingt. Im Hinblick auf Autun könnte man Langhaus und Kapitelle
in die 30er Jahre des 12. Jh. datieren.

In Saulieu sind 52 roman. Kapitelle erhalten, die nicht alle von

Bileam auf der Eselin   *Versuchung Christi*
Saulieu. St-Andoche. Figurenkapitelle

derselben Hand stammen. Die figürlich erzählenden sitzen auf der
W-Seite ihrer Pfeiler; man sollte sie schon vom Eingang her sehen!
Auch Saulieu beantwortet nicht die Frage nach einem Schlüssel für
Auswahl und Verteilung der Themen (s. dazu Autun und Vézelay).
Die bekanntesten *Szenen* sind (die Pfeiler von W nach O gezählt):
»Bileam auf der Eselin, vom Engel angehalten« (N2); »Flucht nach
Ägypten« (S4); »Versuchung Christi durch den Teufel« (N3); »Chri-
stus erscheint Maria Magdalena und den beiden anderen Marien am
Grab« (S2); »Der Teufel hängt Judas« (S3). Die Erzählweise ist
etwas pointenhaft, naiv-vordergründig. Die Stilmittel – v. a. die sich
wiederholenden Gewandfaltenlinien sowie die groß gebohrten
Augen des Erstaunens oder der Klage, weiterhin das in die Fläche
gedrückte Relief – sind weniger entschieden gehandhabt und nicht
so differenziert eingesetzt wie in Autun. Eine gewisse Unbeküm-
mertheit gegenüber den formalen Problemen glaubt man herauszu-
lesen, oder, modern gesprochen: es geht mehr um erzählende Verbildlichung als um bildnerische Deutung der religiösen Gehalte.
Doch die Bildhaftigkeit ist sehr wohl vorhanden und, wo nicht übernommen, eine selbständige Leistung des Bildhauers: etwa bei dem
Hirten, der die Tiere nach seinem Horn tanzen läßt (S5); im Blattkapitell am gleichen Pfeiler mit herausschauenden Eulen; in dem antikisierenden Kapitell, an dem die einrollenden Blätter zu grinsenden
Köpfen werden (S3); beim »Hahnenkampf« (S4) und der »Eber-

jagd« (N4). Dazu gehören die schnäbelnden geflügelten Tiere mit Schlangenleibern (S1) und ein Adlerkapitell (S3). Wie der Künstler auf seine Weise differenziert, zeigen reine *Blattkapitelle*: so das stark antikisierende mit hochgestellten Akanthusblättern (N4) und, völlig anders, ein Blockkapitell mit ganz flächig ausgebreiteten Blättern (N3). Eine eigene Note bekundet sich auch darin, wie figürliche Szenerien in Blatt- oder Rankenkapitellen eingebracht sind.

● Von der A u s s t a t t u n g sind zu nennen: *Chorgestühl*, Ende 14. Jh., mit ansprechenden Wangenreliefs (Verkündigung, Flucht nach Ägypten), an den Miserikordien und Lehnen Fabeltiere, Drolerien u. ä. Motive. Über dem Gestühl farbig gefaßte *Schnitzfiguren* des 17. Jh. – Im Chor schönes *Adlerpult* und *got. Reliquienschrank*. – Im ganzen Kirchenraum verteilt eine Reihe von *got. Holz- und Steinfiguren* des 15. und 16. Jh., darunter Werke von beachtlicher Qualität (z. B. eine noch vom Sluter-Stil geprägte *Stehende Madonna* im nördl. Seitenschiff beim 4. Pfeiler). – An dem weitgehend erneuerten *Andochius-Sarkophag* (nördl. Seitenkapelle) sind vielleicht die verfärbten Fragmente noch merowingisch (6. Jh.). Über ihm eine *Schutzmantelmadonna* des 15. Jh.

Neben der Kirche, im ehem. Pfarrhaus aus dem 17. Jh., ein kleines **Museum** mit gallo-römischen Architekturfragmenten, Grabsteinen u. ä. Fundobjekten. Weiterhin Trümmerreste von der Kirche aus der Brandkatastrophe im 14. Jh. – Bedeutendstes Objekt sind 2 *Elfenbeinreliefs* des 6./7. Jh. vermutlich byzantinischer oder syrischer Herkunft; sie gehören zum Einband eines Evangeliars des 12. Jh. Der Reliefstil zeigt die formelhaft gewordene, leicht vergröbernde Antike der frühchristlichen Kunst. – Ein Saal zeigt Arbeiten des in Saulieu geborenen Tierbildhauers François Pompon (1855–1933).

SAUVIGNY-le-Bois (Yonne C4)

● **St-Jean-les-Bonshommes**
»Bonshommes« nannte man die Mönche des um 1076 gegründeten Ordens von Grandmont. Erfahrungen aus dem Einsiedlerleben bestimmen die strengen Regeln und den abgelegenen Standort des um 1190 gegründeten burgundischen Klosters, das bis Ende des 18. Jh. hier bestand. Ein Brand hat 1846 die Gebäude stark beschädigt; danach wurden sie als »Steinbruch« ausgebeutet.
Bei sonnigem Wetter ist es ein Erlebnis, abseits der großen Straßen die mittelalterl. Klosterruine in einer wie verzauberten Märchenlandschaft zu besichtigen. – Erhalten blieb

die in makelloser Mauertechnik aufgeführte **Kapelle**. Ihr
langgestrecktes Schiff überwölbt eine Ziegelsteintonne, das
Chorgewölbe ist erneuert. 3 schmale, hohe Apsisfenster mit
aus *einem* Stein geschnittenen Bögen spenden Licht; nur in
der W-Wand ein weiteres Fenster. Die *Apsis* gliedern zwischen den Fenstern eingebundene schlanke Säulen mit
Blattkapitellen; die Seitenwände bleiben leer. In den Gewändestufen des spitzbogigen *N-Portals* Säulen mit Knospenkapitellen für die Rundstabarchivolten; das rundbogige
S-Portal auf der Kreuzgangseite ist schmucklos. Eine auffällige Besonderheit sind die als Strebepfeiler dienenden
Säulen am Chor. – Vom **Kreuzgang** blieben nur wenige, mit
Keilsteinen gemauerte Bogenstellungen über Doppelsäulen
und Volutenkapitellen auf hohen Sockelmauern erhalten,
auch sie in bester Steinmetzarbeit. Konsolen an den Außenwänden deuten auf ein hölzernes Pultdach. Die Mönchsbauten waren von einfachem Zuschnitt. Alle formalen Indizien
sprechen für eine Datierung ins 13. Jh.

In der Kapelle, museal aufgestellt, *Kapitelle*, *Säulenbasen*, *Schaft-
fragmente* und eine *antike Säule*, außerdem ein schöner *Madonnen-
kopf* des 14. Jh. Einige merowingische Objekte wurden in der Nähe
gefunden.

SEMUR-en-Auxois (Côte-d'Or D4)

*Semur war im Mittelalter eine der stärksten Festungen Burgunds. Auf
vorspringendem Felsrücken mit steil abfallenden Hängen, die der
Armançon in einer Schleife umfließt, bildet sie eine Naturfestung, die
schon in vor- und frühgeschichtlicher Zeit besiedelt war. Die für
Überwachung günstige Lage im Schnittpunkt wichtiger Straßen nutzten auch die Römer, die ein mauerbewehrtes Castrum mit leicht zu
verteidigendem Zugang anlegten. Im 5. Jh. soll es bereits eine Kirche
gegeben haben. Spätestens in karolingischer Zeit existierte auf dem
Plateau eine Niederlassung des nahen Klosters Flavigny, bei der sich
eine Gemeinde sammelte, wahrscheinlich noch innerhalb der erweiterten römischen Mauer. Im 10. und 11. Jh., überaus unruhigen Zeiten nach Auflösung des Karolingerreiches, fühlte man sich hinter den
alten Mauern noch sicher. Im 12./13. Jh. sicherte man den Zugang zur
Stadt durch ein Kastell.*

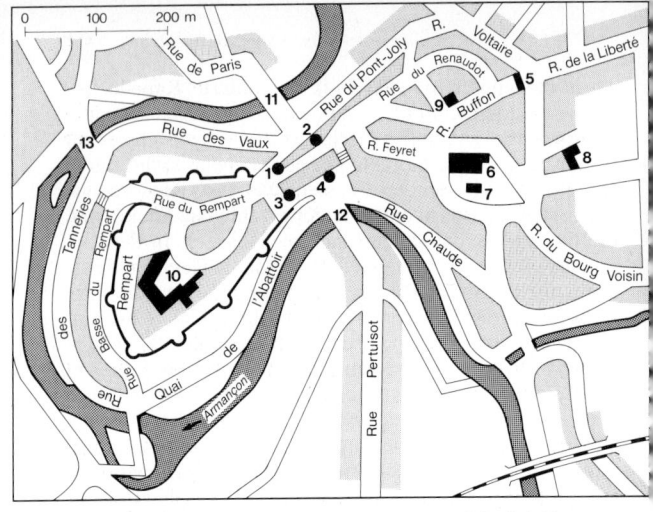

Semur-en-Auxois. Innenstadt-Lageplan

● Vom **1-4 ehem. Kastell**, auf der SW-Seite der Stadt direkt über dem abschüssigen Felsen, stehen allein die 4 starken, runden **Ecktürme** noch aufrecht. Der stärkste an der NO-Ecke ist 44 m hoch. Alle Türme hatten am Boden bis zu 5 m, oben durchweg 2,25 m starkes Mauerwerk. Oben waren auch die nach allen Seiten gerichteten Schießscharten dicht gereiht, in den übrigen Geschossen unterschiedlich verteilt. In der Höhe sind die Geschosse durch Holzböden abgeteilt. Die nordwestl. **1 Tour de la Géhenne** (34 m hoch) hatte sogar bewegliche Böden (zur schnelleren Verlagerung der Verteidigung). Auf der Stadtseite ist ihr Unterbau in den Felsen getrieben, um Fluß und Straße besser überwachen und selbst eingedrungene Feinde noch bekämpfen zu können. Der **SO-Turm** war Gefängnis; in ihm eine mit Rippen

gewölbte Wohnhalle. Das Festungsgeviert hatte zwischen
den Türmen hohe, nicht bewohnbare Trakte, durch Fallgitter gesicherte Tore nur in der O- und W-Mauer. Natürlich
paßten sich die Verteidigungswerke den sich wandelnden
Kriegstechniken an und wurden durch Ausbau und Erweiterung oft verändert. Semur war durch seine Lage auf Verteidigung »von oben« eingerichtet, deshalb die wechselnde
Richtung der Schießscharten v. a. in den unteren Geschossen (um sich, wie bei der Mauerstärke durchaus möglich,
nicht gegenseitig zu behindern). Im oberen Geschoß sind
alle Türme auf Rundumverteidigung eingerichtet. Ebenso
die Zwischentrakte, für die nach unten gerichtete Hurden
vorgesehen waren.

Wie eine liegende 8 wurde die von Philipp d. Kühnen
1371/72 angelegte, ursprünglich mit 18 Türmen bewehrte
Mauer um den Bergrücken gezogen. Bei der Enge von Fluß-
tal und Felsen machte sie einen konzentrierten Angriff auf
nur *ein* Tor unmöglich. Ein Belagerer mußte seine wegen
der Enge sowieso nicht zahlreichen Truppen auseinander-
ziehen. 6 **Türme** sind an den Rundungen noch auszumachen; sie wurden 1753 beim Bau der Stützmauern für die
Promenade des Remparts auf Mauerhöhe abgetragen.

Von der Mauer existiert nur noch die [5]**Porte Sauvigny** im
O der Stadt, bis heute – neben der **Porte des Vaux** (bei der
Tour de l'Orle d'Or) – wichtigster Stadt-Eingang. Ursprünglich waren es 2 Tore hintereinander: Das ältere *Innentor*
gehörte vermutlich zu Philipps Mauer; das jüngere *Außen-
tor* besitzt noch die Außenfront des 15. Jh.: Maschikulis auf
Konsolen, für den Graben davor Zugbrücken für Wagen
und Fußgänger (bis 1722 benützt, Mauerschlitze noch vorhanden).

*Im O hatte sich die Stadt mit »faubourgs« über die alten Mauern
ausgedehnt, die 1543 in den Mauerring hineingenommen werden
mußten. Wegen Begünstigung der »Liga« gegen Heinrich IV. wurde
Semur 1602 eingenommen; die Befestigungen wurden geschleift.*

Semur-en-Auxois. Notre-Dame. Fassade von Nordwesten

⁶Ehem. Kollegiats- und Pfarrkirche Notre-Dame ●

Seit ca. 1220/25 entstand ein völliger Neubau der im 9. Jh. gegründe-
ten, 1065 vergrößerten Kirche. Die westl. Joche mit Vorhalle wurden
Anfang des 14. Jh., die Langhauskapellen im 15. und 16. Jh. hinzu-
gefügt. In der Revolution ging die plastische Ausstattung der W-Por-
tale zugrunde. Denkmalpflegerische Wiederherstellung seit 1844
unter Leitung von Viollet-le-Duc.

P l a n. 3schiffige Basilika mit 7 Joche tiefem Langhaus, aus
der Flucht tretendem Querschiff mit breiten Flügeln und
quadratischer Vierung. Der 5seitige Umgangschor mit Kapellen hat 3 gerade Joche. Der 3torigen Portalanlage ist
eine offene Vorhalle vorangestellt. Auch das N-Portal hatte
eine Vorhalle. Über der Vierung hoher Turm und Fassadentürme über den westl. Seitenschiffjochen. – *Maße:* innere Länge ca. 60 m, Schiffhöhe im Scheitel ca. 31 m, Mittelschiffbreite 6,30 m. – Viollet-le-Duc trachtete danach,
den Bau stileinheitlich wiederherzustellen. Manches wurde
nicht nur ergänzt, sondern auch neu gemacht.

A u ß e n b a u. Die *Vorhalle* war auf 3 Seiten offen und wie ●
eine Laube zugänglich; im 15. Jh. auf N- und S-Seite vermauert. Sie öffnet sich jetzt nur in 3 großen Bogenstellungen
auf die sich hier platzartig verbreiternde Straße. Ursprünglich hatte sie vermutlich freistehende Bogenstützen, d. h.
ohne die glatten Strebepfeiler. An dem Hintereinander der
Fialen in der Maßwerkbalustrade und über den Strebepfeilern sowie am Flamboyant-Stil der Figurenbaldachine
(Evangelisten) ist die nachträgliche Anbringung abzulesen.
Spätgotisch auch die Giebelaufbauten der Terrasse. Dienste
und Bogenprofile der Eingänge passen zu den Rippengewölben des 14. Jh. Das 3torige *Kirchenportal* stammt im
Konzept noch aus dem 13. Jh.; ausgeführt wurde es im
14. Jh. mit spätgot. Veränderungen.

Die Skulpturen wurden 1793 so gründlich abgemeißelt, daß nicht
einmal das Programm der einer Kathedrale würdigen Portalanlage
zu ermitteln ist. Die »Madonna mit der Traube« am Mittelpfosten
(15. Jh.) gehört nicht hierher (der wiedergefundene Kopf der alten
Figur des 14. Jh. im Pfarrhaus). In der Türlaibung des Mittelportals
feine Flachreliefs in Rautenmustern mit kleinen Szenen.

Die mit schmalen Strebepfeilern besetzten *W-Türme* bleiben unten geschlossen; nur in der Mittelschiffwand sitzt ein Maßwerkfenster, im Giebel darüber eine (erneuerte) Figurennische. In den Turmgeschossen unterschiedliche Blendbögen, im letzten wie Maßwerkfenster geformte Schallarkaden. – Das *nördl. Querschiffportal* (»Porte des Bleds« in Erinnerung an einstige Äcker) blieb 1793 verschont und sogar unbeschädigt.

Im *Tympanon*, unter der Halbfigur Christi im Bogenscheitel mit huldigenden Engeln, in 2 Streifen Szenen aus dem *Leben des Apostels Thomas*. Im oberen links der ungläubige Thomas vor Christus. Es folgen legendäre Szenen in Indien, wo er missionierte und zum Märtyrer wurde. Ein indischer König schickt Boten aus, Thomas zu bitten, ihm einen Palast zu bauen. Es folgt die Schiffsreise mit dem Boten und einem Schüler. Eingeschoben ist das Hochzeitsmahl einer Königstochter, bei dem Thomas (als Jude) die Speisen nicht anrührt, dafür vom Koch geschlagen wird, dem – wie Thomas ihm angekündigt hatte – ein Löwe einen Arm abbeißt. Vor dem Tisch eine akrobatische Tänzerin. In Indien erhält Thomas Geld für den Palastbau, das er den Armen schenkt. Dafür muß er ins Gefängnis, überzeugt aber den König, daß er ihm mit dem Geld einen himmlischen Palast für das ewige Leben gebaut habe. Der König bekehrt sich. Die Bilderzählung ist ungemein lebendig, wobei verdeutlichende Details die Anschaulichkeit fördern. Überzeugend sind v. a. die Gespräche und Dispute der Teilnehmer. Figurenstil (Verhältnis von Körper und Gewand) und Gebärdensprache der Körper legen eine Datierung nicht vor Mitte des 13. Jh. nahe, eher später. Das gilt ebenso für die *Monatsdarstellungen* in der *Archivolte*: auch hier die Bemühung um realistisch bildhafte Anschaulichkeit. Thomas ist Patron der Bauleute; darauf deutet attributiv der Palastbau. Vielleicht meint die Figur unten rechts den Baumeister der Kirche. – Von beinahe burleskem Realismus sind die gedrungenen, dabei erstaunlich beweglichen *Konsolfiguren* unter dem Tympanon. Die aus Dreipässen mit Architekturen gebildeten *Baldachine* über den *Säulenkapitellen* des Gewändes deuten vielleicht auf ursprünglich geplante Figuren.

Die Wanddienste neben dem Portal und, etwas höher, Ansätze von Gewölberippen stammen von der 1705 abgebrochenen 2geschossigen Vorhalle; die vermauerte Tür ging direkt ins Triforium.

Semur-en-Auxois. Notre-Dame. »Porte des Bleds«

Der *Chor* ist der architektonisch eindrucksvollste Teil des
Außenbaus. Wie eine Pyramide (und wie bei roman. Cluny-
Kirchen) staffelt er sich vom Umgang mit den Kapellen über
die aufsteigenden Strebepfeiler, die wie ein Kranz den
Hochchor umstehen, zu dem sie ihre schmalen Strebebögen
hinaufschicken. Über dem Ganzen erhebt sich frei der 8sei-
tige *Turm*, in der steinernen Helmspitze 58 m hoch. An den
Ecken (Übergang vom Quadrat ins Oktogon) stehen *Figuren der Winde* als Verkörperung der 4 Weltgegenden (kaum
alt). Um den Turm als Mitte sammelt sich der Chor, der mit
3 geraden Jochen weiter nach O ausgreift, als das Querschiff

breit ist. – Vorbilder für den Chor sind die großen got. Kathedralen. Die noch im 13. Jh. einsetzende Wandlung der künstlerischen Auffassung vom Bauen ist gut zu verfolgen: von noch plastisch artikulierten Elementen zu dünnliniger werdenden Formen und von der noch plastisch durchformten Mauer zur glatten Wand, in welche die Fenster eingeschnitten sind.

Überraschend zahlreich sind die mit Köpfen und figürlichen Motiven skulptierten *Konsolen*, zwar großenteils erneuert, aber nicht vom Restaurator »erfunden«. Im Innern sind sie ebenso zahlreich (ähnlich bei der Kathedrale in Auxerre, Notre-Dame in Dijon u. a. Kirchen, aber nirgends in so großer Zahl wie hier).

Auf der S-Seite Reste des **ehem. Kreuzgangs**.

● Das I n n e r e ist unerwartet steil (Breite : Höhe = 1 : 3,3). Zwischen Langhaus und Chor besteht ein durch die jüngere Bauzeit bedingter Unterschied in der Raumauffassung: Die Horizontalen sind weniger wirksam unterstrichen, v. a. fehlt im Langhaus das die Tiefendimension vermittelnde Triforium. In die Tiefe führende Formenlinien gehören aber ebenso zur klassischen Gotik wie der Höhenzug der Vertikalen. – An das schmale Längsrechteck des Langhauses schließt das breitere Querschiff an, das die Chorjoche 5schiffig fortsetzen; die äußeren Schiffe münden in den Chorumgang. Zweckmäßig beginnt man die Besichtigung mit dem Chor.

Der *Innenchor* liegt 4 Stufen höher als Vierung und Umgang; kräftige Rundpfeiler grenzen ihn ab. Glatte Rundpfeiler waren um 1220/30 bereits vom kantonierten Pfeiler verdrängt, der mit unterschiedlichen Diensten bis in den Gewölbescheitel eine durchgehende vertikale Gliederung gewährte, durch Reihung der Kapitelle allerdings auch eine horizontale Komponente entstehen ließ. In Semur (und Notre-Dame in Dijon) verstellen kantonierte Pfeiler den engen Raum. Die hohe Knospenkapitelle mit polygonalen Deckplatten tragenden Pfeiler stehen z. T. *in* den Stufen; sie nehmen spitzbogig gebrochene, in der Apsis dazu stark gestelzte *Arkaden* sowie Gurte und Wanddienste für die

Gewölberippen auf. Die mit Rundstäben und Kehlen profilierten Gurte bleiben auch in den westl. Jochen des 14. Jh. noch dieselben. Im Innenchor sind die Kapitelldeckplatten für einen einzigen, dünnen Gewölbedienst vorgeschuht, der von den Horizontalgesimsen auch überringt wurde. In den großen Kathedralen wurde selbst bei Dienstbündeln zumindest der vordere nicht überschnitten; hier blieb die Vertikale stärker betont. – Das auch im Schiff geplante *Triforium* ist nur im Chor ausgeführt (über seine künstlerische Bedeutung für den Raum s. Auxerre, Kathedrale). In den Bogenzwickeln der Triforien erscheinen (wie außen) isolierte Köpfe, über deren inhaltliche Bedeutung wir nichts wissen. Das in der Mauer ausgesparte Triforium wird durch die Säulen nach innen »vergittert«, die Wand wird also 2schalig. Der Laufgang vor den Fenstern darüber ist nur nach innen offen, die Fenster sitzen in der Außenwand. Die Zwischenpfeiler setzen innen die Außenstrebepfeiler fort. Wegen des hohen Dachstuhls dahinter ist der untere Teil der Fenster vermauert. Die Zweischaligkeit bleibt bis in die Gewölbezone hinein erhalten. Der über jedes Maß erhöhte *Lichtgaden* ist so hoch wie Arkaden und Triforium zusammen! Die Steilheit übertrifft selbst die Kathedralen der Hochgotik, die – umgekehrt – in den Arkaden immer höher wurden (in Amiens und Beauvais sind sie gleich hoch wie Triforium und Lichtgaden zusammen und in Bourges noch um etwa ein Drittel höher). Die Gründe dafür? Vielleicht der Ehrgeiz der Bürger, es den Bischöfen gleichzutun. In *Chorumgang* und *Kapellen* glaubt man sich in die Frühgotik zurückversetzt. Im engen Umgang und bei den Kapelleneingängen stehen die stämmigen Rundpfeiler so dicht, daß sich Raum nicht entfalten kann. Als Beispiel dafür nur der Hinweis auf die aus Rundstäben mit schattenden Kehlen gebildeten Rippen und Gurte des Gewölbes, die unvermittelt auf den breiten Deckplatten der Kapitelle aufsetzen. *Querschiff* und *Vierung* entstanden mit dem Chor seit 1220/1225, sie zeigen auch die gleiche Gliederung (schöne Gruppenfenster mit Maßwerkrosen!). Die Stirnwände oberhalb des Trioriums sind wenig glücklich verändert. In der Vierung sind die Rundpfeiler wegen des Turmes stärker dimensioniert. Die den Vierungspfeilern angegliederten Dienste – die kräftigeren »alten« für die Gurte, die »jungen« für die Diagonalrippen – steigen ungehindert zum Gewölbe auf.

Ca. 1235 begann ein 2. B a u a b s c h n i t t mit folgenreicher *Planänderung*: Die Schiffsarkaden wurden bei gleicher Schiffshöhe um ca. 2 m erhöht; damit veränderte sich auch die Wandgliederung. Das Triforium gab man auf und verkürzte die Fenster. Im *nördl. Querarm* ist der Niveauunterschied durch eine *Treppe* (NW-Ecke, s. a. außen) überbrückt. Das *Langhaus* war von Beginn an 2zonig, wohin übrigens auch anderswo die Entwicklung gegen Mitte des 13. Jh. drängte (s. dazu Saint-Thibault). Zu Beginn des 14. Jh. entstanden, vermutlich nach Unterbrechung, die 3 westl. Joche mit dem Portal; sie sind von den älteren kaum zu unterscheiden. Ausgeglichener wurden die Langhaus-Proportionen dadurch jedoch nicht. Das *Mittelschiff* ist einfach zu steil und dafür zu kurz, es ist »überanstrengt« (H. Jantzen). Den Rundpfeilern sind Dienste für Längs- und Quergurte sowie für die Gewölberippen vorgesetzt. Obwohl sie nur 2 m höher sind als im Chor, wirken sie noch höher, weil die Dienste im Mittelschiff zu dreien gebündelt sind und der vordere ungehindert zum Gewölbe aufsteigt. In Höhe der entfallenen Triforien liegt jetzt der Laufgang; die »Zweischaligkeit« der Mauer ist zwar erhalten, doch die »innere« Raumschale weniger faßbar. Es fehlen auch die plastischen Akzente, die dem Chor in dieser Zone eine gewisse dynamische Spannung vermittelten. – In den niedrigeren *Seitenschiffen* setzen die schmuckreichen, in jedem Joch anders gebildeten spätgot. *Kapelleneingänge* belebende Akzente.

Die Kirche gehört zu den wenigen in Frankreich, die noch einen Teil ihrer a l t e n A u s s t a t t u n g besitzen, darunter Werke von beachtlicher Qualität.

Im n ö r d l. S e i t e n s c h i f f die T a u f k a p e l l e mit Renaissance-Eingang, darin Figurennischen (Evangelisten); ein Renaissance-Altar mit der *Jugendgeschichte Jesu*: sicher beherrschte Komposi-

tion im Sinne italienischer Renaissance. Über dem Altar *Dreifaltig-keits-Gruppe*. Taufbecken von 1594. – G r a b l e g u n g s k a p e l l e mit spätgot. Eingang (15./16. Jh.). Auf Kielbogenspitze Thronende Madonna nebst Stiftern, ein schönes Beispiel nicht überladener Zierarchitektur des Flamboyant, ebenso das Sterngewölbe. Die aus Einzelfiguren gebildete *Grablegung Christi* (Burgund, um 1490) ist eine eindrucksvolle Gruppe (vergleichbar der in Tonnerre). – B a r - b a r a k a p e l l e mit *Bildfenstern* des 16. Jh. aus dem Leben der Heiligen, kennzeichnend für die Stillage: von der Tafelmalerei übernommene subtile zeichnerische Figurendarstellung und Raumwiedergabe. Die spätgot. Eingangswand ist um Nischenfiguren unter hohen Baldachinen bereichert. – 4. K a p e l l e , ebenfalls mit Kielbogenwand als Eingang, hat *geschnitzte Türflügel* bester handwerklicher Qualität. Sterngewölbe. Großer *Schnitzaltar* mit feinem Laubwerk (2. Hälfte 16. Jh.). In einem Fenster (Fleischerzunft) noch 2 alte *Scheiben* (um 1460/65) mit Darstellung von Ochsenschlachten und Fleischbereitung. – 5. K a p e l l e (der Tuchmacher). Hervorzuheben das got. *Eisengitter*. Von den *Scheiben* sind nur noch 4 alt (Walken, Weben, Schneiden und Färben); im Maßwerk hl. Blasius als Patron der Zunft.
Im s ü d l. S e i t e n s c h i f f die *Außenmauer* mit Blendarkaden; nur 3 Joche haben schmale K a p e l l e n. Üppig ist nur die mit doppelbogigem Portalrahmen ausgestattete: Flamboyant- und Renaissanceformen stehen nebeneinander, ein ornamentierter Schlußstein unterteilt die Bögen; ähnlich reich das doppelte Sterngewölbe. – Im südl. Seitenschiff schöne *Gewölbeschlußsteine*, in den letzten Jochen figürlich skulptiert.
In Q u e r s c h i f f und C h o r sind Bildwerke und Altarbilder weniger eindrucksvoll. – In der A n n e n k a p e l l e (nördl. Chorseite) ein 1453 datiertes Bild der »*Wurzel Jesse*«, darüber spätgot. Baldachin. In der Nähe Figurengruppe »*Hl. Anna lehrt Maria lesen*« (1. Hälfte 15. Jh.). – Die *Glasmalereien* in Umgang und Kapellen sind nur in Resten alt, die meisten in der M a r i e n k a p e l l e (Petrus-Szenen), die alten Scheiben haben meist einen dunklen, samtigen Farbton. – Südl. Chorseite: *Stehender Christus* mit 2 Engeln (Mitte 16. Jh.). – In der A p s i s beachtenswerter *Gewölbeschlußstein* (ca. 1 m ∅) mit Marienkrönung von ca. 1235.
Im M i t t e l s c h i f f d e s L a n g h a u s e s angeblich 1299 datiertes Tafelbild, *Stehender Christus* mit Segensgestus und Globus, stark byzantinisch geprägt und teilübermalt. – Im vorderen Mittelschiff 2 auffällige Bildwerke des frühen 16. Jh.: ein *Hl. Sebastian*, Holz (alte Fassung), und ein gefesselter »*Christus im Elend*«, Holz (erneuerte

Fassung), letzteres ein Andachtsbild des sitzenden Erlösers, der, seiner Kleider beraubt und völlig verlassen, in einer Gebärde hilfloser Trauer auf seine Umgebung blickt (s. a. Beaune, Hospital).

- Semur hat seine mittelalterl. Straßenzüge und einen großen Teil der alten Häuser behalten, sowohl **Stadtpaläste des Adels** wie **Bürgerhäuser**. – Der [11]**Pont Joly** (17 m hoher Bogen) ist von 1786.

[8]**Museum** und **Bibliothek** befinden sich im **ehem. Dominikanerkloster** (Rue Jean-Jacques-Collenot). Hier einige *mittelalterl. Skulpturen* von künstlerischem Rang sowie mehrere *mittelalterl. Handschriften* mit Miniaturen (aus den aufgelassenen Klöstern Flavigny und Moutiers-Saint-Jean).

SEMUR-en-Brionnais (Saône-et-Loire D9)

Semur, Heimat des Cluny-Abtes Hugo und seines Neffen Renaud (Vézelay) war im Mittelalter Hauptort einer Burgvogtei. Auf sie geht die im frühen 12. Jh. begonnene, gegen Ende des Jahrhunderts vollendete

- ## Kirche St-Hilaire
  zurück. Sie hatte schon früh unter den Grafen von Chalon zu leiden, wurde 1364 Beute des Prinzen von Wales und verlor 1576 beim Hugenotten-Überfall ihre Schiffstonne (im 19. Jh. durch die wenig gemäße Rundtonne ersetzt). Um 1850 wurden auch Giebel und Turm wiederhergestellt.

Der Bau ist eine 3schiffige Basilika mit 4 Joche tiefem Langhaus, nur wenig austretendem Querschiff und gleichfalls 3schiffigem Chorjoch, an das Haupt- und Nebenapsiden anschließen. In der Vierung eine Tambourkuppel, darüber ein 8seitiger Turm.

Das Ä u ß e r e charakterisiert sorgfältig versetztes Mauerwerk. Chor und Querschiff sind die ältesten Teile; das höhere Langhaus geht auf Planänderung zurück (s. u.). Die *Chorpartie* wirkt wie zusammengeschoben, zumal das Querschiff eingebunden bleibt und die unterschiedlich hohen Joche und Apsiden ein vielgestaltiges, aber wohl aufeinander abgestimmtes bauliches Gefüge ergeben, in dem die Giebel der Querschiff-Fronten und des Chorjochs über den

Dächern stehen – dies ein aus der Auvergne stammendes Motiv (s. u. a. Tournus, Chorkapellen) – und um den Turm räumliche Akzente setzen. Vor der östl. Giebelwand nebeneinander die 3 Apsiden, die Hauptapsis wegen der breiteren und höheren Wölbung mit Strebepfeilern, die in Fensterhöhe als Pilaster mit Basen und skulptierten Kapitellen gebildet sind; nur an ihr auch ein Rundbogenfries. Auffällig die doppelbogigen Blendarkaden in der Giebelmauer des Chores, die ein Rundfenster umschließen. – Der plastische Gliederreichtum des *Vierungsturms* steht im Gegensatz zu den wandhaften Mauern an Chor und Querhaus. Sein kurzer Sockel ist an den Kanten zu Dreiecken (Trompen) abgeflacht, so daß ein Oktogon entsteht, dessen Untergeschoß mit doppelten Blendarkaden, kannelierten Pilastern und Laibungssäulen sowie profilierten Archivolten noch durchaus romanisch wirkt. Das obere Geschoß mit spitzbogigen Öffnungen und schmalen Schallarkaden ist deutlich jünger. – Das höhere *Langhaus* ist in den Proportionen gestreckter und wurde bautechnisch noch sorgfältiger ausgeführt.

Auf *N*- und *S-Seite* je ein roman. *Stufenportal* mit Säulen: das eine reich ornamentiert (vergleichbar Charlieu, N-Portale), im Tympanon nur ein Vierpaß; das andere in der Anlage gleich, aber einfacher, mit Henkelkreuz im Tympanon. – Das spitzbogige *W-Portal* ist mit figürlichen und dekorativen Reliefs geradezu verschwenderisch ausgestattet. Säulenschäfte und Pilaster sowie die zugeordneten Archivolten sind reich ornamentiert. Im *Tympanon* die um 2 Seraphim erweiterte »Majestas Domini« (Thronender Christus [Kopf erneuert] mit Evangelistensymbolen); die Seraphim deuten auf die Jesaia-Vision, das Lamm im Scheitel geht auf Charlieu zurück. Auf dem *Sturz* 2 Szenen aus der *Vita* des Titelheiligen Hilarius. Die Portalskulpturen sind künstlerisch mäßige, in der Formgebung schwerfällige, dazu stark restaurierte und kaum genauer zu datierende Arbeiten des 12. Jh.

Im I n n e r n nimmt die Rundtonne des 19. Jh. die Form der spitzbogigen Arkaden *nicht* auf; an der W-Wand überschneidet sie das Rundfenster. Das Joch vor der Vierung zeigt noch die urspr. Gliederung mit 3zonigem *Wandaufbau*, wie in Cluny-Kirchen: kreuzförmige Pfeiler mit Halb-

Semur-en-Brionnais. Kirche. Inneres gegen Westen

säulen in den Laibungen, dagegen kannelierte Pilaster auf
der Schiffsseite. Im Geschoß darüber werden diese zu
schlanken Säulen, die sich den Säulen der Blendbogengale-
rie anpassen. In der Fensterzone sind es Doppelsäulen. Die
vertikalen Energien werden durch Horizontalgesimse gebunden. Die Vorlagen und Gesimse bilden hoch- und querrechteckige Felder mit rhythmisch wechselnden Akzenten
in den 3 Zonen. – Ebenfalls von Cluny übernommen ist
die kleine, aus der W-Wand vorkragende *Halbrundkapelle* •
auf konischem Sockel. – In den *Seitenschiffen* noch die
urspr. Gratgewölbe. Zu beachten der Kapitellschmuck mit
den eigenartigen Würfeln und stilisierten Blattformen, in
den westl. Jochen bereits mit Ansätzen zu »got.« Knospen. – *Querschiff* und *Chorjoch* decken spitzbogige Tonnen;
die Hochfenster schneiden mit Stichkappen ein. Die *Vierungsbögen* sind gedehnt spitzbogig; Trompen überführen
das Quadrat in ein Achteck. Die Mauerschwere des Tambours verringern eingetiefte Blendbögen. In den Hauptrichtungen Fenster; die Kuppel selbst ist lichtlos. Die *Hauptapsis* gliedern Blendbögen über Säulen mit Blattkapitellen
sowie Pilaster mit Rosetten- und Rankendekor, in den mittleren große Fenster. In der Stirnwand darüber ein Rundfenster. Der Chor ist ein anschauliches Beispiel für die plastisch
gegliederte roman. Architektur Burgunds.

Von der mächtigen, den ganzen Felsen einnehmenden mittelalterl. **Burg** des adeligen Vogtes, den zwischen 1379 und
1477 der Herzog von Burgund stellte, steht inmitten malerischer Ruinen noch der quadratische **Donjon** (10./11. Jh.) •
aufrecht. Er ist 22 m hoch und besitzt 2 m starke Mauern;
Balkenlöcher deuten 4 Geschosse an.

SENNECEY-le-Grand (Saône-et-Loire F7)

St-Julien

*Von einer karolingischen Kirche blieb nichts zurück. Der stehende
Bau gehört mit Langhaus und Querschiff ins 11. Jh.; der Chor wurde
im 15. Jh. gotisch erneuert.*

A u ß e n fällt der *Vierungsturm* ins Auge. Sein sorgfältig versetzter, schwerer Mauermantel öffnet sich in 2 Geschossen: im unteren allseits eine Doppelarkade mit Rahmenblende und dickem Rundpfeiler als Zwischenstütze (erinnert unmittelbar an Tournus, Vorhalle), im oberen 4 schmale, von flachen Blendbögen zusammengefaßte hohe Rundbogenöffnungen. Unter dem gemauerten, vorkragenden Dachgesims ein Sägezahnfries. Das niedrige Pyramidendach liegt direkt auf der Trompenkuppel. – In der *W-Front* ein einfaches, mit Keilsteinen gemauertes *Portal* mit ornamentierter Archivolte über Gewändesäulen. Darüber ein breites Fenster des 15. Jh., kleinere für die Seitenschiffe. – Kennzeichnend für den got. *Chor* und die *Kapellen* sind übereck gesetzte Strebepfeiler, ebenso gotisch die gekehlten Profile der Dreipaßfenster (an den Kapellen mit Doppellanzetten).

Den Raumeindruck im I n n e r n bestimmen im *Langhaus* einfache Kreuzpfeiler und scharfkantige, leicht spitzbogig gezogene Arkaden sowie die ebenso scharf gezeichnete Tonnenwölbung im Mittelschiff; in den Seitenschiffen sind die Arkaden rundbogig. Alle haben einfache Quergurte über schmalen Kämpferleisten, an den Außenmauern flache Blendbögen. Im *Querschiff* hat die *Vierung* eine Trompenkuppel, in den niedrigeren *Kreuzarmen* (N-Seite noch intakt) rundbogige Quertonnen. – Schmucklosigkeit und mauerhafte Schwere der Architektur lassen kaum einen Ansatz für strukturelle Gliederung erkennen, was die Datierung in die 2. Hälfte des 11. Jh. rechtfertigt. – Über den roman. *Chor* ist nichts bekannt; den 2 Joche tiefen, gerade schließenden Chor des 15. Jh. decken Kreuzrippengewölbe; in der O-Wand ein breites Maßwerkfenster. Von gleichem Zuschnitt die *Kapellen*, deren eine noch Wandmalereien und ein schönes geschnitztes Portal aufweist.

Sully. Schloß. Ansicht von Südwesten

SULLY (Saône-et-Loire E6)

Schloß ●

Die bis heute namengebende Familie Sully hat die Grundherrschaft im 13. Jh. besessen. Ein festes Schloß kann wohl vorausgesetzt werden, obwohl nichts erhalten blieb; vielleicht geht die wie ein Castrum wirkende Anlage darauf zurück. Danach haben die Familien Montaigu-Bourgogne, Rabutin-Épiry und Saulx-Tavannes den Besitz innegehabt. Einer der letzteren, der Marschall Gaspard de S.-T., begann das Schloß im 16. Jh. zu bauen, und zwar wahrscheinlich nach Plänen des seinerzeit berühmten Nicolas Ribonnier; energischer betrieben hat den Bau jedoch seit 1573 seine Witwe. Seit Mitte des 18. Jh. gehört das Schloß der Familie Mac-Mahon Marschall E.-P. de Mac-Mahon, Duc de Magenta, Präsident der Republik (1808–93), wurde hier geboren.

Das Schloß zeigt sich als kastellartige 4-Flügel-Anlage mit schräggestellten Ecktürmen. Der von *Wassergräben* umzogene rechteckige Komplex steht auf einem gemauerten Wallblock, zu dem eine *Steinbrücke* hinüberführt. Die Kugeln, Pyramiden u. ä. Motive auf der niedrigen Graben-

mauer sind Nachahmungen des 19. Jh. von ähnlich geschnittenen Buchsbäumen im Vorhof.

● Die westl. Eingangsfront mit einfachen Rustikaquadern in Sockelmauer und Parterregeschoß und schlichtem
Portal in Brückenhöhe zeigt im *Hauptgeschoß* eine reichere
Fenster- und Pilastergliederung (gegen 1616/21 vollendet).
Mit dem Wechsel von großen Fenstern und nur vorgeblendeten, schmalen Flachnischen steht diese Gliederung durchaus noch in der Nachfolge französischer Renaissance-
Schlösser des 16. Jh. (z. B. Ancy-le-Franc), ebenso wie der
nur angedeutete Mittelrisalit mit Dreiecksgiebel. Charakteristisch weiterhin, wie die Schloßfront von den schräg angeordneten quadratischen *Ecktürmen* eingefaßt wird, die trotz
der großen Fenster und der luftigen Laternen über den Pyra-
midendächern noch einen wehrhaften Aspekt bieten. – Ein
ganz anderes Bild zeigt die im frühen 18. Jh. angebaute N -
Front: Hier wurde der Flügel durch Vorschieben bis fast
an die Turmkanten auf 19 Fensterachsen (statt 13 an der W-
Front) verbreitert; die Türme wirken dadurch weniger
beherrschend. Die in 2 Geschossen gleichmäßig zwischen
toskanischen Pilastern und unter schlichtem Gebälk gereihten Rechteckfenster akzentuieren im nur wenig vortretenden Mittelrisalit ein unter der Dachlinie bleibender Dreiecksgiebel und rundbogige Fenster, unten als Fenstertüren.
Davor führt eine in Absätzen angelegte *Treppe* auf eine
breite *Terrasse*, deren geböschte Mauern vorn eine Balustrade tragen: eine majestätisch großartige Anlage, deren
Wirkung noch gesteigert wird, wenn sie sich in dem dafür
verbreiterten Wassergraben spiegelt. Eine Brücke war hier
nicht vorgesehen; von der Terrasse führen Treppen zu den
seitlichen Anlegeplätzen der Barken. – O - und S-Front
erlitten im 19. Jh. einschneidende Veränderungen, der S-
Flügel mit dem *Kapellenturm* in der Mitte sogar zweimal:
um 1830 in got. Formen, gegen 1890 als Renaissance-Bau.
Am O-Flügel wurde die Grabenbrücke abgebrochen.
Auch im Hof sind die Sockelgeschosse aller Flügel gequadert und die Fensterachsen im Hauptgeschoß von ionischen

Pilastern flankiert; die Abschlußgesimse sind jedoch weniger knapp und über den Pilasterkapitellen mit Köpfen skulpiert; die Fenster sind alle rundbogig. Auf je 2 Fensterachsen folgt eine schmalere mit rechtwinkliger Blendnische (angeblich ursprünglich mit allegorischen Figuren bemalt), darüber eine Kartusche mit Kopfrelief, im Quadergeschoß nur eingetiefte Rundfelder für Büsten. Im Hof war man offensichtlich bemüht, die Architektur plastisch zu bereichern und zu beleben, ganz besonders am pavillonartigen Haupteingang (O-Flügel), der jedoch weitgehend erneuert ist (s. o.).

TAIZÉ (Saône-et-Loire E8)

1944 gründete der Schweizer Roger Schutz in dem abgelegenen kleinen Dorf eine protestantisch-calvinistische Mönchsgemeinschaft, der es um ökumenische Erneuerung des Christentums geht. Seitdem ist der sicherlich nicht zufällig in der Nähe Clunys gewählte Ort weltbekannt geworden. Für ihre liturgischen Feiern (liturgischer Gesang wird hier sehr gepflegt) benutzt die Gemeinschaft die roman. Kirche des Ortes,

Ste-Marie-Madeleine. Die schlichte 1schiffige Kirche (frühes 12. Jh.), deren Spitzbogentonne im Langhaus auf seitlichen Blendbögen aufsetzt, hat ein einspringendes Turmjoch mit 8seitiger Kuppel, an das eine nochmals abgesetzte Halbrundapsis anschließt. Das I n n e r e ist mit schmalen Farbfenstern auf »weihevolle Stimmung« hin restauriert, ohne Anspruch auf Wahrung des roman. Raumcharakters. Dagegen blieb die A u ß e n g e s t a l t ohne empfindliche Eingriffe. Die Vorhalle ist modern. Die Mauern des Chorjochs sind zu Strebemauern für den *Turm* erhöht, der im oberen Geschoß schlanke Schallarkaden mit Doppelsäulen und einen Rundbogenfries zwischen durchgehenden Kantenlisenen aufweist, darüber Sägezahnfries.

1962 wurde daneben durch die Aktion Sühnezeichen die größere **Versöhnungskirche »Verklärung Christi«** gebaut.

Ein künstlerischer Anziehungspunkt ist das keramische Atelier des Frère Daniel.

TALANT (Côte-d'Or F5)

● **La Nativité de la Vierge.** Die Marienkirche des 1209 gegründeten Priorats von St-Bénigne in Dijon ist ein langgestreckter, querschiffloser Bau des 13. Jh. mit niedrigen Seitenschiffen und stämmigem quadratischem *Turm* vor dem Chor. Wie gereiht säumen Strebepfeiler Haupt- und Seitenschiffe, an den 3 östl. Jochen mit (erneuerten) Strebebögen, die auf verbreiterten Pfeilern mit schweren Aufsätzen (als Gegengewicht) ankommen. In der westl. Giebelfront ein *Säulenportal* mit 2 Eingängen (Mittelpfosten); im sonst leeren Tympanon gerahmte Reliefs mit Lamm Gottes bzw. einer Rosette.

Robust wie das Äußere ist auch das I n n e r e , das Rundpfeiler einfachsten Zuschnitts in 11 Joche gliedern. Über je 2 Jochen 6teilige *Rippengewölbe.* Die nur gekanteten Gurte und Rippen setzen auf grob geschroteten Kapitellen ebensolcher Säulenvorlagen an, die kurzen Querrippen dagegen auf mit Gesichtern oder Blattwerk skulptierten Konsolen. Der gerade *Chor*, niedriger als das Langhaus, ist wandbreit durchfenstert (16. Jh.). Über 4 (vermauerten) Lanzetten Rosen mit Flamboyant-Maßwerk. Die Schiffsfenster sind überraschend klein, dazu in den Laibungen stark geschrägt. Ebenso merkwürdig berührt das Fehlen einer wirksamen Vertikalgliederung. Die Mauer zwischen Arkaden- und Fensterzone bleibt »leer«.

Zur A u s s t a t t u n g gehören eine ganze Reihe künstlerisch interessanter *Bildwerke* und *Heiligenfiguren*, vornehmlich des 14.–16. Jh. Die Tafelbilder zumeist des 17. Jh. sind von geringerer Qualität.

TALMAY (Côte-d'Or G5)

● **Schloß.** Wie viele Schlösser in Frankreich geht auch dieses auf eine mittelalterl. Burg zurück, von der der mächtige, 4 Geschosse hohe, quadratische **Turm** mit steilem Pyramidendach stammt; die schlanke Laterne ist jüngeren Datums. Im oberen Geschoß noch Schießscharten und vorgebaute Gußerker (ob ursprünglich?). Mit einer Ecke nur stößt der

auch im Mauerwerk trutzige Turm an das nach Entwurf von
Jacques-Louis Daviler zwischen 1762 und 1771 entstandene
Schloß, dessen **Corps de logis** sich über durchfenstertem
Sockel in 2 hohen Fenstergeschossen aufbaut. Kurze, an den
Ecken geschrägte Flügel bilden keinen Ehrenhof mehr,
geben der *Fassade* jedoch Relief, deren Mitte unter einem
Dreiecksgiebel mit 3 Fensterachsen nur wenig vortritt. In
Sockelhöhe eine 2läufige Treppe, auf ihrem Podest der nicht
sonderlich betonte Eingang. – Mag manches auch restau-
rierende Zutat sein: das bauliche Konzept und der weniger
repräsentative, schon mehr private Charakter entsprechen
durchaus der Bauzeit gegen Ende des »Louis XV«. Dazu
gehören durchaus noch die Betonung der Mittelfront und
der Flügelecken durch Lagerfugen (die Schrägung kommt
erst jetzt auf) sowie der Wechsel in den Fensterbedachun-
gen. In der Anlage alt sind ebenfalls die Halbrund- bzw.
Ochsenaugenfenster der von Voluten eingefaßten Dacherker.
Die Innenausstattung wurde (nach alten Plänen?) erst seit
ca. 1825 vollendet. Bemerkenswert das mit Pilastern, Medaillons,
Vasen und Blumen ornamentierte Vestibül und der mit Putten-
friesen im Wechsel mit Masken ausgestattete große Salon. Die in
einen Flügel verlegte große *Treppe* begleitet ein elegant geschmie-
detes Geländer. Im Obergeschoß die ähnlich frühklassizistisch ausgestattete Kapelle.

TANLAY (Yonne D3)

Schloß

1535 erwarb Louise de Montmorency (Schwägerin des Staatsmanns
Anne de M.) das seit dem 13. Jh. stehende feste Schloß. Ihre 3 Söhne –
Admiral Gaspard de Coligny, der ehem. Kardinal Odet de Châtillon
und François d'Andelot – waren zur Reform übergetreten und kämpf-
ten in den Religionskriegen für die Sache der Hugenotten, während
der Onkel A. de Montmorency mit dem Herzog von Guise zum 1561
gebildeten kath. Triumvirat gegen die Protestanten gehörte. Schloß
Tanlay, das Fr. d'Andelot erbte, war häufiger Treffpunkt der Huge-
nottenführer, zu denen auch Louis I de Condé zählte.
Um 1555 begann Andelot das Renaissance-Schloß unter Verwendung

alter Grundmauern. Bei seinem Tode standen der linke Flügelbau mit
den beiden Rundtürmen und im linken Hofteil der Anbau des Haupt-
traktes. 1558 hatte er auch schon auf der anderen Seite des Schloß-
grabens mit dem Bau des sog. »Kleinen Schlosses« begonnen, offen-
bar zur Überwachung der ganzen Anlage. Letzteres konnte 1610
vollendet werden, während sich die Fertigstellung des großen Baues
hinzog.

● Das **Kleine Schloß** ist ein offensichtlich von römischen Monumentaltoren abgeleitetes Bauwerk mit vortretenden Flügeln, zwischen denen sich der *Torbau* mit rundbogig ge-
wölbtem Durchgang öffnet; rechts und links Mauerschlitze
für eine Zugbrücke. Im *Sockelgeschoß* erinnern die sehr
langen Steinblöcke mit Lagerfugen an die Bossenquaderung
florentinischer Renaissance-Paläste. Doch ein merkwürdig
verspielter Oberflächendekor mindert die Monumental-
wirkung: dicht gereihte Rundlöcher, in den oberen Lagen
Rankengeflechte, die ein bißchen an die in Spätrenaissance
und Barock beliebten Grottenwände denken lassen. In der
Oberfläche noch reicher dekoriert sind die Keilsteine über
Portalbogen und Fensterbekrönungen. – Das *Obergeschoß*
ist durchgehend mit flachen Pilastern gegliedert; in den
Zwischenfeldern schmale, gerahmte Fenster mit plastisch
betonten Giebelaufsätzen. Das Abschlußgesims ziert ein
Rankenfries. – In den steilen *Dächern* Fenstererker, eben-
falls mit Pilastern und ornamentierten Giebeln. Selbst die
Kamine haben eine »Schauseite«.

Der gewölbte Durchgang mündet in den sog. » G r ü n e n
H o f «, den auf 3 Seiten hohe Mauern mit Blendarkaden
umgrenzen, in denen Portale in den Wirtschaftshof und den
Park führen. Auf der 4. Seite eine **Brücke** über den Schloßgraben. Ihren Aufgang flankieren 2 hohe, mit Lagerfugen
gemauerte *Obelisken*; in den Sockeln Schilderhäuser. Die
Brücke geht in die sog. **»Porterie«**, einen von P. Le Muet
entworfenen, kantigen, auf der Frontseite im Wasser stehenden Blockbau mit Walmdach. Er hat auf der Brük-
kenseite »dorische« Säulen mit merkwürdig beringten
Schäften – wie die Obelisken beliebte Motive der damaligen
Militärarchitektur, für die der Architekt anfangs tätig war.

Tanlay. Schloß. Ansicht im 17. Jh.
Stich von Israel Silvestre (Ausschnitt)

Ursprünglich verband ein Wehrgang hinter Mauerarkaden die Porterie mit den Schloßflügeln; die Arkaden wurden im 18. Jh. durch Balustraden ersetzt, wodurch die ganze Schloßanlage offener erscheint.

Hauptschloß. Der E h r e n h o f ist ein 42×32 m großes, verschobenes Rechteck mit dem 1648 vollendeten **Corps de logis** als Hauptbau. In der 2geschossigen, in 7 Achsen unterteilten H o f f r o n t bilden je 3 Fenster übereinander wirksame Vertikalen, horizontal jedoch gebunden durch Sockelgeschosse und Abschlußgesimse. In beiden Geschossen rhythmisierend angelegte Pilastergliederung ohne sonstigen Baudekor. Dagegen sind die Dacherker üppig gerahmt und begiebelt. In den Hofecken treten polygonale *Treppentürme* hervor; sie übernehmen die 2geschossige Gliederung, überragen den Hauptbau aber mit 2 weiteren Geschossen und Laternenkuppeln. Die ungleich langen, älteren **Flügel** bilden im Hof *Pfeilerarkaden*, deren Gesimshöhe und Gliederung der Architekt für Treppentürme und Hauptbau übernahm – auch für die Gartenseite.

Die 11 Fensterachsen lange und ohne Pilastergliederung aufgeführte G a r t e n f r o n t gehört in ihrer mit feinen Akzenten rhythmisierten Ausgeglichenheit zu den schönsten Fassaden des 17. Jh. in Frankreich. Die *Rundtürme*

gehen – wie auf der Gegenseite beim »Grünen Hof« – auf die
frühere, befestigte Anlage zurück, sind aber so vollendet
dem Wohnpalast eingebunden, daß ihnen nichts Wehrhaftes mehr anhaftet. Mit dem 3. Geschoß erheben sie sich über
das Dachgesims und tragen auf der Kuppel noch sich verjüngende Doppellaternen, deren Wetterfahnen mit den flammenden Granatäpfeln auf Kaminen und Fensterbekrönungen im steilen Dach wetteifern. Leicht beschwingt wirken
auch die im Wechsel ochsenäugigen und geraden Dachfenster auf dem Traufgesims, alle in schmuckreichen Rahmen.
Die 3 mittleren Achsen treten unten als Risalit vor; im Obergeschoß ein offener Balkon. Das schlichte Portal führt auf
eine Brücke über den Graben.

Das Innere blieb mit Balkendecken, Bodenfliesen,
Möbeln, Teppichen und Bildern großenteils erhalten; das
Schloß hat auch Religionskrieg und Revolution unbeschädigt überstanden. Beachtung verdienen besonders die vermutlich alle von Le Muet entworfenen *Kamine*, jeder
anders, doch immer maßstäblich und mit wechselndem
Dekor.

Das im Mittelrisalit gelegene »Vestibül der Cäsaren« (nach
römischen Kaiserbüsten) unterteilen 2×2 dorische Säulenpaare in
querrechteckige, an den Außenseiten genischte Kompartimente,
die mit böhmischen Kappen von vollendeter Formeleganz gewölbt sind. In ihrer Leichtigkeit werden sie durch den hellen Stein
gefördert, an dem das flache Relief der Bögen und Rahmen nur
linienhafte Schatten entstehen läßt. – Aus den Eckräumen führen
Wendeltreppen in die oberen Geschosse.

In der 1. Etage eine Galerie (21 m lang, 1761 infolge eines Brandes verkürzt) in der Tradition der Renaissance-Schlösser, hier allerdings samt Nischen mit Figuren und Trophäenreliefs sowie den Kassetten am flachbogigen Gewölbe durch bravouröse *Grisaillemalerei*
(vermutlich nach Entwürfen von Le Muet) vorgetäuscht.

Der untere Rundraum im vor 1569 entstandenen **»Turm der
Liga«** besitzt noch seine urspr. ornamentale Malerei, der obere
ein bemerkenswertes *Kuppelfresko* mit den versammelten olympi-
schen Göttern, unter denen Zeitgenossen die Vertreter der Kath.
Liga und der Hugenotten erkannten: Der doppelköpfige Janus
(gezackte Krone) ist der französische König. Er blickt mit freundli-

Tanlay. Schloß. Kuppelfresko im »Turm der Liga« (Ausschnitt)

chem Gesicht zu den Katholiken: u. a. Venus (Diana von Poitiers),
daneben der gerüstete Mars (Herzog von Guise). Finster blickt er
dagegen zu den Protestanten: Neptun (Admiral Coligny), Herkules
(Fr. d'Andelot, der Schloßherr); auf ihrer Seite die Weisheit mit
der Taube der Eintracht sowie Minerva, die mit Helm und Stab

Vernunft und kluge Führung verkörpert. Zwischen den Gruppen macht Justitia Merkur auf die Hugenotten aufmerksam. In der Mitte schwebt Jupiter wachsam über den Göttern. Einen »Tempel des Protestantismus« hat man den Turm genannt, weil die Tugenden die Anhänger der Reform vertreten, die Laster dagegen die kriegslüsterne Liga. Inhaltlich geht die Komposition auf ein Huldigungsgedicht (auf Heinrich II.) des Hofdichters P. de Ronsard (1525 bis 1585) zurück; R. war mit den 3 protestantischen Brüdern befreundet. Die manieristisch in die Länge gezogenen und sich künstlich-geziert bewegenden Akte passen in der Härte der Zeichnung und spröden Farbigkeit nicht recht zu Primaticcio, dem sie oft zugeschrieben werden; allenfalls stammen sie von Mitarbeitern. Möglicherweise wurden die verlorenen Partien als anstößig empfunden und entfernt. Im gegenüber stehenden, gleichzeitigen **SO-Rundturm** wurde im 17. Jh. die quadratische K a p e l l e mit zeitüblicher Pilastergliederung und Spiegelgewölbe eingebaut. Ein Altarbild mit »Kreuzabnahme« wird der Perugino-Schule zugeschrieben.

Le Muet hat auch den ca. 40 ha großen **Park** angelegt; von seiner Planung stammt noch der rd. 530 m lange, schnurgerade *Kanal*, an den der Schloßgraben angeschlossen ist. An seinem Ende als »point de vue« eine Art **Wasserschloß**, in dem sich Quellwasser aus den benachbarten Tälern sammelt; eine Nischenwand mit Balustrade auf dem höheren Mittelteil. Durch den sich perspektivisch verkürzenden Kanal wird das Wasserschloß – eine kleine architektonische Kostbarkeit – optisch näher an das Hauptschloß herangezogen (früher auch »La Perspective« genannt), eine seit der Renaissance einkalkulierte Wirkung.

TIL-CHÂTEL (Côte-d'Or G4)

Die übergründlich restaurierte roman. **Kirche** ist eine 3schiffige Basilika mit 5 queroblongen Jochen im 2geschossig gegliederten Langhaus, Querschiff mit ausgeschiedener Vierung und das Langhaus fortsetzendem Chor mit 3 Halbrundapsiden.
A u ß e n b a u. In der *W-Front* zwischen Strebepfeilern in einem Rechteckblock (Ansätze von Giebelschrägen stammen von einer Vorhalle) das *Hauptportal*, das im 19. Jh. zu sehr »restauriert« wurde, um formal beurteilt werden zu können.

5 Säulenpaare stehen im Stufengewände. Das *Tympanon* zeigt zwischen Evangelistensymbolen in Dreipaßglorie den thronenden Christus sowie Atlanten an den seitlichen Konsolen. Die übrigen Ornamente sehen aus wie Neuerfindungen des Restaurators. Wenigstens in den Vorbildern alt scheinen die mit Fabeltieren bereicherten Blattkapitelle und rankenverzierten Kämpfer.

Merkwürdigerweise zeigt das *südl. Nebenportal* im *Tympanon* ebenfalls einen thronenden Christus in von 4 Engeln gehaltener Mandorla; die Evangelistensymbole sind an den äußeren Rand gedrängt. Eine Inschrift nennt »Petrus divionensis« (Peter aus Dijon) als Künstler. Die gleiche Signatur an einem der beiden Tympana von St-Bénigne in Dijon, dazu mit demselben Programm, läßt einen Zusammenhang zumindest vermuten; doch das hiesige Tympanon ist in der Komposition gedrängter und in der Ausführung fahriger; es erinnert mehr an die Spätstufe der burgundischen Romanik (u. a. in Charlieu).

Aus dem 15. Jh. stammt das *Kielbogenportal* am letzten Joch der N-Seite; vermutlich ist es gleichzeitig mit dem dort teilerneuerten Querschiffarm (diagonal gestellte Strebepfeiler!). An Langhausmauern, Querschiff und Chor bilden Strebepfeiler das einzige Gliederungselement. Der (erneuerte) scharfkantig gedrungene *Vierungsturm* besitzt nur im letzten Geschoß doppelbogige Schallarkaden.

Das Innere gliedern im *Langhaus* stämmige Pfeilerarkaden mit eingebundenen Halbsäulen, in den Seitenschiffen einfache Pilaster. Auf dem von den Kapitellkämpfern ausgehenden Horizontalgesims setzen eine von Quergurten durchzogene spitzbogige Längstonne wie auch einschneidende Stichkappen der rundbogigen Fenster auf: also eine nur 2zonige Wandgliederung (die Tonne sitzt zu niedrig, um in der Wand noch Fenster zu öffnen). In den *Seitenschiffen* Kreuzgratgewölbe zwischen gestuften Quergurten, an den Außenwänden Blendbögen. In der über Trompen 8eckigen *Vierung* eine lichtlose *Kuppel*; der nördl. Querarm erhielt im 15. Jh. Rippengewölbe.

Die meisten *Kapitelle*, die Aufmerksamkeit erregen, sind bei der Restaurierung etwas scharf überholt; neben antikisierenden, mit breiten, volutenförmig gebogenen Blättern besetzten Hochkapitellen solche, vornehmlich in den Bogenlaibungen (besonders im westl. Joch), die phantasievoll mit Fabeltieren skulptiert sind: Greife, Sirenen und vogelköpfige Wesen mit Schlangenschwänzen bevölkern die Kapitellblöcke, daneben auch Monsterwesen, denen Bänder und Ranken aus den Mäulern quellen, u. a. Dieser üppige Baudekor, vermutlich vom Tympanon-Meister, legt eine Datierung ca. Mitte des 12. Jh. nahe. Einige wenige Kapitelle zeigen auch streng stilisierte, ausgefächerte Blätter, die altertümlich anmuten, doch vermutlich nur älteren Vorbildern folgen.

TONNERRE (Yonne C3)

Die »Fosse Dionne« (angeblich von der keltischen Wassergottheit Divona abgeleitet) und eine nur von N zugängliche Höhe boten die Voraussetzungen für eine Besiedlung vermutlich schon in vorrömischer Zeit. Auf der Höhe entwickelte sich auch die erste Stadt; hier entstand die älteste Pfarrkirche und hatten die Bischöfe ihre feste Burg. Ende des 10. Jh. entstand auf der Höhe ein Benediktinerkloster. Nach Jahrhunderten besiedelten die Bewohner die fruchtbarere Flußebene; an den Hängen bauten sie Wein an, in der Ebene Korn. An Straßenzügen, Baumalleen und Flußwindungen läßt sich die Stadtentwicklung bis in die Neubaugebiete der Gegenwart verfolgen – trotz des verheerenden Brandes, der 1556 den größten Teil der Stadt vernichtete.

● **St-Pierre.** Vom *roman. Bau* des 12. Jh. besteht nur noch ein (verdeckter) Teil der *W-Front* mit durch Mittelpfosten unterteiltem *Portal*.

Im rechten Bogenfeld 3 nicht gedeutete Figurenmedaillons, im linken (wahrscheinlich) Daniel in der Löwengrube. Die Ornamente zeigen sowohl antikisierende wie aus heimischer Tradition kommende Motive. Die linkische Zeichnung sowie die mehr eingekerbten als skulptierten Formen sprechen für Datierung zwischen 1100 und 1200.

Die umschließende **Mauer** (15. Jh.) gehörte zu einer Befestigung, deretwegen die roman. Kirche abgetragen wurde. Der got. Chor lag weiter östlich.

Ä u ß e r e s. Im 16. Jh. entstand zwischen Portal und Chor das heutige *Langhaus*. Der Turm steht auf der genannten Mauer. Der hohe *Chor* war um 1300 mit 7seitiger Apsis gebaut worden. Die rechtwinklig vorspringende *S-Front*

entstand nach dem Stadtbrand: eine *Renaissance-Prunk-* •
fassade, die mit dem *Hauptportal* auffällig der inzwischen im
Tal gewachsenen Stadt zugekehrt ist. Nahezu alle klassischen Formen sind hier ausgebreitet, wenn auch nicht
immer im rechten Verständnis ihrer baulogisch entwickelten Gesetzmäßigkeit: Freistehende und eingebundene Säulen und Pilaster aller antiken Ordnungen tragen Gebälk
und Rankenfriese; hier finden sich aber auch Giebeldrei-
ecke, Voluten und Muschelkartuschen sowie mit Laubwerk
skulptierte Kassetten und Rosetten. – Die *N-Front* ist
wesentlich anspruchsloser. – Der in schönem Quaderwerk
aufgeführte querrechteckige *Turm* gehört trotz seiner robusten, mauerhaft geschlossenen Gestalt zum Bau des
16. Jh.; sein verjüngtes Glockengeschoß öffnet sich in doppelten Schallarkaden; die (erneuerte) Dachpyramide bekrönt ein luftiger Tempietto.

Im I n n e r n bilden Langhaus und Querschiff mit ihren
Annexen einen querrechteckigen Raum. Das Mittelschiff
verlängert sich über Vierung und Chorjoch bei gleichblei-
bender Höhe bis in die 7seitige Apsis. Das von Sakristeien
flankierte *Chorjoch* und die *Apsis* sind zwar noch »um
1300«, doch die Gewölbe wurden erneuert und der Dekor
überarbeitet: Die got. Blendbögen der Apsis sind mit Gips
überzogen (einige Kapitelle scheinen alt), die Dreipässe der
Fenster wurden zu Kielbögen. Den Rippenprofilen in der
Apsis und den hängenden Schlußsteinen spürt man die
Nachempfindung des Gotischen an, ebenso dem spätgot.
Sterngewölbe des Chorjochs. Die got. Chorkapitelle sind
meist durch Kämpfer mit Rosetten ersetzt.

Mit dem Chorjoch beginnt 1556 der *Neubau*. Die mit
dünnen Diensten besetzten Bündelpfeiler sind in der
Grundform noch gotisch, ebenso die phantasievoll mit
Kreuz-, Scheitel-, Quer- u. a. Nebenrippen gezeichneten
sternförmigen Gewölbe; sie passen sich aber den neuen
Renaissance-Formen an und bilden so etwas durchaus
Neues. Gotisierende Arkadenpfeiler können neben toska-
nischen Säulen als Zwischenstützen bestehen, oder in den

Fenstern das aus Kreisen montierte Maßwerk. In den Seitenschiffen und Kapellen Sterngewölbe in Abwandlungen. Das *Vierungsquadrat* begrenzen Bündelpfeiler mit phantasievoll skulptierten Basen. In den Stirnseiten der *Querschiffarme* haben die Fenster Renaissance-Maßwerk, auf der S-Seite mit Laufgang, der außen auf eine Balustrade über dem Portal führt. – Das *Langhaus* besteht aus nur *einem* Doppeljoch mit Säulen als Zwischenstützen; die südlichen haben sogar verstäbte Kanneluren. Haupt- und Seitenschiffe decken Kreuzrippengewölbe. Die Zwischenmauern der Seitenschiffe sind vorn mit Pilastern besetzt.

Das Nebeneinander von gotischen, gotisierenden und Renaissance-Formen wirkt bei der Aufgliederung der Kirche in viele Teilräume zunächst verwirrend; die dennoch erzielte künstlerische Einheit beruht vielleicht vor allem darin, daß nahezu alle Formen, auch die überarbeiteten im Chor, in Faktur und Formprägung von Renaissance-Erfahrungen bestimmt sind.

Notre-Dame

Die sich an Hängen und am Fluß ansiedelnde Bevölkerung benötigte bald eine eigene Pfarrkirche, nachdem zunächst eine Krankenhauskapelle als solche benutzt worden war. Der Chor ist aus dem 13. Jh. Er und das im 13./14. Jh. erbaute Langhaus erlitten bei Überfällen schwerste Schäden; bei dem großen Stadtbrand 1556 wurde v. a. die kurz vorher aufgeführte Renaissance-Fassade getroffen. Im 2. Weltkrieg ging die Kirche nahezu ganz verloren.

Die Wiederherstellung kommt einem »stilreinen« Neubau gleich – bis auf die *Fassade*, die man mit den Portalen im überkommenen Zustand beließ. Trotz des angeschlagenen Baudekors und Verlustes aller Figuren ist die architektonische Grundgestalt des zwischen Strebepfeilern angelegten *Hauptportals* noch erkennbar gotisch, allerdings in Renaissance-Formen ausgeführt. Anders dagegen das *Turmportal* daneben, dessen rundbogige, von Säulen und Architrav gerahmte Öffnung ein Dreiecksgiebel bekrönt. Darüber ein großes, profilreich eingefaßtes Rundfenster mit renaissancemäßig gezeichnetem Maßwerk. Auch der mächtige,

wie ein Wahrzeichen aufragende quadratische *Turm* (1610
bis 1620) wirkt mit seinen übereck gestellten Strebepfeilern
und schlitzartig schmalen Fenstern in den mit kräftigen
Gesimsen abgesetzten Geschossen noch durchaus mittelalterlich. Das sich in doppelten Klangarkaden öffnende Glok-
kengeschoß schließt mit Konsolgesims und Balustrade ab.
Die Verwandtschaft mit dem älteren Turm von St-Pierre ist
nicht zu übersehen.

Hôpital Notre-Dame-des-Fontenilles •

*Das Hospital ist eines der ältesten erhaltenen Krankenhäuser des Mit-
telalters in Frankreich (vgl. Beaune). Es wurde 1293 von Margarete
von Burgund, Gräfin von Tonnerre (Witwe Karls von Anjou, des aus
der Staufergeschichte bekannten Königs von Sizilien, Neapel und
Jerusalem und Bruders des hl. Ludwig), in ihrer Hauptstadt gegründet. Im Hospitalbereich (!) ließ sie sich ein Schloß bauen, um sich
aktiv auch selbst der Krankenpflege widmen zu können. Der in 2
Jahren erbaute Krankensaal hat die Überfälle der Engländer und
Burgunder im 14. und 15. Jh. und den Stadtbrand 1556 ohne ernst-
hafte Schäden überstanden. In der Revolution wurde nur der mit
vergoldetem Blei gedeckte Chorhelm der Kapelle abgebrochen und
das Grabmal der Gründerin zerstört; der Bau selbst blieb unangetastet. Seit Mitte des 19. Jh. drohte dem durch Vernachlässigung v. a.
in Gewölben und Dachstuhl zunehmend gefährdeten Bauwerk Unheil; noch 1902 sollte es Markthalle werden. 1905 begann die Instandsetzung der Gewölbe, 1941 auch des Dachstuhls.*
*Aus dem Mittelalter ist nur der Krankensaal mit der Kapelle erhalten
geblieben. Seit Mitte des 17. Jh. waren entlang der Hospitalstraße
Erweiterungsbauten entstanden, die nur mit dem W-Joch des alten
Krankensaals und der im 9. Joch eingerichteten Empore (mit Blick
zur weiterbenutzten Kapelle) verbunden wurden. Mitte des 19. Jh.
entstand im ehem. Garten ein neues Krankenhaus.*

Der 1schiffige G r o ß e S a a l hatte ursprünglich 10 Fenster- •
achsen; mit Vorhalle und Kapelle war er 101 m lang und
18,20 m breit. Mit einer Firsthöhe von 25 m überragt das
riesige Satteldach die Bauten seiner Umgebung. – I n n e -
r e s. Der lange, schmale Raum ist von sachlicher Einfachheit, nirgends findet sich ein Ansatz von Baudekor: Ausdruck betonter Zweckmäßigkeit, die sich auch in überlegten
Details bekundet. Die Saalfenster z. B. liegen so hoch, um

die Kranken in ihren mit Blick zur Kapelle aufgestellten
Betten vor Zugluft zu schützen; unter den Fenstern verlief
beidseits eine hölzerne Galerie, von der aus man über Sohl-
bankstufen (in den Fensterlaibungen) die Außenfenster

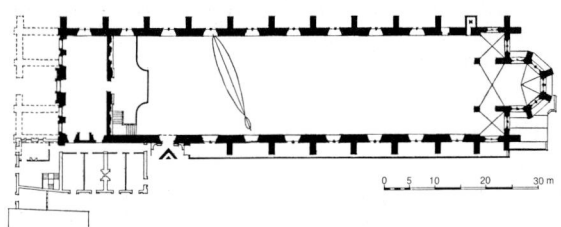

Tonnerre. Altes Hospital. Grundriß
(mit der 1764 abgerissenen Vorhalle und der Gnomon-Kurve)

öffnen und – notfalls – auch ein- und aussteigen konnte. Am
W-Ende des Saales führten Treppen auf diese Galerien,
die wiederum auf Außentreppen gingen. Oder weiter: Um
Staubansatz zu vermeiden, wurden die Balken unter der
Holztonne geglättet, und, damit sie schmal und leicht wirkten, gekantet. Die Vierpaßlöcher in den Brettern der Tonne
sorgten für Rauchabzug. Auf bautechnische Erfahrung und
besondere Sorgfalt läßt ferner schließen, daß zwischen den
Kapellenpfeilern und ihren Sockeln Bleifolien eingeschoben waren, um Gewichtsveränderungen aufzufangen.
Die K a p e l l e öffnet sich in spitzbogigen Arkaden auf die
volle Raumbreite des Krankensaals: die mittlere reicht bis
zum Scheitel der Holztonne, die seitlichen sind entsprechend niedriger und schmaler. Möglicherweise hat man die
Vorstellung von einem basilikalen Chor angestrebt; darauf
könnten z. B. die 5seitige Apsis und das von Nebenchören
flankierte Chorjoch deuten. Alle diese Räume haben Rippengewölbe; die Rippen sind – wie die Balken – nur gekantet, ebenso die Pfeiler und geschrägten Längs- und Quergurte. Äußerst schlicht sind ebenfalls die schmalen, hohen,

in Lanzetten unterteilten Fenster mit maßwerklosem Vierpaß im Bogenfeld. Leider wurden die Kapellenfenster bei Aufstellung der Altäre und Bildgruppen verändert. Die Sockelmauer des Apsispolygons ist mit Nischen gegliedert.

Der Krankensaal hatte ursprünglich eine Vorhalle, aus der ein Portal mit dem »Jüngsten Gericht« im Tympanon und einer Christus-Figur am Mittelpfosten ins Innere führte (in Beaune befand sich das »Weltgericht« von Rogier van der Weyden ebenfalls im Krankensaal). Die jetzige *W-Wand* des Saals mit Pilastergliederung und Figurennischen stammt aus dem 18. Jh.

Eine gerühmte Meisterleistung stellt die durchgehende *Holztonne* dar. Fugendicht verlegte, an nicht sichtbaren Querhölzern befestigte kurze Bretter bilden die gewaltige, nicht ganz einen Halbkreis (Scheitelhöhe 8,30 m) beschreibende Gewölbefläche. Wie feingliedriges Gitterwerk muten die ohne Zwischenstützen 18,30 m breiten, schlanken Querbalken an, nur in der Mitte von 8 m hohen, mit Bügeln verzapften Hängebalken gehalten, die im Dachstuhl über der Holztonne befestigt sind. Im 17. Jh. wurde der Fußboden um gut 50 cm höhergelegt; die verkürzten Seitenmauern haben die Proportionen des Saales verändert, er wirkt dadurch etwas gedrückt und weniger ausgeglichen. – Trotz seiner Nüchternheit besitzt dieser Raum einen besonderen Grad von ernster Würde. Daran hat der sich unter dem Halbrund der Tonne in 3 Spitzbögen wie Lichtarkaden öffnende Chor wesentlichen Anteil; vor der Vermauerung der Apsisfenster war das Raumbild sicherlich noch eindrucks voller. Die Autorität des Religiösen wird hier noch heute unmittelbar zum Erlebnis. Aber auch die mächtige Halbrundtonne scheint den Raum dem Nur-Profanen zu entrücken, vielleicht weil sie die basilikal gestuften Lichtarkaden des Sanktuariums umschließt.

Ausstattung. Im Anbau der rechten Seite »*Grablegung*« (1454) mit lebensgroßen Figuren, szenisch und repräsentativ zugleich aufgebaut. Nikodemus und Joseph von Arimathäa, mächtige Gestalten, betten den toten Christus in den Sarkophag, dahinter Maria, Johannes und die Frauen. Lediglich die seitlichen Figuren sind vollrund, die hinteren nur, soweit sie sichtbar sind. Der Realismus der Handlungsgebärden wie des Stofflichen erinnert noch an Sluter bzw. seine Schule. Doch die in Trauer verhaltenen, stummen Gebärden und die Stille sind weniger zupackend, eher mit einem lyrischen Grundton. Der Sarkophag wirkt wie ein Altar, durch den die historische Szene eine kirchlich-liturgische Deutung erfährt.

In nicht geringerer Qualität, jedoch in got. Formprägung des 14. Jh. präsentiert sich eine überlebensgroße *»Madonna mit Moses am brennenden Dornbusch«* (ca. 2,10 m); die leichte S-Schwingung und eine elegant feinlinige Faltenbewegung rechtfertigen die Datierung. Der Dornbusch, der »brannte, aber nicht verbrannte«, ist typologisches Symbol für die Jungfräulichkeit Mariens. – Der aufwendige *Hochaltar* ist 1621 datiert. – Das 1826 erneuerte *Grabdenkmal der Gründerin* vor dem Hochaltar ist akademisch glatt und ausdrucksarm.

In der linken Kapelle sind seit 1819 die prunkvollen marmornen *Figuren vom Grabmal des Marquis de Louvois* (1641–91, Minister unter Ludwig XIV. und von diesem zum Grafen von Tonnerre erhoben) und seiner Gattin aufgestellt; sie sind von Bronzefiguren der »Weisheit« und der »Wachsamkeit« begleitet: charakteristische Beispiele des höfisch deklamatorischen Stils im 17. Jh.

In den Nischen der W-Wand gilt 2 stehenden *weiblichen Holzfiguren* des frühen 14. Jh. mit Spuren farbiger Fassung Aufmerksamkeit: nach örtlicher Tradition die Gründerin des Spitals und ihre Gefährtin. Man setzt sie in die Nähe der Pariser Plastik um 1300.

Ganz besonderes Interesse verdient die 1795 durch Ritzzeichnung auf dem Boden angelegte *Gnomon*-Kurve. Der Gnomon ist ein astronomisches Gerät, das die Zeit nach dem Höhenstand der Sonne mißt und auch den Unterschied zwischen der »mittleren« und der »wahren« Zeit angibt; die vielen an ihm ablesbaren Daten sind hier nicht zu erörtern. Übrigens wählte man als Meßort mit Bedacht den hiesigen, gegen Senkung sicheren Saal.

Die Außengestalt bestimmt das riesige, ursprünglich mit farbigen Ziegeln gedeckte *Giebeldach* (4500 m²). Der erneuerte *Glockenturm* ist von 1832. Mächtige, niedrige *Seitenmauern* (1,42 m stark), die am Boden 2,20 m tiefe, in langen Schrägen abgedachte Strebepfeiler verstärken, haben das Gewicht des Daches ohne Beeinträchtigung bis heute getragen. Die innen rundbogigen Fenster öffnen sich zwischen den Strebepfeilern als spitzbogige Doppellanzetten. Der seiner eleganten Helmspitze beraubte *Chor* mit polygonaler *Apsis* ist ebenso schmucklos wie im Innern, doch die steilen, feinlinig zwischen die Strebepfeiler eingeschnittenen got. Fenster erheben ihn auch außen über das Nur-Profane.

Die **»Fosse Dionne«** entspringt im Talkessel am Fuß des Felsens von St-Pierre (s. o.). Das Wasser fließt in ein rund gefaßtes Bassin, im Halbrund umschlossen von einem offenen Fachwerk-**Waschhaus**, und von dort ca. 250 m breit in den Armançon.

In der Stadt haben sich einige Straßenzüge mit **alten Häusern** und mehr oder weniger reich ausgestatteten *Portalen* des 17./18. Jh. erhalten (v. a. R u e   d u   P o n t , R u e   d ' A r m a n d - C o u l i n). Das künstlerisch bedeutendste und auch älteste ist das **Hôtel d'Uzès**, vermutlich bald nach dem Brand mit quadratischem Treppenturm und einem durch Straßengitter abgeschlossenen Hof vor der Portalfront gebaut.

TOURNUS (Saône-et-Loire F8)

Die Stadt reicht auf eine schon vorrömische Siedlung bei einem organisierten Übergang über die Saône zurück. Ihre bewegte Geschichte kann hier nicht im einzelnen nachgezeichnet werden.

Ehem. Abteikirche St-Philibert ●

Zwar ist die für ein Kloster gebaute gewaltige Kirche in fast alle kriegerischen und politischen Wechselfälle hineingezogen worden, doch waren diese Ereignisse für die Baugeschichte nur bedingt von Belang. Einige Daten sind gleichwohl zu nennen: Der urspr. Patron war der hl. Valerianus, der angeblich vom hl. Irenäus (Bischof von Lyon und Enkelschüler des Apostels Johannes) mit Missionsauftrag hierherkam und 177 den Märtyrertod fand (s. dazu Saulieu, Autun, Chalon, Dijon). Gregor von Tours († 594) berichtet über eine Mönchsgemeinschaft an seinem Grab. Karl d. Kahle übereignete 875 den vor den Normannen aus Noirmoutier (vor der Loire-Mündung) geflohenen Mönchen des hl. Philibert das Valerianuskloster samt Castrum. Das führte zu jahrzehntelangem Streit. Im 10. Jh., nach Zerstörungen durch die Ungarn 937, begann der wirtschaftliche Aufstieg des Klosters, gefördert durch das religiöse Ansehen der Philibert-Reliquien und Stiftungen.

*Bei einem großen Brand 1007 oder 1008 ging das ganze Kloster
(»totum monasterium«) zugrunde. Wiederherstellung und Neubau
im 11. Jh., Weihe 1120 durch Papst Calixtus II., einen burgundischen
Grafen und Erzbischof von Vienne, der als Papst den Investiturstreit
in Deutschland durch das Wormser Konkordat beendete. Danach
keine grundlegenden Veränderungen mehr an der Kirche. Seit 1489
regierten hier Kommendataräbte. Von der großen Revolution blieb
die Kirche (das Kloster wurde bereits 1627 säkularisiert) verschont.
Seit 1845/50 erste Restaurierungen, eine umfassende 1955–60.*

Plan. Die **Kirche** ist eine 3schiffige Basilika mit quadratischer Vierung im ausladenden Querschiff, Umgangschor
mit Kapellen und Halbrundapsis nach geraden Chorjochen
mit Nebenapsiden an den Querschiffarmen. Im W eine
3schiffige, 3 Joche tiefe Vorhalle (Narthex).

Man betritt den noch ummauerten **Klosterbezirk** zwischen
Türmen und steht unversehens vor dem steil aufragenden
● Mauerblock der 3 Joche tiefen V o r h a l l e (Abmessungen:
Breite 16,60 m, Höhe des südl. Frontturms 25 m, des nördlichen ohne Helm 33 m, bis zur Helmspitze ca. 50 m; zur
Datierung s. S. 495). Streng, fast abweisend steht die *Mauerfront* da, sie läßt nicht einmal Vermutungen über die Raumgliederung dahinter zu. Die kantige Geschlossenheit und
robuste Mauerstruktur (Victor Hugo: »grave et massive car-
rure«) traten vor Hinzufügung der plastisch reicheren Obergeschosse im 12. Jh. am *NW-Turm* und ohne das erneuerte
Portal zweifellos noch deutlicher zutage. Rekonstruiert man
den NW-Turm nach dem Satteldach des *SW-Turms*, hat
man das urspr. Konzept eines hochgestellten Rechteck-
blocks, der an die karolingischen und ottonischen West-
werke im Ostfränkischen erinnern – aber auch einen wehrhaften Aspekt vermuten läßt, vermehrt noch, wenn man
sich die kurzen Turmaufsätze schon von Beginn an durch
einen Wehrgang verbunden denkt; der heutige mit Zinnenkranz und Wurfschächten zwischen Konsolen geht auf das
14./15. Jh. zurück, wurde aber im 19. Jh. – wie das Portal –
wenig angemessen erneuert. Wehrhaft muten auch die wie
Schießscharten schmalen Mauerschlitze an, die kaum als
Fenster anzusprechen sind; auf der N-Seite allerdings auch

Tournus. St-Philibert. Äußeres von Südwesten

im Erdgeschoß rundbogige Fenster und ein – vermauertes – kleines Portal.

Besondere Beachtung verdienen *Mauertechnik* und eine die Mauerfläche belebende *Gliederungsweise*. Verwendet wurden nur mit dem Hammer bearbeitete, nicht geglättete Kalksteine in der hellen Farbe roter Ziegel. Das solide Mauerwerk bedurfte nicht der üblichen Eckverstärkungen. Zwar finden sich wiederverwendete römische Blocksteine am ganzen W-Bau, aber ohne System nur hier und da eingesetzt; in Höhe der Untergeschoßgewölbe allerding in mehreren Schichten massiert – offensichtlich als Verstärkung gegen Druck und Schub. Charakteristisch für die Frühromanik sind die flachen, wie vorgeblendeten *Lisenen* und *Bogenfriese*, die jedoch im Verbund gemauert sind (also nicht nachträglich angebracht wurden). Die Front wird durch sie in 2 Geschosse unterteilt, die *nicht* der inneren Geschoßteilung entsprechen; das untere Blendgeschoß ist mehr als zweimal so hoch wie das obere! In den Blendgeschossen setzen sich die vertikalen Lisenen jedoch nicht fort, d. h. sie bilden kein übergreifendes Gliederungssystem. Zwar ist die Zahl der Lisenen gleich, doch rahmen sie unterschiedlich breite Felder. Die breiteren Mittelfelder betonen die Mittelachse, im oberen steigen die Bogenfriese giebelförmig an und durchstoßen hier sogar ein schmales Ornamentband. Offensichtlich sollte der Giebel mit den beiden Turmdächern zusammen gesehen werden. Leider stört die zu mächtig erneuerte Maschikuli-Galerie diese Vorstellung.

Der absolute Flächencharakter ist Stil, ebenso die stereometrisch bestimmte Blockform des Baukörpers mit scharfkantig begrenzten Mauerflächen. Das macht der Vergleich mit den *oberen Geschossen* des im 12. Jh. aufgestockten *NW-Turms* deutlich, deren Mauerwerk vielschichtig mit plastischen Mitteln (Halbsäulen mit Kapitellen in Gewändestufen und gerundeten Archivolten) durchformt ist. Ein niedriges Geschoß mit dichtgestellten Blendarkaden (kannelierte Pilaster) vermittelt zu den jüngeren Turmgeschossen mit

offener Bogenarchitektur: im unteren mit je 2 Doppelarkaden zwischen Pfeilern mit eingebundenen Säulen, im oberen
3 Bogenstellungen; die Häufung der Säulen läßt schon an
frühgot. Bündelpfeiler denken. Die Eckpilaster sind von
den Kanten weggerückt, in die entstandenen Winkel Säulen
mit geschuppten oder gedrehten Schäften gestellt, im oberen Geschoß (SW- und NO-Ecke) sind es gar *Säulenfiguren*,
die unter den Kapitellen wie Karyatiden wirken (nach der
Ortstradition Philibert und Valerianus). Sie gehören zu den
ältesten Säulenfiguren überhaupt.

Die *Seitenmauern des Narthex* sind ebenfalls mit Lisenen
und Bogenfriesen gegliedert. Im 2. und 3., jetzt basilikal
gestuften Joch wirken sie wie Strebepfeiler; sie erscheinen
auch zwischen den Fenstern des höheren Mittelschiffs. Vermutlich sollte der ganze Narthex ursprünglich nur die Höhe
des Untergeschosses haben. Dafür spricht u. a., daß die
genannten Blocksteine im oberen Geschoß des ganzen
W-Baus fehlen. Das erklärte weiterhin die auffallende
Asymmetrie in der Geschoßgliederung sowie die mit dem
Innern nicht übereinstimmende Geschoßhöhe.

Die K i r c h e ist im *Langhaus* breiter als der Narthex; statt
der Lisenengliederung erscheinen kräftige Strebepfeiler.
Auf der S-Seite liegen *Kreuzgang* und *Mönchsbauten*; die
N-Seite ist durch got. *Kapellen* (15. Jh.) verbaut. Der N-
Flügel des *Querschiffs* wurde bei Sicherungsmaßnahmen
verändert. In der Stirnseite über got. Portal ein Maßwerkfenster (1. Hälfte 14. Jh.). Am N-Flügel des Umgangs eine
rechteckig ummantelte Nebenapsis; neben ihr eine vom
2. Umgangsjoch abgehende Kapelle (die vergleichbare S-
Kapelle heute *Sakristei*)

Vom halbrund die Apsis umschließenden *Umgang* stoßen
radial angeordnete *Rechteckkapellen* vor; zwischen ihnen
große Rundbogenfenster. An dem abfallenden Hang steht
die *Krypta* auf der SO-Seite mit Chorrund und Kapellen
über der Erde. Das sehr unregelmäßige Mauerwerk ist ein
Konglomerat unterschiedlicher Steine (auch wiederverwendete römische Blocksteine) in dicken Mörtelschichten, hier

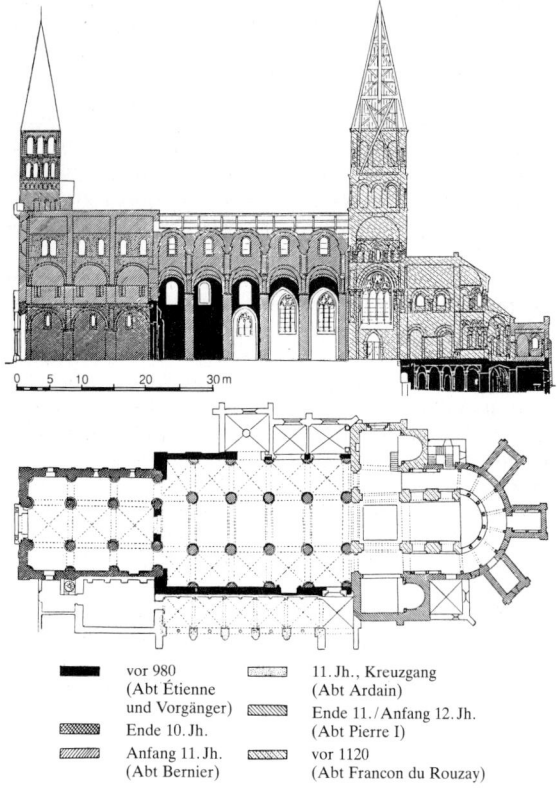

0   5   10   20   30 m

vor 980	11. Jh., Kreuzgang
(Abt Étienne	(Abt Ardain)
und Vorgänger)	Ende 11./Anfang 12. Jh.
Ende 10. Jh.	(Abt Pierre I)
Anfang 11. Jh.	vor 1120
(Abt Bernier)	(Abt Francon du Rouzay)

Tournus. St-Philibert. Längsschnitt und Grundriß
(nach »Congrès archéologique« 1928)

und da im Fischgrätverband; Ecken und Kanten sind mit
Blocksteinen verfestigt. Die nachträglich angesetzten Strebepfeiler sind regelmäßiger gemauert, ebenso die ihre

Dächer überragenden Kapellengiebel. Regelmäßige Stein-
schichten finden sich nur am Chorumgang, unter dem
Dachansatz sogar ein Profilsims und Sägezahnleisten. Der
sorgfältig im Quaderverband mit dünnen Fugen gemauerte
Hochchor setzt sich vom älteren Mauerwerk ab; die *Apsis*-
Rundung ist dazu mit Halbsäulen und – im Gegensatz zum
Narthex – einer im Relief plastisch wirksamen Rundbogen-
folge auf Konsolen gegliedert. Die Apsis betont zusätzlich
ein 2farbig inkrustierter Schachbrettfries. Zum gleichen
Bauabschnitt gehören die *geraden Chorjoche*; ihre tiefen,
schmucklosen Bögen haben doppelte Funktion: Verstärken
der Hochwände gegen den Gewölbedruck und Verbreitern
der, gegenüber der Apsis, schmaleren Joche.
Der mächtige *Vierungsturm* überragt mit 3 Geschossen
Chor und Querschiff, mit nur 2 das höhere Langhaus.
In Mauertechnik und Quaderwerk passen die unteren
Geschosse zusammen, ebenso ihre gliedernden und dekorativen Elemente. Apsis, Chorjoch und untere Turmgeschosse dürften, auch im Innern, bei der Weihe 1120 abgeschlossen gewesen sein. Das obere dieser Geschosse birgt
die Kuppel, das Sockelgeschoß Kuppeltambour mit Trompen und je einem Fenster auf 3 Seiten. Möglicherweise
wurde das plastisch reicher gegliederte oberste Geschoß erst
beim Bauen geplant. Ähnlich dem NW-Turm hebt es sich
mit einem Blendarkadensockel und kannelierten Pilastern
ab. Auch die Schallarkaden öffnen sich zwischen Pfeilern,
die mit kannelierten Pilastern und schlanken Säulen besetzt
sind. Keine Fläche bleibt ohne Dekor; in der Mauer über
den Bögen wechseln noch helle und dunkle Steine. Entstehungszeit: 2. Hälfte des 12. Jh., also noch vor den oberen
Geschossen des NW-Turms.

Im Innern überrascht die ungefüge Massigkeit und
Schwere der *Rundpfeiler*, *Bögen* und *Gewölbe* im Erdgeschoß des Narthex. Auch bei Berücksichtigung des um
ca. 60 cm angewachsenen Bodens bleiben die Proportionen
(Länge 19 m, Breite 13,80 m, Höhe unter Gewölbe 7,40 m)
gedrungen, gefördert durch das Halbdunkel in dem Raum

mit nur wenigen Fensterschlitzen. Offensichtlich war die
Solidität des Bauens wichtiger, deshalb die ungewöhnlich
dimensionierten Stützen (Höhe rd. 4 m, Umfang 4,80 m).
Auf Artikulierung der Stützen und Bögen ist verzichtet. Nur
gemauerte Ringe beenden die ohne Sockel aufstehenden
Rundpfeiler. Wände und Gewölbekappen setzen sich hell
(Kalkschlämme) gegen sie ab. Das Mittelschiff hat Kreuzgratgewölbe, in beiden Richtungen durch Gurte begrenzt.
In den Seitenschiffjochen Quertonnen, die an den Außenwänden auf Halbsäulen aufsetzen. Die Koppelung be-
wirkte, daß der vom Mittelgewölbe verursachte Schub und
das Eigengewicht der Quertonnen durch Bögen auf die Frei-
und Wandpfeiler geleitet wird; die Außenmauern bleiben
unbelastet! Im Mittelschiff setzen die Bögen auf Pfeilerrin-
gen auf, in den Seitenschiffen wachsen die Gurte aus den
Rundstützen heraus. Rundbögen verbinden den Narthex
mit der Kirche, deren W-Wand den Rundpfeilern nachträglich angebaut wurde.

Zur M i c h a e l s k a p e l l e im Obergeschoß des Narthex
führten ursprünglich aus den Seitenschiffen des Langhauses
gerade Treppen (Zugänge noch vorhanden). In Raumum-
fang und -gliederung entspricht sie der unteren Kapelle; die
Rundpfeiler sind hier noch niedriger (2,50 m). Die Raumgestalt ist basilikal, das *Mittelschiff* ungewöhnlich hoch
(12,50 m) und mit Längstonne gewölbt. Die Höhe unterstreichen schmale Rechteckvorlagen, die in die Gewölbegurte übergehen. Die Seitenschiffhöhe war durch die 1.
Planung (s. Außenbau) festgelegt. In dem von den Turmgeschossen flankierten Joch je eine Doppelarkade; die
Kapitelle der Mittelsäulen zeigen Palmetten und Flechtband. Das *Tonnengewölbe* – in solcher Höhe und nur von
sehr niedrigen Seitenschiffen abgestützt – war kühn: sein
Konsolgesims ermöglicht es, den Gewölbeschub z. T. auf
die Innenseite (s. o.) zu leiten und die Außenmauer zu entlasten. Die *Seitenschiffe* haben *Halbtonnen*, deren Quergurte einen vollen Halbkreis beschreiben sollten, um die
Segmente zu Strebemauern zu ergänzen, die Druck und

Schub auf die Pfeiler *und* Außenmauern verteilen. Gegen
ein Ausweichen der Mauern sind hölzerne Zugbalken eingezogen. Das 1. Joch stützen die Türme ab. In den gemauerten
Gewölben sind die Steine fächerförmig versetzt: sie leiten
wie bei Kuppeln die Schubkräfte auf die widerstandsfähig-
sten Teile bei den Gurten. – Zur Kirche hin ist die Kapelle
offen: im Mittelschiff mit breiter Bogenstellung (leider
durch die Orgel verstellt); zu den Seitenschiffen in Doppelarkaden, deren Zwischensäulen skulptierte Kapitelle tragen. Die *Mittelarkade* sitzt in einem ca. 60 cm tiefen Rechteckblock.

Ihre Säulenschäfte sind römisch; die Kapitelle und Basen ahmen mit
stilisierten Palmetten, Rosetten und Blättern, aber auch Flechtband
ebenso antik-römische Vorbilder nach – in der Ausführung noch
unbeholfen, mehr Kerbschnitt als Steinskulptur. Die *Kämpfer*,
kubische Blocksteine mit Flachreliefs, zeigen in den Laibungen eine
Art Lebensbaum, auf der Frontseite links ein bärtiges Vollgesicht,
rechts ein oft als Baumeister gedeuteter Mann mit Werkzeug in der
Hand. Rechts vom Bogen nennt eine verstümmelte Inschrift einen
Abate Gerlannus (bis jetzt nicht identifiziert). Formal könnten die
Reliefs aus dem 10. oder 11. Jh. stammen; eine genauere Datierung
des Narthex erlauben sie nicht.

*Baugeschichtlich denkbar wäre, daß der Narthex im 1. Entwurf
(s. o.) bald* nach *dem Brand 1007/08 gebaut und in der Breite nach
noch benutzbaren Teilen der alten Kirche ausgerichtet wurde. Darauf
bezöge sich die Weihe 1019. Die aufwendigere obere Kapelle und die
neue Kirche mit breiterem Langhaus, an dessen S-Mauer sich der
Kreuzgang anlehnte, könnten unter dem als initiativfreudig gerühm-
ten Abt Ardain (1028–56) entstanden bzw. geplant worden sein.*

Das Langhaus, eine 3schiffige, 5 Joche tiefe Basilika,
bietet ein einzigartiges *Raumbild*. Bis zur Vierung ist es nur
ca. 27 m lang und 19 m breit, bei einer Höhe von 18 m und
einer Gesamtlänge des Baues von ca. 76 m. Das Schiff ist
nicht besonders steil, wirkt jedoch höher als es ist. Dazu
tragen die *Rundstützen* bei (Höhe 9,35 m, Umfang 4,20 m),
die sich in schmaleren Halbrundvorlagen zwischen den
gestelzten Bogenanfängen der Arkaden fortsetzen und den
Raum – optisch – mit in die Höhe nehmen. Auch die Folge
quergestellter Tonnen über Schwibbögen bildet keine klare

Abgrenzung nach oben wie bei einer Tonne oder Gratgewölben, weil man zunächst nur die Schwibbögen gewahrt,
die sich mit ihren im Wechsel hellen und roten Keilsteinen
vom kleinteiligen Bruchsteinmauerwerk abheben und, wie
die Stützen, den Raum wohl unterteilen, aber nicht spürbar
gliedern. Die unterschiedliche Raumwirkung macht ein
Blick durch die mit Kreuzgewölben schließenden Seitenschiffe deutlich, welche die Vorstellung eines hellen Hallen-
raums fördern, begünstigt auch durch die weiten Pfeilerstellungen. Große (erneuerte) Fenster in Seitenschiffen und
Obergaden geben gleichmäßig helles Licht; auch die Gewölbezone ist voll ausgeleuchtet. Ursprünglich deckte das Mittelschiff vermutlich eine flache Holzdecke oder ein offener
Dachstuhl; in den Seitenschiffen wahrscheinlich von Anfang
an Gewölbe. Das ergäbe einen für die Frühromanik charakteristischen *kastenförmigen Raum.*

Tournus ist einer der wenigen Großbauten mit *Quertonnen
über Schwibbögen* im Hauptschiff (in Burgund nur noch
Mont-Saint-Vincent). Aus statischen Erwägungen? Für
Längstonne oder Gratgewölbe waren Stützen und Bögen
nicht stabil genug, auch die Mauern zu schwach. Die mit
Keilsteinen gemauerten und durch Gurte in sich verstärkten
Schwibbögen vermochten die Quertonnen zu tragen: Der
senkrecht wirkende Druck ging auf die Bogenstellungen,
abgesichert durch die Seitenschiffgewölbe; der Seitenschub
hob sich im Nebeneinander auf. Gestützt werden nur die
1. Tonne durch den Narthex, die letzte durch die Vierung
(s. u.). Die Quertonnen ermöglichten Obergadenfenster
noch in großer Höhe. Wann die Einwölbung erfolgte, ist
genau nicht zu ermitteln. Bei der Weihe um 1120 war sie –
nach langer Bauzeit – vermutlich vollendet. Das Staunener-
regende des baulichen Gefüges ist jedoch nicht nur eine
Leistung der Statik, sondern ebenso das Werk einer »groß-
artig-kühnen Raumphantasie« (E. Kubach).

Der O - Partie fehlt die lichte Weite und Höhe. Querschiff und Chor sind wie eingeschnürt, auch in den Abmessungen enger, niedriger, begrenzter. Das ist erstaunlich,

Tournus. St-Philibert. Inneres. Langhaus gegen den Chor

obwohl sie jünger sind, wie der Wechsel im Steinmaterial –
sauber zugehauene Kleinquader –, aber auch die Verwendung von Säulen mit Basen und reich skulptierten Kapitellen, profilierten Gesimsen sowie eine plastische Durch-

schichtung der Mauer mit abgesetzten Gurten und vorgeblendeten Bogensystemen anzeigen. Offensichtlich wurden
nach dem Brand 1007/08 erhaltene Kryptenmauern wiederverwendet. Dafür spricht, daß der Chor in der Breite dem
Narthex folgt.

Das *Querschiff* war im Grundriß an den Bau des 10. Jh.
gebunden. J. Vallery-Radot hat in seiner Substanz sogar
noch älteres Mauerwerk ermittelt: die W-Wand des südl.
Querarms und, rechtwinklig dazu, die südl. Schiffsmauer;
letztere ist zugleich Außenmauer des nördl. Kreuzgang-
flügels, in dem Abt Ardain 1056 bestattet wurde. Das
Querschiff wurde mit dem Langhaus geplant, nach Vallery-
Radot aber erst in der 2. Hälfte des 11./Anfang des 12. Jh.
ausgeführt. Die O-Wand des damals noch niedrigen Querschiffs ohne ausgeschiedene Vierung war durch die Kryp-
tenmauer festgelegt und schon vor der Einwölbung nicht
weiträumig; durch die nachträglich vorgeblendeten Bogen-
mauern (für die Tonne) und das Aufrichten der Vierungspfeiler mit Halbsäulen wurde es noch enger. Deshalb
wirkt auch die jetzt ausgesonderte Vierung noch so abgeschnürt.

● Zum besseren Verständnis ein Blick in die K r y p t a. Die
Treppe (N-Seite) führt in den Umgang um den inneren
Kryptenraum. Vorn flankieren ihn je 2 nach O orientierte
Kapellen. *Umgang* und *Kapellen* sind ohne Gliederung,
doch solide gemauert und mit gurtlosen Tonnen gewölbt,
im Umgang mit Stichkappen über Eingängen und Fenstern.
Die *Innenkrypta* (11,80 : 5,65 m) unterteilen 2 Säulenreihen
in 3 Schiffe. Die Scheitelkapelle flankieren Halbrundnischen; in die so entstandene *Confessio des Valerianus* blickt
man vom Umgang aus. In der Innenkrypta gurtlose Kreuzgewölbe; schlanke Säulen mit römischen Schäften tragen für
hier gearbeitete Kapitelle, die noch an Kerbschnitzereien
gemahnen. Baugeschichtlich ist von Interesse, daß mit den
Kapellen am Eingangsstollen ein Staffelchor entstanden war
(s. dazu Cluny II). Beim Bau des oberen Chores (vermutlich
2. Hälfte des 11. Jh.) kam die O-Mauer des Querschiffs über

der W-Mauer der Krypta zu stehen und der Chor über der
Krypta (in der Oberkirche später verändert).

Am Gewölbe der *südl. Umgangskapelle* in der Krypta Reste *roman.
Malerei* (thronender Christus, thronende Madonna).

Der Staffel- und Umgangschor zusammenfassende Grundriß der nicht weiträumigen Krypta mußte in der O b e r -
k i r c h e zu empfindlicher Verengung führen, da hier jetzt
vollroman. Rechteck- und Halbsäulenvorlagen und üppig
mit Blattwerk und figürlich-ornamentalen Motiven gearbeitete Kapitelle vorhanden waren. Sperrig muten auch die
Vierungspfeiler an und noch mehr ihre niedrigen Bögen.
Deshalb beginnen die Vorlagen zumeist in halber Höhe auf
Konsolen.

Auf die plastischen Akzente des Baudekors wollte man nicht verzichten wie die thematisch und bildhauerisch erfindungsreichen
Kapitelle belegen. Zwar sind viele überarbeitet oder erneuert, doch
für den Raum mindert das ihre Wirkung nicht.

Das quadratische *Tambourgeschoß* umzieht eine dichtge-
stellte Reihe von 32 Säulen, in den Seitenmitten von Fenstern unterbrochen. Die Fensterarchivolten korrespondie-
ren mit den rundbogigen Pendentifs gleichen Durchmessers, so daß 8 Rundbögen den Übergang zum *Kuppelrund*
herstellen.

Die *Apsis* bilden freistehende (erneuerte) Säulen; ihre
Rundbogenarkaden reichen höher hinauf als die der Chor-
joche. Der Hochwand ist ein Bogensystem mit Fenstern vor-
geblendet; zwischen ihnen ornamentierte Pilaster und Säu-
len: ein im benachbarten Beaujolais und Brionnais sowie im
Rhônetal häufiges Gliederungssystem (stark restauriert).
Der älteren Außenmauer des *Chorumgangs* wurde ebenfalls
ein Bogensystem vorgestellt, wobei in den Zwickeln die
Konsolen für die Gurte sitzen – keine glückliche Lösung.
Die *Umgangskapellen* decken einfache Tonnengewölbe.

Bedeutendstes Werk der A u s s t a t t u n g ist die sog. *»Notre-Dame
la Brune«*, eine aus Zedernholz gearbeitete thronende Madonna
(2. Hälfte 12. Jh., Fassung erneuert). Ihre blockhaft gebundene, feierlich frontal gerichtete Ausdrucksgebärde weist in die Auvergne
als Herkunftsgebiet, wo der Typus als Kultbild bis ins 10. Jh. zurück-

geht. Sie zeigt aber schon »menschliche Züge« (das Sitzen des Kindes nicht mehr so starr, Gewandfalten und Modellierung nicht mehr so streng). Aufgestellt ist sie in einem spätgot. *Wandnischengrab* (ca. Mitte 14. Jh.), von dessen Ausmalung der elegante Linienduktus der Zeichnung noch auszumachen ist: Marienkrönung mit Stifter; unter der Szene gemalte Dreipaßarkaden, in der mittleren nochmals Maria mit Engeln. Außerdem war das Leichenbegängnis des Stifters dargestellt. – In einer der Kapellen ein *»Jüngstes Gericht«*, eine umfangreiche Komposition mit Fürbittern und Aposteln, Posaunenengeln und Engeln mit den Leidenswerkzeugen. Zu Füßen Christi Stammvater Jesse, darunter Auferstehung der Toten und Michael als Seelenwäger, ferner eine Martyriumsszene. – In den Schiffsarkaden Reste von *dekorativer Malerei*, u. a. ein illusionistisch gemalter Mäander mit grotesken Tierdarstellungen.

● Vom **Kreuzgang** blieb nur der mit dem Langhaus entstandene N - F l ü g e l stehen, in dem 1056 Abt Ardain (s. o.) beigesetzt wurde. Die Hofseite mit ihren offenen Pfeilerarkaden wurde wiederhergestellt. – Im W schließt der rechteckige e h e m . H e i z r a u m (heute Durchgang) an (10,50 : 6,50 m), mit Tonnengewölbe. – Mit got. Rippen erneuert wurde das Eckjoch am O-Ende; das got. *Portal* mit schlanken Gewändesäulen dürfte aufgrund der Kapitellformen mit dem Eingang des K a p i t e l s a a l s gleichzeitig, vermutlich um 1237, entstanden sein (erneuert). Bei der Restaurierung wurden Säulen und Bögen noch vom roman. Kapitelsaal freigelegt, der sich in niedrigeren Bogenstellungen zum Kreuzgang öffnete; seine Kapitelle passen durchaus zum Weihedatum 1120. Der 3schiffige got. Hallenraum wirkt in Proportionen und Linienführung leicht, fast elegant, die Kapitelle dagegen eher etwas steif.

Vor dem Kapitelsaal sind einige *Werkstücke* museal ausgestellt, u. a. Kapitelle, weiterhin Säulenfragmente und ähnliche Stücke. Zu ihnen gehört wohl auch das im Hof an der SW-Ecke aufgestellte Kapitell mit Christi Einzug in Jerusalem; die friesartige Bilderzählung deutet auf eine Werkstatt im Rhônetal (s. dazu Autun, Museum).

Von mittelalterl. **Mönchsbauten** ist noch das R e f e k t o - r i u m vorhanden, ein schlichter, tonnengewölbter Raum. Im **ehem. Keller** (gegenüber) hat das **»Centre d'Art**

Roman« seinen Sitz. – Der Klosterhof soll von unpassenden Einbauten ganz befreit werden; nur die am W-Flügel angelehnten Wohnungen bleiben erhalten.

Zum Kloster gehört auch, obwohl getrennt, das Ende des 15. Jh. gebaute **Abtshaus,** ein wiederholt restauriertes, über dem Sockel 2geschossiges Gebäude mit typisch spätgot. Fensterbögen und Laubfriesen. Im polygonalen Turm eine Wendeltreppe.

Ste-Marie-Madeleine, an der Saône, reicht ins 12. Jh. zurück, wurde aber mehrfach verändert und wirkt sehr stark restauriert. – Die schon im 11. Jh. für Pfarraufgaben des Klosters gegründete, im 12. Jh. ausgebaute **Kirche St-Valérien** ist seit 1797 zweckentfremdet. – Die **Kapelle St-Laurent** im N vor der Stadt könnte ins 10. Jh. zurückreichen.

Profanbauten. Ein Gang durch die Innenstadt, wo sich eine größere Zahl von einfachen und anspruchsvolleren **Wohnhäusern** mit angemesseneren Fassaden oder verborgen in einem von Galerien umzogenen Hof erhalten haben, ist lohnend. Nur wenige Gebäude stammen noch aus dem 13.–15. Jh., die größere Zahl aus dem 16.–18. Jh. – Beachtung verdient das repräsentative **Rathaus** (1774–78), dessen Fassade das Vorbild der Pariser Stadtpaläste der Gabriel, Blondel u. a. spiegelt.

Musée Bourguignon (8, Place de l'Abbaye). Heimatmuseum in einem Haus des 17. Jh. – Das **Musée Greuze** (Rue du Collège) besitzt einige Originale des in Tournus geborenen Malers Jean-Baptiste Greuze (1725–1805) sowie archäologische Funde.

TREIGNY (Yonne A4)

Schloß Ratilly, Ende des 12./Anfang des 13. Jh. auf einer Anhöhe erbaut, ist eine von Gräben umzogene, an den Ecken durch Rundtürme verteidigte 4-Flügel-Anlage. Das außen völlig schmucklose Gebäude ist durch den eisenhaltigen Stein fast rostbraun geworden, paßt sich so jedoch malerisch in die grüne Umgebung ein. Veränderungen haben den Festungscharakter (vermutlich im 17. Jh.) allerdings einge-

Treigny. Schloß Ratilly. Ansicht von der Zugangsseite

schränkt, so z. B. mit der Aufgabe der Zugbrücken zugunsten fester Stege sowie der Öffnung der Schießscharten zu Wohnungsfenstern, selbst an den Türmen. Gefördert wird der Eindruck eines abweisend geschlossenen Wehrbaus selbst heute noch durch die hohen, in den Gräben geböschten Mauern.

Im Religionskrieg benutzten die Hugenotten das Schloß seit 1569 als Stützpunkt. Im 18. Jh. war es zeitweilig ein Hort des Jansenismus, wo die Verfolgten von Port-Royal (Paris) Zuflucht fanden (bis 1740). – Die heutigen Besitzer haben hier eine Töpferschule mit Brennöfen eingerichtet und veranstalten auch Ausstellungen.

UCHIZY (Saône-et-Loire F8)

Dorf und Kirche schenkte Ludwig d. Stammler 878 dem Kloster Tournus, das ein Priorat einrichtete.

St-Pierre. Die 3schiffige, 4 Joche lange Kirche aus der 1. Hälfte des 11. Jh. hat ein sog. »niedriges«, aber ausladendes Querschiff mit Nebenapsiden, Vierungsturm und geradem Chorjoch vor Halbrundapsis. In der Mauertechnik folgt sie St-Philibert in Tournus, in Bau- und Raumkonzeption mehr Cluny II.

Das Ä u ß e r e beherrscht der sehr hohe, quadratische *Turm*. Doch Querschiffarme, Chor und Langhaus »gipfeln« nicht in ihm (wie z. B. in Chapaize). Sein unteres Geschoß steckt unterschiedlich tief in den umschließenden Bauteilen. Kantig gemauerte, unterschiedlich hohe Geschosse sind mehr übereinander geschichtet, gliedern den Turm jedenfalls nicht im Sinne vertikaler Struktur. Zuunterst noch eine Blendbogenfolge; darüber ein früher geschlossenes Geschoß (heute schmal befenstert); es folgen 3 »offene« Geschosse: eines mit durch Zwischensäulen unterteilten schmalen Doppelarkaden, das nächste mit 2 rundbogigen Öffnungen nebeneinander; das letzte wurde ihm als Wachtturm in Form von Zinnen erst im 16. Jh. (in der Zeit der Religionskriege, um den Feind zu überwachen) aufgesetzt, gleichzeitig mit dem Wehrgang über dem südl. Seitenschiff (Schießscharten) und dem damit verbundenen halbrunden Turm. Die ursprünglich schmalen Fenster wurden fast alle nachträglich vergrößert, am Querschiff schon in got. Zeit; hier auch kurzer Zickzackfries wie in Tournus.

Im I n n e r n schmales hohes *Mittelschiff*, das flache Wandvorlagen und Quergurte der spitzbogigen, gesimslos beginnenden Tonne in 4 Joche unterteilen. Rundbogenfenster und spitzbogige, niedrige Pfeilerarkaden schneiden glatt in die Wände ein. Die nicht sehr hohen *Seitenschiffe* haben Gratgewölbe. Das *Querschiff* wirkt kaum wie ein zugehöriger Raum: verengte Bögen führen in seine tonnengewölbten Arme und eine queroblonge, sehr niedrige *Vierung*, die hinter den breiten Pfeilervorlagen und tiefen Laibungen der Vierungsbögen liegt, unter ihrer lichtlosen Tonne abgeschnürt wie ein dunkler Zwischenraum. Der Grund für die ungewöhnliche Raumanlage: Ein offensichtlich im Wölben noch wenig erfahrener Baumeister hat die tragenden Pfeiler und Mauern ohne Rücksicht auf Raumwirkung als Mauermassive mit verengten Durchgängen überdimensioniert, um für den hohen Vierungsturm kein Risiko einzugehen. Dabei verlor die üblicherweise über schiffshohen Bögen aufsteigende Vierung ihre raumgliedernde Funktion. Das *Chorjoch* mit Längstonne und hellen Fenstern leitet in die *Apsis* mit Fenstern über. (Bewußt wurden in der Beschreibung die im Übergang von der Früh- zur Hochromanik entstehenden Unebenheiten hervorgehoben, bei denen man dem Baumeister gleichsam in die Werkstatt blickt.)

VARENNE-l'Arconce (Saône-et-Loire D9)

St-Pierre-ès-liens

Die roman. Kirche (Cluny-Priorat, 1094 Kloster Marcigny unterstellt) entstand im 2. Viertel des 12. Jh. Größere Schäden erlitt sie nie.
Gebaut in mittelstarken Blöcken eines selten verwendeten harten, grauen, für Plastik ungeeigneten Sandsteins, der den noblen Aspekt des Bauwerks mitträgt. In den Maßen bescheiden, in der Raum- und Außengestalt vortrefflich komponiert, ist die 3schiffige Basilika im Langhaus nur 3 Joche tief, hat ein austretendes Querschiff mit ausgeschiedener Vierung und schlichtem Chorjoch mit anschließender Halbrundapsis: ein im Grundriß einfacher Bau, dessen gemessene Würde in seiner architektonischen Gliederung gründet.

Am Außenbau bestimmen v. a. W-Front und Vierungsturm das Bild. In der überraschend breiten *Fassade* ist der Mittelteil als Risalit behandelt; an den Außenkanten schmucklose Strebepfeiler. Horizontalgesimse unterteilen die Mitte in 3 Zonen. In der glattwandigen unteren Zone ein breites *Portal*, in dem profilreiche Archivolten ein leeres Bogenfeld umziehen, zuäußerst eine Kranzarchivolte mit Schindelfries. Die Portallaibung hat nur 2 auseinandergezogene Stufen mit Säulen. Das Ganze ist mehr breiter Rahmen als plastische Einfassung eines in die Mauertiefe führenden Stufenportals. Ähnlich darüber ein 2stufig reliefierter Rahmen für ein Rundbogenfenster im von dünnen Säulen flankierten Mittelfeld. Kannelierte Kantenpilaster begrenzen

die durch Rundbogenfriese belebten seitlichen Kompartimente. Im erhöhten Giebelfeld ein ebenso gestalteter Rahmen um ein kurzes, schmales Fenster. – Die *Langseiten* sind
nur mit Strebepfeilern und Fenstern gegliedert; unter dem
Dachgesims mit Köpfen und Pflanzen dekorierte Konsolen.
Auf der *S-Seite* ein weiteres *Portal* mit gemauerten Gewänden; über schmaler Leiste mit Rollenfries im Tympanon das
Lamm Gottes mit Kreuzfahne, die Keilsteine des Bogens
mit Rosetten ornamentiert.

Wie die W-Front in der Fläche gruppieren sich die Volumen
der *Querschiffarme*, des *Chorjochs* und der *Halbrundapsis*
um den *Vierungsturm* im Raum, besonders einprägsam in
der Höherstaffelung zur Turmbekrönung. Stabdünne Säulen gliedern die Geschosse in 2 Felder mit je einer rundbogigen Öffnung; im oberen sind es Doppelarkaden mit eingestellten Gewändesäulen für die Archivolten.

Das I n n e r e bietet ein einheitliches Raumbild. Kreuzförmige Pfeiler mit Halbsäulen für die Längsgurte in hohen,
spitzbogigen Arkaden und die gestuften Quergurte unter
der Spitzbogentonne bringen in das kurze *Mittelschiff* einen
wechselreichen Rhythmus. Ohne artikulierende Gesimse
gehen die Wände in die Wölbflächen über, desgleichen die
Rechteckvorlagen, während die eingebundenen Halbsäulen
die schmaleren Gurte über Kapitellen aufnehmen. Die
weniger breiten *Seitenschiffe* decken Kreuzgewölbe über
Rechteckvorlagen. Das fensterlose Mittelschiff empfängt
Licht aus den Seitenschiffen und dem W-Fenster, das, wie
draußen, von Blendarkaden mit Säulen flankiert wird.
Gleichmäßige Bögen grenzen die *Vierung* gegen die ebenfalls tonnengewölbten *Querarme* ab; aus den Zwickeln der
Spitzbögen herauswachsende Trompen überführen fließend
in die 8seitige Kuppel, auch sie ohne Fußgesims. Das kreuzgewölbte *Chorjoch* und die *Apsis* sind mit Blendbögen auf
Säulen gegliedert, die 3 mittleren mit Fenstern. In der Apsis
kommen aus den Bogenzwickeln kannelierte Pilaster mit
Kapitellen für das Fußgesims der Halbkuppel.

Die zumeist mit Blattwerk oder Tieren, teils mit figürlichen Motiven

skulptierten *Kapitelle* sind keine Glanzleistungen. Zur A u s s t a t -
t u n g gehören jedoch einige *mittelalterl. Holzbildwerke* von beachtlicher Qualität. Eindrucksvoll ein großer *Kruzifixus* des frühen
13. Jh. Aus dem 16. Jh.: kniender Antonius (mit Schwein als Attribut), Rochus in Pilgerkleidung mit Engel, Sebastian am Marter-
baum, Dionysius, der seinen Kopf trägt, Cosmas mit Salbgefäß.
Ferner eine stehende Madonna des 18. Jh.

VERMENTON (Yonne C3/4)

● **Pfarrkirche Notre-Dame**
Die ältesten Teile – W-Joche, W-Portal und Sockelgeschoß der Türme
– dürften gegen 1170/75 entstanden sein. Ca. 1230/50 einschneidende
Veränderungen mit dem Anbau der Seitenschiffe, eines ausladenden
Querschiffs sowie eines quadratischen Chores. Im frühen 14. Jh.
wurde der Chor in Anpassung an das Querschiff verbreitert und der
ganze O-Teil durch Anfügung von 2 ebenso breiten Jochen zu einer
großen, rechteckigen Halle erweitert, deren östl. Mittelschiffjoch als
Chor dient. Beim Ausbau des südl. Fassadenturms (seit 1804) erlitt
das W-Portal empfindliche Verluste.

Im A u ß e n b a u setzt sich das kurze, niedrige *roman.*
Langhaus schon im Volumen gegen den mächtigen *got.*
Erweiterungsbau ab. Das schmalere Schiff wird zwischen
dem hohen Chor und dem W-Bau fast erdrückt. Eine *2-*
Turm-Fassade beherrscht den Außenbau. Zwischen den
Türmen ein roman. Figurenportal. Der S-Turm wurde 1804
● erneuert. Der *N-Turm* gehört zu den eindrucksvollsten in
Burgund. Aufbau und plastische Gliederung verbinden ihn
mit dem von St-Germain in Auxerre. Das bis zum Giebel
gemeinsame Sockelgeschoß birgt noch das ganze roman. W-
Joch; darüber steht der N-Turm mit 3 wechselnd gegliederten Geschossen frei: rundbogige Blendarkaden über Säulen
mit Knospenkapitellen; hohe Doppelarkaden mit Gewändesäulen; ein kräftiges Konsolgesims als Basis für das (innen
durch Trompen) in ein Achteck überführte letzte Geschoß
mit seinen wechselnden Bogenöffnungen. Helmpyramiden
säumen die abgeschrägten Ecken, die optisch das Quadrat
fortsetzen, während die Helmspitzen auf den schlanken
8seitigen Turmhelm vorbereiten, der 1953 in urspr. Gestalt

wiederhergestellt worden ist. Das letzte Geschoß kam vermutlich erst im 13. Jh. hinzu.

In dem von Strebepfeilern flankierten *Stufenportal* sind nur 3 beschädigte *Figuren* erhalten; ihre Köpfe hat man abgeschlagen. Sturz und Tympanon sind gänzlich verschwunden, die Archivolten aber großenteils vorhanden.

Ein Stich von 1739 informiert über das *ikonographische Programm* mit den Hll. 3 Königen vor der Madonna: eine der frühesten bekannten Anbetungsdarstellungen mit Säulenfiguren an einem Portal. Am Mittelpfosten stand der Täufer Johannes. Den Akanthuskapitellen links entsprechen rechts szenische Darstellungen: Josephs Traum, Flucht nach Ägypten, Ankunft der Könige zu Pferde und die Anbetung. Im Tympanon war der thronende Christus mit Evangelistensymbolen dargestellt. Im inneren Bogenlauf Engel, im mittleren Monatsdarstellungen, im äußeren Steinigung des Stephanus sowie die Ältesten der Apokalypse, zwischendrein Szenen mit Nikolaus von Bari. – Der Einfluß der von Chartres (Königsportal) und St-Denis ausgehenden Portalskulptur der Île de France ist nicht zu übersehen: hier wie dort überlängte, umrißgeschlossene und der Säule angepaßte Figuren, denen in dünnen Faltenlinien schematisierte Gewänder einen Anflug von Körperbewegung geben. Auch in den Kapitellen und Archivolten ist zumindest der Wille zur Veranschaulichung des Szenischen festzustellen. Diese die Gotik ankündigenden Züge liegen stilgeschichtlich »um 1170/75« etwas spät, sind aber als »Nachwirkung« denkbar.

Das *N-Portal* geht mit den spitzbogigen Seitenschiff-*Fenstern* zusammen. In den Querarmen in 2 Geschossen aufwendige Gruppenfenster (um 1230) mit Kranzarchivolten. Die östl. Chorfenster (nach 1300) weisen nur glatt geschrägte Laibungen auf.

Im I n n e r n erlebt man trotz der durchgehenden Kreuzrippengewölbe des *Mittelschiffs* einen starken Kontrast zwischen den dunkleren, mauerschweren vorderen Jochen und dem in hellem Licht stehenden östl. Teil der Kirche, den in der Mitte ein schiffsbreites got. Maßwerkfenster abschließt. Die beiden *älteren Doppeljoche* besitzen massige Kreuzpfeiler mit zahlreichen Halb- und Dreiviertelsäulen für die Quergurte, Diagonalrippen und Schildbögen, aber auch für die Laibungsprofile der niedrigen, spitzbogigen Arkaden, in denen die Pfeiler mit quer zum Schiff stehenden Doppelsäulen wechseln. Offensichtlich waren hier 6teilige Gratgewölbe geplant. Trotz der Vielzahl von Diensten und Bändern, die Pfeiler und Wände zwar plastisch bereichern, aber nicht wirklich gliedern, bleibt der Eindruck von roman. Steinschwere bestehen. Die *Blattkapitelle* sind teils dem Korinthischen frei nachgebildet, teils mit gereihten Blättern besetzt. – Das 3. und 4. Mittelschiffjoch bilden Vierung und Chor.

Beim *got. Umbau* um 1230 wurden die *Seitenschiffe* verbreitert und neu gewölbt sowie quadratische Flügel zu einem *Querschiff* angebaut. Strukturelle Unebenheiten nahm man in Kauf. Raumgewinn wird kaum der Anlaß gewesen sein, eher schon der Bau der Querschiffarme, deren Gurte übrigens weniger starr und in den Profilen geschmeidiger sind als im Schiff. Rippenprofile und Knospenkapitelle zeigen die spätere Stilstufe an. In der *Vierung* behielten Pfeiler und Bögen auf der Schiffseite ihre alten Dienste und Gurte, die Laibungen wurden dagegen breitflächig, ein einziger Runddienst nimmt jetzt die Längsgurte auf. Die *Querarme* sind entsprechend gegliedert. – Im frühen 14. Jh. wurde der Chor in einen um 2 Joche erweiterten *Hallenchor* umgewandelt, in dem die frei stehenden wie die den Wänden eingebundenen Bündelsäulen auf allen Seiten gleich sind. Vereinfacht sind hier auch die spitzbogigen Fenster mit z. T. erneuertem Stabwerk und Rundformen im Bogenfeld; das mittlere Chorfenster mit 2 Gruppenfenstern und Dreipässen stammt von 1876.

Ein Kuriosum bildet die um 1230 erfolgte Ummantelung der *Doppelstützen im 1. Joch der S-Seite*: an den Ecken Säulen in der Form junger Bäume mit Volutenkapitellen, die mit Reiterkampfszenen und Fabeltieren lustig skulptiert sind: auf der Deckplatte eine kleine Burg. Zu erwähnen ist auch das Relief mit Michaels Drachenkampf (Ende 12. Jh., N-Seite). An den *Pfeilerkapitellen der W-Wand* anspruchslosere figürliche Darstellungen.

VERTAULT (Côte-d'Or D3)

Bei **Ausgrabungen** (seit Mitte des 19. Jh.) auf der Höhe des Felsplateaus wurde ein **keltisches Oppidum** festgestellt. Auf seiner leichter zugänglichen S-Seite ist es hinter einem Bollwerk aus Steinen und Erde und einem in den Felsen getriebenen Graben geschützt, zusätzlich noch durch Mauern aus Steinen und Holz gesichert. In gallo-römischer Zeit (nach Eroberung und Befriedung des Landes durch die Römer) entstand hier neben der autochthonen Siedlung ein neuer, **römisch orientierter Stadtteil** mit Forum, Tempel, Thermen und Geschäftsviertel. Die Römer nannten den Ort »Vertillum«. Bodenplatten und zahlreiche Mosaikstifte bezeugen Häuser mit anspruchsvollerer Ausstattung. Dafür sprechen auch eine Art Wärmedämmung durch unter den Wohnungen angelegte Räume sowie die hier gefundenen Gebrauchsgüter (alle Funde – v. a. Keramikscherben und Vasen sowie Schmuckwaren – im Museum von Châtillon-sur-Seine). Die jüngsten Münzen stammen aus der Zeit des oströmischen Kaisers Arkadios (395–408). Damals dürfte die Stadt zerstört oder aufgegeben worden sein.

VÉZELAY (Yonne C4)

Ehem. Abteikirche Ste-Marie-Madeleine

Girard de Roussillon, Graf von Vienne, adeliger Grundherr im nördlichen Burgund und kaiserlicher Vasall, gründete am Fuße des Berges von Vézelay 858 ein Nonnenkloster, das er dem Papst unmittelbar unterstellte. Wenig später ging es im Normannensturm zugrunde. In dem danach auf der Höhe gegründeten Mönchskloster wurde bereits 878 eine neue Kirche geweiht. Über beide Anlagen ist baugeschichtlich nichts überliefert. Im frühen 11. Jh. führte Wilhelm von Volpiano, Abt von St-Bénigne in Dijon, auf Betreiben des Herzogs von Burgund hier die Reform ein. Nicht lange danach muß der Magdalenenkult aufgekommen sein – ohne jede historische oder hagiographische Voraussetzung am Ort. In kurzer Zeit wurde Vézelay einer der berühmtesten Wallfahrtsorte des Abendlandes: eine Heilige, die Sünderin war, Buße tat und Gnade fand, war natürlich ein verlockendes Wallfahrtsziel!

Die Heilige ist eine Kontamination von drei in den Evangelien genannten Personen: 1. Maria aus Magdala, die durch Jesus von bösen Geistern befreit wurde, ihm nachfolgte, bei seinem Tod dabei war und der er nach der Auferstehung erschien; 2. Maria aus Bethanien, Schwester der Martha und des vom Tode erweckten Lazarus, die mit Jesus befreundet waren; 3. die namenlose, öffentliche Sünderin, die Jesus im Hause des Simon mit ihren Tränen die Füße netzte, sie mit den Haaren trocknete und dann salbte. Um einen Identitätsnachweis der 3 Personen bemühten sich bereits Ambrosius und Cassianus, Heilige der frühen Väterzeit. Seit Gregor d. Gr. (6. Jh.) ist der Kult für die abendländische Kirche sicher (Fest 22. Juli). Erste Zweifel an der Identität äußert der Humanismus (Faber Stapulensis, 1517). In der Ostkirche wurden die beiden Marien jede für sich verehrt: Im 6. Jh. gab es für Maria aus Magdala einen auch im Abendland bekannten Grabkult in Ephesos; das Grab der anderen soll neben dem des Bruders in Bethanien schon im 4. Jh. verehrt worden sein. Erstaunlich bleibt, daß trotz wachsender Reliquienverehrung die seit Jahrhunderten bekannte, im »Martyrologium Hieronymianum« (5. Jh.) und in den liturgischen Festkalendern seit dem 6. Jh. verzeichnete Heilige, für die in den Sakramentaren seit dem 9. Jh. Gebete erscheinen (am bekanntesten und für die spätere Verbreitung wichtig der Sermo des Odo von Cluny auf Magdalena), in der abendländischen Kirche erst so spät »zur Wirkung« kam. Früheste Erwähnungen eines Kultes sind erst im 10. Jh. bezeugt.

Leo IX. nennt Magdalena 1050 erstmals, aber noch neben den urspr. Patronen (Maria, Petrus und Paulus) in Vézelay; Stephan IX. bestätigt 8 Jahre später nicht nur ihr Patrozinium, sondern auch ihr Grab.

Wie und wann die Reliquien nach Vézelay kamen, dafür bringt die im 11. Jh. entstehende Legende verschiedene Versionen. Eine davon berichtet, Magdalena habe nach Christi Auferstehung in Palästina gepredigt, sei daraufhin mit den Geschwistern und 2 Gleichgesinnten namens Maximin und Sidonius von den Juden auf einem Schiff ohne Segel und Ruder ins Meer gestoßen worden und in Marseille gelandet. Nach dem Legendenvorbild von heiligen Büßern dichtete man ihr ein Büßerleben in einer Grotte auf dem Ste-Baume in der Provence an, wo sie nach 30jähriger Buße gestorben sei. Eine andere Legende berichtet, Girard von Vienne (s. o.) habe die Reliquien suchen lassen; sie seien in der Provence in einem Sarkophag gefunden worden, an dessen Vorderseite die »Fußsalbung« dargestellt war (den Sarkophag gibt es noch in der frühchristlichen Krypta der Dominikanerkirche in

Saint-Maximin-la-Sainte-Baume [Var]; als Fußsalbung wurde die Handwaschung des Pilatus mißverstanden). Uneinheitlich ist die Legendentradition auch in der Frage, wie die Reliquien von Marseille nach Vézelay gekommen sind. Eine Chronik des 11. Jh. berichtet, ein Mönch habe sie z. Z. Karls d. Kahlen aus Jerusalem mitgebracht.

Mit dem in Vézelay wachsenden Kult wuchs auch der Reichtum und mit ihm die Begehrlichkeit: Im ganzen 11. und 12. Jh. gab es hier bis zu Überfall, Totschlag und Raub führende Auseinandersetzungen sowohl mit den Grafen von Nevers wie mit der Bürgerschaft in Vézelay, die gegen das Kloster (die Feudalherren) wegen der Steuern aufbegehrte. Papst und König griffen wiederholt zum Schutz des Klosters ein. Diese Umstände haben jedoch den monumentalen Ausbau von Kloster und Wallfahrtskirche nicht verhindert.

Eine 1104 erfolgte Weihe bezieht sich wohl auf die Erneuerung von Chor und Querschiff unter Abt Artaud (1096–1106). Ein »Wunder« verhinderte die reichere Ausgestaltung des Reliquiengrabes: durch plötzlich eintretende Finsternis in der Kirche tat die Heilige kund, ihr Grab solle belassen werden, wie es war. Das karolingische Langhaus ging 1120 bei einem Großbrand zugrunde; Chor und Querschiff, gerade fertig geworden und vermutlich solider gebaut und gewölbt, widerstanden. Der unmittelbar danach begonnene Neubau schloß an diese an. 1132 ist die Weihe einer »ecclesia peregrinorum« (Pilgerkirche) bezeugt. Ihre lange strittig gewesene Beziehung auf das bestehende roman. Langhaus scheint gesichert; sie muß dabei nicht vollendet gewesen sein, zumal es sich um eine »Gelegenheitsweihe« durch einen mehr oder weniger zufällig anwesenden Papst handelte. Die Fertigstellung könnte sich bis 1135/40 hingezogen haben. Anschließend entstand die Vorhalle; zwischen 1145 und 1151 wurde der Michaelsaltar auf ihrer Empore geweiht. Die Türme werden 1152 anläßlich eines Bürgeraufstands erwähnt, doch nicht, wie weit sie gediehen waren. Ein Kryptenbrand 1165 bedingte einen Chorneubau. Baudaten dafür fehlen; geplant und begonnen wurde er nach Ausweis der Bauformen vermutlich Ende des 12. Jh., vollendet unter Abt Gauthier, d. h. zwischen 1207 und 1216.

1058 hatte der Papst Vézelay dem Reformkloster Cluny unterstellt, allerdings unter Beibehaltung des Ranges einer von eigenen Äbten regierten Abtei. 1162 konnte das Kloster die nicht ganz freiwillige Unterstellung abschütteln. – Ostern 1146 predigte Bernhard von Clairvaux hier den 2. Kreuzzug. 1190 trafen sich der englische und der französische König mit ihren Truppen in Vézelay zum 3. Kreuzzug.

1267 verifizierte ein päpstlicher Legat in Anwesenheit Ludwigs IX.

die Reliquien. Noch im 13. Jh. begann allerdings die Umorientierung der Pilger von Burgund nach der Provence. Wie zuvor in Vézelay tauchten nun in der Provence Gerüchte auf, das Grab der Heiligen befinde sich noch auf dem Ste-Baume. Man grub 1279 in der Krypta von St-Maximin und fand, wonach man suchte: die Reliquien der Magdalena. Das war der Anfang vom Ende der Wallfahrt nach Vézelay. Es verlor seine Anziehungskraft und geriet ebenso schnell wieder in Vergessenheit, wie es aufgeblüht war.

Im 15. Jh. wurde das Kloster königlicher Verwaltung unterstellt, das Archiv kam nach Sens, der königliche Fiskus erhob Abgaben. 1537 erfolgte die Umwandlung in ein Kanonikerstift unter einem vom König ernannten Abt. – In der Revolution wurde Ste-Marie-Madeleine zur Pfarrkirche erklärt. Die Reliquien waren schon 1569 bei Besetzung durch Hugenotten verlorengegangen. Auf Betreiben des als Denkmalpfleger tätigen Dichters Prosper Mérimée hat Viollet-le-Duc die Kirche 1840–61 durchgreifend restauriert. Es war seine erste Aufgabe dieser Art.

Ä u ß e r e s. Die *W-Front*, eine anspruchsvolle 2-Turm-Fassade mit 3torigem Eingang, war um die Mitte des 12. Jh. weitgehend fertig. Das Portalgeschoß wirkt ohne die artikulierenden Strebepfeiler, die sich damals in die Turmgeschosse hinein fortzusetzen pflegten, äußerst flach. Von den *Türmen* ist lediglich der *südliche* ausgebaut und das auch nur bis zum Helmansatz; im hohen Obergeschoß hat er schlanke Schallarkaden, Formbestand des 13. Jh., indessen weitgehend erneuert. Balustrade und Dach stammen von Viollet-le-Duc. Der reich gegliederte *Giebel* mit gerundeten Schrägen erhielt zur besseren Belichtung des Narthex im 13. Jh. gestaffelte Fenster.

Zwischen ihnen (erneuerte) *Figuren* auf Säulen unter Baldachinen: beide Johannes, Philippus, Petrus und Paulus. Im Bogenfeld darüber Flachnischen mit thronendem Christus, Maria, Magdalena und 2 weiteren hll. Frauen.

Die *Portale* verloren in der Revolution ihre Skulpturen. Das neuroman. Weltgerichts-Tympanon im *Mittelportal* ist von Viollet-le-Duc. Vom Restaurator auch der Sturz mit Magdalena- und Lazarus-Szenen. Stark nachgearbeitet bzw. neu sind die Reliefs an Kapitellen und Konsolen (Themen sind u. a. Verkündigung Mariae, Befreiung Petri, Christus als Lehrer auf Aspis und Basilisk). – In den *Seitenportalen* nur Reste des roman. Dekors.

Die *Langseiten* von Narthex und Schiff sind im Mauerwerk zwar alt, doch künstlerisch anspruchslos. Die letzten Seitenschiffjoche dienen den *Flankentürmen* (13. Jh.) als Untergeschosse: Auf der N-Seite gedieh der Turm nur bis zur Traufhöhe, der südliche reicht mit 2 Geschossen über die Dächer; beide haben rundbogige Doppelöffnungen und reich profilierte Laibungen. – Die *Querschiffarme* treten mit steilen, glatten Giebelfronten aus der Flucht vor. Auf der S-Seite unmittelbar anschließend der *Kapitelsaal*, dessen gefährdete Bausubstanz der erneuerte *Kreuzgangflügel* davor abstützt.

Vor dem Kreuzgang ein *roman. Tympanon*, um 1140–45, vermutlich vom äußeren W-Mittelportal, mit Spuren abgeschlagener Reliefs, die Gislebertus (s. dazu Autun) zugeschrieben werden.

Der *got. Umgangschor* mit *Kapellenkranz* wirkt etwas kurz an dem (mit Narthex) 13 Joche tiefen Langhaus (Gründe bei Erörterung des Innern). Neben dem bräunlichen, im Licht goldglänzenden Stein des Langhauses wirkt der bläulich schimmernde helle Kalkstein des Chores kühl. Seine auch regelmäßigeren Blöcke sind kantiger gehauen und in der Oberfläche schärfer scharriert. Schmale, tiefe Strebepfeiler zwischen Chorjochen und flach gerundeten Kapellen artikulieren die bauliche Struktur. Wann die Strebebögen, die auf Strebepfeilern am Hochchor auftreffen, angelegt wurden, ist nicht sicher, wahrscheinlich erst nachträglich.

I n n e r e s. Aus der Mitte des Narthex hat man bei offenen Portalen das eindrucksvollste Bild von der sich in die Tiefe staffelnden Raumfolge. Der nahezu quadratische N a r t h e x ist 3 Joche tief und durch Emporen basilikal gestuft Die stämmigen Kreuzpfeiler haben auf allen Seiten Halbsäulen, die stufenmäßig abgesetzte, leicht spitzbogige Längs- und Quergurte aufnehmen. Die Halbsäulenkapitelle sind teils figürlich, teils mit dekorativen Motiven skulptiert. Die Gurte bleiben scharfkantig, die Bögen sind mit Rundstäben eingefaßt. Die Kreuzgewölbe im Mittelraum sind nach 1843 erneuert, die übrigen alt. Während Langhaus und Chor nachträglich Strebebögen erhielten, hat die *Wölbkon-*

struktion in dem um 2 m höheren Narthex bis zum 19. Jh.
gehalten – eine erstaunliche bautechnische Leistung. Die
nur 30–35 cm starken Gewölbekappen sind parallel zur
Längsrichtung geschichtet, die Rundung der Kappen bleibt
hier gering; in der kürzeren Querrichtung sind sie gebust
und gestelzt, die Scheitel liegen hier mehrere Meter höher
als die Schildbogenspitzen. In der Längsrichtung wirken die
Joche statisch wie eine Tonne, deren Gewicht sich auf die
Mauern verteilt. Widerlager sind die ansteigenden Rippengewölbe der Emporen, die wie Strebebögen die Schubkräfte
des Mittelgewölbes z. T. auf die Außenmauern leiten. Es
war die Solidität dieser Gewölbe, die ein Ausweichen der
Außenmauern (wie im Langhaus) verhindert hat. – Die seitlich mit Bogenfolgen vergitterten *Emporen* öffnen sich in
der Mittelempore (über dem Schiffsportal) mit einem einzigen Rundbogen für den Michaelsaltar; deshalb hier die
reichere Ausstattung mit kannelierten Stützen, skulptierten
Schlußsteinen und antikisierenden Blattkapitellen. Die
Emporen dienen heute z. T. als L a p i d a r i u m.

Der Narthex war niedriger geplant; ablesbar ist das u. a.
noch an den Vorlagen der westl. Schiffswand für die Nar-
thex-Arkaden sowie auf der S-Seite und in der SO-Ecke an
den Bogenansätzen. Das Kapitell und die hier z. T. nachträglich eingemauerte Halbsäulentrommel, dazu auf der N-
Seite ein angefangener Bogen zeigen außerdem, daß der
niedrigere Narthex offene Bogenstellungen haben sollte.
Offene Vorhallen sind in Burgund nicht selten, nächstgele-
gen z. B. Perrecy-les-Forges, wo sogar zu vermuten ist, daß
dort der in Vézelay aufgegebene Plan verwirklicht wurde. In
Vézelay waren schon für den niedrigeren Narthex Emporen
geplant, mit Zugängen in den nachträglich vermauerten
Bögen über den Seitenportalen. Doch liegt in Perrecy die
Mittelempore über dem westl. Joch, in Vézelay dagegen im
östlichen, über dem inneren Portal, wo in Perrecy die durch
eine Bogenstellung gegliederte W-Wand der Kirche frei aufsteigt. In Vézelay umschließt das Gewölbe das große Tympanon etwas hart, überschneidet selbst den Stichkappengrat

– zweifellos eine Beeinträchtigung in der Wirkung und vermutlich die Folge eines Planwechsels. Ließe man die Mittelschiffswand ohne Empore, wie in Perrecy, in voller Höhe aufsteigen, dann stimmten die jetzt so gedrückten Proportionen wieder.

Die *3torige Mauer* zwischen Narthex und Langhaus ist eine ● der großartigsten, in der religiösen und gestalterischen Phantasie gleich mächtigen *Bildwände* des christlichen Abendlandes. Von den 3 Stufenportalen hat das höhere und breitere, durch einen Pfosten unterteilte *Mittelportal* ein 3stufiges, in 2 Geschosse gegliedertes Gewände; im höheren unteren stehen kannelierte Säulen, im oberen kannelierte Pilaster. Auch der Mittelpfosten ist 2geteilt: unten auf 3 Seiten Pilaster, oben, in der Front, eine Halbsäule, die in den Sturz reicht, ohne etwas zu tragen.

Vor dem *Mittelpfosten* groß der Täufer Johannes mit dem Lamm Gottes auf einem Rundschild (1); auf den Laibungsseiten je ein Apostel (2, 3). Diese entsprechen disputierenden Apostelpaaren in den *Gewänden* (4, 5). An den *Gewändekapitellen* Szenisches: links (6) nicht gedeutet, daneben (7) dämonische Flurgöttin (?) im Kampf gegen 3köpfigen Vogel, dem eine Sirene zuschaut (ähnlich in Perrecy und Montceaux-l'Étoile, alle auf Cluny zurückgehend, von wo die Szene nur zeichnerisch überliefert ist). Rechts König Saul beim (vergeblichen) Opfer (8) und Salbung Davids, daneben Saul in Schwermut (9).

Im Zentrum des *Bogenfeldes* (10) die alle andern überragende Gestalt des thronenden Christus in der unten plastisch vortreten-den, oben konkav eingetieften Mandorla. Zu seiten der Mandorla unterschiedliche Wolkenbänder, links wellenförmig, rechts mehr gezackt, vermutlich als Übernahme aus Gerichtsbildern mit ruhigen Wolken uber Seligen und stürmischen über Verdammten. Unter den Wolken gehen von Christi Händen Strahlen aus auf die Häupter der erregt disputierenden 12 Apostel, deren Figuren in der Größe der Bogenrundung angepaßt sind; die Köpfe sind z. T. beschädigt, rechts bis auf einen abgeschlagen. Die ungewöhnliche Darstellung kombiniert die Ausgießung des Hl. Geistes (Pfingsten) mit Christi Lehrauftrag an die Apostel, d. h. also die Stiftung der Kirche und den ihr übertragenen Missionsauftrag, den die Bildszenen in den 8 *Kästchen* erläutern, die das Tympanon umschließen (11–18). Sie stellen (ohne sie im einzelnen zu identifizieren) durch Körperbil-

*Vézelay. Ehem. Abteikirche. Inneres Mittelportal
Skulpturenprogramm*

dung (hundsköpfige Gestalten, krause Haare, platte Nasen) oder
exaltierte Gebärden, besondere Kleidung und Kopfbedeckungen
bestimmte Völkerschaften bis hin zum »Rand der Erde« dar, so
Juden, Araber, Inder, Äthiopier, Kappadozier, Kreter, Byzantiner
und Armenier, die lebhaft über die ihnen verkündete neue Botschaft diskutieren. Auf dem *Sturz* ebenfalls heidnische Völker.
Rechts (19) Panotier mit riesigen Ohren, Pygmäen, die mit Leitern
aufs Pferd steigen, Ritter und Krieger als Vertreter europäischer
Völker, die alle, von rechts kommend, zu Petrus und Paulus, den
beiden herausragenden Figuren, ziehen. Auf der linken Seite (20)
eine römische Kultprozession mit dem Opferstier; ihnen folgen
Skythen und Parther.
Die mit der 2. Stufe beginnenden *Archivolten* sind mit Medaillons

Zu nebenstehender Abbildung:

1 Johannes d. T.	25 März: Rebenschneiden
2 Apostel	26 Widder
3 Apostel	27 April: Hirt mit 2 Ziegen
4 Apostelpaar	28 Stier
5 Apostel Petrus und Paulus	29 Mai: Krieger
6 ungedeutet	30 Mann mit Blättern und Blüten
(Vertreibung aus dem Paradies?)	31 Zwillinge
7 Flurgöttin (?),	32 Juni: Kornschneiden
3köpfiger Vogel, Sirene	33 Krebs
8 Sauls Opfer	34 (Halbmedaillon) Kranich
9 Salbung Davids,	35 Dressierter Hund
schwermütiger Saul	36 Akrobat
10 Christus und die Apostel	37 Sirene
11 Griechen (2 Philosophen) (?)	38 Löwe
12 Juden (Jerobeam)	39 Juli: Garbenbinden
13 Kappadozier	40 Jungfrau
14 Araber, Inder	41 August: Korndreschen
15 Äthiopier	42 September: Kornabfüllen
16 Kreter (?)	43 Waage
17 Byzantiner (?)	44 Oktober: Weinlese
18 Armenier	45 Skorpion
19 Panotier, Pygmäen und die	46 November: Schlachten
Völker Europas auf dem Weg	47 Schütze
zu Petrus und Paulus	48 Dezember:
20 Römer, Skythen, Parther	Das neue Jahr
21 Januar: Mahlzeit	auf den Schultern des alten
22 Wassermann	49 Steinbock
23 Februar: 2 Männer am Feuer	50 Mann mit Pokal
24 Fische	(Neujahrsfeier)

der Tierkreiszeichen und Monatsbilder (21–33, 38–50) besetzt. Beziehen sich die »Völker« auf den Lehrauftrag der Kirche *auf der Erde*, so versinnbilden die Tierkreiszeichen den universalen Anspruch der Botschaft Christi *in der Zeit*. Und die sich im Jahresrhythmus wiederholenden Monatsdarstellungen zeigen an, daß der *Mensch* mit allem, was er tut, dem Heilsgeschehen eingeordnet bleibt (s. dazu Autun, W-Portal). Tierkreiszeichen und Monatsbilder stehen jeweils – unten links mit Januar beginnend – sinngemäß beieinander.

Ein Vergleich der Strukturform des Mittelportals mit anderen roman. Portalen macht deutlich, daß das Portal so, wie es vollendet wurde, nicht geplant worden sein kann. V. a. der »2geschossige« Aufbau von Mittelpfosten und Gewände irritiert. Vermutlich sind die Unstimmigkeiten eine Folge des Planwechsels im Narthex (s. o.). Ob nun das zunächst vorgesehene Portal niedriger war und wie es ausgesehen haben könnte, ist hier nicht zu erörtern. Auch nicht die interessante neuere Hypothese einer nachträglichen Verbreiterung des Tympanons durch die (vom Befund her mögliche) Hinzufügung der Christus-Figur und damit die Ausweitung des ursprünglich isolierten »Pfingstthemas« zum umfassenderen »Lehrauftrag« – was übrigens die wenig »organische« Einfügung der »Völkerschaften« in den Kästchen um das Tympanon (11–18) und der »Heiden« auf dem Sturz (19, 20) erklärte.

Was wir heute an dieser Bilderwand bewundern, ist die ungeduldig drängende, in ihrem Ungestüm großartige Bildphantasie ebenso wie die unverwechselbare plastische Faktur, die das Erregende des dargestellten Vorgangs (sogar das – nach der Apostelgeschichte 2,2 – »Brausen vom Himmel wie von einem gewaltigen Wind«) unmittelbar anschaulich macht. Man kann sich die Jünger schwerlich ohne den sie alle überragenden Christus vorstellen, zumal in der formalen Durchbildung (Auffassung der Figur, Gewandfaltenführung) kein Unterschied zum übrigen wahrzunehmen ist. Christus ist der in der Majestät Thronende, der den Betrachter zugleich an den Weltenrichter gemahnen soll. Die alle Gestalten am Portal erfassende Erregung ist keine realistische Schilderung; sie überträgt sich als Vorstellung von den meist in vielen parallelen Wiederholungen aus- und aufschwingenden, zuckenden, scharf knickenden, dann wieder wie schlingernden Bewegungen der Faltenbahnen und Gewandsäume. Die *Bild*vorstellung von Erregung entsteht auch nicht durch Artikulierung der Körper, sondern durch Strukturierung der flächig gebundenen Reliefformen, die wie Ornamente verselbständigt sind. Das zeigen besonders die spiralförmig kreisenden Wirbel an Hüfte, Knie und Armen (v. a. bei Christus), die nicht durch Beugung entstandene Gewandfalten »wiedergeben«, sondern »darstellen«. Ähnliche Linienbewegungen entstehen da, wo durchgedrückte Knie oder Schultern zu erwarten wären: Statt plastischer Wölbformen erscheinen oft verrutschte oder sich immer weiter verlängernde Rund- und Ovallinien, die sich in konzentrischen Wiederholungen zu Flächenornamenten formieren. Es ist künstlerisch konsequent, daß die Körper in der Fläche bleiben: Christi Oberschenkel stoßen nicht nach »vorn« und die Unterschenkel sind nicht »zurück«gestellt, sie verbleiben parallel oder diagonal der Reliefebene plan verhaftet. Folgt man im einzelnen den vielformigen und vielfältig

---

Nebenstehend: Vézelay. Ehem. Abteikirche. Innere Seitenportale (oben linkes, unten rechtes Portal)

gebildeten Linien, dann spürt man den Bewegungsstrom, der die feinnervig gezogenen, immer in sich wiederholten schrägen oder konzentrischen Rundformen durchzieht und dadurch die Vorstellung von Spannung und Erregung erzeugt.

In den Bildreliefs gibt es so gut wie keine steigende Vertikale und keine tragende Horizontale. Doch die im Mittelpfosten beginnende Senkrechte, die sich in Johannes und Christus fortsetzt und in dem Feld mit Christus-Haupt gipfelt, erzeugt die Vorstellung von Starkem, Unwiderstehlichem, unverrückbar Daseiendem, das von der Unruhe um sie herum unberührt bleibt. Sie macht die in Christus gründende und von der Kirche vermittelte *Heilsgewißheit* anschaulich. Verstärkt wird diese Wirkung durch die runden Konstanten des großen Kreuznimbus Christi, des einfachen Nimbus seines Vorläufers und des Medaillons mit dem Opferlamm, das an alttestamentliche Dank-, Sühne- und Reinigungsopfer erinnert, zugleich als Sinnbild des in der Eucharistiefeier gegenwärtigen Christus gilt.

Die schmaleren, gestelzten *Seitenportale* waren schon für den niedrigeren Narthex vorgesehen; ihre äußere Archivolte ist nachträgliche Zutat. Die Tympana enthalten Leben-Jesu-Szenen, die Kapitelle figürliche Darstellungen.

Im *Bogenfeld* des *S-Portals* Verkündigung, Heimsuchung, Hirtenanbetung und darüber Anbetung der Könige. – An den *Kapitellen* links eine Sirene, die für einen Kobold die Fidel spielt, und ein fliegender nimbierter Engel mit umgehängtem Horn; gegenüber ein Engel, der das Horn an den Mund setzt, in der Rechten eine Lanze mit Fahne haltend, und eine bocksfüßige Frau mit Schwanz neben einer zweiten, die kniend mit dem Bogen schießt. Sirenen und Faune sind dämonische Wesen, denen Engel den Zugang zur Kirche verwehren.

Dasselbe Thema bestimmt die *Kapitelle* des *N-Portals*: Schlangenschwänziger Basilisk, ein aus einem Hühnerei von Schlangen ausgebrütetes Wesen, wegen seines tödlichen Blicks und Gifthauchs eine Verkörperung des Bösen; ein Engel, der dem Teufel ein Schwert in den Rachen stößt (ähnlich in Cluny, Perrecy, Montceaux-l'Étoile, Anzy-le-Duc). Gegenüber ein vor einem Engel zurückweichender Teufel und 2 Halbmedaillons mit Musizierenden, die als 3. und 4. der »8 Kirchentöne« (s. Cluny) gedeutet werden; wegen ihrer auf 2 beschränkten Zahl am Kirchenportal gelten sie als Verkörperung der profanen Musik, die, da sie nur die Sinne anspricht, am Eintritt gehindert werden soll. – Im *Tympanon* Emmaus-Jünger und Jesu Erscheinen vor den Jüngern.

Der Darstellungsstil an beiden Nebenportalen ist beruhigter, mehr
berichtende Erzählung, der die dramatische Spannung des Mittelportals und dessen drängende Zügigkeit der plastischen Formen
fehlt. Der Unterschied ist kein grundsätzlicher, er liegt mehr in der
Intensität. Die geniale Form ist nicht mehr die des Erfinders; seine
Formen werden nachgeahmt. Die Nähe zur Cluny-Plastik ist nicht
zu übersehen. Doch die Hypothese, die 3torige Schiffsfront in Vézelay gehe in Planung und z. T. Ausführung auf den Meister der
Cluny-Kapitelle zurück, ist ebensowenig zu belegen wie eine persönliche Beteiligung des Gislebertus von Autun. Was in Autun und
Vézelay an Vergleichlichem zu entdecken ist, dürfte in der gemeinsamen Herkunft von Cluny gründen.

Das 3schiffige, basilikale L a n g h a u s (1120–32) ist 10 ●
Joche tief und wurde von W nach O gebaut. Seine Länge
beträgt insgesamt 103 m, bis zur Vierung 62 m; die Breite
des Mittelschiffs 10,60 m, der Seitenschiffe 6,20 m; die
Höhe des Mittelschiffs 18,50 m. Das Ganze ist ein über-
schaubarer, nicht steiler Raum in ausgeglichenen Proportionen.

Die den plastisch vortretenden, kreuzförmigen Pfeilern eingezogenen Halbsäulen bringen eine durchaus vertikale Note
in den Raum, bleiben jedoch durch Kämpfer und Horizontalgesims gebunden. Die halbrunden Quergurte und längs-
gerichteten weiten Arkaden und Schildbögen fördern den
Ausgleich und führen in gleichmäßigem Auf und Ab die
Vertikalbewegung immer wieder zum Boden zurück.
Unterstützt wird diese Tendenz durch den *Farbwechsel* in
den Bögen: in den Gewölbegurten gelblich-weiße und
braune Steine, in den Arkaden heller weiße und rosafar-
bene. An Pfeilern und Mauern schimmern die Steine in Zwi-
schentönen von Braun bis Rosa. Nur die Quergurte der 3
vorderen Joche sind alt (unterschiedlich breite Keilsteine),
in den 3 folgenden Jochen sind sie in der Mitte erneuert; im
ganz erneuerten östl. Joch sind die Keilsteine aufgemalt.
Die durch Rundbögen betonten *Joche* behalten im Hinter-
und Nebeneinander eine gewisse Selbständigkeit, darin von
den Kreuzgratgewölben unterstützt, die sich – anders als die
in der burgundischen Romanik häufigere Längstonne – dem

Vézelay. Ehem. Abteikirche. Inneres. Langhaushochwand

Tiefenzug widersetzen. Außerdem erlauben sie direkte Beleuchtung durch größere Obergadenfenster. Mit den zwar niedrigen, aber weiten Arkaden ergibt sich beim Blick von einem Seitenschiff ins andere neben der *Längsrichtung*

auch eine *Querbindung* der Joche; sie wird gefördert durch
die zu Kurztonnen werdenden Laibungen der mittels Vorlagen auf 2,60 m verbreiterten Pfeiler. Die in Tiefe *und* Breite
gebundenen Joche tragen sehr zur Ausgewogenheit bei, ein
Eindruck, den das in der Arkadenzone gleichmäßig mit ca.
0,80 m hohen Steinen versetzte Mauerwerk noch unterstützt
(im Fenstergeschoß kleiner und weniger regelmäßig). Der
2zonige *Wandaufbau* wirkt schlicht, sogar veraltet: es fehlt
das vermittelnde Triforium. Altertümlich erscheint auch das
Festhalten am Rundbogen gegenüber dem statisch günstigeren roman. Spitzbogen der Cluny-Bauten.
Vorbildlich wirkten also die frühroman. Kirchen, die in
Charlieu und Anzy-le-Duc, um 1000, ihre ältesten burgundischen Beispiele haben. Dagegen ging von Vézelay selbst
wieder Einfluß aus auf Avallon und Pontaubert.
Vézelay ist gleichwohl die reifste, in der plastisch kraftvollen
Gliederung des Raumes auch reichste Verwirklichung des
hochroman. Kirchenbaus. Hier werden die Strukturlinien
und -elemente des baulichen Gefüges durch den *Baudekor*
geradezu sinnenfällig: Die Horizontalgesimse zieren Rosetten, die Arkaden Palmetten, die Schildbögen und die Quergurte Wellenbänder. Die Basen der Halbsäulen zeigen Eierstab, Blumen, Palmetten oder Blätter, einige auch Tiermotive. Stärkste Wirkung geht von den großen Kapitellen aus;
sie betonen eindrucksvoll das statische Gefüge, denn sie
sitzen immer da, wo die tragenden Stützen die lastenden
Bögen aufnehmen, und sicher nicht zufällig nur über den
Halbsäulen.
Die Kapitelle in Langhaus und Narthex der Magdalenenkirche
zu Vézelay bilden einen der umfangreichsten Zyklen roman. Bauplastik in Frankreich. Insgesamt, doch ohne die Portale, sind es über
150, davon nahezu 2 Drittel mit figürlichen Darstellungen, wobei
aber keine der Kirchenpatronin selbst gewidmet ist. Anders als z. B.
die typologischen Bilderkreise der Buch- und Glasmalerei lassen sie
in Reihenfolge und Anordnung allerdings keinerlei Systematik
erkennen. Wo immer die Prozession anhielt, gab es Nachdenkens-
wertes zu betrachten. Die Entstehungszeit der Kapitelle liegt
zwischen 1120 und 1130/35; für den Narthex sind weitere 10 Jahre

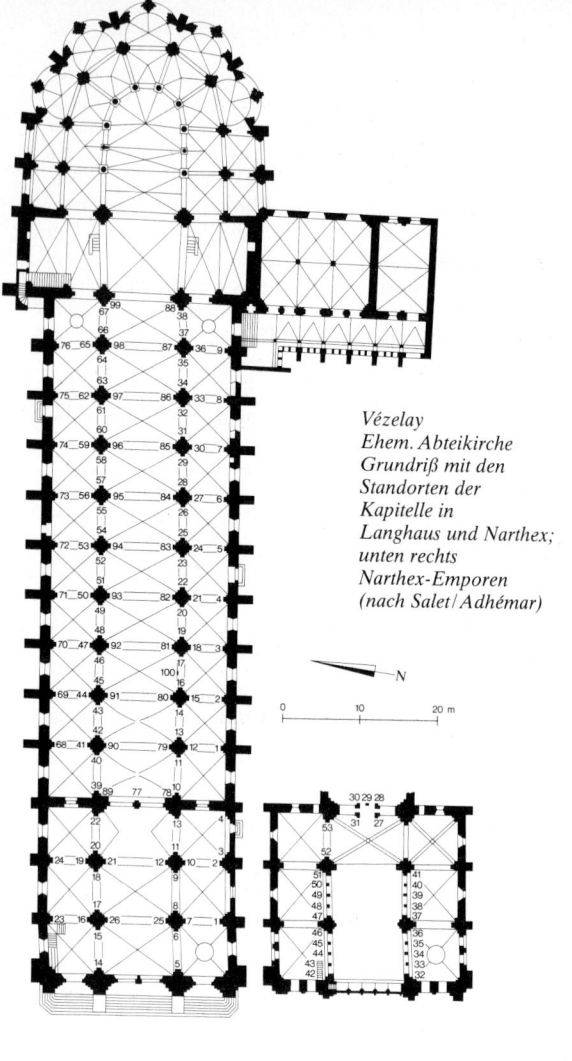

Vézelay
Ehem. Abteikirche
Grundriß mit den
Standorten der
Kapitelle in
Langhaus und Narthex;
unten rechts
Narthex-Emporen
(nach Salet / Adhémar)

0   10   20 m

anzunehmen. Im 19. Jh. wurden einige überarbeitet, andere durch Kopien ersetzt. Ältere, wiederverwendete Kapitelle sind u. a. Nr. 32–38, alle in den östl. Arkaden der Mittelschiff-S-Seite auf dafür nicht vorgesehenen Halbsäulen, die für sie zu klein sind. Stilistisch kennzeichnend sind ihr symmetrisierender Aufbau, die Flächenbindung der Formen und merkwürdig starres Blattwerk. Es besteht eine auffällige Verwandtschaft mit Kapitellen der Wende vom 11. zum 12. Jh. in Charlieu und Anzy-le-Duc.

An der ikonographischen Entschlüsselung wird seit den 1880/90er Jahren gearbeitet, ohne daß bislang alle Szenen und Figuren eindeutig erklärt werden konnten. Die *Themen* sind einem weiten Kreis von Quellen entnommen, ohne daß sich etwas wie ein festes Darstellungskonzept erkennen ließe. Die meisten biblischen Motive entstammen – P. Diemer folgend – dem Alten Testament (über 30), nur etwa 10 dem Neuen; diese Aufteilung ist nicht zu begründen, man ist auf Vermutungen im Zusammenhang mit der Zeit und Plötzlichkeit der Entstehung der Kapitelle angewiesen. Weiter finden sich die Mönchsväter und andere Heilige, kosmologische Inhalte, der Kampf der Engel gegen die als Dämon dargestellten Teufel bzw. der Tugenden gegen die Laster, Themen der antiken Mythologie in nicht immer erkennbarem Bezug zur christlichen Lehre, daneben Motive aus Tier- und Fabelwelt, die gelegentlich nur dekorativ verwendet sind.

Natürlich können nicht alle Kapitelle (und Portale) vom gleichen Meister und seiner Werkstatt geschaffen sein; dafür sind sie in Erfindung, plastischer Durchbildung und szenischer Komposition wie auch in der Qualität der Ausführung zu verschieden. Auch diese Frage der *»Händescheidung«* hat die Kunstgeschichte immer wieder beschäftigt; hier kann sie nur als Problem angesprochen, aber nicht erörtert werden.

Allen Kapitellen liegt die römisch-korinthische Form zugrunde; in einigen (Nr. 37 im Schiff, 5 und 17 im Narthex) ist sie sogar erstaunlich »richtig« wiedergegeben. Ebenso erstaunlich ist die künstlerische Vielfalt beim Blattwerk, das von »natürlichem« Laub bis zu flächig ausgefächerten, nur in der Oberfläche leicht gekerbten Blättern reicht bzw. von stark stilisierten bis zu rankenartig sich windenden und mit Bändern durchschlungenen und sogar zu völlig erfundenen Blattgebilden. Selbst bei abgewandeltem Aufbau v. a. der figürlichen Beispiele bleibt die Eckbetonung durch Voluten, sehr häufig die Mittelrosette am bisweilen auch konkav einschwingenden Abakus erhalten. Die meisten sind Halbsäulenkapitelle mit einer Voll- und 2 schmaleren Nebenseiten. Immer wieder fasziniert die gestalterische Phantasie bei der Erfindung neuer Möglichkeiten, figürliche Darstellungen der vorgegebenen Kapitellform einzufügen, ohne das Grundmuster zu beeinträchtigen.

Noch eine andere Überlegung drängt sich auf: Das Kapitell sitzt im baulichen Gefüge genau zwischen Pfeiler oder Säule und trägt die Last von Mauer und Gewölbe, ist also eine Art »Eckstein« an der statisch empfindlichsten Stelle des ganzen Baues. Das »Tragen« wird im Kapitell gleichsam anschaulich. Und genau hier erscheint das Bild der für die Heilsbotschaft des Christentums bedeutsamen Ereignisse! Durch das Bild wird das Kapitell auch in symbolischer Weise zum »Eckstein«, den schon Jesaia (28,16) so verstanden hat und als den Christus sich selbst bezeichnet (Matth. 21,42 und Paulus, Eph. 2,20). Auch in diesem Sinne wird der Kirchenraum zum Heilskosmos oder »Himmlischen Jerusalem«, denn Kirche meint ja nicht nur den Bau, sondern auch die Gemeinde.

Die nachstehende Beschreibung stützt sich auf jüngere Arbeiten zu diesem Thema von F. Salet / J. Adhémar (1948; ihnen folgt unsere Kapitell-Numerierung) und P. Diemer (1975).

Südl. Seitenschiff, Außenwand. 1, 2: Blattwerk. – *3:* Erziehung Achills durch den Kentauren Cheiron (Bedeutung ungeklärt). – *4:* 4 Männer in Beratung und Zuschauer (Daniel erhebt Einspruch im Verfahren gegen Susanna?). – *5:* 2 Halbmedaillons mit sitzenden und stehenden Figuren (Lehrer und Schüler?). – *6:* Nackter Dämon hört Spielmann zu, greift nackter Frau an die Brüste. Schlangen zischen ihm etwas zu. Hinter dem Spielmann eine bekleidete Frau, die den Jüngling mit Saiteninstrument auf die Szene aufmerksam macht: weltliche, die Sinne betörende Musik und Warnung (?). – *7:* Auf 3 Seiten Medaillons mit Männern (ungedeutet). – *8:* Die 4 Paradiesflüsse. – *9:* Ungedeutete Szene, Neuerfindung (Fragmente des Originals im Lapidarium).

Südl. Pfeilerreihe. *10:* Blattwerk. – *11:* Kämpfende Fabelwesen als Warnung vor Dämonen. – *12:* Adler entführt Ganymed, in den Krallen ein Hund; links zu Hilfe Eilende, rechts grinsender Teufel (als »Laster« verstandene Knabenliebe antiker Götter – wenig überzeugend). – *13:* Musizierende Tiere als »verkehrte Welt« (?) oder »Tier- bzw. Teufelmusik« (?) (19. Jh., Fragment des Originals im Lapidarium). – *14:* Kampfszene mit Kriegern und Zuschauern. – *15:* Luxus und Verzweiflung (oder Laster und Tugend). – *16:* Blattwerk. – *17:* Bekehrung des hl. Eustachius, eines römischen Offiziers; Vorbild geduldigen Leidens. – *18:* Blattwerk. – *19:* »Waage« und »Zwillinge« aus dem Tierkreis. – *20:* Hostienmühle, »Mystische Mühle«: Ein Prophet schüttet das Korn des Alten Testaments in den Trich-

»Mystische Mühle«   *Moses und das Goldene Kalb*

Vézelay. Ehem. Abteikirche. Figurenkapitelle

ter, ein Apostel fängt das Mehl der christlichen Lehre auf. – *21:* Die Seele des reichen Prassers wird vom Teufel, die Seele des Lazarus von Engeln empfangen; Lazarus ruht in Abrahams Schoß. (Vgl. a. 72/Schiff und 38/Narthex.) – *22:* Der blinde Lamech erschießt irrtümlich Kain im Versteck (vgl. 12/Narthex). – *23:* Die 4 Winde als männliche Gestalten mit Blasebälgen (ähnlich in Cluny). – *24:* David zerreißt einen Löwen, um ein Schaf zu retten. – *25:* Blattwerk. – *26:* Der hl. Martin (Bischofsstab und Tonsur) fällt einen von den Heiden verehrten Baum, den diese auf ihn ziehen wollen. – *27:* Daniel in der Löwengrube; typologisches Vorbild für Christi Auferstehung und Errettung des Gerechten. – *28:* Blattwerk (neu nach Fragmenten im Lapidarium). – *29:* Jakob ringt mit dem Engel (Gott), der ihn segnet. – *30:* Der (erschlichene) Jakobssegen (vgl. 7/Narthex und 47/Narthex); Isaak segnet Jakob, der Fellhandschuhe zur Täuschung Isaaks trägt. Rechts Rebekka, links heimkehrender Esau. – *31:* Szenen aus der Vita des Ordensgründers Benedikt: Der Teufel zerbricht eine Glocke, mit der man Brot für den Eremiten ankündigte; vorn Verführungsszene mit Frau, rechts wirft Benedikt sich zur Abtötung der Sinnenlust in Dorngestrüpp. – *32, 33:* Laubwerk. – *34:* Daniel in der Löwengrube (hier wiederverwendet, war als Rundkapitell angelegt; vergleichbare Darstellungen in Anzy-le-Duc und Charlieu). – *35:* Gegenständige Löwen (dem vorigen verwandt, ebenfalls wiederverwendet). – *36–38:* Laubwerk.

Nördl. Pfeilerreihe. 39–41: Laubwerk. – *42:* Weisheit und Leicht-
sinn (?); eine nimbierte Frau, zu seiten je ein nackter Mann in
Baum (stark beschädigt). – *43:* Nicht gedeutet (ebenfalls beschädigt). – *44:* Blattwerk. – *45:* Kampf der Tugenden und Laster: Die
»Wahrheit« besiegt die »Verleumdung« (durchstochene Zunge),
die »Freigebigkeit« den »Geiz« (Geldbeutel am Hals). Bedeutung
der Adler nicht geklärt; ihre Köpfe bilden Voluten. – *46:* Judith
und Holofernes (neu gefertigt nach falsch gedeutetem Fragment
im Lapidarium, vermutlich Personifikationen von »Erde« und
»Meer«; ähnlich in Perrecy-les-Forges). – *47:* Symmetrisch angeordnete Löwen und Vogel, wahrscheinlich nur dekorativ gemeint.
– *48:* Die Jahreszeiten Sommer und Winter. – *49:* Moses ersticht
einen Ägypter, der einen Israeliten gezüchtigt hatte, und versteckt
die Leiche. – *50:* Davids Kampf mit Goliath in 3 z. T. erneuerten
Szenen. – *51, 52:* Blattwerk. – *53:* Absaloms Tod. Dichter Blattdekor meint den Baum, in dem er mit den Haaren hängenblieb. An
der Nebenseite tötet Joab Absalom. – *54:* Gegenständige Elefan-
ten; allegorische Deutung als »Geduld« im Zyklus der Tugenden
und Laster möglich, aber nicht zwingend. – *55:* Dämonenkampf;
auf einem Drachen reitender Teufel stößt den Speer gegen einen
bocksfüßigen Dämon. – *56:* Moses hält die Gesetzestafeln gegen
das Goldene Kalb, aus dem der Teufel fährt. Von rechts bringt
man ein Opfertier. – *57:* Ein Würgeengel (10. ägyptische Plage)
erschlägt den Sohn des Pharao. Gegenüber sollte vermutlich das
die Rettung der Israeliten verbürgende Tau-Zeichen erscheinen als
Vorbild für die Errettung der Rechtgläubigen. – *58:* Begräbnis des
Einsiedlers Paulus durch Antonius; Löwen scharren das Grab
(nach Fragmenten neu gefertigt). – *59:* Legende der hl. Eugenia.
Diese war in Männerkleidung Mönch und Abt (Tonsur) eines Klosters geworden; der Unzucht angeklagt, offenbarte sie dem Präfek-
ten ihr Geschlecht. – *60:* Der junge David, klagend dargestellt, läßt
den amalekitischen Mörder Sauls töten. – *61:* Gegenständig angeordnete Vögel picken an Weintrauben. Das frühchristliche Symbol
der die Seligkeit trinkenden Seele wird hier zum Ornament. – *62:*
Ungedeutete Darstellung (Vision des Eremiten Antonius?); Teufel
peinigen einen ausgestreckt auf einem Turm liegenden reichen
Mann; bärtige Männer, einer mit Tonsur, schauen zu. – *63:* Versuchung des zwischen 2 Teufeln stehenden hl. Antonius (nach Fragmenten im Lapidarium angefertigt; auf Grund formaler Unstimmigkeiten bezweifelt). – *64:* Blattwerk (alt?). – *65:* Sündenfall (vgl.
93). Wiederverwendetes älteres Kapitell mit Adam, Eva und
Schlange. Architekturen deuten die Paradiespforte an (Vierungs-

pfeiler!). – *66:* Blattwerk. – *67:* Befreiung des hl. Petrus; auf den Nebenseiten schlafende Wächter.

Nördl. Seitenschiff, Außenwand. 68, 69: Blattwerk. – *70:* An einer Frucht pickende Vögel, einer auf dem anderen stehend, vielleicht nur ornamental gemeint. – *71:* Blattwerk. – *72:* Gastmahl des reichen Prassers; ein Teilnehmer deutet auf Lazarus, dem draußen Hunde das schwärende Bein lecken (21 schildert ihrer beider Ableben). – *73:* Blattwerk. – *74:* Ein Basilisk, ein Fabelwesen halb Hahn halb Schlange, starrt ein nacktes, von Heuschrecke begleitetes Männchen mit einem Gefäß (gegen den tödlichen Basiliskenblick) an. Die Heuschrecke symbolisiert bekehrte, gegen den Teufel angehende Völker. – *75:* Die Eremiten Antonius und Paulus teilen das ihnen von Raben gebrachte Brot. – *76:* Kampf des Guten gegen das Böse (nach Fragmenten neu gefertigt); Erzengel Raphael bindet den schreienden Dämon Asmodeus; auf der linken Nebenseite ein Jüngling im Gespräch mit einer Frau an der Tür; nicht überzeugend als Verführung zur Unzucht gedeutet.

Hochwände im Mittelschiff. W-Wand. 77: Löwenkämpfe.

S-Wand. 78: 2 kleine Pilasterkapitelle mit 2 gegenständigen Bären einerseits, einem sich im Pflanzendickicht verbergenden bärtigen Mann (Kain?) andererseits. – *79:* Selbstmord des Judas. – Die Pilasterkapitelle daneben zeigen einen Atlanten, der eine Deckplatte trägt, und 2 gegenständige Atlanten. – *80:* Absalom läßt seinen Bruder Amnon wegen Schändung der Halbschwester Thamar töten; unsichere, aber bisher einzige Deutung. – An den Pilastern Blattwerk. – *81:* Noah und Familie beim Bau der Arche (Rahmengestell mit Flechtwänden). – An den Pilasterkapitellen: Löwe fällt Mann an bzw. Blattwerk. – *82* und Pilaster: Blattwerk. – *83:* Hinrichtung eines tonsierten Heiligen durch Einzwängen in einen gespaltenen Baum (Martyrium des hl. Andochius?). – Pilasterkapitelle mit Blattwerk. – *84:* Abimelech erreicht bei König Zedekia die Begnadigung des Propheten Jeremias; oder: Josephs Auslegung der Träume des Pharao; auf Nebenseiten die Bergung aus dem Brunnen bzw. disputierende Figuren. – Pilaster mit Blattwerk. – *85:* Joseph weicht vor Potiphars Frau zurück; rechts bezichtigt die Frau Joseph, der in der Mittelszene geschlagen wird (vgl. 6/Narthex). – Pilaster mit Blattwerk. – *86:* Blattwerk. – Pilaster rechts mit Blattwerk. – *87:* Vorn unter Doppelarkade ein durch Ketten verbundenes Paar; auf den Nebenseiten des Kapitells 4 zuschauende Männer; wenig überzeugend als Simson und Delila gedeutet, auch als Szene aus der Vita der hl. Lucia. – Pilaster mit Blattwerk. – *88:* Blattwerk.

N-Wand. 89: Blattwerk. – *90:* 2 Pelikane (?); einer zieht einen
Fisch aus dem Wasser, der andere verschlingt eine Schlange. Der
Pelikan ist Symbol für väterliche Liebe, insonderheit für Christus,
weil er seine Jungen mit eigenem Blut ernährt (ob auch hier so
gemeint, ist fraglich). – Pilasterkapitelle: Opfer Abrahams und
Laubwerk. – *91:* Disputierendes Paar; Nebenseite: ein Mann faßt
durch Rundöffnung nach dem Kopf eines andern. Die Deutung als
Herodes und seine Frau, die den Kopf des Johannes fordert, der
rechts aus dem Kerker gezogen wird, befriedigt ebensowenig wie die
als Potiphar, der Joseph einkerkern läßt. – Pilaster mit Blattwerk. –
92: Blattwerk. – Pilasterkapitelle mit einem Atlanten bzw. einem
nackten Mann, der einen Menschen verschlingt. – *93:* Sündenfall
(vgl. 65); Nebenseite: Adam und Eva verbergen sich. – Pilasterkapitelle: Unter einem Monsterwesen zusammenbrechender Atlant
bzw. Blattwerk. – *94:* Die Opfer Kains und Abels. – Pilaster mit
Blattwerk. – *95* und Pilaster: Blattwerk. – *96:* Ritter im Kampf mit
Drachen; offensichtlich unvollendet, Inhalt ungeklärt. – Pilaster mit
Blattwerk. – *97:* Nicht identifizierte Gerichtsdarstellung mit Beisitzer (?) unter Abt oder Bischof und disputierenden Männern. – Pilaster mit Blattwerk. – *98:* Blattwerk. – Pilasterkapitelle: Blattwerk
bzw. Akrobat. – *99:* Blattwerk.
Scheitel der *3. Langhausarkade, S-Seite.* *100:* Medaillon mit thronender Ecclesia. Die Umschrift nennt sie »Braut Christi«. Die ungewöhnliche Anbringung ließ u. a. vermuten, das 1120 zerstörte Schiff
habe bis hierher gereicht. Überzeugender ist die Deutung als
Gleichnis für die noch unvollkommene Kirche, die erst im Himmel
vollendet sein wird.
Die Kapitelle im N a r t h e x sind jünger, unterscheiden sich im
Reliefstil jedoch nur graduell.
Unteres Geschoß. Südl. Außenseite. 1, 2: Blattwerk. – *3:* Enthauptung des Täufers Johannes auf Anordnung des darob bekümmer-
ten Herodes. – *4:* Blattwerk.
S-Pfeiler. 5: Blattwerk. – *6:* Joseph auf Befehl von Potiphars Weib
gegeißelt (themengleich mit 85/Schiff). – *7:* Isaak segnet Jakob (z. T.
abgemeißelt). Auf den Nebenseiten Esaus Heimkehr und Rebekka
als Zuschauerin. (Vermutlich diente 30/Schiff als Vorbild.) – *8:*
Blattwerk (neu; Original im Lapidarium). – *9:* Petrus und Paulus,
wie Mönche gekleidet, erwecken, durch Simon Magus herausgefordert, einen Jüngling vom Tode. Nebenseiten: Simon spricht mit
Nero; bei ihnen dämonischer Hund sowie Zuschauer. Das Ganze
nach Apokryphen kompiliert; offensichtlich sollten beide (Patrone
des Klosters) zusammen dargestellt werden. Hauptthema ist nicht

wie in Autun der Wettkampf mit dem Zauberer, sondern die Totenerweckung. – *10:* Blattwerk. – *11:* Versuchung des hl. Benedikt (in der Linken das Buch mit den Mönchsregeln) durch Teufel mit Frau. Nebenseiten: Er wirft sich in stacheliges Gestrüpp; der Vogel hatte ihm die Versuchung angekündigt. (Dasselbe Thema wie 31/Schiff.) – *12:* Der blinde Lamech erschießt Kain (gleiches Thema wie 22/Schiff). – *13:* Die Eremiten Antonius und Paulus teilen ihr Brot (vergleichbar 75/Schiff).

N-Pfeiler. 14: 2 Männer essen Trauben (Thema unbekannt). – *15:* Blattwerk. – *16:* Simson reißt Löwen den Rachen auseinander; rechts Zuschauer (Simsons Vater?), links nicht identifiziertes Mischwesen. – *17:* Blattwerk. – *18:* Christus bekennt sich einem Johannesjünger als Messias. Nebenseite: Enthauptung des Johannes. – *19:* Nathan bezichtigt David des Ehebruchs. – *20:* Ordensgründer Benedikt erweckt ein totes Kind. Nebenseiten: Vom Feld kommender Mönch; der Vater geht mit Kind davon. – *21:* Gespräch einer Königin mit in Kopftuch gehüllter Frau, auf das von Nebenseiten Engel deuten (nicht geklärtes Thema); die Deutung als Maria Magdalena, die einer provençalischen Prinzessin erscheint, ist doppelt zweifelhaft, da jede andere Magdalenen-Darstellung fehlt). – *22:* Blattwerk.

Nördl. Außenseite. 23, 24: Blattwerk.

Obere Zone. S-Seite. 25: Drache und Apokalyptisches Weib. – *N-Seite. 26:* Blattwerk (15. Jh.).

Empore: Die hier noch in situ befindlichen Kapitelle sind alle – bis auf Nr. 37 – nach originalen Werkstücken im Lapidarium erneuert.

Apsis der Michaelskapelle. 27: Pilasterkapitell mit Szenen des Jüngsten Gerichts, Kampf der Engel (u. a. Michael) und Damonen. – *28:* Blattwerk. – *29:* Kanneluren. – *30:* Blattwerk. – *31:* Pilasterkapitell mit (Georgs?) Drachenkampf u. a. nicht gedeuteten Szenen.

Emporenöffnungen, Zwischenstützen S-Seite. 32: Junger Mann und Dämon (Nebukadnezar in tierartiger Gestalt). – *33:* Unterschiedlich gestikulierende Figuren in Laubwerk. – *34:* Blattwerk (neu). – *35:* Monsterwesen in Laubwerk. – *36:* Gastmahl Belsazars in seinem Palast mit der Schrift von Gottes Hand an der Wand. – *37:* Heilung des Tobias; an den Nebenseiten zuschauende Frauen. (Einziges am Platz erhaltenes altes Kapitell.) – *38:* Auferweckung des Lazarus. Merkwürdige Deutung: Lazarus, Maria, Martha und 4 Apostel kommen lebend wieder. Auf alle 4 Kapitellseiten ausgedehnt. – *39:* Laubwerk. – *40:* An den Ecken des Kapitells gegenständige Tiere. – *41:* Stehende Frauen mit unterschiedlichen Gesten bei sitzendem

Mann mit erhobener Linker; nicht überzeugend als Pharao beim Kindermord-Befehl gedeutet.

N-Seite. 42: David-Bathseba-Szenen (?). – *43:* Gegenständige Tiere. – *44:* Verschiedene Tiere in Rankenwerk beim Traubennaschen. – *45:* Abrahams Opfer (vermutlich freie Erfindung des 19. Jh.). – *46:* Himmelfahrt Christi, von seiner Mutter und Aposteln bestaunt; von Christus sind nur die Beine zu sehen. – *47:* Isaak segnet Jakob (angelehnt an 7/Narthex und 30/Schiff). – *48:* Pharaos Traum von den fetten und mageren Jahren (Neuschöpfung). – *49:* Groteske Köpfe und Laubwerk. – *50:* Sirenen (neu). – *51:* Drachenkampf des hl. Georg. – *52:* Engel fordern Loth zum Verlassen Sodoms auf (Neuschöpfung nach sehr beschädigten Fragmenten). – *53:* Der Engel und die 3 Frauen am Grabe Christi am Ostermorgen (weitgehend Neuschöpfung).

● Got. Chor und Querhaus. Über den roman. Chor (1104) ist nichts bekannt. Ob ein Kryptenbrand 1165 den Chorneubau verursachte oder ob man einen neuen, d. h. gotischen Chor wollte (s. dazu Auxerre, Kathedrale), ist offen. Sichere Baudaten fehlen, doch die erschlossene Datierung – zwischen 1185/90 und 1207–16 – wird kaum bezweifelt. Der *Grundriß* des Umgangschors mit Kapellenkranz sowie die strukturellen Eigentümlichkeiten im *Aufriß* (Doppelsäulen im Stützenwechsel im 2. Chorjoch; unter Halbrundblendbögen zusammengefaßte spitzbogige Doppelarkaden im Triforium, Öffnung der Triforien auf den Dachstuhl des Umgangs) wurden wahrscheinlich vom Chor der Abteikirche St-Germain-des-Prés in Paris vermittelt, zu der enge Beziehungen bestanden. Die Behandlung der tektonischen und ornamentalen Formen (Säulen, Basen, Kapitelle, Profilbildung an Bogenlaibungen und Gewölberippen) verrät Kenntnis der Frühgotik in der Île de France. Während des Bauens wurde mutmaßlich ein *Planwechsel* vonnöten, vielleicht im Zusammenhang mit Unregelmäßigkeiten beim Anschluß an das roman. Schiff, offenbar weil die Krypta beizubehalten war; vielleicht sollten auch noch die Fundamente und aufgehendes Mauerwerk des alten *Querschiffs* verwendet werden. Sein Grundriß zeigt heute noch frühroman. Proportionen, deretwegen schon das letzte roman. Mittelschiffsjoch verzogen werden mußte, um die älteren Vierungspfeiler überhaupt zu erreichen. Der got. Architekt verbreiterte den Abstand der östl. Vierungspfeiler voneinander, verzog dafür die geraden Chorjoche zur

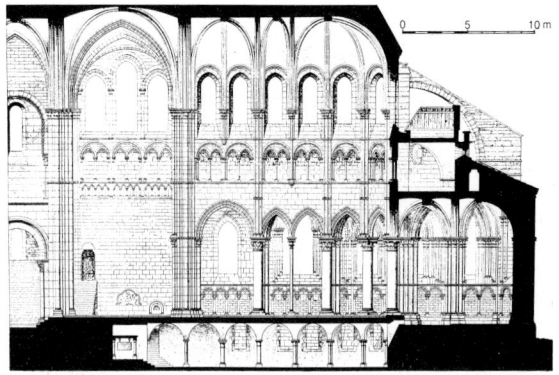

Vézelay. Ehem. Abteikirche. Längsschnitt von Querhaus und Chor (nach »Congrès archéologique« 1907)

Apsis hin. Gewisse Anomalien am nordöstl. Vierungspfeiler deuten das Sich-anpassen-Müssen an, während der südostliche von Beginn an »gotisch« konzipiert ist. Die Querschiffarme haben schmalrechteckige Travéen; die äußere im S-Arm ist wegen der anschließenden Mönchsbauten kürzer. Zu den Seitenschiffen des Langhauses vermitteln Bögen, deren Profilstäbe und Dienste den roman. Pfeilern mit gotisierenden Kapitellen nachträglich angemauert wurden. Das Triforium des Chores setzt sich in den Querarmen fort, auf der W-Seite allerdings mit angepaßten Rundbögen. Ob in den Armen des Querschiffs 4- oder 6teilige Rippengewölbe vorgesehen waren, ist nicht zu klären. Es wirkt fast noch romanisch. Als Überleitung zur höheren, rippengewölbten *Vierung* mit stark gebusten Kappen wurde schon das letzte

Schiffsjoch erhöht und über Rippen gewölbt, die dieselben Profile zeigen wie im Querschiff.

Am Außenbau war eine Divergenz zwischen aufwendigem Chorhaupt und allzu kurz geratenem Vorchor zu beobachten; das hängt mit dem Planwechsel zusammen. Die Vierung sollte nämlich das 1. Chorjoch sein; das hätte dann eine sich jeweils verkürzende Folge von 3 Jochen ergeben, welche die Apsis optisch näher an das Langhaus herangezogen hätte. Warum diese großartigere Lösung aufgegeben wurde, ist nicht auszumachen.

Den um wenige Stufen erhöhten *Chor* grenzen monolithische, wie Marmor polierte *Säulen* mit glatten Schäften gegen den Umgang ab. An ihren Blattkapitellen ist der Übergang zum got. Knospenkapitell zu verfolgen, das in den Umgangskapellen vorherrscht. Den *Chorumgang* bilden im vorderen Teil (von der Vierung her) verzogene Rechteckjoche; in der Apsis sind die Joche trapezförmig. Den Chorsäulen entsprechen an den Außenwänden ganze Bündel von dünneren *Diensten* und *Säulen* für die Kapelleneingänge; über den nur rd. 2,50 m hohen *Trennwänden* stehen letztere sogar frei. Der räumlich gedachte Einfall, die *Kapellen* nur durch niedrige Mauern abzugrenzen, macht den Chor hallenartig weit. Auch die Kapellenfenster sind in den Laibungen mit Säulen besetzt; zwischen den Fenstern noch je 3 Säulen, die »nichts« tragen! Trennwände und Sokkelmauern gliedern »roman.« Blendarkaden.

Gegenüber der üppigen Fülle im roman. Langhaus bleibt der p l a s t i s c h e D e k o r auf Kapitelle und sparsam skulptierte Schlußsteine sowie wenige Köpfe in den Chorarkaden beschränkt. Um so auffallender ist der *Schlußstein der Scheitelkapelle* mit locker einem Blattkranz eingefügten »Paradiesfluß« (Vase), ein köstliches Werk, das im frühgot. Burgund wie ein Findling steht; stilistisch weist es in die Champagne (s. u., Kapitelsaal).

Unvergeßlich wird jedem das von hellem Licht überflutete *Raumbild des got. Chores* bleiben: nach dem steinschweren roman. Schiff mit mauerhaften Pfeilern nun die elegant geschmeidigen Schäfte der schlanken Chorsäulen, die wie dünne Kraftlinien zum Gewölbe aufsteigenden Dienste

und, darüber, die feinlinig gezeichneten, spitzbogigen
Arkaden und leicht schwingenden Gurtbögen, die, wenn
auch noch verhalten und hier und da gebunden, so doch
immer nach oben weisen. Denselben Gegensatz bringen die
Farben der Steine zum Ausdruck: im roman. Schiff die großen Quader in den der Erde nahen, goldbraun leuchtenden
Tönungen, im Chor dagegen die Kleinquader der hell strah-
lenden Wände und darin die vertikalen Strukturen der zart-
blau schimmernden Säulen und Dienste, die ganz unmittelbar die Vorstellung »Himmel« entstehen lassen.

Die K r y p t a reicht mit ihrem ältesten, westl. Teil bis unter
die Vierung; hier auch die ca. 1 m tiefe ehem. Confessio:
möglicherweise schon das Reliquiengrab der karolingischen
Kirche. Vermutlich wurden in ihm nach ihrer »Entdeckung«
auch die Magdalenen-Reliquien verehrt. Die Erweiterung
zur 3schiffigen Krypta unter dem 1104 geweihten Chor mag
schon mit dem wachsenden Magdalenen-Kult zusammen-
hängen. Die anschließenden Joche mit 3×2 schlanken Säulen sind möglicherweise als Substruktionen für den Chor
angelegt.

Die A u s s t a t t u n g ging großenteils in den Religionskriegen des
16. und der Revolution des 18. Jh. verloren. Vorhandenes blieb nur
zufällig erhalten oder kam später hierher. Der aus Marmorplatten
gebaute *Altar* (südl. Querschiff) ist nicht datierbar; die Platten
könnten aus gallo-römischer oder merowingischer Zeit stammen;
die Öffnung läßt an Verwendung als Reliquienschrein denken. –
Das im nördl. Querhaus aufbewahrte *Dreipaß-Tympanon* mit zwischen Engeln und anderen Figuren thronendem Christus läßt trotz
starker Beschädigung die beachtliche künstlerische Qualität des
14. Jh. erkennen. – In den Seitenschiffen *Grabplatten* mit Liegefiguren des 13. bzw. 14. Jh. – Das im frühen 18. Jh. gefertigte *Chorgestühl* hat seine Dorsale verloren. – Die *Kanzel* ist ein Werk des
17. Jh., mit Reliefbildern der Evangelisten und des reuigen Petrus
und, auf dem Schalldeckel, einen Engel mit Ruhmestrompete.

Der K a p i t e l s a a l (am südl. Querschiff) ist der einzig
erhaltene mittelalterl. Mönchsbau (1161–71); der Kreuzgangflügel wurde von Viollet-le-Duc aus statischen Gründen davorgesetzt. Im Innern unterteilen 2 Säulen den Raum

in 2 Schiffe. Ihre antikisierenden Kapitelle mit tief geschnittenen Akanthusblättern nehmen mit Rundstäben besetzte Gurte und kräftige Rippen auf. An den Wänden Kapitellkonsolen.

Kapitelle und Konsolen wurden im 19. Jh. überarbeitet. Hervorzuheben sind die mit Blattwerk skulptierten *Schlußsteine*, denen in jedem Joch mehrere, an den Gewölbekappen angebrachte *Reliefmedaillons* zugeordnet sind: Verkörperungen des Bösen, die mal von einem Reiter durchbohrt, mal von einem Fußkämpfer mit dem Schild abgewehrt werden oder sich gegenseitig bekämpfen. Im Eingangsjoch am Schlußstein ein Löwe; die Medaillons zeigen Simson im Löwenkampf, einen auf einem Fisch reitenden Mann, einen gekrönten Kentaur mit Schild und ein nicht näher bezeichnetes Menschenpaar. In einem anderen Joch umgeben Medaillons mit Evangelistensymbolen das Lamm Gottes am Schlußstein. Beachtung verdienen v. a. die Schlußsteine mit figürlichen Motiven. In der Wiedergabe körperlicher Aktionen und feinliniger Gewandfaltenführung haben sie mit dem expressiven Stil der roman. Kapitelle nichts mehr gemein; näher liegen (nach W. Sauerländer) vergleichbare Arbeiten in Senlis u. a. frühgot. Kirchen.

In der O-Wand große, rundbogige, im Gewände von Säulen mit Archivolten eingefaßte *Fenster*. Gegenüber das von Fenstern flankierte *Portal* auf den Kreuzgang, ebenfalls mit Diensten und Rundstäben und Blattkapitellen bereichert (fast alle im 19. Jh. erneuert).

Vézelay mußte trotz seiner Berglage selbst um seinen Schutz besorgt sein, denn aus dem Cure-Tal konnte latent ein Überraschungsangriff – von wem auch immer – geführt werden. So bauten die Bürger im 12. Jh. eine ca. 2000 m lange Mauer, die zwar Schießscharten aufwies, sonst aber offensichtlich mehr der Überwachung diente. Als die Zeiten um 1360 unsicherer wurden (der 100jährige Krieg [1338–1475] war schon über 20 Jahre im Gange), entschlossen sich die Bürger, ihre Mauer mit Rundtürmen und Maschikulis zu befestigen und z. T. sogar bis auf 12 m zu verstärken. Die in den Rundtürmen gelegenen Räume – v. a. an den Portalen – hatten eine Mauerstärke von ca. 3 m.

Bei der **Porte Ste-Croix**, ganz im N, erinnert ein **Kreuz** daran, daß Bernhard von Clairvaux hier 1146 in einer flammenden Rede für den 2. Kreuzzug (1147–49) geworben hat.

Die **ehem. Kirche Ste-Étienne** (im SW, beim Beginn des Aufstiegs zur Madeleine gelegen, wenige Meter von der ehem. Porte du Barle, und heute durch den Einbau von Wohnungen und einer Bäckerei verunklärt) vertritt einen in der burgundischen Romanik häufigen Kirchentypus. In dem 3schiffigen Bau sind die Kapitelle schon gotisierend (knospenhafte Bildung der Voluten), andererseits haben die robusten Säulen noch Basen mit verzierten Eckblättern; auch die spitzbogigen Arkaden sprechen für den Übergangsstil (Ende 12./Anfang 13. Jh.). Der Chor schließt gerade zwischen Rechteckräumen (als Nebenapsiden). Die Pfeiler wurden durch eingebundene Vorlagen kreuzförmig. Die Fenster in Haupt- und Seitenschiffen sowie im Chor sind rundbogig. Der stämmige Turm über dem Vorchor stammt aus dem 18. Jh.

VILLENEUVE-sur-Yonne (Yonne B2)

Die Stadt ist eine Gründung Ludwigs VII. (1137–80), der eine weitere Residenz und v. a. einen befestigten Vorposten für Sens haben wollte. Die planmäßige Anlage mit rechtwinklig die Hauptstraße schneidenden Straßen ist noch zu erkennen. Der König gewährte Rechte und Steuererleichterungen, um die Niederlassung »attraktiv« zu machen. Ein ca. 25 m breiter Graben mit 4 m starker Wehrmauer und 4 Toren sicherte die Stadt. Im NO stand die königliche Burg; der als Ruine noch vorhandene »Dicke Turm« war ihr Donjon. Belagerungen durch Engländer und Burgunder im 100jährigen Krieg hat die Stadt überstanden, erlitt jedoch im Religionskrieg empfindliche Verluste. Ende des 16. Jh. gab es nur noch 200 Herdfeuer. Doch die Stadt erholte sich wieder.

Pfarrkirche Notre-Dame

Die etwa Mitte des 13. Jh. begonnene Kirche ist instruktiv für die Wandlungen innerhalb von 3 Jahrhunderten am selben Bauwerk. Aus der 1. Bauzeit stammen der Chor und die vorangehenden 3 Joche. Die folgenden 3 Joche entstanden Ende des 13./Anfang des 14. Jh. Seit ca. 1510 Fortsetzung der Arbeiten am Turm; 1551 Fundamentierung der W-Front, die 1559 in der Portalzone fertig war. 1575 ist eine Zeichnung der Fassade des Baumeisters Jean Chéreau aus Joigny datiert, dem auch die noch unvollendeten (1597 vollendeten) W-Joche zugeschrieben werden. 1865 ff. Restaurierung.

Villeneuve-sur-Yonne. Pfarrkirche. Äußeres von Nordwesten

In Gestalt, Größe und Ausstattung ist die Kirche durchaus
einer Kathedrale würdig: Die 3schiffige Basilika ohne
Querschiff weist 9 Langhausjoche und einen polygonalen
Umgangschor mit 3 vieleckigen Kapellen auf, dazu einen

Turm über dem 7. südl. Seitenschiffjoch und eine nicht mehr ganz zur Ausführung gekommene 2-Turm-Fassade. Der Bau ist 65,50 m lang, das Mittelschiff 23 m hoch, jedes Seitenschiff 9,60 m hoch.

Am A u ß e n b a u sind die Bauperioden abzulesen. Beim *Chor* wirken die zwischen Strebepfeilern eingebundenen Umgangskapellen in robuster Schlichtheit fast romanisch; für einen got. Bau des 13. Jh. ist er ungewöhnlich. Freilich, der Gegensatz zur Feingliedrigkeit des Hochchors, den Strebebögen wie ein Kranz umstehen und hohe, seitenbreite Spitzbogenfenster luftig gliedern, ist sehr wirksam. Das Langhaus übernimmt diese Fenster und verbreitert sie noch um 1–2 Lanzetten. – Der *S-Turm* (Höhe 47 m) wurde noch im 13. Jh. bis zur Gewölbehöhe des Seitenschiffs aufgeführt. Das Portal neben seinem Treppenturm und eine kurze, rippengewölbte Vorhalle gehören schon dem 14. Jh. an, ebenso das Turmgeschoß mit den hohen Doppelarkaden. Die oberen Geschosse zeigen spätgot. Schmuckformen des 16. Jh. Eckfialen und die Kuppel des Treppenturms überragen eine moderne Terrasse. – Wandgliederung und Obergadenfenster bleiben am *Langhaus* im wesentlichen gleich, werden in den W-Jochen jedoch durch Kapellen verbreitert, deren Fenstermaßwerk sich von flamboyantartig züngelnden Formen zu mit dem Zirkel gerundeten Figurationen mit Renaissance-Charakter verändert.

Die *W-Fassade* ist bis zur Höhe der Terrassen einschließlich der steckengebliebenen Fassadentürme 1551–59 entstanden; sie gilt als ein Paradebeispiel kirchlicher Renaissance-Architektur in Frankreich. Offensichtlich sollte die got. 2-Turm-Fassade mit 3 Portalen zwischen 4 Strebepfeilern mit Elementen des »Neuen Bauens« formuliert werden (vgl. dazu Dijon, St-Michel). Die Strebepfeiler sind mit Nischen zwischen ionischen und korinthischen Säulen und Dreiecks- bzw. Segmentgiebeln besetzt. Nischen der gleichen Art auch in den Laibungen der *Portale*, deren offene Vorhallen mit kassettierten Tonnen gewölbt sind. Got. Tradition entsprechen dagegen die mit Profilstäben besetzten Gewände;

am Sockel wird gar das Hintereinander vieler Stufen vorgetäuscht. Die Portale selbst schließen – nach der Renais-
sance-Grammatik – mit Architrav und Rankenfries. Problematisch wird der Kompromiß allerdings in den sehr hohen
Bogenfeldern: im *Mittelportal* in 2 Zonen mit Halbrundnischen und Tempelfronten möbliert; in den *Seitenporta-*
len sind es Figurennischen mit Renaissance-Baldachinen.
Überall, wo sich Platz bot, sind Säulensockel für offensichtlich nie ausgeführte Figuren aufgestellt. Am Mittelpfosten
eine (restaurierte) Madonna. Ein über den Pfeilern ver-
kröpfter Architrav mit Wasserspeiern schließt die als 3tori-
ger römischer Triumphbogen verstandene Portalzone ab;
über ihr eine Balustrade vor begehbarer Terrasse. An den
Langseiten wiederholt sich die Gliederung nur im W-Joch.
Die gerundeten Treppentürme an den Ecken als Übergang
sind ein glücklicher Einfall. Die breiteren Strebepfeiler des
1. Joches sollten die Fassadentürme tragen; nur die Gewölbeanfänge der geplanten Turmkapelle sowie die Zahnsteine
für den Weiterbau erinnern noch daran. Das *Rosenfenster*
zwischen den mit Pilastern besetzten »Turm«strebepfeilern
ist bereits auf Chéreaus Zeichnung von 1575 vorhanden,
wurde aber erst 1613 ausgeführt. Das originelle Maßwerk
zeigt eine Art von sich drehenden Fischblasenformen.

Das I n n e r e ist ein trotz langer Bauzeit einheitlicher Raum
mit Kathedralcharakter. Er erstreckt sich, von kaum halb so
hohen Seitenschiffen begleitet, ohne Unterbrechung durch
ein Querschiff gleichmäßig in die Tiefe. Der *Wandaufbau* in
Chor und Mittelschiff geschieht 2zonig, das Triforium fehlt.
Vor den Fenstern und hinter isoliert stehenden Wanddiensten ein schmaler, vorn offener Gang (die Balustrade im
Chor 18. Jh.), wie er in der Gotik Burgunds häufig anzutref-
fen ist (s. Dijon, Notre-Dame). Die 2-Zonen-Wandgliede-
rung mit den steilen Fenstern ist *so* kaum vor dem letzten
Drittel des 13. Jh. denkbar.

Für eine Pfarrkirche bemerkenswert ist der *Chorumgang*
mit 2 rechteckigen und 5 trapezförmigen Umgangsjochen,
von denen sich nur die 3 östlichen auf *Kapellen* öffnen. Die

ungewöhnliche Lösung ist vielleicht eine Folge des fehlenden Querschiffs. Die Blendarkaden in Chorumgang und Kapellen haben keine statische Bedeutung, sind nur Gliederungsmotiv mit plastischer Bereicherung (Blattwerk an Kapitellen und Konsolen). Über dem Gesims ebenfalls ein offener Laufgang, der sich im Chorjoch und in den letzten Langhausjochen fortsetzt. In den Kapellen umschließt ein 8strahliger Kranz von Rippen die Gewölbekappen; die zugehörigen Schildbögen haben höher hinaufgreifende Säulen für die Schildrippen. Mit Knospen und Blättern skulptierte Kapitelle setzen plastische Akzente. – Auch den polygonalen *Chor* schließt ein 8strahliges Rippengewölbe mit Schlußstein als Zentrum, auf das die Gurtrippen des Umgangs und selbst die Schlußsteine der Umgangs- und Kapellengewölbe hingeordnet sind: eine planerische Zusammenfassung des Chorhaupts im Sinne der Kathedralgotik. Um ihr Eigengewicht zu mindern, sind in die Gewölbekappen Rundlöcher eingeschnitten. Die Hochfenster nehmen die vollen Polygonseiten ein; im Bogenfeld sitzt ein Sechspaß.

Waren (wie in den frühgot. Bauten des Kronlandes) im *Mittelschiff* Doppeljoche mit 6teiligen Gewölben vorgesehen? Darauf deuten zusätzliche Dienste am 1. und 3. Pfeiler (Stützenwechsel). Mit dem 4. Joch beginnt um 1300 die *neue Bauperiode*: An den Rundpfeilern wird die Zahl der Dienste weniger; statt der Knospen – jetzt Laubkapitelle mit polygonalen Deckplatten. Mit dem 5. Joch enden die Arbeiten des 14. Jh., die im frühen 16. Jh. fortgeführt werden. Das 3. Joch war 1529 vollendet. Seit 1551 soll Jean Chéreau die Arbeiten geleitet haben. Merkwürdig, daß hinter der Renaissance-Fassade im W-Joch in allen 3 Schiffen spätgot. Sterngewölbe erscheinen, ebenso in den Seitenkapellen des vorletzten Joches, in den Kapellen am letzten Joch dagegen rundbogige Tonnen mit antikisierenden Kassetten; bei den im selben Bauabschnitt fertig werdenden Jochen bleibt es bei Kreuzrippen. In den Kapellen antikisierende Formen (Kolonnade mit kannelierten Säulen, zeichenhafte Relief-

bilder u. a. für die Schiffahrt; in der Heiliggrabkapelle sogar
hängende Schlußsteine mit skulptierten Kreuzblumen unter
kassettiertem Tonnengewölbe).

Ausstattung. *Bildfenster* des 16. Jh. blieben nur wenige, und
diese meist mit Fremdscheiben ausgeflickt. Die Themen sind:
Marienkrönung (angeblich noch 14. Jh.). Szenen aus der Nikolaus-
Vita und der »Wunderbare Fischzug«. Im 3. Seitenschiffjoch Maria
und Johannes (mit Stifter unter dem Kreuz), 1529 dat. Im 5. Joch
»Jüngstes Gericht«, vermutlich aus einem größeren Zyklus zusammengesetzt (wenig überzeugend dem bedeutenden Maler und
Stecher Jean Cousin d. J. [† um 1594] zugeschrieben). Im Chorjoch
aus Fragmenten zusammengesuchte »Wurzel Jesse«, flankiert von
Propheten und Sibyllen. – Die historisierenden Bildfenster der
Umgangskapellen sind 19. Jh. – Erwähnenswert weiterhin (in der
3. Kapelle der N-Seite) eine Figurengruppe der *Grablegung Christi*
von Jean Goujon (um 1510–64/69; Christus ist eine Holzfigur des
14. Jh.). – In verschiedenen Kapellen sowie in den Seitenschiffen
Einzelfiguren von Heiligen, 15.–18. Jh., und *Altarbilder*.

Der von Philippe II Auguste 1204–11 im Graben bei der
Stadtmauer gebaute (aber nicht in die Mauerbefestigung
einbezogene!) sog. »**Dicke Turm**« war ca. 28 m hoch und mit
Maschikulis bewehrt, im unteren Teil stark geböscht. Aus
Verteidigungsgründen führten schmale Brücken von außen
ins 1. Geschoß. Im Innern waren die übereinander liegenden, zwischen Rippen gewölbten *Rundräume* durch eine
in der 4 m starken Mauer ausgesparte *Wendeltreppe* verbunden. Bemerkenswert das außen wie innen sauber versetzte
Haustein-Mauerwerk. Im Erdgeschoß sind in der Mauer
ein Gang auszumachen sowie, an der Rauchführung, die
Kamine. In der Revolution wurden Gewölbe und Bekrönung ausgebrochen und beim Bau des Flußkais verwendet.

Die z. T. noch mittelalterliche **Brücke** über die Yonne zu
den Vororten war 214 m lang. Ursprünglich hatte sie 16 in
Breite und Gestalt verschiedene Bögen, von denen nur noch
7 aus dem Mittelalter stammen; 3 wurden 1733 der Schiff-
barmachung geopfert. Die Brücke war natürlich in die
ca. 1950 m lange Stadtbefestigung einbezogen. Die **Tour**

Barbe bildete gleichsam das Zollhaus – und zwar sowohl auf dem Wasser wie auf der Brücke. Unter einem Brückenbogen war eine Mühle eingerichtet, von deren Ertrag die Tempelritter einen Anteil bekamen.

Von den einst 4 **Stadttoren** blieben 2 in gutem Zustand ●
erhalten: die **Porte de Sens** und die **Porte de Joigny**. Die aus dem 13. Jh. stammenden Torhäuser waren als Teile der Mauerbefestigung entsprechend gesichert, und zwar nicht durch Zugbrücken (wie man der Lage am Wasser wegen vielleicht vermuten könnte), sondern durch Fallgitter. Im 16. Jh. wurden beide wieder instand gesetzt, nachdem der 100jährige Krieg und die Religionskriege darüber hinweggegangen waren. Beide Tore sind gleicher Art: im Grundriß quadratische 2geschossige Blockbauten, an allen Ecken mit Türmen bewehrt und mit überraschend steilen Dächern gedeckt (wegen der Sicht und der Beobachtung möglicher Feindbewegung) – und dennoch welch ein Unterschied! Liegt es bei dem Tor nach Sens an den Rundtürmen, während das nach Joigny eckige trägt? Das letztere wirkt heute noch wie eine mittelalterl. Trutzburg, während das Senser Tor zwar ebenfalls befestigt ist, aber zugleich doch auch wohnlicher erscheint.

Die Wehrmauern wurden zu den heutigen Promenaden um die Stadt herum. Die **Verteidigungstürme**, einst in den Ecken der Mauer, sind größtenteils verschwunden.

VITTEAUX (Côte-d'Or E5)

St-Germain. Die kleine roman. Kirche auf der Höhe des Dorfes beherrscht der massige, mehrmals instand gesetzte *Turm* des 12./13. Jh. Im Schutz der im 17. Jh. vorgesetzten Vorhalle steht ein rundbogiges *Portal* (13. Jh.), vom Mittelpfosten (mit moderner Figur des Patrons) in 2 Eingänge unterteilt; an den geraden Türflügeln des 15. Jh. kunstreich geschnitzte spätgot. Maßwerkformen (sie setzen die Dreipaßfüllungen im Tympanon gewissermaßen fort) und muschelförmige Nagelköpfe. Der *Chor* des 14. Jh. mit 3seitig

durchfensterter Apsis und geraden Nebenchören ist höher
als das Schiff. – I n n e n nehmen 8seitige Pfeiler nachträglich eingezogene Rippengewölbe auf, die im 1. Joch nicht
recht passen und über verkümmerten Knospenkapitellen
6teilig sind. Im Chor entsprechen ihnen 6fache Gewölbekappen. Breit gedehnte Scheidbögen gehen auf die *Seitenschiffe* mit *Kapellen*, deren Fenster die Schiffe beleuchten.
Im *Chor* von Wanddiensten (für Gewölbe- und Schildrippen) begleitete, hohe Fenster, im Gewände wie Kanneluren
profiliert.

Der Triumphbogen ruht auf noch romanisch anmutenden *Konsolen*
(mit Kopf bzw. Atlanten skulptiert). Beim Chor Weiheinschrift
1399. – In einer der Kapellen gemaltes *Trinitäts-Triptychon* (1592)
von Nic. de Hoey, einem Niederländer. Die Apostel auf den Flügeln
wirken wie zeitgenössische Porträts; auf den Außenseiten Verkündigung in Grisaillemalerei. – Die hölzerne *Orgelbühne* zeigt zum
Schiff hin 13 Passionsreliefs, darüber, wie an der Portaltür, eine
Folge wechselnder Maßwerkfüllungen. – Zur Ausstattung gehören
eine Reihe künstlerisch interessanter *Bildwerke* und *Figuren* vornehmlich des 15. und 16. Jh., darunter ein *Hl. Georg* beim Drachenkampf (1559).

Verschiedene mittelalterl. **Wohngebäude** sind erhalten,
darunter die **Maison Belime** aus dem 13. Jh.

ANHANG

QUELLENNACHWEIS DER ABBILDUNGEN

Bildarchiv Foto Marburg, Marburg: 50, 99, 129, 149, 174 (oben), 243, 284, 286/287, 385, 469

CIM. Editions & Impressions Combier, Saint-Laurent: 84, 407, 445

Karl-Heinz Fallbacher, München: 126

Hermann Heßler, Kaiserslautern: 217, 304, 311, 363, 369, 423, 427, 456, 459, 502

Heinrich Reclam, Stuttgart: 27, 55 (links), 71, 77, 106, 115, 121, 164, 246, 260, 329, 351, 359, 383, 387, 389, 399, 443, 451, 466, 489, 497, 516, 519, 522, 527; Einband

Theodor Schwarz, Urbach: 30, 52 (nach Grivot/Zarnecki), 67, 112, 198, 232, 262, 280/281, 348, 454, 524 (nach Salet/Adhémar); Vorsatz-Karten

Zodiaque, Saint-Léger-Vauban: 135

Mit freundlicher Genehmigung wurden Abbildungen aus folgenden Veröffentlichungen – z. T. adaptiert – übernommen:

Kenneth John Conant: Cluny. Les églises et la maison du chef d'ordre. Mâcon 1968 (Cambridge, Mass. The Medieval Academy of America). (Fig. 6, 63, 67, 74, 123): 194, 195, 202, 204/205, 208

Denis Grivot/George Zarnecki: Gislebertus, sculpteur d'Autun. Paris ²1965 (Trianon Press). (Pl. I, VI): 44, 52

Carolyn Marino Malone: Les fouilles de Saint-Bénigne de Dijon (1976–1978). In: Bulletin monumental 138, III (1980). (Fig. 20): 237

Weitere Abbildungen entstammen:

Congrès archéologique de France, Avallon 1907 (S. 40, 645); Dijon 1928 (S. 54, 225, 376/377): 91, 185, 249, 492, 533

Les richesses d'art de la France. La Bourgogne.
   Louis Réau: La peinture et les tapisseries. Paris/Brüssel 1927 (Pl. 13): 477
   Louis Hautecœur: L'architecture. Paris/Brüssel 1929 (Pl. 16, 68, 74, 90/2, 100, 116): 157, 223, 251, 324, 419, 538

Elizabeth Read Sunderland: Charlieu à l'époque médiévale. Lyon 1971: 169

Die Vorlagen der übrigen Abbildungen stammen aus den Beständen von Autor und Verlag.

FACHWORT-ERLÄUTERUNGEN

Abakus. Deckplatte eines Kapitells.

Abfasung. Abschrägung, die abgeschrägte Kante eines Baugliedes.

Achse. Gedachte Linie, vertikal oder horizontal, als Orientierungsgerade durch eine Bauanlage, durch Architekturrisse und -schnitte. Senkrecht übereinander liegende Fenster bilden so eine Fenster-A. (oft abkürzend nur A. genannt) durch mehrere Geschosse.

Ädikula (lat. = Tempelchen, Häuschen). Rahmender architektonischer Aufbau um Portale, Fenster, Reliefs oder Gemälde.

à jour. Durchbrochen, mit Öffnungen.

Akanthus. Distelähnliche Pflanze. Die Form ihrer gezackten oder gelappten Blätter findet sich zuerst an korinthischen Kapitellen. Seit der Antike vielfach verwendetes und abgewandeltes Ornamentmotiv.

Akroter (griech. = äußerste Spitze). Von der Antike übernommenes Zierglied auf der Spitze oder an den Ecken eines Giebels.

al fresco →Fresko.

Allegorie. In den darstellenden Künsten eine Form der Verbildlichung unanschaulicher Begriffe wie Tugend, Ruhm, Ehre oder ganzer Begriffsgruppen und abstrakter Vorstellungen. Im Gegensatz zum →Symbol bediente man sich dafür in der Regel menschlicher Figuren, Personifikationen.

al secco →Fresko.

Altar (lat. altare, von alta ara = erhöhter Opferplatz). In der Antike urspr. der Ort der Opferung für die Götter, meist ein gestalteter Stein im Tempelhain, in der Spätzeit oft ein ausgeschmückter eigener Bau. Der christliche A. als Zentrum der Eucharistiefeier in der Kirche, selten außerhalb, geht in seiner Form auf den Tisch oder den antiken Kasten-A. zurück. Er besteht gewöhnlich aus dem *Stipes*, dem blockartigen Unterbau, und der darauf ruhenden *Mensa*, der Tischplatte. Seit etwa dem 5. Jh. ist er mit einer Reliquie verbunden oder über einem Heiligengrab in der Hauptapsis der Kirche bzw. vor ihr aufgestellt (*Haupt-A.*). Untergeordnete Altäre treten je nach der liturgischen Funktion an verschiedenen Stellen im Kirchenraum auf (*Neben-A.*). So der *Laien-A.* oder *Kreuz-A.* im Mittelschiff, am Übergang vom Langhaus, das gewöhnlich den Laien zugewiesen war, zur Vierung bzw. zum Chor, die den Geistlichen vorbehalten blieben. Der Begriff A. ist ausgedehnt worden auf seinen rückseitigen Aufsatz, das *Retabel*, das in vielfältiger Form künstlerischen Schmuck in Stein, Holz, Malerei usw. vorweisen kann.

Altarauszug → Auszug.

Ambo. Niedriges, kanzelartiges, um mehrere Stufen erhöhtes Lesepult an oder vor den Chorschranken. Aus dem A. entwickelt sich die Kanzel.

Amorette. Nacktes, geflügeltes Kind mit Pfeil und Bogen, nach dem Bild des Liebesgottes Amor geschaffen. (Vgl. Putto.)

Antependium (lat. antependere = davorhängen). Bekleidung der Altarvorderseite, aus gesticktem Stoff, als Treibarbeit, auch gemalt, geschnitzt oder als Einlegearbeit.

apotropäisch. Unglück abwehrend. Als Apotropäen, zur Dämonenabwehr und Vernichtung des heidnischen Geistes, wurden außen an christlichen Kirchen baufremde figürliche oder ornamentale »heidnische« Steine (römische Köpfe, karolingische Flechtwerksteine u. a.) eingemauert.

Apsis (griech. = Bogenrundung). Die das Ende des Chores oder der Seitenschiffe bildende Altarnische über urspr. halbrundem, später auch polygonalem oder rechteckigem Grundriß.

Arabeske. Wohl aus der Kunst des Islam stammendes Ornament aus feingliedrigem Blatt- und Rankenwerk, das den jeweiligen pflanzlichen Vorbildern sehr nahekommt; häufig sind Masken und Putten eingefügt. Das Kennzeichen der A. – im Unterschied zur Maureske – ist, daß der Stengel der Länge nach durch das Blatt durchwächst und es an der Spitze wieder verläßt.

Architrav. Der waagerechte Steinbalken über Säulen, Pfeilern oder Pilastern in der antiken und der von ihr abhängigen Architektur.

Archivolte. Rahmenleiste an der Stirnseite eines Bogens oder die (meist plastische) Innengliederung einer Bogenlaibung.

Arkade (lat. arcus = Bogen). Bogenstellung, d. h. ein Bogen über Säulen oder Pfeilern. Das Wort A. bezeichnet auch die fortlaufende Reihe solcher Bogenstellungen.

Arma Christi (lat. arma = Waffen). Die Passionswerkzeuge Christi (Kreuz, Geißelsäule, Dornenkrone, Nägel, Essigschwamm etc.), meist um die Gestalt des Schmerzensmannes angeordnet, beliebte Darstellung im Spätmittelalter.

Astragal. Perlstab. Ornament in Form einer Perlschnur mit paarweise dazwischengesetzten spitzovalen Stegen.

Atlant. Nach dem Riesen Atlas der griechischen Sage, der das Himmelsgewölbe trägt, menschlich (männlich) gebildeter, scheinbarer oder wirklicher Träger eines Architekturteiles. Weibliche Entsprechung ist die Karyatide.

Atrium. 1. Offener Hauptraum des altrömischen Hauses. – 2. Vorhof einer Basilika mit Säulenhallen an 3 Seiten und einem Brunnen in der Mitte. – 3. Umgrenzter Vorhof eines Gebäudes.

Attika. Mehr oder minder reich gegliederte brüstungsartige Aufmauerung über dem Hauptgesims eines Bauwerkes.

Aufzug →Auszug.

Auszug. Schmales Obergeschoß bei Fassaden und Altären. Der *Altar-A.* (auch *Aufzug*) nimmt seit der Renaissance die Stelle des gotischen Sprengwerkes ein und umfängt als zweiter, kleinerer Schrein oder Rahmen (über dem größeren) eine Figurengruppe oder auch ein Gemälde.

Baldachin. Urspr. ein kostbarer Stoff, dann der daraus gefertigte Prunkhimmel über einem Thron oder Bischofsstuhl, auch der Traghimmel bei Prozessionen. In Stein – oder auch Holz – umgesetzt als Auszeichnung über einem Altar (→Ziborium) oder einem Grabmal, in verkleinerter Form als luftiges Gehäuse für Figuren an gotischen Strebepfeilern (→Tabernakel) oder nur als krönender Überfang einer Einzel- bzw. einer Gewändefigur gotischer Kirchenportale. Die Bezeichnungen schwanken: z. B. Altartabernakel.

Baluster. Niedriges profiliertes, oft auch ausgeschwungenes Säulchen oder Vierkantpfosten aus Holz oder Stein als Träger eines Geländers oder Handlaufes und mit diesem zusammen als *Balustrade* bezeichnet.

Baptisterium. Taufkirche. Stets einer Hauptkirche zugeordnet; meist über zentralem, rundem oder 8eckigem Grundriß mit mittlerer Taufgrube. Aus dem Frühchristentum herkommend.

Basilika (griech. = Königshalle). Die römische B. ist – als Gerichts-, Markthalle – ein Langbau, meist mit einer apsidialen »Tribuna«. – Als langgestreckte, komplexe Anlage ist die B. seit frühchristlicher Zeit der Haupttypus der Kirche. Bestehend aus dem *Langhaus*, das vorwiegend 3 *Schiffe* umfaßt, wovon das mittlere im höherragenden Teil (Obergaden) eigene Fenster besitzt, und dem *Chor* mit *Apsis.* Senkrecht zu Langhaus und Chor kann zwischen beiden das schiffähnliche *Querhaus* liegen; der Raumteil, an dem sich Langhaus und Querhaus durchdringen, heißt *Vierung.*

Basis. Der ausladende, meist profilierte Fuß einer Säule oder eines Pfeilers, um den Druck der Stütze auf eine größere Grundfläche zu verteilen.

Bastion, Bastei. Vorsprung am Hauptwall eines Festungsbaues zur Aufstellung von Geschützen.

Bauhütte, Hütte. Die mittelalterliche Werkstattgemeinschaft, in der vom Lehrjungen bis zum obersten Bauplaner alle an einem Kirchenbau beschäftigten Maurer, Steinmetzen, Bildhauer, Zimmerleute usw. zusammengefaßt sind.

Beffroi, Beffroy. Freistehender oder mit dem Rathaus verbundener Glockenturm, sonst gleichbedeutend mit Bergfried.

Beletage. Das architektonisch hervorgehobene Hauptgeschoß eines Profangebäudes.

Bergfried. Der in seiner Herkunft nicht geklärte Begriff bezeichnet den zur letzten Verteidigung bestimmten inneren Hauptturm der mittelalterlichen Burg.

Bifore. 2bogiges Fenster. Entsprechend sind *Mono*- bzw. *Triforen* 1- bzw. 3bogige Fenster usw.

Birnstab. Stabartiges Bauglied der Gotik (Dienst, Gewölberippe) mit birnenförmigem Querschnitt.

Biscuit (frz.), *Biskuit*. Unglasiertes Weichporzellan, gelblich, mit mattrauher Oberfläche.

Blende. Das einem Baukörper eingefügte, der Dekoration und Gliederung dienende »blinde« architektonische Motiv, das nicht räumlich vorhanden ist, z. B. Blendfenster oder Blendarkade.

Bogen. Die gedrückte oder elliptische Form des Rundb.s heißt *Korbb*. Der *Segmentb*. (auch *Flach*- oder *Stichb*. genannt) entsteht aus dem flachen Segment eines Kreises, dessen Durchmesser größer ist als die Weite der zu überspannenden Öffnung. Der *Kleeblattb*. zeigt durch Zusammenfügen eines mittleren Dreiviertel- und zweier Halbkreise die Form eines regelmäßigen Kleeblattes. Der *Hufeisenb*. entsteht durch Einziehung der B.-Schenkel. Die besondere Form des Spitzb.s mit engen steilen Schenkeln wird *Lanzettb*. genannt. Beim *Eselsrücken*, besonders bei dem weich schwingenden *Kielb*., sind die B.-Schenkel S-förmig. Beim *Vorhangb*. liegen die Mittelpunkte der kreissegmentförmigen Schenkel oder ihrer einzelnen Abschnitte außerhalb des B.s; sie wirken daher wie hängende Drapierungen.

Bogenstellung →Arkade.

Böhmische Kappe. Kuppelgewölbe aus einem Halbkugelsegment.

Boiserie. Holzvertäfelung, auch mit ornamentalen Schnitzereien.

Bordüre. Einfassung, Randverzierung, rahmender Besatz (v. a. an Textilien).

Bosse. Im Wand- oder Mauergefüge der sichtbare Teil eines Steinquaders, der sich noch in rohem, unbearbeitetem Zustand befindet. – *Bossenquader* →Quader.

Bozzetto. Entwurf, Skizze, Modell.

Buckelquader →Quader.

Bündelpfeiler. In der gotischen Baukunst ein Kernpfeiler mit ringsherum gruppierten kleinen und großen Dreiviertelsäulen, sog. jungen und alten Diensten. In der Hochgotik wird diese Gruppierung so verdichtet, daß der Kernpfeiler unsichtbar wird.

Burgundischer Laufgang. Offener Laufgang im Obergaden gotischer Kirchenbauten Burgunds.

Cardo. Wendepunkt, Pol, von da die auf den Äckern von S nach N gezogene Linie. In der Archäologie die von S nach N verlaufenden Straßen in regelmäßig angelegten römischen Städten. (Vgl. a. Decumanus.)

Chor. Das griech. Wort bezeichnet einen Platz für Reigen und Gesang, dann, übertragen, Reigen und Gesang selbst. Der Ch. des christlichen Kirchengebäudes ist, genaugenommen, der für den Sänger-Chor bestimmte Raum, seit dem 15. Jh. der Hauptaltarraum einschließlich seiner Annexe.

Chorumgang. Um den Chor herumgeführter, 1- oder mehrschiffiger Raumteil.

Ciborium → Ziborium.

Communs. Nebengebäude.

Confessio. Das unter dem Hochaltar einer Kirche angelegte Grab eines Märtyrers, des Kirchengründers oder Titelheiligen. Seit dem 8. Jh. meist von einem halbkreisförmigen Gang umzogen, der eine direkte Verehrung ermöglichte. Die C. ist die Vorform der mittelalterlichen Krypta.

Corps de logis. Mittelbau einer barocken Schloßanlage, in größeren Dimensionen und oft mit reicherer Fassadenzier als die übrigen Trakte, für Repräsentationsräume und das Treppenhaus vorgesehen.

Corpus (lat. = Leib). Der Körper des Gekreuzigten. In der Architektur der eigentliche Hauptbaukörper ohne Zu- und Nebenbauten; ähnlich am Altaraufbau das Kerngehäuse.

Cour d'honneur. Der von 3 Flügeln eines Schlosses gebildete Ehrenhof.

Crochetkapitell → Kapitell.

Cubiculum. Eigentlich Schlafzimmer des antiken römischen Wohnhauses. Übertragen auf die Grabkammern in den Katakomben frühchristlicher Zeit.

Custodia. Hostienbehälter. (Vgl. a. Monstranz.)

Dach. Die wichtigsten D.-Formen sind: *Satteld.*, bestehend aus 2 schrägen, gegeneinander geneigten und im First zusammenstoßenden D.-Flächen, die an ihren Enden durch Giebel begrenzt werden. Sind bei rechteckigen Gebäuden auch die Giebelseiten

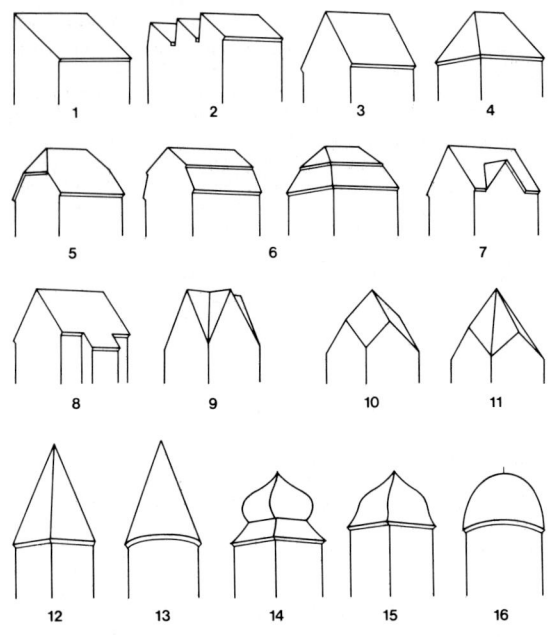

Dachformen

1 Pultdach	9 Kreuzdach
2 Sheddach	10 Rhombendach, Helmdach
3 Satteldach	11 Faltdach
4 Walmdach	12 Zeltdach, Pyramidendach
5 Krüppelwalmdach	13 Kegeldach
6 Mansarddächer	14 Zwiebeldach,
(Giebeldach und Walmdach)	Welsche Haube
7 Zwerchdach	15 Glockendach
8 Schleppdach	16 Kuppeldach

mit schrägen D.-Flächen versehen, so ist ein *Walmd.* gegeben; die D.-Flächen der Schmalseiten anstelle der Giebel heißen Walme; die Traufkante umzieht das ganze Gebäude. Bei gleicher Ausführung über quadratischem Grundriß treffen alle 4 D.-Flächen in einem Punkt zusammen; es entsteht das *Zeltd.*, das bei steilem Neigungswinkel der D.-Flächen als Turmd. (Helm) beliebt ist. Wird der Walm bei Dächern über rechteckigem Grundriß nicht bis zur Traufkante herabgeführt, so daß noch ein Giebelrest erhalten bleibt, entsteht das *Krüppelwalmd.* Beim *Mansardd.* werden die D.-Flächen gebrochen, um eine günstigere Ausnützung des D.-Raumes für Wohnzwecke zu erreichen. Diese seit dem ausgehenden 17. Jh. bekannte D.-Form leitet ihren Namen von dem französischen Baumeister François Mansart ab, der sie jedoch nicht erfunden hat.

Dachreiter. Dem Dachfirst meist über der Vierung aufsitzendes Türmchen zur Aufnahme einer Glocke, von den Zisterziensern und Bettelorden anstelle eines aufwendigen Turmes verwendet, seit dem späteren Mittelalter auch bei profanen Bauten gebräuchlich.

Decumanus. Die auf den Äckern von W nach O gezogene Grenzlinie. In der Archäologie die von W nach O verlaufenden Straßen in regelmäßig angelegten römischen Städten. – *D. maximus* = Hauptstraße. (Vgl. a. Cardo.)

Deesis. Darstellung des im Jüngsten Gericht thronenden Christus, bei der Maria und Johannes d. T. zu seinen Füßen knien und für die Auferstandenen bitten.

Diamantquader → Quader.

diaphan. Durchscheinend, aber nicht durchsichtig.

Dienst. Einer Wand oder Pfeilern vorgelegter Rundstab zur Aufnahme der Rippen, Gurte und Schildbögen des in der Gotik üblichen Kreuzrippengewölbes. Die stärkeren D.e bezeichnet man als die *alten*, die dünneren als die *jungen*. (Vgl. a. Bündelpfeiler.)

Dom. Das lat. domus bezeichnet zunächst (schon im 6./7. Jh.) das Haus der Kleriker, nicht die Kirche, und erst in späterer Bedeutung die Bewohner des Hauses, die Gemeinschaft der Geistlichen, das »Kapitel«. Die mhd. Form thum, thumb erhält sich bis ins 18. Jh. Die Übertragung des Wortes auf die Kirche des Kapitels vollzieht sich offenbar unter dem Anstoß des frz. dôme im 15. Jh.

Domikalgewölbe → Gewölbe.

Donjon. Bergfried oder wehrhafter Wohnturm einer Burg.

dorisch → Säulenordnungen.

Dormitorium. Gemeinsamer klösterlicher Schlafraum.

Dorsale. Rückwand des Chorgestühls, häufig reich gegliedert und geschmückt.

Draperie. Allgemein die Dekoration mit Stoffen und Gewändern, speziell deren kunstvolle Anordnung, v. a. ihr Faltenwurf.

Dreipaß →Paß.

Drolerie. Grotesk-drollige Darstellung von Menschen, Tieren und Fabelwesen.

Eckblatt (-knolle, -sporn). Blattartige Verzierung an den 4 Ecken der Säulenbasis, die den zwischen dieser und der quadratischen Fußplatte (Plinthe) vorhandenen Zwickel ausfüllt. Diese Ecklösung beginnt mit der Wende vom 11. zum 12. Jh.

Ehrenhof →Cour d'honneur.

Eierstab. Zierleiste aus abwechselnd eiförmigen und pfeilspitzenartigen Formen, unten stets und häufig auch oben von einer Perlschnur abgeschlossen.

Email. Im Feuer auf einen (Metall-)Träger aufgeschmolzene, durch Metalloxyde gefärbte, meist durchscheinende Glasmasse. Beim *Grubenschmelz* wird die Glasmasse in den vertieften Grund eingesenkt; beim *Zellenschmelz* werden auf die Metallplatte hochkant stehende Stege als Umrißzeichnung aufgelötet. Beim Goldemail ist Gold als Träger und für die Stege verwendet.

Empire. Klassizistischer Stil der französischen Kunst und des Kunstgewerbes während des 1. Kaiserreiches mit griechisch-römischen und ägyptischen Elementen. (Ca. 1800–30.)

Empore. Im Kirchenraum eine Galerie auf Freistützen oder Obergeschoß der Seitenschiffe, des Chorumganges, der Vorhalle.

Enfilade. Folge von Räumen, deren Eingänge auf einer Achse liegen. Der Durchblick läßt sie wie an einem Faden (frz. fil) aufgereiht erscheinen.

Entasis. Schwellung des Säulenschaftes.

Entresol. Zwischenstock, -geschoß.

Epitaph. Gedächtnismal für einen Verstorbenen mit Inschrift und meist bildlicher Darstellung an Wand oder Pfeiler.

Eselsrücken →Bogen.

Evangelistensymbole. In Anlehnung an die Vision des Ezechiel und die Beschreibung der 4 Lebenden Wesen in der Apokalypse des Johannes zum Typus gewordene Darstellungsform der 4 Evangelisten als geflügelte Wesen. Danach bezeichnet der Engel den Matthäus, der Löwe Markus, der Stier Lukas und der Adler Johannes.

Exedra. Gebäude oder Raum von halbkreisförmigem Grundriß. Im Kirchenbau: Apsis, Kuppelkonche.

Ex voto (lat. = auf Grund eines Gelübdes). Weihgeschenk.

Fächergewölbe →Gewölbe.

Fase → Abfasung.

Fassade. Das »Gesicht«, die Eingangs- oder Schauseite eines Bauwerkes, die häufig den Querschnitt des Inneren spiegelt, ihn aber auch gänzlich ignorieren kann. Mehrzahl von F.n an einem Gebäude ist möglich (*Front-, Seiten-, Rückf.*), doch wird stets eine unter mehreren den Vorrang als *Hauptf.* beanspruchen.

Fassung. Die in der Regel auf eine Grundierung aufgetragene Bemalung von Skulpturen aus Holz oder auch Stein, aber auch der Architektur.

Faszien. Horizontale, mehrfach übereinander liegende und vorspringende Mauerstreifen, meist an den lastenden Bauteilen über Stütze und Kapitell.

Fayence → Majolika.

Fenestella. Kryptenfenster zum Betrachten oder Berühren der Reliquien.

Fenstergaden → Gaden.

Feston. Schon in der Antike verwendete Ornamentgirlande aus Blumen, Laub und Früchten. Später häufig in barocker Stuckdekoration. Auch *Fruchtgehänge* genannt.

Fiale. Spitzes, türmchenartiges Zierglied der gotischen Baukunst, oft als Bekrönung von Strebepfeilern.

Fischblase. Spätform des gotischen Maßwerks, eine, verglichen mit dem geometrischen Maßwerk der hohen Gotik, verzogene, der Blase eines Fisches ähnliche Form, die als Leitornament der späten Gotik des 15. Jh. bezeichnet werden darf. Die französische Bezeichnung der spätesten Gotik, *Flamboyant*, leitet sich vom Eindruck des Züngelns, den die F. erwecken kann, ab.

Fleuron. Kleines, von (frz.) »Blühendem« abgeleitetes Architekturornament.

Fresko (it. = frisch). Auf den feuchten Putz (*»al fresco«*) aufgetragenes Gemälde, das durch gleichzeitiges Abbinden und Eintrocknen von Putz und Erdfarben besonders haltbar ist. Gegenteil: *al secco*, die Malerei auf der trockenen Wand. Eine Mischtechnik wird als *Fresco-Secco-Malerei* bezeichnet; sie ist im frühen und hohen Mittelalter vorherrschend.

Fries. Flächenband zur Gliederung und zum Schmücken von Wänden und Fassaden; leer oder mit Figuren und Ornamenten besetzt.

Fronton, Frontispiz. Giebeldreieck als vorspringende Tür- oder Fensterbedachung oder über Mittelrisalit.

Fruchtgehänge → Feston.

Gaden, Fenstergaden, Obergaden. Obergeschoß einer architektonischen Wandgliederung, v. a. der überhöhte und durchfensterte Teil des Mittelschiffes in der Basilika.

Galiläa. Vorraum, Vorhalle. Letzte Station der Ostersonntagsprozession der Mönche; eingedenk der Worte des Grabengels (Matth. 28,7), Christus sei vorausgegangen nach G., dort würden ihn die Jünger sehen.

Gaube, Gaupe. Dachaufbau für senkrecht stehende Dachfenster. Nach der dabei verwendeten Dachform benennt man *Schlepp-*, *Giebel-* und *Fledermausg.*; Walmdach kommt vor beim Zwerchhaus (s. d.).

Gebälk →Säulenordnungen.

Gebundenes System. Die für alle Teile des Grundrisses einer romanischen 3schiffigen Basilika verbindliche Maßeinheit ist durch das Vierungsquadrat festgelegt, das, nach O wiederholt, das Chorquadrat, nach N und S die Querhausarme ergibt. Den Mittelschiffjochen des Langhauses liegt ebenfalls diese Maßeinheit zugrunde. Die Seitenschiffe haben halbe Breite des Mittelschiffes, so daß jedem quadratischen Gewölbe eines Mittelschiffjoches je 2 kleinere Gewölbequadrate von halber Seitenlänge in beiden Seitenschiffen entsprechen und stark belastete Hauptpfeiler mit schwächeren Zwischenpfeilern wechseln, die nur die Last der Seitenschiffgewölbe aufnehmen.

Genius. Eine als Schutzgeist wirkende Gottheit, urspr. die Verkörperung der männlichen Kraft.

Gesims. Waagerecht aus der Mauer vortretender Streifen zur Horizontalgliederung. Die einzelnen Geschosse trennt das *Gurtg.*; das *Haupt-* oder *Kranzg.* schließt die Fassade oben ab (»Abschlußg.«). Das *Kaffg.* ist ein in der Gotik übliches, oben abgeschrägtes G., das unterhalb der Fensterzone horizontal verläuft und um die Strebepfeiler gekröpft sein kann, zuweilen auch an den Absätzen der Strebepfeiler angebracht.

Gesprenge, Sprengwerk. Meist hoher Aufbau über spätgotischen Altaraufsätzen, aus zierlichen Architekturgliedern wie Tabernakeln und Fialen errichtet.

Gewände. Die durch schrägen Einschnitt eines Fensters oder Portals in der Mauer entstehenden Schnittflächen, die oft reich aufgegliedert und bei gotischen Portalen, besonders der französischen Kathedralen, mit Gewändefiguren besetzt wurden. Bei rechtwinkligem Einschnitt ist die Bezeichnung *Laibung* gebräuchlich.

Gewölbe. Gerundete Raumüberdeckung. Die grundlegende Wölbform ist das *Tonneng.* Sein Querschnitt kann einen Halbkreis, einen Segmentbogen, Korb- oder Spitzbogen bilden. Wird ein

über quadratischem Grundriß erstelltes Tonneng. mit Halbkreis-
querschnitt durch 2 Diagonalschnitte in 4 Teile zerlegt, so entstehen 2 Wangenstücke und 2 Kappenstücke. Durch Zusammensetzen von 4 Wangenstücken wird das *Klosterg.* gebildet, bei dem am
Zusammenstoß der Wangen kein Grat, sondern eine zurückspringende Kehllinie (Falte) vorhanden ist. Werden bei einem Klosterg. 2 gegenüberliegende Wangen auseinandergezogen, so daß
statt des Firstpunktes eine Firstlinie entsteht, spricht man von
einem *Muldeng.* Es kann aber auch durch Einfügen einer Wange
an beiden Schmalseiten eines Tonneng.s auf Rechteckgrundriß
gebildet werden. Wird dagegen der Grundriß eines Klosterg.s
nach beiden Seiten verbreitert, so entsteht statt der Firstlinie eine
horizontale Fläche, die, *Spiegel* genannt, der nun entstehenden
Wölbform den Namen gibt. Tonnenstreifen kleinen Querschnittes, die sich rechtwinklig mit dem Tonneng. durchdringen, führen
zur Bildung der sog. *Stichkappentonne,* die dort bevorzugt wird,
wo auf die Anbringung hoher Fenster bei tonnengewölbten Räumen nicht verzichtet werden soll. – Durch Zusammensetzen von 4
Kappenstücken entsteht das *Kreuzg.,* das man geometrisch auch
aus der rechtwinkligen Durchdringung von 2 Tonneng.n gleichen
Querschnittes ableiten kann (*Kreuztonneng.*). Die Durchdrin-
gungslinien heißen Grate; daher ist auch die Bezeichnung *Kreuz-
gratg.* üblich. Wird der Scheitelpunkt in die Höhe gezogen, so
verliert das G. den Charakter sich durchkreuzender Tonnen, und
die Gratlinien werden zum selbständigen Konstruktionselement
(gerader oder Bogenstich). Treten an die Stelle der Grate Rippen, so können die Kappen in einem gesonderten Bauvorgang
dünnwandiger ausgeführt werden; es entsteht das *Kreuzrippeng.*
Der G.-Schub wird hier wie beim Kreuzg. auf 4 Stützpunkte abgeleitet. Werden die Rippen nicht mehr durchgehend angeordnet,
sondern sternartig verzweigt, so entsteht das in der Spätgotik beliebte *Sterng.* Beim *Fächerg.* streben die Rippen von einer Stütze
allseits fächerförmig empor. Beim Stern- und Fächerg. bleibt im
Gegensatz zum *Netzg.* aber die Jochfolge gewahrt. Dort überziehen die Rippen netzartig eine aus dem Halbkreis oder Spitzbo-
genquerschnitt entwickelte tonnenartige Wölbschale. Das *Zel-
leng.* verzichtet auf Rippen und bringt ein so enges Netz von
Graten, daß dazwischen nur kleine, kehlig vertiefte Zellen übrig-
bleiben. Das Rippennetz kann von seiner Grundlage teilweise
gelöst werden und frei schweben; auch eine Verbindung von frei
schwebendem Rippennetz und Zelleng.n ist möglich. – Eine Wei-
terentwicklung des Kreuzg.s stellt das mit 6 oder meist 8 Rippen

unterlegte *Domikalg.* dar, bei dem vorwiegend über quadratischem Jochfeld die einzelnen G.-Kappen stark ansteigen und gebust sind, daher in der Regel keine geometrisch reine Form mehr
darstellen. Optisch entsteht der Eindruck eines kuppelartigen
Raumabschlusses. Technisch wurden die Kappen gern in ringför-
miger Mauerung gewölbt und die Rippen ohne Verband vorgeblendet.

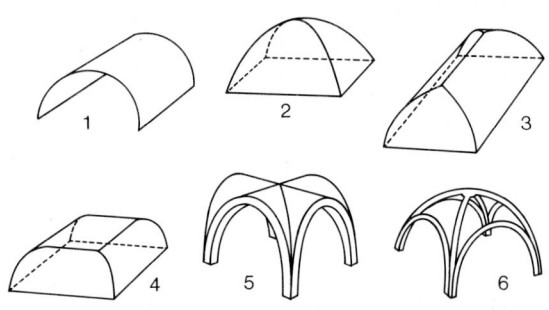

Gewölbeformen

1 Tonnengewölbe	4 Spiegelgewölbe
2 Klostergewölbe	5 Kreuz-, Kreuzgratgewölbe
3 Muldengewölbe	6 Kreuzrippengewölbe

Gewölbekappe →Kappe.
Giebel. Die geläufigsten Arten sind *Dreiecksg., Treppen-* oder *Staf-
felg.* (d. h. Dreiecksg., deren Schrägen abgetreppt sind) und *Seg-
mentg.* (bei denen ein flaches Kreissegment an die Stelle des G.-
Dreiecks tritt). Wird die obere G.-Mitte offen gelassen, entsteht
ein *gesprengter G.*
Gisant. Liegefigur.
Graffito. In eine Wand eingekratzte Inschrift oder Zeichnung.
Grat. Kante an den Schnittflächen der Gewölbewangen (→Ge-
wölbe).
Grisaille. In einer einzigen Farbe (z. B. grau in grau) in verschiedenen Abstufungen gehaltene Malerei.
Groteske (it. grottesco). Ornament aus dünnem Rankenwerk, in das
phantastische Menschen- und Tiergestalten, Blumen und Früch-
te, Trophäen und Architekturelemente eingefügt sind. Gegen

Ende des 15. Jh. in unterirdischen Räumen, sog. Grotten, antiker römischer Gebäude wiederentdeckt und künstlerisch neu belebt.

Grubenschmelz →Email.

Gurt, Gurtbogen. Der mehr oder weniger stark markierte Bogen, der 2 Gewölbejoche voneinander trennt, rund- oder spitzbogig, allen Stilperioden eigentümlich.

Gurtgesims →Gesims.

Hallenkirche. Eine mehr-, meist 3schiffige Kirche, deren Gewölbekämpfer in gleicher Höhe liegen. Meist mit einheitlichem Satteldach, bisweilen solches über jedem Schiff. Das Mittelschiff empfängt sein Licht nicht mehr wie bei der Basilika direkt durch einen eigenen Fenstergaden, sondern indirekt von den Fenstern der Seitenschiffe. Liegen die Gewölbescheitel annähernd in einer Ebene, so ist die echte H. gegeben; sind sie im Mittelschiff hinaufgeschoben, ist die Bezeichnung *Staffelkirche* oder *Stufenhalle* üblich. Zuweilen kann die Höhe der Mittelschiffgewölbe gegenüber denjenigen der Seitenschiffe so beträchtlich sein (*Stutzbasilika*), daß eine basilikale Dachbildung erforderlich wird (vgl. Pseudobasilika). – Bei der *reduzierten H.* entfällt das auf der Klosterseite gelegene Seitenschiff; der Kreuzgang schließt außen direkt an das Mittelschiff an (seit Ende des 13. Jh., im 14. Jh. auch von Pfarrkirchen übernommen). Im Gegensatz zu dieser asymmetrischen Grundrißgliederung stehen symmetrische 2schiffige H.n.

Hängezwickel (= Pendentif) →Kuppel.

Haustein. In Quaderform zugehauener Naturstein.

Herme. Büste auf 4kantigem, sich nach unten verjüngendem hohem Sockel, urspr. wohl der Hermes-Darstellung vorbehalten, später auch für die anderer Götter und würdiger Menschen. *Hermensäulen* oder *-pilaster* sind stützende oder auch nur schmückende Architekturglieder.

historisieren. Nachahmen eines historischen Stils.

Hufeisenbogen →Bogen.

Hurde. Auf vorkragende Balken gesetzter hölzerner Wehrgang auf Türmen oder Mauern.

Ikonographie. Zweig der Kunstwissenschaft, der die Bildmotive, deren Sinn, Herkunft und Wandel erforscht.

Inkrustation. Bekleiden von Mauern und Wänden mit Steinplatten (z. B. Marmor), auch Einlegearbeiten in Stein, mit denen ein farbiger Schmuck von Flächen erzielt wird.

Intarsia. Einlegearbeit in Holz, Stein, Stuck (→Scagliola) und anderen Werkstoffen. Verschiedenfarbige und (gegenüber dem Mosaik) verschieden große Partikeln werden zu Bild- oder Ornamentfeldern zusammengesetzt. Hohe Vollendung dieser Technik im 16. und 17. Jh.

Internationale Gotik (»Weicher Stil«). Die europäische Kunst um 1390–1430/40, in der Plastik u. a. repräsentiert durch die »Schönen Madonnen«.

ionisch →Säulenordnungen.

Joch. Der einem Gewölbefeld entsprechende Abschnitt eines mehrere Gewölbefelder enthaltenden und sie längs oder quer reihenden kirchlichen oder profanen Raumes.

Kaffgesims →Gesims.

Kalotte (frz. = Käppchen). Kuppelform, die mittels eines horizontal geführten Schnittes durch eine Kugel oberhalb ihres Großkreises (= Äquator) entsteht. Auch Bezeichnung für eine geviertelte Kugel als Wölbung über einer Apsis auf Halbkreisgrundriß.

Kämpfer. Die abschließende Platte eines Pfeilers, einer Säule oder eines Dienstes, die als Auflager für Bogen oder Gewölbe dient.

Kannelure. Senkrechte Hohlkehle an Säulenschäften oder Pilastern.

Kanon, klassischer. Die unter Berufung auf den antiken Bautheoretiker Vitruv (1. Jh. v. Chr.) von den Architekten der Renaissance und des Barock festgesetzte »Säulenordnung«; sie teilt die dorische oder toskanische Säule dem Untergeschoß eines Bauwerkes, die ionische dem mittleren und die korinthische oder komposite dem Obergeschoß zu. In gleicher Weise unterliegen diesem »Kanon« auch die Pilaster. (Vgl. a. Säulenordnungen.)

Kantonierung. Die Bündelung von 4 Dreiviertelsäulen (Diensten) um einen säulenartigen Kern oder die Besetzung von Pfeiler- und Mauerecken mit Säulen.

Kanzel (lat. cancelli = Gitter, Schranken). Standort für Predigt und Lehre. Erhöht angebracht (häufig an einem Pfeiler), mit Brüstung und vielfach mit Schalldeckel. Entwickelt aus dem bei den Chorschranken befindlichen Ambo und dem Lettner.

Kapitell. Das Kopfglied, wörtlich »Köpfchen«, der Stütze (Säule, Pfeiler, Pilaster), gegen das Auflager (Gebälk, Bogen) absetzend und zugleich zwischen Stütze und Auflager vermittelnd. Zu den antiken K.-Formen →Säulenordnungen. Die wichtigsten späteren K.e sind: *Würfelk.*, entstehend aus der Durchdringung von Kugel und Würfel; es vermittelt ideal zwischen der runden Säule und der kubischen Last. Das *Kelchk.* ist als eine kelchartige Erweiterung der Säule zu begreifen. Beim *Knospenk.* (auch *Knollenk.*) ist der K.-Kelch von aufsteigenden, an den Ecken knos

pend eingerollten Blättern umhüllt, beim *Crochetk.* von haken-
artig gekrümmten Blättern oder Blüten.

Kapitelsaal. Raum für die täglichen Zusammenkünfte der klöster-
lichen Gemeinschaft (Konvent), in der Regel hallenartig und an
der O-Seite des Kreuzganges gelegen. Im K. finden außer Lesun-
gen aus der Schrift oder Ordensregel Beratungen über Arbeiten
und Vorgänge im Kloster statt.

Kappe, Gewölbekappe. Teilfläche zwischen den Graten und Rippen
eines mehrteiligen Gewölbes. Die *Stichk.* schneidet als sphäri-
sches Dreieck seitlich in das Gewölbe ein.

Kartusche. Ornamental gerahmtes Feld der Flächendekoration des
16.–18. Jh. Obgleich das Feld durch Inschrift oder Malerei gefüllt
sein kann, liegt der Nachdruck auf dem Rahmengebilde (aus Rollwerk, Akanthus, Rocaillen o. ä.).

Karyatide. Stützpfeiler in Form einer weiblichen Gewandfigur.
(Vgl. Atlant.)

Kassettendecke. Eine flache oder gewölbte Decke mit gleichmäßig
oder rhythmisch verteilten, zugleich vertieften Feldern, sog. *Kassetten.* Diese können quadratisch, rechteckig oder rund, sie können bemalt oder mit Reliefs versehen, ihre Wandungen profiliert
sein.

Kathedra. Der Sitz oder Thron des Bischofs.

Kathedrale. Von der Kathedra abgeleitete und auch nur für
Bischofskirchen übliche Bezeichnung.

Kelchkapitell →Kapitell.

Kenotaph (griech. = leeres Grab). Grabdenkmal in Form eines
Grabmals (Tumba, Sarkophag), das, meist ohne Zusammenhang
mit der Grabstätte des Verstorbenen, nur an diesen erinnern
soll.

Kielbogen →Bogen.

Klangarkade, Schallarkade. Arkadenförmige Schallöffnung im
Glockengeschoß eines Turmes.

Klausur (lat. claudere = schließen). Der ausschließlich den Klosterinsassen vorbehaltene Bezirk der Klosteranlage.

Kleeblattbogen →Bogen.

Klostergewölbe →Gewölbe.

Knagge. Dreiecksholz im Fachwerk zur Versteifung des Gerüstes.
Es gibt längliche Kn.n unter Geschoßvorsprüngen gotischer Häuser oder gleichschenklige in der Wand im Fachwerkbau des 17./
18. Jh. als *Kopfkn.* (zwischen Pfosten und Rähm) oder *Fußkn.*
(zwischen Pfosten und Schwelle).

Knollenkapitell, Knospenkapitell →Kapitell.

Kolonnade. Säulengang als selbständiges Bauwerk oder im Anschluß an ein Gebäude.

Kompositkapitell →Säulenordnungen.

Konche (griech. = Muschel). Die Kuppelschale der Apsis, übertragen die Apsis selbst. – *Dreikonchenchöre* entstehen bei einer kreuzförmigen Basilika, deren Querhausarme in ihren Abmessungen dem O-Chor angeglichen sind und auch in Apsiden enden. Im Grundriß ergibt sich die Form eines regelmäßigen Kleeblattes.

Konsole. Aus der Mauer hervortretender Tragstein (= *Kragstein*) für Bögen, Gesimse, Figuren usw.

Kontrapost. Bei plastischer und malerischer Darstellung des stehenden Menschen die Ausgewogenheit (*Ponderation*) der Körperhaltung durch (belastetes) Stand- und (entlastetes) Spielbein.

Korbbogen →Bogen.

korinthisch →Säulenordnungen.

Krabbe (Kriechblume). Blattornament der Gotik, das an den Kanten von Turmhelmen, Giebeln, Wimpergen, Fialen angebracht ist.

Kragstein →Konsole.

Kranzgesims →Gesims.

Kreuzaltar →Altar.

Kreuzblume. Kreuzförmig und blattähnlich gebildete Spitzenzier gotischer Türme, Giebel, Wimperge, Fialen.

Kreuzgang. Das Geviert meist überwölbter Gänge, das den Stifts- und Klosterkirchen, in der Regel auf der S-Seite und einen Hof (*Kreuzhof*) umgebend, zugeordnet ist. Schon in karolingischer Zeit bezeugt.

Kreuzgewölbe, Kreuzgratgewölbe, Kreuzrippengewölbe, Kreuztonnengewölbe →Gewölbe.

Kriechblume →Krabbe.

Krüppelwalmdach →Dach.

Krypta. Unterkirche, aus der Confessio erwachsen. Im 10. Jh. entwickelt sich die Hallenkr. unter dem Chor, dessen Boden durch die Kr. über das Niveau der Schiffe emporgehoben wird. Die Zweckbegründung dieser oft sehr geräumigen, zuweilen auch Vierung und Querschiff einbeziehenden Unterkirchen ist im Reliquienkult des frühen und hohen Mittelalters zu suchen. Die Gotik scheidet die (schon von den Reformorden des 11./12. Jh. abgesetzte) Kr. aus.

Kuppel. Halbkugelförmiges oder einer Halbkugel angenähertes Gewölbe. Grundformen sind die Stutzk. und die Pendentif- oder Zwickelk., die beide meist über quadratischem Grundriß gewölbt

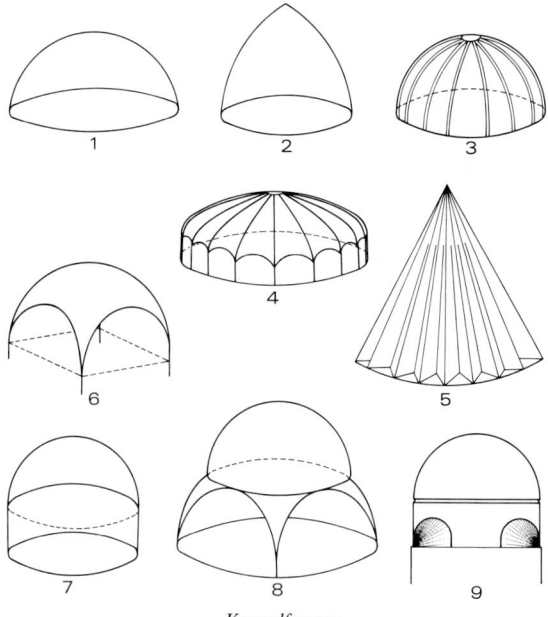

Kuppelformen

Die Kuppelbenennungen orientieren sich teils an der allgemeinen Form der Kuppel (1, 2), teils an der Ausführung des Kuppelgewölbes selbst (3–5) oder an der Konstruktion der Unterbauten bzw. Auflager (6–9).

1 Flachkuppel	4 Schirmkuppel	7 Tambourkuppel
2 Spitzkuppel	5 Faltkuppel	8 Pendentifkuppel
3 Rippenkuppel	6 Hängekuppel	9 Trompenkuppel

sind. Die *Stutzk.* wird durch eine Halbkugel über eingeschriebenem Quadrat gebildet, bei der durch Vertikalschnitte die außerhalb des Quadrates liegenden Kugelsegmente entfernt sind. Bei der *Pendentifk.* bleibt dagegen die Halbkugel unberührt, und der Übergang von ihrem Grundkreis zu den Ecken des hier umschriebenen Quadrates erfolgt durch sphärische Dreiecke, sog. Pendentifs. Durch Einschiebung eines Kreiszylinders, eines sog. Tambours, zwischen Pendentifs und Halbkugel entsteht die seit der Renaissance beliebte *Tambourk*. Der Scheitel jeder K. kann kreisförmig oder polygonal geöffnet sein, so daß der Blick in eine bekrönende Laterne gelenkt wird.

Kustodie →Custodia.

Lagerfuge. Waagerechte Fuge eines Mauerverbandes.

Laibung →Gewände.

Laienaltar →Altar.

Langhaus. Der Kirchenbau in voller Breite vom Eingang bis zum Beginn von Querschiff- bzw. Chorbereich. (Vgl. a. Basilika, Schiff.)

Lanzettbogen →Bogen.

Laterne. Rundes oder polygonales zierliches Türmchen, das mit Fenstern oder Öffnungen versehen ist und auf dem Scheitel einer Kuppel sitzt, einen Dachreiter bekrönt oder, bei Welschen Hauben sowie Zwiebelhelmen, als Zwischenglied erscheint.

Laubwerk. Blätterförmiger skulpturaler Schmuck von Baugliedern (Gesimse, Kehlen, Kapitelle usw.). Vorkommen seit der Antike; als Begriff besonders auf den Blattschmuck der Gotik angewendet.

Laufender Hund →Mäander.

Lettner, Lectorium. Scheidewand als Chorschranke zwischen Chor und Mittelschiff mit einer Lese- und Sängerbühne.

Lisene. Senkrechter flacher Mauerstreifen ohne Basis und Kapitell.

Lukarne (frz. lucarne = Dachluke). Dacherker (dem Zwerchhaus entsprechend), v. a. in der französischen Schloßarchitektur. Häufig mit reicher Fenster- und Giebelrahmung.

Lünette. Halbkreisförmig oder von einem Kreissegmentbogen begrenztes Feld über Türen und Fenstern, oft mit Malerei oder Reliefschmuck ausgefüllt oder als Fenster durchbrochen.

Mäander. Ornamentband mit labyrinthartig geführten, rechtwinklig abgeknickten Linien. Nach dem in zahlreichen Windungen fließenden Fluß Maiandros (Menderes) in Kleinasien benannt. – Neben dieser geometrischen Form gibt es den Mäander als Band mit spiralförmigen Wellen, »*Laufender Hund*« genannt.

Madonna lactans. Die dem Kind die Brust reichende Maria als fester Darstellungstypus.

Majestas Domini. Darstellung des frontal thronenden Christus mit erhobener Rechter, das Lebensbuch in der Linken. Das Motiv stammt aus der Apokalypse des Johannes, deshalb wird Christus oft mit den 24 Ältesten oder mit den 4 Wesen (→Evangelistensymbole) wiedergegeben.

Majolika. It. Name für gebrannte und glasierte Tonware, gleichbedeutend mit der (frz.) Bezeichnung *Fayence* (nach dem italienischen Herstellungsort Faenza).

Mandorla. Heiligenschein in Mandelform, nur bei Christus- und Mariendarstellungen üblich, der – anders als der nur das Haupt umgebende *Nimbus* – die ganze Figur umstrahlt.

Manierismus. Künstlerische Strömung, die die »klassische« Form einer natürlichen Gesetzlichkeit hinter der betonten »Künstlichkeit«, der »Manier«, zurückstellt. Sie läuft neben den Formprinzipien der Spätrenaissance und des Frühbarock her. Zeitliche Eingrenzung etwa 1530–1600, in manchen Ländern bis ins 17. Jh. hinein.

Manoir. Landsitz.

Mansarde. Oberstes Dachgeschoß. – *Mansarddach* → Dach.

Maquette. Skulpturmodell, -entwurf, üblicherweise in Wachs oder Ton. (Vgl. Bozzetto.)

Maschikulis. Pechnasenkranz, mit konsolenartig vorkragenden, unten offenen Ausgußlöchern, durch die sich heißes Wasser oder Pech auf Angreifer schütten ließ; meist in Verbindung mit Wehrgang.

Maßwerk. Der Ausdruck deutet auf Messen. Zirkelkonstruktion kennzeichnet das aus Kreisen und Kreissegmenten gewonnene M., das ein rein geometrisches Ornament ist. Anlaß zu seiner Erfindung und Entwicklung bot die Einstellung kleinerer Fensterbogen in einen übergreifenden großen, dessen Restfläche gefüllt werden sollte. Einfache, kreisförmige Vorformen im späten 12. Jh. Erst die Gotik bringt das echte M.; früheste Beispiele am Chor der Kathedrale von Reims, 1210/20. Die zunehmend reiche Aufgliederung führt zu entsprechend reicher Gestaltung der M.-Figuren, deren Variabilität schier unermeßlich ist. Die Spätgotik führt zu Wirrungen und Wucherungen, zu asymmetrischen Formen wie der im 15. Jh. beliebten Fischblase.

Maureske. Auf der Grundlage hellenistischer Pflanzenornamentik in der islamischen (maurischen) Kunst entwickeltes reines Flächenornament aus schematischen Linien mit streng stilisierten Blättern und Blüten. (Vgl. dagegen Arabeske.)

Mausoleum. Architektonisches Grabmal, so genannt nach dem Grabbau, der für König Mausolos von Karien (†352 v. Chr.) in Halikarnass errichtet wurde.

Medaillon. Bild oder Relief in Oval- oder Rundform. Auch Anhänger zur Aufnahme eines Andenkens oder Bildes oder ein Reliquienbehältnis.

Mensa → Altar.

Metope → Triglyphe.

Mezzanin (it. mezzo = halb). Halbgeschoß oder niedriges Zwischengeschoß. Die geringere Höhe kommt außen durch kleinere Fensteröffnungen zum Ausdruck.

Miserikordie (lat. misericordia = Erbarmen). Konsolenförmiger Vorsprung an der Unterseite des aufklappbaren Sitzbrettes im Chorgestühl; dient den Geistlichen während des Stehens als Stütze.

Monstranz (Ostensorium, Custodia). Schaugefäß aus Edelmetall mit Glas oder Kristall, in dem die geweihte Hostie gezeigt wird. – Ostensorien können auch Reliquien enthalten.

Mosaik. Aus verschiedenfarbigen Kleinkörpern (Stein, Glas u. a.) zusammengesetztes Bild. Verwendet für figürliche Darstellungen oder zur ornamentalen Dekoration an Gebäudeflächen (Boden, Wand, Gewölbe, Fassade). Seit der Antike bekannt, von großer Bedeutung in der frühchristlichen und byzantinischen Kunst.

Muldengewölbe → Gewölbe.

Narthex. Vorhalle einer Kirche.

Netzgewölbe → Gewölbe.

Nimbus. Heiligenschein um das Haupt (Vgl. Mandorla.)

Obelisk. Freistehender, nach oben sich verjüngender und in einer Pyramide auslaufender Pfeiler über quadratischer Grundfläche.

Obergaden → Gaden.

Oculus (lat. = Auge). Rundfenster, auch *Ochsenauge* genannt.

Oratorium. In frühchristlicher Zeit Bezeichnung für alle Sakralbauten, später für Kapellen und private Gotteshäuser.

Ordnungen → Säulenordnungen.

Ostensorium → Monstranz.

Palas. Das Wort geht – wie Pfalz – auf lat. palatium zurück. Es bezeichnet den Wohnbau der mittelalterlichen Burg, der meist im Obergeschoß einen Saal enthält.

Palmette. Ornamentform, bei der um eine betonte Mittelsenkrechte fächerförmig sich auseinanderlegende Blätter flächig geordnet sind. Am weitesten in der Antike verbreitet.

Parament. Bezeichnung für kirchliche Bekleidungsstücke, z. B. für die des Priesters, des Altars oder der Kanzel. Für die verschiedenen kirchlichen Feiertage ist die Farbe der P.e jeweils vorgeschrieben.

Parterre (frz. = Gartenbeet). Regelmäßig angelegter und mit Blumen, Buchsbaum o. ä. bepflanzter, meist ebener Teil eines Gartens im französischen Gartenstil. – *P. d'eau*. Beetförmige Kanäle eines Lustgartens.

Parvis. Offene Kirchenvorhalle.

Paß. Das Wort P. ist gleichbedeutend mit Zirkel. Die aus Dreiviertelkreisen zusammengefügte Maßwerkfigur wird daher P. genannt. Nach Anzahl der Kreisstücke unterscheidet man den *Dreip.*, bei dem die Mittelpunkte der Kreisteile die Spitzen eines gleichseitigen Dreiecks bilden, den *Vierp.*, bei dem diese Mittelpunkte die Ecken eines Quadrates bestimmen, den *Fünfp.* usw.

Pavillon. Abgeleitet aus der frz. Bezeichnung für ein großes Rechteckzelt (papillon = Schmetterling) und auf kleine, freistehende Gartenbauten angewendet. Im barocken Profanbau werden auch die in der Mitte oder an den Ecken hervortretenden und im Dach mehr oder minder stark betonten Teile eines Gebäudes als P. bezeichnet.

Pechnase. Wehrmauererker oder -vorsprung mit Bodenöffnung. (→Maschikulis.)

Pendentif, Pendentifkuppel →Kuppel.

Perlstab → Astragal.

Pfeiler. Architektonisches Stützglied aus Mauerwerk und meist rechteckig. Je nach Lage und Einordnung werden unterschieden der freistehende Pf. oder der Wand- oder Halbpf. (→Pilaster).

Pietà, Vesperbild. Darstellung Mariae mit dem Leichnam Christi auf dem Schoß. Bildformulierung des späten 13. Jh., dann besonders im 14. und 15. Jh., aber auch noch in der Barockskulptur häufig.

Pilaster. Flacher Wandpfeiler (an Außen- oder Innenwand) mit Basis und Kapitell, antiker Abkunft. Im Mittelalter zugunsten der Lisene zurücktretend. Von hoher Bedeutung in den Wandgliederungssystemen der Renaissance, des Barock und des Klassizismus.

Piscina. 1. Taufbecken in einem Baptisterium. – 2. Kleine Nische in der S-Wand des Chores mit einem Ablauf für das Wasser, das der Priester bei der Messe zum Waschen der liturgischen Gefäße und der Hande benützt.

Pleurant. Klagefigur an Grabmälern.

Plinthe. Standplatte einer Statue oder einer Säulenbasis.

Point de vue. Endpunkt einer Blickachse, Allee, Straße o. ä.

Polsterquader →Quader.

Polygon. Vieleck.

Ponderation. Ausgewogenheit der Körperhaltung im Stehen. (Vgl. Kontrapost.)

Portal. Repräsentativer, durch Größe oder Schmuck hervorgehobener Eingang. P.e gehören zum vornehmsten Bestand jeder mit Ansprüchen auftretenden Architektur. Seine glänzendste Verwirklichung fand das P. im Kirchenbau der Romanik und Gotik sowie im Profanbau der Renaissance und des Barock.

Portikus. Von Säulen oder Pfeilern getragener Vorbau eines Gebäudes an der mit dem Haupteingang versehenen Fassade.

Predella. Untersatz oder Fußstück eines gotischen oder Renaissance-Altarschreines oder -Altarbildes.

Presbyterium. Dem Klerus vorbehaltener Raum der Kirche, in der Regel beim Altar oder um ihn herum.

Pseudobasilika. Basilikaler Kirchenraum, der in der Hochwand des Mittelschiffes keine Fenster hat und das Licht, gleich der Hallenkirche, allein aus den Fenstern der Seitenschiffwände erhält. Die Hochwand des Mittelschiffes ist in voller Höhe errichtet und meist mit Blendfenstern versehen. Zu unterscheiden von der Staffelkirche (vgl. Hallenkirche).

Putto, Putti (it. = Knäblein). Nackte kleine Knaben, meist mit Flügeln. Letztlich auf die antiken Eroten zurückgehend, ist der P. eine in der italienischen Frührenaissance vorgenommene Umformung gotischer Engelskinder. Weiteste Verbreitung in der Kunst des Barock.

Pyramidendach → Dachformen.

Quader. Regelmäßig behauener Werkstein. Der in der Ansichtsfläche des Mauerwerkes nur mit einem Randschlag versehene Steinblock wird *Bossenqu.* (*Buckelqu.*) und ein derartiges Mauerwerk *Rustika* genannt. Ist die Ansichtsfläche quadratisch und wie ein halbiertes Oktaeder geformt (oder rechteckig, dann mit mittlerer Gratkante), so spricht man vom *Diamantqu.*, bei polsterähnlicher Ansichtsfläche von einem *Polsterqu.* Allgemein werden seit der Renaissance Bossen-, Diamant- und Polsterqu. für das Mauerwerk der Sockelzone bei Gebäuden und durchgehend bei Befestigungswerken verwendet.

Quaderung. Nachahmung von Quadermauerwerk durch Putz mit eingeritzten oder gemalten Fugen.

Querhaus, Querschiff. Rechtwinklig zum Langhaus angelegter Querraum, der das Schiff vom Chor trennt. Meist 1-, in großen Anlagen auch 3-, mitunter 2schiffig. (Vgl. a. Basilika, Schiff.) – *Niedriges Qu.* Üblicherweise waren die sich kreuzenden Schiffe frühchristlicher Basiliken gleich hoch; räumliche Gliederung fand nicht statt. Zur Schaffung von Nebenräumen (z. B. für Sakristeien oder die Zisterzienser für den Aufgang zum Schlafsaal) wurden später auch Querhäuser angelegt, die keine Vierung ergaben: niedrigere und schmalere Räume.

Radialkapelle. Chorkapelle, die zusammen mit anderen einen Kapellenkranz um den Chorumgang bildet.

Rähm. Rahmholz im Fachwerkbau für den oberen Geschoßabschluß.

Rayonnant, Style rayonnant. Bezeichnung für die Architektur der französischen Hochgotik im 13. Jh., abgeleitet von den »Strahlen« des radial (Fensterrose) oder achsenbezogen geordneten Maßwerks.

Refektorium. Speisesaal der Mönche, meistens der S-Seite des Kreuzganges vorgelagert. Als *Laienr.* wird der Speisesaal der Laienmönche vom *Herrenr.* der Priestermönche unterschieden.

Régence. Stilstufe der französischen Kunst beim Übergang vom Barock zum Rokoko, benannt nach der Regentschaft des Philippe d'Orléans (1715–23).

Register. (Horizontaler) Bildstreifen, z. B. eines Altars, eines Tympanons, eines Fensters.

Relief. Aus einer Fläche gearbeitete Skulptur oder Plastik. Im Gegensatz zur rundum freistehenden sog. Voll- oder Freiplastik bleibt sie an diese Fläche gebunden, in sie eingetieft oder meist in verschiedenen Stärkegraden als *Flach-*, *Halb-* oder *Hochr.* »erhaben« aus ihr heraustretend.

Reliquiar (lat. relinquere = zurücklassen). Behälter zur Aufbewahrung der Überreste (Reliquien) eines Heiligen oder für die seinem Andenken geweihten Gegenstände, um diese den Gläubigen zur Verehrung zu zeigen oder auf dem Altar auszustellen. Die Form des R.s wird durch Art und Umfang der Reliquien bestimmt. Neben *Reliquienkästen* und *-büchsen* sowie Medaillons sind figurierte Behälter, z. B. Statuetten, Büsten, Arm-, Fuß- und Fingerr.e, weit verbreitet. Außerdem wurden R.e Architekturen nachgeformt. Haupttyp ist der *Reliquienschrein*, der meist in Haus- oder Basilikaform die äußere Hülle des Reliquiensarges bildet und zu den bedeutendsten Leistungen mittelalterlicher Goldschmiede- und Emailkunst gehört.

Retabel. Urspr. Tafel (lat. tabula) hinter und über dem Altartisch. Die einfache Bildtafel entwickelt sich im Spätmittelalter zum Schrein mit Flügeln, in Renaissance und Barock zu hohen, prunkvollen Architekturen. (Vgl. a. Altar.)

Rippe. Der in einem Bogensegment gekrümmte, gemauerte Stab, der im Querschnitt rechteckig, rund oder spitzbogig, glatt oder profiliert, den Gratlinien des Kreuzgewölbes oder der Fläche des

Tonnengewölbes anliegt. Die R. kann konstruktive Bedeutung
haben, als Gerüst des Kreuzgewölbes, dessen Kappen dann nur
Füllungen des Gerüstes sind, ist aber meist ohne technische Funktion, lediglich dekorativ lineare Gliederung der Wölbflächen.
(Vgl. Gewölbe.)

Risalit (it. risalto = Vorsprung). Ein aus der Hauptfluchtlinie eines
Baues in dessen ganzer Höhe hervortretender Gebäudeteil, der
die Symmetrie des Baues nicht aufheben darf.

Rocaille (frz. = Muschel). Leitform des R.-Ornaments, das vorwiegend zwischen 1725 und 1770 (*Rokoko*) verbreitet war.

Rollwerk. Ornament, dessen Verzierungen sich an den Rändern
und Enden einrollen und dadurch plastisch wirken; besonders
beliebt in Frankreich seit 1530.

Rosette. Rundes Ornament in Blütenform.

Rotunde. Rundbau.

Rundbogenfries. Reihung von glatten oder ornamentierten kleinen
Halbrundbogen.

Rustika → Quader.

Saalkirche. 1schiffige Kirche.

Sakramentshäuschen → Tabernakel.

Satteldach → Dach.

Säule. Architektonisches Stützglied, kreisförmig im Grundriß, mit
einer Schwellung im unteren und einer Verjüngung im oberen
Teil des Schaftes.

Säulenordnungen. Die griechische Baukunst kennt 3 verschiedene
Säulen- und Gebälksysteme, die für die rhythmische Gliederung
ihrer Tempelbauten maßgebend sind: die dorische, ionische und
korinthische Ordnung. Am Anfang steht die *dorische Ordnung*,
deren Säule einen kannelierten Schaft ohne Basis und ein wulst-
förmiges Kapitell mit quadratischer Deckplatte (Abakus) aufweist. Das Gebälk besteht aus glattem Steinbalken (Architrav),
darüber der Fries im Wechsel von 3schlitzigen Platten (Trigly-
phen) mit meist reliefierten Metopen und abschließend das profilierte Kranzgesims mit der Traufleiste. – Bei der *ionischen
Ordnung* weist die Säule eine aus mehreren Einzelgliedern zusammengesetzte Basis und am Schaft durch Stege getrennte Kanneluren auf. Das Kapitell hat als Hauptmerkmal 2 ausladende
Schnecken (Voluten). Der Architrav ist in 3 horizontale Streifen
unterschnitten und darüber ein durchgehender Relieffries angeordnet. – Die *korinthische Ordnung*, weitgehend der ionischen
verwandt, zeigt ein Kapitell, das in 2 Reihen mit gegeneinander
versetzten und etwas abstehenden Akanthusblättern besetzt ist;

hinter ihnen wachsen Voluten- oder Blattstengel auf und tragen die vorschwingenden Ecken der Deckplatte sowie eine Blüte in der Mitte jeder Seite. Diese 3 S. haben in römischer Zeit verschiedene Umbildungen erfahren. – Beim *Kompositkapitell* legt sich die Doppelschnecke des ionischen Kapitells über den doppelten Blattkranz des korinthischen. – Die dorische Säule wurde durch Hinzufügen einer Basis sowie eines Halsringes und Wegfall der Kanneluren am Schaft zur *toskanischen*. – Die S. sind durch ihre wohlabgewogenen und nach strenger Regel festgelegten Maßverhältnisse ausgezeichnet und an keinen bestimmten Stil gebundene Ausdrucksformen, sondern unterscheidende Merkmale aller klassisch direkt oder indirekt beeinflußten Stilperioden. (Vgl. Kanon, klassischer.)

Scagliola. Material aus Gips, Leimwasser und Farben, das, luftgetrocknet und geschliffen, hauptsächlich zur Imitation von Marmor Verwendung fand. (Vgl. Stuck, Intarsia.)

Schallarkade →Klangarkade.

Scheidbogen. Der ein Joch des Mittelschiffes vom entsprechenden Joch des Seitenschiffes trennende Bogen.

Schiff. Raumbezeichnung, meist im Kirchenbau. Unterschieden werden Mittel- oder Hauptsch. und die durch Säulen oder Pfeiler abgetrennten Seiten- oder Nebensch.e, die insgesamt das *Langhaus* bilden. Auch dem Querhaus können Seitensch.e zugeordnet sein. Der 1schiffige Kirchenraum bildet die Saalkirche. (Vgl. a. Basilika.)

Schildbogen. Bei der Durchdringung eines Gewölbes mit einer Mauer (*Schildmauer*) entstehender Bogen.

Schlußstein. Stein im Scheitel eines Bogens oder Gewölbes, diese abschließend, häufig ornamental ausgebildet.

Schwibbogen. Ein 2 Wände (etwa eines Kirchenschiffes) oder Mauerteile miteinander verbindender freier Bogen.

secco →Fresko.

Segmentbogen →Bogen.

Sohlbank. Die waagerechte untere Begrenzung einer Fensteröffnung, die deren Gewände trägt.

Spiegelgewölbe →Gewölbe.

Spolie (lat. spolia = Beute). Wiederverwendetes Werkstück (z. B. Stein, Säule) aus einem älteren Bauwerk.

Sprenggiebel. Flachwinklige oder gerundete architektonische Fensterbekrönung mit unterbrochenem, »gesprengtem« Mittelteil. (Vgl. a. Giebel.)

Sprengring. Gesims oder Gebälk unter dem Kuppel- oder Tambour-ansatz.

Sprengwerk →Gesprenge.

Staffelkirche →Hallenkirche.

Ständer. Senkrecht stehender Holzbalken im Bau, v. a. beim Fach-werkbau.

Stele (griech. = Säule). Pfeiler oder aufgestellte Platte aus Stein in unterschiedlicher Verwendung, z. B. als Grabst., mit Text oder bildlicher Darstellung auf der Frontseite.

Stelzung. Kurze Fortsetzung der vertikalen Formen unter dem Ansatz zur Bogenkrümmung.

Sterngewölbe →Gewölbe.

Stichbogen →Bogen.

Stichkappe →Kappe.

Stichkappentonne →Gewölbe.

Stipes →Altar.

Strebewerk. Das System von Strebepfeilern und Strebebögen zur Abstützung von Wänden und Gewölben in der Gotik.

Stuck. Masse aus Gips, Kalk und Sand, die in feuchtem Zustand leicht knetbar ist, aber schnell erhärtet. – *St.marmor* entsteht nach Beimischung von Pigmentfarben und Leim durch Schleifen und eine abschließende Polierung. (Vgl. Scagliola.)

Stufenhalle →Hallenkirche.

Sturz. Der waagerechte obere Abschluß einer Tür- oder Fensteröff-nung.

Stutzbasilika →Hallenkirche.

Stützenwechsel. Der rhythmische Wechsel von Säule und Pfeiler (jambisch) oder von 2 Säulen und Pfeiler (daktylisch) bei den Mittelschiffwänden der romanischen Basilika. (Vgl. a. Gebunde-nes System.)

Stutzkuppel →Kuppel.

Substruktion. Unterbau zum Ausgleich von Terrainunterschieden oder zur Festigung des Untergrundes.

Supraporte. Über einem Türsturz, meist in den gleichen Breitenma-ßen, angebrachtes Zierstück in Stuck, Schnitzerei oder Malerei.

Symbol. Erkennungszeichen, das bildhaft für einen (Glaubens-)Inhalt steht, wie das Kreuz für den christlichen Erlösungsgedan-ken. Geometrische Zeichen, Tiere, Zahlen, Farben sind die be-vorzugten S.-Formen.

Tabernakel (lat. tabernaculum = Hütte, Zelt). 1. Aufbewahrungs-ort für Kelch und Hostie. Tritt seit dem Tridentiner Konzil 1563 allgemein an die Stelle des mittelalterlichen *Sakramentshäus-*

chens. – 2. Ziergehäuse (für Figuren), häufig von Säulen oder Pfeilern getragenes Spitzdach, z. B. an Strebepfeilern gotischer Kirchenbauten.

Tambour, Tambourkuppel →Kuppel.

Terrakotta (it.; frz. *terre cuite*). Gebrannte Tonerde in weißen bis gelben bzw. roten Farbtönen, die unglasiert anstelle von Stuck und als Material für künstlerische Töpferarbeiten (Skulpturen) verwendet wird.

Terra sigillata. Anfänglich in Arezzo (röm. Arretium) hergestellte Gebrauchskeramik der römischen Kaiserzeit, später weithin verbreitet und mindestens bis in das 4. Jh. n. Chr. nachweisbar.

Tondo. Gemälde, Mosaik oder Relief von kreisrunder Form.

Tonnengewölbe →Gewölbe.

toskanisch →Säulenordnungen.

Travée. Lichte Weite zwischen 2 Stützen. In der mittelalterlichen Architektur gleichbedeutend mit Jochband von Außenmauer zu Außenmauer.

Tribuna. Gleichbedeutend mit Apsis (Vgl. a. Basilika.)

Trifore. 3bogiges Fenster (vgl. Bifore).

Triforium. Laufgang in der Hochschiffwand gotischer Kirchen unterhalb der Fensterzone.

Triglyphe (griech. = 3fache Rille). 3fach gekerbter hochrechteckiger Block, urspr. wohl Schmuckplatte auf den Balkenköpfen des griechischen Tempels. In der dorischen Baukunst bilden die Tr.n im Wechsel mit den *Metopen* (annähernd quadratischen, flachen oder reliefgeschmückten Feldern zwischen den Tr.n) die Frieszone des Tempelgebälkes.

Triumphbogen. Der Bogen, der den Chor vom Kirchenschiff trennt. Benannt nach der dort urspr. angebrachten Darstellung des über den Tod triumphierenden Erlösers (*Triumphkreuz*).

Trompe (frz. = Jagdhorn). Bogen mit nischenartiger Wölbung zwischen 2 rechtwinklig zusammenstoßenden Mauern. Die Tr. dient bei Türmen und Kuppeln zur Überleitung des quadratischen Grundrisses ins Oktogon.

»trompe-l'œil«. Die täuschend genaue Darstellung etwas gegenständlich nicht Vorhandenen, z. B. einer Fliege auf einem Bild.

Trumeau. Fensterpfeiler, Türpfosten eines Portals.

Tumba. Ein über einem Grab sich erhebender, rechteckiger, meist steinerner Unterbau, der die Grabplatte trägt. Auf dieser ist eine Inschrift, ein Wappen oder die Gestalt des Verstorbenen aus Stein oder Bronze dargestellt.

Tympanon. Die das Bogenfeld über dem Portal füllende Steinplatte, häufig mit ornamentalem oder figürlichem Relief geschmückt.

Typologie. In der Kunstgeschichte eine seit den Anfängen christlicher Kunst bekannte Darstellungsart, bei der einem Geschehen des Alten Testamentes (*Typus*) eine Szene aus dem Neuen Testament (*Antitypus*) gegenübergestellt ist. Die Bilder sind sinnvoll so aufeinander bezogen, daß der zugrunde liegende Gedanke, die Auslegung des Alten Bundes als Vorausweisung auf den Neuen Bund, augenfällig wird. So entspricht z. B. Isaak, der das Holz zur eigenen Opferung trägt, dem kreuztragenden Christus, die Aufrichtung der Ehernen Schlange der Kreuzigung Christi usw.

Verkröpfung. Eine V. entsteht, wenn Gebälke oder Gesimse um Mauervorsprünge, Säulen, Pfeiler oder Lisenen herumgeführt werden.

Vesperbild → Pietà.

Vierpaß → Paß.

Vierung. Meist quadratischer Raum einer größeren Kirchenanlage, der bei der Durchdringung von Langhaus und Querhaus entsteht. (Vgl. a. Basilika, Gebundenes System.)

Volute. Schneckenförmig gewundene Verzierung an Baugliedern und Möbeln. Urspr. Teil des ionischen Kapitells (→ Säulenordnungen).

Vorhangbogen → Bogen.

Voute. Meist im Viertelkreisbogen verlaufende Ausrundung zwischen Wand und Decke bei Innenräumen.

Walmdach → Dach.

Wandpfeiler → Pilaster.

Wandpfeilerkirche. Durch Versetzen der Außenwände bei einer gotischen Hallenkirche, seltener bei einer Basilika, in die Flucht der Stirnseiten der Strebepfeiler entstehen innen parallel zu den Seitenschiffen zwischen den Strebepfeilern kapellenartige Nischen. Dieser Raumtyp wird in der Renaissance beibehalten und im Barock im Sinne der Vereinheitlichung des Raumgefüges weiterentwickelt, so daß die Wandpfeiler kulissenartig das 1schiffige Langhaus flankieren.

Wandvorlage. Verstärkung einer Wand durch Pilaster, Lisene oder Pfeiler aus statischen Gründen oder zur Gliederung.

Wange. Seitenwände an Stühlen und Bänken, oft plastisch reich dekoriert, besonders an Chorgestühlen. Außerdem ist W. die Bezeichnung für die niedrige Seitenwand an den Stufen und am Auslauf der Treppe, auf der die Brüstung oder das Geländer aufgesetzt ist.

Weicher Stil → Internationale Gotik.

Westwerk. Turmartiger, der Basilika des Mittelalters westlich vorgelegter Querbau, der im Untergeschoß eine Vorhalle für die Kirche bildet, im Obergeschoß eine nach innen geöffnete Kapelle oder Empore aufnimmt. Die Bedeutung des W. ist nicht ganz geklärt; seine Verwendung als Kaisersitz, Taufkapelle und Pfarrkirche ist nachgewiesen.

Wimperg. Gotischer Ziergiebel über Portalen und Fenstern, meist aus Maßwerk zusammengesetzt, mit Krabben besetzt und in Kreuzblume endigend.

Wirtel. Schaftring an Säulen.

Würfelkapitell → Kapitell.

Zahnsteine. An den Enden und Ecken eines Mauerverbandes wechselweise vorstehende Steine. Sie erlauben beliebige Unterbrechung und unmerkliche Fortsetzung eines Baues.

Zellengewölbe → Gewölbe.

Zellenschmelz → Email.

Zeltdach → Dach.

Zentralbau. Im Gegensatz zum Langbau der Basilika der Bau mit einem oder mehreren um einen Punkt zentrierten Räumen über rundem, ovalem oder polygonalem Grundriß. Nach der Basilika ist der Z. die wichtigste Form des christlichen Kultbaues.

Ziborium (lat. cibus = Speise). Der steinerne, auf Säulen oder Pfeiler gesetzte Altarbaldachin mit flacher Decke oder Gewölbe und entsprechender Verdachung. An ihm hing das Gefäß mit dem eucharistischen Brot. Häufig im frühmittelalterlichen Italien. – Als Z. wird seit dem späten Mittelalter auch der Wandtabernakel (Sakramentsnische) bezeichnet und das seit dem 13. Jh. dem Meßkelch nachgebildete und mit Deckel versehene Gefäß aus Edelmetall zur Aufbewahrung des eucharistischen Brotes.

Zwerchhaus. Ein quer zum Dachfirst meist in der Flucht der Außenwand hochgeführter Dachausbau. Dieser kann mit einem kleinen Walmdach oder mit einem Giebel abgeschlossen sein. Für den letzteren Fall ist auch die Bezeichnung *Zwerchgiebel* üblich.

Zwerggalerie, Zwerchgalerie. In Säulenarkaden geöffneter, mit einer Längstonne oder mit Quertonnen gewölbter Laufgang, der unterhalb des Dachansatzes in die Mauer gelegt ist. In der Romanik sehr häufiges Gliederungsmotiv v. a. an Apsiden, doch gelegentlich auch auf Chortürme, Querhäuser oder Langhauswände ausgedehnt.

NAMENREGISTER

Seiten, auf denen Künstler mit eigenen (bzw. zugeschriebenen) Arbeiten genannt sind, werden durch **fette Schrift** hervorgehoben. Meister mit Notnamen und Schulen/ Gruppen stehen am Schluß des Registers.

A	= Architekt, Baumeister, Bauleiter	Ing	= Ingenieur	Rest	= Restaurator
		Ker	= Keramiker, Porzellankünstler	Schn	= Schnitzer
				St	= Stukkateur
B	= Bildhauer	Kst	= Kupferstecher	Stm	= Steinmetz
Ga	= Gartenarchitekt	M	= Maler	Z	= Zeichner

REGISTER DER FRANZÖSISCHEN ORTE
mit Objektregistern
der denkmälerreicheren Städte Burgunds

Die Namen der in diesem Kunstführer mit einem eigenen Ortsartikel vertretenen
Orte sind in **fetter Schrift** gesetzt, ebenso die Seitenzahlen der Hauptstellen. Verweise von historischen Ortsnamen erscheinen *kursiv*. In Klammern ist nach den
Ortsnamen das Département genannt, außerdem das Planquadrat, sofern der Ort
auf den Übersichtsplänen verzeichnet ist (A–G 1–5 vorn, A–G 5–9 hinten).

INHALT